아이티혁명사

아이티혁명사
식민지 독립전쟁과 노예해방

지은이 로런트 듀보이스
옮긴이 박윤덕
디자인 이수정
펴낸이 송병섭
펴낸곳 삼천리
등 록 제312-2008-121호
주 소 121-820 서울시 마포구 월드컵로 15길 19(망원동 376-12)
전 화 02) 711-1197
팩 스 02) 6008-0436
이메일 bssong45@hanmail.net

1판 1쇄 2014년 7월 4일

값 28,000원
ISBN 978-89-94898-27-8 93900
한국어판 © 박윤덕 2014

아이티혁명사

식민지 독립전쟁과 노예해방

로런트 듀보이스 지음 ― 박윤덕 옮김

감사의 말

나는 많은 역사가들에게 큰 빚을 졌다. 이 책이 나올 수 있었던 건
알렉시 아르두앵(Alexis Beaubrun Ardouin), 가브리엘 드비앵(Gabriel
Debien), C. L. R. 제임스(C. L. R. James) 같은 선구자들과, 여기저기
흩어져서 때로는 고립된 채 작은 그룹에서 작업을 해야 했던 사람들
의 연구와 저작 덕분이다. 존 게리거스(John Garrigus)는 시종일관 이
프로젝트를 후원했는데, 그와 나눈 대화가 이 책의 최종적인 모양새
를 확정하는 데 결정적이었다. 훌륭한 저작들로 아이티혁명 연구를
질적으로 변화시킨 데이비드 게거스(David Geggus)는 지난 몇 년 동
안 내가 의지할 수 있는 사려 깊은 대화 상대였다. 또한 맬리크 게첨
(Malick Ghachem)의 저작은 물론 그와 나눈 대화를 통해서 많은 것을
배웠다. 스튜어트 킹(Stewart King)은 카리브 해에 관한 나의 초기 연
구에서 무척 중요한 역할을 했다. 미셸 트루요(Michel Rolph Trouillot)
와 캐럴린 픽(Carolyn Fick)은 혁명에 관한 나의 사고방식에 커다란 영
향을 끼쳤고, 레넥 위르봉(Laennec Hurbon)과 미셸 드그라프(Michel

DeGraff)는 아이티 문화사에 대한 나의 생각을 구체화시켜 주었다. 리처드 투리츠(Richard Turits)는 이 책 앞부분 몇 장을 읽어 주었을 뿐 아니라 격려와 조언을 아끼지 않았다. 그리고 줄리어스 스콧(Julius Scott)은 아이티혁명에서 종종 파악하기 어려운 인물들의 삶을 재구성해 주었는데, 이러한 그의 열정은 나에게 끊임없는 영감의 원천이 되었다.

줄리어스와 아다 페러(Julius and Ada Ferrer) 부부에게도 감사의 마음을 전한다. 그들은 몇 년 전 미시간 주 앤아버에서 풍성한 아침 식사를 함께하면서 이 책을 써야겠다는 마음을 먹게 해주었다. 또한 아이티에 관한 첫 연구를 지도해 주신 세 분의 스승, 바버라 브라우닝(Barbara Browning), 존 다이언(John Dayan), 피터 존슨(Peter Johnson)에게도 빚을 졌다. 이 책의 여러 장을 읽어 준 로버트 보너(Robert Bonner)를 비롯해, 크리스틴 대니얼스(Christine Daniels)와 '대서양 역사 세미나'에 참여하여 비평을 해준 학생들에게 고마움을 전한다. 초고를 읽고 비평해 준 모니크 뒤부아달크(Monique Dubois-Dalcq)와 도널드 브로피(Donald Brophy)에게도 감사의 마음을 전한다. '장티사르 문학클럽'(Club Littéraire du Gentilsart) 회원인 앙드레(André)와 마리클로드 뒤부아(Marie-Claude Dubois)는 처음부터 끝까지 성실한 독자이자 통찰력 있는 비평가였다.

미시간주립대학 학내연구지원프로그램(Intramural Research Grant Program)은 무척 유능한 연구조교 마르코 메니케티(Marco Meniketti)와 함께 작업할 수 있게 해주었고, 미국과 프랑스, 아이티를 오가며 자료 조사를 할 수 있도록 재정적으로도 지원해 주었다. 비교흑인역사프로그램(Comparative Black History Program)은 이 책을 빛나게 한 삽화 비용을 지원해 주었다. 마르셀 샤티옹(Marcel Chatillon)은 친절하게도 자신의 책《앤틸리스제도의 혁명 이미지》(Images de la Révolution aux Antilles)에서 그림 몇 장을 사용할 수 있도록 허락해 주었고, 피터 버그(Peter Berg)는 판화 몇 장을 찾아내서 다시 찍을 수 있도록 도와주었다. 초고의 여러 부분이 예일대학과 밴더빌트대학에서 발표되었고, 4장과 5장의 일부 내용은 2003년 봄에 출간된《역사적 성찰》(Historical Reflections) 제29집 제1호(83~102쪽)에 실린 〈우리의 삼색기: 국왕과 공화국, 생도맹그 노예혁명의 정치 문화〉에 포함되었다.

나는 캘리포니아대학의 17~18세기 연구소인 클라크센터(Clark Center) 초빙교수로 로스앤젤레스에 머무는 동안 이 책의 많은 부분을 썼다. 로스앤젤레스에 머물 수 있도록 거처를 마련해 준 린 헌트(Lynn Hunt)와 피터 리엘(Peter Riell)에게 감사한다. 그리고 이 특별한 역사를 함께 찾아내고 엮어 가기 위해 수많은 점심시간을 함께한 크리스틴 라자리드(Christine Lazarid)에게 감사의 마음을 전한다.

샹탈 베르나(Chantalle Verna)는 아이티에서 내 연구의 많은 부분을 가능하게 만들어 준 관대한 하숙집 주인이었다. 내가 그들의 서고를 이용할 수 있도록 허락한 푸샤르(Fouchard) 가문에도 감사를 전한다. 아이티 페르뒤생테스프리도서관의 패트릭 타르디유(Patrick Tardieu)는 도서관 장서 가운데 보물과도 같은 자료들을 볼 수 있게 해주었다. 그리고 르캅(Le Cap)으로 환상적인 여행길을 함께해 준 에럴 조수에(Erol Josué) 덕분에 갈리페 농장, 상수시 궁전, 시타델 요새를 답사할 수 있었다. 정말 뭐라 감사해야 할지 모르겠다.

이름은 모르지만 하버드대학 출판부의 평론가 두 분이 격려와 소중한 조언을 해주었다. 앤 호손(Ann Hawthorne)의 노련한 편집에도 감사드린다. 이 프로젝트에 대한 조이스 셀처(Joyce Seltzer)의 열정과 지도는 이 작업이 완성되는 데 결정적인 역할을 했다.

나에게 이 책을 어떻게 써야 하는지를 보여 준 사람은 아내 캐서린 브로피(Katharine Brophy Dubois)이다. 그녀와 함께 초고를 막 끝냈을 때 태어나서, 다시 한 번 모든 것을 하나의 모험으로 느끼게 해준 아들 안톤에게도 고마움을 전한다.

차 례

나는 근사한 대좌(臺座) 위에 있는,

모자를 쓰지 않은 채 팔을 쭉 뻗은 검둥이 상을 보았다.

그의 눈빛은 자신에 차 있고 자세는 고귀하고 당당하다. ……

그의 발밑에 다음과 같은 글귀가 쓰여 있다.

"신세계의 복수를 위하여!"

— 루이세바스티앙 메르시에
《2440년, 있을 것 같지 않은 일을 꿈꾸자》(1771)

마침내 나는 아메리카의 원수를 갚았다!

— 장자크 데살린(1804)

카리브 해

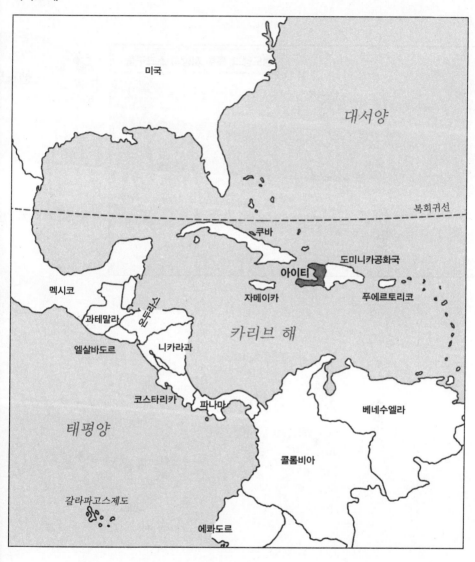

미국

대서양

북회귀선

쿠바

도미니카공화국

아이티

멕시코

자메이카

푸에르토리코

과테말라

온두라스

카리브 해

엘살바도르

니카라과

코스타리카

파나마

베네수엘라

태평양

콜롬비아

갈라파고스제도

에콰도르

18세기의 프랑스령 생도맹그

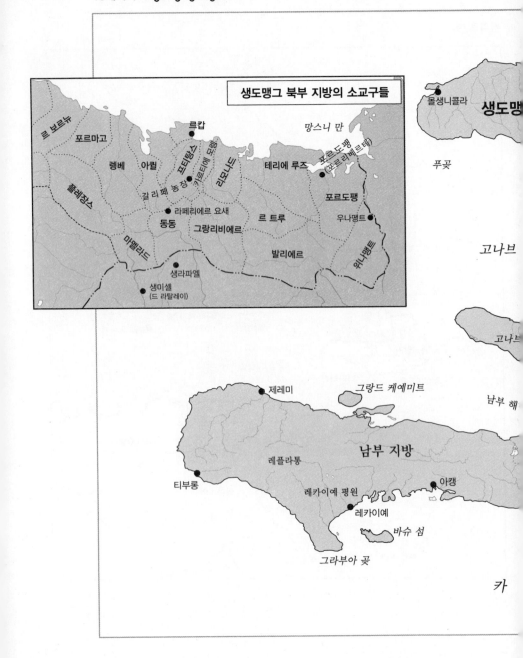

생도맹그 북부 지방의 소교구들

르 보르뉴
포르마고
렝베   아퀼
홀레정스
마멜라드

르캅
포르마르고
포르탈리용스
갈리페 농장
동동
그랑리비에르
라페리에르 요새
생라파엘
생미셸
(드 라탈레이)

망스니 만
테리에 루즈
르 트루
발리에르
우나맹트

포르리페르테
(포르리베르테)
포로도팽
우나맹트

몰생니콜라   생도맹
푸곶

고나브

고나브

남부 해

제레미   그랑드 케예미트

남부 지방

레플라통
티부롱
레카이예 평원
레카이예
바슈 섬
그라부아 곶

아캥

카

대 서 양
캅프랑세
(르캅)
망스니 만
갈리페 농장
북부평원
포르도팽
(포르리베르테)
야크델노르트
라페리에르 요새
우나맹트
에너리
생라파엘
생미셸(드 라탈레이)
에스티 강
포르크레타피에르
프티트리비에
베레트
산토도밍고
(에스파냐령)
서부 지방
아르티보니트 강
미라발레
아카이예
컬드삭 평원
크루아데부케
포르토프랭스
(포르레피블리캥)
레오간
앙리킬로 호수
자크멜
바보루코 산맥

프롤로그

1804년 새해 첫날, 한 무리의 장군들이 새로운 나라를 세우기 위해서 생도맹그에 모였다. 그들의 지도자 장자크 데살린(Jean-Jacques Dessalines, 1758~1806)*은 한때 노예였다. 그와 함께 독립선언서에 서명한 많은 사람들도 마찬가지다. 아프리카에서 태어나 대서양 횡단에서 살아남은 사람들도 있었다. 데살린을 비롯한 다른 이들은 프랑스 식민지에서 노예로 태어났다. 그들은 '좋은 백인'이란 별명으로 불린 자를 포함해서 한때 노예주였던 사람들의 이름 옆에 자신들의 이름을 써 넣었다. 대부분이 유럽인과 아프리카인 사이에 태어난 혼혈로, 혁명이 시작되기 오래전부터 자유인이었다. 그들 가운데 몇몇은 몇 해

---

* 1791년 노예 반란에 가담한 이후 10여 년 동안 흑인 지도자 루베르튀르의 참모로서 활동했다. 1802년 나폴레옹이 원정대를 파견하여 루베르튀르를 체포하고 프랑스로 압송하자 그도 프랑스에 투항했다. 하지만 나폴레옹이 노예제를 복원하려 하자 다시 반란의 선봉에 선다. 그는 영국의 지원 아래 프랑스군을 몰아내고 1804년 1월 1일 아이티의 독립을 선언하고, 9월에 황제의 자리에 올랐다. 1806년 차별 정책에 불만을 품은 물라토의 반란을 진압하다가 암살당한다.

전만 해도 데살린에 맞서 참혹한 내전을 벌인 사람들이었다. 그러나 이제 그들은 데살린 뒤에 서서 프랑스를 영원히 거부하며 자신들의 독립과 자유를 지키기 위해 죽을 때까지 싸우겠노라고 선언한다. 아이티는 15년 전만 해도 전 세계에서 가장 수익성이 좋은 노예 식민지를 불사른 자리 위에 건설되었다. 아이티의 탄생은 앞으로 어느 누구도 노예가 되어서는 안 된다는 자명한 진리를 전제로 한다.[1]

이는 그 무렵의 세계에 대한 극적인 도전이었다. 노예제는 아프리카를 파괴하면서 유럽에 이익을 가져다주었고 아메리카의 급속한 팽창을 추동했을 뿐 아니라, 당시 호황을 누리던 상업자본주의 체제의 핵심이었다. 막강한 유럽의 제국들은 먼저 독립을 쟁취한 미국만큼이나 아이티에 깊이 관여하며 노예제 유지에 공을 들이고 있었다. 수십 년 동안 생도맹그는 그 잔혹한 제도를 통해 엄청난 이익이 창출될 수 있음을 보여 준 가장 중요한 실례였다. 1791년 식민지 노예들이 대규모 봉기를 시작했다. 이 봉기는 세계사에서 규모가 가장 큰 노예 반란이자, 유일하게 성공한 노예 반란이었다. 몇 년 안에 카리브 해의 이 혁명가들은 프랑스 제국 내의 모든 노예들에게 자유를 안겨 주었다.

생도맹그를 해방의 길로 인도한 투생 루베르튀르(Toussaint Louverture, 1743~1803)*는 일찍이 프랑스인들에게 생도맹그에 노예제를 복원하려는 그 어떠한 시도도 실패할 수밖에 없다고 경고했다. 비록 생도맹

---

* 프랑스령 생도맹그 태생인 그는 1791년 노예 반란 당시 자유인이자 지주였지만, 식민지 백인들에 맞서 봉기에 가담했다. 1794년 국민공회가 노예제 폐지를 선언한 이후 프랑스 공화파와 손잡고 영국에 맞서 싸웠고, 식민지 군대의 총사령관으로서 생도맹그의 실권을 장악했다. 통령 정부가 노예제를 복원하려는 의도를 보이자 프랑스와 관계를 끊고, 1801년 아이티 헌법을 제정했다. 1802년 측근의 배신으로 프랑스 원정대에 붙잡혀 이듬해 유배지인 프랑스의 프랑슈콩테에서 파란만장한 생을 마감했다. 그의 사후에도 아이티 해방전쟁은 계속되었다.

그의 해방을 볼 수 있을 만큼 오래 살지는 못했지만, 끝내 루베르튀르가 옳았음이 입증되었다. 나폴레옹 체제가 자유를 위협했을 때, 생도맹그의 인민들은 자유를 지키기 위해서 싸웠다. 몇 년간의 투쟁과 잔인한 폭력, 제국과의 전쟁을 치르면서 노예들은 자신들을 노예로 만든 제국의 시민이 되었고, 뒷날에 새로운 국가의 창건자가 되었다. 이 책에서 나는 자유를 위한 그들의 드라마 같은 투쟁사를 써 내려가고자 한다.

노예제에 맞서 싸운 수많은 이들, 특히 아메리카의 노예들에게 아이티혁명은 희망의 원천이자 본보기가 되었다. 반면 노예제를 옹호했던 사람들에게 아이티혁명은 자유의 파멸적인 결과를 보여 주었다. 19세기 내내 경제적·정치적으로 고립된 아이티는 노골적으로 인종주의적인 논쟁과 경멸의 대상이 되었다. 유럽과 북아메리카에서는 대부분의 역사가들이 아이티혁명을 무시했지만, 아이티의 두 학자는 사료와 생존한 목격자, 참가자의 증언을 바탕으로 상세하게 역사를 서술했다. 하지만 그들이 창조한 민족주의적 역사 서술은 아이티 바깥 세계에는 거의 알려지지 않았다.[2]

제2차 세계대전 직전, 카리브 해 출신 지식인이자 활동가인 C. L. R. 제임스(Cyril Lionel Robert James, 1901~1989)*는 오늘날까지 아이티혁명에 대한 고전적 해석으로 남아 있는 《블랙 자코뱅》(The Black Jacobins, 1938)을 썼다. 아프리카에서 나타나던 독립 투쟁을 지켜보면서, 제임스는 아이티혁명사가 투쟁의 가능성과 위험성을 동시에 보여

---

* 영국령 트리니다드토바고 출신의 작가이자 정치가로 식민지 독립 투쟁에 참여했고, 프롤레타리아 세계혁명과 범아프리카주의에 평생을 바쳤다. 아이티혁명에 관한 역사서 《블랙 자코뱅》과 루베르튀르의 일생에 관한 희곡을 집필하였다.

주는 좋은 본보기라고 생각했다. 책 제목에서 분명하게 드러나듯이, 제임스는 프랑스와 카리브 해에서 일어난 혁명적 변화들 사이의 강력한 상호 침투 작용을 알고 있었다. 또한 노예를 소유한 제국들이 지배하는 세계에서 자유를 지키려고 했을 때 루베르튀르가 직면한 딜레마를 설득력 있게 묘사하고 있다. 제임스는 자신이 기술한 역사가 자기 시대와도 깊이 관련되어 있다고 강조했다. 몇 십 년 뒤에 마르티니크의 시인이자 활동가인 에메 세제르(Aimé Césaire, 1913~2008)*도 아이티혁명을 높이 평가했다. 아이티는 20세기가 해결하려고 애쓴 '식민지 문제'가 그 모든 복잡성을 띠면서 처음으로 제기된 곳, 다시 말해서 처음으로 식민주의의 매듭을 묶었지만 최초로 그 매듭을 푼 곳이라고 언급했다.[3]

좀 더 최근에 아이티, 프랑스, 미국의 역사가들은 노예의 삶과 자유유색인 공동체에 관한 구체적인 연구를 통해서, 식민지 생도맹그와 그것이 파괴되는 과정에 대한 새로운 시각과 함께 아이티혁명사를 새롭게 제시하고, 아프리카 문화가 혁명의 발전에 미친 영향을 고찰하였다. 동시에 노예제와 노예들의 저항, 아메리카에서의 노예해방 과정에 관한 연구들은 아이티혁명을 이해하는 데 유용한 수단을 제공했다. 이 모든 작업들 덕분에 그 당시 벌어진 사건들이 그 시대를 산 사람들에게 의미하는 바를 한층 더 분명하게 이해할 수 있게 되었다. 그리고 이러한 작업들은 자유와 시민권의 의미를 둘러싸고 벌어진 광범위한 투쟁에서 그 사건들이 갖는 결정적인 중요성을 부각시켰다.

---

* 파리에서 교육받고 마르티니크로 돌아와 반식민주의 투쟁에 앞장섰으며, 네그리튀드 (négritude) 문학 운동의 창시자이다.

18~19세기의 대서양 세계는 그 투쟁들에 의해 형성되었다.[4]

애초에 아이티혁명은 프랑스 제국의 권위에 대한 식민지 백인들의 도전으로 시작되었지만, 이내 인종 불평등 나아가 노예제의 존속을 둘러싼 투쟁으로 바뀌었다. 1791년에 봉기한 노예들은 스스로를 조직해서 적을 움찔하게 할 만큼 군사력을 갖추었고, 결국 프랑스 공화국 관리들이 손을 잡지 않을 수 없는 정치 세력이 되었다. 프랑스 공화파는 1793년에 식민지 안팎의 적들에 맞서 봉기한 노예들과 동맹을 맺었다. 그들은 군사적 지원의 대가로 노예들에게 자유를 주었는데, 이는 곧 식민지에서 노예제 폐지로 이어졌다. 생도맹그에서 내린 결정이 1794년 파리에서 비준되었고, 그 결과 프랑스 식민지에 거주하는 노예들은 모두 프랑스 공화국의 시민이 되었다.

이 사건들은 1770년대부터 1830년대까지 이른바 '혁명의 시대'에 발생한 가장 급진적인 정치 변혁의 표본이다. 또한 1789년에 채택된 프랑스의 〈인간과 시민의 권리선언〉에서 선포된 권리들이 실로 보편적이었음을 가장 구체적으로 표현한 것이기도 했다. 비록 이 권리들이 유럽에서 보장되지는 않았지만, 많은 사람들이 그래야만 한다고 주장했듯이 식민지 항구들에 상륙하는 것을 막을 수 없었다. 그 당시 노예제에 대한 대대적인 정치·경제적 투자에도 불구하고, 생도맹그의 노예 반란은 시민권이 인종 장벽을 넘어 확대될 수 있게 만들었다. 우리가 살고 있는 세상에서 민주주의가 누구도 배제하지 않는 것을 의미한다면, 그것은 상당 부분 인간의 권리가 자신들의 것이기도 하다고 주장했던 생도맹그 노예들의 투쟁 덕분이다.

아이티혁명 초반에 반란 노예들의 목표가 프랑스와 절연하는 것은 아니었다. 사실 그 무렵 가장 극성스럽게 자치, 심지어 독립을 요구한

쪽은 노예들이 아니라 노예주들이었다. 반란 노예들은 형편에 따라서 제국주의 세력의 동맹자가 되어 프랑스의 적들에 맞서 식민지를 지키는 데 기여했고, 그 과정에서 자유와 시민권을 획득했다. 어떤 이가 '제국에 닥칠 최악의 재앙'이라고 명명했던 것은 과거의 제국에 대한 극적인 도전이었지만, 단기적으로는 다른 종류의 제국 관계를 보여 주는 하나의 본보기였을 뿐이다. 19세기 초에 비로소 진정한 민족해방전쟁이 생도맹그에서 시작되었다. 1794년 마침내 프랑스 공화국과 동맹함으로써 해방을 쟁취했고, 이후 1804년 프랑스 군대를 격퇴함으로써 해방이 보전되었다. 신생국 아이티 인민들은 프랑스의 또 다른 식민지인 과들루프(Guadeloupe)* 사람들이 겪은 비극적 운명을 모면했다. 과들루프의 대다수 주민들은 1803년에 다시 노예로 전락했다.[5]

앞에 언급한 두 극적인 변화 사이의 시기를 이끈 인물은 전설적인 지도자 투생 루베르튀르였다. 그는 식민지의 최고위급 장군으로서 프랑스 공화국에 복무하면서 외세의 침공으로부터 생도맹그를 지켜냈다. 그 10년이 끝나 갈 무렵 루베르튀르는 식민지에서 가장 중요한 군사·정치 지도자로서 대내외 정책을 자율적으로 입안하기 시작했고 독립 투쟁의 기초를 마련했다. 하지만 그 와중에 1802년 포로가 되어 세상을 떠나고 만다. 이 기간 동안 그는 앞으로 독립 아이티의 후계자가 될 이들과 카리브 해 다른 지역의 민족주의 지도자들을 괴롭힐 주요 딜레마에 직면하게 된다(C. L. R. 제임스는 1963년에 자신의 책 후기에서 루베르튀르와 쿠바의 피델 카스트로를 비교했다). 해방을 보전하기 위해

* 서인도의 리워드제도 가운데 좁은 해협을 사이에 둔 두 개의 섬(Basse-Terre와 Grande-Terre)으로 이루어져 있다. 지금도 여전히 프랑스령이다.

서 루베르튀르는 플랜테이션 경제를 유지하고 도망친 농장주들의 귀환을 촉구해야 한다고 주장했다. 그는 자유의 의미에 대해 전혀 다른 견해를 가진 해방노예들과 대립하면서 그들이 계속 플랜테이션 농업에 종사하도록 억압 체제를 유지하고 발전시켰다.

'해방 후' 사회를 연구한 역사가들은 자메이카와 쿠바, 미국 같은 플랜테이션 사회에서 노예제의 종식이 어떻게 새로운 분쟁과 새로운 형태의 억압으로 이어졌는지 탐구했다. 혁명 생도맹그는 아메리카 대륙에서 노예해방을 경험한 최초의 사회였기 때문에, 거기에서 일어난 일들은 노예제에서 자유로운 사회로 가장 잘 이행할 수 있는 방법을 둘러싸고 벌어진 이후의 논쟁에서 시금석이 되었다. 생도맹그에서 노예제는 그 무렵 미국 북부에서 진행되고 있던 것과 같은 과도기조차 없이 전격적으로 폐지되었다. 대부분의 노예 폐지론자들은 그러한 점진적인 이행을 지지했다. 순식간에 새로운 상황에 직면한 생도맹그의 행정가들은 해방의 충격을 억제하면서 일정한 방향으로 유도하기 위한 체제를 고안해 내야 했다. 몇 년 뒤 노예제를 대체하는 새로운 노동 체제가 만들어졌고, 대개 해방노예 출신의 흑인들이 관리 감독했다. 여전히 자유의 조건을 놓고 관리인과 농장 노동자들 사이에서 싸움이 벌어졌는데, 이 싸움은 나중에 해방 과정을 형성하게 될 투쟁과 여러 면에서 닮아 있었다. 아이티혁명을 이런 맥락 속에 자리매김함으로써, 우리는 아이티혁명을 규정한 복잡한 사회적 분쟁들의 의미를 이해할 수 있다.[6]

아이티혁명은 유일하게 초(超)문화적인 운동이었다. 18세기 생도맹그의 주민은 다수가 노예였을 뿐 아니라 아프리카계였다. 정치적·사회적·종교적 배경이 서로 다른 지역 출신의 이 노예들은 자신들이 가지고 온 것들을 가지고 혁명을 창출해 냈다. 제임스는 이미 수십 년 전에 아이티혁명이 아프리카의 탈식민화 투쟁의 선구였음을 알아차렸다. 이제 우리는 아이티혁명 자체가 여러 면에서 아프리카 혁명이었음을 더욱더 잘 이해하게 될 것이다. 그러나 최근에 데이비드 게거스가 지적했듯이, 200년 전의 아프리카인들과 그 후손들이 가진 태도나 믿음을 머릿속에 그려 내기 위해서 "노예들을 이국화(異國化) 또는 서구화하는 이중의 위험"을 어떻게 피해 갈 것인가라는 문제가 아이티혁명사 연구자들이 직면한 가장 어려운 숙제로 남아 있다.[7]

1791년 생도맹그에서 노예들이 봉기한 그 순간부터, 혁명에 관한 설명은 상당 부분 혁명의 폭력에 초점을 맞추었다. 아이티혁명에서 빚어진 몇몇 잔혹 행위들이 반란 노예들과 나중에 흑인 장교나 병사들에 의해 저질러졌다는 사실 때문에 집중적인 토론의 대상이 되었다. 많은 저자들이 이러저러한 정파들의 폭력을 설명해야 할 필요성을 느꼈다. 애초에 어느 한쪽에서 끔찍한 짓을 저질렀고, 다른 한쪽은 그저 보복만 한 것일까? 반란 노예들의 잔혹 행위는 단지 노예주들의 잔혹 행위에 대한 대응이었을까? 전후(前後)에 일어난 다른 모든 혁명과 마찬가지로, 정치 폭력은 아이티혁명의 중요한 특징이었다. 폭력을 맥락 속에서 파악하고, 폭력의 복합성을 인정하고, 폭력을 통해 이루고자 했던 것과 거기에서 비롯된 이념의 이데올로기적이고 정치적인 의미를 슬쩍 비껴가기 위한 수단으로 이용하지 않는, 그런 방식으로 아이티혁명을 읽어 볼 가치가 있다.

또 아이티혁명을 이해하기 위해서는 백인, 물라토, 흑인과 같이 인종을 지칭하는 용어에 큰 의미를 두어서는 안 된다. 오히려 그런 용어를 필요로 하는 사회가 만들어 낸 가공물로 보아야 마땅하다. 기본적으로 인종과 계급이라는 범주에 기초하여 혁명 과정에서 일어난 개인적·집단적 행위를 해석하려는 시도들은 왜, 어떻게 민중이 그렇게 행동했는지를 완벽하게 또는 일관되게 설명하지 못한다. 예를 들면, 노예로 전락하지 않은 아프리카계 공동체들은 사회적으로나 정치적으로나 무척 다양했다. 전부는 아니더라도 공동체의 많은 사람들이 유럽인과 아프리카인 사이에 태어난 혼혈이었지만, 그들을 지칭하기 위해 일률적으로 '물라토'라는 용어를 사용하는 것은 잘못이다. 이러한 이유에서 나는 '자유유색인'(free people of color 또는 free-coloreds)으로 번역한 유색인(gens de couleur)이라는 용어를 선택했고, 복잡한 현실을 인종화·단순화하는 용어들의 사용을 삼갔다. 인종적 정체성을 확인하는 것은 혁명에서 매우 중요한 부분이고, 경제적·사회적·문화적 요인들과 함께 개인이나 집단의 행동 방식과 서로 반응하는 방식에 커다란 영향을 끼쳤다. 그러나 우리가 '인종'에 따라 하나된 것으로 보고 싶어 하는 집단들이 복잡하게 뒤얽힌 이념적·정치적 세력들로 분열되는 경우도 있었다. 따라서 가장 적절한 접근법은 혁명의 서로 다른 국면에서 나타난 정치적 계획들과 각 국면이 이를 구분하는 개인과 집단에 의해 형성되고 다시 개인과 집단을 형성하는 방식에 초점을 맞추는 것이다. 나는 처음부터 끝까지 꼭 필요한 경우에만 인종적 용어를 사용했는데, 그 까닭은 인종 차이를 본질적인 것으로 보지 않고 그들의 상호의존성과 정치적·사회적 의미의 변화를 강조하기 위해서다.[8]

아이티혁명의 주요 인물들은 그 시기 다른 대서양 혁명의 주요 인물들과 달리 정치사상에 관한 문헌 기록을 거의 남기지 않았다(루베르튀르는 아주 특별한 예외이다). 그들의 행동과 이상에 관해 우리가 알고 있는 것 대부분은 목격자들(때때로 매우 적대적인)의 기록에서 나온 것이다. 노예제와 노예에 관한 목격자들의 견해가 그들이 남긴 기록에 커다란 영향을 끼쳤다. 예를 들어, 반란 노예들의 말과 행동에 관해 자세히 기록한 사람들은 일반적으로 이러저러한 집단이 반란에 책임이 있다고 독자들을 설득하고자 했다. 후대의 많은 역사가들은 침묵을 강요당하고 무시당한 자들의 감동적인 이야기를 하기 위해서 '성미에 맞지 않게' 그런 사료들을 읽었다. 그들의 작업은 내가 이 책을 쓸 수 있도록 영감을 주었다. 여러 면에서 이 책《아이티혁명사》는 우리를 지나쳐 덧없이 흘러가 버린 순간들을 파악하기 위한 것이고, 상상을 자극시킬 뿐더러 대답과 수정을 바라는 마음에서 시도되었다. 아이티혁명은 이야기되고 다시 이야기될 만한 가치가 있는, 그리고 그럴 필요가 있는 이야기이다.[9]

　아이티혁명의 충격은 엄청났다. 역사상 성공한 흑인 혁명의 유일한 사례로서, 아이티혁명은 18~19세기의 정치적·철학적·문화적 흐름 가운데 가장 중요한 부분이 되었다. 아이티혁명은 온갖 피부색을 띤 모든 사람이 자유와 시민권을 누리는 사회를 만들어 냄으로써 영원토록 세계를 바꾸어 놓았다. 이 혁명은 아메리카에서 노예제 폐지의 핵심적 부분이었고, 따라서 인권을 위한 끊임없는 투쟁의 기초를 닦은, 인류의 민주주의 역사에서 결정적인 순간이었다. 그런 의미에서 우리는 모두 아이티혁명의 후예들이고, 또한 우리는 이 조상들에게 책임을 다해야 한다.

1
생도맹그의 유령들

1790년대 중반, 혁명으로 탄생한 지 얼마 안 된 국가의 수도 필라델피아는 대서양 세계를 휩쓴 일련의 혁명들 때문에 고향에서 쫓겨난 망명객들로 북적였다. 프랑스에서 온 이러저러한 정치적 숙청의 희생자들도 있었다. 그런데 카리브 해 지역, 특히 노예 혁명을 피해 생도맹그에서 온 자들이 훨씬 더 많았다. 과거에는 부자였지만 이제는 이전 거래처나 자선에 의지할 수밖에 없는 백인 농장주나 상인을 비롯해 자유유색인들도 있었다. 특히 자유유색인의 존재는 필라델피아에서 논란거리가 되었다. 그리고 노예제가 자취를 감춘 식민지에서 소유물로서 가져온 노예와, 노예제가 차차 사라지고 있는 도시에서 재산으로 취급되던 수많은 노예들이 있었다.

이 망명객들 가운데 메데릭루이에밀 모로(Médéric-Louis-Elie Moreau de St. Méry)라는 사람이 있었다. 한때 생도맹그에 살던 변호

사이자 작가였던 그는 다른 많은 망명객들처럼 거의 아무것도 챙겨 오지 못했다. 사실 모로는 살아 있는 것만도 행운이었다. 1793년 그가 막 르아브르(Le Havre) 항구를 빠져나왔을 때, 파리에서는 체포영장이 발부되었다. 그는 서둘러 떠나느라 둘도 없이 중요한 재산을 남겨두고 왔다. 프랑스령 생도맹그와 에스파냐령 산토도밍고에 관한 책을 쓰기 위해 10년 동안 조사하고 수집한, 메모와 자료들로 가득 찬 여러 개의 상자들이 바로 그것이다. 친구들은 그가 떠난 다음 중요한 메모들을 보내 주겠노라고 약속했다. 하지만 전쟁과 혁명의 와중에 확실한 것이라고는 없었다. 과연 그 상자들은 주인을 찾았을까? 배 위에서 땔감으로 사용하거나 실을 공간이 부족해서 바다에 던져 버린 건 아닐까? 아니면 폭풍을 만나거나 공격을 받아서 바다 밑에 가라앉은 건 아닐까?

다행히도 그 상자들은 필라델피아에 있는 모로에게 전달되었다. 그는 그때 일을 떠올리면서 "그것은 내 인생에서 맛본 최고의 기쁨 가운데 하나였다"라고 썼다. 이윽고 작업을 다시 시작해서 책 한 권을 거의 완성했지만, 그가 밝혔듯이 책이 완성될 무렵 혁명이 "나를 무기력하게 만들어서 계획을 달성할 수 없었다.'"

모로는 대서양의 시민이었다. 1750년 마르티니크*의 유력한 크레올(créole)** 집안에서 태어난 그는 열아홉 살 때 법학을 공부하기 위해 파리로 갔다. 그러고는 2년 뒤에 학위를 받자마자 프랑스에서 가장 중요한 법원인 파리 고등법원에서 좋은 자리를 차지했다. 그런데

---

* 카리브 해 앤틸리스제도의 남서쪽에 위치한 섬으로, 1635년 이래 오늘날까지 프랑스령이다.
** 카리브 해의 흑인 노예들이 구사한 어설픈 프랑스어를 지칭하던 말로, 여기에서는 식민지에서 태어난 프랑스인을 가리킨다. 에스파냐어의 '크리오요'에 해당한다.

메데릭루이에밀 모로의 초상화 1789년 파리에서 판화로 제작되었다(파리 국립도서관 제공).

1774년에 갑자기 사임하더니 카리브 해로 돌아가서는 생도맹그에 정착했다. 거기서 그는 변호사로 개업했고, 1781년에 문벌 좋은 가문으로 장가를 가서 훨씬 전도유망한 인물이 되었다. 그는 또 프리메이슨 르캅(Le Cap)* 지부에서도 활동하면서 나중에는 지부장이 되었고 식민지의 유력자들과도 어울려 다녔다.

모로는 생도맹그에서 변호사 일을 하면서 죽을 때까지 되뇌게 될 어떤 것에 대해 분노하게 된다. 즉 어느 누구도, 특히 대서양을 사이에 둔 양안의 행정가들은 자신들이 통치한 카리브 해의 식민지들에 관해서 너무도 알지 못했다는 점이다. 그는 이 문제를 해결하는 데 몰두하기로 마음먹었다. '필라델피아 서클'(Cercle des Philadelphes)이라는 지역 과학협회 회원들과 함께 작업하면서, 그는 생도맹그의 법과 역사, 환경, 경제에 관한 정보를 모으기 시작했다. 지식이 통치를 개선할 수 있다는 생각을 바탕으로 한 고전적인 계몽주의 프로젝트였다. 참고할 만한 갖가지 문서들이 파리에 있었기에 그는 1783년에 다시 파리로 갔다. 식민국(Bureau des Colouies)**은 모로에게 정기적으로 수당을 지급했고 문서고 출입을 허락했다. 1784년 그는 모두 여섯 권으로 완성될 식민지 입법의 역사 제1권을 출간했다. 그러고는 생도맹그로 돌아와 연구를 계속했고, 국왕 관리들과 싸움도 계속했다. 그러다 1788년 또다시 파리로 갔다. 그는 에스파냐와 프랑스 식민지들에 관해 쓴 《묘사》(Descriptions)를 출간할 생각이었는데, 그 무렵 프랑스혁명이 막 시

---

* 생도맹그 북부의 항구도시로, 정식 명칭은 캅프랑세(Cap-français) 또는 캅앙리(Cap-Henri)이며, 현재의 이름은 캅아이티앙(Cap-Haïtien)이다.
** 1710년 해군부 산하에 설치되었던 식민국은 1858년 나폴레옹 3세가 알제리 및 식민지부를 창설하면서 해군부에서 분리되었고, 현재는 해외영토부로 명맥을 유지하고 있다.

작되고 있었다. 모로는 재빨리 정치 활동에 뛰어들었다. 그는 파리 시 선거인회 의장으로 선임되었고 식민 정책에 관한 격렬한 논쟁에 참여했다. 그러는 사이에 마음먹고 있던 프로젝트는 흐지부지되었다. 살아남기 위해 애써야 했으므로 역사책을 저술할 시간이 거의 없었던 것이다. 여러 정치적 온건파들처럼 모로도 자코뱅파가 정권을 장악한 공포정치 시기에 반대편에 서서 평생 도망 다녀야 했다.[2]

모로는 필라델피아로 건너가서 다시 집필을 시작했다. 그리고 1796년에 에스파냐령 산토도밍고에 관해 서술한 《묘사》를 출간했지만, 프랑스 식민지에 관해서는 독특한 문제로 애를 먹었다. 생도맹그를 떠나 있는 동안 그가 알고 있던 많은 것들이 파괴되었고, 혁명 탓에 되돌릴 수 없을 만큼 변해 버렸던 것이다. 모로는 서둘러서 생도맹그의 영광스런 과거를 사실대로 묘사하지 않는다면, 앤틸리스제도에서 "가장 빛나는" 식민지 생도맹그가 잊힐지도 모른다고 우려했다. 한편으로는 "쓸데없는 일을 한다거나 더 이상 어떤 치유책도 없는 후회를 불러일으키려 한다"는 이유로 '세상 사람들'이 자신을 비난하고 있다고 생각했다.[3]

하지만 모로는 생도맹그 이야기는 할 만한 가치가 있다고 확신했다. 식민지가 재건되어야 한다고 강력하게 희망한바, 그러기 위해서는 파괴된 농장과 도시들이 옛날에는 어떠했는지, 식민지가 어떻게 기능해 왔는지, 그리고 어째서 잘못된 결과를 낳았는지에 관한 이해가 바탕이 되어 이루어져야 한다고 믿었다. 모로는 식민지를 다시 한번 '프랑스의 부와 권력의 원천'으로 만들 수 있다고 믿었다. "여전히 연기가 피어오르는 주검과 피가 뒤엉킨 이 들판에서 우리는 풍요를 되찾아야 한다."[4]

모로는 다음과 같이 썼다. "존속 기간이 짧았음에도" 생도맹그는 "그 자연환경과 번영, 파멸이 세계사에서 유일무이한 식민지"였고, 그리스와 로마의 위대한 문명과 마찬가지로 "여러 민족의 역사" 가운데 한 부분이었다. 모로는 자신의 책이 사람들로 하여금 "생도맹그에 대해 깊이 생각하고," 그들이 "헤르쿨라네움(Herculaneum)*의 파편들"을 들여다보면서 끌어낸 것만큼이나 많은 것을 이러한 사색으로부터 끌어내도록 고무할 것이라고 기대했다. 한 세기 반이 흐른 뒤에 또 다른 마르티니크 사람인 에메 세제르도 "생도맹그를 연구하는 것은 곧 현대 서양 문명의 기원과 원천을 연구하는 일"이라며 비슷한 주장을 내놓았다. 두 사람 모두 생도맹그를 유럽과 그 발전의 주변부로 볼 게 아니라 역사의 중심으로 보아야 한다고 생각했다.[5]

그러나 기이하게도 모로는 생도맹그 역사 가운데 한 측면을 모른 체했다. "식민지 혁명에 대해 써야 할 때가 왔는가? …… 나는 그렇게 생각하지 않는다." 그가 밝힌 것처럼, 이것이 바로 그의 책이 혁명이 일어난 바로 그날의 생도맹그를 묘사한 이유였다.[6] 그리고 책의 처음부터 끝까지 '1789년' 또는 단순하게 '그해'가 되풀이된 이유이기도 했다. 여러 망명객들이 그러했듯이, 모로는 고향에 관해 기록함으로써 고향으로 돌아가고자 했다. 고향이 노예 혁명으로 완전히 변모되었으므로 그의 작업은 사라진 세계에 대한 도보 여행인 셈이었다. 그러나 식민지 세계를 재건하겠다는 희망을 마음속에 품은 채, 이 망명객은 현재의 악령을 몰아내려고 애쓰면서 지난날의 유령을 불러들

---

* 이탈리아 나폴리에서 약 8킬로미터 떨어진 해안에 위치한 고대 도시 유적. 63년의 지진으로 큰 피해를 입은 후, 79년 폼페이와 함께 베수비오화산의 폭발로 매몰되었는데, 18세기에 이미 발굴이 시작되었다.

였다. 그 과정에서 그는 찬란하면서도 야수적인 생도맹그 식민지의 모습을 보여 주는 탁월한 단상을 남겼다.

"선량한 백인 하나가 죽었다. 나쁜 놈들은 여전히 여기에 남아 있다." 모로에 따르면, 이것이 르캅의 흑인들이 장례식에서 교회 종소리와 함께 들었던 말이다. 아마도 이 말은 오직 선량한 백인만 죽었다고 말하기 위한 교묘한 방법이었을 것이다. 종이 울릴 때마다 또 다른 시체들이 생도맹그를 떠도는 망자들의 세대에 합류했다. 에스파냐 정복자들에게 떼죽음 당한 원주민들에게도, 열병으로 엄청난 희생자를 낸 유럽 이민자들과 군인들에게도, 그리고 처형과 과로, 고통으로 또는 매우 드물게 나이가 들어 죽은 노예들에게도 식민지는 묘지였다.[7]

산 자들처럼 죽은 자들도 분리되었다. 식민지 유력자들이나 3천 리브르를 지불할 수 있는 몇몇 백인들은 교회 근처에 자신들을 위해 조성된 일인용 무덤에 묻혔다(프랑스에서는 교회 바로 아래에 묻혔지만, 열대의 더위 속에서 발밑의 시체 썩는 냄새로부터 교회 신도들을 보호하기 위해 이런 관행을 포기했다). 묘지에는 18세기 전반에 이곳에서 죽은 예수회 신부들뿐 아니라 식민지 총독 두 명도 묻혀 있었다. 모로는 1777년에 이곳을 방문했을 때 유골이 묘지 위로 튀어나와 널브러져 있는 것도 있었다고 말했지만, 누군가 그 유골이 기적처럼 보존된 예수회 신부들의 유해라고 한 말은 믿지 않았다.[8]

그러나 교회 묘지가 좁았기 때문에 대부분의 백인들은 르캅 교외에 있는 라포세트 공동묘지에 묻혔다. 라포세트는 1736년 전염병이 돌았을 때 평판이 좋지 않은 두 부류인 흑인과 선원들의 시신을 수용하기 위한 보조 묘지로 처음 사용되었다. 몇 십 년 뒤에 르캅의 교회 묘지가 다 차자 라포세트가 그 도시의 공식 묘지가 되었다. 처음에 인도회사(Company of the Indies)가 노예 거래를 위해 이 지역을 차지했을 때, 아프리카(L'Afrique)라고 불린 라포세트에는 이교도를 위한 묘지가 따로 있었다. 이곳에 도착하자마자 사망한 탓에 세례를 받지 못한 아프리카 노예들은 보살(bossales)이라 불리었는데, 그들은 '크루아 보살'(Croix bossale) 주변에 묻혔다(프랑스 식민지에서 노예 처리를 규제한 1685년의 흑인법[Code Noir]은 세례를 받지 않은 노예들은 "사망한 장소 근처의 들에 한밤중에 매장해야 한다"고 규정해 놓았다). 노예들이 일요일과 축일에 이곳에 모여 "춤을 춘" 까닭은 아마도 이 무덤들 때문이었을 것이다.

식민지에서 두 번째로 큰 도시인 포르토프랭스에서도 아프리카 노예들은 마찬가지로 '크루아 보살'이라고 일컫는 도시 외곽의 늪지에 묻혔다. 그러나 짐승들이 종종 시신들을 파헤쳤다. 지역 관리들은 "시체에서 뿜어져 나오는 나쁜 기운"을 걱정했다. 이 나쁜 기운을 통해서 죽은 자들이 산 사람을 위협하고 인간성과 도덕성을 무시한 관리들에게 징벌을 내릴 것만 같았다. 그래서 노예들을 위한 더 나은 공동묘지를 마련해야 했다.'

생도맹그 전역에서 노예들은 백인들이 더 이상 사용하지 않는 묘지를 차지함으로써 자신들만의 공동묘지를 만들었다. 북부 지방의 한 도시에서는 "검둥이들의 주술을 통해서" 버려진 공동묘지를 찾아내기도 했다. 남쪽의 아캥(Aquin) 교구에서는 초기 정착지에 내버려진 예배당 근처에 죽은 자를 묻었다. 이렇게 해서 노예들에게 강제로 공식 묘지를 사용하도록 하려는 시도가 실패로 끝났다. 노예들은 밤이 되기를 기다렸다가 죽은 이의 시신을 묻었다. 그래서 한때 노예였던 자들의 시신은 한때 자유민이었던 자들의 시신 곁에 나란히 묻히게 되었다. 다른 곳에서는 두 집단의 망자들이 다른 이유로 한 곳에 모였다. 모로가 넌더리를 내며 썼듯이, 한 작은 마을에서는 매장을 기록하는 전통이 없었기 때문에 "백인과 유색인, 자유민과 노예"가 모두 함께 매장되었다. 사람이 거의 살지 않는 또 다른 곳에서는 십자가로 표시된 작은 묘지가 "백인이든 노예든" 시신을 차별 없이 받았다. 때로는 자연의 힘도 죽은 자들을 한 곳으로 인도했다. 강력한 폭풍우가 몰아친 1787년에는 홍수가 나서 노예 두 명이 익사했고, 마차와 가재도구를 휩쓸어 갔을 뿐 아니라 작은 공동묘지의 무덤들까지 파헤쳐 놓아 시신들이 바다로 떠내려갔다. 어쩌면 그 바다는 대서양 횡단에서 살아남지 못한 아프리카인들에게 거대한 묘지였는지도 모른다.[10]

모로가 어떤 마을의 진입로를 묘사하면서, 아름다운 분수대를 보고 기분이 좋다가도 바로 옆에 있는 공동묘지 때문에 기분이 상한다고 한탄한 적이 있다. 이처럼 생도맹그에서 망자를 피할 길은 달리 없었다. 그것은 마치 망자의 '애처로운' 영혼으로 여행자들을 맞이하겠다고 맹세하는 것과 같다. 그러나 생도맹그는 대서양 양쪽의 사람들에게 부를 가져다주며 호황을 누리던 대서양 경제에 활기를 불어넣는 강력한 원동력이었다. 생도맹그의 들판을 뒤덮고 있던 사탕수수 농장들은 잘 정돈되고 정교한 기술을 보유했으며 효율적인 관개 시스템의 지원을 받았다. 이 산 저 산에는 싹을 틔우기 시작한 커피 농장으로 가득 찼고, 도시들은 오가는 배와 여행객 그리고 갖가지 상품들로 북적거렸다. 카리브 해의 변두리에 있던 생도맹그는 한 세기만에 세상에서 가장 가치 있는 식민지로 성장했다. 이 과정에서 생도맹그는 다양한 사람들을 받아들였다. 프랑스에서 온 가스코뉴, 브르타뉴, 프로방스 사람들, 아프리카에서 온 이보, 월로프, 밤바라, 콩고 사람들이 뒤섞였다. 혁명 전야의 생도맹그는 사람들의 피부색이 놀랍도록 대비되는 땅이었다.[11]

콜럼버스(Christopher Columbus)가 1492년 첫 번째 항해 중에 생도맹그에 상륙했다. 원주민인 타이노족(Taino)*은 그 섬을 아이티(Ayiti)라 부른 것으로 보이지만, 콜럼버스가 에스파뇰라(La Española)라는 새 이름을 붙여 주었다. 콜럼버스는 타이노 족장의 보호 아래 섬의 북서쪽 해안에 선원 몇 명만 남겨 두고 떠났다. 이듬해 다시 돌아왔을 때, 그는 파괴되어 버려진 정착지를 발견했다. 떠날 때 남겨 둔 선원들은 대부분 근처에 묻혀 있었다. 선원들을 맡았던 족장의 주장에 따르면, 카리브 해의 다른 섬 사람들 한 무리가 이곳을 공격해 오자 무력한 자신은 도저히 에스파냐 사람들을 지켜 낼 수 없었다고 한다. 그러나 처음에 평화로웠던 유럽인과 원주민들 사이에 폭력이 발생했다고 보는 쪽이 더 그럴듯하다.[12]

유럽인들의 첫 번째 아메리카 정착은 실패로 돌아갔지만, 곧이어 더 많은 사람들이 뒤를 이었다. 영어권에서 '히스파니올라'로 불리는 에스파뇰라는 아메리카에서 유럽의 식민 정책이 맨 처음 시작된 곳이다. 그곳에서 일어난 잔인한 학살과 원주민들의 떼죽음은, 놀라운 속도는 아닐지라도 그 뒤로 몇 세기 동안 계속 되풀이될 터였다. 엥코미엔다(encomienda)** 체제 아래서 이민자들은 귀금속 채굴에 원주민

---

* 카리브 해의 히스파니올라 섬에 살던 아라와크 인디오. 푸에르토리코와 쿠바 동부에서도 살았으나, 에스파냐 정복 후 100년 만에 멸족되었다.
** 에스파냐 국왕이 아메리카 원주민 노동력을 통제하기 위해서 제정한 사법 체계이다. 식민지 정복자들은 보호 아래 있는 원주민들에게 에스파냐어를 가르치고 가톨릭으로 개종시키는 대가로 그들로부터 노동, 금은, 또는 현물의 형태로 공납을 수취할 수 있었다.

들을 동원할 수 있는 권한을 얻어 냈다. 노동자들이 이민자들의 소유물은 아니었기에 엄밀하게 따지면 노예제는 아니었지만, 실제로는 노예와 다를 바 없었다. 과도한 노역은 물론이고 면역력이 없는 상태에서 질병에 시달렸고, 반란의 대가로 처형당했으며, 참혹한 상황을 피하기 위해서 스스로 목숨을 끊기까지 했다. 그 결과 에스파냐의 식민지 건설이 시작된 지 몇 십 년 만에 원주민 인구는 급격하게 줄어들었다. 1514년에 이르면, 콜럼버스가 도착한 1492년에 50만~75만 명으로 추정되던 인구 가운데 고작 2만9천 명밖에 살아남지 못했다. 급기야 16세기 중반에는 그 섬의 원주민이 완전히 사라지고 말았다.[13]

1502년 젊은 나이에 히스파니올라에 정착한 바르톨로메 데 라스카사스(Bartolomé de Las Casas, 1484~1566)*가 '서인도제도의 파멸'에 관한 연대기를 썼다. 그는 자신이 목격한 것 때문에 완전히 다른 사람이 되었다. 10년 뒤 그는 아메리카 땅에서 서품된 최초의 성직자가 되었고, 에스파냐 사람들이 타이노족을 잔혹하게 다루는 행태를 신랄하게 비판했다. 그는 에스파냐인의 잔인함을 원주민의 야만성이나 폭력에 대한 불가피한 대응이라고 정당화한 사람들을 공개적으로 비난했다. "우리가 하는 일이라고는 화내고 약탈하고 죽이고 난도질하고 파괴하는 것이다. 따라서 그들이 이따금 우리 가운데 누군가를 죽이려 한다고 해도 전혀 놀랄 일이 아니다." 그는 원주민들을 공포에 떨게 할 목적으로 계획된 끔찍한 폭력 행위들을 낱낱이 기록했다. "잔인

---

* 도미니크파 수도사로 히스파니올라에 건너와 가톨릭을 전파하며 원주민을 옹호하는 문필 활동을 펼쳤다. 그 결과 1542년 원주민을 노예화하는 엥코미엔다의 폐지를 이끌어 냈지만, 인디오 보호를 위해서 아프리카 흑인 노예 수입을 지지함으로써 노예무역에 책임이 있다는 비난을 받는다. 최초로 치아파스(Chiapas) 현지에서 주교로 임명되었다.

해져야 한다는 것이 에스파냐인들 사이에서 공유된 대원칙이었지만, 그들은 그냥 잔인한 것이 아니라 인디오들을 모질고 호되게 다루어서 감히 스스로를 인간이라고 생각하지 못하도록, 아니 한순간도 그런 생각을 하지 못하도록 몹시 잔인하게 굴었다."[14]

모로가 기록한 생도맹그에는 이러한 역사를 상기시키는 것들이 많았다. 리모나드의 한 농장에서 운하를 건설하던 노동자들이 에스파냐 동전 몇 개와 함께, 타이노족의 전통 방식으로 매장된 에스파냐인 시신 스물다섯 구를 발견했다. 모로는 그것들이 1492년 콜럼버스가 이 섬을 떠날 때 남겨 둔 사람들의 유해라고 생각했다. 모로에 따르면, 해안가 농장의 진흙더미 속에서 발견된 닻도 1492년 히스파니올라 해변에서 침몰한 콜럼버스의 산타마리아호의 것이었다. 그 밖에 다른 곳에서도 에스파냐가 저지른 잔혹 행위에 대한 법의학적 증거가 나왔다. 식민지 북부의 한 동굴에서 이마가 납작한 두개골 다섯 개가 발견되었다. 이마를 납작하게 만드는 건 카리브 해 원주민들 사이에 전해져 내려오던 일반적인 관습이었기 때문에, 그 두개골을 '인디오'의 것이라고 판정했다. 다른 유골은 전혀 발견되지 않았다. 모로는 이를 "에스파냐인들이 그 불쌍한 희생자들의 시체를 자기 개들에게 던져 주었기 때문"이라고 결론지었다. 모로는 히스파니올라의 역사를 잘 알고 있었다. 한 예로, 1493년에 콜럼버스는 타이노족을 겁주기 위해서 마스티프 종과 그레이하운드 종 투견을 여러 마리 데려온 바 있다.[15]

생도맹그 식민지는 실제로 사라진 원주민들을 떠올리게 하는 것들로 가득 차 있었다. 리모나드에서 사람들은 "발걸음을 뗄 때마다 원주민들이 사용했던 살림살이의 흔적"과 마주쳤고, 카르티에모렝에서는 "어딜 가나 원주민들의 유골과 단순하지만 독창적인 가재도구들, 때때로 섬뜩하지만 대단히 예술적인 주물(呪物)들을 발견했다." 어떤 사탕수수 농장에서는 지팡이에 패인 구멍마다 "이제는 인류의 목록에서 지워진 인종의 흔적들이 새로" 발굴되었다. 남부 지방의 제레미 시 교회에서는 여인 넷이 앉아 있는 모습을 새긴 돌이 성수반(聖水盤)으로 사용되었다. 본디 이 섬에 살던 원주민의 작품이었다. 레카이(Les Cayes) 시 근처의 반도에서는 원주민들이 남긴 '주물들'을 어렵지 않게 발견할 수 있을 뿐더러, 원주민들이 바위에 파 놓은 작은 동굴과 조가비로 만든 조각상들도 찾아볼 수 있다. "그렇게 많던 원주민 가운데 우리에게 자기네 역사를 일러 줄 사람이 단 한 명도 남아 있지 않았다는 사실을 생각할 때면, 철학자의 슬픔이 되살아난다"고 모로는 썼다.[16]

아메리카 최초의 유럽 정복지였던 히스파니올라는 16세기 동안 다른 측면에서도 개척자가 되었다. 라스카사스는 짐승만도 못한 취급을 받는 원주민을 보호하기 위해 역설적이게도 아프리카 노예 수입을 옹호했다. 수입된 노예들은 광산업을 보완하는 새로운 산업 부문의 노동력으로서 급격하게 줄어들던 원주민을 대체했다. 사탕수수는 1493년에 콜럼버스가 식민지에 도입했고, 1500년대 초부터 에스파냐 사람들이 신세계에 사탕수수 농장을 일구기 시작했다. 1530년대에는 서른 곳 넘는 설탕 공장이 식민지에 들어섰고, 16세기 중반에는 연간 설탕 생산량이 수천 톤을 헤아렸다.[17]

히스파니올라의 수도 산토도밍고는 나날이 번창했고, 아메리카 최초로 건설된 대성당과 유럽식 대학을 자랑하게 되었다. 에스파냐인들은 산토도밍고를 거점으로 이웃한 쿠바 정복에 돌입했고, 곧바로 대륙 본토까지 진출하여 멕시코 정복에도 나섰다. 히스파니올라는 베일이

벗겨진 보물들에 가려 빛을 잃는 처지에 놓였다가, 아스텍과 잉카제국이 몰락하자 또 다른 가능성이 펼쳐지게 된다. 수십 년 동안 새로운 에스파냐 제국의 중심으로 떠올랐던 히스파니올라는 곧 제국의 변두리로 밀려났다. 섬 동부의 설탕 경제는 16세기 말에 쇠퇴했다. 생강과 카카오 재배가 잠깐 그 자리를 차지했지만, 17세기 후반에는 소를 키우는 목장이 "섬에서 해볼 만한 유일한 상업적 시도"였다. 수많은 노예들이 자유를 얻었고 새로 노예를 수입하는 일은 제한되었다. 18세기 말에는 주민 가운데 15퍼센트만이 노예였다. 그러는 사이에 히스파니올라의 서부는 대부분 사람이 살지 않게 되었다. 수도 이름인 산토도밍고(Santo Domingo)가 점차 섬 전체를 지칭하는 말로 사용되었고, 17세기 초부터 그곳에 정착한 프랑스인들이 그 이름을 프랑스어로 바꿔 자기네 식민지를 생도맹그(Saint-Domingue)라고 부르게 되었다.[18]

17세기 동안 프랑스와 영국은 아메리카에서 에스파냐와 포르투갈의 패권에 도전하여 성공을 거두었다. 해적들은 식민화의 이 새로운 국면으로 나아가는 길을 터 주었다. 16세기 내내 아메리카 광산에서 원주민 노예들이 채굴한 금과 은을 실은 육중한 선박들이 끊임없이 대서양을 누비고 다녔다. 이즈음 비교적 무장을 덜 갖춘 채 항해하던 보물선들은 누구에게나 구미 당기는 먹잇감이었다. 에스파냐와 포르투갈은 약탈자들로부터 자국 선박을 지키기 위해서 엄청난 비용을 들였지만, 영국과 프랑스의 지배자들은 적들을 상대로 한 해적질을 지원하는 쪽이 더 이익이라는 사실을 깨달았다. 에스파냐의 해상 통제권을 약화시키고 카리브 해 다른 지역에 비공식 정착지를 건설함으로써, 해적들은 유럽 왕국들의 지원을 받아 한층 더 영구적인 식민 정착의 길을 열어 놓았다.[19]

에스파냐 탐험가들은 카리브 해 동부의 원주민들이 침입에 재빨리 대항하는 것을 알아차리고 될 수 있는 대로 그 섬들을 공략하지 않았다. 영국과 프랑스 이민자들이 처음 자리 잡은 곳이 바로 이곳이었다. 작은 섬 세인트크리스토퍼(St. Christopher)*에 처음으로 식민지를 만들고, 이곳에서 영국과 프랑스 사람들이 함께 살았다. 영국인들은 이 섬을 거점으로 카리브 해의 초기 노예 식민지 가운데 가장 중요한 바베이도스(Barbados)**를 건설했다. 몇 십 년 뒤 인구가 너무 늘어나자 이민자들이 바베이도스를 떠나 대륙 본토에 식민지 사우스캐롤라이나를 건설했을 만큼 급속하게 발전했다. 그 사이 프랑스인들은 1635년에 마르티니크와 과들루프에 식민지를 건설했다. 17세기부터 18세기 초까지 카리브 해 원주민들은 프랑스와 영국인들을 속여 서로 적대하게 함으로써 그럭저럭 살아남았다. 하지만 시간이 흐를수록 점차 원주민들은 몇몇 섬들에 고립되었고, 18세기 말에는 그 섬들조차 영국의 식민지가 되고 말았다. 결국 소수의 원주민 공동체만이 살아남게 되었다.[20]

카리브 해 동부의 식민지들이 성장함에 따라, 온갖 해적과 이주민, 프랑스인과 영국인은 모두 세인트크리스토퍼를 떠나 생도맹그 북서쪽에 있는 토투가 섬에 정착했다. 프랑스인들이 '사기꾼들'(flibustiers)이라고 부른 해적과 히스파니올라 섬에서 '부랑자들'(boucaniers)이라고 불린 집단이 하나로 합쳤다. 에스파냐 사람들은 개는 물론 돼지

---

* 앤틸리스제도 북쪽에 위치한 작은 섬으로 세인트키트(Saint Kitts)라고도 부른다. 오늘날은 이웃한 섬 네비스(Nevis)와 함께 연방을 구성하여 국가를 이루고 있다. 대다수가 아프리카계인 주민 3만5천여 명이 거주하고 있다.
** 앤틸리스제도 남쪽에 위치한 작은 섬으로, 1627년 최초의 영국인 이민이 정착한 이후 영국의 지배를 받아 오다가 1966년 독립했다.

나 소 같은 새로운 동물을 히스파니올라에 신고 갔다. 많은 수가 야생으로 도망치긴 했으나, 무엇보다 인간과 맹수가 없었기 때문에 17세기가 되자 그 수가 크게 늘어났다. '부랑자들'은 들소를 사냥해서 부칸(boucan)*이라는 원주민 방식으로 고기를 훈제했고, 지나가는 배의 선원들에게 그 고기를 팔았다. 토투가와 히스파니올라에 정착한 사람들은 점차 식량과 담배를 재배하기 시작했다.[21]

에스파냐는 토투가와 생도맹그 북부 해안에서 이 무단 침입자들을 몰아내려고 여러 차례 시도했지만, 프랑스인 정착지는 살아남아서 계속 성장해 나갔다. 프랑스는 1664년에 토투가와 생도맹그 해안을 감독할 총독을 임명했다. 총독은 자신의 고향 앙주에서 식민지로 갈 이민자를 직접 모집했다. 그가 처음 도착했을 때는 4백 명에 지나지 않던 유럽인 주민이 1680년에는 4천 명으로 늘어났다. 소규모 농장을 세운 이민자들이 '사기꾼들'과 '부랑자들'의 대열에 합류했고, 결국에는 그들보다 수가 더 많아졌다.[22]

1697년에 한 프랑스 해군 중령이 성장하고 있던 생도맹그 식민지에 도착했다. 그는 에스파냐령 항구도시 카르타헤나**를 공격할 준비를 하면서 '사기꾼들'과 생도맹그 해안의 주민들, '검둥이들'한테까지 참전하라고 촉구하는 포고문을 프티고아브 정착촌 교회 대문에 내걸었다. 생도맹그에서 모집된 병사들은 카르타헤나 포위와 점령, 나아가 끔찍한 약탈에 가담했다. 이 공격에 참여한 장교들 가운데 한 사람인 조제

---

* 육류와 생선을 훈제하여 보관하는 방식으로, 부칸은 원래 훈제하기 위해서 고기를 올려놓는 나무로 만든 석쇠를 일컫는 말이다.
** 콜롬비아 북부의 카리브 해 연안에 위치한 항구도시. 1697년 3월 3일 생도맹그에 도착한 프랑스 함대가 현지 주민 600명을 비롯한 1,800명의 병력과 10여 척의 전함을 동원해서 그해 5월 6일 카르타헤나를 급습·점령하였다.

프 갈리페(Joseph d'Honor de Gallifet)는 자기 몫의 전리품을 토지에 투자함으로써 장차 식민지에서 가장 번창하게 될 농장을 세웠다. 그는 나중에 짧게나마 생도맹그 총독으로 봉직했다. 카르타헤나에서 당한 패배는 1697년 리스위크(Rhyswick) 조약에서 에스파냐가 히스파니올라 식민지 서부를 프랑스에 할양하는 데 결정적인 구실을 했다. 카르타헤나 포위 공격은 그 사건이 프랑스 식민지에 또 다른 축복을 가져다주었기 때문에 한 세기가 지난 뒤에도 기억되었다. 1697년에 에스파냐 항구도시에서 약탈해 온 성모마리아 상이 남부 지방에 남아 있었다. 보통 그 아래에는 촛불을 켜 두었다. 훔쳐 온 성유물 가운데 가장 유명한 것은 프티고아브 교회에 걸린 십자가였다. 모로는 매일 저녁, 특히 금요일마다 그 십자가 주위에 모인 신자들의 강렬한 신앙심을 묘사한 바 있다. 성금요일에는 그 십자가 아래에 수백 개의 촛불을 밝히는 바람에 마루가 온통 촛농으로 뒤덮이고 벽은 연기로 그을렸다. 또 프티고아브의 기후는 모기떼를 들끓게 하지만, 카르타헤나에서 가져온 십자가 덕분에 그 도시에는 모기가 거의 없었다고도 했다.[23]

아메리카에 건설된 마지막 식민지 가운데 하나였지만, 프랑스의 식민지로서 공식적인 지위를 획득한 생도맹그는 곧 다른 모든 식민지들을 능가했다. 생도맹그에 가장 먼저 들어선 농장들에서는 아프리카 노예들과 기한부 도제계약*을 맺은 유럽인 노동자들이 함께 일했다.

---

* 17세기에 널리 사용된 인력 모집 방식. 일종의 조건부 강제노역 계약으로, 프랑스어로는 engagé, 영어로는 indentured로 표기한다. 구체제의 왕정들은 아메리카 식민지에 노동력을 제공하고 이민을 늘리기 위해서 이 제도를 적극 활용하였다. 통상 3년의 계약 기간이 끝나면 식민지에서 토지를 매입하든, 소작인이 되든, 아니면 고국으로 돌아가든 노동자의 자유였다. 이러한 관행은 프랑스혁명으로 공식 폐지되었지만, 1848년 노예제 폐지 이후까지 부족한 노동력을 충원하기 위해서 변형된 형태로 유지되었다.

유럽에서 온 노동자는 노예와 함께 일했지만, 프랑스인의 경우 3년 동안 일하고 나면 자유의 몸이 되었다. 한때 도제계약을 맺은 노동자들 가운데 많은 수가 살아남은 '사기꾼들'이나 '부랑자들'처럼 작은 땅을 경작하기 시작했다. 그들은 초기 투자에 대한 부담이 적고 금방 이익을 낼 수 있는 작물인 담배를 주로 재배했다. 하지만 버지니아 산 담배와 경쟁하게 되고, 식민 정책의 변화나 다른 작물의 등장으로 생도맹그에서 담배 경작은 오래갈 수 없었다. 담배 다음으로 잘 팔린 인디고는 수확한 풀잎을 파란색 염료로 만드는 한층 더 정교한 처리 과정을 거쳐야 했기에 좀 더 많은 자본이 필요했다. 그럼에도 소규모 인디고 농장들이 식민지 곳곳에서 나타났다. 인디고는 생도맹그 경제의 중요한 영역으로 남았지만, 뒷날 식민지 생도맹그를 지배하게 될 설탕 탓에 곧 빛을 잃게 되었다.

설탕은 18세기 경제의 기적이었다. 서남아시아가 원산지인 사탕수수는 수백 년 전부터 에스파냐와 포르투갈이 지배하고 있던 대서양 동쪽의 섬들에서 재배되어 왔다. 히스파니올라의 에스파냐인과 브라질의 포르투갈인은 아메리카에서 사탕수수 경작을 개척했고, 프랑스인과 영국인은 카리브 해에 식민 회사를 세우면서 에스파냐와 포르투갈의 경험, 나아가 네덜란드의 기술과 자금을 활용했다. 이 식민지들은 대서양 세계에서 부상하고 있던 자본주의 체제에 의지하면서 동시에 자본주의의 팽창을 추동했다. 17세기에 인과적 선순환이 시작됨으로써, 가장 부유한 유럽인들만 사치품처럼 누리던 설탕은 이제 유럽인들의 식탁에 없어서는 안 될 필수품이 되었다.[24]

노예제는 설탕 생산에 꼭 필요한 것으로 여겨졌다. 카리브 해 농장들은 사탕수수를 재배하고 수확하는 데 고된 일을 수행하는 노예 수백 명과 수확한 사탕수수로 설탕을 만드는 특화된 소수 집단을 거느렸다. 일단 수확한 사탕수수는 신속하게 처리되어야 했기 때문에, 일정 기간 동안에는 작업이 밤새 계속되었다. 고도로 분업화되고 산업화된 생도맹그의 설탕 농장들과 이웃한 영국령 자메이카의 경쟁자들은 아메리카에서 가장 많은 노예를 거느리고 있었다. 이들 농장의 노예 가운데 20퍼센트는 사탕수수를 처리하는 전문가, 설탕을 수송하는 통을 만드는 장인, 주인이나 지배인의 시중을 드는 하인으로서 밭일 이외의 다른 작업에 종사했다. '밭'과 '공장'의 조합이던 카리브 해의 농장 지역은 18세기에 세계에서 가장 산업화된 지역이 되었다.[25]

처음에는 여러 농장에서 아프리카 노예와 도제계약을 한 백인 노동자들이 함께 일했다. 1687년에는 생도맹그에 노예(3,358명)보다 백인(4,411명)이 더 많았다. 그러나 18세기에 이르면 카리브 해의 노동력은 비정상적일 만큼 계획적으로 인종화되었다. 소수의 지배인과 감독들을 제외하면 농장 노동력은 대부분 아프리카계 노예의 몫이었다. 1700년 생도맹그의 노예 인구는 9,082명으로 늘었고, 백인의 수는 몇백 명 수준으로 줄었다. 이후 수십 년 동안 사탕수수 농장이 늘어남에 따라 노예의 수도 급격히 증가했다. 18세기 중반이 되자 노예가 15만 명에 이르렀고, 백인은 1만4천 명에 못 미쳤다. 혁명 직전에는 식민지 거주자의 90퍼센트가 노예였던 셈이다.[26]

농장도 급격히 늘어났다. 1700년 무렵 18곳이던 생도맹그의 농장은 1704년에 120곳으로 크게 증가했다. 1713년에는 농장이 138곳 있었는데, 그 가운데 77곳이 북부 지방에 있었다. 이들 농장들은 불순물이 많이 섞여 있는 원당(原糖)을 생산했다. 현장에서 설탕을 정제할 수 있는, 즉 원당에서 당밀을 제거하여 식용 설탕을 만들 수 있는 사람들이 이익을 더 많이 가져갔다. 식용 설탕은 여전히 갈색이었지만 더 높은 가격에 팔 수 있었기 때문에, 당밀을 제거하는 농장들이 늘어났다. 1730년에는 그런 농장이 북부에 다섯 곳뿐이었지만, 1751년에는 설탕을 정제하는 농장이 182곳, 설탕을 정제하지 않는 농장은 124곳이었다. 1790년에 이르자 각각 258곳과 30곳으로 그 비율이 크게 바뀌었다.[27]

사탕수수 생산에는 비옥한 토지와 관개시설, 많은 노동력과 값비싼 장비가 필요했다. 사탕수수 생산은 큰 이익을 보장했지만, 담배나 인디고보다 훨씬 더 많은 초기 투자가 필요했다. 설탕 붐이 생도맹그를 강타하자 최상급 토지 구매 열풍이 불었고 토지 가격도 급등했다. 1700년에 식민지 총독은 18개월 전에 70에퀴(écus)에 살 수 있었던 농장을 이제는 아무것도 심지 않은 상태에서도 2,000에퀴를 주고도 살 수 없다고 보고했다.[28]

생도맹그에서 비옥한 토지가 설탕 농장용으로 매점되자 일부 백인들은 땅을 두고 떠났다. 수많은 백인들이 내륙으로 들어가 소규모 경작을 함에 따라 토지가 잘게 나뉘었다. 또 어떤 백인들은 범죄를 일삼기도 했다. 18세기 내내 식민지의 산들은 백인 비적 떼의 본거지가 되어 관리들을 걱정하게 만들었다. 그런가 하면 해안을 따라 농장 세계의 바깥에는 작은 공동체들이 존재했다. 모로는 남부의 한 집단을 "양서류와 같은 존재들"이라고 묘사했는데, 농부이자 동시에 선원이기도 한 그들의 생활은 식민지 초기 이민자들의 삶을 생각나게 했다. 아르티보니트(Artibonite) 강어귀에는 결혼도 포기하고 소금을 생산하는 사람들로 이루어진 '공동체'가 있었는데, 그들의 재산은 자손들에게 상속되는 게 아니라 공동체에 귀속되어야 했다. 그 공동체가 "검둥이들의 기강 문제를 불러일으킨 근원"이었기 때문에, 그 존재를 불만스럽게 생각한 지역 농장주들은 18세기 말에 소금 생산자들을 그들의 땅에서 쫓아낼 수 있었다. 소금 생산자들은 그 땅에 대한 공식적인 소유권이 없었기 때문이다. 그런데 소금 생산자들이 그 섬을 영원히 떠나겠다고 협박하자 총독이 이 문제에 개입했다.[29]

물론 그렇게 저항한 사람은 극소수였다. 섬에 사는 백인들은 대부분 유럽에서 온 지 얼마 되지 않은 이들이었고 농장이 가져다줄 이익을 원했다. 그러나 이용 가능한 비옥한 토지가 있다고 해도 그런 목표를 달성하기란 쉽지 않았다. 농장주들은 대부분 프랑스에서 이민을 떠나오기 위해 상인들한테 빚을 냈다. 일만 잘되면 이 빚은 시간이 지남에 따라 상환될 수도 있고, 농장주는 재산을 모을 수도 있었다. 그러나 농장주들은 대부분 실패했고, 담보로 잡아 둔 농장을 상인들이 차지하게 됐다. 18세기 말에 이르자, 프랑스의 주요 항구인 보르도, 낭트, 라로셸의 여러 상인 가문들이 생도맹그의 농장을 소유하게 되었다. 이 농장들은 봉급을 받는 관리인과 감독들에 의해 경영되었다. 수많은 젊은이들이 그런 일자리를 구하기 위해 식민지로 왔지만 경제 호황에도 불구하고 자리가 충분하지 않았다. 더구나 실패한 사람들 탓에 일자리를 잃은 백인 빈민층이 늘어났다.

1776년에 한 관찰자는 생도맹그에 거주하는 많은 백인들의 '참상'을 기록하면서, 변변한 기술 하나 없이 식민지로 건너온 사람들이 결국 길가에서 죽음을 맞이할 것이라는 견해를 내놓았다. 이것이 1779년 경찰에 의해 발견된, "빵 한 조각도 지니지 못한, 열네댓 살 먹은, 이름도 알 수 없는 어느 백인의 운명"이었다. 의사가 영양실조로 사망했다고 추정한 그이는 이름도 없이 지역 묘지에 묻혔다.[30]

18세기 후반 들어 생도맹그의 인구와 경제는 급속하게 성장했다. 1763년 프랑스가 캐나다를 영국에 양도함에 따라 카리브 해 지역은 아메리카에서 행운을 찾는 프랑스인들의 주된 목적지가 되었다. 이민자를 부자로 만들어 준다고 명성을 떨치던 생도맹그가 카리브 해에서 가장 매력적이었다. 이 시기에 새로운 작물인 커피가 인기를 누렸다. 커피 농장은 처음 기반을 다지고 유지하는 데 설탕 농장보다 비용이 적게 들었다. 게다가 아직도 이용할 수 있는 토지가 많은 생도맹그의 산악 지대에도 커피 농장이 조성될 수 있다는 장점이 있었다. 생도맹그의 60퍼센트를 차지하는 산지는 사탕수수 재배에는 아무런 쓸모가 없었다. 그래서 커피 붐은 설탕 붐과 경쟁하지 않고서 식민지에서 생산되는 막대한 부에 추가되었다. 혁명 직전에 생도맹그는 "설탕과 커피의 세계적인 생산지"였다. 생도맹그는 "자메이카, 쿠바, 브라질을 다 합친 것만큼 많은 설탕을 수출"했고, 전 세계 커피 생산량의 절반을 차지하면서 "대서양 노예 체제의 중심"이 되었다.[31]

식민지에서 생산되어 프랑스로 들여온 설탕과 커피의 75퍼센트는 다시 유럽의 다른 나라들로 수출되었다. 프랑스의 까다로운 교역 정책 때문에 농장주들은 생산물 가격을 낮출 수밖에 없었고, 프랑스 항구도시의 상인들은 이 사업으로 엄청난 재산을 모았다. 2천5백만 프랑스 주민들 가운데 1백만 명가량의 생계가 식민지 교역에 달려 있었다. 카리브 해의 노예 식민지들은 프랑스 본토의 사회경제적 변화의 원동력이 되었다. 역사가 장 조레스(Jean Jaurés)는 18세기에 낭트와 보르도에서 창출된 부가 프랑스혁명에서 돌출한 '인간해방'을 위한 투쟁의 결정적 부분이었다는 '슬픈 역설'을 지적한 바 있다. 구체제가 부과한 한계 때문에 좌절한 수많은 부르주아지들은 카리브 지역에서 노예들이 생산한 설탕과 커피 덕분에 부자가 되었다. 1789년, 1천 명의 국민의회 의원 가운데 15퍼센트가 식민지에 재산을 소유하고 있었고, 아마도 더 많은 이들이 식민지 교역에 관여하고 있었을 것이다. 생도맹그의 노예들은 프랑스혁명의 기초를 닦는 데 한몫했고 마침내는 혁명을 자신들의 것으로 만들었으며, 심지어 자유를 위한 투쟁에서 프랑스혁명을 능가했다.[32]

18세기 말 프랑스에서 배를 타고 온 여행객들은 주로 에스파냐령 산토도밍고 해안을 거쳐 프랑스 식민지 해안을 따라 여행했다. 밤이면 농장의 집들에서 빛이 새어 나오고 공장에는 불빛이 일렁였다. 바로 거기에서 "우리에게 많은 즐거움을 선사한 식민지 최고의 재산인 설탕이 만들어지고 있었다"라고 모로는 썼다. 배에 타고 있던 사람들은 상륙하면 입으려고 아껴 두었던 깨끗한 옷으로 갈아입었다. 르캅 항에 도착하여 배가 닻을 내리면 여행객들은 작은 배로 갈아타고 항구로 들어왔다. "이 무슨 광경인가! 장소에 따라 얼마나 다른가! 백인 한 명에 네댓 명의 흑인 또는 유색인을 보게 된다. 옷도 집도 …… 새롭기 그지없다."[33]

프랑스에서 온 배는 르캅 주민들에게 대서양 건너편에서 온 새로운 소식과 상품을 의미했다. '백인 시장'(marhché des blancs)이라 불린 지역에서 선원들은 일요일마다 보잘것없는 급료를 보충하기 위해 프랑스에서 가져온 옷감과 도자기, 보석, 신발, 모자, 앵무새, 원숭이 같은 진귀한 물건을 팔았다. 행정 당국은 이러한 관행을 막으려고 애썼으나 번번이 실패했다. 시장은 도시 주민들에게 인기가 무척 높았다. 모로에 따르면, "아무것도 사지 않더라도 백인 시장을 한 바퀴 둘러보

캅프랑세 시의 지도(1789년) 번창하는 도시 르캅의 잘 정비된 거리는 주변의 산들과 대조를 이룬다. 이 지도는 오른쪽이 북쪽을 향하고 있다(파리 국립도서관 제공).

는 것이 유행이었다." 배에 싣고 온 갖가지 화물은 상인이나 선장들이 가게를 가지고 있던 구베른망(Governement) 거리에서 거래되었다. 상점 입구에 놓인 광고판은 대개 선전하려는 물건을 싣고 온 배 그림으로 장식되어 있었다. 몇 걸음만 옮기면 가스코뉴, 노르망디, 프로방스 억양을 들으면서 "프랑스 전역을 여행할" 수 있었다. 노예들은 항구에서 여기저기로 상품을 끊임없이 옮겨 날랐다.[34]

배들은 매우 가치 있는 소식도 함께 가져왔다. 주민들은 항구 주변 건물에 모여서 새로 도착한 사람들과 이야기를 나누거나 그들이 들은 것을 다른 사람에게 전했다. 막 들어온 소식들은 《아메리카 벽보》(Affiches Américaines)라는 신문에 실렸다. 1788년부터 르캅의 부유층들이 클럽 '문학 서재'(cabinet littéraire)에서 모임을 열었다. 클럽 회원들은 연회비를 내고 당구장을 비롯하여 "흥미로운 신문들을" 두루 소장한 "우아하게 장식된" 도서실을 이용할 수 있었다. 필라델피아 서클과 모로의《묘사》출판을 지원한 과학협회도 그 건물에 있었다. 회원들은 식물 실험에서부터 실패할 게 뻔한 농장주의 아프리카 낙타 도입 시도에 이르기까지 매우 다양한 지적 작업을 추진했다.[35]

18,850여 명이 거주하는 르캅은 보스턴만 한 도시였다. 그 가운데 수천 명은 군인이었고 나머지 대다수는 노예였다. 바둑판처럼 형성된 56개의 거리에는 거리 표지와 지번이 표기되어 있었다. 항구에서 가까운 번화가는 부분적으로 포장되어 있었고 근사한 건물들이 르캅 여기저기에 흩어져 있었다. 예수회가 1763년 식민지에서 추방될 때까지 본부로 사용하던 건물을 정부 청사로 썼고, 그 뒤쪽에는 1천 명이 넘는 병사가 숙영할 수 있는 병영이 있었다. 그 밖에도 수도원을 비롯하여 정면 외관이 위압적인 대형 교회, 상당수가 도망노예들인 흑인 죄수들과 백인 범죄자, 채무자들을 분리 수감해 둔 감옥 그리고 병원 몇 채와 빵집 25개가 있었다. 도시 외곽에는 도살장도 있었다. 분수 여러 개가 정성들여 만든 수로를 통해 주변 산에서 흘러오는 "시원하고 깨끗한 물"을 광장에 공급했다. 남쪽으로 '작은 기니'(Petite Guinée)라고 불리는 동네에 자유유색인들이 모여 살았고, 다른 이들은 도시 여기저기에 살고 있었다. 식민지의 다른 도시들, 특히 포르토프랭스와는 대조적으로 르캅의 주택 1,400채는 대부분 돌로 지어졌다. 주택마다 "햇볕을 피할 수 있는 정원이나 정자"가 있었고, 세네갈, 기아나, 미시시피가 원산지인 이국적인 새들을 기르는 집이 많았다. 세네갈에서 온 새들은 깃털을 바꾸지 않고 색을 바꾸는 놀라운 재주를 부리기도

했다.[36]

어떤 주민이 "우리 섬의 파리"라고도 부른 르캅은 18세기 아메리카에서 가장 활기차고 중요한 문화 중심지였다. 1,500명을 수용할 수 있는 극장에서는 1760년대에 몰리에르의 〈인간 혐오자〉가 상연되었다. 1784년에는 파리 초연 직후 〈피가로의 결혼〉이 개봉되기도 했다. 그 지역의 연극 〈르캅의 월요일 또는 봉급날〉(Monday at the Cap, or Payday)도 상연되었다. 극장 안에서는 인종 분리가 엄격하게 유지되어 꼭대기의 관람 칸 열 개는 아프리카계 자유인에게 할당되었고, 세 칸은 '자유 흑인,' 나머지는 '물라토'의 몫이었다. 그래서 자기 딸들과 함께 앉을 수 없는 엄마들이 많았다. 또 자유유색인들은 관람 칸에서 극장 무도회를 바라볼 수 있었지만 무도회에 직접 참여하는 것은 금지되었다. 르캅에는 술과 도박을 즐길 수 있는 '카바레'도 많았는데, 합법적인 곳보다 무허가 업소가 더 많았다. 밀랍 박물관을 돌아보는 것과 같은 다른 놀이 문화도 있었다. 그곳에서 관람객들은 볼테르와 루소, 루이 16세, 마리 앙투아네트를 볼 수 있었고, 1789년 이후에는 군복 차림의 조지 워싱턴도 볼 수 있었다. 르캅의 공중목욕장은 프랑스와 달리 남녀 구분이 없어서, "남편과 아내 또는 스스로 부부라고 생각하는 사람들이 한 욕실이나 욕조에 들어갈 수 있었다." 모로는 공중목욕장이 인기 있었던 것도 바로 이 때문이라고 생각했다.[37]

르캅은 넓고 깊숙한 만에 건설되었다. 잘 축조된 넓은 항구는 생도맹그에서 가장 중요한 시설이었다. 르캅 항은 식민지에 도착하는 대부분의 배들이 기항하는 가장 큰 항구였고, 대서양을 횡단하는 선단에 합류하기에도 가장 수월한 항구였다. 언제나 항구에는 100여 척의 선박이 정박해 있었고, 600척이 넘을 때도 있었다. 1791년 어느 방문

캅프랑세에서 바라본 전망(1717년) 이 수채화는 서쪽에서 바다 건너 르캅을 바라보며 그린 것이다. 이 만은 선박을 위한 더 없이 좋은 피난처였는데, 그 덕분에 르캅은 식민지의 주요 항구로 급속하게 성장할 수 있었다(파리 국립도서관 제공).

포르토프랭스에서 바라본 전망(18세기 말) 생도맹그 제2의 항구는 잘 보호된 이 만에서 발달하였다 (파리 국립도서관 제공).

자는 일꾼들이 부두에서 '설탕 통'(hogshead)과 '인디고 통'(Keg)을 싣는 등 "갖가지 노동으로 바쁘다"고 묘사했다. 또 어떤 사람은 부두가 "선적될 상품들로 가득 찼고, 거기에 모인 사람들 모두 바삐 움직이며 시끄럽게 떠드는 즐거운 노동자였다"고 회상했다.

번성하던 주변 농장 지역이 항구를 먹여 살렸다. 산에서 개천들이 흘러내리는 북부 평야는 설탕 농장을 위한 최적지였다. 르캅이 속한 북부 지방은 평야와 주변 산들로 이루어져 있는데, 1789년에는 288곳의 설탕 농장이 있었고 대부분 정제된 설탕을 생산했다. 인디고 농장은 443곳, 커피 농장은 2,000곳을 웃돌았다. 이런 환경에서 1만6천명에 이르는 백인과 16만 명이 넘는 노예가 살아갔다. 이 가운데 많은 노예들이 1791년 봉기에 가담하게 된다. 북부 지방은 중요한 혁명 지도자가 될 몇몇 아프리카계 자유인들의 고향이기도 했다. 자유유색인 뱅상 오제(Vincent Ogé, 1755~1791)*는 동동(Dondon) 시에 살았다. 노예였다가 해방된 투생 브레다(Toussaint Bréda)**는 혁명이 일어나기 전 10년 동안 자신이 태어난 농장 근처에 땅을 조금 임차했다.[38]

생도맹그에는 서부와 남부 두 지방이 더 있었는데, 높은 산맥으로 서로 분리되어 있었다. 1751년이 되어서야 서부 지방에서 가장 큰 도시 포르토프랭스가 생도맹그의 수도가 되었고, 산맥을 가로지르는 길이 열렸다. 그 비용은 국왕 정부가 댔지만, 바위를 깨서 계단을 만들

---

* 생도맹그의 부유한 물라토 가문 태생으로 프랑스에서 수학하였다. 프랑스혁명 발발과 함께 '아메리카식민자협회'(Société des colons americains) 창설에 참여했고 자유유색인의 권리를 주장하였다. 1790년 생도맹그로 돌아와 자유유색인의 무장봉기를 주도하다가 1791년 2월 동조자 400여 명과 함께 공개 처형되었다.

** 아이티혁명의 지도자가 될 투생 루베르튀르의 젊은 시절 이름이다. 브레다 농장의 노예였던 그는 1760년대 말이나 1770년대 초에 해방된 것으로 보이는데, 해방과 함께 자신이 일했던 농장의 이름을 성으로 삼았다. 1779년에는 노예 13명을 거느린 커피 농장의 주인이 되었다.

포르토프랭스 항구와 주변의 시가지 지도(1785년) 포르토프랭스는 르캅보다 덜 조밀하게 건설되었다. 관개수로가 주변의 산으로부터 저수지를 통해서 도시로 물을 공급했다. 지도는 왼쪽이 북쪽을 향하고 있다(파리 국립도서관 제공).

고 도로를 건설한 이는 노예들이었다. 그러고도 르캅에서 포르토프랭스까지 마차 여행이 가능해진 것은 1787년 즈음이었다. 지방마다 산과 평야와 항구도시가 있었다. 식민지 역사 대부분의 기간에 사람과 상품은 바다를 통해서 지방 사이를 오갔다.[39]

서부 지방은 인구와 재산 면에서 생도맹그에서 두 번째 규모였고, 수도 포르토프랭스는 생도맹그 제2의 도시였다. 1780년대에 생도맹그를 여행한 어떤 사람은 프랑스 농장주들이 포르토프랭스에 대해 가지고 있던 웅장한 인상을 조롱했다. 농장주들은 그 도시를 "쾌락과 관능의 옥좌"라고 묘사했고, 자신들의 '예루살렘'이라고 생각했다. 그 여행객은 그들의 이야기를 듣고서 감탄에 앞서 막연한 불안감과 열정을 가지고 그 도시로 갔지만, "그들이 거리라고 부르는, 먼지 자욱한 곳에 두 줄로 늘어선 오두막 앞"에 섰을 뿐이었다. 정부 청사, 병영과 항구가 있어 활기찬 도시처럼 보였지만, 포르토프랭스는 "타타르족 캠프" 같은 모습을 한, 식민지의 "온갖 모사꾼과 일확천금을 노리는 자들이 모이는 장소"일 뿐이었다.[40]

서부 지방에는 너른 평야가 두 곳 있다. 포르토프랭스 주변의 퀼드삭(Cul-de-Sac) 평야와, 북쪽으로 구불구불한 아르티보니트 강이 가로지르고 항구도시 고나이브(Gonaïves)와 생마르크(Saint-Marc)에 인접한 평원이 펼쳐져 있었다. 두 평야 모두 메말랐는데, 특히 아르티보니트 평야는 어떤 작가가 '이집트'라고 묘사했을 정도로 건조했다. 18세기 후반, 노예들을 동원해서 정부 지원 사업으로 운하를 건설하여 마침내 퀼드삭 평야의 거의 절반에 관개시설이 갖추어졌다. 그 결과 이 지역에서 설탕 생산이 크게 일어났다. 1789년 서부 지방에는 북부 지방보다 많은 314곳이나 되는 설탕 농장이 있긴 했지만, 대부분이 규모가 작고 정제되지 않은 설탕을 생산했다. 인디고 경작은 오히려 북부보다 이 지역에서 한층 더 중요했는데, 1,800곳이나 되는 농장을 갖추고 있었다. 500곳이 넘는 면화 농장과 800곳이나 되는 커피 농장도 있었다. 이 지방에서도 인구 비중이 가장 높은 집단은 노예였다.[41]

남부 지방은 남서쪽으로 뻗은 긴 반도에 자리 잡았고, 중심 도시는 레카이였다. 카리브 해에서 가장 높은 산맥이 남부와 서부 지방을 갈랐고 남부 지방 내부도 갈라 놓았다. 남부 지방에는 두 곳의 평야, 즉 레카이를 둘러싼 평야와 제레미 시 주변의 좀 더 작은 평야가 있었다. 이 지방은 식민지에서 가장 낙후된 곳이었다. 191곳뿐인 설탕 농장은 대부분 정제되지 않은 설탕을 생산했고, 300곳의 커피 농장과 900곳

의 인디고 농장이 있었다. 세 지방 가운데 인구도 가장 적었다.[42]

모로에 따르면, 크레올어를 사용하는 이 지방은 식민지의 다른 지역과 관습이 달랐다. 거주민들이 입는 옷은 처음 유럽 이민자들이 도착한 이래로 거의 변하지 않았다. 남부 지방은 프랑스인들이 마지막으로 정착한 지역이고, 대서양 항해와 식민지의 다른 지역으로부터 가장 고립되어 있었다. 여러 가지 면에서 프랑스보다는 이웃한 영국 식민지 자메이카와 더 관련이 있는 일종의 '영국 문화권'이었다. 이 지역 주민들은 영국을 비롯한 에스파냐령 쿠바, 쿠라사오(Curaçao)*와 그 밖의 다른 지역에서 온 배들과 비합법적으로 거래했다. 밀거래는 식민지 전역에서 벌어졌지만 특히 이곳 남부에서 성행했다. 대량의 인디고가 영국에 팔렸지만, 공식 통계에서는 생고맹그의 수출 가운데 큰 몫을 차지하지 못했다. 쥘리앵 레몽(Julien Raimond, 1744~1801)**을 비롯한 수많은 자유유색인들이 확대되는 밀거래에서 이득을 보았다. 언젠가는 레몽이 이들의 요구를 받아안고 파리에 갈 터였다.[43]

한 역사가는 생도맹그에서 "지리는 역사의 어머니"라고 표현했다. 지방마다 풍광과 관습, 인구가 다 달랐고, 이것들이 앞으로 혁명을 만들어 갈 터였다. 더 넓은 세계에서 식민지의 지리적 위치는 식민지의 정치사를 형성하고 있는 것처럼 보인다. 생도맹그는 아메리카의 중심에 있었고 여러 면에서 제국들과 연결되었지만, 생도맹그를 지배하는

---

* 라틴아메리카 대륙 북쪽 해안에 자리 잡고 있는 작은 섬으로, 현재 네덜란드령 자치국이다.
** 1744년 생도맹그 남부의 부유한 자유유색인 집안에서 태어나 1763년 본토로 건너가 툴루즈에서 수학했다. 1789년 혁명이 발발하자 자유유색인의 정치적 권리를 주장하며 '아메리카식민자협회'에 가담하였고, 혁명의 진전과 함께 노예제 폐지론의 대변자가 되었다. 1796년 5월, 혁명 정부의 파견 위원으로 생도맹그에 귀환해서 노예제 폐지 후의 플랜테이션 경제를 재조직했고, 1801년 사망하기 직전에는 루베르튀르가 주도한 생도맹그 헌법 작성에 참여했다.

국가와는 아주 멀리 떨어져 있었다. 그것은 발전하는 대서양 세계의 일부였고, 여러 제국의 신민들이 언젠가 그들 자신이 세운 국가의 시민이 되는 꿈을 꾸게 만들었다.[44]

17 77년, 르캅의 중앙 광장에 모인 군중이 절도로 유죄선고를 받은 한 선장의 교수형을 지켜보고 있었다. 사형 집행인이 선장의 발밑에 있던 발판을 열자, 밧줄이 끊어지면서 선장이 바닥으로 떨어졌다. 그는 "주여 감사합니다!" 하고 외쳤고, 군중 속에서 몇몇 사람도 똑같은 말을 되풀이했다. 기적 같은 생존에도 동요하지 않고, 사형 집행인은 선장을 다시 매달려고 준비했다. 선장은 두 발로 사다리를 감고 움직이기를 거부하며 저항했고, 군중은 들고일어나 사형 집행인을 공격하기 시작했다. 기마경찰이 군중을 저지하려고 시도했지만 돌팔매질에 결국 퇴각했다. 사형 집행인은 죄수를 거리 아래로 멀찌감치 끌고 갔지만, 그와 함께 배를 탔던 덩치 큰 선원 둘이 사형 집행인을 공격하며 선장을 구했다. 광장으로 되돌아온 사형 집행인을 한 무리의 흑인들이 공격했다. 그들은 사형 집행인이 죽을 때까지 돌로 내리쳤다. 모로는 "나는 돌 더미 아래 이 불쌍한 자의 시신이 있는 것을 보았다. 그의 머리는 완전히 납작해졌다"라고 살해된 사형 집행인에 관해 썼다. 그 사건에서 살아남은 믿기지 않는 생존자가 있었는데, 사형 집행인이 애완용으로 기르던 "작은 쥐가 그의 주머니 속에서 상처도 없이 산 채로 발견되었다."[45]

대서양 세계의 항구도시들은 선원과 노예, 시장 아낙네, 보잘것없는 사기꾼, 매춘부 그리고 식민지 사회의 주변부에 버려진 사람들로 이루어진 사나운 군중들 때문에 악명이 높았다. 고국을 떠나오면서 유럽의 통치자들과 아주 다른 시각과 이해관계를 가지게 된 식민지의 부자들이 볼 때도, 식민지 군중은 더 광범위한 반란과 폭동에 빠지기 쉬웠다. 생도맹그도 예외는 아니었다. 짧은 역사 속에서도 생도맹그를 파괴하게 될 반란에 앞서 두 차례 대규모 봉기가 일어났다.

1723년 11월, 1백 명이 넘는 여성들이 막강한 인도회사의 생도맹그 지부 청사인 아프리카회관(Maison de l'Afrique)을 공격했다. 한때 배우였으나 선술집 주인이 된 사고나(Sagona)라는 여인이 이끄는 무리는 청사의 유리창을 깨고 집기를 부수고 온갖 책과 서류들을 길거리로 내던졌다. 그들은 몇몇 회사 관리들을 인근 주택까지 쫓아갔다. 사고나는 그 관리들 가운데 한 사람을 잡아 목에 총을 들이대고는 "들이켜라, 배신자야! 이게 마지막이다"라고 말했다. 소문에 따르면, 한 관리가 때마침 끼어들어서 목숨만은 부지할 수 있었다. 이튿날 밤에도 폭동이 이어져 더 많은 군중이 아프리카회관을 공격했고, 나아가 회사가 소유하고 있던 라포세트의 농장에 불을 질렀다. 군중 속에는 여장을 하고 무기를 든 남자 60명에 300명이 넘는 여자들이 있었는데, 그 가운데 어떤 이들은 밀가루 칠을 했고 가짜 콧수염을 달기도 했다. 인도회사에 상업상의 특권을 부여함에 따라 시작된 봉기는 몇 달 동안 계속되었다. 봉기에 가담한 사람들 대부분은 가난한 백인들이었고, 식민지의 몇몇 부자들도 반란을 지지했다. 그 가운데 한 사람은 반란이 성공한다면 "모든 민족에게" 개방된 교역과 "공화적 자유"가 찾아오겠지만, 더 이상 세금은 없을 것이라고 선언했다. "주인을 버렸지만 국왕의 깃발 아래 모인" 노예들에게 자유를 주는 것을 총독이 잠시 고려했을 정도로 폭동은 널리 확산되었다.[46]

이런 폭동은 생도맹그 주민 다수가 식민지에 대한 국왕 정부의 정책을 받아들이지 않았다는 사실을 보여 주는 사건이기도 하다. 부유한 노예주들도 자기네한테 부과된 국왕의 법과 규정들을 시종일관 조롱하고 반대했다. 그들은 식민 통치의 군사적 측면을 책임지고 있는 총독(governor-general)과 민사를 책임지고 있는 지사(intendant) 사이에 행정권이 나뉘어 있는 점을 이용했다. 총독과 지사는 권한이 상당히 겹쳐 있었고 서로 사이도 좋지 않았는데, 국왕의 정책을 적용하기 어렵게 만들었기 때문에 많은 농장주들이 이러한 상황을 반겼다. 더구나 본국에서 가결된 법률도 식민지에서 지역의회(conseils)나 법원에 의해 등기되어야 했는데, 그들은 때때로 항의의 표시로 법률의 등기를 거부했다.[47]

이러한 행정 구조는 프랑스 여러 지방의 행정 구조와 비슷했지만, 생도맹그만의 독특한 구조도 많았다. 무엇보다 생도맹그는 백인 이주민과 자유민들이 주민 가운데 소수에 불과한 노예 식민지였다. 공식 통계에 따르면, 1789년 식민지에는 46만5천 명의 노예가 있었고, 백인은 3만1천 명, 자유유색인은 2만8천 명이었다. 당시 농장주들은 소유한 노예 수에 따라 세금을 냈기 때문에 그 수를 줄여 신고했을 것이라는 점을 고려한다면, 노예 인구는 더 많았을 게 틀림없고 아마도 50만 명쯤은 되었을 것이다(참고로 미국에는 1790년에 70만 명의 노예가 있었다). 게다가 식민지에 거주하는 백인의 4분의 1이 도시에 거주했고, 농촌 주민 가운데 백인은 4퍼센트에 불과했다. 북부 평야의 몇몇 사례들은 극심한 인구 불균형을 도드라지게 했다. 렝베(Limbé) 소교구에는 백인이 3백 명, 자유유색인이 2백 명, 노예가 5천 명 거주했고, 1791년에 반란이 시작되는 이웃한 아퀼(Acul) 소교구에는 노예가 3천5백 명이었고 백인은 130명뿐이었다.[48]

농장주와 식민지 관리들은 노예 인구를 억제하는 일이 무척 중요하다는 점에 동의했다. 그러나 노예 인구를 억제하는 방법에 대해서 서로 격렬하게 대립하기도 했다. 1685년에 제정된 국왕의 흑인법은 노동시간, 음식, 주거, 의복, 처벌 등 노예의 처우에 관한 상세한 규칙들을 규정했을 뿐 아니라 해방 과정 같은 문제들을 상술했다. 18세기에 노예주들은 뻔뻔스럽게도 공개적으로 그리고 일관되게 이 칙령의 거의 모든 규정들을 지키지 않았다. 1793년 농장주 활동가 탕기 드라 부아시에르(Tanguy de la Boissiére)는, 흑인법은 언제나 "불합리하다고 평가되었고" 그 실행은 "결코 시도되지 않았다"고 썼다. 사실상 18세기 내내 지역의 법률뿐 아니라 새로운 왕령도 흑인법의 핵심 조항들 가운데 많은 것들, 특히 해방노예의 지위에 관한 조항들을 파기했다. 북아메리카에서 그랬던 것처럼, 생도맹그에서도 농장주들은 노예에 대한 자신들의 권한에 개입하려는 어떠한 시도에 대해서도 격렬하게 반대하며 완강하게 저항했다.[49]

　1780년대 중반, 파리 식민국의 개혁적인 행정가들은 카리브 지역 노예들의 상황을 개선하기 위해 법령 두 건을 통과시켰다. 플랜테이션 농장에서 일어난 소규모 봉기들에 관한 보고서가 어느 정도 그들의 마음을 움직였다. 그 법령의 많은 조항들은 농장 관리인에게 농장에서 이루어지는 작업과 생산을 꼼꼼하게 기록하도록 요구함으로써 관리인의 자율성을 제한하고, 권력을 남용하여 노예들이 혹사되는 것을 막는 데 목적이 있었다. 또한 흑인법의 조항들을 개선해서 노예들에게 일요일뿐 아니라 토요일 오후에도 휴무를 허용하고, 추가 노동시간을 제한했으며 음식과 의복의 개선을 보장해 주었다. 이제 학대에 관해 불만을 제기할 수 있는 권리가 노예들에게 주어졌고, 노예 살

해로 유죄 판결을 받은 농장주와 관리인에게는 엄격한 처벌이 규정되었다.[50]

생도맹그의 농장주와 프랑스의 몇몇 상인들은 새로운 규정을 노골적으로 비난했다. 생도맹그에 농장을 소유한 어느 상인은 그 조항들이 농장 관리인의 업무를 불가능하게 만들 것이라고 주장했다. "검둥이들이 백인들을 고발할 수 있다면 어떻게 우리가 그들을 억누를 수 있겠는가?" 하고 반문했다. "노예들의 고발을 믿는 것은 백인에 맞서 노예들을 무장시키고 반란을 일으키도록 길을 터 주는 것이나 마찬가지다." 그는 국왕 법령에서 사악한 목적을 보았는데, 바로 "검둥이들을 해방시키고 백인들에게 족쇄를 채우는 것"이었다. 한 식민지 관리는 노예제가 '끔찍한' 것이라고 인정했음에도 불구하고 그 법령은 '신성한 소유권'에 대한 공격이라고 썼다. 노예의 노동 체계와 기강을 "그 주인이 아닌 다른 사람들"의 통제 아래 둠으로써, 그 법령은 "노예의 손에 칼을" 쥐어 주었다. 르캅 법원이 왕령 등기를 거부함으로써 지역 관리와 베르사유 사이에 싸움이 시작되었다. 그 결과 반항적인 르캅 법원은 1787년 왕령으로 폐쇄되고 그 권한이 포르토프랭스로 이관되었다. 같은 해 마르티니크와 과들루프는 식민지 의회를 창설할 수 있는 권리를 획득한 반면, 생도맹그는 그렇지 못했다. 그 무렵 모로는 생도맹그에 있었는데, 그와 필라델피아 서클의 동료들은 이 결정은 물론이고 식민지와 협의 없이 법을 가결한 '전제적' 정부까지 공개적으로 비난했다. 이 과정에서 그들은 나중에 공공연한 반란으로 급변하게 될 자치 정부 요구의 기초를 닦는 데 기여했다.[51]

농장주와 프랑스 관리들 사이에 벌어진 분쟁의 또 다른 골자는 국왕 정부의 경제정책이었다. 17세기 말 장바티스트 콜베르(Jean-

Baptiste Colbert)의 주도 아래 독점(exclusif)의 원칙이 자리 잡았다. 독점은 프랑스 항구에서 출항한 배만 식민지와 교역할 수 있음을 뜻했다. 국왕 정부의 관점에서 볼 때 식민지는 본국 경제에 기여하기 위해서 존재했기에 이러한 방식으로 농장주들을 구속하는 것은 지극히 논리적이었다. 무엇보다도 프랑스는 해군력으로 식민지를 보호해 주었고, 노예와 상선으로 식민지의 성장을 지원했으며, 이주민과 행정력을 제공했다. 동전의 양면과도 같은 통제와 지원의 관계 속에서 식민지와 본국이 권력과 재산 면에서 함께 성장해야 했다. 프랑스 배들이 아프리카 대륙의 프랑스 항구들에서 노예를 사들여 카리브 해의 프랑스 식민지들로 이송하고, 프랑스 상인들이 플랜테이션에서 생산한 상품을 유럽에 내다 팔며, 이렇게 돈과 이익은 가족의 울타리 안에 머물게 될 것이다.[52]

이론은 이와 같았으나 실제는 무척 달랐다. 첫째, 프랑스 배들은 급속하게 성장하는 식민지에 공급 물자, 특히 식량과 노예를 충분히 이송하는 데 늘 실패했다. 농장주들은 수출 상품 생산에만 강박적으로 몰두하여 식량 수입을 필요 불가결하게 만듦으로써 그들 자신의 문제를 키웠다. 반면 프랑스 상인들은 식민지 상품을 구입할 때 농장주들이 생각한 것보다 낮은 가격을 지불했다. 이는 여러 가지 면에서 비논리적인 체계였다. 한편 생도맹그는 날로 번창하는 영국 식민지인 자메이카와 에스파냐령 쿠바 근처에 있었고, 남북 아메리카 대륙 양쪽과 가까웠다. 사방에 시장이 널려 있었다. 하지만 번영하는 이웃들과 교역하는 것은 금지되었고, 모든 것이 대서양 건너 수천 킬로미터를 이동해야 했다.

사람들은 시종일관 법을 어김으로써 독점에 경의를 표했다. 프랑스 식민지의 산파였던 해적들은 카리브 해의 여러 섬들과 대륙 사이를 연결했는데, 이 식민지에서 저 식민지로 밀수품을 운반하면서 이익을 챙기려는 이들이 늘 존재했다. 특히 자메이카와 가까운 남부 지방의 농장주들은 노예를 구입하면서 이중으로 본토 상인들을 따돌리는 기발한 체계를 발전시켰다. 영국 상인들은 자메이카에서 노예를 데려왔고, 프랑스 농장주들은 설탕과 커피를 주고 그 노예를 구매했다. 이런 방식으로 자메이카 사람들이 판매한 노예 가운데에는 반항적이어서 제거하고 싶어 했던 자들도 포함되어 있었다. 영국령 서인도제도 출신임에 틀림없는 노예 부크먼(Boukman)이 1791년 생도맹그 반란을 주도했다.[53]

생도맹그 주민들은 가까이에 있는 영국과 에스파냐령 식민지들 말고도, 네덜란드와 뉴잉글랜드의 상인들 사이에서 기꺼이 공범이 될 만한 다른 패거리들을 찾아냈다. 설탕을 원료로 해서 만드는 상품들, 특히 럼주와 당밀은 갖가지 식료품과 교환되었다(1790년대 초 미국 배들은 "밀가루, 옥수수, 귀리, 쌀, 비스킷, 염장 쇠고기, 염장 대구, 청어, 고등어, 연어, 생선, 기름, 완두콩, 감자, 양파, 사과뿐만 아니라 돼지, 황소, 양, 칠면조 같은 살아 있는 가축"을 가지고 왔다). 수많은 북아메리카 상인들이 생도맹그로 왔지만, 거래는 제국의 통제가 거의 없는 터크스케이커스제도나 바하마제도의 작은 섬들에서 이루어졌다. 뉴잉글랜드 상인들은 아메리카 원주민들에게 팔거나 아프리카 노예를 사기 위해 럼주를 사용했다. 18세기에는 그들 제국들끼리 전쟁을 벌이는 경우가 많았지만, 북아메리카와 프랑스령 카리브 해의 식민지들은 서로를 의지하며 성장해 갔다.[54]

생도맹그의 경제는 그야말로 밀수로 유지되었다. 작은 배들이 해안을 들락거리며 불법으로 사고파는 일이 벌어졌고, 식민지의 지도층까지 밀수에 참여했다. 식민지 정부가 밀수를 저지하는 것은 불가능했다. 밀수 거래에 대한 엄격한 입법 조치는 국왕 정부의 무능함을 부각시킬 뿐이었다. 1733년에 한 총독이 "나는 홀로 식민지 전체와 맞서고 있다"고 한탄했을 정도였다. 당시 그는 밀수에 참여한 혐의로 유죄 판결을 받은 농장주를 너무 관대하게 처벌했다고 비난받았다. 7년전쟁(1756~1763)* 뒤에, 그리고 다시 미국혁명 이후 북아메리카와 생도맹그 사이에 한층 더 집중적인 교역의 길이 열렸다. 행정가들이 농장주에게 이롭도록 독점 규정을 완화하여, 카리브 해의 몇몇 프랑스령 항구에서 일부 상품을 거래할 때 외국 배를 이용할 수 있도록 허용했다. 그러나 일부 품목이 제외되었고 무거운 수입세가 부과된 탓에 밀수는 계속되었다. 불법 거래에 의존하는 사람들은 제국의 통제가 느슨해지면 주민들의 이익이 더 커질 수 있다고 주장하며 그들을 유혹했다. 게다가 많은 프랑스인 농장주들은 활기찬 영국 식민지 의회를 부러워했다. 실제로 7년전쟁 때, 몇몇 프랑스인 농장주들은 다른 제국 안에서 자신들의 이익을 훨씬 더 잘 지킬 수 있을 것이라고 생각하면서, 생도맹그를 점령하려는 영국의 시도를 공개적으로 지지하기도 했다.[55]

대서양 세계의 다른 식민지들처럼 생도맹그도 하나의 진화하는 역설이었다. 생도맹그는 백인 이민자들에게 부를 약속했지만, 그들의 희망 가운데 많은 것들을 좌절시켰다. 생도맹그는 프랑스의 확장으로

---

* 프로이센에 슐레지엔을 빼앗긴 오스트리아가 실지 회복을 위해 벌인 전쟁이다. 영국은 궁지에 몰린 프로이센을 지원하면서 오스트리아의 동맹국인 프랑스를 상대로 식민지 쟁탈전을 벌였다.

서 식민 모국의 권력과 팽창에 이바지해야 할 운명이었다. 생도맹그로 이주한 수많은 백인들은 프랑스와 긴밀한 유대를 유지하며 재산을 모으면 곧 고향으로 돌아가고자 했다. 그러나 수많은 이주민들이 자녀들과 함께 식민지에 남았고 그 과정에서 새로운 생활방식과 세계관을 발전시켰다. 생도맹그 정착자들은 파리가 자신들에게 강제한 규정들을 비웃으면서, 전쟁 시기에도 일관되게 이웃한 영국이나 에스파냐 식민지들과 교역함으로써 끝내 살아남아 부자가 될 수 있었다. 식민지 정착자들은 자신들을 통제한 국왕 정부나 물품을 거래하는 본국 상인들과는 이해관계가 달랐다. 그들은 파리나 보르도의 사촌들보다 자메이카의 영국인 설탕 농장주와 공통점이 더 많았다. 사람뿐 아니라 동식물에 대해서도, 유럽 출신뿐 아니라 아프리카 출신에게도 적용될 수 있는, 아메리카에서 태어난 어떤 것을 지칭하는 용어, '크레올'이 이러한 차이를 포착했다.

　몇몇 문필가들은 카리브 해 지역 백인 크레올의 차이를 인종적 측면에서 설명하기도 한다. 예를 들면 잉글랜드 태생 농장주 브라이언 에드워즈(Bryan Edwards)는 '유럽 출생자들'과 다른 두 가지 신체적 차이를 지적했다. 크레올들의 '상당히 깊은' 안와(眼窩)는 "거의 항시적으로 비추는 강렬한 햇빛이 가져다줄 나쁜 효과로부터" 그들을 보호했다. "그들의 피부는 유럽인의 피부보다 상당히 차갑게 느껴졌는데, 내 생각에는 열기로부터 자연스럽게 그들을 보호하기 위해 독특한 수단을 고안해 낸 증거가 아닌가 한다." 또 어떤 사람들은 노예에 대한 무제한적인 권력 때문에 크레올의 인성에 형성된 타락에 병적으로 집착했다. 모로는 "노예에 대한 자신의 의지를 언제든지 법으로" 만들 수 있는 힘으로 식민지를 건설했고, 그 식민지를 결코 떠나 본적이 없는 크레올 남성들이 직면했던 위험성을 묘사했다. 그들은 결국 노래와 춤에 빠져 "오로지 육체적 쾌락을 위해" 살아갈 뿐이었다.

1790년대 말에 생도맹그를 방문한 박물학자 미셸 데쿠르티(Michel Etienne Descourtilz, 1775~1835)*도 기후가 크레올 여성들의 '정조 관념'을 타락시킨다고 비난하면서, 그들의 "좌식 생활이 육감적인 성정(性情)"을 자극했다고 썼다. 심지어 크레올이 선하고 고결하게 태어났을지라도, 그들은 노예를 부릴 운명을 타고났으며 "야만적이고 잔인하며 자기중심적인 지배 본능"을 발전시켰다는 사실로 더럽혀졌다고 주장했다. 데쿠르티는 그들의 느슨한 가정교육을 비난했다. 그 과정에서 부모들은 모든 과도한 욕망을 받아 주었고, 그렇게 해서 "어리석은 짓을 경멸하는 유럽인 사회의 짐"이 된 사람들이 만들어졌다. 식민지를 멀리 있는 무절제와 폭력의 왕국으로 보고 그 주민들을 태생적으로 다른 사람으로 보는 것은, 노예제로부터 이익을 취하고 그 생산물을 소비하는 유럽인들과 노예제 사이에 어느 정도 거리를 두는 데 도움이 되었다.[56]

크레올들 사이에 악행과 신속한 진화론적 적응에 대한 환상은, 그들이 대서양 건너의 동포 사회와 구별되는 다른 사회를 만들어 냈다는 사실에 대한 억지스러운 대응이었다. 이러한 환경은 카리브 해의 크레올들이 남북 아메리카의 사람들과 공유했던 것이다. 그러나 크레올의 운명은 아메리카 사람들과 너무도 달랐다. 13개 식민지가 반란

---

* 의사이자 식물학자로서 아이티혁명의 역사를 서술했다. 그는 북아메리카 일주를 마치고 1799년 4월 2일 생도맹그에 도착했다. 데살린 휘하에서 의사로 봉사하면서 루베르튀르한테서 통행증을 받아 생도맹그의 식생을 조사했으나 채집한 자료들은 혁명의 와중에 파손되었다. 1803년 프랑스로 돌아가 보몽(Beaumont) 종합병원 내과에서 근무했고 파리 린넨학회 회장을 지냈다.

을 일으켰을 때 영제국의 가장 부유한 식민지들, 다시 말해서 카리브해의 식민지들은 거기에 가담하지 않았다. 어느 정도는 자신들의 노예를 통제하는 데 대한 우려가 독립 욕구보다 강했기 때문이다. 노예들이 자유를 약속한 영국군에 합류하기 위해 탈주하여 미국혁명에서 중요한 역할을 했음에도 불구하고, 신생 미합중국에서 노예제는 오히려 더 강화되었다. 반면에 곧이어 생도맹그에서 일어난 독립 투쟁의 승리는 노예제에 맞선 성공적인 투쟁이 되었다. 그 주역은 노예 주인들이 아니라 바로 노예들이었다.[57]

한편 생도맹그의 크레올들은 그들만의 이해관계와 세계관을 가진 훨씬 많은 주민들에 둘러싸인 극소수에 머물렀다. 노예는 억압자들 사이의 분열을 빈틈없이 감지하고 이를 묘사하기 위해 풍부한 어휘를 개발하던 "곳곳에 산재한 주의 깊은 관찰자들"이었다. 그들은 자신들을 감시하기 위해 생도맹그까지 일하러 온 백인들을 '프랑스의 양'(moutons France)이라고 일컬었다(나중에 이 용어는 1802년에 도착해서 많은 사상자를 낸 프랑스 부대를 지칭하는 데 사용되었다). 그들은 토지를 소유하지 못한 백인들을 지칭하기 위해서 '작은 백인'(petits blancs)이라는 용어를 사용했는데, 재산이 그들을 진정한 백인으로 만들었다는 의미에서 '하얀 백인'(Blancs blancs)이라고 불린 '큰 백인'(grands blancs)과 대비되었다. 노예들이 쓰던 말은 결국 생도맹그의 모든 사람들에게 사용되었고, 백인들 사이에 긴장을 고조시키는 데 이바지했다. 노예들이 주인들 사이의 균열을 이런 식으로 해석해 낸 것은 그 균열을 심화시키는 범주들을 규정하면서 식민지를 타오르게 할 불을 댕긴 것과 마찬가지다.[58]

2
비등

　1784년 노예 필리포는 주인 모제 부인에게 "당신의 불행은 내가 흑인이라는 사실"이라고 편지를 썼다. "내가 흑인이라는 점이 나의 유일한 결점입니다. 나 자신을 백인으로 만들 수 있다면, 당신은 신의 뜻에 따라 당신의 재산이 늘어나는 것을 보게 될 것입니다." 필리포는 생도맹그의 아르티보니트 평원에 있는 농장에서 살고 있었다. 거기에서 태어났고, 1760년대까지 모제 부인의 하인으로 일했다. 그 시절 모제 부인은 남편과 함께 섬을 떠나서 죽을 때까지 프랑스에서 돌아오지 않았다. 1770년대에 필리포는 농장에서 노예들을 지휘 감독하는 십장(commandeur)이 되었고 농장에서 가장 중요한 노예였다. 매일 밭일을 감독하고 다른 노예들을 먹이고 돌봤으며, 맡은 일을 다하지 못한 노예들에게 벌을 주었다. 그는 모제 부인한테서 직접 명령을 받은 것이 아니라, 부인이 식민지의 재산을 관리하기 위해 고용한 관리인으로부터 지시를 받았다. 관리인들은 멀리 있는 주인을 위해서 이익을 내야 한다는 압박감을 느끼고, 농장 생산물의 일정 몫을 수수료로 챙기면서 식민지에서 발판을 마련하고자 했다. 그들은 종종 노예들에게 잔인하게 굴었는데, 식량이나 의약품을 줄이고 일요일에도 일하도록 강요했으며, 벌을 줄 때 심한 폭력을 사용하기도 했다.[1]

필리포는 농장에서 이와 같은 일들이 벌어지고 있다고 모제 부인에게 경고했다. "당신이 고용한 관리인이 당신의 흑인 노예들을 죽이고 있습니다. 그는 노예들에게 너무 심하게 일을 시킵니다"라고 알렸다. 노예 넷이 도망을 쳤는데, 언제나 성실한 일꾼이었던 라무르라는 늙은 노예는 자식 넷을 버리고 떠났다. 게다가 관리인은 노예들을 농장 작업에서 빼내 자기가 소유한 밭에서 일을 시키며 이익을 챙겼다. 필리포는 모제 부인에게 자신을 믿어 달라고 이렇게 간청했다. "하나님 앞에서 나를 변호하듯이 당신에게 말씀드립니다." 그는 또한 자기가 쓴 편지를 비밀에 부쳐 달라고 부탁했다. 모제 부인에게 편지 쓴 사실을 농장 관리인이 알게 되면 학대당할 게 뻔했다. 그는 편지 말미에 "당신의 매우 보잘것없고 복종적인 노예"라고 서명했다. 모제 부인은 그의 탄원에 응답하지 않았다.[2]

필리포의 편지는 부재지주의 농장에서 살아 내야 하는 삶이 얼마나 역설적인지를 잘 보여 준다. 그런 농장이 많지는 않았지만, 크고 부유한 농장들 가운데 상당수가 그러했다. 부재지주 농장이 가장 많은 북부에서는 정제된 설탕을 생산하는 농장의 절반 가까이가 부재지주의 소유였다. 일반적으로 부재지주들은 식민지의 대리인(procureur)에게 농장 감독권을 위임했고, 그 대리인은 다시 관리인(gérant)을 고용했다. 대리인은 관리인에게 엄청난 자율권을 부여하고 농장을 거의 방문하지도 않았다. 수많은 관리인들이 이런 상황을 악용했다. 한 농장주에 따르면, 관리인이 경영하는 농장 100곳 가운데 95곳이 폐허가 되었지만 그 관리인은 부자가 되었다고 한다. 관리인들은 농장의 물자를 훔치거나 노예들을 사적으로 이용할 수도 있었고, 이익을 챙겨 달아날 수도 있었다.

노예들은 필리포가 그랬던 것처럼 때때로 항의했다. 남부의 한 설탕 농장에서는 노예들이 관리인에게 크레올어로 이렇게 말했다. "우리는 우리의 주인을 위해 농장에서 일을 하면 됐지, 관리인의 농장에서까지 일할 필요가 없다는 것을 알고 있다." 그러나 주인들은 노예의 말보다 관리인의 말을 믿었고, 관리인들은 불평하는 노예를 발견하면 주저 없이 잔혹한 처벌을 가했기 때문에 노예들은 용기를 내지 않고는 불평을 할 수가 없었다. 대농장의 노예들은 관리인 또는 농장주가 고용한 감독들(économes)과도 싸워야 했다. 감독의 역할은 밭에서 노예들을 감시하고, 질병과 사망 그리고 흔한 일은 아니지만 출산을 색출하는 것이다. 백인 사회의 밑바닥에 속해 있던 이들 가운데에 그런 일자리를 찾는 사람이 많았던 탓에 보수는 보잘것없었고 고용과 해고도 쉬웠다. 따라서 혼자 힘으로 부자가 될 가능성도 몹시 적었다.[3]

감독 바로 아래이자 노예 계층의 맨 위에는 필리포와 같은 십장이 있었다. 한 농장주에 따르면, 노예 십장들이야말로 '농장의 정신적 지주'였다. 농장주와 관리인, 감독들은 십장에게 크게 의지했다. 십장은 노예시장에서 무척 비싼 가격에 거래되었는데, 일반 노예보다 곱절이나 더 비싼 경우도 있었다. 필리포 같은 십장들은 대부분 식민지에서 태어난 크레올이었다. 농장의 작업이 제대로 돌아가려면 이들이 있어야 했다. 십장들은 해 뜨기 30분 전에 채찍 소리나 종소리 또는 조가

비를 불어서 노예들을 깨웠다. 그들은 노예들과 함께 들에 나가 일과
를 보냈고 문제가 생기면 무엇이든 보고했다. 십장들은 대개 채찍을
휘둘렀다. 농장주들은 노예들 사이에서 십장의 위엄을 높이고 그들의
충성을 확보하기 위해서 더 좋은 음식과 옷, 집을 주어 보상했다. 십
장들은 주인의 협력자로서 농장 경영에서 중요한 역할을 했다.[4]

그런가 하면 그들은 노예 공동체의 지도자이기도 했다. 농장에서
이미 누리고 있던 존경 덕분에 그들은 십장으로 선택된 뒤에도 허약
하거나 병든 노예들을 돕고, 야간이나 주말에 몇몇 노예들이 농장 밖
으로 나갈 수 있도록 허락해 주었다. 이렇듯 존경과 두려움을 함께 느
끼게 함으로써 십장은 더 많은 권력을 획득했다. 장차 농장주가 될 사
람들을 위한 지침서에는 십장들을 경계하라는 조언이 나온다. 십장들
은 백인들에게 완벽하게 헌신하는 듯 환상을 잘 유지하는 한편, 농장
노예들 가운데 가장 반항적인 자들과도 가까이 지내면서 그들의 처
벌을 면제해 주었다. 1790년대의 노예 반란을 지켜보고 나서 이 지침
서가 집필되었는데, 아마도 그 반란이 이 문제에 대한 시각을 규정했
을 것이다. 실로 많은 농장주들에게 깜짝 놀랄 일이었지만, 십장들은
1791년에 반란을 조직하고 수행하는 데 주도적인 역할을 했다.[5]

1787년 필리포가 모제 부인한테 다시 편지를 썼을 때, 혁명은 여전
히 몇 년 뒤의 일이었다. 그는 농장의 새 관리인이 저지르고 있는 끔
찍한 일들에 관해 또다시 불평했다. 새 관리인은 노예들이 하는 작업
에는 거의 관심이 없었고, 집에서 놀면서 하루를 보냈다. 관리인은 모
제 가문의 땅에서 벌목한 목재와 농장에서 키운 면화를 팔아 수익금
을 착복했다. 필리포는 "새 관리인이 당신의 희생 위에 부자가 될 것"
이라고 경고했다. 농장 곳간에 식량이 넘쳐났음에도 노예들은 '굶어

죽고' 있었다. 관리인이 자기 노예와 돼지들을 먹이기 위해서 식량을 쌓아 두었던 것이다.[6]

　이번에는 모제 부인이 답장을 했다. 하지만 그녀의 응답은 필리포를 실망시켰다. 그녀가 무어라 썼는지는 정확하게 알 수 없다. 왜냐하면 필리포가 모제 부인에게 편지 쓰는 일을 도와준 여인이 그녀의 편지를 읽은 후, 필리포가 모제 부인에게 자신이 쓴 편지를 태워 버리라고 요청했던 것처럼 편지를 불태웠기 때문이다. 그러나 필리포의 응답은 그 편지의 내용을 암시하고 있다. "마님, 농장이 생산적으로 돌아가게 하기 위해서 제게 조언하실 필요는 없습니다." 모제 부인은 겉으로는 더 열심히 일하라고 격려했지만 그의 절박한 탄원을 무시했다. 왜냐하면 농장 관리인은 제거되지 않을 것이기 때문이다. 필리포는 절망하며 "당신이 우리의 말을 들으려고 하지 않는데, 우리가 무엇을 하겠습니까?"라고 썼다. 편지를 대신 써 준 친구는 다음과 같이 추신을 덧붙였다. 모제 부인의 응답을 들었을 때, '불쌍한' 필리포는 울부짖으며 "나는 이방인의 재산을 늘리기 위해서 더 이상 이전처럼 용감하게 일하지 않을 것"이라고 말했다. 그러나 이 이야기는 여기서 끝나지 않았다. 몇 년이 지나 충성스러운 필리포는 그 원한을 갚게 될 터였다.[7]

　끔찍한 대서양 횡단에서 살아남은 아프리카 사람들에게는 생도맹그에 도착하자마자 낙인찍기라는 또 다른 고통이 기다리고 있었다. 농장주들은 불에 달군 인두로 노예의 몸에 자기 이름의 첫 글자를 새겨 소유권을 표시했다. 몇몇 노예의 몸에는 두 번째 낙인이 찍힌 경우도 있었는데, 때때로 노예 상인들이 포로들을 배에 실으면서 낙인을 찍었기 때문이다. 그러고 나서도 노예들이 팔릴 때마다 이 절차가 되풀이되었다. 17세기의 한 성직자에 따르면, "여러 차례 팔린 어떤 노예는 끝내 이집트의 오벨리스크처럼 온몸에 글자가 새겨졌다." 도망노예를 찾는 신문 광고에는 여러 가지 사실 가운데 가장 먼저 그 많은 낙인들을 묘사해 놓았다. 그러나 몇몇 아프리카인들은 화상 흉터를 지울 수 있는 약초를 알고 있었다. 이 낡은 지식이 아메리카 노예제에서 새로운 의미를 띠게 되었다. 이전에 노예였던 수많은 이들이 자신의 몸에 찍힌 낙인들을 알아볼 수 없게 만들었다고 혁명기의 목격자들은 기록하고 있다.[8]

1600년대에 불법 이주의 한 방편으로 노예제가 시작된 이래 1793년에 폐지될 때까지, 수십만 명에 이르는 노예들이 배에 실려 프랑스령 생도맹그 해안에 다다랐다. 노예선에 관해 자세하게 묘사해 놓은 기록에 따르면, 18세기에만 68만5천 명의 노예가 생도맹그로 끌려왔다. 10만 명이 넘는 노예가 대서양을 횡단하는 도중에 사망했다고 보고되는데, 아마도 기록되지 않은 더 많은 죽음이 있었을 것이다. 1730년대 말부터 해마다 성인 남자와 여자, 어린아이 할 것 없이 1만~2만 명에 이르는 아프리카인들이 생도맹그로 수입되었다. 1780년대 중반에 이르면 그 수가 3만~4만 명으로 증가한다. 노예 수입이 최고조에 이른 1790년에는 4만8천 명에 가까운 아프리카인들이 식민지로 흘러들었다. 이 수치에는 18세기 이전에 식민지로 수입된 노예들이 포함되지 않았고, 소규모 밀매를 통해서 꾸준히 조달된 노예들의 유입도 반영되지 않았다. 노예 밀수는 거의 기록을 남기지 않았다. 따라서 얼마나 많은 노예들이 생도맹그로 끌려왔는지는 정확하게 알 수 없으며, 85만~100만 명 정도라고 추정할 따름이다. 카리브 해의 다른 식민지들보다 뒤늦게 플랜테이션 사회로 자리매김했고 대서양에서 노예무역이 종식되기 수십 년 전에 파괴되긴 했지만, 생도맹그는 전체 8백만~1천1백만 명 규모에 이르던 대서양 노예무역의 10퍼센트 정도를 차지했을 것이다.[9]

1789년에 노예의 수가 50만 명을 넘어섰다는 사실은 노예 생활이 얼마나 잔혹한지를 단적으로 보여 준다. 1782년에 한 여인은 "그들은 항상 죽어 가고 있다"고 불평했다. 평균적으로 아프리카에서 온 노예 가운데 절반이 2~3년 사이에 죽었다. 어린아이도 믿기지 않을 만큼 많이 죽었는데, 몇몇 농장에서는 그 비율이 거의 절반을 웃돌았다. 해마다 5~6퍼센트나 되는 노예가 죽어 나갔고, 전염병이 돌 때는 상황이 더 악화되었다. 반면에 출생률은 3퍼센트 정도였다. 농장주와 관리인들은 대부분 인도주의에는 관심을 두지 않고 단기적인 성과에만 집중했다. 또한 노예 인구가 늘어날 수 있는 방책을 생각하며 노예들을 다루기보다 될 수 있는 대로 일을 더 많이 시키면서 식량과 의복, 의료에 대한 지출을 줄이는 쪽이 더 이익이라고 계산했다. 그들은 죽을 때까지 노예를 부렸고, 죽으면 새로운 노예를 사서 대체했다.[10]

그 결과 18세기 말까지 생도맹그 노예들의 대다수는 아프리카 태생이었다. 그들은 아프리카 전역에서 끌려왔다. 초기에는 프랑스 노예무역 항구의 본거지인 세네감비아(Senegambia)*에서 수많은 노예들이 생도맹그로 왔다. 18세기의 첫 사반세기 동안에는 주 수입원이 베

---

* 아프리카 대륙의 서쪽 끝으로 흐르는 감비아 강 유역으로, 19세기에 세네갈은 프랑스, 감비아는 영국의 식민지가 되었다가 1960년과 1965년에 각각 독립하였다. 1982년 두 나라는 주권을 유지하면서 국방, 외교, 통화에서 공동 정책을 채택한 세네감비아연방을 결성하였다.

냉 만*으로 바뀌었다. 이 노예들 가운데 일부는 오요(Oyo)의 요루바 왕국**이 시작한 전쟁에서 포로가 되었고, 또 어떤 이들은 다호메이 왕국***이 감행한 공격으로 생포되었다. 세 번째 근거지는 서아프리카의 석호(潟湖)들 옆에 있는 항구들이었다. 그중에서도 인근의 항구들을 통제하던 알라다 항이 가장 중요한 곳이었다. 아프리카 출신 지역의 복잡성은 생도맹그에서 단순화되고 왜곡되는 경우가 많았는데, 한 예로 이 지역 출신 노예들 대다수가 알라다의 변형인 '아라다'(Arada) 또는 프랑스인들이 부르던 대로 '아드라'(Ardra)라고 불리었다. 또 요루바 왕국 출신 노예들은 때때로 '나고'(Nago)라고 불리었다.[11]

18세기 내내 대서양 노예무역이 확대됨에 따라, 중앙아프리카의 서쪽 지역은 아메리카 대륙으로 끌려오는 노예의 최대 공급지가 되었다. 이 노예들은 루안다 항****을 거점으로 진행된 포르투갈의 내륙 지방 공략과 콩고 왕국의 내전, 그리고 노예를 포획하거나 내륙 지방으로부터 공물로 노예를 받아 온 여러 왕국들을 통해 공급되었다. 생도맹그에서 이 노예들은 생물학의 속명(屬名)인 '콩고'(Kongo, 당시에는 일반적으로 Congo라고 썼다)로 분류되었다. 그들은 생도맹그에 수입된 노예들 가운데 다수를 차지했는데, 18세기에 수입된 노예의 40퍼센

---

* 나이저 강, 시오 강, 하호 강, 베냉 강 등이 대서양으로 유입되는 중앙아프리카 서해안의 만으로, 노예무역이 성행했던 토고의 로메, 베냉의 코토누, 나이지리아의 라고스 등 주요 항구가 자리하고 있다.
** 지금의 나이지리아에 자리 잡았던 요루바족의 왕국으로, 전성기인 17~18세기에는 동쪽으로 나이저 강과 서쪽으로 볼타 강에 이르는 넓은 지역을 지배하였다. 오요는 18세기 전반에 서쪽에 있던 다호메이 왕국을 정복하고 포트토노보 항을 통해서 유럽인과 교역하였다.
*** 현재 아프리카 서부 나이지리아와 베냉 남부에서 18~19세기에 번영했던 왕국이다. 17세기 초에는 요루바 왕국에 공물을 바쳤지만, 유럽인들과의 노예무역으로 크게 번영하였다.
**** 포르투갈의 식민지였던 앙골라 북부의 대서양 연안 도시로, 식민지의 행정 중심지이자 브라질로 노예를 수출하는 항구였다. 현재 앙골라의 수도이다.

트에 이른다.[12]

농장주들은 노예의 출신이나 '부족'을 아주 중요하게 생각해서 '상세한 어휘 목록'을 사용했는데, 이 목록은 노예들을 분류하기 위한 "아프리카인과 유럽인의 관찰이 낳은 산물"이었다. 큰 항구에 접근할 수 없는 여러 농장주들이 노예를 구입할 때 거의 선택의 여지가 없었음에도, 특정 '부족'의 노예를 선호했다. 설탕 농장주들 다수가 선호한 아라다는 훌륭한 농사꾼으로 간주되었다. 몇몇 농장주들은 콩고 여인들이 전통적으로 밭일을 맡아 왔기 때문에 남자들보다 밭일에 더 적합하다고 기록했다. 가축을 방목하는 서아프리카의 풀베족(Fulbe) 출신 노예들은 소수였는데, 그들은 대개 가축을 방목하는 일에 배치되었다.

모로는 여러 방면에 걸쳐 아프리카 부족들의 특성을 기록했다. 그에 따르면, "세네갈족(Sénégalais)은 무척 착실하고 깨끗하며 가장 조용했다." 밤바라족(Bambara)은 관자놀이에서 목까지 긴 표식이 있고, 그들이 좋아하는 육류를 얻는 방식 탓에 서인도제도에서는 '칠면조 도둑' 또는 '양 도둑'으로도 불리었다. 이보족(Ibo)은 좋은 일꾼이지만 "영혼이 옮겨 다닌다고 믿었다." 그들은 자신의 영혼이 아프리카로 돌아갈 수 있도록 스스로 목숨을 끊기도 했다. 농장주들은 다른 노예들이 자살하지 않도록 설득하기 위해 "이보족은 당신들이 고향에 추한 모습으로 나타나기를 원치 않을 것"이라고 설명하면서 자살한 이보인의 머리를 베거나 사지를 절단하는 짓도 서슴지 않았다.[13]

18세기 말이 되자, 생도맹그의 여러 농장에서 아프리카 특정 지역 출신 노예들이 집결되는 양상이 나타났다. 서부 지방의 한 인디고 농장에 거주하는 노예들은 노예무역의 긴 역사를 반영하고 있었다. 노예 92명 가운데 늙은 아라다가 10명 있었고, 최근에 사들인 콩코 노예가 29명이었다. 남부 지방의 한 설탕 농장에는 아프리카 부족들이 놀라운 조합을 이루고 있었다. 348명의 노예 가운데 콩고 58명, 이보 28명, 나고 55명, 밤바라 13명, 아라다 25명, 미네 23명, 모리키 13명, 소소 16명이 있었다. 게다가 티아바, 보보, 몬동그, 세네갈, 모코, 호사, 타쿠아, 월로프 같은 더 작은 집단들도 있었다. 같은 농장주가 소유한 또 다른 설탕 농장에는 439명의 노예 가운데 콩고가 112명, 아라다 64명, 나고 40명, 밤바라 9명이었고, 작은 집단도 몇몇 있었다. 이러한 집단들 내부에는 저마다 문화와 언어가 다양하게 나타났고, 아프리카의 언어와 관습도 지켜지고 있었다. 몇몇 농장주들은 새로 들어온 노예들이 농장 생활에 적응하기 쉽도록 고향이 같은 노예의 보호·감독 아래 두었다. 그 덕분에 노예들 사이에 아프리카 공동체들이 쉽게 유지될 수 있었다. 노예들은 저마다 자기네 고향을 떠올렸고 때때로 불러내기도 했다. 1950년대에 녹음된, 아마도 노예제 시대의 유산인 듯한 부두교(Vodou) 노래 속에서, 가수는 콩고의 왕에게 "저들이 나한테 저지르고 있는 짓을 지켜봐 달라"고 요청했다.[14]

콩고족은 18세기 후반에 커피 농장이 많이 들어서던 산악 지대에 특히 많았다. 혁명 전 10년 동안, 그들은 북부와 서부 지방의 커피 농장에서 거의 절반 가까이를 차지했다. 생도맹그의 일부 산악 지대에서는 콩고어가 크레올어나 프랑스어만큼 일반적으로 사용되었다. 북부 지방에서도 그들은 혁명이 일어나기 전 몇 년 동안 설탕 농장 노예의 40퍼센트를 차지했다. 이들 콩고족 가운데에는 나중에 북부 지방에서 반란을 일으킨 노예들과 혁명군의 우두머리가 될 마카야(Macaya)와 상수시(Sans-Souci) 같은 사람들이 있었다.[15]

모로에 따르면, 혁명 전야에 생도맹그 노예의 3분의 2, 즉 식민지 주민의 절반 이상이 아프리카 태생이었다. 이 아프리카 태생의 노예들과 크레올의 관계는 복잡했다. 크레올은 노예 상태에서 겪는 하루하루의 고된 싸움을 하는 데 유리한 점이 더 많았다. 그들은 크레올어를 사용하면서 성장했고 식민지에 혈연관계를 가지고 있었다. 또 대체로 농장에서 전문화되고 특권적인 지위를 더 많이 차지했고 해방될 기회가 아프리카 태생 노예들보다 더 많았다. 반면에 아프리카에서 자란 노예들은 그들만의 문화적·정치적·군사적 경험과 고유의 언어와 종교를 지녔다. 그러나 집단들을 너무 명확하게 구분하면 오해를 불러일으키기 쉽다. 크레올 가운데 많은 이들이 아프리카 태생의 부모한테서 태어나거나 아프리카에서 태어났지만, 식민지에서 일생의 많은 부분을 보낸 노예들은 여러 가지 면에서 크레올화되어 있었다. 그럼에도 불구하고 이 두 집단 구성원들 각자의 인생사에 따라 혁명에 참여하는 방식이 결정되었다.[16]

아프리카 태생이든 크레올이든, 백인이든 흑인이든 주민들이 다 함께 형성한 생도맹그의 문화는 아프리카 노예들의 끊임없는 유입에 깊이 영향을 받았다. 농장에서든 도시에서든 이 문화가 음악, 전통, 언어, 습관, 패션, 신앙과 꿈속에 깃들어 있었다. 모로는 생도맹그에서 아프리카 노예들이 "나무로 만든 작은 인형이나 동물상"을 경호원(garde-corps)이라 부르며 사용했던 것에 대해 기록했다. 남부 지방에서 아프리카 노예들은 박수치고 노래하고 북을 치며 행렬을 선도하는 여성들과 함께 군중 속으로 '저승길 친구들'을 데리고 들어왔다. 1790년대 말에 생도맹그를 방문한 또 다른 관찰자에 따르면 콩고족은 자신의 머리에 깃털을 꽂았고, 많은 이들이 치아를 갈아서 날카롭

게 했다고 기록했다.[17]

모로는 "생도맹그의 모든 아프리카인들이 일부다처였다"고 기록했다. 그에 따르면, 아프리카 남자들은 여러 여자들과 결혼했고, 여자들은 서로를 '선원'(matelots)이라고 불렀다고 한다. 그들은 17세기에 그 섬에 정착한 해적들을 모방했고, 서로를 '선원들'이라고 부르는 구성원들끼리 '사회집단'을 형성했다. "모든 인간관계가 그렇듯 이 여자들 사이에서도 남자들에 대한 일종의 음모가 있었는데," 특히 사랑하는 남자들을 속여야 할 때 그러했다고 모로는 추측했다. 한 남자와 결혼한 부인들 사이에서 '선원'이란 용어를 사용한 것은 생도맹그에서 진행된 적응과 변형의 또렷한 과정을 보여 주는 한 예이다.[18]

모로는 "아프리카인들은 고향에서의 생활방식과 그 어떤 공통점도 없는, 전혀 다른 생활방식을 택한 식민지 사람이 되었다"고 썼다. 식민지라는 커다란 용광로에서 일어난 만남과 변형의 과정이 남긴 지속적인 문화유산들 가운데 하나가 아이티크레올어였다. 식민지 사회에서 저마다 다양하게 발전한 크레올어들과 함께, 이 언어는 프랑스어의 방언들이 아프리카의 언어들과 뒤섞이면서 나타났다. 아이티크레올어는 몇 세대에 걸쳐, 초기 프랑스 이민자들과 그들의 노예들, 자유 유색인, 하인과 도시의 노예들, 설탕 붐이 최고조였을 때 농장에 들어온 성년의 아프리카인들, 특히 생도맹그에서 노예로 태어난 아이들에 의해 형성되었다.[19]

아프리카의 종교들도 플랜테이션의 토양에 뿌리를 내렸는데, 그 과정에서 변화하였다. 아프리카 종교들이 가톨릭의 관행과 소통하면서, 가톨릭 성자들은 아프리카와 남북아메리카의 숭배자들에 의해서 새로운 의미로 윤색되었다. 18세기 초반 다수를 차지했던 베냉 만 출

사탕수수 농장을 묘사한 판화(《백과전서》, 1751년) 이상적으로 묘사된 이 그림에서 주인의 집, 노예 막사, 초지, 사탕수수밭, 물레방아, 사탕수수 즙을 끓이는 건물, 사탕수수 줄기를 분쇄해서 즙을 짜는 건물, 설탕 덩어리는 건조시키는 건물, 그리고 카사바, 바나나 같은 작물들을 재배하는 언덕을 확인할 수 있다(미시간주립대학 도서관 제공).

신의 아라다족 노예들은 생도맹그에 폰족과 요루바족의 전통을 가지고 왔는데, 이 전통은 나중에 다수를 차지하게 된 콩고족 노예들이 가져온 전통과 결합되었다. 플랜테이션 상품 생산을 위해 조직된 식민지 세계에서 노예란 단지 일꾼이 된다는 것을 의미했는데, 종교 의식은 의례적인 위안, 춤과 음악, 그리고 무엇보다도 농장 너머로 확대되는 공동체를 제공했다. 종교 의식은 또한 몇몇 개인들에게는 조언과 지도를 위한 기회를 제공했다. 당시 고도로 산업화되고 조직화된 농장들에서 강렬한 종교적 관행들이 출현했는데, 이는 노예들의 인간적 분투를 기리고 회고하는 것이기도 했다. 어떤 의미에서 종교는 굴종의 세상에 존재하는 자유의 공간이었고, 결과적으로 노예들에게 완전한 자유를 가져다줄 반란의 터를 닦는 데 이바지했다.[20]

행정가와 노예주들은 오래전부터 노예들의 종교 의식에 잠재된 위험성을 인지하고 있었다. 그들은 종교 의식을 법률로 금지하고 진압하려고 애썼지만, 끝내 성공하지는 못했다. 모로는 "과거에 관한 이해, 현재에 관한 지식 그리고 미래에 관한 예지"를 지닌 어떤 뱀에 대한 숭배와 관련된 '부두교 춤'을 자세히 묘사했다. 여기에는 숭배자들 사이의 대화가 수반되는데, 숭배자들은 붉은 손수건을 두르고 두 명의 종교 지도자를 "왕과 왕비, 전제적인 교주와 부인 또는 감동을 주는 아버지와 어머니"라는 이름으로 지칭했다. 숭배자들은 이 두 사람에게 은혜를 베풀어 달라고 요청했다. 모로에 따르면, "대부분은 주인들의 정신을 조종할 수 있는 능력을 달라고 간청했다." 의식이 치러지는 가운데 일순간 왕비의 몸에 "신이 스며들어, 그녀의 온몸이 경련을 일으키더니, 신탁을 전하는 예언자가 그녀의 입을 통해 말했다." 이 모든 의식 다음에 "아프리카 노래와 춤"이 이어졌다. 의식을 엿보다 붙잡혀서 숭배자와 접촉한 몇몇 백인들은 스스로 제어할 수 없는 춤을 추기 시작했는데, "이 처벌을 끝내기 위해서" 왕비에게 대가를 치러야 했을 만큼 영적인 힘이 강력했다. 모로는 "이 부두교 의식보다 더 위험한 것은 없다"고 단언했다. 그는 종교 지도자들의 힘과 그들을 향한 숭배자들의 의존성을 통탄했다. 추측컨대, 그런 권력관계는 주인과 노예 사이에서만 받아들일 수 있다고 보았다.[21]

농장주와 관리인들이 볼 때, 노예는 노동하는 기계, 즉 가능한 한 많은 설탕과 커피를 생산하도록 만들어진 장치의 부품이었다. 당대의 논평에 따르면, "농장주의 재산은 검둥이들의 힘과 시간에 달려 있었다." 대다수의 노예들은 거칠고 힘든 노동을 하면서 평생

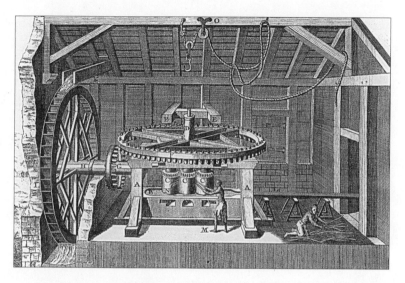

설탕 정제 과정을 묘사한 판화(《백과전서》, 1751) 이 그림은 수확한 사탕수수 줄기를 분쇄하면서 즙을 짜내는, 물레방아로 작동되는 매우 혁신적인 기계를 보여 준다. 한 여자 노예가 기계에 사탕수수 줄기를 넣는 매우 위험한 작업을 하고 있다(미시간주립대학 도서관 제공).

을 들에서 보냈다. 설탕 농장에서 그들은 십장의 지휘를 받는, 여러 개의 작업장(artelier)이나 작업단(work-gangs)으로 조직되었다. 힘이 센 노예들은 수로 파기, 밭갈이, 줄기 심기, 수확하기 같은 힘든 농사일을 맡았다. 어린아이와 늙은 노예 같은 보조적인 집단과 대서양 횡단 과정에서 허약해지거나 병에 걸린, 아프리카에서 막 도착한 노예들은 식량 작물 재배나 식재된 줄기에 거름주기, 줄기 다듬기 같은 다양한 일거리를 맡았다. 밭일은 새벽 5시에 시작했고, 한낮에 몇 시간 동안 멈췄다가 해가 질 때까지 노동을 계속했다. 작업 칼이나 날카로운 사탕수수 잎에 베일 위험 때문에 너무 힘든 수확 작업은 대개 12월부터 7월 말까지 지속되었다.[22]

수확된 줄기는 즙을 짜낼 수 있도록 맷돌에서 두 차례 으깨야 한다.

맷돌은 대개 노새로 돌렸지만, 때로는 물레방아로도 돌렸다. 이 일은 대개 여자들이 맡았는데, 무척 위험했다. 피곤하거나 한눈을 팔면 사탕수수 줄기를 맷돌에 집어넣을 때 자칫 손가락이 맷돌에 끼일 수도 있었다. "손가락이 빨려 들어가면, 이어서 손과 팔 그리고 머리를 뺀 나머지 몸 전체가 빨려 들어갔다." 수확 철 동안 사탕수수 줄기 분쇄 작업은 노예들이 교대하면서 밤새 진행되었기 때문에 모두가 기진맥진했다. 많은 노예들이 팔을 잃었고, 그중 몇몇은 파상풍으로 죽기도 했다.[23]

사탕수수 줄기에서 짜낸 즙은 큰 통에 담아서, 어린아이나 늙은 아낙네들이 방앗간에서 모아 온 바가스(bagasse, 즙을 짜내고 남은 수수대)로 불을 피워 끓였다. 백인 제당 장인(maître sucrier)이 농장에서 가장 비싸고 대우받는 훈련된 노예들의 도움을 받아 끓이는 과정을 감독했다. 그들의 작업에는 상당한 주의와 정확성이 요구되었다. 설탕을 운반할 통을 만드는 장인들, 마차로 사탕수수 줄기를 방앗간으로 운반하고 더불어 말과 노새를 돌보는 '엘리트' 노예들의 작업도 마찬가지였다.

상대적으로 특혜를 받은 또 다른 노예 집단은 농장주의 저택에서 일하는 하인들이었다. 인근의 개울이나 강에서 빨래를 하는 세탁부를 비롯해 요리사, 시종, 마부 등이 있었다. 그들은 들에서 일하는 노예들보다 좋은 옷을 입었고 잘 먹었으며, 자기들의 지위를 이용하기도 했다. 몇몇 요리사들은 밭일을 하는 노예들과 협조하여 음식물 쓰레기를 활용해서 가축을 키우기도 했다. 세탁부는 때때로 자신들에게 제공된 비누를 팔고 그 대신 식물이나 열매를 가지고 빨래를 했다. 늘 주인 가까이에 있다는 점이 유리했다. 십장과 장인들을 빼면 하인 노예들이 가장 쉽게 해방될 수 있었다. 반면에 그들은 다른 노예들과 격리되어 있었고 주인들의 성적 착취에 더 많이 종속되었다.[24]

커피 수확과 가공 처리도 힘든 작업이어서 어느 정도 야간작업이 필요했다. 그러나 커피 농장의 노동은 훨씬 다양했고, 몇 가지 점에서는 설탕 농장의 작업보다 덜 힘들었고 덜 위험했다. 대규모 커피 농장이라고 해도 대개는 설탕 농장보다 작았기 때문에, 주인과 노예 사이에 접촉이 더 많았다. 커피 농장은 부재지주가 소유한 경우가 훨씬 적었다. 커피 농장주들은 종종 노예들에게 성과급 방식으로 일을 할당했다. 노예들은 정해진 양의 커피를 수확해야 했고, 할당량보다 더 많이 수확해 가면 작지만 금전적 보상을 받을 수 있었다. 1791년 말 반란에 가담했다가 체포된 한 노예는 평야 지대의 설탕 농장에서 일한 '과격한' 노예들과 산악 지대에서 일한 덜 사나운 노예들 사이의 차이에 주목해야 한다고 주장했다.[25]

한편 여자 노예들은 농장에서 특별한 도전에 직면했다. 그들은 생산과 재생산 모두를 책임져야 했다. 여자 노예들은 대부분 십장, 설탕 정제사, 장인 같은 가장 위엄 있는 일에서 배제된 채 들에서 일했다. 하녀로 일하는 이들은 주인들이 저지르는 성폭행과 또 다른 형태의 학대를 감수해야 했다. 특히 자녀를 둔 여자 노예들은 괴롭고 어려운 싸움과 선택들을 감내해야 했다. 18세기 후반 일부 농장주들은 노예들의 낮은 출산율을 걱정하면서, 여자 노예들이 자녀를 갖도록 권장하기 위해 출산 장려 프로그램을 시행했다. 북부 지방에서 번창하던 갈리페 설탕 농장 관리인은 자녀를 낳은 여자 노예들에게 아기를 낳았을 때 한 번, 2년 후 아이가 젖을 뗄 때 또 한 번, 이렇게 두 차례 금전적 보상을 했다. 출산 장려 프로그램은 낙태 혐의를 받은 여자 노예들에 대한 새롭고 잔인한 형태의 처벌과 병행되었다. 남부 지방에서 낙태했다고 의심받은 몇몇 여자 노예들은 목 주위에 유산한 아기를 상징하는 인형을 매달도록 강요당했다. 낙태한 여자들은 주인들한테서 일종의 인간 재산을 빼앗은 것으로 간주되었다. 1790년대 말, 노예 생활을 하는 동안 자신의 또 다른 직업을 이용해서 자기가 받은 아기를 죽인 삼디(Samedi)라는 산파에 관한 이야기가 떠돌았다. 그녀는 자신이 죽인 아기들 하나하나를 생각나게 하는 70개의 매듭이 달린 허리띠를 착용했는데, 아기들에게는 자신이 '해방자'였다고 선언했다.[26]

여자 노예들은 농장주와 관리인, 감독들에게 성적으로 착취당하는 성폭행의 대상이었다. 일부는 저항했지만, 법적으로 자신을 소유한 맹수 같은 남자들을 거부할 힘이 없었다. 때때로 여자 노예들과 주인이나 관리인 사이에 관계가 장기적으로 발전하기도 했다. 그런 관계를 맺은 노예들은 더 나은 의복과 음식으로 보상을 받았고, 때때로 자신은 물론이고 자녀의 자유까지 얻기도 했다. 이해관계와 정(情)이 뒤섞이고 권력 및 억압과 성(性)과 감정이 뒤얽혔기 때문에, 이를 풀어내면서 이들의 관계를 이해하기란 어려울 뿐 아니라 거의 불가능에 가까웠다. 왜냐하면 노예 생활의 많은 부분에 관해서 우리가 알고 있는 것이 그렇듯이, 그들에 대해서 우리가 가지고 있는 보잘것없는 통찰력은 대개 백인들의 빈약하고 왜곡된 기록으로부터 나온 것이기 때문이다.[27]

주인과 노예의 극도로 불평등한 관계에도 불구하고, 농장의 삶과 노동은 끊임없는 협상과 조정의 산물이었다. 들에서 일할 때 노예들은 사소한 방식으로나마 저항했고, 관습적인 권리를 지키고 발전시켰다. 그 가운데 가장 중요한 것은 농장에 있는 채마밭 이용권이었다.

흑인법은 주인이 노예들에게 매주 일정량의 식료품을 공급하도록 규정했다. 그러나 비교적 일찍부터 많은 농장주들이 매주 노예들에게 식료품을 공급하기보다는, 네덜란드 식민지 시절부터 내려온 관행을 활용하여 경작할 땅을 조금 나누어 주었다. 노예들은 일이 없는 일요일과 토요일 한나절 또는 반나절 동안 이 땅을 경작할 수 있었다. 이러한 조치는 농장주들에게는 돈을 절약할 수 있는 방법인 반면, 노예들에게는 자급자족하기에 충분한 식량을 생산하지 못한다면 불리한 결과를 가져왔다. 특히 가뭄이 들 경우 더 그러했다.[28]

대부분의 농장에서 노예들은 여러 업무에서 차출된 일군의 노예들이 십장의 지휘 아래 재배한 공동 식량과 자신의 텃밭에서 키운 식재료로 먹고살았다. 감자나 카사바 같은 주요 작물은 공동 경작지에서 생산되었고, 개인의 텃밭에서는 호박, 시금치, 오이, 후추, 때때로 담배를 재배했다. 노예들은 또한 밭에서 채취한 소량의 사탕수수를 줄기째 씹어 먹었고, 타피아(tafia)라 불린 럼주를 마셨다. 작업이 유별나게 힘들었을 때 농장주와 관리인들이 때때로 타피아를 건네주곤 했다. 일부 노예들은 굴이나 땅게를 채취하는 등 다른 방식으로 먹을거리를 보충했다. 그러나 땅게가 먹는 만치닐리에(mancenillier) 잎사귀 때문에 그 독이 게를 먹은 사람들에게 옮았다. 그래서 노예들은 이따금 농장 주변의 만치닐리에 나무를 불태워 없앴다. 호수 주변에 살던 굶주린 노예들은 악어 알을 빼앗기 위해서 돌을 던져 악어를 쫓아내는 훨씬 더 큰 위험을 감수해야 했다.[29]

노예들은 종종 손수 포획하거나 채집한 것, 그리고 자기 텃밭에서 재배한 것을 내다 팔아서 식민지 내부 경제를 떠받쳤다. 농장에서 온 '많은 장사꾼들'은 르캅 시장 한쪽에서 오렌지와 파인애플, 구아바,

파파야, 살구, 아보카도를 팔았다. "독창적이고 특이한 방식"으로 조각한 호리병박 같은 장식품을 파는 장사꾼들도 있었다. 도시의 주민들은 백인이든 흑인이든 시장에 의존했다. 모로는 비가 많이 오는 장마철이나 커피 수확기에 농장 노예들이 시장에 나오지 못할 때면 남부 도시의 주민들이 고통을 겪었다고 기록했다.[30]

노예들은 허가를 받아야만 채마밭에서 생산한 것을 내다 팔기 위해 일요일에 도시로 나아갈 수 있었다. 그런 나들이는 또한 예배와 친교를 위한 값진 기회를 제공했다. 많은 노예들이 들에서 일할 때 입는, 주인이 제공한 누더기를 벗고 자신이 구입한 깨끗하고 화려한 옷으로 갈아입었다. 르캅에서는 정규 미사 뒤에 "검둥이들을 위한 미사"가 따로 열렸는데, 정규 미사 동안 노예와 아프리카계 자유인은 한데 모여서 공동체 원로의 인도 아래 기도하고 노래했다. 노예들이 가톨릭 의례를 주도한다는 사실은 몇몇 당국자들에게 골칫거리였다. 실제로 1760년대에 예수회가 생도맹그에서 축출된 것도 어느 정도는 예수회가 이러한 독립적인 예배를 고무했다는 비난 때문이었다.[31]

오후에 시장이 문을 닫고 나면 음악과 춤이 뒤따랐다. 북, 씨가 든 호리병, 손뼉, 즉흥적인 노래 그리고 때때로 반자(Banza)라고 불린 현이 네 줄 달린 악기 연주에 맞춰 춤꾼들이 짝을 이루며, 모로가 '칼랑다'(Calenda)라고 부른 춤을 추기 위해서 둥글게 원을 이룬 사람들 사이로 들어갔다. 모로가 묘사했던 또 다른 춤은 프랑스령 케이엔(Cayenne)에서 콩고(Congo)라고 불린 '치카'(Chica)인데, 이는 여자들이 신체의 다른 부분은 움직이지 않고 엉덩이만을 움직이는 '외설적인' 춤이었다. 노예들도 '카바레'에 모여 술과 도박을 즐기기도 했다. 포르토프랭스에는 야간 통행금지가 있어 밤 9시 30분에 교회 종이

울리면 노예들은 집으로 돌아가야 했다. 농촌에도 모임 장소들이 있었다. 북부의 프티탕스(Petite-Anse) 근처에는 (순도가 높지 않은 당밀 럼주 타피아를 제조하는) 양조장이 두 곳 있었는데, 일요일이나 축제일에는 "많은 검둥이들이 모이는 장소"가 되었다.[32]

1685년 흑인법은 노예들이 결혼식이나 다른 구실로, 특히 도로나 외진 곳에 모이는 것을 금지했다. 이에 대한 처벌로 채찍질 또는 프랑스 국왕의 상징인 백합 문양의 인두로 낙인을 찍는 것이었는데, 재범자는 처형될 수도 있었다. 자기 소유의 땅에서 이런 집회를 허용한 농장주들은 벌금형에 처할 수 있었다. 식민지의 경찰력인 기마헌병대(maréchaussée)가 때때로 노예들의 집회를 해산시켰지만, 일관되게 집행되지는 않았다. 왜냐하면 당국이 도시나 농촌에서 노예들의 친교를 봉쇄하는 것은 거의 불가능했고, 농장주들이 이런 오락 모임을 무해하다고 판단하면서 암묵적으로 허용했기 때문이다.[33]

노예들이 어느 정도 자율적인 공간을 만들어 낼 수 있었을지라도, 노예는 주인의 통제 아래 놓여 있었다. 이러한 통제는 노예제의 모든 체계가 그러하듯이 폭력을 통해서 유지되었다. 1802년 영국의 노예제 폐지론자 제임스 스티븐(James Stephen, 1758~1832)은 프랑스 식민지들이 "혁명 전에 꽤 오랫동안 평온을 유지할 수 있었던" 것은 "검둥이 노예의 마음속에서 백인과 주인에 대한 저항이라는 관념이 아직 이름도 없고 정의되지도 않은 공포라는 관념과 연결되어 있었기" 때문이라는 점에 주목했다.

노예들의 삶에서 체형(體刑)은 항구적인 위협이자 빈번하게 벌어지는 현실이었다. 가장 일반적인 처벌은 채찍질이었는데, 흑인법에 따르면 농장에서 허용된 유일한 처벌 방법이었다. 농장주나 십장들은 땅에 박아 놓은 말뚝에 노예의 팔과 다리를 묶거나, 아니면 사다리 또는 나무 말뚝에 손을 묶어 매달았다. 채찍질은 고문으로서도 볼거리로서도 활용되었다. 어떤 부유한 농장주는 그의 관리인들에게 "서서히 처벌하는 것이 신속하고 격렬한 처벌보다 더 강한 인상을 준다"고 충고했다. 5분 동안 가한 50회의 채찍질보다, "불쌍한 자들이 자기를 변호하며 내세우는 이유를 듣기 위해서 잠시 중단했다가 다시 시작하기를 두세 차례 반복하면서 15분 동안 25차례의 채찍질을 하는 것이 훨씬 더 인상적"이라고 권고했다. 이 권고는 희생자만큼이나 그 광경을 지켜봐야 했던 다른 노예들을 겨냥한 것이었다.[34]

고통을 주는 방법으로 고추나 소금, 레몬을 상처에 문질러 바르기도 하고, 때에 따라서는 재를 바르기도 했다. 또 고통을 배가하기 위해서 상처를 불로 지지기도 했다. 문서에는 훨씬 더 극단적인 고문 사례들도 나타난다. 1730년대에 어떤 이는 노예의 항문에 화약을 뿌리고 불을 붙이는 관행에 대해서 기록했다. 또 다른 이는 남자 노예의 거세에 대해서 썼다. 1750년대에 법정에 끌려온 어떤 농장주는 노예를 묶어 불 위에 매달았다. 모로는 노예들에게 끓는 밀랍을 뿌리고, 여자들의 음부를 뜨거운 숯으로 지지며, 주인이 자기 노예들을 폭행하고 살점을 물어뜯은 사례를 기록했다. 18세기 말 또 다른 기록자는 펄펄 끓은 설탕 즙을 노예에게 뒤집어씌우고, 자기 무덤을 파게 만든 후 산 채로 묻은 노예들에 관해 서술했다.[35]

일부 노예들은 자신이 그 대상이 될지도 모른다는 두려움 때문에 또는 폭력이 다른 곳으로 향하기를 바라며 주인의 폭력에 순응했다. 많은 노예들은 그저 폭행을 피하고 명령에 순종하며, 먹고살기 위해 손바닥만 한 땅이라도 경작하려고 안간힘을 썼다. 이들은 위안과 친목을 위한 작은 공간을 만들어 가면서 최선을 다해 살아남았다. 그러나 몇몇은 농장주들 사이에 공포의 씨를 뿌리며 대응했다.

17 58년 1월, 마캉달(Makandal)이라는 도망노예(maroon)가 "사기꾼, 신성모독자, 독살자"라고 쓰인 표지를 걸고 르캅의 광장에 무릎을 꿇고 있었다. 그는 광장 중앙 말뚝에 묶여 있었고, 발밑에는 불이 타오르고 있었다. 불길이 그의 몸에 닿자 벗어나기 위해서 몸부림치면서 묶여 있던 말뚝이 쓰러졌다. 이를 지켜보던 군중 속의 흑인들이 "마캉달이 살았다!"라고 외치자 돌연 공포가 일어났다. 군인들이 재빨리 광장을 정리했고, 마캉달은 말뚝에 묶인 채 불 속에 던져졌다. 마캉달은 이따금 자신이 모습을 바꿀 수 있다고 떠벌렸는데, 처형이 있기 전에는 불길을 피하기 위해 파리로 변신할 거라고 말했다. 그가 죽는 것을 본 사람이 거의 없었기 때문에 많은 사람들은 그가 실제로 탈출해서 산에서 또다시 새로운 반란을 모의하고 있다고 믿었다.[36]

흑인뿐만 아니라 백인들 사이에서도 생도맹그의 전설이 된 마캉달은 아프리카에서 태어났다. 때때로 알라를 상기시켰기 때문에 이슬람 신자라고 여겨지기도 했지만, 그의 이름은 부적을 일컫는 콩고어 'mak(w)onda'에서 유래된 것으로 보인다. 모로는 그가 죽고 나서 노예들이 부적을 만드는 무당이나 부적을 지칭하기 위해서 '마캉달'란 말을 사용했다고 주장했다. 마캉달의 삶과 죽음이 그 말 자체에 새로운 의미를 부여했지만, 그가 나타나기 이전에 이미 그 말은 이러한 방식으로 사용되고 있었다. 아마도 이 때문에 마캉달이 그 말을 선택했거나 그 말이 쓰였을 것이다. 마캉달은 "신성한 것들을 합성하여 이른

바 마법의 주머니를 사용한다"는 죄목으로 유죄 판결을 받았다. 그가 만든 주머니 가운데 하나에는 십자가가 들어 있었는데, 마법의 주머니를 만들 때 마캉달은 주술로 알라, 예수 그리스도 그리고 하나님을 불러냈다.[37]

이 마법의 주머니처럼, 마캉달의 삶과 그로부터 형성된 전설들은 아프리카의 전통이 플랜테이션 노예제 세계와 만나서 나온 결과였다. 마캉달은 북부 지방의 렝베 소교구에 있는 농장의 노예였다. 그는 농장의 사탕수수 분쇄기에서 일하는 동안 한쪽 팔을 잃었다. 이후 농장에서 가축을 돌보는 일을 맡았고, 결국 산으로 도망쳤다. 들리는 이야기에 따르면, 그는 큰 무리의 도망노예들을 모아서 농장들을 공격했지만, 실상은 주로 독을 이용해 공포를 조성했다고 한다. 그는 갖가지 식물을 채집하여 독을 만드는 방법을 알고 있었고, 가축이나 적으로 간주된 노예들 그리고 주인을 대상으로 적절하게 독을 사용했다. 농장을 공격하기 위해 마캉달은 북부 지방의 노예들과 광범위한 관계망을 발전시켰는데, 그 가운데는 농장들을 오가면서 장사꾼 노릇을 하는 노예들도 있었다. 마캉달이 생도맹그에서 유일하게 독을 사용한 반란 노예는 아니었다. 그러나 그의 활동 범위와 명성은 생도맹그에서 수십 년 동안 계속된 근거 없는 공포와 폭력의 악순환을 작동시키는 데 기여했다.[38]

농장에서 도망치기(marronage)는 노예제만큼이나 오래된 관행이었다. 생도맹그에서 도망치기는 다양한 양태를 보였다. 노예 무역선을 타고 식민지에 끌려온 아프리카인들은 소유물이 되기를 거부하면서 종종 도착하자마자 도망을 쳤다. 그들은 섬의 지리를 잘 몰랐고 몸을 숨길 만한 연고자들도 없었기 때문에 다시 붙잡히기 일쑤였다. 일부 주민들은 에스파냐령 산토도밍고로 가는 길을 일러 주면서 그들을 도왔다. 농장의 노예들은 이따금 관리인들의 직접적인 감시에서 벗어났지만 가까이에 남아 있었다. 목초지, 식량 생산을 위한 경작지, 노예 숙소들이 여러 곳에 흩어져 있었기 때문에 탈출은 쉬웠다. 몇몇 도망노예들은 들에서 채취한 사탕수수나 친구와 동족이 가져다준 음식을 먹으면서 몇 년 동안 농장 근처에 머물렀다. 때때로 그들이 경작지나 채마밭에서 서리를 했기 때문에, 노예들은 밭 주변에 울타리를 쳐야 했다. 일부 노예들은 도시로 도망쳤는데, 그곳에서 도시의 노예들과 자유유색인 주민들 사이로 섞여 들어갈 수 있었다. 특히 그들이 숙련된 기술을 가지고 있었다면 더욱 그러했다. 여자 노예들은 도시를 선호했는데, 도망노예들 가운데 여성은 소수에 지나지 않았다.[39]

행정가들은 그런 비합법적인 이동을 막기 위해서 몇 가지 조치들을 취했다. 농장 밖으로 나가는 자들은 일요일에 시장 갈 때조차도 주인이 발급한 통행증을 지참해야 했다. 백인은 누구라도 노예를 불러 세워 이런 증명서를 제시하라고 요구할 수 있었다. 그러나 1778년에 어떤 이가 통탄했듯이, 증명서 위조는 그리 어려운 일이 아니었다. 도망노예들은 가짜 통행증을 만들기 위해서 글을 쓸 줄 아는 친구들의 도움을 받았고, 식량을 사고팔기 위해 도시로 들어와서 "아무 일 없이" 돌아다니다가 숲으로 돌아갔다. 날짜가 변조된 진짜 통행증도 암거래되었다.[40]

농장주들은 잠깐 동안 없어지는 것을 '작은 도망'(petit marronage)이라고 부르면서 이따금 봐주기도 했다. 백인들은 처벌을 면해 주면 돌아오겠다고 다짐하는 노예들과 개별적으로 협상하기도 했는데, 때때로 농장주 가족 가운데 나이 많은 여자나 이웃 사람이 중재자가 되었다. 부재지주의 농장에서는 집단적인 도망이 관리인에 대한 항의로 이용되곤 했다. 예를 들면, 1744년 퀼드삭 평원의 한 농장에서는, 감독관의 해임을 요구하면서 노예 66명이 낮에 농장을 떠났다가 잠을 자기 위해 밤에 숙소로 돌아왔다. 어느 날 감독관은 항의하는 노예들 가운데 임신한 여자 노예 하나를 칼로 찔러 살해했다. 두 달 뒤에 노예들이 그 감독관을 납치해서 처형했다. 그 노예들은 사형 판결을 받았지만, 총독이 그들의 행위가 감독관의 잔혹성에서 비롯되었다는 점을 인정하며 노예들의 편에서 개입하고 나섰다. 그런 파업은 정기적으로 일어났고, 노예들은 종종 협상을 통해서 귀환했다. 농장주는 많은 돈을 인적 재산에 투자했는데, 노예를 잃고 농장 노동력을 파괴하는 것보다 귀환을 협상하고 백인 관리인을 교체하는 쪽이 비용이 적게 들었기 때문이다.[41]

그러나 몇 주일 또는 그 이상 동안 여러 차례 도망치는 노예들은 대개 호된 벌을 받았다. 흑인법은 한 달 이상 농장을 이탈한 노예는 귀 하나를 자르고 어깨에 백합 문양 낙인을 찍도록 규정하고 있었다. 다시 한 달 이상 도망한 노예는 두 번째 낙인을 찍고 오금을 잘랐다. 세 번째 도망에 대한 처벌은 사형이었다. 그러나 대부분의 농장주와 관리인들은 노예를 불구로 만드는 처벌 규정을 따르기보다는 오히려 고통을 주지만 자기 재산에 손해를 끼치지 않는 처벌 방법을 고안했다. 도망노예들은 대개 채찍질을 당했고, 때때로 그들의 채마밭을 빼앗겼다. 감옥을 겸하는 농장의 병원에 감금하거나, 벌받는 노예들이 밤에 움직이지 못하도록 형구를 채우거나, 아니면 18세기 말에 농장에서 유행한 돌로 만든 작은 감옥에 처넣기도 했다. 또 도망치기 어렵게 쇳덩어리를 매단 사슬을 노예의 다리에 채우거나, 못이 달린 쇠목

걸이를 목에 채웠다. 오로지 대장장이만이 이 형구들을 제거할 수 있었다. 하지만 이러한 장비 역시 노예들이 다시 도망치는 것을 막지는 못했다. 몇몇 도망노예들은 이러한 형구를 착용한 채 잡히기도 했다.[42]

몇몇 노예들은 산으로 도망가서 플랜테이션의 세계를 영원히 떠났는데, 이들이 모여서 도망노예 무리를 형성했다. 이런 무리들이 18세기 내내 식민지에 존재했고, 지명에도 그 흔적을 남겼다. 모로가 북부 지방의 동쪽 지역에 관해 기록했듯이, 횃불(Flambeaux) 또는 콩고(Congo)와 같은 이름이 붙은 산들은 "도망자들이 거의 접근할 수조차 없는 장소에서 살았던 시대를 상기시킨다." 많은 사람들이 "폴리도르와 그의 무리, 그가 저지른 살인과 강도 행위, 무엇보다도 그를 붙잡기 위해 겪어야 했던 어려움을 기억했다." 폴리도르는 1734년에 살해되었지만, 캉가(Canga)라 불린 도망노예가 1770년대에 그 지역의 두목이 되었고, 그의 처형 뒤에는 야야(Yaya)라는 또 다른 우두머리가 나타났다.[43]

농장을 습격하는 이런 무리야말로 식민지 관리들에게 큰 골칫거리였다. 정부는 노예들을 단속하고 도망노예 무리들을 잡기 위해서 기마헌병대를 운영했는데, 한번은 이들이 무력이 아닌 협상을 선택했다. 1785년 에스파냐령과 프랑스령 식민지의 관리들이 함께 바호루코(Bahoruco)의 국경 지대에 살고 있던 100여 명의 도망노예 무리와 협정을 맺었다. 협정에 따라 이 도망노예들은 자유를 얻는 대신, 사면된 뒤 그 지역에서 새로운 도망노예들을 추적해서 당국에 넘겨주기로 약속했다. 반란 노예 무리를 다루는 유일한 방법은 그들을 분쇄하는 것뿐이라고 굳게 믿은 많은 백인들이 그런 협정을 공공연하게 비난했다. 그러나 생도맹그의 행정가들은, 1730년대에 오랜 전쟁을 끝내고 계속되는 탈출을 막을 완충적 방안으로서 도망노예 무리들과 협약을 맺은 자메이카와 수리남 행정가들의 선례를 따라 이런 정책을 추진했을 뿐이다.[44]

18세기에 생도맹그의 도망노예 무리들은 자유를 요구하고 주장하기 위해 자신들을 포위하고 있는 플랜테이션 사회에 맞서 공공연한 무장 투쟁을 벌였다. 그 때문에 어떤 이들은 그들을 1791년 노예 반란을 일으킨 사람들의 선구자이자 조상으로 간주했다(프랑수아 뒤발리에* 정부 시절, 포르토프랭스의 국민궁전 맞은편에 무명의 반란 노예들을 국가의 창건자로 기리기 위해서 '이름 없는 도망노예' 조각상이 세워졌다). 또 다른 이들은 도망노예와 생도맹그 혁명 사이의 관계에 대해 대놓고 의심했다. 생도맹그 식민지의 도망노예 무리들은 자메이카와 수리남의 도망노예 집단들보다 규모가 훨씬 작았다. 그 까닭은 부분적으로 도망노예들이 주로 피신하던 산악 지대가 커피 농장으로 잠식되었기 때문이다. 사실 노예 혁명을 추동했던 도망노예 집단들의 팽창에는 한계가 있었다. 노예제에서 벗어나고자 했던 사람들은 플랜테이션 세계의 외부에서 피난처를 찾기보다는 오히려 그 세계 속에서 직접적이고 체계적인 공격을 발전시켜야 했기 때문이다.[45]

도망노예가 집단을 이루면서 생도맹그 식민지 사회에 균열이 커졌다. 도망노예들과 싸우기 위해서 정부는 결국 자유유색인들에게 손

---

* 1907~1971, 아이티공화국의 정치가. 1950년 쿠데타에 반대했고, 1957년 인민주의적인 흑인 민족주의 진영의 후보로서 대통령에 당선되었다. 집권 초기에는 질병 퇴치에 힘써 '아버지 의사(Papa Doc)라는 애칭을 얻었지만, 1964년 종신 대통령이 된 뒤 군부와 민병대(Tonton Macoute)를 통치 기반으로 삼아 1971년 사망할 때까지 독재를 일삼았다. 그가 죽은 뒤 '아기 의사(Baby Doc)라 불린 그의 아들 장클로드(Jean-Claude)가 권력을 계승하였다. 그의 통치 기간 동안 3만여 명의 시민이 살해되었고, 더 많은 수가 망명을 떠났다.

을 내밀었다. 그렇게 함으로써 그들은 혁명기에 식민지를 뜨겁게 달구게 될 포섭 요구의 토대를 놓았다. 도망노예들은 노예제를 조롱함으로써 노예제 폐지론자뿐 아니라 노예들에게도 영감의 원천이자 본보기가 되었다. 그러나 1791년 노예 반란은 북부 평원의 번창하던 설탕 농장들 한가운데서 터져 나왔고, 당시에 산재해 있던 도망노예 무리들은 이 반란을 모의하는 데 관여하지 않았다. 반란을 일으키는 데 더 중요했던 것은 농장 주변 또는 도시로 도망치는 관행이었다. 이 점이 자율성을 배양하고 여러 농장들을 연결하는 관계망을 유지하는 데 훨씬 더 기여하는 바가 컸기 때문이다. 종교 의례와 일요일 모임처럼, 도망치기 관행도 봉기를 위한 토대를 놓았다. 그 덕분에 여러 농장의 노예들이 단결할 수 있었고, 그렇게 함으로써 노예들이 내부에서 체제에 일격을 가할 수 있었다. 그러나 막상 1791년에 봉기가 시작되자, 반란 노예들은 프랑스의 공격에 맞서 산악 지대의 근거지를 방어하기 위해 도망노예들이 개발한 전술들을 사용했다.[46]

생도맹그에서 마캉달은 '도망치기'라는 오랜 전통의 일부였다. 그는 농장들 사이에 저항의 네트워크를 발전시키는 한편, 오랫동안 지속될 또 다른 관행, 즉 독을 사용하는 관행을 만들어 냈다. 노예들 사이에서 이루어지는 전통적 형태의 치료를 단속하기 위해 독의 사용을 금지하는 식민지 입법이 이미 17세기부터 시작되었다. 백인들도 그 치료법을 이용하곤 했는데, 이를 금지한 이유는 분명했다. 독이 노예들에게 힘을 실어 주었기 때문이다. 백인에 맞서 독을 사용했던 노예들은 "감춰져 있지만 매우 가까이에 있는 힘"을 주인들이 느끼게 함으로써 주인을 굴복시키고 지배하려 했다. 백인을 가까이서 대하는 하인들은 얼마든지 음식에 독을 넣을 수도 있었다. 하지만 독을 탐지할 방법도, 누가 독을 넣었는지 알아낼 방법도 없었다. 농장주들이 유서에 몇몇 노예들에게 자유를 부여하는 조항을 넣은 이후부터, 거명된 노예들이 좀 더 빨리 자유를 얻기 위해서 주인을 살해하려는 동기가 강해졌다는 이야기가 있다. 가축에게 독을 먹여 병들어 죽은 것처럼 위장함으로써, 주인의 재산에 손해를 끼치는 데 독을 사용할 수도 있었다. 때때로 다른 노예들에게 독을 사용하기도 했다. 독을 사용할 줄 아는 노예는 노예들 사이에서 권력과 존경을 얻을 수 있었다.[47]

노예들이 실제로 독을 얼마나 사용했는지는 파악하기 어렵다. 독을 사용했다는 증거는 주로 재판이 진행되는 과정에서 극심한 공포와 맞닥뜨렸을 때 나왔다. 가축들이 병들어 죽어 가거나 노예들이 과로와 영양실조로 죽어 갈 때, 주인들은 독이 사용되었다고 생각했다. 농장주들은 몇몇 노예들이 독을 만드는 방법을 알고 있고, 많은 노예들이 독을 사용할 만한 동기를 가지고 있다는 점을 잘 알고 있었다. 그에 대한 대응으로 많은 농장주들은 재판 절차 없이 의심스러운 노예들을 산 채로 화형에 처했다. 한 의사의 말에 따르면, 1775년 모든 농장에 화형대가 있었다고 한다. 그는 "농장주가 다른 검둥이들을 겁주기 위해서 모든 노예가 화형대에 장작을 옮기고 처형 광경을 지켜보도록 강제했다"고 썼다.[48]

주인들이 이런 식으로 노예들을 고문하고 죽이는 것은 불법이었다. 실제로 몇몇 농장주들이 자기 소유의 노예들에게 잔혹 행위를 저지른 뒤에 생도맹그에서 추방되었다. 그러나 대개는 처벌되지 않았다. 1788년에 니콜라 르죈(Nicholas Le Jeune)이라는 농장주는 다른 노예들에게 독을 사용했다고 의심 가는 여자 노예 두 명을 고문했다. 그는 노예들의 다리를 불로 태우고 감옥에 가뒀다. 그러면서 자기를 고발하는 노예가 있으면 누구든 죽여 버리겠다고 위협했다. 그럼에도 불구하고 노예 14명이 지방법원에 고발했다. 조사를 위해서 농장을 방문한 백인 판사들은 두 여자가 쇠사슬에 묶여 있는 것을 발견했는데, 불에 탄 그들의 다리는 썩어 가고 있었고 한 명은 목에 찬 쇠목걸이 때문에 질식사하기 직전이었다. 곧 두 여자는 숨을 거두었다. 판사는 르죈이 독이 들어 있다고 주장한 작은 상자에 사실은 "다섯 덩어리의 쥐똥이 박혀 있는 담배 말고는 아무것도 없었다"는 사실을 밝혀냈다. 르죈은 노예들의 고발에 따라서 재판에 회부되었다. 하지만 르죈은 노예들의 증언에 근거해서 농장주들이 처벌된다면, 권위가 붕괴되어 결국 노예 혁명이 일어날 것이라고 주장하면서 자신을 변호했다. 다른 농장주들도 동의했고, 어떤 이는 르죈을 고발한 노예들에게 채찍 50대를 쳐야 한다고 제안했다. 한편 사건을 맡은 조사관은 잔혹 행위를 저지른 농장주를 처벌하는 것이 혁명의 발발을 막는 유일한 방법이라고 주장했다. 즉 농장주의 폭력을 저지하지 않는다면, 노예들이 정부로부터 아무런 도움을 받을 수 없다면, 그들은 폭력을 통한 복수 말고는 다른 선택이 없을 것이라고 했다. 그러나 결국 판사들은 농장주들의 압력에 굴복했고, 르죈은 처벌되지 않았다.[49]

겁먹은 농장주들에게 마캉달은 식민지 사회에서 백인들을 파멸시킬 대규모 봉기를 상징했다. 그의 생애에 관한 유명한 이야기 가운데, 그가 노예들에게 한 연설이 다음과 같이 묘사되었다. 연설을 하는 동안 그는 물이 가득 들어 있는 항아리에 노란색, 하얀색, 검은색 스카프 세 개를 놓았다. 노란 것은 섬의 원주민을 상징했고, 하얀 것은 현거주민을 상징했다. 검은 것을 꺼내 들면서 그는 이렇게 선언했다.

"마침내 이 섬의 주인이 될 사람들이 여기에 있다. 이것은 검은색 스카프이다." 1779년에 작성된 한 비망록은 마캉달을 '우주 정복'을 꿈꾸며 식민지에서 모든 백인들을 학살하려고 계획했던 "수천 망명자의 선봉에 선 모하메드"로 소개했다. 대량 학살이나 수리남 혁명 또는 자메이카 혁명과 같은 사건이 일어나기 위해 필요한 것은 지도자, 즉 "그들 가운데서 참으로 드물지만 언제든지 나타날 수 있는," 마캉달과 같이 그 이름만으로도 북부 지방의 주민들을 떨게 만들 수 있는 지도자였다. 1801년 런던에서 상연된 〈새로운 장관(壯觀)〉(grand new spectacle)에 등장하는 낭만적인 영웅은, 스스로 "두려워하지 않는 자"라고 선언한 마캉달이라 불린 반란 노예였다.[50]

프랑스의 문필가들도 흑인 혁명 지도자의 출현이 임박했다고 예언했다. 루이세바스티앙 메르시에(Louis-Sebastien Mercier, 1740~1814)*는 1771년 시간 여행에 관한 어느 우화에서, 672년 동안의 깊은 잠에서 깨어나 변화된 완벽한 세상에 와 있는 자신을 상상했다. 거기서 그는 어떤 광장에서 "모자를 쓰지 않은 채 팔을 쭉 뻗은, 눈에는 자긍심이 가득하고 고귀하고 당당한 검둥이" 조각상을 보았다. 동상 아래에는 "신세계의 복수를 위하여!"라는 글귀가 있었다. 메르시에는 "이 놀라운 불멸의 인간이 가장 잔인하고, 가장 오래되고, 가장 굴욕적인 폭정으로부터 세계를 해방시켰다"는 사실을 깨달았다. 그는 동포를 옥

---

* 프랑스의 극작가이자 언론인으로, 혁명 전후 팸플릿 전쟁의 주요 활동가였다. 1789년 10월 장루이 카라와 함께 《애국파 연보》(Annales Patriotiques)을 창간하여 혁명 이념의 전파에 힘썼다. 자코뱅의 분열 이후 지롱드파에 가담한 그는 국민공회 의원으로 선출되었고, 1793년 지롱드파의 축출에 맞선 '항의자 72명' 가운데 한 사람으로 투옥되었다가 테르미도르 반동으로 석방되었다. 대표작으로 《파리의 풍경》(Tableau de Paris)과 《2440년》(L'An deux mille quatre cent quarante)을 남겼다.

쥔 쇠사슬을 끊었고 "가장 가증스러운 노예제 아래서 억압당한" 사람들을 영웅으로 만들었다. 한순간에 그들은 자신들을 지배했던 폭군들을 피로써 단죄했다. "프랑스인을 비롯해 에스파냐인, 잉글랜드인, 네덜란드인, 포르투갈인이 모두 쇠와 독, 화염에 희생되었다. 아메리카 땅은 오랫동안 기다려 왔던 피를 들이켰고, 비겁한 자들에게 살해된 조상들의 유골이 기뻐서 벌떡 일어나 춤추는 듯했다." '복수자'는 신세계에서 신이 되었고, 구세계에서도 유명해졌다. "그는 곧 벼락 맞아 파괴될 범죄자의 도시를 폭풍처럼 가로질러 왔다." 그야말로 정의와 신으로부터 권능을 부여받은 '저승사자'였다.[51]

1770년대와 1780년대에 걸쳐 여러 판을 찍은 기욤토마 레날 신부(Abbé de Guillaume-Thomas Raynal, 1713~1796)*의 유럽 식민주의에 관한 역사에는 메르시에의 전망에 따라 작성된 구절이 있다. 이 책은 노예제도를 비난한 뒤, 노예들이 "신성모독적인 억압의 굴레를 깨기 위해" 주인의 아량이나 조언 따위는 필요치 않다고 독자들에게 경고했다. 이 책은 자메이카와 수리남에 "도망친 검둥이들의 거류지가 두 군데나 생겼다"고 지적했다. 이러한 징후들은 폭풍을 예고하는 번개와도 같았다. "검둥이들에게 부족한 것은 자신들을 복수와 살육으로 인도할 용감한 지도자뿐"이라고 이 책은 경고하고 있다. "자연이 학대와 억압 속에 고문당하는 이 자녀들에게 빚지고 있는 이 위대한 인물은 어디에 있는가? 그는 어디에 있는가? 결국 그는 나타날 것이다. 이를 의심하지 말지어다. 그는 모습을 드러내면서 신성한 자유의 깃발

---

* 프랑스의 작가이자 저명한 문학 잡지 《메르퀴르 드 프랑스》(Mercure de France)의 편집자로 명성을 얻었다. 1789년 삼부회 대표로 선출되었으나, 폭력에 반대해서 의정 활동을 포기했다. 1770년대 인도와 아메리카의 유럽 식민지들의 역사를 다룬 저서를 출간하였다.

을 올릴 것이다. 이 존경스런 지도자는 불행한 동지들을 자기 주변에 모을 것이다. 격랑보다 더 격렬한 그들은 자신들의 정당한 분노의 지울 수 없는 흔적을 모든 곳에 남길 것이다." 메르시에의 구절을 되풀이하면서 이 글은 계속된다. "아메리카 땅은 그토록 오랫동안 기다려 온 피로 물들게 될 것"이고, 지난 3세기 동안 땅속에 묻혀 있던 유골들이 "기뻐서 춤출 것"이라고 말이다. 인간으로서의 권리를 재확립한 이 영웅을 위한 기념비들이 신구 세계에 세워질 것이다. 그러나 유럽인들은 그들이 뿌린 대로 거두게 될 것이다. "흑인법은 사라질 것이고, 승자들이 오직 복수의 법칙만을 따른다면 백인법은 끔찍할 것이다."[52]

레날과 메르시에가 쓴 이러한 구절들은 고발하고 경고하기 위한 것이었다. '복수자'(Avenger)라는 말은 18세기부터 쓰였는데, 메르시에는 '복수자'의 강렬한 인상에 대해 다음과 같이 덧붙였다. "아마도 내가 환희의 눈물을 흘릴 만큼 감동적이고 기념비적일 그날에, 이 영웅은 검둥이들에게 자유를 주었던 관대한 퀘이커 교도들에게는 자비를 베풀 것이고, 그들을 본받지 않는 기독교도들은 증오할 것이다." 그 당시만 해도 살육과 보복을 피할 방법이 있었다. 노예들이 들고일어나 폐지하기 전에, 유럽인과 노예 주인들이 스스로 노예제를 폐지했어야 했다.[53]

이러한 경고들은 식민지 행정가들과 계몽 지식인들 사이에서 형성되었다. 18세기 후반에 그들은 "노예제는 개혁되어야 하고 궁극에 가서는 폐지되어야 한다"고 확신하게 되었다. 또한 노예들의 도주와 폭동을 비롯해 독살과 자살, 낙태를 통한 일상적인 저항과 이에 대한 농장주들의 폭력적인 대응이 악순환으로 통제 불능이 되기 전에 저지되어야 한다고 생각했다. 그렇다고 그들이 인종주의나 식민주의를 반대한 것은 아니고, 노예제가 점차 다른 형태의 노동으로 대체되어야 한다고 생각했을 뿐이다. 메르시에가 묘사한 이상 세계는 아메리카의 비효율적인 노예제를 아프리카인들이 그들의 오두막 옆에서 사탕수수를 재배하는 제국으로 대체한 것에 불과했다. 계몽사상은 노예제를 모든 인류가 가지는 자연권에 대한 침해라고 공격했고, 메르시에와 레날의 경고는 노예들 역시 다른 피억압 민중들과 마찬가지로 억압자에 맞서 폭력으로 저항할 수 있는 권리가 있음을 암시했다.[54]

프랑스혁명과 함께 노예제의 옹호자들과 반대자들은 대규모 봉기의 망령을 떠올렸다. 파리에서는 노예제 폐지론자들의 활동이 활발해졌는데, 농장주들은 노예제를 반대하는 저작이야말로 노예들이 후원자를 얻었다고 생각하게 만듦으로써 노예들의 봉기를 부추긴다고 불평했다. 노예제 폐지론자들은 농장주의 학대와 무시로 노예들이 폭동 이외의 다른 어떤 선택도 할 수 없게 되었다고 반박했다. 미라보(Mirabeau) 백작은 카리브 해 지역의 농장주들이 "베수비오 화산 기슭에서 잠을 자고 있다"고 썼다. 1789년 앙리 그레구아르(Henri Grégoire, 1750~1831)*신부는 "자유의 외침이 구세계와 신세계 양쪽에서 울려 퍼졌다"고 선언하면서 레날의 경고에 호응했다. 노예들에게 "양도할 수 없는 권리"를 깨우치고 스스로 폭동을 일으키도록 하기 위해 필요한 것은 "한 명의 오셀로와 한 명의 파드르장(Padrejean, 17세기의 반란 노예)"이었다. 그러나 그는 자유유색인의 권리에 반대하는 어느 농장주의 말을 인용하면서, 노예 반란에 따른 위험을 걱정했다.

---

* 1789년 삼부회의 성직자 대표로 선출되어 프랑스혁명에 참여하였다. 1792년 국민공회 의원으로서 왕정 폐지와 루이 16세의 재판을 요구하였으며, 노예제 폐지를 위해 노력하였다.

그 농장주는 생도맹그의 40만 노예들이 봉기할 기회를 기다리고 있다고 썼다. 모든 정파가 끊임없이 노예들의 혁명적 잠재력에 대해 언급했다. 그러나 이런 언급에도 불구하고, 노예들이 실제로 혁명을 시작했을 때 그것은 충격 그 자체였다.[55]

3
유산

"하느님이 부당한 법을 만드는 것을 금했건만, 지상의 어떤 권력이 자기 자신에게 그러한 권리를 줄 수 있겠는가?" 1791년 쥘리앵 레몽은 생도맹그 자유유색인에 관해 "편견의 기원과 진화"를 추적하는 팸플릿에서 이와 같은 물음을 던졌다. 레몽은 그 역사를 밝힘으로써 그 편견을 끝내고자 했다. 자유유색인들 가운데 많은 사람이 부유한 농장주였고 일부는 식민지 군대나 경찰 조직에 근무했는데, 레몽은 자유유색인들이 자신들의 가치와 프랑스 체제에 대한 충성을 입증했다고 주장했다. 그러나 백인들은 자유유색인이 식민지 의회에 참여하는 것을 가로막았다. 인종적 편견을 드러내는 이러한 행위는 프랑스혁명이 지향하는 모든 것에 반하는 것이었다. 루이 14세가 제정한 1685년의 흑인법도 자유유색인이 더 이상 노예가 아니라면, 그들은 "시민으로서의 권리"를 가진다고 인정했다. "국민의회가 전제군주보다 못하단 말인가?"[1]

레몽은 교양 있고 부유했으며 인종차별 반대 투쟁에 매우 열심이었다. 그는 1780년대부터 파리의 식민국 국장에게 청원서를 보내면서 생도맹그 자유유색인을 위한 정치투쟁을 시작했다. 그는 혁명기의 소란스런 몇 해 동안 정치적으로 중요한 인물이었다. 그는 또한 그 나름대로 독불장군이기도 했다. 그가 대변했던 다른 사람들과 마찬가지로 레몽도 노예를 소유하고 있었다. 자유유색인의 권리를 위한 그의 투쟁과 제안에 맞선 생도맹그 백인 농장주들의 완강한 거부는 인종적 편견이 얼마나 불합리한지뿐 아니라 식민지에서 그 힘이 얼마나 강했는지를 보여 준다. 레몽을 비롯한 여러 농장주들은 아프리카 조상의 피를 얼마간 물려받았다. 그들과 백인 농장주들은 경제적·문화적·사회적으로 여러 가지 면에서 자연스러운 동맹자였다. 그러나 백인 이민자들은 노예제가 자유유색인들에 대한 차별을 통해서만 유지될 수 있다고 확신했고, 정치적 평등에 대한 그들의 요구를 거부했다.

레몽의 아버지, 피에르(Pierre)는 프랑스의 랑그도크 지방에서 태어났고, 18세기 초에 생도맹그로 이주했다. 그는 남부에 정착해서 그 지역 농장주의 딸인 마리 바가스(Marie Bagasse)와 결혼했다. 바가스 가문은 유럽-아프리카계의 혼혈이었지만, 1726년 결혼할 당시 그녀는 인종적인 면에서 피에르와 구별되지 않았다. 18세기 초 남부 지방의 많은 아프리카계 주민들은 인구조사에서 백인으로 분류되었는데, 그들은 법적인 문서를 작성할 때 인종적 측면에 관해서는 거의 기술하지 않았다. 그러나 1760년대가 되자 상황이 바뀌었다. 바가스는 공증문서에서 물라토로 간주되었고, 어린 레몽은 쿼드룬(quadroon), 즉 아프리카 혈통이 4분의 1 포함된 사람으로 표기되었다. 레몽의 가족이 살았던 아캥(Aquin) 소교구에서 자유유색인 수가 눈에 띄게 늘어 났는데, 이는 출산 증가나 이민 때문이 아니라 행정가들이 이전과 달리 인종 항목을 적용하기 시작했기 때문이다. 요컨대 개인과 가문들이 백인에서 물라토 또는 쿼드룬으로 바뀌었다.[2]

법의 영역에서 인종에 관한 용어들이 생겨난 것은 아이티혁명 전 수십 년 동안 인종차별이 광범위하게 이루어졌음을 보여 준다. 1685년 흑인법에 따르면, 해방은 법적으로 "우리 섬에서 태어난 것"과 같고, 따라서 '해방된 자'(affranchis)의 지위는 그들이 '외국에서' 태어났을지라도 왕국에서 태어난 사람들과 동등한 권리를 부여했다. 그러나 몇몇 조항들은 '해방된 자'를 다른 자유인들과 구별했다. 그들은 이전의 주인들에게 경의를 표해야 했고, 특정 범죄에 대한 처벌로 다시 노예가 될 수도 있었다. 그러나 이러한 조항들은 '해방된 자'에게만 적용되었고, 그 자녀들에게는 적용되지 않았다. 따라서 그들은 자신의 조상이 아니라, 노예 상태로부터 자유 상태로 변한 자신의 법적 궤적에 묶여 있었던 것이다. 원칙적으로 아프리카 혈통이나 피부색에 따른 차별은 없었다. 일상생활에서 인종차별을 경험했을지라도 아프리카계 자유인은 토지와 노예를 매입할 수 있었고, 도시에서도 원하는 곳에 거주할 수 있었으며, 어느 학교에서든 교육받을 수 있었을 뿐 아니라 원하는 어떤 직업도 영위할 수 있었다.[3]

그러나 해방에 관한 흑인법의 규정들은 노예의 처우에 대한 조항들과 마찬가지로 18세기 내내 훼손되었다. 식민지 관리들은 자유유색인 공동체의 규모와 세력이 커지는 것을 막기 위해서 노예를 해방시켜 주는 농장주들에게 '자유세'(liberty taxes)를 납부하라고 요구했고, 점차 아프리카계 사람들을 법적인 장애자로 만들었다. 7년전쟁 직후,

여기저기 흩어져 있던 자유유색인에 대한 차별적 입법은 체계화되고 확대되었다. 1764년 왕령은 아프리카계 주민이 내·외과의사 또는 약사가 되는 것을 금지했다. 이듬해 또 다른 왕령은 아프리카계 주민이 법조계나 공증인 사무실에서 일하는 것을 금지했다. 1773년에 제정된 법은 아프리카계 주민이 주인이나 백인 친척의 이름을 사용하는 것을 불법으로 규정했다. 그 이유는 그러한 관행이 '여론'에 따라 두 공동체 사이를 갈라놓거나 정부에 의해 "현명하게 보존되어 온 뛰어넘을 수 없는 장벽"을 파괴했기 때문이다. 법적으로 혼인하지 않은 유색인 여성은 자녀들에게 "아프리카 말이나 직업 또는 색깔에서 따온" 이름을 주어야 했다(레몽의 가족은 프랑스인 아버지의 이름 'Raymond'를 'Raimond'으로 바꿈으로써 억지로 이 규정을 지켰다). 1779년에는 자유유색인이 백인의 의복, 머리 모양, 말씨, 태도를 따라하는 것을 불법으로 규정했고, 일부 지방에서는 자유유색인이 수레를 타거나 특정한 가구를 소유하는 것도 조례로 금지했다. 혁명기에 이르면, 자유유색인은 인종적 이유만으로 자신들을 차별하는 여러 법률에 종속되었다.[4]

무엇이 생도맹그를 비교적 개방적인 사회에서 인종차별에 푹 빠진 사회로 변화시켰는가? 레몽이 볼 때 대답은 간단했다. 성(sex)이었다. 그의 주장에 따르면, 생도맹그 식민의 역사 초기에 유럽 남성들은 "일확천금의 욕망에 사로잡혀" 식민지로 왔지만, "열대 기후로 몸이 허약해져 종종 병들었고, 같은 피부색의 부인에게 간호를 받을 수 없어 아프리카 여인들"에게 눈을 돌려야 했다. 이 여자 노예들은 최대의 보상인 자유를 바라면서 성실하게 그들을 돌봤다. 레몽은 "이 최초의 백인들이 마치 결혼한 것처럼 그 여인들과 함께 살았고" 아이를 낳았다고 설명했다. 그들 가운데 몇몇은, 노예와 자식을 낳은 백인은 노예를 해방하고 결혼해야 한다고 규정한 흑인법에 따라 여자 노예를 해방시킨 뒤 결혼했다. 그리고 많은 백인들이 배우자와 자녀들에게 토지와 노예를 물려주었다. 그런 행동은 누구나 예상할 수 있는 일이었기에, 생도맹그의 백인들은 그러한 유증(遺贈)을 불법화하려는 국왕의 시도에 저항했다. 그 결과 생도맹그 식민지에 재산을 소유한 자유유색인 계층이 등장했다.[5]

레몽에 따르면, 그때부터 이 계층 사람들끼리 결혼했고 "그 딸들은 프랑스에서 온 백인들과 결혼했다." 재산을 모으기 위해서 식민지로 온 젊은 백인 남성은 "지참금으로 토지와 노예를 가져올 수 있는 유색인 여인과 결혼하는 것을 선호"했다. 레몽은 자기 부모의 사례를 통해서 이러한 양상에 관해 잘 알고 있었다. 피에르 레몽은 결혼하면서 하얀색 피부 말고는 가져온 것이 거의 없었다. 아내 마리 바가스는 자신의 폭넓은 인척관계뿐 아니라 남편보다 세 배나 많은 재산을 가져왔다. 그녀는 프랑스인 남편과 달리 결혼 계약서에 서명할 수 있을 만큼 교육도 많이 받았다. 이 신혼부부가 농장을 취득하고, 레몽을 비롯한 자녀들에게 물려줄 재산을 형성할 수 있었던 것은 바가스 가문의 경제력과 사회적 역량 덕분이었다.[6]

한편 백인 남자와 아프리카계 여성의 결혼이나 그들 사이의 다른 형태의 결합을 우려하는 사람들이 있었다. 1723년 생도맹그 지사는 젊은 남성들이 "여자 검둥이들과 방탕한 생활을 하는 것은 백인 여성이 부족하기" 때문이라고 보고하면서, 그들이 반란적인 부랑자가 아닌 생산적인 정착민이 될 수 있도록 프랑스에서 신붓감으로 여자 고아들을 보내 달라고 요청하였다. 그 뒤로 수십 년 동안 생도맹그 식민지에 백인 여성들이 증가했지만, 유럽인 남성들은 여전히 경제적인 이유로 자유유색인 공동체와 접촉했다. 레몽은 "백인 남성들이 그들과 만나고, 교류하고, 함께 살며, 그들의 딸들 특히 부모가 부유한 딸들과 결혼하는 것은 전혀 불명예가 아니었다"고 썼다. 18세기 후반 많은 프랑스 여성들이 생도맹그 식민지로 왔지만, 유색인 여성을 선호하는 백인 남성들이 그들을 외면했고, 이내 질투가 인종에 대한 증오로 바뀌었다. 레몽은 이 증오가 인종주의적 법률의 확대를 추동했다고 주장했다.[7]

레몽에 따르면, 질투에는 또 다른 원천이 있었다. 부유한 자유유색인들은 자녀들을 프랑스에 보내 교육받게 했는데(레몽의 가족은 쥘리앵을 포함해서 여러 명의 자녀를 프랑스에 보냈다), "세련미 넘치는 그들은 무지하고 결함투성이인 그 섬의 백인들"과 뚜렷이 대비되었다. 교육받은 자유유색인들은 "자신의 혈통 때문에 무시당했지만, 그것 말고는 무시당할 이유가 딱히 없었다." '솔직한 백인들'은 계속 자유유색인 여성들과 결혼했지만, 1750~1760년대에 그들 가운데 여럿이 관리 또는 민병대 장교의 지위를 잃었다. 다른 인종 간의 결혼을 억제하는 법령들이 일률적으로 적용되지는 않았지만, 그 때문에 많은 백인 남성들이 자유유색인 여성과 결혼하는 것을 단념하게 되었다.[8] 하지만 백인 남성들은 계속해서 자유유색인 여성들과 동거하고 아이를 낳았다.

질투심 많은 백인 악당과 덕망 있는 자유유색인이라는, 인종적 편견에 관한 레몽의 이 짧은 역사 서술은 복잡한 현실을 단순화했고 성적인 특성을 부여했다. 그러나 백인과 자유유색인 사이의 경제적 긴장이 생도맹그 식민지에서 인종주의적 법률 제정을 추동하는 데 어떻게 기여했는지를 정확하게 보여 주었다. 특히 7년전쟁 이후 자유유색인이 증가했을 때, 백인 이주민들은 자유유색인들과 경쟁해야 했다. 팽창하는 커피 경제에 편승하고자 했던 백인 이주민들은 종종 "자유유색인들이 자기들보다 앞서 나갔다는 것"을 알았다. 많은 자유유색인들이 커피 호황 이전에 산악 지대에 정착했고, 이미 그들이 소유하고 있던 땅에 커피 농장을 세웠다. 게다가 자유유색인들은 생도맹그에 적응된 터라, 도착한 지 1년도 안 돼서 많은 유럽 이민자들을 죽음으로 몰아넣은 질병들에도 상대적으로 덜 걸렸다. 그들은 농장에 일손이 필요할 때, 노동자를 고용하기보다는 오히려 친척들을 끌어들였다. 자유유색인들이 소유 토지를 조금씩 개발하면서 장기적으로 투자한 반면, 일확천금을 노리던 백인들은 자기 돈을 빨리 써 버리고 파산하기 일쑤였다. 많은 자유유색인 가문들이 몇 대에 걸쳐 농장을 마련하고 토지와 노예를 소유한 부자로 성장했다. 레몽의 가족이 살았던 남부와 서부에서 특히 그러했다. 포르토프랭스에서 자유유색인 가문들은 일찍이 바닷가 땅을 매입함으로써 재산을 모았는데, 그 땅이 나중에 도시의 중심이 되었다. 그들은 생도맹그 식민지에서 도시의 성공한 자유유색인 사업가들이 되었다.'

백인과 자유유색인들이 늘 사이가 좋지 않았던 것은 아니다. 18세기 내내 도시든 농촌에서든 사회적·경제적 관계는 피부색의 경계선을 넘나들었다. 인종차별 정책이 자리를 잡아 감에 따라, 몇몇 백인들은 이러한 정책이 식민지를 강화시키기보다는 오히려 약화시킬 것이라고 예상하면서 완강하게 반대했다(나중에 드러났듯이 이러한 판단은 옳았다). 18세기부터 인종주의 감정은 점차 강화되었는데, 식민지 관리들이 백인 주민들의 충성을 확보하기 위해서 레몽이 맹렬히 비난했던 인종차별적 법령들을 체계화함으로써 인종의 분리와 서열화를 부추겼다. 그런 관리들은 자유유색인과 노예 사이에는 필연적인 연대감이 있고, 그들의 법적 지위가 무엇이든 간에 백인과 아프리카계 주민의 차이를 강조하기만 해도 노예제 존속에 필요한 위계질서가 유지될 수 있다고 주장했다.[10]

그러나 백인 주민들이 상설 민병대에 복무하기를 거부하자 식민지 관리들은 자유유색인을 선발해서 민병대와 경찰 조직에 복무하게 했다. 결국 외부의 적뿐만 아니라 내부의 적인 노예에 대한 방어벽으로 조직된 식민지 군대에서 아프리카계가 다수를 차지했다. 처음에는 이 두 가지 정책이 서로를 지탱했다. 경제적·사회적 출세 가도에서 배제된 아프리카계 자유인은 기꺼이 군대와 경찰에 복무함으로써 열려 있는 가능성을 활용했다. 그러나 결국 그들은 벽에 부딪칠 운명이었다. 그들이 식민지와 노예제의 수호자로 봉사하면 할수록, 자유유색인은 백인 지배에 도전하고 그 토대를 침식했다. 이러한 모순과 이를 효과적으로 극복하지 못한 무능력한 백인들이 아이티혁명의 불을 댕겼다.

1780년에 120세의 선장 뱅상 올리비에(Vincent Ollivier)가 생도맹그에서 사망했다. 부고에 따르면, 그의 인생은 확증을 요구하는 사람들에게 "진정 위대한 영혼은 어떤 껍데기 속에서 살았든 모두가 볼 수 있고, 필요해 보이는 편견조차도 가라앉힐 수 있다"는 사실을 입증하는 증거가 되었다. 올리비에는 아마도 생도맹그 흑인 가운데 가장 나이 많은 퇴역 군인이었을 것이다. 그는 식민지 역사의 대부분을 살았고, 노예 신분에서 해방되어 자유를 얻었으며, 장교이자 존경받는 공동체의 지도자가 되었다. 1697년 그의 주인은 카르타헤나를 공격하는 프랑스 원정대에 자원했는데, 그때 노예 올리비에를 데려갔다. 임무에 참여한 다른 노예들처럼, 올리비에는 전리품보다 더 값진 자유를 얻었다. 그의 귀향은 매우 긴 여정이었다. 에스파냐인들에게 포로로 잡힌 그는 결국 몸값을 치르고 석방되어 프랑스로 갔고, 루이 14세를 알현한 뒤 독일에서 싸웠다. 생도맹그로 돌아온 올리비에는 총독에 의해서 르캅 유색인 민병대의 사령관(captain-general)에 임명되었고, 여생 동안 칼을 차고 모자에 깃털을 꽂고 다니며 '사령관 올리비에'로 불리었다. 그는 생도맹그 백인 상류층 사이에서도 자주 초대받는 손님이었다. 모로는 카르타헤나 원정에 참여한 다른 해방노예 병사 에티엔 오바(Etienne Auba)와 함께 올리비에의 공로를 치하했다. 오바는 1723년 자유 흑인 부대의 중대장이 되었고, 1779년에 군인연금을 받았다. 오바도 올리비에처럼 항상 군복을 입고 칼을 찼다. 그는 올리비에가 죽은 이듬해 100세의 나이로 삶을 마감했다.[11]

오바와 올리비에가 죽기 몇 년 전인 1779년, 프랑스 장교 한 사람이 생도맹그에 병사를 모으러 왔다. 그는 생도맹그 총독을 역임한 바 있는 샤를 데스탱(Charles Henri d'Estaing, 1729~1794)*이었는데, 영국에 맞서 싸우고 있던 북아메리카 13개 식민지의 반란군을 지원하는 프랑스 원정대를 지휘했다. 이 원정대에 가담한 사람들은 대부분 아프리카계 주민들이었다. 올리비에의 아들 가운데 둘도 이 원정대로 참전

---

* 프랑스의 장군으로 1764년과 1772년 두 차례에 걸쳐 생도맹그 총독직을 역임하였고, 1778년 부제독(vice-amiral)으로 승진하여 프랑스 함대를 이끌고 미국 독립전쟁에 참전하였다. 1789년에는 베르사유의 국민방위대 사령관으로 10월 5일의 사건에 관여하였는데, 그 때문에 1794년 단두대에서 처형되었다.

했다. 올리비에는 자원자들에게 "자신의 영광스런 과거를 상기"시키면서 데스탱의 임무를 열렬히 지원했다. 원정대는 북쪽으로 항해하여 서배너(Savannah)의 영국군을 공격했다. 데스탱이 아프리카계 병사들을 백인처럼 대우하라고 명령했지만, 그들은 포위 공격용 참호 를 파는 작업에 투입되었다. 그럼에도 불구하고, 자유유색인 부대는 진격하는 영국군 부대에 맞서 전선을 유지하면서 데스탱 부대의 퇴각을 보호함으로써 두각을 나타냈다. 하지만 그 작전은 끝내 프랑스의 패배로 끝이 났다.[12]

미국혁명을 지원한 자유유색인들은 오랜 군사적 전통의 일부였다. 프랑스의 다른 지방들처럼 생도맹그는 민병대 조직을 보유하고 있었고, 이를 통해서 주민들을 방위에 동원할 수 있었다. 그러나 "지위를 의식하고 재산 추구에만 골몰하는" 많은 백인들은 민병대 복무를 불쾌하게 생각하면서 거부했다. 18세기 초에 자유유색인으로만 구성된 민병대 부대가 조직되었고, 결국 관리들은 생도맹그 식민지 방위를 점점 더 그들에게 의존하게 되었다. 자유유색인으로 구성된 최초의 군부대는 7년전쟁 동안 조직되었다. 이 부대의 병사 수백 명은 산토도밍고 접경지대에서 조용히 전시를 보내고 있었는데, 사람들은 그들의 가치를 알아차렸다.

7년전쟁 중에 생도맹그에 당도한 많은 프랑스 병사들이 열대 풍토병으로 죽어 나가는 반면, 현지 자유유색인 부대는 건재했다. 7년전쟁이 끝나고 몇 년이 지나서 총독으로 부임한 데스탱은 자유유색인을 "식민지 방위의 주력"으로 만들기 위한 계획을 세웠다. 아프리카계는 모두 민병대에 복무해야 했고, 백인처럼 군역 면제권을 돈으로 살 권리가 없었다. 더불어 자유유색인들은 올리비에나 오바처럼 그들의 부대에서 장교로 복무할 수 없다고 선언했다. 한편 그 계획에서 인종차별을 완화하기 위해서 데스탱은 아프리카계 혈통이 8분의 1 미만인 자는 누구든 공식적으로 백인으로 인정할 것을 제안했다. 그러자 식민지 백인 다수가 이 제안에 분노했다. 결국 자유유색인 장교에 대한 규제는 실시되었지만, 데스탱의 개혁안은 법제화되지 못했다. 후임 총독들이 식민지 민병대를 강화하려고 시도하자 폭동이 일어났다. 식민지 일부 지역에서 백인과 자유유색인 농장주들이 힘을 모아 격렬하게 항의했다. 관리들이 폭동을 진압했지만, 민병대 복무에 대한 백인들의 저항을 결코 극복할 수는 없었다. 1760년대 이후 수십 년 동안 아프리카계 주민이 민병대 복무자의 다수를 차지했다. 인종차별적인 법률을 승인한 식민지 정부가 동맹자이자 보호자로서 자유유색인 주민에게 의지할 수밖에 없었다.[13]

소수의 백인 농장주들은 자유유색인의 용맹을 찬양하고 법적으로 그들을 배제하는 것에 반대했다. 7년전쟁 참전용사이자 1779년 데스탱의 작전에도 참여했던 루브레이 후작 로랑(Marquis de Rouvray, Laurent François Lenoir, 1743~1798)*은 자유유색인 병사들을 격려하면서 이렇게 말했다. "나는 백인들이 가했던 모욕과 아무런 처벌도 받지 않은 채 끊임없이 나를 괴롭힌 그 부정과 학대에 대해 얼굴을 붉히게 만들었어야 했다. 나는 그들에게 내가 군인으로서 적어도 그만큼의 명예와 용기 그리고 더 많은 충성을 바칠 수 있음을 증명해야 했다." 수십 년 뒤 레몽과 그레구아르 신부 같은 혁명가들도 자

---

* 생도맹그의 농장주로서 1779년 3월 자유유색인 민병대를 조직하여 미국 독립전쟁 등 여러 전투에 참여하였다.

유유색인의 민병대 복무와 서배너에서 그들이 보여 준 위용을 상기하면서, 그들이 공화국의 시민권을 받을 만한 능력과 자격이 있다고 주장했다. 확실하지는 않지만, 일부 역사가들은 앙드레 리고(André Rigaud, 1761~1811)*를 비롯해 혁명기에 등장한 몇몇 대표적인 자유유색인 지도자들이 서배너 전투에 참전했다고 주장했다.[14]

식민지 방위 이외에도 자유유색인들은 식민지 내부의 위험한 적, 즉 노예에 맞서 생도맹그를 지키는 일에도 중요한 역할을 했다. 생도맹그 식민지는 특수 경찰인 기마헌병대를 보유하고 있었다. 그들의 임무는 농장과 도시에서 노예들을 감시하고, 도망노예를 추적하고, 도망노예 공동체를 공격하는 것이었다. 1730년대 기마헌병대 규정에 따르면 장교들은 백인이어야 했던 반면, 하사관들은 자유유색인이어야 했다. 1767년에 개정된 규칙은 자유유색인들이 미임관(noncommissioned) 장교가 될 수 있도록 허용하였다. 기마헌병대에 복무한 자들은 때때로 지역 민병대에서 선발되었는데, 상대적으로 낮은 보수를 받았지만 도망노예를 잡으면 보상을 받았다. 남자 노예를 해방하고자 하는 농장주들이 그 노예를 기마헌병대에 입대시키면 '자유세'를 면제받았다. 그 결과, 기마헌병 가운데 다수는 여전히 자신의 해방을 위해 복무하는 노예들이었다.[15]

자유유색인이 기마헌병대에 복무한다는 사실은 그들과 노예들 사이에 긴장과 불신을 증폭시켰다. 이는 또한 노예 반란을 막는 유일한 방법이 자유유색인에게 권리를 부여함으로써 그들의 충성을 확보할

---

* 아이티혁명 시기에 활동한 자유유색인 지도자. 그는 프랑스혁명이 자유유색인의 권리 획득을 위한 절호의 기회라고 생각했지만, 1791년 자유유색인 지도자 오제와 샤반의 처형 이후 무장투쟁에 나섰다.

수 있다는 주장을 강화시켰다. 1785년 루브레이 후작은 "주민들이 언제 터질지 모르는 '화약통' 위를 걷고 있는 가운데 '포위된 도시'나 다름없는 노예 식민지에서 절대적으로 필요한 동맹자가 바로 자유유색인"이라고 적었다. 생도맹그의 다른 저명한 인사들도 이런 생각에 동의했다. 이 주장은 나중에 자유유색인의 권리를 옹호하는 사람들에 의해 발전되었다. 1789년 그레구아르 신부는 도망노예 체포 성과를 통해서 자유유색인의 "용기는 이미 잘 알려져 있다"고 썼다. 백인과 자유유색인을 화합시키고 "이 두 계층의 상호 이익을 강화하는 것"이야말로 노예들을 억제하기 위한 한층 더 강력하고 '결집된 힘'을 창출할 것이다. 또 다른 팸플릿에서 그는 "나약한 유럽인들을 집어삼키고 검둥이들을 혹사시키는" 식민지에서 프랑스가 방위력으로서 자유유색인들을 어떻게 대체할 수 있을지 반문하고 있다.[16]

대서양 양쪽에서 나온 다양한 반론에도 불구하고, 대다수의 농장주들과 관리들은 자유유색인에 대한 인종차별을 유지하는 것이 생도맹그에서 노예제를 유지하는 데 꼭 필요하다고 생각했다. 1767년 한 정부 훈령은 아프리카인 조상을 가진 자들에게 "노예제의 시원적 오점은 그들의 모든 후손들에게" 퍼졌고, "자유를 부여해도 오점은 지워질 수 없다"고 선언했다. 1771년 생도맹그의 관리들은 "노예의 마음속"에 열등감을 남겨 두기 위해서 "자유가 부여된 뒤에도" 인종차별을 유지할 필요가 있고, 그렇게 해서 그들의 피부색이 예속의 운명을 짊어졌고 그 무엇도 그들을 자신의 주인과 "동등하게" 만들 수 없음을 이해하게 될 것이라고 주장했다. 자유유색인의 수를 제한하기 위한 정책을 정당화하는 논리 가운데 하나는 도망노예들이 쉽게 그런 공동체에 섞여 들어갈 수 있고, 실제로 그 공동체 안에서 동조자들을 발견할

지도 모른다는 것이었다.[17]

이런 주장과 그것을 정당화하는 인종차별에는 심각한 모순이 있었다. 자유유색인의 힘과 수를 제한하기 위한 인종주의 법률이 급증했을 때조차도, 백인 남성들은 노예든 자유인이든 아프리카계 여인들과 계속 성관계를 가졌고, 그 상대와 자녀들에게 토지와 노예를 나눠 주었다. 1781년 백인 여성과의 결혼을 앞두고, 모로는 여러 해 동안 자신의 가정부였던 자유유색인 마리루이 라플랜(Marie-Louis Laplaine)과 그녀의 딸 암네드(Amenaide)에게 노예와 돈을 주었다. 라플랜은 '물라토 여성'이라고 기록되었고, 모로의 딸이었을 것으로 추정되는 라플랜의 딸은 '쿼드룬'이라고 기록되었다. 백인들은 가족적·사회적 유대의 복잡한 관계를 통해 자유유색인과 연결되었다. 이따금 유럽계와 아프리카계 남자들이 말 그대로 '한 아버지의 자식'이 되었다. 그러나 법은 그들을 분리된 두 사회계층의 구성원으로 규정하면서, 혈통에 따라 형성된 각각의 운명과 함께 그들 사이에 차이를 만들어냈다. 이처럼 생도맹그는 정신 분열적 사회였다. 왜냐하면 법이 유럽계와 아프리카계 주민 사이를 갈라놓으려 했는데, 그런 법률을 지지한 백인들이 그 법들을 계속 조롱했기 때문이다.[18]

이러한 위선에 대한 영리한 해결책은 아프리카계 여성, 특히 자유유색인 여성을 불운한 백인들을 유혹하는 색마(色魔)로 묘사하는 것이었다. 어떤 장교는 생도맹그의 유색인 여성을 '우상'(idols)이라고 묘사했는데, 그 이유는 유럽인 남성들이 그들에게 넋이 나가 재산을 바쳤기 때문이다. 그 여성들은 "자신을 정복한 자들을 지배하는 절대자"가 되었다. 마치 자연이 "유색인 남성이 처한 노예 상태"에 대해 보상이라도 하듯이, 유색인 여성들에게 "백인 남성을 호리는 어떤 힘"을 주었다고 그는 덧붙였다. 조르주 드 빔펜(Georges Félix de Wimpffen, 1744~1814)* 남작은 유색인 여성들을 "아메리카의 비너스이자 가장 뜨거운 성녀(聖女)"라고 묘사했는데, 그들이 "감각적 쾌락을 최종적으로 완성시켜 일종의 무의식적 기술"로 만들었기 때문이다. 아프리카계와 유럽인의 혼혈이 성욕을 부추겼다는 이론을 내세운 모로 역시 "모든 삶을 감각적 쾌락에 바친 이 비너스 성녀들"의 성(性)이 위험하다는 생각에 사로잡혀 있었다. 비너스의 유일한 소명은 감각을 마비시키며 그들을 가장 달콤한 황홀경으로 인도하고, 가장 매력적인 유혹으로 그들을 사로잡는 것이었다. 쾌락의 공범인 자연은 비너스의 매력, 재능, 성향 그리고 훨씬 더 위험한 것, 즉 사포(Sappho)**에게 알려지지 않은 무언가를 포함해서 그녀의 상대들보다 훨씬 더 강렬하게 그런 감각을 즐길 수 있는 능력을 주었다. 모로는 그들이 "남성에게 위험이자 기쁨"이었다고 덧붙였다.[19]

1790년대에 생도맹그에 살았던 박물학자 데쿠르티는 자신이 "싱싱한 기계들"이라고 부른 여자 노예들에게 크레올 남성들이 매혹 당했고, 이성보다는 본능에 의해 조종되는 관계 속으로 빠져드는 이유에 대해서 사악한 이론을 제시했다. 그에 따르면, 크레올 남성들은 태어나자마자 무책임한 어머니들에 의해 노예 유모들에게 맡겨진다. 이

* 프랑스의 장군으로 미국 독립전쟁에 참전하였다. 1789년 삼부회 선거에서 캉의 귀족 대표로 선출된 그는 새로운 원칙을 받아들이고 제3신분 대표들에 합세하였다. 1792년 혁명전쟁의 시작과 함께 티옹빌에서 프로이센군의 공격을 막아 내 국민공회의 인정을 받았다. 육군장관 직을 고사하고 셰부르 방면군 사령관으로 부임한 그는 1793년 6월 지롱드파의 축출 이후 자코뱅파가 장악한 국민공회에 반기를 들고 '연방주의자들의 반란'에 가담하였다. 나폴레옹 집권 이후 장군으로 복직했다.
** 기원전 610~580년경 소아시아 레스보스 섬에서 활동한 유명한 서정 시인. 여성들의 애정, 질투, 증오에 관한 시를 남겼는데, 온화한 애정에서부터 열렬한 사랑에 이르기까지 자신의 감정을 표현했다.

'방탕한' 노예들은 주인을 속이고, 주인의 아이들에게 젖을 줄 때에도 부정한 성행위를 계속했다. 검둥이 여성들은 백인 아이들에게 '상한 젖'을 먹였고, 이 '해로운 음료'가 '염치없는 욕망의 씨앗'을 전달했다. 크레올 어머니들은 자식에게 마땅히 젖을 먹여야 함에도 어릴 때부터 여자 노예에게 맡김으로써 아이에게 여자 노예에 대한 색욕이 스며들게 했다는 이유로 비난받아야 했다.[20]

이런 소름끼치는 이야기는 백인 가부장제가 만들어 낸 모순들을 호도하고, 이러한 관계들을 그들을 규정하는 복잡하고 왜곡된 권력관계에서 배제하는 한 방법이었다. 성이 인종주의 및 노예제와 뒤엉켰고, 인종주의 법률들이 불법화한 관계들을 현실로 만들었다. 모로는 수많은 자유유색인 여성들이 "첩이 될 운명"이었다고 인정했지만, 이는 불가피했으며 주인들이 노예들에게 폭력을 가하지 못하도록 하는 효과도 있었다고 주장했다. 그러나 레몽의 지적처럼, 자유유색인 여성들이 백인들과 결혼하는 것이 아니라 "그들에게 몸을 팔" 수밖에 없었던 것은 인종주의 법률 때문이었다. 일부 자유유색인 여성들은 "직업적인 관리자이자 개인적인 동반자"의 역할을 겸하는 매니저(ménagère)라는 호칭을 취함으로써 백인 남성과 관계를 공식화하는 새로운 방법을 찾았다. 많은 백인 이주민들이 식민지에서 사업상의 사회적 관계를 만들고 그 사업을 관리하기 위해서 매니저에게 의지했다. 이런 관계를 맺은 여성들은 때때로 큰 돈을 벌어 르캅 같은 도시에서 독립적인 사업가가 되기도 했다. 그들의 보수는 흔히 법정 계약서에 상세하게 규정해 놓았다. 실제로 자유유색인 여성들은 경제적·사회적·문화적으로 중요한 세력이었다.[21]

18세기 내내 일련의 인종주의 관행들을 만들어 내는 데 법률과 경제, 담론이 함께 작동했다. 일단 자리를 잡으면 인종주의 관행들은 많은 사람들에게 자연스럽고 영속적인 것으로 보일 터였다. 그러나 대부분의 백인들이 생도맹그 식민지가 살아남기 위해서 불가피하다고 본 이러한 인종적 위계질서는 모순과 위험한 균열로 가득 차 있었다. 많은 자유유색인들, 특히 노예를 소유한 자유유색인들은 노예뿐 아니라 자기들보다 가난한 백인들도 멸시했다. 일부 자유유색인들은 백인 병사들을 조롱하며 '하얀 검둥이'(white negroes)라고 지칭함으로써 이 두 집단을 한꺼번에 모욕했다. 피부색이 지위를 결정하는 역할을 했는데, 백인들처럼 자유유색인들도 유럽인의 피가 섞인 정도에 따라 사람들 사이에 차별을 두었다. 그러한 차별이 결국 생도맹그 식민지에서 제도화되었다. 1782년 인구조사에서 자유유색인은 유럽인의 피를 받은 '자유유색인, 물라토' 등과 그렇지 않은 '자유 흑인'(free blacks) 두 부류로 나뉘었다. 후자는 자유인 부모로부터 태어났다기보다는 살아 오면서 해방된 것으로 간주되었다. 그때 이래 몇몇 기록자들이 이 두 집단 사이에 명확한 경계선을 그었으나 실제로 그 차이는 뚜렷하지 않았다. 혼혈 노예들이 해방된 경우도 많았고, 유럽인의 피가 섞이지 않은 자유인 제2세대도 있었다.[22]

모로는 공상적인 인종주의 우주론을 창조함으로써 이 세계에 질서를 부여하고자 했다. 이 우주론은 유럽인이든 아프리카인이든 사람들을 서로 다른 인종적 정체성을 창출하여, 128개 부류로 나누는 '과학적' 공식이었다. 그는 백인으로 보이는 집안에서 몇 세대가 지나고 나서야 가족의 기원을 드러내는 "아프리카인의 특성이 모르는 사이에 나타날 것"이며, 어떤 '쿼드룬'이 에스파냐인이나 이탈리아인보다 더 하얗다고 하더라도 "아무도 그들을 혼동하지 않을 것"이라고 썼다. 그러나 인종적 정체성에 관한 그의 확신은 잘못된 것이었다. 레몽의 가족처럼 많은 가계들이 18세기 후반 이전에 오랫동안 백인으로 '통했고,' 아프리카인 조상을 가진 자들과 그렇지 않은 자들을 구별할 방법이 전혀 없었다. 1790년대 중반 생도맹그에서 복무한 어느 영국군 장교는 물라토 여인들이 보통 유럽 여인들보다 더 하얗지는 않을지라도 백인이라고 생각하는 경우가 많았다고 썼다. 1792년 폭도 대표 두 명이 르캅 식민지 의회에 나타났을 때, 그들은 "당신들은 백인인가?"라는 질문을 받았다. 한 사람은 얼굴에서 "대답을 암시했지만," 다른 한 사람은 "아버지를 모른다"고 간결하게 대답했다. 그 질문에 대답할 수가 없었던 것이다.[23]

일부 혁명가들도 인종적 위계질서를 옹호한 농장주들과 똑같은 질문을 던졌다. 1789년 한 팸플릿에서 그레구아르 신부는 백인 농장주들 가운데 많은 이들이 스스로를 '카리브 사람'(Caribs)이라고 선언한 아프리카계의 후손일 것이라고 암시하면서도 그들에게 아버지와 어머니가 누구였는지를 물었다. 때때로 "두 세대만 내려가도 피부색이 완전히 씻겨 나갔기 때문에" 농장주 대표들이 아프리카계가 아니라는 것을 입증하기란 불가능했다. 1791년 한 팸플릿에서 모로는 레몽을 '물라토'라고 기술했는데, 레몽은 자신이 "유럽인 조상의 합법적인 아들이자 손자이며 생도맹그의 지주"라고 반박했다. 또 "모로는 자신의 출신 계급을 경멸하고 배반한 사람이 받아야 할 치욕을 당하지 않으면서 자신의 선조들을 거슬러 올라갈 수 있는가?"라고 반문했다. 이처럼 레몽은, 혈통의 미묘한 차이를 밝히는 정교한 인종 체계를 만들고 생도맹그에서 백인 특권의 가장 열렬한 옹호자가 된 사람이 자신의 아프리카 조상들로부터 도망친 자였다고 암시하고 있다.[24]

17 80년대에 조상들이 모로에게 잠깐 들렀다면, 파리 중심
가에 살면서 생도맹그의 법과 역사에 대해 연구하는 모로
를 볼 수 있었을 것이다. 그는 계몽사상의 과학과 문화 세계에 적극
적으로 참여하고 있었다. 프리메이슨과의 관계 덕분에 그는 자연과
학, 지리학, 역사 그리고 예술상의 새로운 발견들을 전시하고 그에 대
한 토론을 격려하기 위해 신설된 박물관의 서기로 임명되었다(이 박
물관은 나중에 파리 박물관[Musée de Paris], 현재의 인류 박물관[Musée de
l'Homme]이 되었다). 박물관에서 한 연설에서 모로는 여러 계몽주의자
들이 공유했던, 인간이 스스로를 '신격화'함으로써 만들어 낸 잘못들
을 이성을 통해 해결할 수 있다는 꿈을 찬양했다. 모로는 당대의 일부
지식인들이 인류 최대의 불의(不義) 가운데 하나로 여긴 노예제에 대
해서는 전혀 언급하지 않았다. 그러나 그러한 야만적인 제도를 종식
하는 데 큰 관심을 가진 한 사람이자, 1781년 노예제에 반대하는 글
을 출판한 바 있는 콩도르세 후작과 정기적으로 만났다. 모로는 콩도
르세와 우정을 나눴고, 실제로 두 사람은 공통점이 많았다. 모로는 노
예들의 상황을 개선하는 데 관심을 가졌다. 한편 콩도르세는 장기적
인 과정을 통해서만 노예제가 불법화될 수 있다고 확신했는데, 그 과
정은 노예들의 삶에서 고초를 줄여 주는 것부터 시작되어야 했다. 그
러나 노예제에 관한 두 지식인의 고상한 토론은 오래가지 못했다. 혁
명의 발발과 함께 그런 토론의 무대가 급속히 확대되면서, 이 두 사람
은 맹렬한 정치투쟁에서 서로 반대편에 서야 했기 때문이다.[25]

콩도르세는 몽테스키외를 비롯해 볼테르와 루소에 이르는 계몽사
상가들의 저작에서, 주인공이 반란 노예들인 수많은 소설과 희곡들에
서, 그리고 메르시에와 레날이 출간한 폭동 예언서들에서 나타나는

계몽주의적 경향의 반노예제 사상을 대표하는 인물이었다. 파리의 법조계에서 노예제에 대한 공격이 나타났는데, 1760~1770년대에 수백 명의 노예들이 자유를 얻기 위해서 소송을 제기했기 때문이다. 이러한 진전은 처벌 없이 이루어지지 않았다. 1780년대에 국왕 관리들은 파리에 거주하는 아프리카계 사람들에 대한 가혹한 법을 통과시켰다. 그들은 여권을 지참하지 않으면 유형에 처해졌고, 인종 간 성관계는 범죄로 규정되었다. 사실 계몽사상의 노예제 반대에는 모순이 많았다. 노예제가 사라지지 않을 것이라고 믿은 사람들은 흔히 아프리카인들에 관한 인종주의적 견해를 받아들였고, 많은 문필가들이 노예제가 원칙적으로는 잘못이지만 유럽인과 "야만으로부터 구제된" 아프리카인 모두에게 궁극적으로 그 수익이 손실을 능가하는 필요악이라는 점을 인정했다. 그러나 18세기 말에 이르면, 혁명 엘리트가 될 많은 지식인들과 전문직 종사자들이 진지하게 노예제를 공격하는 데 헌신했다.[26]

언론인 자크 브리소(Jacques Pierre Brissot, 1754~1793)*는 영국·미국의 노예제 반대운동과 접촉하면서, 1788년 파리에서 노예제 폐지를 지지하는 흑인우애협회(Société des Amis des Noirs)를 설립했다. 이 협회는 영국의 동료들처럼 아메리카에서 노예제를 점진적으로 소멸시키게 될 노예무역 폐지를 주장했다. 프랑스의 노예제 폐지론은 영국이나 미국에서처럼 민중운동으로 발전하지 못했지만, 흑인우애

---

* 프랑스혁명기의 정치 지도자. 변호사였던 그는 혁명 초기에 언론인으로 변신하여 《프랑스 애국자》(Le Patriote français)를 발행하였고, 바렌 탈주 사건을 계기로 루이 16세의 퇴위를 주장하였다. 1791년 9월 입법의회 의원으로 선출된 그는 지롱드파 지도자로서 혁명전쟁을 주장하며 로베스피에르에 대항했다. 국민공회 의원으로 재선되었으나 1793년 6월 2일 파리 민중의 의회 난입으로 의원직에서 제명되고 10월에 기요틴으로 처형되었다.

협회는 콩도르세, 라파예트(Lafayette) 후작, 미라보 백작 그리고 그레구아르 신부 같은 영향력 있는 회원을 배출했다. 그들은 혁명에서 노예제에 관한 자신들의 견해를 널리 알릴 수 있는 이상적인 환경을 발견하게 될 터였다.[27]

1788년 말 루이 16세는 부분적으로는 미국혁명에 제공한 지원금 탓에 왕국이 직면하게 된 급박한 재정 위기를 해소하기 위해서 낡은 자문기구인 삼부회의 대표 선출을 요청했다. 삼부회에는 세 '신분'이 있었는데, 바로 귀족과 성직자, 나머지 대다수의 주민을 대표하는 제3신분이었다. 모로도 대부분의 전문직 종사자와 지식인들처럼 선출되어 파리 선거인회의 의장으로 선임되었다. 카리브 해의 노예 식민지에 묶여 있던 그와 같은 사람들에게, 혁명의 발발은 가능성뿐 아니라 위험으로 무르익어 갔다. 식민지들은 혁명을 통해 식민지에 강요된 횡포한 정책들을 바로잡을 수 있을지도 몰랐다. 그러나 한편으로는 식민지들의 생계 기반이 위협받고 심지어 파괴당할 가능성도 있었다.[28]

흑인우애협회는 노예제 반대의 대의를 조장하기 위해서 삼부회 소집이 제공한 기회를 덥석 잡았다. 콩도르세의 글을 수백 개의 선거구에 보냈다. 그는 프랑스 국민이 노예무역에 관심을 기울여 '폭력적 범죄'를 종식하고, "희망 없이 끝도 없는 노동에 시달려야 하고, 모든 사회적·자연적 권리를 박탈당한 채 주인들의 자의적인 처벌에 노출되어 가축과 같은 처지로 전락한" 노예들의 삶을 개선하기 위해서 노력할 것이라는 희망을 표시했다. 협회의 활동은 어느 정도 효과가 있었다. 49개의 진정서(cahiers de doléances, 국왕이 인민에게 제출하라고 요청한 불만 사항 목록)에는 노예무역과 노예제에 대한 이러저러한 비난이 포함되었다. 브리소와 흑인우애협회는, 가산(家産)을 카리브 해에 투자했음에도 불구하고 노예무역에 비판적인 자유주의자였던 자크 네케르(Jacques Necker)를 고무해서 국가가 노예 무역상들에게 지급하던 보조금을 폐지하게 했다. 1789년 5월 삼부회 개회 연설에서 네케르는 아프리카 노예들의 어려운 처지를 동정심을 가지고 검토해 달라고 삼부회에 요청했다. 노예선을 가득 메운 채 대서양을 횡단해야 하는 그들도 "생각하는 것이나 고통을 견디는 능력에서 우리와 같은 인간"이기 때문이다.[29]

노예제 폐지론자들에게는 좋은 출발이었다. 그러나 협회는 식민지의 노예제를 옹호하는 데 전력을 다하는 강력한 집단과 싸워야 했다. 1788년 7월 프랑스인 농장주들이 파리에서 회합했다. 농장주들은 1780년대 중반 국왕 정부와 갈등할 때부터 시작된 불만들을 제기하면서 개혁을 위해 압력을 가하기로 결의하고 생도맹그 식민지 의회 설립을 요구했다. 일부는 식민지들이 삼부회 대표를 요구해야 한다고 주장했다. 몇몇 통찰력 있는 참가자들은 이런 요구가 불러올 위험한 결과를 지적했다. 만약 식민지 대표들이 국가 정책 입안에 참여하게 된다면, 그들은 식민지를 십중팔구 노예제 반대 세력이 목청을 높일 삼부회의 통제 아래 둘 터였다. 그럼에도 불구하고 그들은 국민의 대표를 요구하기 위해 압력을 가하기로 결의했다. 파리와 생도맹그의 행정가들은 이 요구를 받아들이지 않았지만, 식민지에서 농장주들은 비밀리에 모여 대표를 선출했다. 그러나 아무리 부유한 지주라고 해도 자유유색인은 여기에 참여하지 못했다. 생도맹그 대표단이 작성한 진정서는 재산을 소유한 자유유색인들이 식민지의 정치 생활에 참여하는 데 분명하게 반대했다.[30]

마침내 1789년 5월 베르사유에서 삼부회가 열렸을 때, 초대받지 못한 생도맹그 대표 17명이 그 자리에 나타났다. 브리소는 그들이 비합법적으로 선출되었기 때문에 삼부회에 들여서는 안 된다고 주장했다. 대표단은 입회를 요구하면서, 그렇지 않으면 프랑스도 수십 년 전 잉글랜드가 그랬던 것처럼 "무기를 든 손"으로 "식민지 대표 문제"를 풀어야 할 것이라고 경고했다. '임시로' 의회 출석을 허가받았지만, 투표권을 얻지 못한 농장주 대표단은 위기를 이용했다. 삼부회는 전통적으로 신분별로 투표했는데, 이는 제3신분이 두 배나 많은 대표를 가졌을지라도 어떤 문제에 대해서는 귀족과 성직자가 제3신분을 이길 수 있다는 것을 의미했다. 그래서 제3신분 의원들은 신분별이 아니라 머릿수로 표결해야 한다고 주장했다. 국왕 정부의 비타협적인 태도에 직면해서 6월 20일 제3신분 대표들은 소수의 귀족과 성직자 대표들과 함께 자신들이 프랑스 인민의 진정한 대표라고 선언하고 스스로 국민의회라고 명명했다. 바야흐로 프랑스혁명의 서막이 오른 것이다. 그 자리에 루브레이 후작을 비롯한 생도맹그 대표 9명이 있었다. 그들은 '잠정적으로' 이 새로운 의회에 참여할 권리를 요구하고 다른 대표들과 똑같이 맹세했다. 이 사건에 참여한 덕분에 그들은 많은 동료들의 공감을 얻어 냈다.[31]

많은 의원들이 생도맹그 대표들이 의석을 가질 권리가 충분하다고 지지했지만, 그들에게 정확히 몇 석을 허용해야 하는지를 둘러싸고는 논쟁이 벌어졌다. 식민지 대표들은 식민지 전체 인구를 토대로 의석수를 요구했다. 반면 본토의 대표 몇몇이 이 요구에 내포된 역설을 지적했는데, 미라보가 가장 완강했다. 그는 "자유 흑인들은 지주이자 납세자이지만, 투표가 허용되지 않는다"고 지적했다. "그리고 노예들에 대해서 말하자면, 그들은 사람이기도 하고 아니기도 하다. 식민지 사람들이 그들을 사람으로 생각한다면, 그들이 노예를 해방하고 피선거권을 주게 놔두자. 만약 반대의 경우라면, 우리는 프랑스 인구에 따라 의석을 배분하면서 우리의 말과 노새의 수까지 고려해야 할 것이다."[32]

이는 식민지에서 민주주의가 드러낸 한계이자, 자기들에게 예속되어 있는 주민들을 대표한다고 주장하는 백인 대표들의 위선에 대한 강력한 선언이었다. 그러나 식민지 대표들과 많은 국민의회 의원들은 노예제의 도덕성에 대한 토론을 시작할 마음이 전혀 없었다. 이내 생도맹그에 6석(각 지방에 2석씩)을 할애하자는 타협이 이루어졌고, 더 큰 문제는 제쳐두었다. 이는 앞으로 2년 가까이 식민지 정책에 관한 토론을 지배하게 될 모양새였다. 8월 4일 밤, 귀족과 성직자 대표들이 그들과 다른 시민들을 구별하는 특권을 포기했을 때, 한 대표가 노예를 소유하는 특권의 문제를 제기했지만 그의 발언은 거의 관심을 끌지 못했다. 농장주들은 의사당 밖에서도 분주했다. 그들은 노예제를 공격하고 프랑스 백인과 식민지 노예 사이의 연대를 설파한 여권 운동가 올랭프 드 구즈(Olympe de Gouges, 1748~1793)*의 연극을 조롱하기 위해 코메디 프랑세즈로 밀고 들어갔다. 그 연극은 사흘 만에 막을 내리고 말았다.[33]

국민의회 의원 상당수가 암묵적으로 노예제 유지에 동의했고, 폐지론자들의 목소리는 고립되었다. 낭트나 보르도처럼 식민지 무역에 관한 규정 덕에 독점의 이익을 누리는 항구도시의 대표들은 농장주 대

---

* 프랑스혁명기의 대표적인 여권 운동가로서 〈인간과 시민의 권리선언〉을 다시 서술하는 방식으로 〈여성과 여성 시민의 권리선언〉을 작성했다. 여성이 자유롭게 태어나 남성과 대등한 권리를 지닌다고 주장하면서 새로운 사회계약의 형태로 여성과 남성이 결합해야 한다는 전망을 제시하였다.

표들과 중요한 차이가 있었다. 그러나 공동의 위협에 직면하자 그들은 단결했다. 마시악 클럽(Club Massiac)*에 의해서 농장주-상인 동맹이 조직되고 유지되었다. 이 클럽에는 각계각층의 생도맹그 농장주들이 모였는데, 일부는 커피와 인디고 농장주들이었고 또 어떤 이들은 설탕 농장을 소유한 부유한 부재지주들이었다. 북부 지방에서 가장 번성한 설탕 농장 몇 개를 소유한 갈리페 후작이 이 클럽의 초대 의장이었는데, 말을 더듬는 탓에 곧 그 자리에서 물러났다. 마시악 클럽도 흑인우애협회처럼 루브레이 후작이 쓴 〈흑인들의 상태〉(L'Etat des négres) 같은 팸플릿의 출간을 재정적으로 지원했고, 몇몇 혁명 신문에 어떻게 해서든 자신들의 견해를 싣고자 했다. 농장주 클럽은 항구도시 상인들의 정치 클럽들과 긴밀한 관계를 발전시켰다. 원칙적으로 마시악 클럽은 식민지 지주를 위한 것이었는데, 클럽의 주요 회원들 가운데 한 명이 모로였다. "그의 법률 파일들, 식민지 역사에 관한 자료들"과 함께, "그는 살아 있는 법전이자 역사가였고, 거의 식민지의 입법자"였으며, 그의 인맥은 클럽이 상당한 권력을 누리는 데 기여했다.[34]

마시악 클럽에서 조직을 갖춘 농장주 및 항구도시의 동맹자들과 흑인우애협회의 첫 대결은 협회의 완패로 끝났다. 실제로 국민의회에서 노예제와 노예무역에 관한 토론이 안건으로 상정되었고, 협회는 강력한 비난을 받았다. 협회의 활동은 또 다른, 훨씬 더 위험한 식민지 혁명을 불러올지도 모른다는 것이었다.

---

* 노예제를 옹호하는 생도맹그의 농장주들이 흑인우애협회에 대항하기 위해서 조직한 단체로, 그 이름은 그들의 모임 장소인 파리의 마시악 호텔에서 따왔다. 식민지에 대한 〈인권선언〉의 적용을 저지하고, 식민지위원회 구성을 이끌어 냈다.

17 89년 8월 파리에 와 있던 생도맹그 의원들은 자신들의 선거
구민들에게 "여기 인민은 자유에 취해 있다"라고 썼다. "위
험은 거대하고 가까이에 있다." 생도맹그 의원들은 만약 자신들이 '노
예제'라는 단어를 입 밖에 내기라도 하면, 노예제 폐지론자들이 노예
해방의 기회를 잡게 될 것이라고 불평했다. 생도맹그 주민은 한시도
방심해선 안 되고, "자유라는 단어가 들어 있는 글"을 압수하고, 농장
과 도시에 파수꾼을 늘리고, 유럽에서 온 자유유색인들을 감시해야
했다. 레몽은 이 편지를 가로채서 미라보에게 주었는데, 미라보는 농
장주들이 '자유'라는 말 자체를 두려워하는 혁명의 적이라고 까발리
기 위해 이 편지를 활용했다. 이에 대해서 생도맹그 의원들은 1790년
그들이 직접 주석을 단 이 편지의 다른 판본을 출간하고, 이 편지는
단지 '노예의 자유'를 다루는 글들이 신중해야 한다고 주장했을 뿐이
라고 반박했다. 그들은 편지에 '추신'을 넣었다. 그들에 따르면, 원래
이 편지는 쓰자마자 빼앗겨 출간되지 못했는데, 자신들이 평화를 유
지하는 가장 확실한 방법으로 생도맹그의 자유유색인과 백인 사이의
화해를 주장했다는 것이다. 이러한 주장은 아마도 그 편지에 서명한
의원들 가운데 한 명인 루브레이 후작에 의해서 만들어졌을 것이다.
생도맹그 대표단의 경고와 노예제 폐지론자들의 반응은 전쟁을 시작
하는 전초전이었는데, 이 전쟁의 전장은 파리와 보르도에서부터 생도
맹그의 평원까지 펼쳐지게 될 터였다. 이는 혁명의 의미를 둘러싼 전
쟁이었다. 갱생된 프랑스의 법률이 모국뿐 아니라 식민지에도 적용되
는지에 대한, 다시 말해서 권리가 보편적인 것인가 하는 바로 그 문제
에 관한 전쟁이었다.[35]

유럽에서 생도맹그로 무엇을 가져오든 뭐가 그리 위험하단 말인

가? 그 편지가 작성되고 나서 몇 주 뒤, 국민의회는 〈인간과 시민의 권리선언〉을 작성하고 채택했는데, 제1조는 "인간은 권리에 있어 평등하게 태어났다"고 선언했다. 한 신문은 그 원칙이 프랑스 본토뿐 아니라 식민지에서도 적용될 것이라고 선언했다. 삼부회에서의 대표권을 꺼렸던 농장주들이 두려워한 것도 바로 이 대목이었다. 파리에서 받아들여진 혁명의 원칙은 카리브 해의 노예제 사회에도 적용될 터였다. '사회적 차이'를 인정하고 소유를 '신성불가침의 권리'라고 선언한 조항들에도 불구하고, 많은 농장주들은 마치 〈인권선언〉이 격리되어야 할 질병이라도 되는 양 반응하면서 보편주의적인 〈인권선언〉을 노예제에 대한 명백한 위협으로 간주했다.

1789년 7월 생도맹그를 출발해 프랑스의 한 항구에 다다른 몇몇 여자 노예들이 항구 당국에 의해서 억류되었다가 생도맹그로 추방되었다. 항구 당국은 그들이 프랑스 본토에서 알게 된 것을 식민지로 돌아가 전하지나 않을까 우려했던 것이다. 8월에 마시악 클럽의 한 회원은 유럽으로 온 모든 '흑인 또는 물라토'를 생도맹그로 돌아가지 못하도록 금지해야 한다고 제안했고, 9월에는 클럽이 항구도시의 상인들에게 아프리카계 사람들이 식민지로 향하는 배에 오르지 못하도록 하라고 요구하는 편지를 썼다. 몇몇 선박의 선장들은 그리 하겠다고 확답했다. 정보를 통제하려는 시도가 계속되었다. 1790년 4월 지역 관리들이 르캅 우체국장에게, 들어오는 것이든 나가는 것이든 물라토나 노예가 수신인인 모든 편지들을 차단해서 시청으로 보내라고 지시했다. 그들은 이러한 조처를 비밀에 부쳤고, 아마도 관리들은 이러한 감시를 활용해서 반란이나 음모의 증거를 적발할 수 있었을 것이다.[36]

물론 정보의 유포와 그로 말미암은 희망과 공포를 통제할 방법은 없었다. 정보와 사람이 대서양을 건너지 못하게 막으려 했지만, 많은 백인들은 혁명적 변화에 흥분했다. 외과의사 앙투안 달마(Antoine Dalmas)에 따르면, 그들은 "노예들 앞에서 큰소리로 자유를 외쳤고, 특권과 편견, 전제주의를 가차 없이 비난했다." 농장 감독, 관리인, 소상인, 일자리 없는 부랑자 같은 생도맹그의 토지 없는 가난한 백인들은 혁명을 부유한 백인들에 대한 불만을 표출할 수 있는 기회로 보았다. 바스티유 함락 소식이 생도맹그에 당도했을 때, 그들 몇몇은 도시에서 약탈과 방화로 경축했다. 또 많은 이들이 정치 클럽을 만들거나 가입했다.[37]

백인 지주들도 경제정책에 관한 지역의 통제권을 획득할 수 있는 기회에 흔쾌히 응했고, 지체 없이 정치권력을 움켜쥐었다. 삼부회 대표를 선출한 선거인회들은 북부, 서부, 남부에서 지방의회를 창설하고, 식민지 총독과 파리 식민국의 '내각 전제주의'(ministerial despotism)에 맞서 전쟁을 선포했다. 북부 지방의회는 스스로에게 완전한 입법권과 행정권을 부여했고, 1790년 초 르캅 시의회(Conseil Supérieur)를 다시 열었다. 1787년 국왕 정부가 시의회를 폐쇄했을 때, 많은 농장주들이 분노했다. 인기 없는 생도맹그 지사(intendant)는 생명에 위협을 느껴 달아났다. 생도맹그의 낡은 행정 구조는 몹시 약해졌고, 지방의회와 민중의 통제 아래 있는 시 자치체들의 새로운 행정망이 식민지를 통치했다. 1월에 식민지에 임시 자문회의를 구성하라는 식민국장의 명령이 당도했다. 하지만 생도맹그의 백인들은 상설 의회를 구성하기 위한 선거를 실시했다. 선거는 1790년 2월에 치렀는데, 적어도 1년 이상 생도맹그에 거주한 모든 백인들에게 투표권이 부여되었다. 이 정책은 당시 프랑스에서 시행된 정책(경제적 요건을 갖춘 자에게만 투표권을 부여한 정책)보다 더 자유주의적이었고, 백인 지주들과 그들보다 가난한 백인들 사이에 미약하나마 화합을 확보하는 데 기여했다. 말하자면 인종주의에 기반을 둔 민주화였다. 자유유색인 지주는 정치 참여에서 또다시 배제되었다. 사실 생도맹그에서 가난한 백인들은 자신들의 정치적 힘과 폭력을 대부분 부유한 자유유색인들에게 가했다.[38]

1790년 4월 항구도시 생마르크에서 식민지 의회가 소집되었을 때, 회의장에 걸린 슬로건은 "우리의 단결이 우리의 힘이다"였다(뒷날 아이티공화국도 이 슬로건을 채택할 터였다). 대표들은 '식민지'라는 용어를 거부하고 전체의회(General Assembly)라는 이름을 선택했다. 생마르크 의회에 참석한 이들은 대부분이 커피나 인디고 생산에 종사하는 농장주들이었다. 그들은 밀무역에 의존했고, 특히 강제적인 독점 규정이 폐지되기를 열망했다. 서부와 남부에서는 지방의회 의원이었던 농장주들이 생마르크에 파견될 대표로 다수 선출되었고, 이 지역의 의회들은 선거 뒤에 폐회했다. 이것이 북부와 다른 점이었다. 북부에서는 가계와 사업을 통해서 프랑스와 연결되어 있었고, 식민지 정부와 가까운 상인과 부유한 농장주들이 지방의회에서 상당한 비중을 차지하고 있었다. 북부의 대표들 가운데 급진파가 대거 생마르크로 떠난 사이, 지방의회는 보수파의 수중에 남겨졌다. 그때부터 두 의회는 끊임없이 충돌했다.[39]

생도맹그의 백인들은 분주하게 자기들의 혁명을 수행하면서, 자신들의 세계를 뒤엎을 수 있는 한층 더 급진적인 또 다른 혁명의 가능성에는 격렬하게 반응했다. 이미 1788년 5월에 노예무역을 비난하고 잉글랜드의 노예제 폐지 운동에 대해 논의하는 기사가 실린 프랑스 신문이 도착해서 생도맹그에 '엄청난 물의'를 일으킨 바 있다. 이 듬해 프랑스 흑인우애협회의 활동에 관한 소식이 생도맹그에 들어왔다. 노예제 폐지론자들의 힘을 두려워한 농장주들은 그 힘을 부풀렸다. 사실 그들은 모로라는 마음에 들지 않는 동맹자를 그 협회에 들여보냈다. 1789년 6월 루이 샤르통(Louis Charton)이라는 사람이 파리에서 팸플릿을 출간했는데, 그에 따르면 모로가 식민지에서 노예제를 폐지하라고 요구했다고 전했다. 모로는 샤르통을 만나서 그의 고발이 거짓임을 인정하게 만들었지만, 생도맹그에 자신이 "흑인우애협회의 주장을 받아들였다"는 소문이 퍼지는 것을 막을 수는 없었다. 1789년 10월 모로의 처남이 "가까스로 린치를 모면"했을 때, 그 "위대한 크레올 판사 본인"을 목매달자는 의미의 "종소리가 울리고" 있었다. 이 사건을 비롯한 여러 사건들 때문에 불쑥 튀어나온 노예제 폐지의 가능성을 계속 이야기하게 되었다. 10월 말, '노예들의 움직임'에 관한 소문이 널리 퍼지는 가운데, 몇몇 백인들이 폐지론을 생각했다는 이유로 투옥되었다. 흑인우애협회가 파견한 특사 넷이 막 생도맹그에 당도했을 때, 항구에 도착하는 여행객들을 심문하고 짐을 수색하기 위해 르캅에서 위원들이 임명되었다는 이야기가 돌았다.[40]

10월 말이 되자 순식간에 노예 반란의 공포가 퍼졌다. 어느 날 반란 노예 3천 명이 르캅 북쪽에 모여 그 도시를 공격할 준비를 하고 있다는 소식이 들렸다. 일대를 수색하기 위해 파견된 분견대의 병사들은 우발적으로 자기편 병사를 쏘았을 뿐 아무것도 발견하지 못했다. 자노(Jeannot)라는 노예가 병사들을 안내했는데, 2년 뒤 그는 최초이자 가장 잔인한 노예 반란의 지도자가 되었다. 십중팔구 그의 반란은 르캅 교외에서 이루어진 야생 거위 사냥과 함께 시작되었을 것이다. 도시 바깥에 모인 노예 무리를 상상한 백인들은 완전히 속은 것이 아니라 다만 너무 성급했던 것이다. 사실 몇 달 전인 1789년 8월 마르티니크에서 노예들이 들고일어났다. 그 반란의 우두머리들은 프랑스 국왕과 국왕의 '고귀한' 친구들이 노예제를 폐지했지만, 지방 정부와 농장주들이 작당하여 법령을 짓밟아 뭉크러뜨렸다고 말했다. 농장주와 노예들은 모두 노예제 폐지론자들에 관한 소식을 들었다. 농장주들이 노예제 종식을 주장하는 사람들을 구금하고 억압하려고 했던 반면, 많은 노예들은 자유가 임박했다고 말했다. 두 집단은 모두 흑인우애협회의 힘을 과대평가했지만, 사실상 두려움과 기대가 그들을 행동하게 만들었다.[41]

백인들은 또한 자유유색인들이 제기한 위협에 신속하게 대응했다. 자유유색인들은 혁명에서 억압에 대한 항의를 서서히 강화할 수 있는 기회를 보았다. 1789년 내내 자유유색인 대표들은 지역 정치기구에 참여할 수 있게 해달라고 요구했다. 아주 드문 경우를 제외하면 백인들은 완강하게 자유유색인들을 배척했고, 곧 폭력으로 대응하기 시작했다. 1789년 11월, 남부 지방의 프티고아브 시에서 페르낭 드 보디에르(Fernand de Baudière)라는 나이 든 백인 남자가 그 도시의 자유유색인들이 쓴 청원서의 저자였다는 이유로 고발당했다. 그는 체포되어 구금되었지만, 군중이 지역의 법관을 제압하고 린치를 가했다. 남부의 다른 곳에서는 한 무리의 백인들이 부유한 자유유색인의 집에 난입해서 그를 폭행한 뒤, 말에 묶은 채 길바닥에 질질 끌고 다녔다. 몇몇 친구들이 달려들어 목숨은 구했지만, 그의 아들 하나가 살해되었다. 르캅에서 뒤부아(Dubois)라는 남자는 "스스로 물라토의 변호사라고 선언했을 뿐 아니라, 광기의 징후라 할 정도로 경솔하게 흑인 노예제를 공개적으로 비난했다." 그는 체포되어 투옥되었고, 총독이 개입해서 추방하지 않았더라면 그 또한 린치를 면치 못했을 것이다. 곧 자유유색인들은 스스로 무장했다. 이렇게 첫 번째 전초전이 시작되었다.[42]

파리에서도 자유유색인의 권리를 둘러싼 투쟁이 전개되고 있었다. 1789년 10월 레몽과 오제가 포함된 자유유색인 대표단이 국민의회에 나타났다. 그들은 "이 제국의 한 지방에 여전히 격하되고 강등된 인종들, 즉 경멸과 노예제의 굴욕에 내맡긴 계급의 시민들이 존재한다"고 주장하는 청원서를 제출했다. 이 사람들은 "시민으로 자유롭게 태어났을지라도" 자기네 땅에서 '외국인'으로 살아갔다. 그들은 "자유의 땅에 사는 노예"였다. 그들은 인종주의 법률들의 폐지와 생도맹그 지방의회 선거에 참여하고 국민의회에 대표를 보낼 수 있는 자유유색인의 권리를 요구했다. 국민의회는 그들의 요구를 검토하겠다고 동의했고, 의장은 "그 어떤 시민이라도 …… 자신의 권리를 요구하는 일이 헛되지 않을 것"이라고 선언했다.[43]

레몽과 오제는 마시악 클럽의 농장주들에게 그들의 요구를 제시함으로써 이 권리를 위한 성전(聖戰)을 시작했다. 레몽은 1780년대에 식민국에 제안했던 계획에 대해 말했다. 그 계획에 따르면, 권리는 합법적인 부부한테서 태어나고 그들 다음으로 적어도 두 세대 이상 자유인이었다고 주장할 수 있는 '쿼드룬'에게만 부여되었다. 다른 회의에서 오제는 자유유색인에게 권리를 부여하고 노예제를 점진적으로 폐지하는 한층 더 과감한 계획을 제시하면서, 이것이 노예들의 반란을 막을 수 있는 유일한 방법이라고 선언했다. 마시악 클럽으로부터

어떤 명확한 답변도 받지 못한 레몽과 오제는 '아메리카식민자협회'
(Société des Colons Américains) 소속 자유유색인 활동가들과 힘을 합
쳤다. 의미심장한 명칭처럼, 자유유색인들도 백인들과 마찬가지로 아
메리카의 식민자라는 점을 강조했다. 그들은 결국 흑인우애협회의 노
예제 폐지론자들과 동맹을 맺었다. 몇 달 사이에 브리소와 그레구아
르가 시민권의 의미와 보편성에 관한 이 새로운 투쟁에 가담했다. 이
동맹은 노예제 폐지론자들에게 새로운 활력을 불어넣었고 자유유색
인들의 요구를 급진화하는 데 이바지했다. 아메리카식민자협회가 국
민의회에 제출한 진정서는 "모든 유색인들을 위해 평등을, 물라토 노
예들을 위해 자유를" 요구했다."

　노예제 문제에 관해 일치단결한 농장주-상인의 압력은 자유유색인
의 권리에 대해서는 덜했다. 루브레이 후작 같은 소수의 농장주들은
자유유색인들에게 정치적 권리를 부여해야 한다고 생각했다. 사실 그
는 일찍이 백인 대리인을 통해서 자유유색인들을 생도맹그 의회에 받
아들이자고 제안했다. 또 다른 농장주는 명백하게 이성과 인간성에
기초한 자유유색인의 요구가 거부되어서는 안 된다고 썼다. 그는 "프
랑스 특권계급을 망하게 한 교만과 경직을 멀리하자"고 경고했는데,
그들은 "문장(紋章)을 포기하지 않아서" 결과적으로 모든 것을 잃었기
때문이다. "무엇보다도 설탕 색깔을 걱정한" 많은 상인들은 프랑스 항
구들을 부유하게 만든 교역에 기여한 농장주들이 제기한 요구에 공감
했다. 자유유색인들은 정치적 권리를 요구하기 위해서 1789년 9월 보
르도에서 시위를 조직했는데, 많은 주민들이 그들의 처지를 잘 이해
했다. 마시악 클럽과 긴밀한 관계를 유지하고 있던 라로셸의 상인-농
장주 클럽은 1789년 11월 정치적 대표권에 대한 자유유색인의 '자연

권'을 인정하는 것이 현명해 보인다고 썼다.[45]

그런 지원과 자유유색인에 대한 국민의회의 긍정적인 반응은 레몽과 오제에게 희망을 주었다. 파리 주민 대다수가 〈인간과 시민의 권리 선언〉에서 표명된 보편주의를 명확하게 적용한 그들의 요구를 받아들이는 쪽이었다. 혁명 초기에는 시민권에 많은 제한이 있었지만(여성, 하인, 빈민은 투표할 수 없었다), 재정적으로 독립적인 사람만이 유권자와 대표로서 정치적으로도 독립적일 수 있다고 시민권 제한을 정당화하는 논리가 파리에서 청원을 하고 있는 교양 있고 부유한 자유유색인들에게는 적용될 수 없었다. 그들을 배제하는 것에 대한 유일한 정당화는 인종이었다. 계몽사상의 보편주의와 혁명적 평등주의에 영향을 받은 많은 사상가들에게 농장주들이 옹호한 "피부의 특권계급"은 혁명이 지향한 모든 것을 침해하는 것이었다.

그러나 초창기의 노예제 반대운동에서처럼, 여기에서도 처음의 진전에 이어 패배가 뒤따랐다. 마시악 클럽은 회원 대부분이 자유유색인에게 그 어떤 양보도 하지 않으려 했고, 반격을 가해 국민의회에서 개혁가들을 고립시킬 수 있었다. 그레구아르가 자신이 의장으로 있는 자격심사위원회를 통해서 자유유색인의 대표권에 대한 요청을 제출했지만, 반대자들이 표결에 부치려는 시도를 소리쳐 저지했다. 농장주와 그 동맹자들은 자유유색인들에게 권리를 부여하는 것에 반대하고, 식민지에 대한 본국의 개입을 엄격하게 제한할 것을 주장하는 팸플릿을 출판했다. 모로와 같은 법사상가들이 지난 수십 년 동안 개발한 주장들을 활용하면서, 그들은 향후 10년 동안 정치적 행동주의의 토대가 될 논리를 가지고 정치적 공세로 나아갔다.

요컨대 그들은 식민지에는 '특별법'이 필요하다고 주장했다. 혁명의 큰 혜택은 그 사회, 기후, 경제가 서로 다르고 모국과도 다른 식민지에도 적용되어야 했다. 식민지 정책은 파리가 아니라 경험을 통해서 노예제와 노예를 이해하는, 카리브 해에 익숙한 사람들에 의해서 입안되어야 했다. 이 주장의 핵심은 완강한 노예제 수호였다. 1789년에 식민지에서 출간된 팸플릿에서 농장주 부아시에르가 주장했듯이, "생도맹그의 헌법, 입법, 체제의 중심축"이 "농장주들에게는 모든 것"이었음에 틀림없다. 그는 "생도맹그에는 노예와 주인만이" 있으며, 노예는 단지 '경작 도구'로만 쓰인다고 선언했다. 이러한 견해는 1789년 10월 식민국의 한 비망록에서 공식적으로 인정되었고, 식민지 대표들, 특히 당시 마르티니크의 대표로서 국민의회 의원으로 활동하던 모로의 강력한 지지를 받았다.[44]

　레몽, 그레구아르 같은 이들은 이 모든 상황을 너무도 잘 이해했기에, 식민지 정책을 농장주들에게 맡기는 것은 자유유색인들을 정치적 배제와 무제한적인 인종차별로 고착시키는 것이라고 했다. 그들은 이런 질문을 던졌다. 어떻게 국민의회는 한 무리의 프랑스 시민들이 다른 집단을 이런 방식으로 그토록 극악하게 억압하도록 허용할 수 있는가? 자유유색인들을 그토록 오랫동안 억압했던 농장주들이 어떻게 자유유색인들의 자연권 행사 여부를 결정하도록 허용할 수 있는가? 이에 대해 모로는 농장주들이 사실상 자유유색인들에게 엄청난 자비심과 인류애를 보여 주었다고 답변했다. 무엇보다도 이 계급에게 생명을 준 것이 관대한 백인 노예주들이며, 권리를 요구하는 자유유색인은 이해할 수 없는 광신자의 지지를 받는 배은망덕한 자와 다르지 않다고 했다. 모로의 주장에 따르면, 인종 분리는 불가피하고 유익했다. 아프리카계 사람들의 '색깔'은 그들을 백인과 구분해 주었고,

자유유색인은 이 차이를 인정했기 때문에 그들만의 격리된 구역에 모여 살았다. 통합은 불가능했고, 자유유색인은 자신들과 그들의 조상에게 자유를 준 사람들의 자비심을 믿어야 했다.[47]

레몽과 그레구아르는 자유유색인이 노예를 견제할 수 있는 유일한 집단이라고 강조하면서, 그들에게 권리를 부여하는 것이야말로 노예제를 보존하기 위한 최상의 방법이라고 주장했다. 그러나 농장주들은 그들의 진정성을 의심했다. 실제로 그레구아르는 그들에게 의심할 만한 여지를 주었다. 그는 노예 주인들에게 〈인권선언〉을 보라고 힐문하면서, 할 수 있다면 〈인권선언〉에서 빠져나가 보라고 조롱했다. 그레구아르가 자유유색인과 노예 모두에게 잔인하게 군다는 이유로 농장주들을 비난했을 때, 국민의회에서 소란이 일어났다. 그는 누구나 억압자에 대항해서 반란을 일으킬 수 있는 권리를 가진다는 점을 상기시키면서, 주기적으로 노예 반란의 가능성을 부추겼다. 농장주들은 그레구아르와 그의 동료들을 노예 반란의 옹호자 내지 선동자로 몰기 위해서 그가 쓴 글과 식민지에서 노예들이 일으킨 소란, 특히 1789년 마르티니크 반란에 관한 단편적이고 과장된 보고들을 이용했다. 한 신문은 브리소가 콩고 아이들 대여섯이 프랑스 국민의회 의원이 될 때까지 '음모'를 멈추지 않을 것이라고 주장했다.[48]

확립된 전통에 의지하면서, 파리의 저명한 농장주들은 노예제를 보존할 유일한 방법은 백인과 자유유색인 사이에 인종적 위계를 유지하는 것이라고 주장했다. 어떤 작가는 노예제가 보존되더라도, 아프리카계 자유인에게 권리를 부여하는 것은 그들을 '식민지의 왕'으로 만드는 것이라고 우려했다. 왜냐하면 그들이 자신들의 노예와 백인이 소유한 노예들을 해방시킴으로써 그들 스스로 다수가 될 것이기 때문이다. 모로는 국민의회가 자유유색인의 지위에 어떤 식으로든 개입하면 노예에 대한 주인의 권력이 침식될 것이라고 강조했다. 모로는 "우리 노예들이 주인의 의지와 상관없이 자기들의 처지에 영향을 미칠 수 있는 어떤 힘이 있다는 느낌을 갖게 되면, 그들은 더 이상 백인에 대한 절대적인 종속 상태에 있지 않다고 볼 것"이라고 썼다. 일단 이렇게 되면, "프랑스가 식민지를 보전하는 것"은 불가능했다. 국민의회 의원들은 한 가지 선택밖에 없었다. 즉 농장주들에게 완벽한 법적 자율성을 허용함으로써 그들의 권력을 온전하게 그대로 두는 것이다. 그렇지 않으면 의원들은 자기 손에 식민지 백인들의 피를 묻히게 될 뿐더러, 수백만 프랑스인의 생계가 달려 있는 체제가 사라지는 것을 보게 될 터였다.[49]

이러한 겁주기 전술이 먹혀들었다. 1790년 3월 국민의회는 식민지위원회의 구성을 승인했다. 위원회에 노예제 폐지론자는 단 한 사람도 없었고, 12명 가운데 생도맹그에 토지를 소유한 농장주가 4명, 상인이 2명 있었다. 항구도시와도 연계했고, 그들의 이해관계에 호의적인 앙투안 바르나브(Antoine Barnave, 1761~1793)*가 위원회의 의장이 되었다. 며칠 만에 위원회는 식민지 대표들을 안심시킬 수 있는 식민지 통치에 관한 법안을 제안했다. 프랑스 헌법은 식민지에 적용되지 않을 것이었다. 그 대신 식민지는 저마다 '내부' 체제에 관한 헌법,

---

* 프랑스혁명 초기의 정치가로 1789년 5월 도피네 지방 대표로 삼부회에 참석하였다. 국민의회 의원으로서 뛰어난 웅변술과 예리한 정치 감각으로 최고의 존경을 받으며 미라보의 맞수로 떠올랐으며, 국민의회 의장을 역임했다. 1790년 3월 식민지위원회의 위원으로서 서인도제도에서 프랑스의 무역 독점을 옹호했다. 강력한 입헌군주제를 지지했던 그는 바렌 탈주 사건 이후 루이 16세가 헌법을 받아들이도록 설득함으로써 무정부 상태에 빠지기 전에 혁명을 종결지어야 한다고 생각했다. 1791년 9월 국민의회 해산 이후 정계에서 은퇴하였지만, 공포정치기에 반혁명 세력으로 몰려 처형되었다.

특히 노예제 관리와 자유유색인에 관한 법률들을 제안하게 될 자체 의회를 선출할 것이고, 그 헌법은 파리에서 검토되고 비준될 것이다. 식민지는 프랑스의 헌법이나 〈인권선언〉에 얽매이지 않고, 식민지 주민이 발의한 특별법에 의해 통치될 것이다. 이러한 규정에 따라 농장주들은 식민지를 자체적으로 통치하기 위해서 오랫동안 요구해 왔던 자유를 누리게 될 것이다. 아울러 이 법안은 프랑스 상인들의 권익도 보호하게 될 것이다. "프랑스와 식민지 사이에 어떤 상업 분야에서도 혁신은 결코 없어야 한다"고 법안은 규정했다. 이전처럼 상업 정책에 관한 최종 결정은 파리에서 이루어져야 했다. 노예제와 노예무역은 변함없었고, 식민지의 생산물을 모국으로 수출하도록 강제하는 규정도 온전하게 유지되었다.

법안이 제출된 뒤 미라보 백작이 발언하기 위해서 자리에서 일어났다. 하지만 그가 동료 의원들을 겁쟁이라고 비난하자 여기저기서 소리치며 반대했다. 법안은 어떠한 토론도 없이 표결에 부쳐져 통과되었다. 식민지는 보편주의의 위험으로부터 구제되었다. 실제로 법령은 "농장주에 맞서 폭동을 선동하는 사람은 모두 국사범으로 유죄가 선고될 것"이라고 선언함으로써 노예제 폐지론자들을 겨냥했다.[50]

그 법령은 생도맹그의 백인들에게 식민지 내부 문제에 관한 완벽한 통제권을 부여하는 것처럼 보였지만, 자유유색인에게 좋은 기회를 제공하는 모호한 문장을 포함하고 있었다. 그 법은 식민지 의회가 '시민들'에 의해 선출될 것이라고 선언했지만, 누구에게 이 지위를 부여할지에 대해서는 따로 정하지 않았다. 바르나브가 식민지에 관한 3월 8일의 법령에 첨부될 보고서를 작성한 뒤 몇 주 동안, 국민의회는 자유유색인들로부터 투표권을 달라고 요청하는 탄원을 몇 건 받았다.

식민지위원회는 협상를 통해서 25세 이상의 지주는 '모두' 선거에 참여할 수 있다는 수정안을 이끌어 냈다. 국민의회에서 그레구아르는 여전히 표현이 모호하다고 불평하면서 명시적으로 자유유색인이 포함되어야 한다고 요구했다. 그러나 끝내 훈령의 내용은 하나도 바뀌지 않았다.[51]

식민지위원회는 자유유색인 문제에 관해 분명한 훈령을 제시하지 않음으로써 국민의회에서 정쟁을 피했다. 국민의회는 농장주들이 "훈령의 불명확함을 이용"해서 "자신이 감히 거절하지 못한" 자유유색인의 요구를 거부하기를 바랐다. 이는 냉소적이고 비겁한 정치적 타협이었는데, 그 속에서 잔인한 전쟁의 씨앗이 싹트고 있었다. 국민의회는 자유유색인을 포기했고, 그들을 식민지에서 "적으로 만나게" 되었다. "이제부터는 생도맹그에서 모든 것이 결정될 것이다."[52]

대서양 건너에서 생마르크 의회는 총독의 권위를 무시한 채 자체 규정에 따라 식민지를 재편하고, 법률을 제정하고, 협의 없이 그 법률을 적용하느라 정신이 없었다. 북부 지방의회가 식민지에서 프랑스의 대표권이 무시당하는 것을 비난하자, 생마르크 의회가 '헌정적 토대'(Bases contitutionelles), 즉 '헌정적 원칙'이라는 제목으로 문서를 작성했다. 정치·경제적 자치를 위한 대담한 헌장은 식민지 내부의 법률뿐 아니라 '대외적인' 상업 체제에 대한 포괄적인 통제력을 생마르크 의회에 부여했다. 농장주들에게 호의적인 영국 작가 에드워즈조차도 "일부 조항들은 식민지 종속의 모든 정당한 원칙들과 양립할 수 없는 것이고," 정책 통제권을 의회에 부여한 조항은 "프랑스 제국에 종속된 한 부분에서 제국의 권위를 터무니없이 가로챈 것으로 전례가 없는 것"이라는 점을 인정했다. 이는 한층 더 확고한 지위를 누리는 북부 지방의회의 농장주들과 행정가들에게는 너무나 급진적인 것이었다.[53]

국민의회가 제정한 3월 8일의 법령을 접수했을 때, 생마르크 의회는 '헌정적 원칙'과 모순되지 않는 범위 안에서만 새로운 법에 복종하기로 결의했다. 그들은 옛 선거 규정에 따라 선출된 현역 의원을 재신임해 달라고 유권자들에게 요청했고, 타락한 혼혈 인종인 자유유색인과는 결코 정치권력을 공유하지 않을 것이라고 단호하게 선언했다. 그 선거운동으로 생마르크의 대표들은 '재신임'을 받았고, 여세를 몰아 생도맹그의 모든 항구를 대외무역에 개방했다. 이 조치는 국민의회가 가결한 새로운 법령을 명백하게 침해한 것으로, 총독이나 한층 더 보수적인 북부 지방의회가 보기에도 너무 지나친 것이었다. 포르토프랭스에서 어떤 장교는 백인 병사들을 소집하고, 자유유색인 민병대 퇴역 장병들에게 함께 힘을 합쳐 반란을 꾀하는 생마르크 의회를 분쇄하자고 요청했다. 르캅에서도 군대가 출동해서 두 부대가 생마르크에 집결했다. 생마르크 대표들 가운데 좀 더 신중한 이들은 의회가 채택한 급진적인 노선에 동의하지 않겠다는 뜻으로 사임했다. 또 어떤 이들은 공격에 직면해서 미끄러지듯 집으로 돌아갔다. 한편 85명의 의원들이 생마르크에 정박해 있는 레오파드호의 선상 반란을 이용했다. 의원들은 전제적인 식민지 정부가 자신들을 희생양으로 삼았다고 주장하면서 요구를 전달하기 위해서 파리로 향하는 배에 올랐다.[54]

피난한 의원들을 지칭하는 레오파드파(Léopardins)는 3월 8일 법령에서 구체화된 농장주와 상인 사이의 이해관계 타협에 대한 도전이었다. 마시악 클럽의 보수적인 농장주와 상인들은 레오파드파를 냉정하게 맞이했고, 10월 12일 바르나브와 식민지위원회는 생마르크 의회의 행동을 헌법과 공공 안녕에 대한 침해라고 규탄했다. 그러나 레오파드파가 프랑스에 들어옴으로써 생도맹그의 정치적 혼란이 널리 알려지게 되었고, 파리에 있던 농장주들이 그레구아르와 그의 동료들을 공격할 수 있는 기회를 잡게 되었다. 본토에 의지하던 북부 지방의회조차도 생도맹그에 혼란이 야기된 것은 농장주들이 흑인우애협회 회원들, 특히 그레구아르가 국민의회에 자리 잡고 있다는 점을 걱정했기 때문이라고 주장했다. 북부 지방의회의 주장에 따르면, 본국 정부가 직접 나서서 이 위험한 노예제 폐지론자들이 마음대로 할 수 없다고 농장주들을 안심시키고 식민지에서 반란을 종식시키는 것이 매우 중요했다. 그리고 자유유색인은 오로지 농장주들이 지배하는 식민지의회로부터 "혜택을 기대할 수 있고, 지혜로운 행동과 존중하는 태도를 통해서만 이러한 혜택을 누릴 수 있다"는 사실을 알아야 한다.

바르나브는 이전의 훈령들을 명확히 하기로 결심하고서, 생마르크 의회를 비난한 바로 그 법령에, "식민지 의회의 공식적이고 명확한 요청에 의하지 않고서는, 식민지를 대상으로 하는 인신(人身)의 지위에 관한 법령은 결코 제정되지 않을 것"이라고 약속하는 조항을 포함시켰다. 그레구아르와 미라보의 항의는 다시 고함소리에 묻혔고, 국민의회는 법안을 통과시켰다. 그레구아르는 그 법령이 정의와 인간성에 대한 모욕인 동시에 득책(得策)도 아니라고 경고하면서, 다음과 같이 반문했다. 이 '강등된 카스트'가 정의를 추구하면서 노예나 식민지의 반항적인 백인 집단들과 힘을 합쳐 무력을 사용하지 않을 것이라고 누가 장담할 수 있겠는가?[55]

7월에 자유유색인 지도자 오제는 마시악 클럽의 방해에도 불구하고 가까스로 프랑스를 떠났다. 어떤 연대기 작가에 따르면, 그는 자신들이 파리에서 했던 탄원이 "아무 소용이 없자 짜증이 났다." 그는 "자기 카스트의 정치적 권리를 요구하기 위해서 무기를 들고 생도맹그로 돌아가기로 결심했다." 그는 먼저 런던에 들려서 저명한 노예제 폐지론자인 토머스 클라크슨(Thomas Clarkson, 1760~1846)*을 만났다(아마도 출국하기 전 르아브르에서, 아니면 미국에 머무는 동안에). 무기를 구입한 오제는 1790년 10월 아무도 모르게 생도맹그에 도착해서 르캅남쪽의 고향 마을 동동까지 이동했다. 그는 이제 청원보다 회피하기어려운 일, 즉 총으로 자유유색인들의 요구를 뒷받침할 때라고 생각했다. 그가 런던에서 클라크슨에게 말한 것처럼, 자유유색인은 스스로 "독립하고 존중받기" 위해서 무기를 들 준비가 끝났다.[56]

동동에서 열광적인 지지를 받은 오제는 금세 수백 명의 지지자들로 구성된 군대를 조직했다. 그는 이웃해 있는 그랑리비에르(Grande-Rivière)로 진격해서 그곳을 점령한 뒤, 르캅의 지방의회에 서신을 보내 모든 자유인 시민들에게 '차별 없이' 정치적 권리를 부여한 1790년 3월의 법령을 적용하라고 요구했다. 의원들이 거부한다면, 그들은 '복수'에 희생될 것이었다. 어느 관리에게 보낸 편지에서, 오제는 자유유색인의 요구 사항을 프랑스 제3신분의 요구 사항과 대비시켰다. 자유유색인들을 대우해야 하기 때문에 농장주들이 "모욕당한다"고 생각할지도 모른다고 그는 언급했다. 그러나 "프랑스에 존재하는 수많은 악습들을 시정하는" 과정에서 "귀족과 성직자"에게 의견을 물은 적 있는

---

* 영국의 노예제 폐지론자로 1786년 《노예제도와 인간 무역에 관한 시론》을 출간하고, 이듬해 노예무역 폐지를 위한 단체를 결성하였다. 그는 노예제 폐지 운동의 국제화에도 노력하여, 비록 성과는 없었지만 1818년 아헨 열국회의의 개최를 이끌어 냈다.

가? 그는 또한 우리의 군대는 "힘에는 힘으로 맞설" 준비가 되어 있다고 경고했다. 그러나 처음 몇 차례 승리한 이후, 오제가 이끈 봉기는 르캅에서 파견된 부대에 의해서 금방 진압되었다. 생도맹그의 다른 지역에 집결했던 자유유색인 집단들도 일부는 백인 장교들과 협상하고 나서 해산했다. 오제는 에스파냐령 산토도밍고로 도망쳤지만, 에스파냐가 그를 붙잡아 르캅으로 보냈다. 그는 사면을 요청했지만 고문당하고 끝내 처형되었다. 오제와 그의 동료 장바티스트 샤반(Jean-Baptiste Chavannes)은 사형 판결을 받고 거열형(車裂刑)에 처해졌고, 그들의 머리는 다른 사람들이 봉기하지 못하도록 경고하기 위해서 효수되었다. 가담자 19명도 교수형을 받았다.[57]

오제는 처형과 동시에 자유유색인들 사이에서 '자유의 순교자'가 되었고, 이로써 자유유색인과 백인들 사이에 분쟁이 고조되었다. 가족이라는 이름으로 "그들이 자연스레 하나로" 묶이고 지주로서 이해관계를 공유했을지라도, 이제 "증오와 복수가 이러한 결합을 영원히 박살 낼" 터였다. 이후 몇 달 동안 자유유색인들은 권리를 요구하고 백인들의 계속되는 공격에 맞서 스스로를 보호하기 위해 생도맹그 전역에서 무기를 들었다. 오제는 노예들이 봉기에 가담하는 것을 주도면밀하게 피했고, 여러 서신에서 자신이 노예제에 반대하는 것이 아니라고 강조했다. 그러나 그와 함께 싸운 사람들, 특히 샤반은 위험을 무릅쓰고 노예들을 동맹자로 삼으려 했던 것 같다. 처형되기 전 절망한 오제는 식민지 전역에 노예들을 동원해서 자신들의 혁명을 지원하려 한 유색인들이 있었다고 분명하게 인정했다.[58]

오제는 파리에서도 많은 이들에게 순교자로 여겨졌는데, 특히 점점 더 강력해지는 자코뱅들 사이에서 그의 잔혹한 처형 소식은 '피부의 특권계급'에 대한 점증하는 적대감을 일으키는 데 기여했다. 한편 농장주들은 노예제 폐지론자들의 공격을 받아치기 위해서 노예 반란의 망령을 계속 이용했다. 1791년 5월, 모로는 "식민지 의회의 공식적이고 자발적인 요청"에 응하는 경우가 아니면, "아메리카 식민지에서 노예의 지위에 관한 그 어떤 법령도 제정되지 않을 것"이라고 보증하는 법령을 제안했다. 이 제안은 막시밀리앙 로베스피에르(Maximillien Robespierre)의 분노를 초래했다. 그는 잘 알려진 바와 같이 이렇게 비꼬았다. "원칙보다 차라리 식민지를 없애 버리자!" (로베스피에르의 지지자들뿐 아니라) 농장주들이 급진 자코뱅파가 식민지 파괴를 공약했다는 증거로 이 구절을 끊임없이 사용했을지라도, 사실 문제의 그 원칙은 기본적으로 수사(修辭)였다. 요컨대 로베스피에르는 식민지의 노예제를 인정함으로써 프랑스 본토의 전제정을 정당화하는 데 기여할 수 있는 법령의 통과가 국내에 가져올 충격을 우려했다. '노예'라는 용어가 '비자유인'이라는 완곡한 표현으로 대체되자마자 법령이 가결되었다. 두 해를 보내고 나서도 국민의회에서 노예무역과 노예제를 폐지하려는 시도가 모두 실패로 돌아갔다. 막 생도맹그에서 폭동이 일어나지 않았다면, 프랑스혁명도 아마 미국혁명과 마찬가지로 국가의 한복판에서 벌어지는 대대적인 인권 침해를 분쇄하지 않은 채제 갈 길을 갔을 것이다.[59]

하지만 농장주들은 이미 식민지 정책에 대한 장악력을 잃기 시작했다. 자유유색인 문제에 개입하는 것은 식민지의 노예제를 뒤흔드는 일이라고 파리의 많은 이들을 설득하는 데는 성공했을지라도, 그들은 점점 더 자주 혁명을 지배하게 될 급진 공화주의와 싸우게 되었다. 한편 레몽과 그레구아르는 식민지 백인들이 자유유색인을 억압할 수 있도록 허용하는 것은 혁명을 졸렬하게 만드는 짓이라고 많은 이들을 설득했다. 양쪽이 국민의회의 무대 뒤에서 논쟁을 벌였고, 결국 인민 대표들 사이에 타협이 이루어졌다. 즉 양쪽 부모 모두 자유인인 자유 유색인에게 정치적 권리가 주어질 것이었다. 레몽이 언제나 자유유색 인들의 대표로서 내세운, 재산과 노예를 소유한 사람들은 해방될 것 이다. 그러나 해방된 지 얼마 안 된 사람들과 여전히 노예 상태인 사 람들 사이에 위험한 유대를 맺고 있다고 판단되는 사람들은 정치권 력에서 배제되었다. 이는 소극적인 권리 부여에 지나지 않았고, 더구 나 생도맹그에서 실시되고 있던 인종차별적인 법들을 철회하지도 않 았다. 그럼에도 피부색의 경계를 넘었다는 점에서 의미심장한 발걸음 을 뗀 것이다.[60]

 이 법령이 얼마나 많은 자유유색인들에게 권리를 부여했을까? 이 질문에 답하는 것은 쉬운 일이 아니다. 많은 역사가들이 단지 몇 백 명 만이 이 법령의 규정들을 충족시킬 수 있었다고 주장했다. 레몽은 자 유유색인들이 기본적으로 토지를 소유한 계층이라고 주장하느라 많은 애를 썼음에도, 자신은 당시 생도맹그에서 아프리카계의 대다수가 사 실상 자유인 부모한테서 자유인으로 태어났다고 주장했다. 생도맹그 의 백인들이 몹시 화가 나서 이 법령에 따르기를 거부했기 때문에, 그 런 세부 사항들은 결국 아무런 상관도 없게 되었다. 파리에서 법안이 가결되자 식민지 대표들은 항의 표시로 한꺼번에 퇴장했다. 늦은 여름 에 법안 통과 소식이 생도맹그에 당도했을 때, 농장주들은 국민의회 를 격렬하게 비난했고 총독은 그 법령을 집행할 수 없다고 보고했다. 많은 백인들이 "자유유색인들의 목을 따고, 프랑스를 버리고, 영국인 들을 불러들이는 것"만이 해결책이라고 공공연하게 주장했다.[61]

루브레이 후작 부인은 그녀가 '프랑스 놈들'(Messieurs de France) 이라고 부른 자들, 즉 식민지에 독자적인 입법권을 부여하고 나서 다시 의견을 바꾸어 그 권한을 축소한 '멍청하고 무능한' 사람들에 대해서 혐오스럽게 썼다. 그녀도 다른 많은 농장주들처럼 그 결정을 국민의회가 노예 주인으로서 자신들의 삶을 파괴하는 데 몰두했음을 보여주는 증거로 간주했고, 따라서 프랑스로부터 분리 독립해야 한다고 생각했다. 그녀는 "국민의회가 노예제 폐지를 선포할 경우 도움을 청하기 위해서" 생도맹그는 "노예 식민지를 보유한 모든 열강들에게" 대표단을 보내야 한다고 주장했다. 그녀는 국민의회가 분명 그렇게 할 것이라고 생각했다. 그녀는 아메리카의 노예 소유주들이 '자유의 전염'을 막기 위해서 단결하기를 희망했다.

몇 년 전 국민의회의 창설에 참여한 그녀의 남편은 이제 생도맹그로 돌아왔다. 루브레이 후작은 생도맹그가 곧 영국의 세력권에 들어가게 될 것이라고 확신했다. 한때 그가 자유유색인들의 요구를 지지했을지라도, 이제 그는 국민의회가 취한 노선에서 돌이킬 수 없는 위험을 보게 되었다. 이 모든 동란의 와중에도 루브레이 부인은 그녀 주변에서 순종적인 노예들이 경작하는 사탕수수와 커피 수확이 "매우 좋을 것"이라고 기대하면서 위안을 삼았다. 1791년 7월 그녀는 "사탕수수는 근사하고 날씨는 완벽하다"고 썼다. 그러나 거의 매일 폭풍우가 불어오고 있었다.[62]

4
불타는 사탕수수밭

1784년 4월 10일 르캅 남쪽, 사탕수수가 왕성하게 자라고 있는 밭 위로 기구 하나가 떠올랐다. 식민지 총독을 비롯해 한 무리의 군중이 1,800피트까지 올라갔다가 서서히 지상으로 내려오는 기구를 지켜보았다. 이 장관을 연출한 사람들은 지난해 역사상 처음으로 하늘로 기구를 띄워 올린 대서양 저편의 선구적인 과학자들을 흉내 내고 있었다. 그들이 생도맹그의 신문에서 이 쾌거에 관한 기사를 읽고 있을 때, 식민지의 많은 사람들은 프랑스를 사로잡은 새로운 기계 때문에 똑같이 흥분에 휩싸여 있었다.

베카(Beccard)라는 생도맹그 식민지 정부의 서기는 작은 기구를 띄워 보려고 여러 차례 시도한 후, 1784년 3월 말에 처음으로 성공했다. 그 사이에 그는 몇몇 사람들과 함께 더 큰 기구를 만들기 시작했다. 그들 가운데 오드뤽(Odeluc)이라는 사람은 갈리페 후작이 소유한 농장 세 곳을 관리하는 대리인이었다. 갈리페 가문은 멀리 파리에서 그 농장의 수익으로 살아가고 있었다. 갈리페가 없는 상황에서, 오드릭은 자신이 관리하는 농장들 가운데 하나를 기구 실험 장소로 제공했다. 이렇게 해서 아메리카에서 띄운 최초의 기구가 사탕수수밭 위로 날아오른 것이다. 모로에 따르면, 기구가 올라가는 것을 지켜보면서, "흑인 구경꾼들은 인간이 자연에 힘을 행사하려는 그 탐욕스러운 열정"에 관해서 끊임없이 떠들어 댔다고 한다. 아마도 그들은 자신의 상황에 대해 생각했을 것이다. 오드릭은 과학자였지만 노예 십장이기도 했다.[1]

기구는 하늘로 올라가면서 느리게 선회했는데, 그 때문에 군중들은 기구에 그려진 장식들을 볼 수 있었다. 총독, 지사, 베카, 갈리페의 문장(紋章)이 두드러지게 잘 보였다. 그 문장들과 함께 화학, 물리, 공기와 불을 상징하는 우화적인 그림도 그려져 있었다. 그 그림들은 하나도 남아 있지 않아 우리는 그저 그 형태를 상상해 볼 뿐인데, 그것은 분명 자연에 대한 과학의 승리를 찬양하기 위한 것이었을 것이다. 즉 사물의 운동을 지배하는 법칙들, 인간이 때때로 폭발과 함께 결합할 수 있는 요소들의 속성, 적정 온도까지 가열했을 때 불가능하다고 생각했던 운동을 만들어 낼 수 있는 공기의 융통성 등에 관한 것이다. 선회하면서 상승하는 기구를 군중들이 지켜본 그날, 그들은 필시 마지막 요소인 불이 몇 년 안에 그들 주변의 모든 것을 바꿔 놓을 것이라고는 전혀 예상하지 못했을 것이다.

후작 나리, 당신의 저택은 잿더미가 되었고, 당신의 재산은 사라졌으며, 관리인도 더 이상 없습니다. 반란으로 인한 파괴와 살육이 당신 농장까지 확산되었습니다." 갈리페 후작은 1791년 8월 노예 반란으로 자신의 농장에서 자행된 파괴에 대해 이렇게 보고받았다. 그 편지를 쓴 밀로(Millot)가 소유하고 있던 농장도 비슷한 운명을 겪었다. 르캅에서 편지를 쓴 그는 "이루 헤아릴 수 없는" 파괴에 관해 서술했고, "한때 번영했던" 식민지가 이제는 "재와 피가 넘치는 강"으로 변했다고 한탄했다. 몇 주 뒤 갈리페는 살아남은 관리인 피에르 모쉬(Pierre Mossut)한테서 한층 더 상세한 보고를 받았다. 모쉬는 피해를 조사하기 위해서 망원경을 들고 르캅 교외의 언덕에 올랐다. 모쉬에 따르면, 농장 주변의 평야는 "노예, 폐허, 가장 완벽한 파괴" 말고는 아무것도 없었다. 한때 생도맹그 설탕 경제의 중심이던 갈리페 농장은 노예 반란군의 기지가 되었다.[2]

18세기 초 식민지 총독이 설립한 갈리페 농장은, 18세기 후반에 이르러서는 생도맹그 사람들이 달콤한 것을 묘사할 때 "갈리페 설탕처럼 달콤한"이라고 말할 정도로 유명했다. 또 (농장주들인지 아니면 노예들인지, 누가 말했는지는 확실치 않지만) 최고의 행복을 묘사할 때 생도맹그 사람들은 "갈리페의 검둥이들처럼 행복한"이라고 말했다. 1779년에 갈리페의 주요 농장 세 군데를 방문한 어떤 사람은 (흙벽에 초가지붕을 얹은 전형적인 오두막과 대조되는) 돌로 짓고 기와지붕을 얹은 위생적인 노예 막사에 관해 묘사했다. 수도관이 설탕 공장뿐 아니라 병원, 정원, 노예 막사에까지 물을 공급했다. 그는 오드릭을 인간적일 뿐 아니라 "박식하고 현명하며 사려 깊은" 인물로 묘사했다.[3]

그러나 오드릭의 임무는 자신의 최우선 과제, 즉 가능하면 많은 설탕을 생산해 내는 것이었다. 그는 1785년에 쓴 편지에서 "하루에 16시간밖에 일하지 않는데, 어떻게 많은 설탕을 만들 수 있겠는가?" 하고 생각했다. 이를 해결할 방법은 "인간과 동물을 최대한 소모시키는 것"이라고 그는 결론지었다. 1791년 1월 갈리페 농장에 있는 808명의 노예 가운데 60세 이상은 거의 없었고, 40세 이상도 몇 명 되지 않았다. "갈리페의 행복한 노예들은 수명이 그리 길지 않은 것 같았다." 1789년 2월 농장에 끌려온 노예 57명 가운데 12명은 1년도 안 돼 죽었다. 출생률은 매우 낮았고, 농장에서 태어난 아이들 가운데 3분의 1은 얼마 살지 못하고 죽었다. 1786년은 "가뭄이 너무 심했고" 가구가 갈라지고 초목이 바스러질 정도로 더운 바람이 불었다. 1788년에 다시 가뭄이 들었고 1790년에는 상황이 더 나빠졌다. 사탕수수 생산이 어려움을 겪었고, 그와 함께 갈리페 농장의 수익도 줄었다. 그중에서도 노예들이 유독 어려운 처지에 놓였다. 노예는 10년에 걸쳐 계속 감소했지만, 경작지 면적은 줄지 않았다. 그래서 노예들은 더 힘들게 일해야 했다. 세 농장 가운데 가장 작은 라고세트(La Gossette)의 노예들이 가장 형편이 딱했다. 그들 중 20명이 1789년에 농장 관리인의 교체를 요구하면서 두 달 동안 숲으로 달아나 돌아오지 않았다.[4]

1791년 8월 북부 평원 지대에서 노예들이 일련의 야간 집회를 열었다. 갈리페 농장의 몇몇 노예가 집회에 참석해서, 모의 중이던 대규모 반란에 가담하기로 결의했다. 8월 21일 밤 노예 한 무리가 라고세트의 관리인 모쉬가 잠들어 있는 방에 쳐들어가서는, "우리의 뜻을 알리기 위해" 왔다며 그를 공격했다. 팔에 부상을 입은 모쉬는 가까스로 도망쳤다. 그는 가장 큰 갈리페 농장에 전갈을 보냈고, 곧 오드뤽과 백인 여러 명이 라고세트에 도착했다. 다음 날 아침, 그들은 르캅에서 온 판사를 대동하고 노예들을 심문해서, "백인들과 맞서 죽을 때까지 계속될 전쟁"을 일으키려는 음모가 진행되고 있다는 자백을 받

생도맹그의 노예 반란 1791년 봉기를 묘사한 판화. 원래의 표제는 식민지에 관한 국민의회의 모순 된 법령들이 '잔혹한 내전'을 불러왔다고 주장했다(파리 국립도서관 제공).

아 냈다. 그 농장의 감독인 노예 블레즈(Blaise)가 주모자 가운데 하나 로 밝혀졌다. 그러나 블레즈는 어디에도 없었다.[5]

그날 밤 인접해 있는 아퀼 소교구의 노예들이 몇몇 농장에서 봉기 했다. 부크먼이라는 노예가 이끄는 한 무리가 '노여운 파도처럼' 그 교구를 휩쓸었다. "한 농장에서 12~14명의 주모자들이 한밤중에 설 탕 정제소로 몰려가서 정제사의 조수를 붙잡았다. 그들은 그를 막사

앞까지 끌고 가서는 갖고 있던 칼로 마구 찌르고 토막 내 버렸다. 감독이 비명을 듣고 밖으로 나오자 그들은 곧바로 감독에게 총을 쐈다. 그러고는 정제사의 집으로 가 침대에서 그를 살해했다." 이 노예들은 가까이 있는 두 농장에서 몰려온 큰 무리와 합류해서 농장 전체를 불태워 버렸다. 그들이 살려 준 유일한 사람은 농장의 외과 의사였는데, "도움이 필요할지도 모른다는 생각에서" 그를 데리고 갔다. 그곳을 기점으로 반란 노예의 무리가 주변 농장들을 공격했고, 이튿날 아침 그 소교구에서는 두 곳을 제외한 모든 농장에서 폭동이 일어났다.[6]

8월 23일 아침에 시작된 폭동은 아퀼에서 이웃 소교구인 렝베로 확산되었다. 2천여 명의 반란 노예가 백인들을 죽이고, 집과 들판을 불태우면서 이 농장 저 농장으로 옮겨 다녔다. 한편 더 동쪽에 있는 소교구들에서도 노예들이 몇몇 농장에서 봉기했다. 북부 평원 대부분이 이내 반란에 휩싸였다. "그들이 사탕수수밭에, 모든 건물에, 막사와 오두막에 놓은 불길은 낮에는 연기구름으로 피어올라 하늘을 가렸고, 밤에는 수많은 화산의 반사열을 멀리까지 뿜어내고 주위의 모든 것들을 핏빛으로 물들이면서 마치 오로라처럼 수평선을 밝혔다."[7]

대다수의 백인들이 그 지역에서 도망쳤지만, 라고세트 농장에서 오드뢱과 모쉬 그리고 국민방위대의 소규모 분견대가 폭도들에 맞서 싸우려고 준비했다. 그러나 폭도들이 들이닥치자마자 병사들은 무기를 버리고 사탕수수밭을 가로질러 르캅으로 달아났다. "우리는 살인자 무리에게 공격당했고, 변변히 저항도 할 수 없었다"고 모쉬는 적었다. "첫 번째 사격 후에 우리는 쏜살같이 도망쳤다." 무거운 장화와 적잖은 나이를 감당해야 했던 오드뢱은 폭도들에게 포위되어 살해되었다. 그러나 모쉬는 농장의 하인 노예가 말을 끌고 나타나서 달아날 수 있

1791년 8월의 반란으로 불타는 북부 평원 어떤 작가가 르캅 시를 위에서 내려다보았다. 불타는 사탕수수밭에서 나오는 재와 연기가 며칠 동안 하늘을 뒤덮었다(개인 소장).

었다.[8]

몇몇 농장주와 감독들도 무사히 도망쳤는데, 충성스러운 노예의 도움을 받기도 했다. 그러나 그 지방 전역에서 많은 노예들이 반란에 가담했기 때문에, 반란 무리들은 이미 준비하고 기다리고 있던 지지자들을 새로이 맞이할 수 있었다. 예를 들면, 로비아(Robillard) 농장의 노예들은 대부분 8월 25일에 들이닥친 반란자의 무리에 가담했다. 농장주는 도망쳤지만, 반란에 가담하기를 거부한 농장 감독은 피살되었다. 로비아의 저택과 몇몇 노예 장인 및 십장들의 오두막은 불길에 휩싸였다. 그러나 노예들은 자신들의 막사와 "그들이 식사하던 큰 탁자 두 개"는 손대지 않았다. 그들은 농장에 있는 모든 설탕 제조 시설을 때려 부쉈다. 사실 그 지방 전역에서 반란자들은 사탕수수밭뿐 아니라 설탕 제조에 필요한 분쇄기와 갖가지 도구, 장비, 저장고, 노예 막사 등 그들이 노예제 아래서 살았다는 것을 보여 주는 물건과 노예 제의 착취 도구들을 모조리 파괴했다.'

8월 23일 아침, 남자 하나가 안장 없는 말을 타고 르캅으로 왔는데, 그는 맨발에 모자도 쓰지 않은 채 칼을 들고 있었다. "시민들이여, 무 기를 들어라! 우리의 형제들이 도륙당하고 있으며, 우리의 재산이 불 타고 있다. 평원의 모든 노예들이 햇불과 무기를 들고 진격해 오고 있다." 사람들이 처음에는 그가 미쳤구나 생각했다. 그러나 그의 주변 으로 사람들이 모여들었고, 곧 그의 말을 믿게 되었다. 정말로 북부 평원에서 피난민들이 르캅으로 몰려들었다.

시 관리들은 도시를 방어하기 위해 선원들을 묶어 두고, 도시 방어 에 실패했을 때 주민들이 대피할 장소를 확보하기 위해 항구에 정박 중인 모든 선박의 출항을 금지하는 명령을 내렸다. 그들은 도로의 경 비를 강화하고 도시 외곽에 병력과 대포를 배치했다. 또한 폭동을 공 모했다고 의심되는 노예들을 처벌했다. 8월 말에 이틀 동안 "100명이 넘는 흑인 포로들이 총살되어 그 자리에 묻혔다." 곧바로 교수대 6개 가 광장에 세워졌고, 그 옆에는 "불쌍한 놈들이 끌려오면 그들을 매 달아 고문하기 위한 수레바퀴"가 놓여 있었다. 한 남자가 도시에 있 는 모든 농장주들에게 남자 하인 노예가 있으면 무조건 넘기라고 제 안했다. 그에 따르면, 그 노예들은 예방적 차원에서 항구에 정박 중인 배에 구금될 것이었다. "이따금 족쇄를 찬 채 형장으로 끌려가는 비적 들, 병원으로 후송되는 부상병들, 또는 값비싼 물건들을 배로 옮기는 겁먹은 사람들이 지나가는 것을 볼 수 있었지만," 르캅의 "거리들은 텅 비어 있었다." 저 멀리서 "불타는 소리, 대포 쏘는 소리, 포탄이 날아가는 소리"가 들려 왔다. 전쟁은 사방에서 벌어졌고, "사람들은 자기 하인에게 피살될까 봐 두려워했다."[10]

르캅에 대한 폭도들의 공격은 성벽에서 여러 차례 격퇴되었다. 그러나 폭도들은 도시 바깥에 있는 진지에서 병사들에게 욕설을 퍼부으며 도발했다. 그들은 성벽에서 4킬로미터쯤 떨어져서 숙영했지만, "공격하기 위해서 많은 수가" 여러 차례 접근해 왔다. "그들 가운데 상당수가 우리의 포격으로 죽었다. 그럼에도 그들은 비무장 상태로 다가왔다." 8월 23일에 2천 명 정도였던 폭도들이 8월 27일에는 1만 명 정도로 늘어나 세 개의 부대로 분할 편성되었다. 그 가운데 7백~8백 명은 말을 탔고 꽤 잘 무장돼 있었다. 그러나 나머지는 "무기도 거의 없었다." 평원에서 반란군이 모여들었고, 이를 막을 방법은 전혀 없어 보였다.[11]

모쉬는 폭도들에 대해서 "그들은 끊임없이 힘을 얻고 그 역량을 유지할 원동력이 있지만, 우리는 그것이 무엇인지 알아낼 길이 없다"고 갈리페에게 써 보냈다. "경험 많은 이민자들이 볼 때, 이 계급의 사람들은 전술에 필요한 활력도 조직적인 사고력도 없었음에도 그들은 목적을 이루기 위해 인내심을 가지고 나아가고 있었다." 많은 노예들이 체포되어 심문을 당했지만, "누가 무기를 주면서 이 가증스런 음모를 사주했는지 자백하라고 했을 때, 하나같이 완강하게 묵비권을 행사했다." 벌어지고 있는 일들이 믿기 힘들었지만, 이 모든 일이 모쉬의 눈앞에서 일어나고 있었다.

다른 농장주들도 반란의 성공에 당황하고 있었다. 어떤 이는 "수가 많기는 하지만, 이전에는 그렇게 수동적이던 그들이 하나로 단결해서 선언한 대로 정확하게 모든 것을 수행하리라는 것을 우리가 어찌 짐작이라도 했겠는가?" 하고 반문했다. 혁명이 진행 중이었지만, 그 혁명이 얼마나 멀리까지 갈지, 또 그들을 어디까지 끌고 갈지는 희생자들은 물론이고 생도맹그의 북부 평원을 가로질러 내달리던 사람들도 알지 못했다.[12]

반란이 시작되기 일주일 전, 8월 14일 일요일에 노예 200명이 몬루즈(Morne-Rouge) 소교구의 르노르망드메지(Lenormand de Mézy) 농장에 모였다. 그들은 렝베 소교구를 비롯해서 갈리페 농장이 있는 프티탕스, 포르마고, 리모나드, 플랜뒤노르, 카르티에모랭 소교구 등 북부 평원의 중앙부에 있는 농장에서 온 대표들이었다. 과거에도 이런 모임이 있었는데, 사실 그런 모임들은 아주 일반적이어서 여러 농장주들은 '저녁식사'라고 일컫던 모임에 자기 노예들도 참석할 수 있도록 허락했다. 그러나 이번 모임은 대대적인 봉기를 위한 최종 모의가 이루어졌기에 매우 특별했다.[13]

모임에 참석한 대표들은 대부분이 선택받은 노예들이었고, 저마다 자기 농장에서 십장을 맡고 있었다. 당연히 농장주의 신임을 받았던 이들은 이동의 자유를 상대적으로 많이 누리던 농장의 지도자들이었다. 그들은 그 지위 덕분에 대개 칼을 휴대했는데, 노예들을 위협하기 위한 것이었지만 다른 용도로도 사용될 수 있었다. 그러나 그들은 묘한 위치에 있었다. 들에서 일하는 노예들이 그들을 존중하고 두려워했지만, 그들을 대표로 삼는 것에 대해서는 이중적인 감정을 가졌을 것이기 때문이다. 두 가지 역할이 비슷한 자질을 요구했을지라도, 십장으로서 주인에게 봉사하는 것은 주인에 맞서 노예들을 지휘하는 것과 똑같지 않았다. 그러나 조율이 필요한 광범위한 반란에서 누군가 노예를 지휘해야 한다면, 그것은 농장에 있는 수많은 이들을 대표해서 이곳에 모인 엘리트 노예들이었다.[14]

이 모임과 관련된 이야기는 모두 단편적인 증언들로부터 나온 것이다. 한 참석자는 모임 중에 '물라토'이거나 아니면 '쿼드룬'인 한 남자가 국왕과 파리의 국민의회가 주인들의 채찍 사용을 금지하는 법령을 가결했고, 노예에게 주당 2일이 아니라 3일의 휴무를 주었다고 고지하는 성명서를 어떻게 낭독했는지 묘사했다. 지역의 농장주들과 당국자들은 새로운 법령의 적용을 거부했지만, 다행히 군대가 법령 시행을 강제하기 위해서 식민지로 이동하고 있다고 그 성명서는 덧붙였다. 1789년에 마르티니크에서 유포된 소문처럼, 이 소문도 잠재적인 반란자들을 고무하고 안심시키는 역할을 했다. 또한 생도맹그의 지방의회들과 국민의회 사이의 공공연한 대립을 고려했을 때, 이 소문은 국민의회가 그 지역의 노예주들에 대한 투쟁에서 동맹자가 될 수 있을지도 모른다는 가능성을 부각시켰다. 이러한 소문은 사실상 무기를 들라는 명령이었고, 소문이 퍼지면서 효과가 나타났다. 파리의 권력자들은 사실 노예의 운명을 개선하기 위해 아무것도 하지 않았을 뿐더러 그렇게 하려고도 하지 않았지만, 노예들 스스로가 직접 행동에 나서자 모든 것이 바뀌었다.[15]

그 모임에서 몇몇 대표들은 행동을 감행하기 전에 프랑스 군대가 도착하기를 기다려야 한다고 주장했다. 그러나 다른 대표들은 즉시 봉기해야 한다고 주장했다. 폭동은 그날 밤 시작된 것이나 다름없었지만, 좀 더 냉정한 이들이 우세했고 한층 더 신중한 계획이 최종적으로 승인되었다. 이를테면 많은 노예들이 신중하게 협력해서 봉기하고, 일제히 방화와 살인을 시작해야 했다. 봉기 날짜는 정확하진 않지만, 8월 24일 수요일 밤이었을 것으로 추정된다. 이는 사실상 놀라운 선택이었다. 왜냐하면 18세기 아메리카의 반란 노예들은 놀라우리만치 일관되게 일요일 또는 공휴일에 맞춰 봉기를 계획했기 때문이다. 그날은 노예들이 의심을 사지 않고 돌아다니기 쉬웠고, 싸우기 전에 들에 나가 온종일 일하지 않아도 되었다. 그러나 8월 25일에는 르캅에서 식민지 의회 전체회의가 열릴 예정이었다. 어떤 역사가가 지적했듯이, 그날은 르캅 주민들이 큰 행사에 정신이 팔려 있었고 생도맹그의 정치 엘리트를 한꺼번에 제거할 수 있는 유일한 기회였다. 그 선택이야말로 그들의 큰 뜻을 보여 주는 것이었다.[16]

8월 14일 회합 직후 일주일 동안, 스스로를 억제하지 못한 몇몇 노예들이 성급하게 반란 행위를 일으켰다. 예를 들면 16일에 렝베 소교구의 한 농장에서 건물에 불을 지른 노예들이 붙잡혔는데, 심문을 받던 노예 하나가 "모든 십장, 마부, 하인, 심복들이 농장에 불을 지르고 백인들을 전부 살해할 음모를 꾸몄다"고 농장주에게 말했다. 그리고는 인근 농장의 몇몇 노예들을 공모자로 거명했다. 그 농장의 노예들은 전원 소집되어 그러한 음모가 있었는지 심문을 받았다. 노예들은 "한목소리로" 이러한 고발은 "가증스러운 중상모략"이라고 대답하면서, 관리인에게 "변함 없는 충성"을 다짐했다. 관리인은 노예들의 말을 믿었고, 뒤늦게야 한탄했듯이 "너무 쉽게 믿은 것이 그들을 파멸시켰다." 그러나 덕분에 백인들은 그 음모가 실제로 얼마나 광범위할지는 몰라도, 무언가 벌어지고 있다는 것은 눈치챘다. 반란 주모자들이 보기에, 많은 사람이 목숨을 잃을 것은 말할 것도 없고 몇 주 동안 세운 계획이 수포로 돌아가기 직전이었다. 그리하여 라고세트의 모쉬에 대한 공격을 시작으로, 아퀼의 봉기와 함께 폭동은 계획보다 일찍 시작되었다.

반란은 14일에 계획했던 것보다 더 파편적이었고 되는 대로 진행되었다. 반란이 예정보다 일찍 시작되어 폭도들이 외부에서 르캅을 공격했기 때문에, 8월 25일 르캅의 노예들이 봉기하려던 계획은 흐트러졌다. 그러나 1791년의 반란은 끝내 모든 것을 성취했기 때문에 훨씬 더 큰 성공을 거두었다.[17]

이전에 그 어떤 집단의 노예들도 해본 적이 없고, 앞으로도 다시 할 수 없는 그런 일을 그 노예들은 어떻게 할 수 있었을까? 무엇이 그들의 반란을 그렇게 강력하게 만들었을까? 반란의 성공은 멀리 떨어져 있는 노예들을 한데 모으고 농장주와 감독의 감시를 피해 공작하면서 농장들을 연결하는 조직을 만들어 내는 주모자들의 능력에 달려 있었다. 모의가 발각되면 가담자들이 체포되거나 처형될 수 있었기 때문에, 반란은 지도부와 함께 신뢰가 무엇보다 필요했다.

반란 초기에 가장 눈에 띄는 지도자는 부크먼이었다. 그는 처음에는 십장, 나중에는 마부 일을 했다. 부크먼은 종교 지도자였다고 사료되는데, 이는 노예들 사이에서 존경을 받을 수 있는 지위였다. 부크먼은 폭동이 일어나기 전에 부아카이망(Bois-Caïman)이라는 숲속에서 주모자들과 함께 종교의식을 치렀다(여러 증언에 따르면, 눈이 이상하고 머리털이 곤두선 어떤 늙은 아프리카 여인, 혹은 파티망이라는 녹색 눈의 아프리카-코르시카 혼혈 여인과 함께 의식을 주재했다). 예배 의식은 8월 14일 모임 뒤에 열렸다는 진술이 일반적이지만, 아마도 다음 일요일인 8월 21일에 르캅과 갈리페 중간쯤에 있는 농장에서 거행되었을 것이 분명하다. 그곳은 도시의 시장에서 농장으로 돌아가는 길에 있는, 노예들에게는 편리한 모임 장소였다.

그 의식에서 부크먼은 다음과 같이 선언했다. "백인의 신은 백인에게 죄를 지으라고 요청한다. 우리의 신은 우리에게 오로지 좋은 일만 하라고 요구한다. 그러나 이토록 선량한 우리의 신이 이제 복수를 명한다! 신이 우리의 손을 움직이고 우리를 도와줄 것이다. 우리의 눈물을 짜내는 백인들의 신의 형상을 던져 버리고, 우리 모두의 심장에서 울리는 자유의 목소리를 들으라." 참가자들은 비밀 유지와 복수를 다짐하는 맹세를 했고, 그들 앞에 제물로 바쳐진 검은 돼지의 피를 마심으로써 결의를 확인했다. 이는 서아프리카의 전통에서 유래된 맹약의 표현이었다.[18]

당시 부아카이망에 관해 기록한 유일한 인물인 앙투안 달마는 이런 행태를 아프리카 야만주의의 궁극적 표현이라고 설명했다. 달마는 갈리페 농장에서 외과 의사로 일했고, 북부 평원 지대의 반란에서 살아남아 미국으로 망명을 떠났다. 그리고 1793~1794년에 미국에서 회고록을 썼다. 그 회고록에는 8월 14일 모임에서 세운 계획을 "실행하기 전에" 주모자들이 어떤 식으로 "일종의 성사 또는 희생 제의"를 열었는지를 묘사했다. 그 의식에서 "주물(呪物)로 둘러싸인 채 죄다 이상한 제물들로 뒤덮인 검은 돼지 한 마리가 흑인의 수호신에게 전번제(全燔祭, holocaust)로 바쳐졌다." 달마는 이어서 "흑인들이 돼지 목을 따면서 행하는 종교의식, 돼지 피를 마시면서 보이는 열정, 돼지머리의 털을 몸에 지니는 것에 두는 가치 등이 아프리카인의 특징을 규정하는 데 이용되었다"고 썼다. 돼지머리 털은 그들을 무적으로 만드는 일종의 부적이었다. 달마는 "그런 무지하고 멍청한 계급이 끔찍한 학살에 나서기 전에 이런 불합리하고 잔인한 종교의 미신적인 의례에 참여하는 것은 자연스러운 일이었다"고 결론지었다. 달마의 회고록은 폭동이 일어난 직후에 작성된 유일한 사건 보고서였다. 그 회고록이 1814년에 마지막으로 출판되었을 때, 아이티혁명은 정당성이 없으며 프랑스는 이전의 식민지를 되찾아야 한다는 논평이 덧붙여졌다.[19]

프랑스의 노예제 폐지론자인 시비크 드 가스틴(Civique de Gastine)이라는 작가가 달마의 설명을 인용했는데, 당시는 어둡고 폭풍우가 몰아치는 밤이었다고 (이제는 정설이 된) 상세한 설명을 덧붙였다. 1824년 아이티 작가 에라르 뒤메르(Hérard Dumesle, 1784~1858)*는 르캅을 여행하면서 들은 이야기를 토대로 그 의식에 관해 시적으로 묘사했다. 뒤메르는 그리스-로마의 고전 문화에 관심이 많았는데, 그가 노예들의 종교적 관행 탓으로 돌린 상당수의 세부 사항들은 혁명 생도맹그보다 고대 로마에 더 가까운 것들이었다. 예를 들면, '젊은 처녀'가 제물로 바친 돼지의 내장을 보고 점을 치는 것과 같은 관행들이 그러했다. 이후의 다른 작가들처럼 뒤메르 역시 제의에서 부크먼이 연설했다고 추정하지는 않지만, 그의 글은 그 의식에서 이루어진 연설을 옮겨 적은 최초의 판본이었다. 10년 뒤 그 의식에 참석했던 한 남자가 인터뷰에서 또 다른 증언을 했다. 이 이야기는 알렉시 아르두앵(Alexis Beaubrun Ardouin, 1796~1865)**이 쓴 유명한 아이티 역사서

* 아이티의 시인이자 정치가. 물라토인 그는 젊은 유색인들을 모아 '인간과 시민의 권리를 위한 협회'를 조직하고 보이어(Jean Pierre Boyer) 정부에 대항했다. 그의 사촌 리비에르에라르(Charles Riviere-Hérard)와 함께 1843년 혁명을 주도하고 국민의회 의장이 되었지만, 이듬해 쿠데타로 권좌를 내주고 자메이카로 망명했다.
** 아이티의 역사가이자 정치가. 모두 11권으로 구성된 《아이티사 연구》(Etudes sur l'Histoire d' Haïti)를 저술했다. 그는 아이티혁명을 아메리카의 다른 민족혁명들 가운데 자리매김하면서, 그 혁명의 특수한 인종적·계급적 함의를 부정했다. 그는 1832년 상원의원으로 선출되었고, 1845년 국무위원으로 봉직했다.

에 실렸는데, 그 의식에서 이루어진 '맹세'에 관해 언급하고 있다.[20]

부아카이망에서 진행된 의식에 관한 이야기는 노예 반란에서 종교적 관행이 차지하는 위상을 상징적으로 보여 준다. 1791년의 반란에는 공동체와 지도자가 필요했고, 어떻게든 종교적 관행이 반란을 조직하는 과정을 수월하게 만들었다는 데에 의심의 여지가 없다. 일단 반란이 시작되자 종교는 반란자들에게 영감을 주었고, 몇몇 지도자의 권력을 강화시켰다. 어떤 프랑스 병사는 폭도의 무리가 어떻게 아프리카 음악의 장단에 맞춰서, 또는 "마법사의 주문"만이 깰 수 있는 침묵 속에서 행진했는지에 관해 보고했다. 또 다른 이는 폭도들이 전투를 준비할 때 종교 지도자들이 우앙가(ouanga)라 불리는 주물을 어떻게 준비하며, "아낙네와 아이들의 상상력을 자극해서 악마처럼 노래하고 춤을 추게 했는지"를 기술했다.

서부 지방에서는 이아생트(Hyacinthe)라는 젊은 노예가 폭도의 우두머리가 되었는데, 그는 원래 종교 지도자였고 말 갈퀴로 만든 부적을 몸에 지니고 전투에 나갔다. 반란 지도자가 죽자 그를 기리는 의식이 거행되었다. 어떤 지도자는 그를 격퇴한 부대에 의해 매장되었는데, 나중에 "검둥이들이 그의 시신을 찾아내서 성대한 장례식과 함께 다시 매장했다." 부아카이망에서 진행된 신비로운 의식에 호소한 것은 반란을 모의하고 실행하는 과정에 내재한 복잡하고 다양한 종교의 위상을 보여 주는 단서였다.[21]

종교적 관행이 반란을 용이하게 만들고 분위기를 고무시켜 주었을지라도, 1791년의 봉기가 성공할 수 있었던 것은 종교적 관행이 신중하게 조직된 정치와 결합되었기 때문이다. 생도맹그의 농장과 도시들은 18세기 내내 아프리카의 전통과 가톨릭 신앙 사이에 생산적이고 복잡한 만남의 장이 되었다. 그러나 혁명이 불러온 극적인 사회 변화, 즉 농장에서 반란군 진영까지 멀리 이동하고, 문화적으로 자유로운 상황에서 출신이 서로 다른 노예 집단들이 접촉함으로써 식민지에는 일련의 새로운 종교적 발전이 추동될 수 있었다. 안식과 용기를 갈구하면서 오랜 종교적 전통에 기대 온 반란 노예들은 그러한 관행들이 재설정되고 강화된 새로운 공동체의 일원이 되었다.

1791년의 반란 이전에는 사실상 두 종류의 의식이 있었다. 하나는 오구(Ogou) 신을 섬기기 위해서 소를 제물로 바치는 것이었고, 다른 하나는 부아카이망에서처럼 돼지를 제물로 바치는 것이었다. 아마도 '라다'(Rada)와 '페트로'(Petro)라는 전통적인 두 예배 의식의 초기 형태겠지만, 이것은 나중에 아이티 부두교에서 하나로 합쳐졌다. 라다 의식은 서아프리카에 뿌리를 두고 있으며, 페트로는 콩고의 전통에서 발전해 온 것으로 보인다. 부두교의 신인 페트로의 이와(Iwa)는 라다보다 더 예측하기 어렵고 변덕스러우며 때로는 폭력적인데, 노예제와 저항의 표식들을 동시에 지닌다. 1950년대에 어떤 인종학자는 페트로 의식이 "채찍 소리가 끊임없이 울려 퍼지는" 가운데, "나폴레옹 군대에 맞선 맹렬한 노예 반란"과 아이티혁명의 "황홀한 승리"를 떠올리게 하는 "결코 잊을 수 없는 영혼"에 의해 지배되었다고 묘사했다.

이때부터 아이티혁명사는 종교의 일부가 되었다. 부두교 신도들 가운데 일부는 부아카이망에서 열린 의식이야말로 그들의 종교가 창시된 계기이자, 여러 아프리카 민족들을 결집하고 자유를 추구하는 아프리카 태생의 노예들과 크레올 노예들이 하나로 통합되는 전환점으로 여긴다. 부아카이망은 생도맹그 반란 노예들의 업적, 즉 우리가 그 세목들을 콕 집어낼 수 있는 어떤 특정 사건이 아니라, 1791년의 반란

을 유발하고 그로부터 출현한 영적으로 창조적이고 정치적인 서사시의 상징으로서 남아 있다.[22]

반란이 시작되고 몇 주 뒤에 백인 병사들이 폭도 한 명을 붙잡았다. 한 병사에 따르면, 그는 무죄를 호소하면서 빠져나가려고 했지만, 자신의 운명이 결정되었다는 상황을 알아차리고는 "웃고 노래하고 농담하기 시작했고, 우리를 조롱했다." 결국 병사들은 그를 처형했다. "그는 스스로에게 신호를 보냈고, 우는소리도 두려움도 없이 죽음을 맞이했다." 병사들이 그의 몸을 뒤지자 "그의 주머니에서 프랑스에서 인쇄된 〈인권선언〉과 신성한 혁명에 관한 상투적인 문구들로 가득한 팸플릿이 나왔다. 상의 주머니에는 부싯깃 한 뭉치, 인산염 그리고 생석회가 들어 있었다. 가슴에는 주물(呪物)로 보이는 머리카락, 풀잎, 뼛조각이 가득 담긴 작은 주머니가 있었다." 자유의 법, 언제라도 불을 댕길 수 있는 재료들, 신에게 도움을 청하는 강력한 부적, 이는 분명 효능이 있을 법한 조합이었다.[23]

다수의 농장주들은 백인들이 제대로 이해하지 못하고 지나치게 열광하여 퍼뜨린 프랑스혁명의 이념이 식민지에 화마와 살육을 불러온 책임이 있다고 생각했다. 9월 초에 식민지 의회는 "프랑스의 정치와 혁명에 관한 저작물의 판매, 인쇄 또는 배포를 금지하는 임시 법령"을 가결했다. 모쉬는 파리의 갈리페에게 보낸 편지에서 "당신의 나라 수도에서 출판된 검둥이들을 편드는 다양한 저작물들"이 식민지에서 유통되고 노예들에게 알려졌기 때문에 반란이 일어났다고 비난했다. 농장주 루브레이 부인은, 반란은 프랑스 본토에서 노예제 폐지론자들이 펼친 활동의 직접적인 결과였다고 썼다. "악당들이 우리가 우리 노예들에게 학살당하도록 만들겠다고 맹세했다!"고 외쳤을 때, 아마도 그녀는 레날 신부의 《철학의 역사》에서 반란을 예언한 어느 유명한 구절을 생각했을 것이다. 루브레이 부인은 전투 중에 반란 노예를 지휘하는 백인들이 있었다고 주장하는 여러 보고서에서 자신의 주장을 뒷받침하는 증거들을 찾아냈다. 9월에 그녀는 남편이 얼마 전에 죽인 150명의 반란 노예 가운데 숯으로 얼굴을 검게 칠한 백인이 한 명 있었다고 썼다. 또 다른 보고서도 마찬가지로 "얼굴을 검게 칠한" 백인이 반란 노예를 지휘하다가 "머리카락 때문에 발각되었다"고 주장했다.

폭도들과 함께 체포된 어느 성직자는 처형된다는 두려움에 괴로워하면서, "검둥이들에게 폭동을 가르치기 위해서 프랑스에서 다른 네 명과 함께 파송되었다"고 자백했다(실제로 그 성직자는 곧 처형되었다). 이러한 망상증(paranoia)의 훨씬 더 극단적인 형태는 9월의 어느 편지에서 드러났는데, 이번에는 "노예들 사이에서 반란을 일으키기 위해 새로 밀사 50명이 식민지로 오고 있다"고 주장했다. 또한 레몽이 "파리의 길거리에서 수많은 깡패와 파락호들을 모집했다"고 비난했고, "식민지의 가장 위험한 적으로서 국민의회 의원"인 로베스피에르와 콩도르세를 공격했다. 이 편지는 진지하게 고려되었고, 그에 대한 대응으로 다음과 같은 법령이 가결되었다. 법령에 따르면, 생도맹그에 재산이 없는 자나 재산을 소유한 자와 무관한 프랑스 이민자들은 "식민지가 부담하는 비용으로 모국으로 송환되어야 한다."[24]

마치 평등주의 이념이 순전히 저절로 식민지에 불을 댕길 수 있기나 한 것처럼, 작가들은 오랫동안 이구동성으로 평등주의 이념이 생도맹그에 확산되었기 때문에 폭동이 일어났다고 주장했다. 농장주들이 지배하는 생도맹그 식민지 의회의 기관지 《모니퇴르 제너럴》(Moniteur Général) 창간호 1면에는 〈박애주의〉라는 시가 실려 있다. 그 시는 "철학"이라 불린 "잔인한 살인광"이 "10만 명의 반란 노예들"을 조종하는 "배반자의 보이지 않는 힘"이라고 확인했다. 부아카이망 의식에 관한 정보 제공자인 달마는 계몽사상 전체가 포함된 피고인의 목록을 제시했다. 그 목록은 식민지 상실을 자신들의 목표라고 공언한 흑인우애협회를 시작으로 해서, 불행하게도 프랑스의 지배자들에게 영향을 끼친 "일종의 공화국"을 형성한, 자칭 "경제학자,"* 백과전서파" 같은 "여러 당파들"로 이어졌다. 이러한 주장을 한 달마 같은 이들은 암묵적으로 노예들이 계몽운동의 이념을 해석하고 변형해서 자신들의 목적에 적용했다고 보았다.[25]

한편 달마는 자신의 가설에 대한 경상(鏡像, mirror image),** 즉 국왕과 특권계급이 폭동의 배후에 있다고 주장한 사람들을 비웃었다. 그러나 몇몇은 이러한 주장을 매우 진지하게 고려했다. 반란 노예들에게 붙잡힌 그로(Gros)라는 변호사에 따르면, 폭도들은 모두 국왕이 구금되어 있다고 믿었고, "스스로를 무장하여 국왕을 석방하라"는 명령을 받았다고 주장했다. 그는 "노예들의 반란은 반혁명"이라고 결론지었다. 루브레이 후작은 두 가설 모두 믿을 만하다고 생각했다. 1791년 12월 그는 딸에게 다음과 같이 썼다. "아마도 흑인우애협회가 우리가 겪은 불행의 첫 번째 원인일 것이다." 협회는 식민지에 밀사를 파견했는데, 그 가운데 두 명이 "노예들에게 그 교리를 설파했다"는 죄목으

---

* 18세기의 중농학파를 가리킴.
** 거울에 비친 모습처럼 좌우가 바뀐 영상.

로 교수형을 당했다. 그러나 또한 생도맹그의 상실로 프랑스 해안 지방들을 동요하게 만들어 그 주민들이 혁명에 등을 돌리기를 기대하면서 "반혁명 분자들"이 노예 반란을 선동하는 데 중요한 역할을 했다는 것도 "매우 확실"하다고 덧붙였다.

반혁명적인 백인 농장주들이 폭동의 배후에 있다는 생각은 오래 지속되었다. 1793년에 공화국의 식민지 감독관들이 폭도들에게 무기와 식량을 공급했을 뿐만 아니라 노예 반란을 "권유하고 부추기고 자극하고 보호했다"고 비난하면서 몇몇 농장주들을 체포했다. 그해 5월에 발표된 노예제에 관한 포고에서, 감독관들은 "노예 반란의 원인이 노예들 사이에서 발견된 것이 아니"라고 발표했다. 노예들이 봉기한 것은 "그들 자신을 위해서도" 아니고, "그들 스스로" 한 것도 아니었다. 오히려 "아프리카인의 피"가 한 방울도 섞이지 않은 사람들이 외부에서 "충동질한" 결과였다.[26]

그러나 폭도에게는 그들만의 이데올로기, 그들만의 역사, 그들만의 희망이 있었다. 왕당파와 공화파 백인들의 활동이 반란을 위한 무대를 마련하고 그 반란이 진행되는 데 기여했지만, 반란 노예들이야말로 반란의 진정한 원동력이었다. 1790년대 말에 출간된 식민지 소요에 관한 장문의 공식 보고서를 작성한 장필리프 가랑쿨롱(Jean-Philippe Garran-Coulon)이 주장했듯이, 생도맹그의 노예들은 (로마에서 스파르타쿠스를 따른 노예들처럼) 선동가에 의해서가 아니라, 오히려 "그들의 족쇄를 깨라고 선동한 자유의 수호신"에 의해 행동에 나선 것이다. 식민지에 퍼진 자유에 관한 소문과 몇몇 백인들의 "경솔한" 발언에 노예들이 고무되었을지라도, 그들에게는 "자유에 대한 사랑과 억압자에 대한 증오" 말고 다른 "선동가"는 없었다. "노예들은 그들의 주인과 노예제를 유지하는 정부에 맞서 항구적인 전쟁 상태에 있었다. 그들은 그 어떤 수단, 심지어 폭력을 써서라도 자유를 요구할 권리가 있다"고 가랑쿨롱은 썼다. 그들은 폭력적이긴 하지만 때로는 기운을 북돋아 주기도 하는 혁명 과정에 뛰어들었고, 급변하는 세계에서 자신의 자리를 찾기 위해 투쟁하면서 다양한 이념들에 의지했다. 그들의 목소리는 대부분 1791년의 반란에 관한 두툼한 보고서 속에 파묻혔지만, 그럼에도 불구하고 우리가 아이티혁명 동안 이루어진 정치적 날조의 복잡한 과정을 이해할 수 있을 정도로 그 속에서도 그들의 목소리가 새어 나왔다.[27]

반란 초기에 한 집단이 일련의 요구 사항들을 분명하게 제시했다. 그들은 어떤 프랑스 장교에게 다가가, "모든 노예가 해방된다면" 항복할 것이라고 말했다. 하지만 그들은 "자유의 약속 없이 굴복하기보다는 무기를 들고 죽기로 결심했다." 해방은 거절했지만 주동자들을 밝히고 농장으로 돌아가는 폭도들은 모두 사면해 주겠다는 프랑스의 공식 답변을 전달한 백인과 자유유색인들은 공격을 받았고, 아홉 명 가운데 여섯 명이 분개한 폭도들에게 살해되었다.[28]

때때로 반란 노예들은 자신들의 요구를 공화파의 언어로 분명하게 표현했다. 한 무리의 노예들이 반란 직전에 그들이 참석한 모임에 관해서 심문을 받았는데, 그들은 〈인권선언〉이 자신들에게 부여한 자유를 누리기를 원했을 뿐"이라고 말했다. 이튿날 이 무리의 주모자 몇몇이 끌려와서 취조를 받았을 때도 그들의 대답은 "처음 들었던 대답과 똑같았다." 1791년의 반란에 대한 또 다른 보고서는 "어떻게 그 많은 검둥이들이 인간의 권리를 요구하면서 르캅 포대 아래까지 몰려올 수 있었는지"를 묘사했다. 처형된 폭도가 몸에 지니고 있던 〈인권선

언〉도 이 문서가 몇몇 노예들을 고무하는 데 얼마나 중요한 역할을 했는지를 시사한다.[29]

그러나 반란 지도자들은 좀 더 일반적으로 프랑스 국왕의 권위에 호소했다. 1791년 말 생도맹그 남부 지방에서 지도자로 등장한 로맨 라 리비에르(Romaine la Rivière, 무당 '로맨'이라고도 불림)라는 자유유색인이 그런 경우이다. 버려진 교회에 자리를 잡은 로맨은 거꾸로 뒤집힌 십자가 앞에서 미사를 올렸고, "성령으로부터 영감을 받았고 자신의 대모인 성모마리아와 직접 교감한다고 주장했다. 성모마리아는 그의 간구에 글로써 대답했다." 그는 노예들에게 국왕이 이미 노예를 해방했지만, 노예 주인들이 그 결정을 거부했다고 되풀이하여 말했다. 이러한 주장을 활용해서 그는 노예들이 자신의 무장단에 합류하도록 고무했다. 로맨은 지상과 천상의 권력에 강력하게 요청했다. 그만 그런 것은 아니었다. 부크먼이 11월 중순에 피살되었을 때, 반란자들은 그가 왕을 지키려는 가장 정당한 대의를 위해 목숨을 바쳤다고 안타까워했다.

'아프리카군 최고사령관'을 자칭한 반란 지도자 장프랑수아(Jean-François, ?~1822)*는 "생루이의 십자가"로 장식된 회색과 노란색의 귀족 기사단 군복을 착용했다. 그를 호위하는 경호원의 제복은 국왕의 백합 문양으로 장식되었다. 그와 함께 싸운 수령들 또한 '국왕 군대'의 장군과 장교를 자처했다. 몇몇 반란자들은 붙잡힌 백인 선원들에

---

* 1791년 8월에 시작된 생도맹그 노예 반란의 지도자. 백인 진압군을 피해서 휘하 병력을 이끌고 에스파냐령 산토도밍고로 피신하였다. 그는 프랑스는 공화파라 하더라도 결코 노예제를 폐지하지 않을 것이라고 생각했기 때문에 에스파냐와 동맹을 맺고 프랑스에 맞서 싸웠다. 1794년에 세력이 급성장한 루베르튀르를 제거하려다 실패하고, 오히려 프랑스와 동맹한 루베르튀르에게 역습을 당하여 패퇴하였다.

게 자비를 베풀었는데, 그 이유는 "그들이 국왕에게 봉사하고" 있었기 때문이다. 가랑쿨롱은 다음과 같이 결론 내렸다. '검둥이들'은 명백하게 국왕의 이름으로 무장했다. 그들은 백합 문양이 장식된 깃발을 들었고, 구호로 '루이 16세 만세'를 외쳤다. 그들은 계속 국왕의 권위에 호소했고 스스로를 '국왕의 사람들'(gens du roi)이라고 불렀다.[30]

반란자들이 프랑스 국왕을 불러낸 데에는 복잡한 동기가 있었다. 국왕이 그들을 위해 취한 조치들에 관한 소문 때문에 다수의 반란자들이 국왕을 잠재적인 동맹자이자 해방자로 간주했다. 많은 이들이 노예들의 운명을 개선하고자 했던, 그래서 농장주들 사이에 상당한 적의를 불러일으킨 1780년대의 왕령들을 떠올렸음에 틀림없다. 1791년 12월에 반란 지도자 장프랑수아와 조르주 비아수(Georges Biassou, ?~1801)*는 식민지 관리들과 협상을 벌였는데, 그들의 추종자들은 "거짓 원칙들," 특히 "국왕이 노예들에게 3일의 휴무를 주었다"고 믿는 희생자들이었고, 3일의 휴무가 주어지지 않는다면 그들은 속았다고 느끼게 될 것이라고 설명했다. 그들은 반란 노예들이 끈질기게 국왕으로부터 받았다고 알려진 그 혜택에 얼마나 기대를 걸었는지를 편지에 적었다. 매주 3일의 자유는 완벽한 자유는 아니었지만, 이는 한층 더 자율적인 삶을 가져다줄 변화로서 수많은 노예들에게 하나의 영감이 되었다.

한편 생도맹그의 일부 지방에서 반란자들은 국왕이 노예제를 완전히 폐지했다는 소식을 전했다. 1789년 대공포 당시 프랑스 반란 농민

---

* 1791년 8월의 노예 반란 지도자 가운데 한 사람으로 장프랑수아와 운명을 같이했다. 1794년 루베르튀르에게 패한 뒤 에스파냐령 플로리다로 물러나 1801년 7월 14일 그곳에서 사망했다.

들과 마찬가지로, 생도맹그의 반란 노예들도 지역의 적들에 대적할 수 있는, 비록 멀리 있긴 했지만 식민지 의회를 꺾을 수 있는 강력한 인물에게 호소했다. 가랑쿨롱이 보고서에서 지적했듯이, 국왕을 불러낸 것은 정치 전략의 논리였다. 국왕 정부는 주인들로부터 노예들을 거의 보호해 주지 못했을지라도, 노예들이 "주인들의 전횡에 맞서 간절히 요청할" 수 있는 유일한 보호자였다. "그러한 상황에서 검둥이들이 백인의 분열을 이용해 적의 힘을 약화시키고, 백인들의 적이라고 생각되는 사람들의 지지를 얻기 위해 온갖 노력을 다해서 그 분열을 증대시키려고 한 것은 놀랍지 않은가?" 생도맹그의 반란자들은 그 지역의 맥락에서 보면 꽤나 혁명적이고 명확한 정치적 목표들을 추구하면서 국왕을 끌어들였다.[31]

국왕에게 호소했다고 해서 공화주의를 거부한 것은 아니다. 1791년 중반에 프랑스 본토에서 사태가 더욱 과격해졌을지라도, 프랑스는 여전히 공화정이 아닌 명목상 입헌군주정이었고 많은 사람들이 〈인권선언〉과 국왕의 권위를 상호 배타적이라고 여기지 않았다. 더구나 8월 14일 모임에서 논의된 바 있는, 즉 소문으로 알려진 그 법령은 국왕과 국민의회에 의해 가결되었다고 했다. 1791년 후반에 비아수는 "국왕과 국민 그리고 대표들에게 봉사할" 준비가 되어 있다고 썼다. 프랑스 본토에서 공화정과 왕정이 완전히 결별한 이후에도 생도맹그에서는 여전히 이데올로기의 융합이 지속되었다. 1793년 초에 조제프(Joseph)라는 반란 지도자가 백합 문양 3개로 장식된 삼색기를 휘날렸다. 공화파와 왕당파의 상징이 이처럼 아무렇게나 뒤섞였다. 1793년 후반에 공화국이 파견한 감독관 레제펠리시테 송토나(Léger-Félicité Sonthonax)는 공화파 진영에 가담한 몇몇 반란자들이 노예 주인들에 대한 전쟁을 끝내는 한 방법으로 자신을 "공화국의 이름으로 왕에" 추대하겠다고 제안한 바 있다고 회상했다. 그러나 공화주의와 왕권 사이의 쟁투가 결국 명백하게 노예제와 자유의 대결이 되었을 때, 모두는 아니더라도 많은 해방노예들이 자신의 운명을 공화국과 함께했다.[32]

반란자들이 '왕당파'의 분위기를 띠는 데는 그만한 까닭이 있다. 국경 너머 산토도밍고의 에스파냐인들과 그들 사이에 맺어진 협력 및 동맹 관계 때문이다. 에스파냐는 무기와 탄약, 보급품을 사기 위해서 돈뿐만 아니라 농장에서 탈취한 음식, 보석, 가구, 가축을 들고 온 "비적들에게 시장을 개방했다." 비적들은 농장에서 또는 전투 중에 소비한 것들을 이렇게 보충했다. 반란군은 에스파냐가 제공한 직접적인 군사 원조뿐 아니라 이러한 거래를 통해서 무척 중요한 지원을 확보했는데, 이것이 사실상 반란이 일어나고 성공할 수 있었던 요인이었다. 반란 지도자들은 국경 지대로 이동했고, 에스파냐 장교들은 반란군의 기지를 방문했다. 반란자들은 그러한 접촉을 장려하는 한편, 어느 정도는 에스파냐가 자신들을 지원하도록 꾀기 위해서 "지나치게 왕당파적인 수사"를 사용하고 "교회와 국왕의 옹호인인 척했다."[33]

반란자들은 자신들의 지도자를 때때로 왕이라고 불렀다. 1792년 초에 남부 지방에서 한 무리의 반란자들이 '플라톤 왕국'을 창설하고 지도자를 왕으로 선택했다. 어떤 이에 따르면, 로맨 라 리비에르는 "생도맹그의 왕"이 되려는 야심을 가지고 있었다. 북부에서도 몇몇 지도자들이 왕으로 선출되었다. 봉기가 시작되고 2주 뒤 일요일에, 아퀼을 점령한 반란자들은 마을 교회에서 포로로 잡힌 카푸치노 수도회 소속 성직자의 사회로 결혼식을 두 차례 치렀다. "그 기회를 이용해서 그들은 직함을 나누어 가졌고, 직함을 받은 흑인들은 대단히 존중받았다."
"그들의 깃발이 축성되었고," 장바티스트 캅(Jean-Baptiste Cap)이라는 자유 흑인이 "왕으로 선출되었다." 몇 주 후 반란군과 프랑스군 사이에 전투가 끝난 뒤 전장에서 "훈장을 단 화려한 제복을 입고 머리에 왕관을 쓴 어떤 검둥이의 시체가 발견되었다."[34]

아프리카에서 태어난 대다수의 생도맹그 주민들에게, 왕권의 형식과 내용은 필시 고향의 전통에 따라 정의되었을 것이다. 가랑쿨롱은 반란자들의 근왕주의를 어느 정도 그들의 '무지' 탓으로 돌렸는데, 왜냐하면 "생도맹그에서뿐 아니라 아프리카에서도 그들은 왕정밖에 몰랐기" 때문이다. 마찬가지로 공화국 감독관인 송토나도 1793년 말에, "대부분의 어리석은 아프리카인들"은 왕이라는 "단순한" 개념만을 이해하고 있었고, "그들 가운데 가장 세련된 자들조차도 공화국이라는 개념을 이해하지 못했다"고 보고했다. 그러한 해석과 문제 제기는 물론 잘못된 것이다.

왕권은 아프리카에서, 예를 들면 혁명 전 수십 년 동안 수많은 노예들이 끌려온 콩고에서는 그 말이 유럽에서 의미하는 바와 매우 다른 어떤 것이었다. 콩고의 정치 문화에서는, 왕권의 성격에 관해서 보다 권위주의적인 형태의 지배를 강조하는 전통과 왕권을 제한하고 한층 더 민주적인 형태의 지배를 고려하는 전통 사이에 오랜 대립이 있었다. 이러한 전통들은 생도맹그의 많은 노예들이 참여한 쟁투로 이어졌다. 사실 콩고는 "프랑스 못지않은 혁명 이념의 원천으로 간주될 수도" 있었다. 1791년 반란의 여러 대목에서 그런 것처럼, 반란의 정치 이데올로기가 초문화적으로 발전했음을 보여 주는 유일한 증거는 산산조각 나 흩어져 버렸다. 하지만 반란자들 가운데 '왕'을 지명했다는 사실은, 필시 지휘나 통치에 관한 유럽과 아프리카의 시각 사이에 나타나는 초문화적인 대화와 연관된 것처럼 보인다.[35]

콩고 출신의 아프리카 노예들은 또 다른 유용한 경험을 가지고 생도맹그에 왔다. 그들 가운데 다수가 포로로 잡혀서 노예로 팔려 오기 전에 콩고 왕국을 갈기갈기 찢어 놓은 내전에 참전했던 병사들이었다. 그들은 전쟁에 관한 지식과 경험이 있고 무기 사용법을 잘 아는 "아프리카의 퇴역 장병들"이었다. 상대적으로 자율적인 소규모 단위 조직, 적을 교란하기 위해서 공격과 후퇴를 반복하기, 엎드린 자세로 때로는 엄폐물 뒤에서 사격하기 등 콩고에서 익힌 전투 기술은 유럽 군대의 전투 행위와 무척 달랐다. 생도맹그에서 병사들은 이러한 전술을 시종일관 유사하게 묘사했다. 어떤 이의 설명에 따르면, 그들은 "광신도들"처럼 무리지어 몸을 드러내는 대신 "넓게 흩어져서" 싸웠고, "수적인 우세로 적을 포위해서 섬멸할 수" 있을 만한 좋은 위치를 잡았다. 그들은 조심스럽게 적을 관찰했다. "그들은 저항에 부딪치면 힘을 낭비하지 않는다. 그러나 적이 방어에서 망설임이 보이면 매우 대담해진다."

1793년의 한 보고는 기습을 당한 반란자들이 어떻게 바위 뒤로 피하고, "그들의 비겁한 특기인 몸을 숨기고 나서 우리에게 사격을 가했는지"를 기술했다. 프랑스 군대가 반란자들을 공격했을 때, "그들은 매복 장소를 옮겨 다니며 퇴각해서 아예 접근 불가능한 암벽으로 피했다." 이러한 전술은 성공적이었다. 도망치는 가운데 사망자와 혈흔을 남겼을지라도, 폭도들은 "접근 불가능한" 암벽도 확실히 오를 수 있었기 때문에 공격을 잘 피해 다녔다. 반란 지도자인 장프랑수아와 비아수는 1791년 말에 쓴 편지에서 아프리카의 군사 전술이 갖고 있는 중요성을 분명하게 밝혔다. 그들에 따르면, 대다수의 추종자들은 "해안 출신의 검둥이들," 즉 아프리카 출신이었고 "그들 대부분은 프랑스어를 한마디도 못하지만 고향에서 전쟁을 치르는 데 이골이 난 자들이었다."[36]

반란자들에게 군사 경험을 전해 준 것은 아프리카의 퇴역 장병들만이 아니었다. 비록 소수이긴 했지만 반란 진영에는 아프리카계 자유인들도 있었는데, 일부는 프랑스의 식민지 민병대 또는 기마헌병대에 복무한 경험이 있었다. 많은 이들이 경험만 가져온 게 아니었다. 9월 말에 반란 진압에 참여했던 한 무리의 "물라토와 자유인 검둥이들"이 "무기와 군장, 군수품을 가지고" 탈영해서 "폭도들과 합류했다." 반란군이 에스파냐 국경 근처의 포르도팽(Fort-Dauphin)과 우아나맹트(Ouanaminthe) 시를 점령할 수 있었던 것은 탄약과 대포를 가지고 탈영한 장바티스트 마르크(Jean-Baptiste Marc)와 세자르(Cézar) 덕분이었는데, 두 "자유 흑인"은 "비적들"과 합세하기 전 몇 달 동안 비적의 반대편에서 싸웠다. 주인들을 위해 사냥에 참여한 노예들도 무기를 다뤄 본 경험이 있었다. 1790년대 말에 생도맹그를 방문한 어떤 이는 몇몇 사냥꾼들이 해방되기 전 노예 시절에 사냥 기술을 배웠고, 매주 일곱 발을 발사하기에 충분한 화약을 지급받았다고 기술했다. 이를 가지고 그들은 일주일분 식량을 충분히 구할 수 있었다. 그들은 무리 지어 있는 새들을 발견할 때까지 기다렸다가 머리 위로 소총을 올리고 개펄을 포복해서 한 방으로 여러 마리를 잡는 방식으로 새 사냥을 했다. 그런 기술은 다른 종류의 매복에서도 마찬가지로 사용되었다.[37]

무기가 부족할 때면 반란자들은 놀라운 "계략과 재간"을 활용했다. "그들은 함정을 위장하고 독화살을 제조하고, 적을 매복으로 유인하기 위해서 휴전인 체했으며, 통나무를 대포로 가장했고, 군대의 진격을 방해하기 위해서 도로에 이러저러한 장애물을 설치했다." 르캅으로 진격하던 폭도들은 세 차례의 일제사격에도 굳건히 버텼는데, 그들은 탄환이 몸을 관통하지 못하도록 솜을 채워 넣은 일종의 얇은 매트리스 갑옷을 입고 있었다. 몇몇은 죽기 살기로 "그들의 팔과 몸으로 적의 대포를 틀어막았고, 그렇게 적을 격퇴했다." 처음에는 포획한 대포를 활용할 줄 몰라서 잘못 장전하기도 했지만, 이내 사용법을 깨쳤다. 어떤 부대는 해안을 따라 배치된 포대를 장악했는데, 프랑스 함선이 그 포대를 제거하기 위해서 250발의 포탄 세례를 퍼부었을 때도 그들은 용감하게 맞섰다. 당시 그들은 프랑스 함선을 포격하기 위해 주변에 떨어진 포탄을 재활용했다. 프랑스 함선은 심각한 손상을 입어서 선원들이 배를 간신히 움직일 수 있었다.[38]

폭력은 반란의 핵심적인 부분이었는데, 프랑스군과의 교전 그리고 백인 농장주나 그 가족들에 대한 학살의 형태로 벌어졌다. 반란이 일어나자마자 바로 이에 대한 많은 기록들이 아메리카와 유럽에서 작성·유포되었는데, 주로 노예들이 저지른 야만적이고 끔찍한 잔혹 행위에 관한 이야기들이 소개되었다. 1791년 11월에 프랑스 국민의회에 제출되고, 1792년에 급하게 영어 번역본으로 출간되어 잘 알려진 한 보고서에는, 갈리페 농장이 공격당한 이야기가 실려 있다. 그에 따르면, 폭도들이 "막대기에 꽂힌 백인 아이의 시체를 깃발 삼아" 가지고 다녔다고 한다. 이러한 내용은 갈리페 농장 피습에 관한 모쉬나 달마의 서술에서는 언급되지 않는데, 만약 그들이 알고 있었다면 그렇게 강렬한 장면을 굳이 숨기지는 않았을 것이다. 그러나 많은 독자들이 이를 사실로 받아들였고, 이 이야기는 종종 반란의 상징이자 그에 대한 유죄 평결로 사람들의 입에 자주 오르내렸다. 파리의 유명한 혁명가 카뮈 데물랭(Camille Desmoulins)도 이 자극적인 장면을 활용하면서, "만약 그 많은 농장들이 잿더미로 변했다면, 임산부가 태아를 적출당했다면, 그리고 창끝에 꽂힌 어린아이가 흑인들의 깃발로 이용되었다면," 그의 정적(政敵)인 노예제 폐지론자 브리소는 비난받아 마땅하다고 선언했다.[39]

그 보고서는 또 다른 잔혹 행위들도 기술했다. 로베르(Robert)라는 목수는 두 개의 널판 사이에 묶인 채 톱질을 당해서 반 토막이 났다고 한다. 수많은 남자들이 살해되었으며 폭도들에게 붙잡힌 부인과 딸들은 "그들의 쾌락에 내맡겨졌다." 어떤 여인은 남편의 시체 위에서 강간당하기도 했다. 이러한 기록들과 1791년 생도맹그에서 체류하는 동안 들은 증언을 활용하여 나중에 아이티혁명사의 표준 참고서가 될 책을 쓴 브라이언 에드워즈는 이 잔혹 행위들 가운데 일부를 윤색하기도 하고(암살자들이 "목수 로베르는 그의 직업에 걸맞은 방식으로 죽어야 한다"고 선언했기 때문에 그를 톱질한 것이라고 적었다), 또 다른 설명을 제시하기도 했다(예를 들면, 한 경찰관은 자기가 소유한 농장의 문에 못질을 당한 채 사지가 하나씩 도끼에 잘려 나갔다). 그에 따르면, 반란은 "상상도 할 수 없고 펜으로도 표현할 수 없는 잔혹 행위들"과 "다른 어떤 나라도, 역사상 어떤 시대도 보여 주지 못한 불행한 인간의 모습"을 수없이 만들어 냈다. "아프리카의 야만에 익숙한 10만이 넘는 미개인들이 밤의 침묵과 어둠을 이용해서, 인간의 피에 목말라 하는 굶주린 호랑이들처럼 온화하고 의심 없는 농장주들을 덮쳤다." "늙은이나 젊은이나, 유부녀나 처녀나, 힘없는 어린이나 모두 똑같이" 죽음을 기다렸고, "세계에서 가장 비옥하고 아름다운 평원이 암울한 몇 시간 만에 살육의 벌판과 황량한 황무지로 바뀌었다!"[40]

에드워즈는 또한 자신의 주인인 바이용(Baillon) 부부와 그 가족을 구한 한 노예의 "예기치 못한 감동적인" 이야기를 소개했다. "모반에 가담한" 이 노예는 주인 가족을 숲속에 숨겨 주었고, 봉기 초기에 그들에게 인근의 반군 기지에서 식량을 가져다주었다. 노예는 주인 가족을 위해 카누를 마련했는데, 그들이 카누를 타고 포르마고 근처까지 가는 데 실패한 뒤에도, 그 노예가 "수호천사처럼 나타나서" 그들을 도시의 은신처까지 인도했다. 출처를 밝히지 않고 소개한 흑인의 잔혹성에 관한 이야기들과는 대조적으로, 에드워즈는 흑인 영웅에 관한 이 이야기에 각주를 달았다. 그는 이 이야기를 바이용 부인한테서 직접 들은 한 친구로부터 간접적으로 전해 들었다고 설명했다. 아마도 이 때문에 그의 판본이 동일한 사건에 대한 또 다른 설명에서 제시한 것과 달라졌을 것이다. 거기에서 문제의 반란자는 "흑인 장군들 가운데 한 사람"인 폴 블랭(Paul Blin)이라고 신원을 밝혔다(렝베의 한 농장에서 감독으로 일한 블랭은 반란을 모의하고 실행하는 데 중요한 역할을 했다). 이 판본에서 블랭은 (바이용 가문의 간호사였던) 아내의 고집 때문에 주인 가족을 도왔고, 그가 주인 가족을 낡은 배로 인도한 것은 폭도들이 "불행한 가족들을 위해 준비한" 것보다 덜 끔찍한 방법으로 그들이 죽을 수 있도록 배려한 것일 뿐이다. 진실이 무엇이든 간에 블랭은 결국 그가 베푼 자비로 명성을 얻은 '대가'를 치렀다. 악명 높은 반란 지도자 자노(Jeanot)가 블랭이 백인 농장주들에게 도움을 주었다는 이야기를 듣고 반역이라는 구실로 블랭을 잔인하게 살해했기 때문이다.[41]

백인 주인을 구한 반란 노예에 관한 이야기들은 특히 위아래가 뒤집힌 세계의 극적인 성격에 주목하게 만들었고, 노예제에서 비롯된 뒤틀린 인간관계가 새로운 맥락에서 어떻게 바뀔 수 있는지 생각하게 했다. 오랫동안 노예제를 비교적 자비로운 체제로 정당화하고, 몇몇 특별한 노예들과 친절하고 자애로운 관계였다고 생각하며 위안을 얻은 여러 농장주들은 이들이 갑자기 위험한 적으로 돌변하자 큰 충격을 받았다. 반란의 '공포'를 훨씬 더 끔찍하게 만든 것은 십장이나 하인과 같이 특별히 신뢰하던 노예들의 배신이었다. 어떤 이는 "주인이 가장 친절하게 마음을 써 준" 노예들이 "반란의 화신"이 되었다고 통탄했다. "인간적인 주인들을 배신하고 스스로를 암살자의 칼로 내몬 것은 바로 그들이었다. 충성하고자 하는 노예들을 유인해서 폭동에 가담하게 만든 것도 바로 그들이었다." 이는 농장주들에게는 "가슴이 찢어질 듯한 발견"이었다. 몇몇 노예들이 보여 준 "범할 수 없는 충심"이 없었다면, 그들은 미래에서 절망 이외에는 아무것도 볼 수 없었을 것이다. 그런 충성스런 노예들은 감사의 표시로 자유를 얻었지만, 이 자유는 "주인의 선물"이었다. 이 점이 매우 중요했다. 그들 주변의 모든 것이 불타 버린 세계에 매달리고자 했던 백인 농장주들은 충성스런 노예들의 이야기에서 위안을 찾고, 다시금 옛날처럼 될 수 있을 것이라는 덧없는 희망을 품었다.[42]

1791년 반란자들은 남자와 여자, 아프리카 태생과 크레올, 감독과 노동자, 커피 농장과 설탕 농장 노예 등 무척 다양했고, 저마다 서로 다른 동기와 희망, 이야기가 뒤섞여 있었다. 폭력적인 체제에 맞서 폭력을 사용하면서, 반란자들은 세계에서 가장 부유한 지역 가운데 하나의 경제를 박살 냈다. 첫 일주일 동안 반란자들은 농장 184곳을 파괴했다. 9월 말에 이르자 200곳 이상이 공격당했고 르캅에서 반경 80킬로미터 안에 있는 모든 농장들이 잿더미로 변했다. 게다가 평야를 둘러싸고 있는 산악 지대에서 1,200곳에 이르는 커피 농장이 약탈당했다. 어떤 이에 따르면, "농장 수만큼이나 반군 기지도 헤아릴 수 없이 많았다." 반란자의 규모에 대한 추정치는 차이가 많지만, 9월 말경에는 적어도 2만 명을 헤아렸고 몇몇의 추정치는 8만까지 올라갔다.[43]

어떤 백인 상인은 폭도들에 관해서 "그들은 몇몇 사람들이 주장하는 것처럼 자유의 정신에 의해서가 아니라, 약탈하고 살인하고 방화하려는 욕망에 의해 내달렸다"고 썼다. 그러나 농장주의 저택을 약탈하고, 노예로 살던 농장의 시설을 파괴하고, 자신들을 노예로 부린 사람들을 죽이는 것이야말로 자유를 추구하는 확실한 방법이었다. 또한 대다수의 노예들이 이용할 수 있는 유일한 방식이었다. 폭도들이 복수하고, 주인과의 관계를 뒤집고, 처음으로 자기들이 가진 힘의 한계를 경험하면서 느꼈음에 틀림없는 그 어떤 벅찬 기분을 우리는 그저 짐작만 할 따름이다. 또한 가족과 함께 농장에 남을지 아니면 반란자들을 따라갈지, 잔혹한 처형으로 끝날지도 모르는 폭동에 가담할지 아니면 전쟁의 와중에서 중립을 지키려고 노력할지, 보상을 기대하면서 주인을 섬길지 아니면 불확실한 자유를 위해서 싸울지를 놓고 많은 이들이 경험했을 갈등과 고민을 우리는 상상만 할 수 있을 뿐이다. 앞일은 너무도 불확실했기 때문이다. 반란자들은 자신들이 획득한 것을 유지하기 위해서 계속 프랑스 군대와 싸워야 한다는 것을 알고 있었다. 그러나 승리는 어떤 것일까? 생도맹그를 희망과 가능성의 땅으로 바꾸기 위해서는 무엇이 필요할까?[44]

갈리페 농장의 어떤 노예에게 반란은 역설적인 결과를 가져왔다.

1791년 2월에 마리로즈 마송(Marie-Rose Masson)은 오드뤽에게 돈 3,342리브르를 주었다. 이는 두 아기를 구매한 대가로 노예 상인이 요구한 금액이자, 마송과 그녀의 어머니가 자신들의 자유를 산 가격 이었다. 마송의 아버지는 농장 관리인으로서 오드뤽의 전임자였는데, 마송이 태어나자마자 사망했다. 오드뤽이 그녀를 키웠고 1787년에 마송이 자신의 자유를 사는 데 동의했지만, 필요한 돈을 모으기 위해서는 4년이 걸렸다. 마송이 2월에 오드뤽에게 돈을 지불하자 그는 그녀에게 영수증은 주었지만, 해방 문서에 서명을 하지 않고 뒤로 미뤘다. 그러고 나서 오드뤽은 8월에 라고세트에서 살해되었다. 마송은 자신의 해방이 임박했기 때문에 반란에 가담하지 않고 남아서 오드뤽의 뒤를 이은 모쉬를 섬겼다. 그러나 모쉬는 그녀와 오드뤽이 맺은 계약을 인정하지 않았고 마송과 그녀의 어머니를 계속 노예로 부렸다. 반란은 오드뤽을 죽임으로써 마송이 산 자유를 앗아 갔지만, 그녀 주변의 다른 모든 노예들은 주인으로부터 빼앗은 자유를 과시했다. 모쉬와 마송을 비롯한 주위의 반란자들은 그 누구도 2년 뒤 생도맹그에 더 이상 노예가 존재하지 않게 되리라는 것을 상상하지 못했을 것이다.[45]

5
새로운 세상

1791년 9월 초 루브레이 부인은 과거와 너무도 달라진 세계에서 딸에게 편지를 썼다. 그녀는 상대적으로 운이 좋았다. 그녀의 노예들은 반란에 가담하지 않았고 폭도들도 그녀의 농장에 들이닥치지 않았다. 남편 루브레이 후작은 그 지역에서 폭도들을 몰아내기 위해 군대를 지휘하고 있었다. 그럼에도 루브레이 부인은 생도맹그를 떠나야 한다고 결연하게 썼다. "노예들이 주인을 공격한 땅에 어떻게 머물 수 있겠는가?" 그들은 땅이 있을 만한 쿠바의 아바나로 갔다. "노예들을 감염으로부터 보호할 수만 있다면," 소유하고 있는 노예들과 함께 농장을 재건할 수 있을지도 모른다. "만약 생도맹그에서 노예 주인으로 살아갈 수 없다면," 쿠바의 관습이 "우리의 관습과 정반대라고 해도" 그렇게 해야만 할 것이다.[1]

루브레이 후작이 생도맹그 북부 평원의 동쪽에서 폭도들과 싸우는 동안, 르캅 남쪽에서는 미국혁명 참전용사인 안루이 드 투사르(Anne-Louis de Tousard)라는 장교가 부대를 지휘하고 있었다. 투사르는 8월 24일과 25일 이틀에 걸쳐 아퀼의 두 농장에 첫 번째 공격을 가했지만, 그곳에 집결한 3천~4천 명의 폭도들에 가로막혀 진격하지 못했다. 그럼에도 그는 9월 말까지 여러 차례 승리를 거두었다. 23일에 그는 농장에 머물러 있던 한 무리의 반란자들을 기습해서 그들을 패주시키고 "상당수를 사살했다." 자노 왕이 지휘하는 기병들이 포함된 폭도들의 반격은 "정확한 조준 사격"으로 격퇴되었다. 이틀 뒤 폭도들이 세 차례 공격을 가했지만 또다시 패퇴했고, 결국 "큰 손실을 입고" 후퇴했다.[2]

반란이 시작된 이래, 노예들은 갈리페의 농장 가운데 규모가 가장 큰 농장을 요새로 구축해 놓았는데, 이곳을 중심으로 빈번하게 공격이 시작되었다. 9월 말 투사르가 지휘하는 9백여 명의 부대가 동트기 전에 공격해서 손쉽게 이 요새를 파괴했다. 이곳에 주둔하고 있던 자들은 대부분 이미 며칠 전에 "엄청나게 많은 값나가는 물건들"을 가지고 도주했다. 남아 있는 2천여 명 가운데 대다수는 늙은이나 병자, 아니면 반군 진영의 배급이 "하루에 바나나 두 개로 줄어든 것 때문에 탈출할 기회를 엿보던" 자들이었다. 그러나 공격 부대는 남자든 여자든 아이든 사정없이 해치우라는 명령을 받았고, 그들은 주둔지를 장악하자마자 "끔찍한 살육을 행동으로 옮겼다." 약탈과 방화를 저지르면서 병사들은 "아프고 늙은 수많은 검둥이들"을 마주칠 때마다 총칼로 모두 살해했다. 부대는 백인 포로들을 석방해 주었고, 폭도들이 에스파냐로부터 원조를 받았다는 증거, 즉 에스파냐어가 새겨진 대포와 돈 알론소(Don Alonzo)라는 사령관 명의의 편지를 찾아냈다.[3]

이런 공격이 여러 차례나 성공했음에도 반란자들은 살아남았다. 그들은 "패퇴당하기는 했지만 해체되지는 않았고" 무기를 들고 있는 한 "날마다 무기 사용법을 배웠다." 10월에 작성된 보고서에 따르면, 처음에는 대부분 오로지 "작업 연장"으로 무장하고 "매우 불규칙하고 혼란스럽게" 공격을 하던 폭도들이 "이제는 상당수가 총칼로 잘 무장한 정규군처럼 되었다. 그 무기들은 탈취한 것이거나 구매한 것이었다. 그들은 "검둥이들 특유의 음악에 맞춰" 행진했고, 승리를 외치면서 "상당한 정도의 기율과 각오를 가지고" 싸우기 시작했다. 그들 앞에는 "모든 백인들에게 죽음을!"이라는 구호가 적힌 "붉은 깃발"이 펄럭였다. "우리는 이런 전쟁에 의해 짓밟혔다"라고 한 병사는 회고했다.[4]

전쟁은 '섬멸전'으로 치달았다. 프랑스 군대가 노예들을 닥치는 대로 죽이는 통에, 상대적으로 안전한 자기 농장에 남아 있던 많은 노예들이 반군 진영으로 도망쳐야 했다. 중립의 여지는 거의 없었다. "이 나라는 매장되지 않은 채 널브러져 있는 시체들로 가득 찼다. 검둥이들은 백인들을 말뚝에 묶었고, 죽도록 몰아쳤다. 백인 부대는 더 이상 포로를 두지 않았고, 검은 것이든 누런 것이든 모두 죽였고, 검둥이들의 시체를 들판에 방치했다." 양측 모두 처참한 교착 상태에 빠졌다. "창끝에 꽂힌 백인 포로들의 머리가 흑인 진영을 둘러쌌고, 흑인 포로들의 시체가 백인 진영으로 통하는 길가의 나무들에 내걸렸다." 그러나 반란자들은 몇 달이 지나도록 여전히 버티고 있었다. 루브레이 부인은 다음과 같이 썼다. "우리는 수많은 폭도들을 죽였지만, 그들은 마치 잿더미에서 끝없이 재생산되는 것 같다."[5]

르 캅은 반란자들을 잘 막아 냈지만, 북부 평원에서는 많은 재산
이 파괴되었다. 그 지방의 주 수입원인 설탕은 생산이 멈춘 상
태였다. 대부분의 농장주들이 볼 때, 강력한 혁명운동의 먹이가 된 프
랑스 정부는 반란 노예들만큼이나 위험하고 예측할 수 없었다. 어떤
사람들에게는 망명이 유일한 살 길이었다. 한 남자는 "프랑스여 안
녕"으로 시작하는 시(詩)를 써서 뉴잉글랜드로 떠나겠다는 의지를 알
렸다. "프랑스에서 온 지 얼마 안 되는" 한 여인은 오자마자 질려 버렸
고, 대서양 건너편으로 되돌아가는 누군가의 하녀로 일자리를 얻게
되었다.⁶

어떤 이들은 상황이 풀리기를, 아니면 적어도 살아남기를 바라면서
생도맹그에 머물렀다. 관리들은 인근 자메이카에 원조를 요청했다.
자메이카 총독은 군대는 보내지 않았지만, 식량과 탄약을 실은 배 몇
척을 보내 주었다. 호송단에 합류한 농장주 에드워즈는, 배들이 르캅
에 당도했을 때 "해변에 모인" 주민들이 "눈물을 흘리며 두 손을 치켜
들고 이 구원자들을 얼마나 환영했는지"를 기술했다("그들은 우리를 구
원자라고 생각했다"). 그에 따르면, 백인 주민은 만장일치로 "국민의회
에 강력하게 항의"했는데, 그들은 "이 모든 재난을 국민의회의 의사록
탓으로 돌렸다." 실제로 많은 사람들이 "모국에 대한 충성을 거부할"
각오가 되어 있었고, "양심의 가책이나 주저함 없이" 영국인들이 "생
도맹그를 정복하거나, 아니 오히려 생도맹그 주민들의 자발적인 항복
을 받아 주기를" 바란다고 말했다. 한 저명한 농장주는 영국 수상 윌
리엄 피트(William Pitt)에게 편지를 보내 영국의 생도맹그 점령을 요
청했다. 그는 그것이 노예제를 보존할 수 있는 유일한 방법이라고 생
각했다.⁷

그러나 영국이 제공한 원조는 어느 격분한 식민지 주민이 썼듯이, "결실 없는 소망과 무용한 과시에 그쳤다." 피트는 반란 소식에 대해서 냉담하게 언급했다. "프랑스인들은 캐러멜과 함께 커피를 마시게 될 것으로 보인다." 카리브 해의 백인 노예주들이 서로에게 어떤 호의를 가지고 있었든지, 궁극적으로 영국인에게는 제국들 사이의 경쟁이 더 중요했다. 그들이 끝내 생도맹그로 오게 되었을 때, 이는 원조를 제공하는 친구로서보다는 정복 전쟁에서 내부의 동맹자를 찾는 침략자로서였다.[8]

생도맹그의 총독들은 영국군의 지원 없이 프랑스에서 지원군이 올 때까지 몇 개월 동안 심각한 문제를 이겨 내야 했다. 반란자들과 맞서 이 싸움을 얼마나 지속할 수 있을까? 이 절망적인 전쟁에 징집된 많은 민간인들과 함께 동원 가능한 모든 병력이 전장으로 파견되었다. 그러나 11월 초에 이르자 작전을 진두지휘하는 장교 두 명은 이 조치도 충분치 않다고 확신하게 되었다. 승리를 위한 유일한 방법은 자유유색인 지원자를 받아들이는 것이라고 그들은 주장했다.

르캅 의회에서 행한 연설에서 루브레이는 "수많은 반란 노예들과 견주어 백인 주민들은 어떠한가? 자유유색인들을 성나게 하지 않아도 적은 이미 충분히 많지 않은가?"라고 되물었다. 그는 미국혁명 때 자유유색인 부대의 지휘관으로 활동한 경험을 토대로 "역사의 권위"에 호소하면서, 청중들에게 자유유색인 부대가 유럽에서 온 병사들보다 우수하다는 점을 상기시켰다. 유럽에서 온 병사들은 언제나 질병으로 온갖 희생을 치러야 했다. 투사르는 루브레이를 지지하면서, 이 전쟁에서 이길 수 있는 유일한 방법은 반란자들을 괴롭히고 그들을 계속 추격하는 것이라고 지적했다. "그 기후에 익숙한" 사람들에 맞서 대등하게 전쟁을 수행할 수 있는 병사들은 어디에 있는가? 당신이 볼 때 물라토 말고 다른 사람들이 있는가? 없다! 의회는 왜 고집을 부리면서 도움을 거부하고, 그들을 동맹자로 받아들이기는커녕 적의 진영으로 밀어내는가?[9]

자유유색인들 가운데 대다수가 민병대나 기마헌병대에 복무하여 도망노예를 추적했기 때문에, 그들은 실제로 폭도들과 싸우는 데 가장 이상적인 병사들처럼 보였다. 비록 반군 진영에 자유유색인들이 일부 있었지만, 많은 자유유색인들은 기꺼이 반란에 맞서 싸울 의사가 있음을 보여 주었다. 봉기 초기에 한 무리의 자유유색인들이 르캅에서 폭도들과 싸우기 위해 부대를 편성하기도 했다. 갈리페 농장이 공격당하는 동안 그곳에 처음 진입한 것도 "자유 물라토와 자유 흑인 기병대"였다. 그럼에도 불구하고 의회는 퇴역 장교들의 개입을 거부하면서, 자유유색인의 지위에 관한 모든 토론을 반란이 진압될 때까지 연기했다. 그들은 생도맹그에서는 폭력으로, 파리에서는 로비를 통해서 자유유색인들을 궁지에 몰아넣는 데 성공했기 때문에, 자신들을 둘러싼 위급 상황에서조차도 양보하려고 하지 않았다. 루브레이는 그들에게 "어느 날 여러분과 내가 공유하고 있는 중요한 진실을 마주할 때, 당신들이 보이는 측은한 미소는 곧 피눈물로 바뀔 것"이라고 경고했다.[10]

식민지의 모든 백인들이 비타협적이었던 것은 아니다. 그들 가운데 일부는 몇몇 자유유색인들과 정치권력을 나누어 갖는 일은 모든 것을 잃는 것에 비하면 아무것도 아니라고 생각했다. 9월과 10월에 여러 지역의 관리들이 자유유색인 집단들과 일련의 놀라운 협약을 맺었다. 북부 지방에서는 이러한 일이 일어나지 않았지만, 서부에서는(뒤이어 남부에서도) 협약이 성사되었다. 그곳은 자유유색인들이 무장을 갖추고 잘 조직되어 있었으며, 1791년 8월 이후에도 노예들이 상대적으로 잘 통제되고 있었다. 북부 지방은 노예들이 반란을 일으키는 주요 근원지였지만, 그 무렵 생도맹그의 다른 지방에서는 자유유색인과 백인들 사이의 불편한 관계가 무대의 중앙을 차지하고 있었다.

1791년 8월 초에 자유유색인들은 미라발레(Mirabalais)에서 대규모 정치 집회를 조직했다. 프랑스어 교육을 받은 피에르 팽시나(Pierre Pinchinat)라는 명망가가 의장으로 선출되었고, 식민지 총독과 지방의회들을 비롯해 국민의회에 정치적 권리를 요구하는 성명을 전달하기 위해서 대표 40명이 선임되었다. 그러나 북부 지방에서 폭동이 시작되자 총독이 그들에게 "불법적인" 회의를 당장 해산하라고 명령했다. 분노한 자유유색인 회의는 즉각 무기를 들기로 결의했다. 지도자들 가운데에는 보르도에서 수학하고 오래 군대 생활을 한 리고라는 금세공사가 있었다. 여러 기록에 따르면, 그는 미국혁명 때 서배너 포위 공격에 참여하기도 했다. 이때만 해도 화려한 정치 경력의 초입에 있었으나 나중에는 루베르튀르와 격렬하게 싸우게 될 터였다. 하지만 이 모든 것은 아직도 먼 미래의 일이었다.[11]

서부 지방의 자유유색인들은 그들의 적인 백인들과 전쟁을 예상하면서 군사적 동맹자들을 간절히 원하고 있었다. 그들은 그 지방에서 활동하고 있는 여러 집단의 반란 노예들 가운데서 동맹자를 찾았다. 자유유색인들은 (프랑스 국왕에게 봉사하는 스위스 용병들을 참조해서) '스위스'라고 불리게 될 이 반란 노예들에게 봉사의 대가로 자유를 약속했다. 자유유색인과 '스위스'의 동맹은 스스로를 '연맹군'(Confederates)이라 지칭했는데, 이들은 기세등등한 군사력을 입증했다. 9월 초에 포르토프랭스의 백인 부대가 크루아데부케(Croix-des-Bouquets) 근처에서 그들을 공격했다. 연맹군은 많은 백인 병사들을 인근의 사탕수수밭으로 밀어붙였다. 사탕수수밭은 피난처로는 좋은 장소가 아니었다. 그때 그들은 사탕수숫대는 매우 쉽게 불이 붙는다는 사실을 알았어야 했다. 연맹군은 사탕수수밭에 불을 놓았고, 그 안에 갇힌 백인들은 불에 타 죽었다.[12]

그곳에 사는 아뉘 드 쥠쿠르(Hanus de Jumecourt)라는 부유한 농장주는 이 승리를 지켜본 뒤 대담한 계획을 추진했다. 그는 상당수가 '작은 백인' 계층 출신인 포르토프랭스의 과격한 백인들과 사이가 좋지 않았고, 그 지방에서 노예 반란이 일어나는 것을 막기 위해 자유유색인들과 평화 협상을 벌이기로 결심했다. 또한 크루아데부케와 미라발레의 관리들을 이끌고 연맹군과 협약을 체결했다. 이를 통해서 일부 자유유색인들에게 정치적 권리를 부여했던 1791년 5월 15일의 법령을 비롯한 프랑스 국민의회의 법령들을 준수할 것을 약속했다. 이첫 번째 협약은 곧이어 포르토프랭스의 대표들과 연맹군 스스로가 명명한 '유색 시민들' 사이에 조인된 또 다른 협약의 모델이 되었다. 이협약은 역사의 교훈과 함께 시작된다. '유색 시민들'은 1685년의 흑인법에서 "그들을 위해 승인된" 규정들이 "어리석은 편견들이 확산되면서 침해되었다"고 선언했다. 그런 편견이 계속 확산되어 식민지 의회들이 그들의 참정권을 부정했고, 그 때문에 그들이 오해를 받았으며 침해당한 권리를 수호하기 위해 무기를 들지 않을 수 없었다. 자신들의 행위에 대한 오해를 바로잡으면서, 그들은 (틀림없이 매우 만족해하면서) "백인 시민들이 이성, 정의, 인류애의 진정한 원칙들과 건전한 정책으로 돌아오는 것"을 보고 기뻤다고 기록했다.[13]

'유색 시민들'은 국민의회의 수호자로 자처하면서 백인들을 그 권위에 대한 반역자라고 몰아붙였다. 오제가 1년 전에 그랬던 것처럼, 그들은 국민의회의 법령과 훈령이 자신들에게 정치적 권리를 부여했다고 주장하면서, 모든 조항과 규정들을 글자 그대로 집행하라고 요구했다. 유색 시민들은 자신들이 불법적으로 투표에서 배제되었기 때문에 그 당시 존재한 모든 의회들은 정통성이 없으며, 따라서 완벽한 새로운 선거를 통해서 대체되어야 한다고 선언했다. 그 지방의 백인들은 오랫동안 자유유색인들에게 정치적 권리를 부여하는 것에 격렬하게 저항했지만, 북쪽에서 노예 반란이 급박한 양상을 보이자 태도를 바꾸었다. 포르토프랭스의 대표들은 모든 자유유색인들의 요구를 수용했다. 1791년 10월에 조인된 또 다른 '협약'(Concordat)은 더 많은 규정을 추가해서, 지역 민병대들을 통합하고 공공 담화에서 인종을 구별하는 표식을 사용하지 못하게 금지했다. 모든 자유인은 이제 그냥 '시민'으로 불리게 될 터였다.[14]

협약을 경축하는 행진과 미사가 포르토프랭스에서 개최되었다. 승리를 거머쥔 자유유색인들과 나란히 행진하는 '스위스'의 존재는 그 도시의 노예들을 감격시켰고 백인들을 불안하게 만들었다. 수백 명의 반란 노예들이 승리를 쟁취한 병사가 된 것이다. 한 관찰자에 따르면, 그들은 "자유인의 자긍심을 가지고" 행진하면서 도시의 노예들에게 이렇게 말했다. "너희들이 우리처럼 했다면, 이 나라는 우리의 것이 되었을 것이다!" 9월에 조인된 수많은 협약들에서 스위스에 대한 언급은 한마디도 없었지만, 이번에는 그들을 어떻게 대우할 것인지에 관해서 자유유색인들 사이에 토론이 벌어졌다. 다수의 자유유색인들이 스위스를 해방한 뒤 기마헌병대에 8년 동안 의무적으로 복무시켜야 한다는 제안을 지지했다. 그러나 포르토프랭스의 애국파 백인들은 반란 노예들에게 자유를 주는 것은 나쁜 선례가 될 것이라고 확신했기에 그 방안에 반대했다. 리고를 비롯한 다수의 자유유색인들이 스위스를 변호하면서 큰소리로 외쳐 댔지만, 팽시나 같은 보수적인 인물들이 이끄는 자유유색인 지도부는 스위스가 추방되어야 한다는 포르크프랭스 관리들의 결정을 잠자코 받아들였다. 포르토프랭스에서 분노한 한 노예가 다음과 같이 외쳤다. "나는 처음부터 흑인들이 사기당할 줄 알고 있었다." 그가 옳았다. 스위스는 중앙아메리카의 모스키토 해안으로 이송될 예정이었다. 한 농장주가 썼듯이, 그곳은 "악마조차도 살아남을 수 없는 장소"였다. 사실, 그들은 더 나쁜 운명을 겪어야 했다. 모스키토 해안으로 그들을 데려가기로 한 선장이 벨리즈(Belize)에서 팔아넘기려다 실패한 뒤, 짐 부리 듯 자메이카 해안에 그들을 내려놓았다. 그런 노예들을 자기 식민지에 두어야 한다는 사실에 불안해진 영국인들은 다시 생도맹그로 돌려보냈다. 그들은 프랑스 병사들의 감시 아래 먼 항구에 정박 중인 배에 구금되었는데, 거기에서 60명은 처형되고 나머지는 병들어 죽거나 굶어 죽었다. 이는 잊을 수 없는 비극적인 배신행위였는데, 식민지에서 아프리카계 여러 집단들 사이에 내부 분쟁의 기미가 나타나고 있었다.[15]

한편, 자유유색인과 백인 사이의 협력과 짧은 평화는 새로운 폭력사태로 끝났다. 시 정부가 협약을 비준하기로 했던 바로 그날, 스카팽이라는 연맹군 소속 흑인 병사가 길거리에서 백인 병사에게 모욕당하는 일이 벌어졌다. 그들은 싸우기 시작했고, 현장에 도착한 경찰은 스카팽을 체포했다. 이 소식은 금세 퍼졌고 분노한 백인 군중이 경찰을 밀어내고 스카팽을 폭행했다. 이에 맞서 격분한 자유유색인들이

'애국파' 백인 한 사람을 사살했다. 이내 포르토프랭스 거리에서 전투가 벌어졌다. 수적으로 열세인 자유유색인 병사들이 도시에서 물러났지만, 백인들은 여전히 길거리나 그들의 집에 쳐들어가서 자유유색인 민간인들을 살해했다. 학살이 진행되고 있을 때 도시에서 큰불이 났다. 800여 채의 주택이 전소되었고, 도시는 '잿더미'로 변했다.[16]

생마르크 인근의 관리들은 "백인 시민들과 유색 시민들 사이의 완벽한 단합만이 처참한 파괴를 가져올지도 모르는 위험으로부터 식민지를 보호할 수 있다"고 총독에게 보고했다. 그러나 동맹의 가능성은 포르토프랭스와 함께 연기 속으로 사라졌다. 무자비한 격돌로 자유유색인들은 분개하였고, 몇몇은 공개적으로 백인에 대한 전쟁을 선언했다. 어떤 이는 동료들에게 포르토프랭스를 포위하고 "유럽 출신 괴물들"의 몸 안에 "피로 물든 무기"를 찔러 넣으라고 촉구했다. 이제야말로 "편견의 나무"를 뿌리 뽑고, "이 끔찍한 풍토에서 그토록 오랫동안 능욕당한 신, 자연, 법 그리고 인간성의 원수를 갚을" 시간이었다. 앙드레 리고는 남부 지방에서 그의 추종자들에게 비슷한 요구를 했다. 자유유색인들은 자신들을 학살하고 노예로 만들려는 이 '야만인들'에게 복수하기 위해서 살인하고 약탈하고 방화함으로써 백인들의 잔혹성에 대항했다.

11월 말에 이르자 서부와 남부 지방도 북부와 마찬가지로 전쟁 상태가 되었다. 그곳에서는 노예들이 전쟁을 시작했다기보다는 단지 전쟁의 일부였다. 12월에는 전쟁 중인 양측 모두 자신들을 위해 싸울 노예들을 더 많이 징집했다. 그들은 전쟁만 끝나면 노예제가 재건될 수 있다고 생각했다. 이렇게 기대한 것은 너무나 큰 착각이었다. 노예들은 백인의 군대와 자유유색인의 군대에 복무하는 동안 어떻게 싸워야 하는지를 배우면서 때를 기다렸다. 그러나 결국 많은 노예들이 이 주인들뿐 아니라 모든 주인들을 뒤에 남겨 둔 채 떠나기로 의견을 모았다.[17]

17 91년 10월 말, 북부 평원에 있는 여러 농장들에서 나이 많은 노예들이 저마다 집 앞에 모여 새로운 광경을 구경하고 있었다. 일군의 백인 포로들이 길 아래로 걸어가자, 옆쪽에 서 있는 반란군 병사들이 그들을 막대기로 내리쳤다. 포로 가운데 그로라는 그 지역 관리는 "늙은 남녀 검둥이들이 자기들 언어로 우리를 욕했고, 그들의 전사들이 세운 공적을 찬양했다"고 회상했다. 지난 한 세기 동안, 탈출한 노예들이 이와 비슷하게 묶여서 감옥까지 걸어갔지만, 이제 역할이 정반대로 바뀐 것이다.[18]

그로와 다른 포로들은 한 무리의 노예들로부터 공격을 받고 붙잡혀서 도시 밖에 있는 주둔지에 수감되었다. 그들은 행군하면서 자신들의 집과 밭이 화염 속에 사라지는 것을 멀찍이 바라보았다. 처음에 그들은 ("매우 질 나쁜 신하") 상수시가 지휘하는 기지로 끌려가 모욕을 당했다. 게다가 마실 것이라고는 럼주인 타피아 '몇 방울'만이 제공되었다. 그 기지의 백인 성직자가 "사람은 죽는 법을 알아야 한다"고 말해 그들을 놀라게 했다. 행군의 다음 단계에서 포로들은 수레를 타고 이동했는데, 수레가 덜컹거리며 너무 심하게 흔들려서 차라리 걷는 것을 선호할 정도였다. 그들은 미쇼(Michaud)라는 노예가 지휘하는 기지로 끌려갔다. 그로에 따르면, 미쇼는 "풍부한 감수성"을 가졌고 최선을 다해서 포로들을 도와주었다.[19]

그러나 미쇼는 잔혹하기로 이름난 수령 자노를 상관으로 모시고 있었다. 그는 백인 포로들을 쇠사슬에 묶어 두었고, 포로들에게 하루에 물 한 잔과 바나나 세 개만을 배급했다. 아주 드물게 '소 귀' 한 조각이 더 나왔다. 그 주둔지에 사는 주민들이 포로들을 둘러싸고 있었다. 몇 몇은 포로들의 처지를 보고 "마음 아파하는 것처럼 보였지만," 대다수 는 그들을 조롱하며 "즐거워했다." 밤에는 "우리가 들은 얘기들 때문 에, 그리고 반주에 맞춰 부른 그들의 구슬픈 노랫소리가 새로운 고문 을 예고하는 것처럼 들렸기 때문에 우리의 공포는 극에 달했다"고 그 로는 기억했다. 자노는 포로들에게 "자신의 즐거움을 연장하기 위해 서" 24시간마다 그들 가운데 두 명을 죽일 것이라고 말했다. 어떤 백 인 포로는 채찍을 "400대 이상" 맞고, 피가 나는 상처에 화약을 문지 르는 고문을 당했다. 다른 포로들은 북소리에 맞춰 감옥에서 끌려 나 와 살해되어 토막이 나거나, 교수형을 당하거나, 죽을 때까지 피를 흘 렸다. 어떤 이는 자신의 하인 노예에 의해 처형되었다. 그로가 묘사 한 채찍질과 처형은 오랫동안 백인 주인들이 노예들에게 가한 고문 들을 거울에 비춰 놓은 것처럼 끔찍한 것들이었다. 그러나 자노는 백 인들에게만 잔인한 게 아니었다. 그는 또한 "백인들에게 계속 충성하 는" 노예들도 감옥에 처넣었다. 그 지역에서 활동하는 자유유색인들 은 "그의 유일한 기쁨은" 백인과 흑인의 "피를 뿌리는 것"이라고 한탄 했다. 그들에 따르면, "만약 지상에 두 가지 원칙이 있다면, 자노는 오 로지 악마의 원칙에 따라 움직였다."[20]

어느 날, 그로와 나머지 포로들이 예정된 처형을 기다리고 있을 때 (분명 그들은 고기 굽듯이 산 채로 불에 굽히고 말 터였다), 멀리서 총소리 가 울렸고 자노의 상관인 장프랑수아가 지휘하는 기병대가 기지에 당 도했다. 그는 자노를 체포했고 약식 군사재판 뒤에 그를 나무에 묶고 총살했다. 장프랑수아는 백인 포로들에게 더 이상 고문은 없을 것이고, 이제부터 인간적으로 대우받을 것이라고 약속했다. 포로들은 "걸어 다니는 유령"이었다. "얼굴은 헬쑥한 게 볼썽사나웠고, 피와 먼지로 범벅이 된 온몸 구석구석에는 이가 퍼져 시달렸다." 그러나 그때부터 좀 더 친절한 대접을 받았다. 행군할 때 몇몇 반란자들은 말에서 내려 탈진한 포로들을 자기 말에 태웠다. 반란자들의 '본부'(salle de gouvernement), 즉 반란 정부의 중앙 본부가 있는 다음 기지에서 그들은 장루이(Jean-Louis)라는 사람의 영접을 받았다. 그는 몇 년 동안 프랑스에서 산 적이 있고, 그 때문에 '파리 사람'(The Parisian)이라는 별명을 가진 하인 노예였다. 그가 포로들에게 음식을 주고 "훌륭한 침상"을 제공한 덕분에 포로들은 잘 쉴 수 있었다.[21]

그때부터 포로들은 기지 안에서 자유롭게 돌아다닐 수 있게 되었고, 그로는 장프랑수아의 비서로 뽑혔다. 그로는 기지에 있는 물라토 다수가 반란에 가담한 것을 두고 서로 상반된 감정을 가지고 있었다고 기록했다. 그들 가운데 1790년에 오제를 지지한 몇몇은 적극적으로 반란에 가담했고, 심지어 반란을 선동한 자들이었다. 반면, 다른 이들은 일단 반란이 시작되자 자기 권리를 찾기 위해서 이 기회에 싸워야 한다고 생각했다. 그러나 그로의 주장에 따르면, 대다수는 강압에 못 이겨 기지에 남아 있었고, 기지를 떠나지 못하도록 끊임없이 감시당해야 했다. 심지어 장프랑수아조차도 그로에게 자신을 반란자 대중에게 발목 잡힌 일종의 인질이라고 소개했다. 장프랑수아는 혁명 전에 노예였다가 도망친 것으로 보인다. 그는 그로에게 자신은 반란자 대중에 의해서 "검둥이들의 장군"으로 뽑혔지만, 그들과 달리 자신은 "모든 노예의 해방"을 위해 싸우는 것은 아니라고 말했다. 그는 그

것이 도달 불가능한 목표이며, 그를 둘러싸고 있는 그 "미개한 무리들"에게 위험할 것이라고 생각했다. 그의 야심은 크지 않았다. 그는 농장 관리인들을 저주했고 그들을 생도맹그에서 추방하고자 했다. 그러나 대부분의 반란자들은 "백인들의 완전한 파멸"을 공언했다. 그로에 따르면, 그들 가운데 여자들이 "훨씬 더 격렬하고 대담했는데," 남자들보다 농장에 돌아갈 마음이 훨씬 적었기 때문이다. 반란 지도자 비아수도 반항적이고 말 안 듣는 집단으로 "농장의 검둥이 여인들"을 지목하면서 이에 동의했다.[22]

11월 말에 장프랑수아와 비아수는 북부 평원에서 가장 중요한 반란 지도자가 되었다. 그들은 다른 지도자들이 쓰러졌을 때에도 살아남았다. 8월 말에 렝베와 포르마고의 왕으로 선출된 장바티스트 캅은 어떤 농장에서 노예들을 징발하려다가 체포되어 거열형을 당했다. 11월 중순에는 부크먼이 기병대에 포위되어 전투 중에 사살되었다. 프랑스 병사들은 그의 목을 쳐서, 시신은 반군 진영에서 잘 보이는 곳에서 불태웠고, 머리는 르캅의 시청 앞 광장에 효수했다. 그를 사살한 사람은 "반란 괴수의 머리를" 가져오는 자에게 약속한 많은 상금을 상으로 받았다. 반란을 처음 주도한 사람의 죽음은 반군 진영에 깊은 인상을 주었다. 반란자들은 사흘 동안 애도의 춤(calenda)을 추었고, 백인 포로들에게 욕을 퍼붓고(일부는 지도자의 죽음에 앙갚음하기 위해서 백인 포로들을 죽이려고 했다), 전쟁에서 거둔 공을 이야기했다.[23]

몇 달 동안 이어진 전쟁은 많은 사상자를 냈으며, 수천 명의 반란자들이 전사했다. 살아남은 자들은 거의 굶주리고 병이 들었다. 만약 프랑스에서 군대가 온다면 반란자들은 얼마나 버틸 수 있을까? 결국 무엇을 얻을 수 있을까? 장프랑수아와 비아수는 화평을 청할 때가 왔다고 결심했다. 일명 투생(Toussaint)으로 불리는 자를 포함해서 다른 장교들도 이에 동의했다. 그러나 반군 진영의 많은 이들이 결단코 지난 날의 세상으로 되돌아가지 않으리라 결의를 다졌기 때문에, 그들의 지도력과 권력은 시험대에 올랐다.

11월에 국민의회가 보낸 민간인 감독관 세 명이 생도맹그에 도착했다. 그들이 프랑스를 떠날 때에는 1791년의 노예 반란에 대해서 아는 자가 없었기 때문에, 그들은 이 사건에 대한 공식적인 대응책을 가지고 있지 않았다. 오히려 그들은 식민지의 난국을 심화시키는 법령을 가져왔다. 9월 24일 국민의회는 식민지의 '대외 체제'(exterior regime), 특히 무역 정책은 국민의회와 국왕이 통제권을 가지는 반면, "자유가 없는 사람들의 상태와 유색인 및 자유 흑인의 정치적 지위에 관한 법"은 식민지 의회가 제정할 것이라고 선포했다. 생도맹그의 백인들 사이에서 많은 항의를 불러일으킨 5월 15일의 법은 이처럼 불과 몇 달 전에 그 법을 제정했던 바로 그 기관에 의해 전복되었다. 그 소식에 많은 백인들이 기뻐했지만, 자유유색인들에게는 몹시 큰 실망을 안겨 주었다. 몇 년의 투쟁, 오제와 샤반의 죽음, 몇 달 동안 포르토프랭스에서 벌어진 학살 뒤에도, 그들은 여전히 맨 처음 출발했던 바로 그 자리에 있었다. 즉 정치적 권리도 없었고 지방의회들에 대한 소구권(遡求權)도 없었다.[24]

감독관들은 다른 소식도 가지고 왔다. 감독관들이 설명한 바에 따르면, 프랑스는 "구체제의 구조물"을 그 "벽돌 하나하나"까지 파괴하고 입헌군주정을 창설하는 새로운 헌법을 제정했다. 국왕은 헌법을 받아들였고, 바라건대 혁명을 끝내고 국민들에게 평화를 가져다줄 때가 왔다고 선언했다. 이러한 분위기에서 국민의회는 '혁명적 행위'에 대해 대사면령을 내렸는데, 이 법령은 식민지에도 적용되었다. "질서로 복귀한 자들"은 그들이 저지른 전쟁이나 폭행에 대해 용서를 받게 될 것이었다.[25]

장프랑수아와 비아수는 감독관들에게 보낸 편지에서 "차별 없이 모두에게 적용되는 대사면에 우리도 포함되어야 한다"고 주장했다. 의견을 달리하는 이들도 있었다. 르캅 출신의 식민지 의회 의원은 대사면이 식민지 반란에 가담한 사람들에게는 적용되지 않는다고 주장했다. "대사면은 혁명적 행위를 한 자들을 위한 것이고, 생도맹그에서 자행된 범죄들은 분명 다르게 다루어야 한다. 자유유색인 및 자유흑인들을 사면하는 것은 그들과 백인을 완전히 평등하게 대하는 것이다. 노예들에게까지 사면을 확대하는 것은 훨씬 더 파멸적인 효과를 낳게 될 것이다. 그렇게 되면 주인에 예속되어 있는 노예들이 해방될 것이고, 장차 그들의 복속을 보장할 수 없게 된다." 이 의원은 반란을 '혁명적 행위'로 용인하는 것은 반란을 정당화하는 것이라고 했다. 이는 그들의 투쟁을 '범죄'가 아니라 정치로서 정의하는 것이고, 그들을 '비적 떼'가 아니라 혁명가로 인정하는 것을 의미했다. 사면이 허용된다면 노예제는 결코 다시는 안전할 수 없을 것이다.[26]

사실상 반란자들은 폭력을 사용해서 1만여 명의 노예들을 (대개 사망한) 주인으로부터 해방시킴으로써 이미 노예제의 토대를 심각하게 뒤흔들었다. 그들은 하나의 정치 세력으로 대우받을 권리를 획득했다. 감독관들이 깨달았듯이, 군사적 수단으로 승리할 수 없는 분쟁을 끝내기 바란다면, 그들에게 사면을 내리는 것밖에 다른 선택의 여지가 없었다. 장프랑수아와 비아수는 자신들에게 온 기회를 이용해서 반란을 끝내기 위한 계획을 제시했다. 식민지 의회는 반란 지도자들에게 수백 장의 사면장을 교부했고, 반란 지도자들은 이를 휘하 장교들에게 배포했다. 자유를 허가받지 못한 대다수의 반란자들도 처벌을 면제받았다. 그 대신 지도자들은 전쟁을 끝내고 하루빨리 그들을 농장으로 돌려보내야 했다. 장프랑수아와 비아수는 훨씬 더 급진적인 추종자들을 억제하려고 애쓰고 있다고 주장하면서, 식민지 의회가 노예들에게 "그들의 지위 문제를 해결할 것"이라고 보증하는 선언을 발표하라고 권고했다. 더불어 만약 자신들의 제안이 거부된다면 "끔찍한 살육"이 끝없이 벌어져 "백인 포로들과 백인 여성들이 죽음"을 맞게 될 것이라고 위협하기도 했다.[27]

그러나 농장주들이 지배하는 식민지 의회는 '검둥이 폭도들'과 협상을 거부했다. 그들은 마치 아직도 강력한 농장주들인 양 발언하면서, 반란자들에게 농장으로 돌아가서 스스로 참회하는 모습을 보인다면 용서받을 수 있을 것이라고 말했다. 폭도들이 개인적으로 다가갔을 때, 투사르도 비슷한 어조로 이렇게 응답했다. "백인들, 특히 식민지 의회의 의원들이 반란 노예들에게 요구하고 제시한 조건들을 수용할 만큼 그들이 몸을 낮추리라고 생각하지 마라." 투사르는 협상이 시작되기 전에 적대 행위를 완전히 중지하고, 모든 포로들을 석방하고, 모든 노예가 원래 있던 농장으로 귀환해야 하며, 모든 '검둥이들'이 무장해제하고 모든 무기를 반환해야 한다고 요구했다. 몇 개월 뒤에 감독관 가운데 한 사람은 노예 반란을 종결할 수 있는 확실한 기회를 놓쳤다고 지적했다. 분명 식민지 의회는 생도맹그의 실제 상황을 직시하지 못했다. 생도맹그는 여전히 그들 주변에서 연기를 내뿜고 있었다. 그럼에도 그들은 '비적들'의 간청을 단호히 거부하면서, 스스로를 이전처럼 '전체의회'로 부를지 아니면 결국에 그렇게 불린 것처럼 '식민지 의회'로 부를지를 놓고 끝도 없는 논쟁을 시작했다.[28]

반란 지도자들의 제안에 한층 수용적인 태도를 보인 감독관들은 협상의 불씨를 살리려고 노력했다. 그러나 장프랑수아와 비아수의 편지도 한층 더 거친 논조를 띠기 시작했다. 그들은 폭동의 "주모자들을 찾지도" 말고, "국민이 그들의 지휘 아래 맡긴 군대를 동원하지도" 말아야 식민지에 평화를 가져올 수 있다고 감독관들에게 경고했다. 폭도들을 농장으로 귀환시키라고 요구한 자들은 '혁명의 성격'을 명확하게 이해하지 못했다. 그들은 "10만 명이 무장하고 있다"고 선언했다. 북부에서 주민의 80퍼센트가 봉기했다. 장프랑수아와 비아수는 자신들이 이 반란 대중의 "일반의지에 완전히 종속되어" 있다고 설명했다. 이 의지는 '다수'를 차지하는 아프리카 노예들에 의해서 규정되었다. "검둥이들에 대한 영향력"이나 "그들에게 심어 주는 공포" 때문에 선택된 반란 지도자와 장교들만이 이들을 농장으로 귀환시킬 수 있었다. 그리고 그들만이 국왕 군대의 지원 아래 거부하는 자들을 성공적으로 추적할 수 있었다. 그러나 그들이 제시한 조건을 감독관들이 받아들인다면, 식민지의 운명은 "그 잿더미에서 다시 태어날" 수도 있을 것이었다.

감독관들은 강화조약의 조건을 토의하기 위해서 장프랑수아를 만났다. 감독관들을 수행하고 있는 농장주가 앞으로 나와서 마치 무례하게 행동하는 노예를 대하듯 그 탁월한 지도자를 때렸다. 그 바람에 이 만남은 시작부터 삐거덕거렸다. 장프랑수아는 병사들 사이로 물러섰지만, 감독관 가운데 한 명이 '분개한 흑인들' 사이로 걸어 들어와서 합의를 이끌어 냈다. 그에 따르면, 백인 포로들은 석방되어 르캅으

로 송환될 것이었다. 장프랑수아는 그 대신 르캅에 감금되어 있는 자기 아내를 석방하라고 요구했다.[29]

반란 지도자들이 만든 원래의 제안은 사면과 제한적 '해방'이 허용되어야 한다고 강조했지만, 노예제 개혁에 대해서는 막연하게 언급했을 뿐이다. 그러나 분명히 장프랑수아와 비아수는 자기 진영의 사람들로부터 식민지 총독들한테서 한층 더 많은 양보를 얻어 내라는 압력을 받고 있었다. 총독들은 감독관들에게 보낸 편지에서 "검둥이 노예들이 자신들에게 한 몇몇 주장들을" 전달했다. 노예들은 의미 있는 개혁을 약속하지 않으면 농장으로 돌아가지 않을 것이라고 강조하며 주인으로부터 받은 학대에 대해서 불평했다. "대부분의 주인들은 자기 노예들을 처형했고, 온갖 도구를 가지고 고문했고, 노예들의 휴일과 일요일 그리고 두 시간의 자유 시간을 앗아 갔고, 노예들이 아플 때 전혀 치료하지 않고 비참하게 죽도록 방치했다." 장프랑수아와 비아수는 "불쌍한 노예들에게 잔혹 행위를 하면서" 즐기는 "야만적인 농장주"가 많이 있고, 농장주들의 총애를 받기 위해서 "노예들에게 온갖 악행"을 저지르는 행정가와 관리인들이 있다는 데 의견을 같이했다. 그들은 감독관들에게 노예들이 더 이상 그런 열악한 대우를 받지 않도록 보장하고, 농장에서 노예들을 감금하는 그 '끔찍한 감옥'을 폐지하는 조처를 취하라고 요구했다. "생도맹그에 꼭 필요한 이 집단의 사람들의 상황을 개선하기 위해서 노력하라. 그리하면 우리가 감히 당신에게 보장하건대, 그들은 일터로 돌아가 저항하지 않고 그들의 의무에 복귀할 것이다."

자기 진영의 '일반의지'에 떠밀려 온 장프랑수아와 비아수는 1780년대에 국왕 정부가 제안했지만 농장주들이 격렬하게 반대해 온 이런저

런 개혁들도 요구했다. 물론 상황이 달랐기 때문에, 아마도 그들은 대규모 봉기에 직면했을 때 노예 주인들이 기꺼이 양보를 할 것이라고 기대했을 것이다. 이미 '대사면'에 대해 이야기했지만, 장프랑수아와 비아수는 그 시대 유럽의 대다수 노예제 폐지론자들처럼 노예제 폐지보다는 오히려 노예제 개혁이라는 목표를 추구했다.[30]

그러나 그들은 혁명에 끌려가고 있었다. 협상이 진전됨에 따라 반군 진영의 '군중' 가운데 많은 이들이 그들의 지도자들을 의심하게 되었다. 몇몇은 포로 그로가 장프랑수아의 비서로 백인들과 의사소통을 도왔다는 사실을 알고는 그를 공개적으로 협박했고, 다른 이들은 협상의 배후에 있다고 생각되는 '물라토들'을 위협했다. 그들은 필요하다면 무력을 동원해서라도 자신들을 농장으로 돌려보내려는 협상에 저항할 것임을 분명히 밝혔다. 투생을 포함해서 지도부 대표단이 백인 포로들을 감독관들에게 인계하기 위해 르캅으로 행군했을 때, 그들은 길에서 한 무리의 '검둥이들'에게 저지당했다. 그로의 표현에 따르면, 그들은 "칼을 들고 강화조약과 장군들에 반대할 것을 다짐하면서 르캅으로 포로의 머리만 보내겠다고 위협했다. 호송대의 확고한 대응이 없었다면, 백인들을 구할 길이 없었을 것이다.[31]

결국 계획대로 포로들이 교환되었지만, 얼마 후 협상은 결렬되었다. 9월 24일의 법령으로 말미암아, 감독관들이 식민지 '내부' 문제를 통제하는 식민지 의회의 결정을 뒤엎기가 어려웠기 때문이다. 어떠한 타협도 이루어지지 않았다. 만약 그랬다면 어떠한 경우에도 반란자 '군중'과 지도자들 사이에 공공연한 전쟁이 벌어졌을 것이다. 1월 중순에 장프랑수아와 비아수 휘하의 반란자들은 다시 공세를 취했다. 그들은 에스파냐령 산토도밍고와 경계를 접하고 있는 우아나맹트 지구를 점령하고 르캅의 변두리를 공격했다. 비아수는 어머니를 구출하기 위해서 르캅 시 외곽의 병원을 공격했다. 그의 어머니는 그 병원의 노예였다. 그곳에 남겨진 환자들은 공격 부대의 병사들에게 살해당했다. 당분간 '섬멸전'은 계속될 것처럼 보였다.[32]

11월이 되자, 노예 반란 소식이 사적인 서신뿐 아니라 공식 보고서를 통해서도 프랑스에 속속 당도했다. 농장주 대표들은 폭동을 진압해 줄 대규모 파병을 요구하는 한편, 흑인우애협회가 노예들에게 반란을 사주했다고 규탄하면서 협회를 공격했다. 협회의 영국 특파원 클라크슨은 이러한 생각을 논박하는 팸플릿을 썼다. 그에 따르면, 노예 반란은 노예제 폐지론자들이 존재하기 훨씬 전인 그리스와 로마까지 거슬러 올라가는 모든 노예제 사회에 존재했다. 그는 '노예무역'이 반란의 '진짜 원인'이라고 주장했다. 노예무역이 지속되는 한 폭동은 불가피하며, 폭동은 노예제 폐지 노력을 중단해야 할 이유가 아니라, 오히려 그 노력을 '배가'해야 할 이유였다. 파리에서는 혁명의 횃불 장폴 마라(Jean-Paul Marat)가 생도맹그 반란에 대한 또 다른 변론을 제시했다. 생도맹그의 백인 거주자들이 "이역만리에 있는 입법자가 제정한 법률"을 거부하고 독립을 선언할 권리를 가진다면(마라는 그들이 독립을 선언했다고 생각했다), 식민지의 다른 집단들도 모든 인류와 똑같이 압제에 저항할 권리를 가진다. 백인들은 "물라토의 전제적 지배자이자 흑인들의 폭군 같은 주인"이 되었다. 흑인들이 "자신들을 억압하는 그 잔혹하고 굴욕적인 멍에를 벗어던지고자 한다면, 그들은 이용 가능한 모든 수단을 사용할 수 있으며," 심지어 "그 압제자들을 마지막 한 사람까지 학살하는" 것도 허용된다.[33]

그러나 폭동이 야기한 폭력은 파리에서도 역시 거부당했다. 1789년에 연극을 통해서 노예의 저항과 흑백의 우의를 찬양했던 올랭프 드 구즈도 봉기의 폭력성에 충격을 받아 노예들에게 경고를 보냈다. "맹목적인 분노"로 "죄 없는 희생자와 박해자를 구별"하지 못한다면, 그들은 폭군들을 똑같이 따라함으로써 폭군들을 정당화하는 셈이 된다. 그는 "인간은 족쇄를 차고 태어나지 않았지만, 이제 당신들은 족쇄가 필요하다는 것을 증명했다"고 한탄했다. 프랑스의 노예제 폐지론자들은 확실히 난처해졌다. 그들의 신중한 개혁안은 다수의 백인들에게는 상당히 지나친 것이었지만, 노예들에게는 거의 아무것도 아니었다. 흑인우애협회는 식민지에서 일어난 사건들로 쓸모없게 되었고, 파리에서 혁명적 사건들이 전개되는 와중에 회원 상당수가 점점 더 정치적 소요에 가담하게 되었다. 협회 창립자인 브리소는 식민지 정책에 여전히 적극적으로 개입했지만, 협회는 이내 정기 모임을 중단해야 했다.[34]

어떻게 생도맹그의 노예 반란을 멈추게 할 것인가? 1792년 3월 국민의회에서 한 의원이 질의했다. 브리소를 비롯한 노예제 폐지론자들은 질의에 대해 오래전부터 자유유색인이라는 해답을 가지고 있었다고 주장했다. 노예 반란 소식이 파리에 알려지자, 마침내 인종 평등을 지지하는 주장들이 빛을 보게 되었다. 브리소와 몇몇 동료들이 식민국을 통제하게 되었다. 그들은 농장주들이 폭동에 책임이 있다고 비난했다. 농장주들 가운데 일부가 영국인에게 문호를 개방했다고 선전하면서 이들을 위험한 반혁명 분자로 몰아붙였다. 그러면서 식민지를 구할 수 있는 유일한 방법은 자유유색인들에게 정치적 권리를 부여하는 것이라고 설득력 있게 주장했다. 그들의 승리는 프랑스혁명의 점진적인 급진화와 어렴풋이 나타나고 있던 영국과의 전쟁 가능성으로 촉진되었지만, 기본적으로 생도맹그의 백인과 자유유색인들 사이에 조인된 '협약'에 기초했고, 그곳에서 벌어지는 사태에 따라 추동되었다. 로빈 블랙번(Robin Blackburn)이 지적했듯이, 자유유색인들의 정치적 권리에 관한 주장은 "불타는 농장 건물과 사탕수수밭에서 나는 연기를 보면서 계속 변해 왔다."[35]

1792년 4월 4일 국민의회는 다음과 같이 선언했다. "유색인들과 자유 흑인들은 백인 이민자들과 나란히 정치적 권리의 평등을 누려야 한다. 그들은 지방선거에서 투표하고, '능동적인' 시민으로서 재산 자격을 충족한다면 모든 공직에 선출될 수 있도록 허용될 것이다." 법령은 '노예들의 봉기'에 대한 대응의 일환으로 제시되었다. 다시 말해서 시민의 '단결'이 "약탈과 방화로부터 그들의 재산을 보전할 수 있는 유일한 길"이라고 명기했다. 법령은 반혁명적인 농장주들의 "가증스런 음모가 프랑스 국민에 대한 음모와 연결되어 있고, 그 음모들이 지구의 양쪽 면에서 동시에 폭발할 태세"라고 선언했다. 그러나 공화국은 국민에서 배제되었던 자들에게 평등을 부여하고, 이 '새로운 시민들'을 국민으로 통합함으로써 공화국의 적들에 맞서 승리할 것이다. 이제 식민지에는 두 부류의 사람들, 즉 자유인과 노예만이 존재할 것이다. 그리고 자유인 사이에는 어떠한 인종차별도 없을 것이다. 이는 대단한 진전이었다. 아메리카 노예제 사회의 한복판에서 인종에 의거한 법적인 차별이 금지된 것이다. 이 법령은 생도맹그의 수많은 자유유색인들과 함께 아프리카계 주민들이 의미 있는 정치권력을 가지게 될 것을 보장했다. 생도맹그의 노예 반란은 노예제를 구하기 위해서 인종 평등을 부여할 수밖에 없게끔 만들어 역설적인 방식으로 정치의 지평을 확대했다.[36]

이 법령을 적용하기 위해서 새로운 감독관들이 생도맹그에 파견되었다. 기존 의회를 해체하고 인종적으로 통합된 새로운 의회 구성을 감독할 권한을 가진 그들은, 1791년에 파견되었던 감독관들처럼 내전 상태에 있는 식민지에 질서를 회복해야 하는 감당하기 어려운 과업에 직면했다. 그러나 그들은 선임자들과 달리 자신들의 권한을 활용하면서 생도맹그 백인 농장주들의 권력에 맞섰고, 새로이 해방된 자유유색인들과 협력했다. 그러나 결과적으로 감독관들은 위임받은 것과는 매우 다르게 임무를 완수했다. 그들은 노예 반란을 종식시킬 임무를 띠고 군대와 법률을 동반했음에도, 결국 노예 반란과 자유의 요구를 받아들이게 된다.[37]

6
도전

　1792년 말, 노예 필리포는 프랑스에 있는 농장주 모제 부인에게
다시 편지를 썼다. "친애하는 부인, 나는 흑인이지만 진실한 충복입
니다." 그는 자녀들이 신을 경외하고 주인을 진심으로 존경하도록 키
웠다. 필리포는 몇 년 전에 그랬던 것처럼 이번에는 농장 관리인에 대
해 불평하지 않았다. 그 대신에 모제 부인에게 "올해 내가 거둔" 이익
에 관해서 이야기했다. 오래전부터 그리 되어야 한다고 주장했던 것
처럼, 이제 그는 그 인디고 농장의 관리인이었다. 그러나 일이 이렇게
된 것은 모제 부인의 관대함이나 통찰력 덕분이 아니었다. 사실 필리
포는 그녀가 무슨 일이 일어났는지 알고 있다고 생각했음에도 불구하
고, 솔직하게 변화에 대해서 알리는 것을 망설였다. 필리포의 새로운
권한은 폭동에서 비롯되었다. 몇 달 전 어느 날, 그는 다른 노예들과
함께 들고 일어나서 증오하던 농장 관리인을 폭행했다.[1]

온 세상이 북부에서 일어난 노예 반란의 연기로 뒤덮이자, 노예들은 식민지 전역에서 대담하게 노예제에 대한 반대 의사를 표명하고 일격을 가했다. 실제로 모제 부인은 몇 달 사이에 자기가 소유한 두 농장에 대한 통제력을 완전히 상실했다. 1792년 초에 그녀의 설탕 농장 노예들이 관리인에 맞서 봉기했다. 쫓겨난 관리인은 5월에 "당신의 흑인들이 나를 농장 밖으로 몰아내고, 모든 것을 약탈하고 훔쳤으며, 나를 죽이겠다고 위협했습니다" 하고 써 보냈다. "이제 그들은 마음대로 날뛰고 있습니다." 이 일이 벌어지기 전에도 농장 상황은 어려웠다. 목수가 폭도들과 싸우다 죽는 바람에 꼭 필요한 분쇄기도 만들 수 없었다. 그 관리인은 "백인들이 식민지를 떠나고 있다"고 한탄했다. 그는 볼 만큼 충분히 보았고 안전을 염려한 자신도 프랑스로 떠났다.[2]

모제의 노예들은 대담하게 그들과 대면했던 사람들을 깜짝 놀라게 할 만한 요구 사항들을 제시했다. 두 달 뒤 모제 부인을 대리해서 생마르크의 백인들이 쫓겨난 관리인을 복직시키기 위해 농장에 왔을 때, 노예들은 분명하게 대답했다. "우리는 그들이 한목소리로 더 이상 어떠한 백인도 원하지 않는다고 외치는 것을 보고 아연실색했다"고 방문자들은 보고했다. 에나르라는 자유유색인이 "그 누구도 요청한 바가 없는데 농장 운영을 접수했다"는 사실이 밝혀졌다. 모제의 대리인들이 농장에 왔을 때, 노예들은 에나르의 봉사 덕분에 무척 행복하고 '다른 사람들'을 원하지 않는다고 말했다. 방문자들은 에나르가 자신들이 선택한 백인 관리인보다 자질이 떨어진다고 설명했다. 그들은 농장 관리인을 선택할 수 있는 모든 법적인 권리를 지녔고, 노예들은 원칙적으로 이를 거부할 권리가 없었다. 모제의 대리인들이 고집을 굽히지 않자, 그 자리에 모인 노예들이 "웅성거리며 위협을" 했고, 그들에게 조롱과 욕설을 퍼부었다. 백인들은 물러났다.³

그런 단합된 저항에 직면한 백인들은 대응할 힘이 거의 없다는 사실을 깨닫게 되었다. 모제의 대리인들은 지역 관리들에게 반란 노예들을 처벌해 달라고 요청했다. 그러나 노예의 저항이 확산되는 것을 알면서도 그들이 동원할 수 있는 소규모 병력으로는 할 수 있는 일이 거의 없었다. 한 달 뒤, 모제의 대리인들은 설탕 정제사인 또 다른 인물을 농장 관리인으로 지명했지만 노예들은 그도 마찬가지로 쫓아냈다. 결국 모제의 대리인들은 에나르의 존재를 받아들였고, 그에게 보수를 지급하고 농장에 식량을 보냈다. 그들은 모제 부인에게 다음과 같이 사죄의 편지를 썼다. "사람들은 앙심을 품고 있으며, 우리는 모든 것이 허용된 것처럼 보이는 시대를 살고 있다." 북부의 반란 노예들을 격퇴해야만 서부 지방의 노예들을 통제할 수 있었다. 많은 농장에서 노예들이 '평온'을 유지했지만, 그들은 "그다지 열심히 일하지 않았다." "우리는 눈을 감고 그들에게 적당히 보상해야 한다. 끔찍하지만, 다른 미래를 기대하면서 참아야 한다."⁴

이 사건들은 필리포가 맡고 있던 모제의 인디고 농장에서 일어난 사건들과 나란히 진행되었다. 모제 부인에게 보낸 편지를 보면, 필리포는 일단 사태의 진전과 거리를 두었다. 그는 노예들이 "혁명을 이용해서 당신의 관리인을 내쫓았다"고 썼다. 그러나 필리포는 그 일에 동의하고 가담했다고 분명히 밝혔다. "내가 주인이었다면, 그 관리인은 자신이 저지른 악행 때문에 이미 6년 전에 여기에서 쫓겨났을 것입니다. 그리고 당신도 그 사실을 잘 알고 있습니다." 그는 모제 부인에게 "우리는 그에게 결코 나쁜 짓을 하지 않았다. 우리는 그를 해치지 않았다"고 장담했다. 그러고 나서 이렇게 주문했다. 농장의 노예들에게 화를 낼 게 아니라, "그 관리인이 이제 당신의 농장에 없다는 사실에 신에게 감사하라." 필리포는 그녀가 농장에서 일을 진행해 가는 과정에서 자신에게 얼마든지 의지할 수 있다는 점을 강조했다. 노예들은 떠나지 않았고 누구도 죽거나 다치지 않았다. 사실, "혁명이 시작된 이래" 세 명의 '아기 크레올'이 태어났다. 그녀의 재산은 필리포가 돌보는 가운데 늘어나고 있었다.[5]

필리포는 편지 말미에 스스로를 '마님의 보잘것없는 종'이라고 적었다. 그는 '백인'이든 '물라토'든 새로운 관리인을 맞이하게 되어서 기쁘다고 말했다. 몇 달 뒤 모제 부인에게 쓴 편지에서, 필리포는 농장의 노예들이 자기들이 한 일에 대해서 후회한다고 했다. 그들은 "생도맹그의 모든 사람들이 이성을 잃었던 것 같다"고 썼다. 그러나 동시에 전(前) 관리인이 자기들을 얼마나 '학대'했는지를 설명하면서 자신들의 행위를 정당화했고, 몇 년 전에 필리포가 그랬던 것처럼 그 증거로 그녀가 겪은 재정적 손실을 지적했다. "우리는 노예이고 당신의 종입니다. 우리는 우리가 해야 하는 일에 전념했습니다. 그러나 인류애가 우리의 운명에 관여했음이 틀림없습니다." 그들은 확실한 규칙에 따라 대우받고 권좌에 있는 자들이 그들을 속일 때 조처를 취할 권리가 있다고 주장했다.

필리포는 몇 년 전에 그의 마님에게 편지를 쓰면서 그녀에게 노예들을 위해서 개입해 달라고 대담하게 요청한 적이 있다. 1791년의 반란으로 창출된 새로운 상황에서 필리포와 모제 부인의 다른 노예들은 수적인 우세를 활용했고 한 걸음 더 나아가 농장을 접수하기로 결정했다. 그들은 책임을 맡은 자들이 저항할 힘이 거의 없다는 사실을 알고 있었기에, 결국 그들이 제시하는 노동조건을 자신들과 협상하지 않을 수 없다고 생각했다. 아르티보니트 지역 및 서부 지방 전역의 노예들과 마찬가지로, 그들 역시 농장을 파괴하지도 포기하지도 않았다. 그들은 농장을 자기들 것으로 만들기 시작했다.[6]

17 92년 초에 북부 지방은 대부분의 지역에서 노예 반란을 겪었지만, 여전히 서부와 남부 지방에서는 노골적인 반란이 상대적으로 적었다. 그러나 1792년에 이 지방들에서 노예의 활동 범위가 급격히 확대되었다. 몇몇 노예들이 주인들을 공격하고 농장을 장악하기 시작했다. 1792년 말에 이르자, 남부의 여러 지역에 독립적인 반란 노예 무리들이 자리를 잡았다. 처음에는 북부 지방에 국한되었던 노예 혁명이 이제 생도맹그 대부분을 삼켜 버렸다. 이렇게 노예 혁명이 확대될 수 있도록 토대를 놓은 것은 백인과 자유유색인들이었다. 다수가 농장주인 이들은 서로 간의 격렬한 전투에서 자신들 편에서 함께 싸우도록 노예들을 무장시켰다.

처음에 자유유색인 지도자들은 이 전술을 피했다. 1790년의 폭동에서 오제는 노예들을 동원해야 한다는 일부의 주장에도 불구하고 그렇게 하지 않았다. 1791년 1월 남부의 자유유색인들은 농장 노예들과 작당한 수백 명의 무리한테서 지원 제의를 받았지만 거절한 바 있다. 몇 개월 뒤 북부에서 폭동을 일으킨 자들과 마찬가지로, 이 반란자들도 프랑스 국왕이 농장 노예들에게 매주 3일의 휴무를 부여했다는 소문에 고무되어, 그 법령을 실행하도록 지역 관리들에게 압박을 가하기로 결정했다. 그러나 자유유색인들은 그렇게 요구하기로 약속한 것과 달리 실제로는 주동자 노예들과 기꺼이 힘을 합치지 않았다. 어찌됐든 노예들은 폭동을 추진하기로 결의했다. 하지만 그들의 계획은 발각되었고, 행동에 나서기도 전에 지도자들이 체포되어 구금되고 말았다. 남부의 노예들은 북부의 노예들이 길을 열어 주기를 기다려야 했다.[7]

1년 뒤에도 남부의 노예들은 대부분 농장에 머물러 있었다. 그러나 남자 노예에게는 개별적으로 자유를 얻을 기회가 좀 더 자주 찾아왔다. 지역 백인들과 싸움이 계속되자 몇몇 자유유색인들은 노예 병사를 모집하지 않고는 승리할 수 없다는 결론을 내렸다. 농촌 지역에서 활동하는 무리들은 농장 노예들에게 백인들과의 싸움에서 자기들 편에 가담한다면 자유를 주겠다고 약속했다. 하지만 노예들은 그런 약속을 경계했는데, 많은 이들이 '스위스'에게 어떤 일이 일어났는지를 알고 있었기 때문이다. 1790년대 초에 자유유색인 편에 가세했던 반란 노예 무리인 '스위스'는 대부분 자유 대신 죽음을 맞았다.

그럼에도 불구하고 많은 노예들이 호응했다. 때때로 그들은 선택의 여지가 거의 없었다. 자유유색인 부대들은 농장을 점령하고, 주인이 버리고 떠난 농장에서 십장들을 설득해서 자기편으로 끌어들였다. 그들은 십장들이 반항하면 권력의 상징인 그의 채찍을 자르기도 하고, 최악의 경우에는 쏴 죽였다. 몇몇 경우에는 이 무리들이 노예들의 집을 약탈하고 방화했다. 일단 자유유색인들이 노예들 가운데 병사를 모집하자, 백인들은 똑같이 대응하거나 그들에게 압도당하는 수밖에 없었다. 1791년 말에는 백인들도 남부 여러 지역에서 자기 노예들을 해방시킨 뒤 병사로 만들었다. 레카이 시는 자유유색인들과 싸우기 위해서 그 지역 노예의 10분의 1을 징집하도록 명하는 법령을 의결했다.[8]

대부분의 자유유색인들은 백인들과 마찬가지로 그 지역에서 노예제가 유지되기를 원했고(자유유색인들 대다수가 레몽 가문처럼 그 지역에 농장을 소유하고 있었다), 봉사에 대한 보상으로 일부 노예들에게 자유를 부여하는 것은 기본적으로 자신들의 권력이나 재산을 침식하지 않을 것이라고 생각했다. 생도맹그와 아메리카의 다른 지역에서 노예 충원의 긴 역사를 고려해 볼 때, 이러한 생각은 충분히 합리적이었다. 노예들은 자기들의 전쟁도 아닌 전쟁에 보조군으로 소집되었지만, 그 결과 전투 경험과 새로운 정치적 전망을 획득했다. 일단 "무기를 들고 동등하게" 복무하게 되자, 그들은 "자기들에게 약속된 자유를 기정사실로" 받아들였다. 어떤 농장주가 썼듯이, 농장을 떠나 군영으로 간 노예들은 "일하는 습관을 잃어버렸고" 그 과정에서 "생각하는 데 익숙해졌다." 백인과 자유유색인 사이의 전쟁이 끝나자, 그들은 자신의 전쟁을 시작했다.[9]

1791년에 조인된 여러 '협약들'이 깨진 뒤에 백인과 자유유색인 사이의 갈등이 폭발한 서부에서도 노예들이 보조군으로 점점 더 많이 징집되었다. 여전히 백인 과격파의 본거지인 포르토프랭스는 자유유색인 부대에 의해 포위되어 있었다. 그러나 자유유색인들은 도시 밖에도 적을 두고 있었다. 아르티보니트 지역에서 식민지 의회 의원이었던 클로드 보렐(Claude Issac Borel)이라는 농장주가 자기 농장을 군영으로 바꾸고, 붉은 깃발을 휘날리며 자유유색인에 대한 공격에 착수했다. 그는 그 지역에 사는 백인 소금쟁이들의 공동체를 무장단으로 만들었다. 보렐의 성공을 지켜보면서, 자유유색인들은 그 지역 농장에서 노예들을 징집하기 시작했다. 몇몇 농장의 노예 십장들이 협력하기를 거부하자 자유유색인들은 남부에서처럼 그들을 죽이기도 했다. 내전은 아르티보니트 평원에서 농장주들의 권위를 뒤흔들었고,

노예 통제 체제에 새로운 균열을 낳았다.[10]

포르토프랭스의 백인 과격파도 자기들 편에서 싸울 노예들을 모집하기 시작했다. 전에 자기 농장의 노예들을 무장시킨 적이 있는 농장주 장바티스트 드 카라드(Jean-Baptiste de Caradeux)가 도시 노예들 중에서 징집한 병사들로 '아프리카 중대'(Company of Africans)를 창설했다. 그들은 퀼드삭 평원을 습격했고, 1792년 3월에는 백인 애국파 부대와 합세해서 크루아데부케의 자유유색인 본거지를 공격했다. 이 부대가 평원을 가로질러 행군할 때, 병사들이 농장을 습격해서 노예들의 돼지와 닭을 빼앗고, 노예들을 강요해서 그들의 대열에 합류하게 했다. 뜻밖에도 행군하는 동안 일식이 일어나자 이 부대가 상대편에 심어 준 공포는 증폭되었다. 일부 농장의 노예들이 저항하기도 했으나, 대체로 포르토프랭스 부대는 노예들이나 수적으로 열세인 자유유색인들한테서 거의 저항을 받지 않았다. 자유유색인들은 크루아데부케에서 퇴각했다.

그러나 곧 흐름이 바뀌었다. 자신들에 대한 약탈에 분개한 노예들의 대부대가 자유유색인 밀사들의 응원을 받으며 농장들에서 기세를 올리며 크루아데부케로 몰려들었다. 1만에서 1만5천 명에 달하는 무리는 몽둥이와 작업용 칼로 무장하고 전투태세를 갖추어 행군했다. 대열의 선두에서는 젊은 노예인 이아생트가 적의 화력으로부터 자신들을 보호할 말총 부적을 흔들고 있었다. 적들이 돌격하자, 그가 "겁내지 마라. 대포에서 나오는 것은 단지 물일 뿐이다"라고 외쳐 댔다. 많은 이들이 쓰러졌지만 그들은 살인적인 포격에 용감하게 맞섰고, 포르토프랭스 부대와 육박전을 벌이며 크루아데부케를 다시 점령했다. 그 과정에서 그들은 아프리카 중대와 대결했다. 수천 명의 노예

들이 자기들 전쟁도 아닌 전쟁에서 서로 싸워야 했다.[11]

노예들의 대규모 동원은 노예제를 심각하게 교란시키고 전 지역에서 새로운 봉기를 고무했지만, 이아생트의 지도력이 노예의 활동을 구체화하고 제한했다. 그는 한 농장에 자리 잡고 추종자들을 농장으로 복귀시키겠다고 약속했다. 또 1791년에 백인과 자유유색인 사이에 조인된 첫 번째 협약의 설계자였던 농장주 쥠쿠르에게 크루아데부케로 돌아오라고 요청한 뒤 거기에서 치안대를 지휘했다. 이아생트는 자신의 영향력과 폭력의 위협을 적절히 활용하면서 설탕 농장의 부분적인 재건을 감독했고, 북부에서 발생한 것과 같은 파괴로부터 서부의 농장들을 보호하는 데 기여했다.[12]

퀼드삭에서 기세를 올린 노예들은 자유유색인들을 구했고, 그 결과 포르토프랭스의 백인 과격파를 최후의 패배로 이끌었다. 이것이 바로 그들의 지도자 팽시나가 흑인들이 백인들에 대항하여 '보루' 역할을 했다고 썼을 때 상기한 것이다. 크루아데부케에서 자유유색인들이 승리하자, 르캅에 있던 공화국 감독관들은 서부에서 화평을 추구하기로 결심했다. 팽시나의 지도 아래 자유유색인들은 포르토프랭스의 지도자들을 체포하고 지방의회를 해산하라고 요구했고, 감독관들은 이를 수락했다. 서부의 지방정부와 백인들이 등을 돌리자 과격파는 혼란에 빠졌다. 카라드는 노예 50명을 데리고 생도맹그를 떠나 미국으로 향했다. 보렐은 체포되었고, 곧 생도맹그를 떠났다. 7월 초에 리고와 루이자크 보베(Louis-Jacques Bauvais, 1759~1799)*가 지휘하는 자유유

---

* 생도맹그 태생의 장군으로 데스탱 백작의 지휘 아래 의용군으로 미국 독립전쟁에 참전했고, 1796년 생도맹그의 서부 지방을 관할하는 군사령관으로 복무했다.

색인 군대가 포르토프랭스에 입성했다. 남아 있던 과격파 지도자들은 체포되었다. 가장 증오를 받은 자들 가운데 한 명이 길거리에서 살해되었다. 리고와 보베는 자유유색인 반란자들의 군사 지도자로서 프랑스 공화국의 장교가 되었다.[13]

한편, 1792년 5월 프랑스로부터 자유유색인에게 완전한 정치적 권리를 부여한 4월 4일의 법령에 관한 소식이 날아들었다. 여전히 자유유색인들의 요구에 맞서 완강히 버티던 백인들은 갑자기 불거져 나온 노예 반란의 위험과 파리에서의 대반전 탓에 정치적 의지가 약화되었다. 아이티혁명의 첫 번째 단계가 끝나 가고 있었다. 자유유색인들은 노예 반란이 제공한 기회를 활용했고, 파리에서의 효과적인 청원 운동과 생도맹그에서의 무장투쟁을 통해서 수십 년 동안 그들을 억눌러 왔던 인종의 계서제를 해결했다. 그 과정에서 그들은 프랑스가 생도맹그에 파견한 공화국 관리들에게도 무척 중요한 동맹자가 되었다. 많은 관리들이 장차 이 역할을 받아들이고, 그렇게 함으로써 백인 농장주들 가운데 공화국에 등을 돌린 이들과 미련 없이 관계를 끊어 버릴 것이었다. 보베 장군은 자유유색인들이 자기들의 권리 투쟁을 위해 '보조군'이 필요했기 때문에 부유한 농장주들과 힘을 합치긴 했지만, 결코 부유한 농장주들의 '앞잡이'가 되지는 않았다고 설명했다. 그는 "만약 악마가 나섰다면, 우리는 악마라도 받아들였을 것"이라고 말했다. 어쨌든 자유유색인들은 더 이상 백인 동맹자들이 필요하지 않았다. 이제 그들에게는 중앙정부라는 훨씬 더 강력한 동맹자가 생겼기 때문이다. 중앙정부는 식민지에서 권력의 토대로서 점점 더 그들에게 의존하게 되었다.[14]

물론 문제가 하나 남아 있었다. 승리를 확보하기 위해서 매우 중
요했던 노예들을 어떻게 대우해야 할 것인가? 백인들뿐 아니
라 대부분의 자유유색인들도 기세를 올리고 있는 노예들이 농장으로
돌아오기를 바랐다. 그러나 그들 역시 세상이 변했다는 것을 깨닫고,
노예 지도자 수백 명을 해방함으로써 반란 노예들에게 중요한 양보를
했다. 이 약속은 조건부였다. 그 조건은 지도자들 자신이 그들의 추종
자 상당수가 일했던 농장에서 질서를 유지할 경찰 조직에 들어가야
한다는 것이었다. 여기에 포함된 이아생트는 퀼드삭에서 성공적으로
질서를 유지했는데, 그의 성공은 노예의 반항을 억제하기 위해서 이
전에 지도자였던 노예들을 고용하는 것이 효과적이라는 점을 부각시
켰다. 공화국 감독관 필리프 드 생로랑(Philippe Rose-Roume de Saint-
Laurent)은 노예 출신 경찰들이 '전도사들'처럼 농장에 퍼져 나간 결과
성공적으로 질서가 회복된 점은, 그들에게 자유를 부여한 결정이 옳
았음을 입증해 주는 것이라고 만족스럽게 기록했다. 노예를 전쟁으로
이끈 사람들이 이제 그들을 작업으로 복귀시키는 데 기여했다. 그러
나 당대인의 표현을 빌리자면, "이제 생각을 갖게 된 흑인들에게 위험
한 본보기"를 제공했다. 즉 백인에 대한 반란과 전쟁을 통해서 공식적
으로 인정된 해방을 획득할 수 있다는 선례가 생긴 것이다.[15]

한편, 남부 지방에서는 자유유색인 편에 참전했던 많은 노예들이
자신들을 작업에 복귀시키려는 시도에 저항했다. 1792년 7월 중순,
그 지역의 사령관은 무장한 노예 무리의 지도자 아르망(Armand)과
마르시알(Martial)에게 농장으로 복귀하는 문제를 농장주들과 협의해
서 해결하라고 요청했다. 마르시알은 견장이 달린 군복 차림에 칼과
총을 차고 회의에 참석했다. 아르망의 옷차림은 덜 인상적이었지만,

25년 동안 자신을 소유해 오다가 혁명이 시작되자마자 자유를 약속한 주인과 탁자를 사이에 두고 마주 앉았다. 이 두 사람은 항복하고 추종자들을 농장으로 돌려보내라는 백인들의 요청을 거절했다. 법적으로는 여전히 주인이었던 이들에게 더 이상 어떠한 충성심도 가지고 있지 않은 그들은, 정치 지도자로서 그곳에 왔듯이 그렇게 회의장을 떠났다. 며칠 뒤 그들은 모든 노예에게 매주 3일의 휴무를 보장하고, 수백 명의 지도자들을 해방하며, 채찍질을 폐지하라고 요구했다. 백인 당국자들이 협상을 거부하자, 아르망과 마르시알은 플라톤이라 불리는 산악 지대로 후퇴했다. 거기에서 그들은 다른 무리와 합류했고 농장에서 새로 인원을 보충했다. 남부의 또 다른 지역인 포르살뤼(Port-Salut)에서는, 1791년 1월의 모반에 가담했던 한 지도자가 가까스로 감옥행을 피해 새로운 노예 반란을 이끌었다. 북부처럼 남부 지방도 점차 강력한 반란 노예 집단에 의해 장악되어 갔다.[16]

총독 필리베르 드 블랑슈랑드(Philibert de Blanchelande, 1753~1793)*가 7월 말에 도착해서 아르망과 마르시알에게 농장으로 복귀한 그들의 추종자 전원에 대한 사면을 제안했다. 조금도 감동하지 않은 노예들은 레카이 주변의 농장들을 공격했다. 폭풍이 몰아치는 와중에 아르망은 부대를 이끌고 자기 주인의 농장으로 가서 농장을 잿더미로 만들어 버렸다. 북부에서 일어난 폭동이 그에게 본보기가 되었다. 그는 어떤 노예에게 "르캅의 노예들은 단 하나의 건물도 남겨 두지 않았는데, 똑같은 일이 여기서도 일어날 것"이라고 말했다.[17]

---

* 1790년 말 생도맹그 총독으로 부임하여 1791년의 노예 반란을 진압했지만, 1792년 9월 17일 송토나에 의해 해임되어 귀국했다. 반역 혐의로 혁명재판소에 기소되어 1793년 4월 사형선고를 받았다.

블랑슈랑드는 반란자들에 맞서 백인 부대와 리고가 지휘하는 자유 유색인 연대를 보냈다. 이에 흑인들은 줄지어 산으로 행진하는 병사들을 향해 사방에서 공격을 퍼부었다. 누가 어디에서 총을 쏘고 바위를 굴리는지 전혀 볼 수 없었다. 백인 병사 2백 명이 사살되고 몇 명이 포로로 잡혔다. 블랑슈랑드는 어느 장교의 머리가 창끝에 꽂혀 반군 진영 위에 효수된 것을 바라보면서 전율했다. 그 머리는 백인의 머리카락이어서 멀리서도 알아볼 수 있었다. 승리한 반란자들은 "국왕 만세!"와 "블랑슈랑드 만세!"를 외침으로써 백인들이 "그들 사이에 배신자"가 있다고 생각하게 만들었다. 원정은 당혹스럽고 값비싼 실패였다. "흑인들은 여전히 플라톤에서 절대적인 지배자였다."[18]

이 승리 이후 반란자 무리는 레카이 시에 새로운 요구 사항을 전달했다. 즉 모든 반란 노예들을 해방시키고, 그 지방의 모든 노예들에게 매주 3일의 휴무를 허용하라는 것이었다. 또 다른 서신에서는 한 걸음 더 나아가 플라톤에 대한 영유권까지 요구했다. 북부에서와 마찬가지로 협상과 관련해서 집단 내부에 긴장감이 흘렀고, 일부는 아르망이 리고를 너무 신뢰한다고 비판했다. 리고는 반란 노예들과 레카이의 장교들 사이에서 중재자 역할을 하고 있었다. 백인들은 어떠한 양보도 하지 않았지만, 아르망이 레카이를 공격해서 도시를 불태워 버리겠다고 위협하자 지방의회가 수백 명의 노예들을 해방시키겠다고 제안했다.[19]

리고와 지방의회가 해방 문서에 서명했지만, 일부 노예들은 그 효력을 의심했다. 왜냐하면 그들의 주인이 서명하지 않았기 때문이다. 더군다나 자유는 오로지 자유유색인을 위해 싸운 흑인들에게만 부여되었고, 백인들 편에서 싸웠거나 독립적으로 봉기한 흑인들에게는 주어지지 않았다. 자격을 갖춘 7백여 명 가운데 절반을 약간 넘는 수만이 그 제안을 수락했다. 다른 이들은 플라톤에 남았는데, 그들은 자신들이 요구한 자유를 보장받기 위해서는 제공받은 문서보다 무기를 더신뢰했다. 새로운 가담자들이 계속해서 플라톤으로 들어왔다. 무기가부족해서 독화살을 만들고 공격의 함성을 증폭하기 위해서 돌이 든단지를 사용해야 했지만, 그들은 자기 방어에 성공했다. 그들은 산악지대에서 새로운 삶을 꾸려 가고 있었다. 그들은 주둔지도 몇 개 확보했는데, 낭떠러지 끄트머리에 참호를 파서 주둔지를 보호했다. 각각의 주둔지에는 환자들을 위한 병원을 비롯해 8백~9백 채의 오두막이있었다. 그곳 주민들은 자신들의 근거지를 '플라톤 왕국'이라고 불렀고 통치할 왕을 뽑았다. 그들은 평원으로 내려가 노새와 말을 훔치고군 기지를 공격했다. 한편, 평원에서는 대부분의 노예들이 "다 함께작업을 멈췄다." 1792년 말에 이르자 남부의 농장 가운데 3분의 1이불타 버렸고, 한때 번성했던 레카이 평원은 1백여 개에 달하는 설탕농장 전부가 파괴되거나 손해를 입었다.[20]

폭도들과 싸우기 위해서 정부는 최근에 프랑스에서 온 부대를 배치했다. 그들 대부분은 가난한 농촌 주민들로, 어려운 전투를 감당할준비가 되어 있지 않았다. 한 병사가 썼듯이, "적을 보지도 못하고 죽임을 당하는" 병사들에게 그것은 전쟁이라기보다는 "도적질"이었다.적들은 권총의 사정거리 안에 들어올 때까지 "보이지 않게" 관목 숲으로 접근했다. 프랑스군은 폭도들에 맞서 몇 차례 승리를 거두었고, 할 수 있을 때에는 잔인하게 복수했다. 1794년 말에 남부에서 벌어진 한 전투에서는 1백여 명의 폭도들을 사탕수수밭에서 사살했다.백인 부대가 그곳에서 "죽은 개처럼 뻗어 있는" 사망자와 부상자를 발견했다. "우리는 그들의 머리와 귀를 잘라서 기지로 가지고 돌아왔다"고 한 병사가 알려 주었다. "그 일은 진짜 우리의 기쁨이었다." 또 다른 병사는 노예의 잘린 머리를 가지고 기지로 돌아오면서 느꼈던 '쾌감'에 관해서 여자 친구에게 자랑까지 했다. 그러나 그러한 승리는 터무니없는 대가를 치러야 했다. 산악 지대의 요새를 대상으로 한 어려운 임무 수행으로 체력이 고갈되어 열대 질병에 걸리기 쉬웠고, 평원 지대가 파괴된 탓에 주둔지에 있을 때조차도 육류를 비롯한 식료품이 부족하여 많은 병사들이 몇 달 사이에 죽어 나갔다. "여기는 프랑스인들의 무덤이었고, 우리는 파리처럼 죽어 갔다"고 한 병사가 썼다.[21]

북부에서는 반란자들의 논조가 바뀌고 있었다. 1791년 말에 소수의 해방과 제한된 노예제 개혁을 위해 협상한 장프랑수아와 비아수가 샤를 벨레르(Charles Belair, ?~1802)*라는 젊은 지도자와 힘을 합쳐서 식민지 의회와 감독관들에게 편지를 보냈다. 그들은 프랑스인이 〈인간과 시민의 권리선언〉을 따르겠다고 "공식적으로 맹세했다"는 점을 지적했다. 이어서 이 선언이 "인간은 자유롭게 태어났으며 권리에 있어 평등하고," 그들의 "자연권은 자유, 소유, 안전 그리고 압제에 대한 저항"이라고 언명했다고 썼다. 노예제에 저항한 반란자들은 분명히 선언에 규정된 바와 같이 "그들의 권리 안에" 있었다. 그럼에도 프랑스 관리들은 그들과 싸우기 위해서 "대양을 건너왔다." 그러한 위선적인

---

* 루베르튀르의 조카로. 1802년 노예제를 복원하기 위해 생도맹그를 침공한 르클레르의 원정대에 맞서 싸웠다. 포로로 잡힌 부인 쉬잔(Suzanne, 일명 Sanité Belair)을 구하기 위해 홀로 프랑스군 진영에 들어갔다가 붙잡혀 부인과 함께 처형되었다. 용감하게 죽음을 맞이한 그들은 현재 아이티혁명의 영웅으로 추앙받고 있다.

행위에 반란자들은 대안을 제시했다. "노예제 아래 있는 사람들을 모두 해방하고, 과거의 잘못에 대해 모두 사면하라"는 두 가지 주요 요구 사항만 충족되면, 그들은 무기를 내려놓겠다고 했다. 그 당시 지도자들은 반란자들의 농장 복귀를 감독했고, 노예가 아닌 매년 임금을 받는 노동자로서 작업에 복귀했다. 반란 지도자들은 생도맹그의 미래를 만들어 갈 정치 세력으로서 예리한 인식을 가지고 그 제안을 국왕과 국민의회에 제출하고, 에스파냐 정부가 이를 보증해 줄 것을 요청했다. 이 제안은 당시 아무런 결실을 맺지 못했다. 그러나 이는 반란자들의 점점 커지는 목표와 열망의 정당성을 입증하는 것이었다. 1년 뒤 1793년 8월에 장 기앙부아(Jean Guyambois)라는 또 다른 반란 지도자가 한층 더 급진적인 안을 가지고 비아수와 장프랑수아에게 접근했다. 그에 따르면, 노예들은 해방되어 에스파냐가 양도한 땅을 받을 것이었다.[22]

북부 평야에서 봉기가 시작된 후 1년 동안 생도맹그의 여러 지역이 강력한 반란자 무리들에게 점령되었다. 그들은 무기를 내려놓을 생각이 전혀 없었고, 일부 강력한 지도자들은 모든 노예의 해방을 요구하고 나섰다. 어떤 농장주는 적들이 "너무 많고, 그들의 방어 수단이 너무나 막대해서" 무찌를 수가 없다고 한탄했다. 어쨌든 승리를 쟁취할 수 없었다. "일이 어떻게 돌아가든 우리는 완전히 파멸이다. 만약 우리가 반란 노예들을 격퇴하고 죽이지 않는다면, 우리는 모두 이 괴수들에 의해 도륙당하고 말 것이다. 하지만 그들을 죽이면 우리는 우리의 재산을 파괴하는 꼴이 된다."

어떤 백인들은 폭도들을 동정했다. 1793년 초에 폭도들에 맞서 싸운 남부의 한 주민은 "해방되고자 하는 열망이 왜 범죄로 간주되어야 하느냐?" 하며 의아하게 생각하는 어머니에게 편지를 썼다. 유럽 전역에 자유와 평등의 외침이 울려 퍼졌지만, 생도맹그에는 무자비하게 학살당한 헤아릴 수 없이 많은 희생자들의 목소리가 울려 퍼졌다. 그 누구보다도 그들은 자신을 쥐어짜는 자들에 맞서 봉기할 권리가 있었다. 이 무슨 시대란 말인가! 이 무슨 철학이란 말인가! 또 다른 이들은 오로지 망명에 희망을 걸었다. 그러나 친구 여럿을 죽인 '천한 노예들'과 '폭도들'에게 다음과 같이 말한 어느 농장주처럼 많은 사람들이 싸우기로 결심했다. "나는 냉담하게 무덤까지 그들을 뒤따라갈 것이다. 너희들의 노예 상태는 나의 재산이나 나의 행복과 불가분의 관계에 있다. 너희들에게 자유를 주느니, 너희들은 내 피가 전부 솟구치는 것을 보게 될 것이라고 다짐한다." 1792년 11월에 또 다른 농장주도 앞으로 계속 되풀이될 다음과 같은 견해를 분명하게 진술했다. "우리는 50만 명의 미개인 노예를 프랑스 시민으로서 아프리카 해안에서 생도맹그까지 데려온 것이 아니다." 하지만 그는 틀렸다. 그가 단지 재산에 불과하다고 본 '미개인 노예들'은 1년 안에 바로 시민이 되었기 때문이다.[23]

17 92년 9월 17일, '아메리카호'가 르캅 항에 들어왔다. 그 배에는 국민의회가 생도맹그를 통치하기 위해서 파견한 세 명의 감독관 송토나, 에티엔 폴브렐(Etienne Polverel), 장앙투안 에이오(Jean-Antoine Ailhaud)가 타고 있었다. 송토나와 폴브렐은 식민지에서 극적인 변화를 감독하게 될 것이었다(에이오는 도착 후 얼마 안 돼서 그 임무를 포기했다). 이 두 사람은 이전에 노예제 반대 의견을 표명한 적이 있고, 프랑스에서 나날이 대담해지고 있던 급진 공화주의의

기수였다. 생도맹그에서 그들의 활동은 남다른 용기와 급진적 이념에 대한 헌신을 보여 주었다. 그러나 식민지에서 감독했던 변화는 그들이 유럽에서 가져온 것에 의해서라기보다는 1791년에 이미 자유를 위한 전쟁을 시작한 반란 노예들의 역량과 정치적 전망, 그들과의 만남에 의해서 결정되었다.[24]

생도맹그 땅을 밟은 것은 두 사람 모두 처음이었다. 송토나는 특권 계급은 아니지만 지방의 부유한 가문 출신이었고, 1780년대에 디종 대학에서 법학을 전공했다. 그 뒤 파리로 와서, 모로가 앞서 그랬던 것처럼 파리 고등법원에서 변호사로 근무했다. 역시 지방 출신인 폴브렐은 귀족 가문 태생으로, 그 역시 법학을 공부했다. 그는 프리메이슨으로, 혁명 전 수십 년 동안 보르도 지부의 회원이었다. 보르도 지부 회원 중에는 생도맹그 출신의 자유유색인들이 몇 명 있었다. 두 사람은 흑인우애협회에 가입하지는 않았지만, 노예제에 반대하는 계몽 사상과 친숙했다. 1789년 이후 두 사람은 역사를 기록하기 위해 만들어졌다가 프랑스혁명을 추동한 몇몇 새로운 신문들에 기고했다. 1789년 폴브렐은 "자연은 자유, 평등, 사회를 위해서 인간을 만들었다. 자연은 그 누구에게도 다른 사람을 소유하거나 판매할 권리를 주지 않았다"고 썼다. 이듬해 송토나는 신문 《파리 혁명》(Révolution de Paris)에 놀라운 예언을 썼다. "그렇습니다. 우리는 확신에 찬 곱슬머리 아프리카인이 우리 국민의회의 입법 과정에 참여하기 위해 오는 모습을 보게 될 것이고, 그날은 그리 멀지 않았다는 것을 감히 예언합니다."[25]

그들을 생도맹그로 인도한 것은 저명한 노예제 폐지론자인 브리소와의 만남이었다. 브리소는 파리 자코뱅 클럽에서 송토나와 폴브렐의 후견인처럼 행세했고, 그 만남에서 두 사람은 식민지 문제를 다루는 경험을 얻었다. 1791년에 폴브렐은 자코뱅 클럽에서 마시악 클럽의 몇몇 회원들을 축출하기 위한 움직임을 주도했는데, 그 활동을 통해서 그의 혁명에는 노예제를 옹호하는 견해가 설 자리가 없음을 분명히 보여 주었다. 이듬해 송토나는 자유유색인에게 정치적 권리를 부여하는 1791년 5월 15일의 법령을 지지하는 자코뱅 클럽을 대표해서 서신을 작성하는 위원회의 일원이 되었다.[26]

1792년 3월과 4월에 브리소와 동료들이 식민 정책에 대한 통제권을 장악하고, 4월 4일의 법령을 통해 모든 자유유색인에게 정치적 권리를 부여하려고 추진하면서 송토나와 폴브렐에게 도움을 청했다. 브리소가 잘 파악했듯이, 이 법령을 식민지에 적용하는 것은 어려운 과업이었고, 이전에 생도맹그에 파견된 본토의 대표들이 보여 준 것보다 확고함과 무자비함을 훨씬 더 많이 요구했다. 그들의 원칙을 신뢰한 브리소는 생도맹그 감독관 자리에 송토나와 폴브렐을 추천했다 (그는 레몽도 후보로 지지했지만, 국민의회에 의석을 가지고 있던 농장주들이 레몽의 지명을 가로막았다). 이렇게 해서 카리브 해를 전혀 경험해 보지 못한 혁명파 언론인이 된 지방 변호사 두 사람이, 최근까지 세계에서 가장 수익성이 높은 식민지의 운명을 넘겨받게 되었다.[27]

송토나와 폴브렐은 1792년 7월 말 프랑스의 로슈포르 항에서 출발했다. 정부의 훈령에 따르면, 감독관들은 기존 식민지 의회들을 해산하거나 그 권한을 일시 정지시키고, 4월 4일의 법령을 적용하는 데 "필요한 모든 조치"를 취할 수 있었다. 두 사람은 병력 6천 명과 인쇄기를 대동했다. 또한 그 배에는 신임 생도맹그 총독 장자크 데파르베 (Jean-Jacques d'Esparbès)도 함께 타고 있었다. 그는 식민지에서 군사 문제를 감독하기로 되어 있었다. 구체제에서 흔히 그러하듯, 바로 이 권력 분할이 문제를 야기했다. 감독관과 총독은 대서양을 건너면서 이미 충돌했고, 생도맹그에 도착한 지 몇 달 만에 송토나와 폴브렐은 데파르베를 해임했다.[28]

예견할 수 있듯이 파리에 있던 농장주들이 송토나와 폴브렐의 임명에 이의를 제기했다. 농장주들은 신임 감독관의 출발을 막을 수는 없었지만, 그들이 할 수 있는 모든 수단을 동원해서 감독관의 상륙을 어렵게 만들었다. 어떤 농장주는 감독관이 "전반적인 노예해방"을 위해 국민의회로터 받아 온 '비밀' 계획에 관해서 다채로운 경고 문구를 사용해 식민지 의회에 편지를 썼다. 그는 그 호송단이 노예들을 무장시키기 위해서 소총 2만 정을 가져갔고, 일단 노예들이 해방되면 "폭동과 독립을 신세계 전체로" 확산시키기 위해서 "다른 나라들의 식민지" 전체를 상대로 파병될 것이라고 주장했다. 또 감독관들은 흑인들만 좋아하고, 백인과 자유유색인을 "가리지 않고" 공격할 것이라고 덧붙였다. 그는 생도맹그 주민들에게 "피에 굶주린 이 호랑이들"을 받아들여선 안 되며, 그들의 "야만적인 계획"을 틀어막으라고 요청했다.[29]

생도맹그에 도착한 감독관들은 노예제를 파괴하기 위해서가 아니라 노예제를 구하기 위해서 자유유색인들에게 정치적 권리를 부여하러 왔다고 분명히 밝혔다. 그리고 그런 두려움을 일소하기 위해 그들이 할 수 있는 노력을 다했다. 송토나는 식민지 의회들이야말로 노예들의 운명을 결정할 권리를 가진 유일한 기관이고, 노예제는 "식민지를 경작하고 번영을 이루는 데 꼭 필요한 것"이라고 선언했다. 이 점에서 농장주들의 권리를 공격하는 것은 결코 그와 국민의회의 의

도가 아니었다(몇 달 뒤 송토나는 브리소에게 보내는 서신에서 틀림없이 "모든 백인들의 학살로 이어질 게 뻔한" 갑작스런 노예해방에는 반대한다고 썼다). 그러나 감독관들은 인종적 편견을 더 이상 용인하지 않을 것이라는 점도 분명히 했다. 송토나는 "이제부터 우리는 프랑스령 생도맹그에서 피부색에 상관없이 자유인과 노예, 이렇게 두 계층만을 인정한다"고 고지했다. 그들은 식민지 주민들의 어떠한 '도전'에도 대적할 수 있도록 그들에게 부여된 광범위한 권한을 사용할 준비가 되어 있었다.[30]

머리가 핑 돌 정도로 많은 도전이 나타났다. 점점 더 많은 백인 농장주들이 혁명의 급진화를 염려하며 프랑스 전역에 존재하는 왕당파에 합세했다. 그들은 왕당파와 잡다한 관심사를 공유했지만, 자신들만의 특별한 걱정거리도 있었다. 그들 가운데 다수는 "평등을 선언했던" 프랑스 국민공회가 곧 "모든 노예의 해방"을 선포할 것이라고 믿었다. 공화주의를 거부하고 왕당파의 백기를 받든 것은 국왕을 위해 일격을 가하는 것일 뿐 아니라 식민지의 노예제를 구하기 위한 것이었다. 왕당파의 호의를 확보한 농장주들은 마르티니크와 과들루프의 본보기를 기대했다. 그곳에서는 1792년 말에 백인 농장주들이 공화국의 관리들을 축출하는 데 성공했다.[31]

송토나와 폴브렐은 상대적으로 가난하고 공화파에 우호적인 백인들 사이에서 왕당파에 맞설 만한 대항 세력을 찾았다. 1793년 중반에 어떤 이가 "감독관들이 이곳에 온 뒤로 상황이 나아졌다"고 썼듯이, 일부 주민들은 그들의 체제를 지지했다. 그러나 혁명적 변화를 지지한 많은 사람들은 생도맹그의 자치를 지지하는 경향이 있었고, 농장주들과 마찬가지로 본토의 '전제적' 권위에는 적대적이었다. 더군다나 백인과 자유유색인 사이에 협력을 북돋우려는 여러 차례의 공식적인 시도에도 불구하고, 인종 분쟁이 계속해서 식민지를 양극화했다. 감독관들이 도착하기 직전, 르캅의 백인과 자유유색인의 싸움이 벌어져 여러 명의 사망자가 생겼다. 쥠쿠르나 루브레이 후작 같은 부유한 농장주들이 자유유색인들과의 화해를 이끌었지만, 어쨌든 그들은 확고한 반공화파였고, 사실상 곧 적대 세력으로 돌아설 것이었다. 금방 알아채겠지만, 감독관들은 어디서나 백인 주민들 사이에서 거의 지지를 받지 못했다.[32]

파리에서 일어난 8월 봉기로 국민의회가 왕권을 정지시켰다는 놀라운 소식이 1792년 10월 생도맹그에 전해졌다. 성인 남성의 보통선거로 새로운 의회인 국민공회가 선출될 터였다. 프랑스는 공화국이 되었다. 프랑스 안팎에서 많은 이들이 이러한 변화에 격렬하게 반대했다. 더욱 급진적인 혁명 지도자들, 특히 자코뱅 클럽에 모인 혁명가들에게는 무슨 수를 써서라도 갓 태어난 공화국을 수호하는 일이 절대적으로 중요했다. 유럽의 모든 왕들과 함께 전쟁의 위협이 지평선에서 어렴풋이 나타나고 있었는데, 적들이 국경 지대에 집결함에 따라 내부의 반대자들은 반역자로 낙인찍혀 점점 더 폭력적으로 진압되었다. 권력은 공안위원회와 같은 국민공회의 위원회들에 자리 잡은 소수의 강력한 지도자들에게 점점 더 집중되었다. 송토나와 폴브렐의 권한도 확대되었다. 그들은 불충한 모든 관리와 장교들의 권한을 정지시킬 수 있었다.[33]

이후 몇 달 동안 두 감독관은 자신들에게 대항하는 자들을 대부분 제거하고 정치권력을 강화했다. 그들은 데파르베를 축출하고 그 자리에 도나티앙 드 로샹보(Donatien Marie Joseph de Rochambeau,

1755~1813)*를 앉혔다. 로샹보는 마르티니크에 신임 총독으로 파견되었지만, 왕당파의 책략 때문에 계속 생도맹그에 머물 수밖에 없었다. 감독관들은 백인과 자유유색인들이 함께 새로운 의회를 선출할 것이라고 공지하고, 식민지 의회를 포함해서 생도맹그에 존재하는 모든 의회를 해산했다. 그러나 실제로 생도맹그에 새로운 선거는 없었고, 송토나와 폴브렐은 '임시위원회'로 의회를 대체했다. 위원들 가운데 6명은 해산된 식민지 의회에 의해서 선임되었는데, 6명 모두 백인이었다. 나머지 6명은 감독관들이 지명했는데, 팽시나를 포함해서 모두 자유유색인이었다. 생도맹그 최초로 인종차별 없이 구성된 이 위원회는 감독관들이 달성하고자 했던 바를 상징했다. 그러나 위원회를 구성한 공화국의 감독관들에 반대할 수 있는 힘과 의지가 거의 없었다.[34]

10월 말에 폴브렐과 에이오가 저마다 관할권을 맡아 서부와 남부로 떠나면서 감독관 세 사람은 헤어졌다. 에이오가 이 기회를 이용해서 생도맹그를 떠났기 때문에, 폴브렐이 두 지방을 혼자 떠맡게 되었다. 폴브렐보다 더 소란스럽고 전투적이었던 송토나는 르캅에서 이내 분쟁에 휘말렸다. 한 무리의 백인들이 감옥을 부수고 수감된 백인과 노예 반란자들을 학살한 일이 벌어진 것이다. 송토나는 르캅의 한 정치 단체가 이 공격에 책임이 있다고 비난하면서 그 단체를 해산해 버렸다. 폴브렐이 자신의 행위를 비판하자 송토나는 이렇게 반박했다. "마치 노예의 땅에서 인간의 권리가 요구될 수 있기

---

* 요크타운 전투의 승자인 로샹보 장군의 아들. 프랑스혁명기에 카리브 해의 식민지들에서 총독으로 복무했으며, 1802년 르클레르의 생도맹그 원정에도 참여했다.

나 한 것처럼, 자네는 내가 이 사건에서 인간과 시민의 권리를 침해 했다고 비난하는가."[35]

송토나는 군대에서의 인종 분리에 반대했다. 그는 로샹보와 또 한 명의 장교 에티엔 드 라보(Etienne Maynaud Bizefranc de Laveaux, 1751~1828)*의 지원 아래 도시에 주둔하는 각급 부대에 적어도 한 명 이상의 유색인 장교를 배치했다. 그러나 르캅의 지역 연대는 보란 듯 이 그런 장교를 받아들이지 않았다. 송토나는 다른 부대들과 함께 그 들을 도시 광장에 집합시켜서 4월 4일의 법령을 준수하겠다는 서약을 하라고 명령했다. 부대는 집합했지만 팽시나가 이끄는 수백 명의 자 유유색인들이 지켜보는 가운데서 서약을 거부했다. 곧이어 송토나는 연대 전체를 추방할 것이라고 공지했다.

도시 전체가 봉기했다. 자유유색인들이 백인들을 학살할 계획을 세 우고 있다는 소문이 퍼지자 르캅 연대는 무기고를 장악하고 자유유색 인 부대를 공격했다. 자유유색인 부대는 시 외곽으로 철수했다. 그러 나 송토나는 로샹보와 라보의 도움을 받아 충성하는 백인 부대를 집 결시켜 폭도들에게 반격을 가했다. 여러 명의 폭도를 체포하고 다시 도시를 장악했다. 팽시나가 지휘하는 자유유색인 부대는 의기양양하 게 다시 돌아왔다. 몇 주 뒤 송토나는 르캅에 자유유색인 연대 몇 개 를 새로이 창설했다. 그리고 자신의 권위에 대한 맹렬한 도전을 이겨 냈다. 그러나 이것이 마지막 도전은 아니었다. 다음번에는 송토나가 자신의 생존을 확보하기 위해 더 극적인 조치를 취해야 했다.[36]

---

* 프랑스의 장군. 1792년 말 송토나, 폴브렐과 함께 생도맹그에 상륙한 그는 포르드페(Port-de-Paix)에 주둔하여 생도맹그의 북서부 지역을 관할했다.

르 캅 외곽에서는 반란 노예 무리들이 상황을 지켜보고 있었다. 4월 4일의 법령은 분명 노예 반란을 진압하려는 의도에서 가결되었지만, 감독관들이 도착하고 몇 달 동안은 별다른 진전이 없었다. 감독관들과 함께 온 프랑스 병력 가운데 많은 수가 병에 걸렸다. 한 보고에 따르면, 그들 가운데 절반이 두 달 사이에 사망했다. 1792년 10월 말과 11월 초에 로샹보 장군이 지휘하는 무장을 잘 갖춘 대규모 원정대가 북부 평원으로부터 반란자 무리를 밀어냈고, 산토도밍고 접경의 우아나맹트에 있는 그들의 본거지를 점령했다. 그러나 반란자 대다수는 산으로 후퇴했고 결국 작전은 "적의 자존심을 자극한 것" 말고는 별로 한 게 없었다. 반란자들은 강력한 군대가 진압하러 왔을 때조차도 살아남을 수 있다고 생각했다. 폭도들은 여전히 "산악 지대의 지배자였고, 그들은 산에서 평원으로 불과 무기를 마음 내키는 대로 가져올 수 있었다." 대부분의 병력은 르캅으로 복귀했고, 반란자들은 다시 평원으로 진격했다. 12월에 이르자 일부 무리가 또다시 르캅 가까이에 주둔했다.[37]

공화파가 다시 마르티니크를 장악하자 로샹보는 자기 자리를 지키기 위해서 마르티니크로 떠났고, 반란을 진압하는 과업은 라보에게 떨어졌다. 라보의 지휘 아래 전쟁의 흐름이 바뀌기 시작했다. 1월 중순에 라보는 북부 평원에 있는 반란자들에 맞서 적절한 공격을 개시했다. 그의 병사들은 비아수의 부대를 공격했고, 북부 평원의 남쪽 끝에 위치한 밀로(Milot) 시에 집결했다. 반란자들은 인근 언덕에 있는 성채로 대피했고, 비아수는 프랑스 부대가 지켜보는 가운데 성채 주변을 오가면서 용감하게 방어를 지휘했다. 그러나 라보의 부대가 보루 위에 있는 언덕을 점령했고, 자유유색인 부대가 사다리를 놓고 성

벽을 기어올랐다. 반란자들은 산으로 퇴각할 수밖에 없었다.[38]

2월 초에 송토나는 라보가 "기적을 이루었다"고 보고했다. 신문에 발표된 노래는 생도맹그 여자들에게 그들의 "연인들이 그들을 지켜 줄 것"이고 더 이상 전쟁의 북소리를 듣지 않아도 될 날이 멀지 않았다고 약속했다. 2월 중에 르캅 주민들은 반군에 대한 승리를 예측하는 여러 보고서들을 읽었다. 북부 평원의 중앙부에 있는 그랑리비에르 근처의 본거지 여러 곳이 파괴되었다. 한 부대는 야밤에 "믿을 수 없을 정도로 잔인한" 비적들의 공격을 받았지만, 그럼에도 불구하고 폭도들을 격퇴하고 그들의 '수령' 다섯을 사살했다. 그 직후이 부대의 지휘관 에듬 데푸르노(Edme Étienne Borne Desfourneaux, 1767~1849)*장군이 생트쉬잔(Sainte-Suzanne) 인근의 반군 기지를 점령했고, "가장 위협적인 수령" 여럿을 사살했다. 그는 다른 기지에서 그랬던 것처럼 발견한 모든 것을 완전히 불태워 버렸고, 폭도들이 지은 수백 채의 막사(ajoupas)를 파괴했다. 그에 따르면, 전투가 끝나자 폭도들의 피가 발밑에 너무 많이 고여서 군화 밑창을 다 적셨다고 한다. 그는 작물을 뽑아 버리고 바나나 나무를 베어 버리면서 땅에 대한 전쟁도 벌였다. 그렇게 함으로써 그는 "우리의 대포보다 더" 폭도들을 다치게 했다고 말했다.

다른 곳에서도 자유유색인 부대가 농장을 탈출한 노예들이 세운 캠프에 야간 공격을 감행했다. 그들은 도망치는 자들을 사살했다. 한 신

---

* 프랑스의 장군. 혁명 발발 당시 부사관이었던 그는 1789년 10월 무장 농민들에 맞서 아미앵 인근의 이탄(泥炭) 창고를 사수한 공로로 장교로 진급했다. 1792년 6월 보병 제48연대를 이끌고 생도맹그에 상륙하여 반란군 진압에 혁혁한 공로를 세웠다. 공안위원회는 프랑스로 귀환한 그를 장군으로 승진시키고 다시 생도맹그에 파견했다. 1802년 르클레르 원정에도 참여했다.

문에 따르면, 많은 노예들이 놀라 주인에게로 돌아갔다고 한다. 들리는 소문으로는 장프랑수아와 비아수가 더 이상 작전을 조율하지 않으면서, 반군 진영에 큰 혼란이 야기되었다고 한다. 장프랑수아는 가까스로 체포를 모면한 적이 여러 번 있었다. 송토나는 승리가 임박했다고 선언했다. 반란 노예들, 즉 "근왕주의와 그 하수인들"에게 적합한 "불쌍한 종들"은 곧 그들의 "사악한 보호자들"과 똑같은 운명을 겪게 될 것이었다.[39]

남부에서도 승리가 이어졌다. 1월 초에 폴브렐은 '플라톤 왕국'을 칠 원정대를 새로이 투입했다. 반란자들은 접근해 오는 프랑스군에 맞서 매복전을 벌이면서 또다시 저항했다. 그러나 탄약이 부족했기에, 프랑스군이 접근함에 따라 아르망과 마르시알은 자기 진영을 더 높은 지대로 옮기기로 결정했다. 1791년 말 갈리페에서 그랬던 것처럼, "대부분이 여자와 아이, 노인, 병자"인, 주둔지 주민 수백 명은 뒤에 남았다. 그들은 너무 지쳐 있었고 허약해서 달릴 수도 없었다. 아마도 농장으로 돌아가리라 마음먹었을 것이다. 하지만 그들은 운이 없었다. 공격 부대는 플라톤에서 발견한 모든 사람을 학살했고 반군 진영을 파괴했다. 공격은 '꿩장한 승리'로 경축되었다.[40]

플라톤에 대한 작전 성공은 장 키나(Jean Kina)라는 카리스마 있는 지도자가 이끄는 수백 명의 노예들의 활약에 달려 있었다. 키나는 1792년 초에 시작된 자유유색인과 백인들의 싸움에서, 백인 편에서 복무하며 유명해진 노예였다. 맨발에 누더기를 걸친 키나의 병사들은 남부 지방에서 노예제를 유지하는 데 결정적인 역할을 했다. 그들은 아프리카 음악에 맞춰 공격했다고 알려져 있다. 키나 자신은 결국 복무의 대가로 해방되어 백인들에게 끝까지 충성했으며, 영국이 생도맹그를 침략했을 때 그들에게도 봉사했다.

남부의 백인들도 코아쿠(Coacou)라는 만딩고족 노예의 지원을 받았다. 어떤 프랑스 병사에 따르면, 코아쿠는 "스스로 장군이라 칭하고," 프랑스 장군의 제복을 착용했다(장군의 제복을 어디에서 얻었는지 질문을 받았을 때 그는 대답하지 않았지만, 이는 결국 그의 충성이 어디를 향해 있는지 어느 정도 의심할 필요가 있다는 점을 암시한다). 그의 모자와 허리띠는 공화국의 적·백·청색으로 장식되어 있었다. 코아쿠는 반군 진영에 대한 야간 공격을 감행했고, 때때로 농장을 습격하는 폭도들을 체포하고 고문하고 살해했다. 북부에서도 노예들은 반군 진영을 공격하는 데 매우 중요한 역할을 했다. 한 무리의 병사들은 최근의 승리에서 "그들의 적이 아니라 우리의 적을" 추격하는 과정에서 "우리를 도운" 결정적인 역할에 대해 언급하면서 노예들이 상을 받을 만하다고 말했다.[41]

그런 동맹자들이 있었음에도 불구하고, 반란자들에 대한 승리는 단지 부분적일 뿐이었다. 평원의 한 지역에서 공격을 받은 반란자들은 퇴각하면서 흩어졌고, 남아 있는 농장들을 "불태우면서 공포를 불러일으켰다." 그들 대부분이 포로로 잡히거나 학살당하기 전에 퇴각했고, '자유의 대로'(Boulevards of liberty)가 된 산악 지대의 더 높은 곳에 새로운 근거지를 만들었다. 프랑스 장교들이 계속 '중요한 지도자들'을 사살했다고 보고했지만, 죽은 자를 대신해 다른 이들이 계속 나타나는 것 같았다. 반란자들에 대한 군사작전에도 불구하고 반란자들은 생도맹그의 여러 지역에서 처벌받지 않고 활동했다. 불만에 가득 찬 리모나드 시의 한 작가는 반군 캠프에 사는 수백 명이 지도자 상수시의 지휘 아래 도시 주변의 해안에서 소금을 모으고 있는 것을 보았다. 그의 주장에 따르면, 그들한테서 이 '필수품'을 빼앗고, 해안을 따라 그들이 접촉하는 배들과 교신하거나 거래하지 못하도록 막는 것이 무척 중요했다. 반란자들은 식민지를 가로질러 그 너머까지 통신망을 구축했다. 조제프 장군은 1793년 2월에 주둔지에서 철수하지 않을 수 없었다. 그는 필라델피아의 통신원이 보낸 편지뿐만 아니라 생도맹그의 다른 지역 반란 지도자가 보낸 편지들까지 모두 남겨 두고 떠났다. 사실상 아메리카 노예 공동체들 사이의 통신망은 생도맹그의 반란 소식으로 분주해졌다.[42]

프랑스 편에 가담한 자유유색인들이 반란자들에 대한 군사작전에서 중요한 역할을 했다. 그러나 최종적인 승리를 거두기 위해서는 그 병력만으로는 결코 충분하지 않았다. 데푸르노 장군은 반란자들에 맞서 싸워야 할 임무를 기피하는 백인들을 비난했다. 많은 주민들이 되도록 전투 지역 밖에 머물려고 했다는 것은 이해할 만했다. 상임위원회는 3월 초에 북부 평원의 많은 주민들이 "노역과 전쟁의 위협으로부터 안전한 르캅으로 피난해서, 도저히 받아들일 수 없을 정도로 역겹게도 태평하게 무위도식하고 있다"고 선언하고는, 그들에게 자신이 속한 농촌 교구에서 병역 신고를 하라고 명령했다. 그러나 많은 백인들이 그런 명령을 비웃으며, 반란자들의 수중에 떨어져 주민 수가 감소하고 있던 많은 지역에서 떠났다.[43]

일부 백인들은 재산을 처분하고, 평화와 번영이 되돌아오기를 바라는 작은 희망을 품고 생도맹그를 떠났다. 르캅에서 몇 킬로미터 떨어져 있는 커피 농장을 판다는 광고가 신문에 났는데, 시시한 제안이나마 다음과 같이 최대한 활용하고자 했다. "일부 벽이 여전히 서 있지만, 모든 건물이 파괴되었고, '검둥이' 48'마리'를 함께 팝니다. 그

가운데 30마리는 반란자들과 싸우기 위해서 떠났습니다. '비적 떼에게 잃은' 일곱을 포함해서 남은 노예들은 혹시 돌아올지도 모르니 매각 대상에 포함시킵니다." 몇몇 농장주들은 노동력을 상실했기 때문에, 농장의 수확을 끝내기 위해서 필요한 기간 동안 한 무리의 노예들을 임차하고자 했다. 어떤 이는 10~12명의 노예를 "불타지 않은" 지역으로 데려오기를 원했고, 또 다른 이는 몇 달 동안 커피를 수확할 노예 20~25명을 구했다. 어떤 필사적인 농장주는 자기 재산을 지키기 위해서 "비적 떼에 가담하지 않은 남자 노예 몇 명을 무장시켰다." 그는 이들 대부분을 오로지 폭도들에 대항하기 위해서 모집했고, 누구든 기꺼이 자신과 함께 농장으로 갈 남자들에게 돈을 주었다.[44]

한편 르캅에는 여전히 프랑스에서 막 도착한 보르도산 포도주뿐 아니라, 1788년산 메독(Médoc) 와인 한 상자를 갖는 즐거움이 있었다. 어떤 상인은 프랑스에서 수입한 초콜릿보다 우수하다고 주장하면서 그 지역에서 순수 코코아로 만든 초콜릿을 제시했다. 그에 따르면, 프랑스에서 들여온 초콜릿은 견과류가 첨가되어 "변조되었고," 따라서 해충에 감염되기 쉬웠다. 예기치 못한 위험도 도사리고 있었다. 어떤 이는 매주 일요일 르캅 시민들이 항구에 정기적으로 정박하는 상선들에서 하선한 북아메리카의 술 취한 병사들에게 폭행당했다고 분개해서 썼다. 반면 노예 반란에 관한 이야기를 듣는 데 싫증나지 않고, 노예 반란이 두렵지 않은 사람들에게는 구입할 만한 서적도 있었다. 1791년 폭도들 사이에서 포로 생활을 했던 그로의 회고록은 2쇄에 들어갔다.[45]

전쟁과 혁명의 와중에 사회가 변하고 있었다. 역사가 토마 마디우

(Thomas Madiou, 1814~1884)[*]는 1792년 남부 지방에서는 "의복과 관습, 언어에서 여러 신조어에 이르기까지, 모든 것이 변했다"고 썼다. 노예와 주인의 관계도 다시 설정되었다. 어떤 '자유 흑인' 노예주는 자기 노예들에게 〈인간과 시민의 권리선언〉을 읽어 주었는데, 이 행위 때문에 그는 송토나와 폴브렐이 석방해 줄 때까지 르캅에 수감되어 있었다. 인종과 공동체에 관해서 말하는 방식들도 새롭게 바뀌었다.

로랑 졸리쾨르(Laurent Jolicoeur)라는 남자는 생마르크 집행부에 청원을 제출하면서, 스스로를 "이전에 '유색인 시민'(citoyen de couleur)으로 기술되었던 사람"이라고 소개했으나, 사실 "백인의 피부가 하얀 것처럼 그 자신은 검은 피부의 흑인"이라고 언급하면서 그 용어의 부적절함을 강조했다. 그는 자기가 소유한 노예들 가운데 이보족 여자인 자이르(Zaïre)라는 노예 하나를 해방시키기 위해서, 관리들에게 그녀를 "구속으로부터" 풀어 줌으로써 "당신의 자비, 아니 오히려 정의"를 베풀어 달라고 요청했다. "자이르는 평범한 종이 아니고, 그녀가 예속 상태에 있지 않다면 그 숭고한 감정으로 여느 '여성 시민'과도 경쟁할 수 있다"고 졸리쾨르는 썼다. 그러나 바로 이러한 상태 때문에 그녀는 매우 비참해졌고, "특히 혁명 이후에는" 더욱더 슬픔에 잠겼다. 그녀는 "자기와 피부색이 같은" 세 자녀의 어머니였는데, 바로 이 점이 그녀의 '지혜'는 물론이고 '덕성'을 입증해 주었다. "어떤 여성 시민이 그녀처럼 자신과 비슷한 사람들의 사랑을 받았다고 주장할

---

[*] 아이티 역사가이자 정치가. 포르토프랭스에서 태어나 10살 때 프랑스로 건너가 1835년 생도 맹그로 귀환할 때까지 앙제, 렌, 파리 등지에서 수학하였다. 1847년 《아이티의 역사》(Histoire d' Haïti)를 출간하여 노예 반란을 정당화하고 흑인 지도자로서 루베르튀르의 평판을 회복시켰다.

수 있겠는가?" 졸리쾨르는 스스로를 '흑인'이라 칭하고 '유색인 시민'이라는 용어를 버림으로써, 통상적인 인종적 용어들의 위계를 뒤엎었다. 그는 자이르가 당시 전통적인 식민지 세계에 널리 퍼져 있었던 서로 다른 인종 간 성관계에 참여하기를 거부했다고 강조하면서, 그녀가 자유를 누릴 만한 자격을 갖추었다는 주장을 뒷받침했다. 자기 인종에 대한 충절은 그녀의 '지혜'와 '덕성'을 입증했다.[46]

한편, 1793년 3월 누벨소시에트호(La Nouvelle-Société)가 르캅 항에 닻을 내렸다. 낭트에서 출항한 그 배는 '앙골라 해안'의 자이르 강 하구를 출발해서 막 대서양을 건너왔는데, '아름다운' 화물인 331명의 노예를 싣고 있었다." 생도맹그의 노예 수입은 그 수가 거의 5만 명에 달했던 1790년에 정점을 찍은 뒤에 급격히 감소했다. 1792년 동안 프랑스 노예 상인들이 수입한 노예는 1만 명에도 못 미쳤다. 하지만 많은 사탕수수밭이 잿더미가 되었음에도 불구하고, 여전히 쇠사슬에 묶인 아프리카인 남녀가 생도맹그로 끌려오고 있었다.[47]

7
자유의 땅

　1793년 초, 생도맹그에 새로운 전쟁이 닥쳐 왔다. 이번에는 제국들의 전쟁이었다. 1월에 루이 16세가 파리에서 처형되고 그다음 달에 에스파냐와 영국의 군주정이 프랑스에 선전포고하면서, 1792년에 선전포고했던 오스트리아와 합세했다. 이제 공화국의 모든 국경이 전쟁터가 되었다. 이는 새로운 종류의 전쟁이었다. 수적으로 열세인 프랑스 정부가 대대적인 병력 동원으로 대응했기 때문이다. 이는 또한 대서양 전쟁이기도 했는데, 카리브 해가 공화국의 운명을 건 전쟁에 휩쓸리게 되었기 때문이다.

　노예 반란과 내전으로 상처를 입었다고는 해도, 생도맹그는 여전히 매우 가치 있는 식민지였다. 하지만 식민지 전쟁이 불러온 어려움과 유럽에서 온 병력이 병에 걸리기 쉽다는 점을 고려할 때, 생도맹그를 정복하기 위한 최선의 방법, 아니 아마도 유일한 방법은 내부의 분열을 이용하고 주민의 일부를 자기편으로 끌어들이는 것이라는 사실을 에스파냐와 영국의 군사 지도자들은 이해하고 있었다. 그들은 "상대적으로 적은 비용으로 엄청난 전리품을 획득하고자" 했다. 또 다른 섬에서, 또 다른 시기에 이러한 목표를 달성하기 위해서는 백인 농장주들을 동맹으로 끌어들여야 했다. 그러나 1793년 생도맹그에서 권력은 산산조각 났는데, 무장한 자유유색인들뿐만 아니라 반란 노예들도 분열된 백인 주민들 못지않게 중요한 잠재적 동맹자였다. 사실 "전쟁이 선포되자마자, 모든 당사자들은 노예들이 도와주리라 기대했다."[1]

에스파냐에게 전쟁은 한 세기 전에 그들이 상실한 식민지를 탈환할 수 있는 기회였다. 1791년 이래 국경 지대에 거주하는 에스파냐 주민과 장교들은 장프랑수아나 비아수 휘하의 반란자들과 비공식적이지만 꾸준히 접촉하고 있었다. 1793년 전쟁이 선포된 뒤, 마드리드의 당국자들은 에스파냐령 산토도밍고 총독에게 군역에 대한 대가로 자유와 토지를 제시하면서 반란 노예들을 '보조 병력'으로 모집하라고 지시했다. 에스파냐령 아메리카에 노예들을 무장시키는 오랜 전통이 있었을지라도, 이 결정은 '과감한 실험'이었다. 에스파냐는 노예들에게 자유를 위해서 복무하라고 요청하기보다는 오히려 "사실상 이미 스스로 해방된 사람들"을 소집했다. 이들은 경험이 많고 독립적인 전사 집단으로, 모집되고 나서야 그들을 통제하고 지배하기가 어렵다는 것이 밝혀졌다. 그러나 그 정책이 처음에는 성공적이었다. 1793년 5월과 6월에 장프랑수아와 비아수는 에스파냐 진영에 1만 명 이상의 병력을 추가했다. 에스파냐는 '보조군'이 그들을 위해서 싸우는 동안 자체 병력을 유보해 둘 수 있었고, 그들 대부분을 국경 지대에 주둔시켰다. 에스파냐의 원조는 반군에 새로운 활력을 불어넣었고, 반군이 지난

몇 달 동안 당한 손실을 회복하는 데 기여했다.[2]

영국은 다른 동맹자들을 양성했다. 1791년 이후 백인 농장주들은 영국 정부에 여러 가지 제안을 했고, 일부는 프랑스 공화국보다 훨씬 더 강력하게 노예제 유지에 헌신할 제국주의 열강에게 식민지를 양도할 가능성까지도 내비쳤다. 전쟁의 발발로 이 계획을 구체화할 수 있는 기회가 생겼다. 1793년 2월 말 런던에서 한 무리의 프랑스 농장주들이 자신들을 보호해 주고 부채를 탕감해 주면 영국 정부에 충성을 바치겠다는 구체적인 제안을 작성했다. 한편, 카리브 해에서는 프랑스 농장주들이 자메이카로 망명했고, 감독관의 생도맹그 지배에 분개한 사람들이 영국을 끌어들이는 방안에 관해 이야기했다. 많은 농장주들이 국왕의 처형에 충격을 받았고, 1793년 초에는 자메이카에서 한 무리의 난민들이 공개적으로 혁명의 상징인 삼색기와 공화국 지도자들의 인형을 불태웠다. 유럽 열강들에게 포위된 프랑스 공화국의 운명은 끝장난 듯했다. 따라서 영국이 일시적으로 통제하겠지만, 일단 왕정이 복고되면 생도맹그 식민지는 프랑스로 반환될 것이었다.

그러나 많은 농장주들이 영국의 개입을 지지하는 쪽으로 기울게 된 진짜 이유는 노예해방의 공포였다. 노예 반란의 폭력과 노예 기강의 전반적인 해체를 경험하고, 감독관들의 전제적인 통치 방식이나 자유유색인과의 긴밀한 유대 관계에 실망한 많은 백인 농장주들은, 영국의 지배야말로 한때 그들이 지배했던 세계를 보존할 수 있는 유일한 희망으로 여겼다. 대다수의 백인 농장주들은 감독관들을 믿지 않았고 노예해방 선언이 임박했다고 우려했다. 일단 전쟁이 시작되자 영국은 많은 프랑스 농장주들이 자신을 초청했다는 점을 이용하기로 결심했다.[3]

농장주들에게는 적의 편에 서는 것이 합리적이고 실용적인 선택이었다. 그러나 그 선택은 노예제를 구하는 대신 노예제 철폐를 위한 상황을 낳았다. 그들은 공화국의 배신자가 됨으로써 노예들이 프랑스의 시민이자 수호자가 되는 길을 열어 주었다. 농장주들은 고립무원의 공화국 감독관들이 새로운 동맹자를 찾지 않을 수 없게 만들었다. 프랑스도 에스파냐처럼 반란 노예들을 이용했다. 1793년 2월 식민지 담당 장관*은 송토나에게 프랑스를 위해서 싸우는 반란 노예들에게는 자유를 줄 것이라고 말했다. 감독관들도 그렇게 공약하면서 서부와 남부 지방에서 예전에 백인들이 동원했던 노예들을 '평등군단' (Legions of Equality)으로 조직했다. 하지만 북부의 반란자들 가운데 동맹자를 모집하는 일이 처음에는 거의 성공하지 못했다. 그러나 결국 공화국은 적들을 물리쳤고, 생도맹그를 프랑스령으로 유지하기 위해서 구식민지의 기반을 파괴했다.[4]

17 93년 2월에 쓴 편지에서 송토나는 "신세계의 노예들이 프랑스군과 동일한 대의를 위해 싸우고 있다"고 적었다. "국민공회가 노예들을 위해서 뭔가를 하기만 한다면, 그들은 국왕을 위해서 싸우는 것을 중단하고 공화국에 합세할 것이다. 프랑스의 지도자들이 반란 노예들과 함께 폭정에 맞서 공동 투쟁을 전개하고 있다는 것을 인정할 만큼 용기가 있다면, 프랑스는 귀중한 동맹자를 새로 얻게 될 것이다." 송토나는 국민공회에 보내는 공식 보고서에서 한층 더 신

---

* 프랑스에서는 전통적으로 해군대신이 식민지를 관할해 왔는데, 혁명 정부도 그 전통을 계승하였다. 당시에는 가스파르 몽즈(Gaspard Monge, 1746~1818)가 해군 및 식민지 담당 장관이었다.

중했지만 똑같은 견해를 피력하면서, 생도맹그 식민지 의회에 기대하지 말고 "서둘러 노예들의 운명을 결정하는 것이 무엇보다 중요하다"고 주장했다. 그는 국민공회가 신속하게 움직이지 않는다면, 프랑스는 생도맹그 식민지를 잃게 될지도 모른다고 강조했다. 그러나 프랑스에서 일어난 전쟁과 반란에 정신이 팔린 국민공회는 응답하지 못했고, 새로운 훈령도 개혁도 없었다. 설사 국민공회가 그렇게 했더라도, 그 응답이 바로 도착하지는 못했을 것이다. 전쟁 탓에 대서양 너머로 소식을 전하는 것이 거의 불가능했기 때문이다. 송토나가 쓴 대로, 감독관들은 "공화국의 버려진 파수꾼"이었다. 파수꾼들은 공화국을 가장 급진적인 국면으로 이끌어 가고 있었다.[5]

5월 초에 송토나와 폴브렐은 노예의 처우에 대한 포고령을 반포했다. 이 포고령은 기본적으로 농장주들의 반대 때문에 식민지에 적용되지 못한 1784년의 왕령을 되풀이한 것이었다. 포고령은 일요일에 일하도록 강요당하지 않게 노예들을 보호했고, 임산부와 수유부의 노동시간을 단축했다. 그 가운데 가장 중요한 것, 따라서 농장주들을 가장 화나게 한 것은 노예들이 지역 관리들에게 농장주와 관리인을 고소할 수 있게 한 것이다. 특히 그 지역 관리들이 송토나 체제의 일원이 되었을 때, 농장주들은 노예의 진정이 진지하게 고려되어 폭력적인 농장주들의 처벌로 이어질 수도 있다고 예상했다. 실제로 몇 달 뒤에 생도맹그 노예들을 대신해서 제출된 한 청원은, "이 법령 덕분에 전(前) 농장주들이 우리들(노예들)에 대해서 가지고 있다고 주장하는 권리들이 많이 축소되었다"고 송토나를 칭송했다. 그 법규는 여전히 분명하게 노예제를 시행하도록 되어 있었다. 노예들을 처벌하기 위해서 채찍질을 50대까지 허용했고, 도망노예는 여전히 낙인을 찍고(추측컨대 더 이상 백합 문양은 아니지만) 귀를 베어 처벌하였다. 그러나 법 규에는 반군 진영을 떠난 자들에게 사면을 약속하면서 반란자들이 농 장으로 돌아가도록 고무하는 조항들이 포함되었다. 노예들이 새로운 권리와 책임을 분명하게 이해할 수 있도록 그 선언은 크레올어로 번 역되어 각 농장의 중심부에 게시되었고, 모인 노예들에게 큰 소리로 낭독되었다.[6]

이 새 법규가 반포될 무렵 신임 총독 프랑수아토마 갈보(François-Thomas Galbaud du Fort, 1743~1801)*가 생도맹그에 당도했다. 포르 토프랭스에서 태어난 그는 생도맹그에 재산을 소유하고 있었다. 갈보 가 르캅에 도착했을 때, 송토나는 폴브렐과 함께 포르토프랭스에 머 물고 있었다. 갈보는 총독에 취임하자마자, 생도맹그에 살고 있으면 서 감독관들에 대해서는 매우 적대적인 자기 동생 세자르(Cézar)를 보 좌역으로 임명했다. 르캅의 감독관들에 대한 불만을 갈보는 귀가 따 가울 정도로 들었다. 1789년에 생도맹그의 자치를 주장하면서 이후 생도맹그에서 언론인이자 출판인으로 활동하고, 르캅의 신문들에서 감독관들을 난도질한 부아시에르라는 농장주는 송토나에게 덤버들도 록 갈보를 설득하고자 했다. 그는 농장 관리에 대한 새 법규를 비난하 고, "주인과 노예 사이에 조정자를 두는 것은 절대적으로 노예제의 정 신에 반하는 것"이라며 낡은 주장을 되풀이했다. 새로운 포고령은 감 독관들의 '망상'이거나 '생도맹그의 해체'를 완성하려는 그들의 확고

---

* 프랑스의 장군. 포병장교 출신인 그는 혁명전쟁 초기 북부 전선에서 활약했고, 1793년 2월 1일 자로 생도맹그 총독으로 임명되었다. 백인 이민자들 편에 서서 감독관들에 반기를 들었다가 해 임되었다. 1794년 4월 프랑스로 귀환하여 체포되었다가 그해 12월 석방되어 군에 복귀하였다. 1799년 나폴레옹의 이집트 원정에도 참여했다.

한 방침을 입증했다. 하지만 1780년대의 상황처럼 저항을 피하기란 어려웠다. 이제 상황은 한층 더 위험했고, 훨씬 더 과감한 행동을 요구했다. 감독관들은 "불쌍한 백인들"과 싸우기 위해서 "모든 반란 노예들"을 "자유인 병사"로 만들려고 했다. 갈보는 모든 백인들이 학살당하는 사태를 막을 수 있는 유일한 인물이었다.[7]

송토나와 폴브렐은 포르토프랭스에서 갈보가 도착했다는 소식을 들었다. 또한 갈보가 공개적으로 자기들이 '독재자처럼' 행동했다고 주장했고, 그가 '물라토'라고 부른 자유유색인에 대해서도 적대적이었다고 들었다. 그들은 갈보가 자신들의 경쟁 상대로 자리를 잡았다는 사실에 마음이 흔들렸고, 갈보가 자신들의 적을 결집시키는 중심이 될 것이라는 점을 알았다. 총독과 감독관 사이의 대립은 오랫동안 생도맹그 행정의 특징이었던, 총독과 지사들 사이의 경쟁을 되풀이해 보여 주었다. 그러나 이제는 전쟁과 혁명의 와중에 감독관들이 노예제 개혁을 주장하면서 쟁투에 걸린 이해관계가 이전보다 훨씬 더 중요해졌다.[8]

폴브렐과 송토나는 "몹시 언짢아 하며" 르캅으로 돌아왔다. 거기에서 그들은 많은 자유유색인들로부터 환영을 받았지만, 백인들은 대부분 "차가운" 반응을 보였다. 감독관들과 갈보의 관계는 이내 노골적인 적대 관계로 악화되었다. 보고에 따르면, 르캅의 백인들에 대한 송토나의 조치에 관해서 갈보가 불평하자, 송토나가 "이보시오, 시민 양반! 내게서 흰 것은 오직 피부뿐이라는 것을 아시오"라고 대답했다. 갈보는 송토나가 '흑인의 영혼'을 가졌다고 들었지만, 그가 이를 흔쾌히 인정했다는 데 놀랐다고 응수했다. 출처가 의심스러운 이 언쟁에 관한 이야기는 '흑인'의 두 가지 의미를 이용해서 송토나를 노예들의 친구이자 백인들의 적인 사악한 인물로 제시했다. 또 다른 보고서는 감독관들이 갈보의 연회 초청을 거절했고, 거절당한 총독이 송토나와 폴브렐를 비난하면서 연회에 참석한 손님들을 대접한 과정을 묘사했다. 총독의 부인은 자신과 남편이 "피로 물든 이 땅을 떠나" 파리로 가서 세력을 규합하고, 다시 생도맹그로 돌아와 감독관들을 처벌하고 "백인들이 당한 잔혹 행위에 대해서 복수할 것"이라고 말했다. 갈보가 반란을 확산시키고 있다고 확신한 송토나와 폴브렐은 총독을 체포하여 구금했다.[9]

르캅 항구에 정박해 있는 선박에 구금된 갈보는 지지자들과 함께 있었다. (부아시에르를 포함해서) 투옥된 죄수들뿐 아니라, 그 배의 선원들도 공화파인 감독관들에게 적대적이었다. '몇몇 달변가'의 도움으로 선원들의 지지를 얻은 갈보는 르캅을 공격해서 감독관들을 내쫓을 대담한 계획에 착수했다. 6월 20일 오후, 갈보의 지지자 수천 명이 르캅 시를 덮쳤다. 아프리카 태생 장교인 장바티스트 벨레이(Jean-Baptiste Belley)가 지휘하는 부대의 호위 덕분에 송토나와 폴브렐은 간신히 체포를 면했고, 수많은 병사들이 갈보에 맞서 싸웠다. 몇 시간 뒤 갈보 측 무리들은 자기네 배로 후퇴하지 않을 수 없었다. 그러나 이튿날 아침 그들은 다시 몰려왔고, 어제보다는 성공적이었다. 무기고를 방어하고 있던 분견대의 백인 지휘관이 휘하 장병들에게 자신의 '형제들'에게 발포하지 말라고 명령한 탓에, 그들은 르캅의 무기고를 점령할 수 있었다. 수적으로 열세에 처한 감독관들은 도시 외곽으로 달아나서, 한때 반란 노예들에 맞서 르캅을 방어하기 위해 브레다 농장에 세운 기지로 갔다.[10]

갈보의 추종자들이 르캅으로 몰려들자 도시가 대혼란에 빠졌다. 감

캅프랑세의 화재 이 판화는 1793년 6월 말 갈보와 파견위원 송토나·폴브렐 사이의 전투로 인해 불 타는 도시를 묘사하고 있다(파리 국립도서관 제공).

옥 문이 열리는 바람에 "반란자들과 벌인 전투에서 체포된" 노예 수백 명이 석방되었다. 이렇게 석방된 노예들 가운데 많은 이들이 르캅의 다른 노예들과 함께 총기와 무기를 손에 넣었고, 일부는 갈보의 부대 와 싸우기 시작했다. 보고에 따르면, 자유유색인들이 자기 집에 숨겨 둔 무기를 하인들에게 나눠 주었는데, 이 때문에 나중에 많은 이들이 도시의 노예들에게 총을 나누어 주도록 명령했다고 감독관들을 비난 했다. 마구잡이로 죽이고 약탈하고 방화를 저질렀다. 누가 먼저 발포 를 시작했는가는 장차 몇 년 동안 식민지에서 논쟁을 가열시키게 될 문제였다. 공화파는 갈보의 부대에 끼어든 무도한 선원들을 비난했 고, 르캅을 탈출한 백인들이 쓴 보고서는 노예들이 저지른 무자비한 약탈과 방화를 묘사했다. 몇몇은 그러한 파괴 행위가 송토나와 폴브렐의 직접 명령에 의해 이루어진 사악한 음모 가운데 하나였다고 주장했다.[11]

도시가 불타는 것을 지켜보면서 송토나와 폴브렐은 르캅을 재탈환하기 위해서 대담한 선언을 내놓았다. "공화국을 위해 싸우는 모든 '흑인 전사들'에게 자유를 주는 것이 프랑스 공화국과 그 대표자의 뜻이다. 그들을 지키기 위해서 무기를 든 노예는 누구든 모든 자유인과 동등해질 것이며, 프랑스 시민이 가지는 모든 권리를 받게 될 것이다." 감독관들은 장교들을 파견해서 자유를 원하는 노예들을 합류하도록 촉구했다. 나중에 감독관의 적들은 자유 및 시민권 부여의 이면에 한층 더 사악한 유혹이 있었다고 선언했다. 즉 도시에서 획득한 전리품으로 새로운 가담자들을 자기편으로 끌어들였다는 것이다. 자유나 전리품의 약속이든 아니면 둘 다든, 피에로(Pierrot) 휘하의 수천 명에 달하는 반란자 무리는 브레다 농장 부근 르캅이 내려다보이는 언덕에 진을 치고, 화염에 휩싸인 그 도시를 손아귀에 넣었다.[12]

어떤 상인은 감독관들이 "지난 2년 동안 '모국의 이익'을 지켜 온 백인들의 생명을 위협하면서, 그들의 왕(Papa King)을 위해 싸워 온 자들"에게 상을 내렸다며 불쾌해 했다. 그러나 감독관들의 권유 덕에 공화국은 새롭고 기세등등한 동맹자들을 얻었다. 국민공회에 제출한 공식 사건 보고서에서, 감독관들은 반란자들이 자신들을 어떻게 소개했는지 그리고 "왕들에 맞서 국민에게" 봉사할 것을 어떤 식으로 요청했는지 설명했다. 그들 가운데 몇몇은 이미 '국왕의 상징들'을 포기하고 공화국의 상징들을 채택했다. "우리는 공화국의 이름으로 그들에게 자유를 약속했고, 공화국을 위해서 무기를 든 자들은 모두 그들의 전 주인들과 동등해질 것이라고 선언했다." 몇몇은 여전히 에스파냐 국기나 프랑스 왕당파의 백색 깃발을 들었지만, 감독관들이 "사람을 노예로 만든" 것은 왕들이라고 설명하자 그 깃발들을 내던지고 공화국의 깃발을 들었다. 그들은 자유유색인, 여전히 충성을 다하는 백인 병사들과 함께 완전히 한 덩어리가 된 군대 조직을 이루었다. 전(前) 노예들과 자유유색인, 백인들이 공화국을 위해서 단결하게 되었다.[13]

이들이 도시로 밀고 들어가자 전세가 역전되었다. 수적 열세에 몰린 갈보의 추종자들은 배로 퇴각했다. 공화국의 새로운 동맹자들이 도시로 몰려들자 약탈과 방화가 난무했다. 자유유색인과 무장한 노예들이 길거리에서 백인 몇몇을 막아서고 체포했다. 겁에 질린 많은 주민들은 가져갈 수 있는 것이라면 무엇이든 가지고 배에 기어올랐다. 배가 닻을 올리고 미국을 향해 출항했을 때, 거기에는 수천 명의 백인 피난민들과 노예들이 타고 있었다. 그들은 필라델피아와 찰스턴 같은 도시에 정착할 터였고, 결코 생도맹그로 돌아오지 않을 것이었다.[14]

며칠 만에 송토나와 폴브렐은 아직도 연기가 사그라들지 않은 그 도시로 돌아왔다. 르캅에서 질서를 회복하는 데 결정적인 역할을 한 자유유색인 장교 장루이 빌라트(Jean-Louis Villatte) 같은 오랜 동맹자들과 함께 새로운 흑인 공화파 군대가 그들 뒤에 있었다. 그들은 피에로를 장군으로 임명했다. 아프리카에서 태어났고 생도맹그 노예제에서 살아남은 장년의 피에로는 1791년 이래 르캅 인근에 자리 잡은 반란자 무리들에게 신뢰와 존경을 받는 지도자였다. 이제 그는 자유를 위해서 프랑스와 싸우지 않았다. 피에로와 그의 추종자들은 자유인이자 시민이었고, 그는 공화국 군대의 장교가 되었다.[15]

"노예를 원한 것은 왕들이다"라고 폴브렐과 송토나가 선언했다. "노예들을 백인 왕들에게 판 것은 기니(Guinea)의 왕들이다." 이와 대조적으로 "프랑스 국민은 모든 쇠사슬을" 끊어 내는 데 헌신했다. 감독관들은 모든 반란 노예들에게 피에로를 본받아 공화국 진영으로 넘어올 것을 촉구하는 한편, 여전히 에스파냐를 위해 싸우고 있는 '부도덕한 지도자들'을 비난했다. 그들은 이 지도자들이 생도맹그에서 아이들을 잡아 에스파냐에 팔아넘긴 노예 상인이라고 주장했다(실제로 당시 보고서들은 장프랑수아뿐 아니라 비아수도 여자, 아이, '문제아들'이라고 묘사된 몇몇 남자들을 노예로 팔아 이익을 챙겼다고 주장했다). 선택은 분명했다. 공화국은 자유를 지지했고, 공화국의 적들은 폭정과 노예제에 헌신했다.[16]

감독관들은 비아수에게, 전향한다면 농장 노예들을 위한 개선책은 물론 그와 추종자들에게 자유를 약속한다는 편지를 보냈다. 그들은 비아수와 장프랑수아가 프랑스 편에 가담하도록 설득하기 위해서 편지와 함께 피에로의 부관들 가운데 콩고 태생의 마카야를 밀사로 보냈다. 반란 지도자들은 에스파냐 국왕과 모든 왕들에 대한 충성을 과시하는 성명으로 응수했다. "왕들은 '태초'부터 지배해 왔고, 프랑스 왕을 잃었을지라도 에스파냐 왕이 여전히 남아 우리를 보호해 준다. 우리를 지지해 주는 어떤 왕이 다시 옥좌에 앉을 때까지 공화국 감독관들의 권위는 아무런 의미도 없다." 장프랑수아와 비아수는 그 요청을 거절했을 뿐 아니라 자기들 진영으로 다시 온 마카야를 받아들였다. 한 달 뒤, 마카야는 감독관들의 요청을 거절하는 강력한 성명을 발표했다. "나는 세 명의 왕, 즉 모든 흑인들의 지배자인 콩고의 왕, 내 아버지를 대신하는 프랑스 왕, 내 어머니를 대신하는 에스파냐 왕의 신하'라고 선언했다. 그는 성서에 등장하는 세 명의 동방박사를 상기시키면서, "이 세 왕들은 별의 인도를 받아 사람이 된 신을 경배하기 위해 온 이들의 후손들"이라고 썼다. 그는 "내가 공화파로 전향한다면, 내 형제나 다름없는, 충성을 다짐한 이 세 왕들의 신민들과 싸우도록 강요받는 것"이라고 결론지었다.[17]

장프랑수아와 비아수는 새로운 공세를 시작했고, 공화국을 위해 싸우던 부대들의 변절로 힘을 얻어 북부 평원에서 중요한 진전을 이루었다. 서부 지방에서 에스파냐에 대한 방어를 감독하기 위해 폴브렐이 포르토프랭스로 떠났을 때, 송토나는 르캅에 남아 더 많은 공화국 지지자들을 규합하려고 노력했다. 그는 7월 초에 "이 땅의 원주민들, 즉 아프리카인들과 함께 프랑스를 위해서 생도맹그를 구할 것"이라고 선언했다. 그러나 군사적 봉사의 대가로 송토나가 '아프라키인들'에게 부여한 자유는 에스파냐가 몇 달 동안 제공한 것에 비하면 아무것도 아니었다. 그 때문에 더 이상 새로운 전향자는 나타나지 않았다. 7월 11일, 송토나는 공화국에 합세한 사람들과 더불어 그들의 현재와 미래의 가족들도 해방될 것이라고 선언함으로써 공화국에 대한 봉사를 한층 더 매력적인 것으로 만들고자 했다.[18]

폴브렐은 감독관들에 의한 해방을 서부와 남부로 확대했다. 그는 리고와 일하면서 '플라톤 왕국'의 생존자들이 모여 있는 레카이 산악지대로 밀사들을 파견해, 그들에게 공화국 군대에 가담하라고 권유했다. 동의하는 사람들은 가족들과 함께 해방될 것이었다. 그리고 다른 노예들이 농장으로 돌아가는 것을 감독할 책임을 맡게 될 터였다. 이번에는 그들 대부분이 조건을 받아들였다. 주요 반란 지도자들, 특히 아르망과 마르시알은 새로이 조직된 공화국 여단에서 중대장이 되

었다.[19]

그러나 많은 반란자들은 여전히 냉담했다. 반란자 대중의 충성을 확보하는 데 혈안이 된 감독관들은 이들에게 더 많은 것을 제시해야 한다는 사실을 깨달았다. 7월 초에 그들은 북부 지방에서 한 자유유색인 지휘관에게, "이제 불가피해진 해방"을 점진적으로 준비해 가는 데 자유유색인들이 계속 저항한다면, "반란과 정복을 통해서 모든 것이 한꺼번에" 터질 것이라고 경고했다. 감독관들은 자유유색인들에게 평등이 '유일한 원칙'이 아니고 자유가 평등에 선행한다고 상기시키면서, '순수한 공화주의'를 받아들이라고 요구했다. 한 당대인에 따르면, 이 편지는 감독관들이 이미 "모든 것을 휩쓸어 갈 격랑을" 예견했다는 점을 입증했다. 그러나 사실은 정반대를 암시했다. 프랑스에서 노예제 폐지론자들이 그랬던 것처럼, 그들은 "농사에 손해를" 주지 않으면서 점진적인 해방을 감독하는 것이 가능하다고 생각했다. 그러나 그들은 곧 통제할 수 없는 격랑을 다른 데로 돌리고 진정시키기 위해서 전혀 다른 종류의 해방을 공포하게 될 것이었다.[20]

8월 말에 폴브렐은 '전사들' 즉 공화국 병사로 전향한 노예들이 식민지 방어에 결정적인 역할을 했다고 인정하는 포고령을 발표했다. 그러나 "아무것도 가진 것이 없는 자들"이 "다른 사람의 재산을 지키기 위해서 목숨을 바칠" 까닭은 없었다. '전사들'은 자유 이상의 것, 즉 땅을 받을 만했다. 프랑스 혁명정부의 정책을 본받아서 폴브렐은 이미 "생도맹그를 떠났거나 배신한" 사람들의 재산을 국가가 몰수한다고 포고한 바 있다. 8월의 포고령에서 폴브렐은 이 국유지를 '아프리카계 반란자들'이든, 에스파냐 망명자들이든 "생도맹그를 지키기 위해서" 투쟁한 "선량하고 충성스런 공화파들"에게 분배할 것이라고 선언했다. 그는 그 호소가 모두를 고무시켜 프랑스 편으로 결집하고 산토도밍고에 대한 공세로 나아가, 마침내 그 섬에서 공화국이 "오로지 바다만을 국경선으로" 삼게 되기를 바랐다.[21]

폴브렐은 충성스런 '경작자들' 즉 농장 노예들이 보상을 받을 만하다고 설명했다. 주인이 아직도 식민지에 남아 있는 자들은 계속 노예로 남지만, 그 주인들이 도망갔음에도 여전히 농장에서 일하고 있는 자들은 해방한다고 선언했다. 땅을 경작하는 자들이야말로 "자연이 그 열매를 가장 먼저 나눠줄 자들"이기 때문에, 그들은 주인 소유 농장의 일부를 받고 '소유권'도 받게 될 것이었다. 토지 수여는 주인의 잔혹 행위나 '반란 수괴들'의 꾐에 넘어가 농장을 떠나 방랑 생활을 하게 된 자들, 에스파냐가 통제하는 산악 지대에서 "이미 독립을 누리고" 있지만 다시 돌아와서 "비옥한 행복의 땅을 경작하고 평등의 법 아래에서 살기를" 바라는 자들 등 여러 집단으로 확대되었다. 이 범주에 들어가는 모든 아프리카인들과 그 후손들은 토지와 자유뿐 아니라, '프랑스 시민'의 모든 권리를 향유하게 될 것이다.[22]

폴브렐의 포고는 토지를 언제 어떻게 분배할지에 관해서는 자세하게 언급하지 않았다. "농장들은 '전사들'과 피선거권이 있는 '경작자들' 모두가 공유하고 있었지만, 전쟁이 계속되는 한 농장들은 '분배되지 않을 것'이다. 농장들은 일단 승리가 확실해졌을 때에만 해체될 것이다. 그 사이에는 공화국 소유의 농장에서 생산된 모든 것이 노동자들과 '전사들'에게 분배될 것이다." 이제 자유의 몸이 된 경작자들은 그곳에 남아 "자신의 노동으로 토양을 비옥하게 만들라"는 명령을 받았다. 그들은 나이, 성별 그리고 군대와 농장의 위계에서 차지하고 있는 등급에 따라 저마다 다른 금액을 받았다. 여성은 남성의 절반을 받았다. 노예들을 해방하고 급료를 지급하는 것 자체가 급진적인 변화였지만, 일정 기간 유보된 폴브렐의 약속은 전쟁만 끝나면 사탕수수와 커피 경작지는 자경 농장이 되고 노예들은 독립 자영농이 될 것이라는 파격적인 의미를 지니고 있었다.[23]

혁명이 시작된 이래 식민지에는 노예해방이 임박했다는 소문이 끊임없이 돌았다. 1793년 6월에는 그런 소문이 반군 진영에도 퍼졌다. 몇 주 뒤에 공화국에 합류하게 될 지도자 피에로는 (에스파냐와 영국뿐만 아니라) 프랑스도 전면적인 노예해방을 지지한다는 얘기를 들었다. 농장주들의 세력이 거의 분쇄되고 농장 경제가 정지 상태에 있으며, 에스파냐 편에서 싸우는 반란 노예들이 식민지 전역에서 꾸준히 전진하고 있던 1793년 8월에 해방 가능성은 그 어느 때보다 높았다. 르캅에서는 백인들을 포함해서 많은 사람들이 공개적으로 노예해방에 대해 떠들어 댔다. 한편 한 백인 장교는 식민지 노예들을 대신해서 '인간의 권리'와 '전면적 해방'을 요구하는 청원서를 작성했다. 비록 최근에 르캅의 7월 14일 기념식에서 상징적인 '자유의 나무'를 심긴 했지만, 이 땅에는 여전히 노예제가 존재한다고 청원자들은 불평했다. "우리는 사람이 아닌가?"라고 청원자들이 물었다. 청원자들은 송토나에게 "한마디로 말하시오. 생도맹그는 행복하고 자유로워야 합니다"고 요구했다.

며칠 뒤에 르캅 시 정부는 노예제가 만들어 낸 '주검'과 '시체 더미'에 시달려 온 식민지에서 생도맹그의 '경작자들'에게 '인간의 권리'를 부여할 때가 왔다고 선언했다. "인간이든 신이든 어떠한 권력도 그들의 권리를 부정할 수 없다." 유럽인들에 의해 아프리카에서 '추방되어' 이 새로운 나라로 끌려온 사람들은 스스로 자신의 주인이 되기를 원했다. 그들은 "자유로운 프랑스인으로 인정"받기를 원했다. 그들의 소망을 들어주면 식민지를 구하게 될 것이다. "프랑스는 수천의 병사들을, 그 땅은 수많은 경작자들을 얻게" 될 것이다. 게다가 "자유인의 손"에서 산출되었기 때문에 국민은 "훨씬 더 가치 있는 풍성한 생산물"을 받게 될 것이다.[24]

8월 24일, 르캅에서 열린 공개 집회에서 1만5천여 명의 '흑인들'이 북부 지방의 노예해방을 위해 투표했다. 8월 29일, 마침내 송토나가 "인간은 자유롭고 평등한 권리를 지니고 태어나 살아간다"라는 문구로 시작하는 법령을 공포했을 때, 북부 지방에서는 "지금 노예 상태"에 있는 모든 사람들이 자유인이라고 선언되었다. 그들은 "프랑스 시민권에 결부된 모든 권리를 향유할" 것이었다. 생도맹그의 가장 부유한 지방에서, 1791년의 폭동이 시작되었던 그 평원에서, 반란자들에게 '자유의 대로'로 이용되었던 바로 그 산악 지대에서 노예제가 폐지되었다. 몇 년 동안 주인과 노예들을 괴롭히고 비웃으며 생도맹그를 배회하던 자유의 유령이 마침내 현실이 되었다.[25]

공화국 진영에 가담한 의기양양한 반란자 브라망트 라자리(Bramante Lazzary)는 "이 섬에 전면적 해방이 막 선포되었다"고 '동료 반란자들'에게 알렸다. 그들은 모두 프랑스에 충성을 맹세했고, '세 인종의 단합'을 상징하는 적·백·청색의 공화국 삼색기 아래서 행진했다. "우리의 깃발은 우리의 자유가 세 인종, 즉 흑인과 물라토, 백인에게 달려 있다는 것을 분명하게 보여 준다. 우리는 이 세 인종을 위해 투쟁하고 있다. 생도맹그의 모든 인종은 '하나의 가족'을 이루고 '우리의 자유에 적대하는' 자들과 싸운다." 왕당파의 백기를 휘날리면서 오로지 흰색만을 원하고 '구질서'로의 복귀를 바라는 '특권계급'과 '에스파냐'에 맞서 모두가 힘을 합쳐서 다음과 같이 선포했다. "아니다! 우리는 프랑스인이다. 우리는 자유인으로 살거나, 그게 아니면 죽기를 원한다."[26]

이후 몇 달 동안 폴브렐은 비록 점진적이었을지라도 서부와 남부 지방에서 선례를 따랐다. 8월의 포고령으로 자신의 통제 아래 있는 각 지방들에서 이미 많은 노예를 해방시킨 폴브렐은 9월 초에 여전히 노예 상태에 있는 자들에게 "마침내 당신이 인간의 권리를 향유할 수 있게 될 바로 그날을" 참을성 있게 기다려야 한다고 고지했다. 몇 주 뒤 그는 국가가 소유한 노예들을 해방했고, 새로운 질서 아래 예전 주인과 노예들 사이에 평화를 유지하기 위해 노력했다. 또 프랑스 공화국의 토대인 자유와 평등의 원칙을 받아들인 백인들에게 노예를 해방하라고 요청했다. 그의 포고령은 노예해방에 관해 궁극적으로 선택의 여지가 없다는 점을 분명히 했다.

"한 개인을 노예 상태에 두는 것은 공화국의 원칙과 양립할 수 없다." 10월 31일, 폴브렐은 마침내 모든 "아프리카인 남성과 여성"뿐만 아니라 아프리카계 후손들, 즉 (다른 곳에서 태어나) 식민지에 왔거나 "장차 식민지에서 태어날" 모든 사람들이 "자유인"이고, "다른 모든 사람과 동등하다"고 선포했다. 그들은 프랑스 시민의 모든 권리와 〈인권선언〉에 언명된 모든 권리를 누리게 될 것이다. 〈인권선언〉이 크레올어로 번역되었고, 모두가 볼 수 있도록 벽에 붙이고 배포했다. 18세 이상의 모든 사람들이 지방 행정 기관에 출두해서 선서하면 바로 프랑스 시민임을 신고하는 신청서를 받게 될 것이었다.[27]

송토나는 "당신은 더 이상 다른 사람의 재산이 아니다. 당신은 당신 자신의 주인이 될 것이고 행복하게 살게 될 것"이라고 선언했다. 그러나 폴브렐이 그랬던 것처럼 그도 "게으름과 도적질을 영원히 거부함으로써" 그들 스스로가 이 자유의 선물을 받을 만한 가치가 있음을 보여 주어야 한다고 요구했다. 그들은 농장에 남아서 직접 노동의 대가를 받아야 했다. 하인들은 연봉을 받았고, 농장 노동자들은 집단적으로 해마다 농장에서 생산되는 재화의 3분의 1을 받았다. 이 몫은 차등적으로 분배되었다. 십장들이 가장 큰 몫을 받았고, 이어서 남성 노동자, 여성 노동자, 마지막으로 아이들이 그 뒤를 이었다(여성들은 남성 노동자가 받는 몫의 3분의 2를 받았다). 해방노예들은 적어도 1년 동안 농장에 남아 있어야 했지만, 관리인이나 소유주가 "성격상 양립 불가"라고 판결하거나 농장의 다른 노동자들이 요구하면 다른 곳으로 옮길 수 있었다. 1년이 지나면 그들은 다른 농장으로 이동을 요구할 수 있었다. 그러나 남자들만이 선택할 수 있는 군 복무를 제외하면 농장을 떠나거나, 자기 땅에 정착하기 위해 산으로 들어가거나, 도시로 떠나고자 하는 사람들을 위한 조항은 하나도 없었다. 병사도 지주도 아닌 남자들과 "방랑하는" 여자들은 누구나 구금될 수 있었다.[28]

송토나는 해방노예들에게 땅을 나누어 주지 않았다. 폴브렐이 약속한 토지 분배는 처음에는 유보되었다가 끝내는 완전히 제외되었다. 결국 감독관들은 해방노예들이 분명 그 진가를 인정했을 법한 작은 양보, 즉 그들이 노예였을 때 경작했던 채마밭에 대한 공식적인 소유권조차 인정하지 않았다. 그러나 폴브렐은 농장 노동자들에게 자기 노동에 대한 통제력을 어느 정도 보장함으로써 송토나보다 한 걸음 더 나아갔다. 그는 해방노예들에게 관리인 선출에 참여하고 농장 회의에서 십장을 선출할 수 있는 권리를 주었다. 프랑스에서처럼 생도맹그의 정치기구들에서 투표를 금지당한 여성들도 이 회의에서는 투표권을 얻었다. 폴브렐은 또한 경작자들에게 그들이 원하는 새로운 농장으로 이동할 수 있도록 6개월의 시한을 주었다. 폴브렐이 정한 규정들은 한때 가차 없는 위계질서를 통해서 작동하던 농장들을 임금노동자들이 경작하고 그들의 적극적인 참여로 운영되는 농장으로 전환하는 극적인 변화를 약속했다.[29]

이후 몇 해 동안 공화국이 통제하는 지역에서 해방노예들은 제한된 자유를 확대하기 위해 투쟁에 나섰다. 영국은 곧 식민지의 많은 부분을 점령하고, 가는 곳마다 노예제를 복원했다. 그럼에도 불구하고 생도맹그와 프랑스, 어떤 의미에서는 모든 곳에서 노예와 주인의 모든 상황이 변했다. 이로써 앞으로 수십 년 동안 대서양 세계를 집어삼킬 노예제에 대한 논쟁과 투쟁의 모습을 결정하는 한 걸음을 내디딘 셈이다.

이는 역사상 전례가 없는 사건이었다. 더 일찍이 미국의 몇몇 주에서 시도된 소규모의 점진적인 노예제 폐지가 1793년에 송토나와 폴브렐이 한 일에 길을 열기는 했다. 하지만 생도맹그의 노예해방 규모는 미국과는 비교도 할 수 없을 정도로 엄청난 것이었다. 생도맹그는 최근까지도 세계에서 가장 수익성 높은 플랜테이션 지역임을 자부했고, 1793년에 해방된 노예들이 그곳 주민의 압도적인 다수를 구성하고 있었다. 비록 그들이 선포한 해방에 조건을 달았을지라도, 송토나와 폴브렐은 노예 상태와 자유 사이에 어떠한 이행기도 설정하지 않았다. 그들은 이행기를 생략하면서 콩도르세 같은 당대의 저명한 노예제 폐지론자들의 주장을 무시했다. 노예제는 점진적인 과정을 통해서만 완전히 없앨 수 있다고 콩도르세는 확신했다. 전면적이고 즉각적인 해방을 선포함으로써 그들은 축하와 비난을 모두 듣게 되는 선례를 만들었는데, 어떤 이는 비타협적이고 원칙에 충실한 조치의 본보기라고 제시했고, 또 어떤 이는 해방될 준비가 되지 않은 노예들에게 자유를 준 위험한 사례라고 매도했다.

포고령 가운데 가장 급진적인 사항은 노예들에게 자유뿐만 아니라 시민권도 부여한 일이다. 새로운 질서는 원칙적으로 비타협적인 평등을 토대로 삼았다. 그 안에서 인종은 어떠한 자리도 차지할 수 없었다. 이는 또한 비정상적으로 계서화된 생도맹그 사회에 대해서뿐 아니라 아메리카와 유럽에서 세력을 떨치는 여러 형태의 민주주의에 대한 놀라운 도전이기도 했다. 예전의 노예와 주인이 정치적으로 동등한 자로서 더불어 살아가는 초인종적 시민됨(citizenship)이라는 1793년의 약속은 진일보한 것으로, 실로 여러 가지 면에서 그 시대를 뛰어넘었다. 비록 곧바로 훼손되고 공격당하긴 했지만, 그 약속은 나중에 모든 인종의 사람들이 권리에 있어 평등하다는 원칙을 옹호하는 웅변가들을 양산해 냈다. 이후 10년 동안 왜곡되고 결국 파괴된 이 약속은, 그럼에도 불구하고 질주하는 하나의 가능성으로서 좀처럼 사라지지 않았다. 하지만 그 가능성은 여러 해 동안 아메리카에서 근거지를 찾지 못했다.

노예제 폐지는 감독관들에게 신병을 모을 수 있도록 해주었지만, 공화정에 대한 백인과 자유유색인 다수의 반대를 확고하게 만드는 데도 기여했다. 장프랑수아, 비아수, 아직까지 잘 파악되지 않은 인물인 투생 같은 중요한 반란 지도자들은 여전히 변함없이 에스파냐에 충성을 바쳤고, 그 운명이 불확실해 보이는 공화국과의 동맹보다는 그들 스스로 개척한 자치를 선택했다. 9월과 10월 동안 그들은 에스파냐 국왕의 깃발을 휘날리며 북부와 서부에서 차근차근 전진했다.

그때 또 다른 정복, 즉 영국의 정복이 시작되었다. 9월 말에 영국군 6백 명이 남부 지방의 변경에 있는 제레미에 상륙하자, 주민들이 "영국 만세!"를 외치며 환영했다. 북부 지방에서는 "앤틸리스제도의 지브롤터"라 불리는 몰생니콜라의 해군기지를 관리하는 프랑스 장교들이 총 한 발 쏘지 않고 기지를 넘겨주고 말았다. 그 승리는 "런던탑의 대포 소리를 통해 영국인들에게 전해졌다." 그때 영국은 생도맹그의 생산력 높은 농장 지대, 특히 서부 지방을 지배하겠다는 더 큰 목표로 주의를 돌렸다. 그들은 또한 이반(離反)으로 말미암아 진격이 한결 쉬워질 것이라고 기대했다.[30]

서부 지방의 많은 지역, 특히 생마르크에서는 자유유색인들이 정치 생활을 지배했다. 백인 농장주들처럼 대다수의 자유유색인 지주들은 노예해방 선언에 분개했고, 변함없이 주인으로 남아 있을 수 있는 방안을 찾았다. 그러나 동시에 그들은 4월 4일의 법령으로 획득한 인종적 평등권을 포기하지 않으려 했다. 2월에 런던에 있는 생도맹그 농장주들이 생도맹그를 영국에 넘기려고 시도했을 때, 그들은 자유유색인 지주들에게 "백인과 동등한 권리"를 보유하게 될 것이라고 제안했다. 그러나 평등을 지지하는 이 최초의 제안은 "조금씩 삭감되었고," 9월에 생도맹그 농장주 대표들과 영국이 서명한 항복 문서의 조항에 따르면, 자유유색인은 "영국의 식민지에서 이 계급에게 주어진 모든 권리"를 받게 될 것이었다. 이는 그들이 당시에 향유하고 있던 완벽한 평등으로부터 크게 후퇴한 것이었다.[31]

몇몇 자유유색인 지도자들은 노예해방을 받아들이고 공화국에 계속 충성해야 한다고 주장했다. 노예해방을 받아들이길 꺼리는 이들은, 노예제는 유지하지만 아프리카계 자유인들에 대해서는 상대적으로 개방적인 전통을 가진 에스파냐를 지지했다. 생마르크에서 자유유색인 지도자들이 타협을 모색했다. 한 회합에서 대다수가 "인종적 평등을 유지한다는 조건"을 달아 영국의 지배를 받아들이는 데 찬성했다. 12월 말, 한때 반항적인 식민지 의회의 근거지였던 그 항구에 영국 국기가 펄럭였다. 그다음은 포르토프랭스 방향으로 훨씬 더 남쪽에 자리한 아카에이 시 차례였다. 그곳의 자유유색인 시장이, 프랑스는 "이 식민지의 불행한 생존자들과 재산"을 보전하기 위해서 영국에 의지한 생도맹그 주민들을 비난해선 안 된다고 선언했다. "만약 누군가의 깃발을 포기하는 것이 용서될 수 있는 경우가 있다면, 바로 이경우다." 아카에이는 곧 영국의 수중에 들어갔다. 자유유색인 팽시나는 변절한 자들을 혐오하면서 다음과 같이 선언했다. "당신은 당신 속에 아프리카의 피가 흐른다는 것을 잊고 있다." 변절자들의 "비정한 마음에 인류애의 목소리"가 끼어들 자리는 없었을지라도, 변절자들은 흑인들이 백인 농장주들에 맞서 자신들을 도와주었던 것에 감사하면서 흑인들을 노예제에서 구해 내야 했다. 왜냐하면 영국의 지배와 함께 바로 몇 달 전에 폐지되었던 노예제가 복원되었기 때문이다.[32]

한 가지 중요한 목표가 남았는데, 바로 포르토프랭스였다. 그곳에서 공화파들은 도시 이름을 포르레퓌블리캥(Port-Républicain)으로 바꾸었지만 간신히 버티고 있었다. 송토나가 그곳 방어를 지휘하는 폴 브렐과 합류하기 위해서 왔다. 감독관들은 르캅에서 했던 것처럼 평야에서 활동하는 반란자 무리 가운데서 병사들을 모집함으로써 전력을 강화했다. 해방노예들의 충성을 확보해 나가면서 송토나는 2월 말에 국민공회가 모든 프랑스 식민지에서 노예제를 폐지했다고 알렸다.

나중에 그가 옳았다는 것이 밝혀졌을지라도, 이는 물론 송토나의 추측이었다. 불과 몇 주 전에 파리에서 가결된 법령에 관해 그가 알고 있을 리 없었다. 송토나는 또한 몇몇 지도자들과 개인적인 접촉을 모색했다. 그는 추종자 수천 명과 함께 그 도시에 입성한, 서아프리카 태생의 지도자 알라우(Alaou)를 초대해서 '진수성찬'으로 대접했다. "콩고족, 이보족, 다호메이족, 세네갈족으로 이루어진 이들 무리는 거의 나체로 주물(呪物)들을 걸치고 그들의 최고 지도자가 흰 닭을 옆구리에 끼고 삼색휘장을 두른 프랑스 대표 옆에 앉아 있는 광경을 보았다. 그때 그들의 환희와 긍지, 열정을 묘사하기란 쉽지 않을 것"이라고 어떤 19세기 역사가가 썼다.[33]

감독관들은 북부 지방을 라보에게 맡겼다. 라보는 자유유색인 장교 빌라트를 르캅 공격에 투입하고, 참모본부를 영국군에 맞서는 최전선인 포르드페로 이동시켰다. 그는 "식민지 전체가 영국군에 넘어갈지라도, 공화국을 위해 그들이 파견한 군대가 상륙해서 환대받을 수 있는 장소를 한 곳이라도 계속 지켜서 보존하자"고 명령했다. 만약 포르드페를 방어하지 못한다면, 그들은 그곳을 파괴하고 "이 산 저 산으로" 후퇴하면서 응원군이 당도할 때까지 싸울 터였다. 프랑스군의 절망적 상태가 일종의 평등을 만들어 냈다. 대부분의 백인 병력이 "아프리카인들처럼 맨발로" 복무했기 때문이다. 프랑스 특권계급 출신인 라보 역시 자기 소유라고 주장할 수 있는 것이 아무것도 없었다. 이에 영국군이 라보에게 항복만 하면 그의 모든 재산을 지킬 수 있을 것이라고 통보하자, 그는 "내가 소유한 유일한 재산은 내가 입고 있는 군복뿐"이라고 응수했다. 한편 빌라트는 무기를 내려놓으라는 에스파냐의 권유에, 서신 대신 탄창과 총알을 보냄으로써 항복 요청에 호전적으로 대응했다. 이제 르캅과 포르드페는 북부에서 '자유의 대로'가 되었다. 그리고 그들은 그곳을 계속 지켜 나갔다. 고대하던 원군이 바다 건너에서 오지는 않았지만, 생도맹그 반란 노예들 가운데 지원자가 생겨났다.[34]

생도맹그에서 노예제가 폐지되었다. 그러나 파리에서도 노예제를 타파할 것인가? 송토나와 폴브렐이 내린 매우 창조적이지만 승인되지 않은 독자적인 결정들은 그들을 파견한 공화국에 어떻게 받아들여질 것인가? 대서양 건너에 노예해방 소식을 전하고, 국민공회에 그 조치가 얼마나 현명한지를 납득시키는 임무는 세 사람에게 주어졌다. 백인 하나, 유럽인과 아프리카계 혼혈인 하나, 그리고 아프리카에서 태어나 노예제 아래서 자란 장교 벨레이가 바로 그들이었다. 그들은 1793년 9월에 생도맹그에서 선임되었고, 얼마 뒤 다른 두 사람과 함께 식민지를 떠나 파리로 향했다.[35]

편안한 여행은 아니었다. 지상 최대의 해군력을 보유한 영국과 전쟁을 치르는 와중에 대서양을 건너는 것은 프랑스 대표단에게 매우 어려운 일이었다. 게다가 그들의 적이 영국만은 아니었다. 대표단은 망명을 떠나는 백인들로 가득 찬 배를 타고 생도맹그를 출발했다. 망명객들은 대표단과 그들이 대표하는 체제에 노골적으로 적개심을 품었다. 그 배는 그들을 갈보의 호송단과 함께 생도맹그를 떠났던 피난민들이 모여 있는 필라델피아로 데리고 갔다.

그곳에 닻을 내리자마자, 대표단을 목매달거나 총살해야 한다고 외쳐 대는 프랑스 선원들에 둘러싸였다. 백인 대표 가운데 한 사람인 루이 뒤페이(Louis Dufay)가 시내에 들어서자 곧바로 살기를 띤 군중에게 포위되었지만, 한 여인이 그를 골목길로 인도해서 보호해 준 덕분에 목숨을 구했다. 또 다른 군중이 배에 난입해서 대표들을 공격했다. 그들은 특히 벨레이에게 험악하게 굴었다. 그들은 칼, 시계, 돈, 서류들을 빼앗고, 그가 "감히" 장교로 복무하며 "백인들에게 명령했다"고 그를 폭행했다. 벨레이는 "백인들을 구하고 보호하는 방법"은 알고 있지만, 그들에게 명령하지 못할 이유는 없다고 응수했다. 군중은 흑인에게 삼색휘장을 두르도록 허용해서는 안 된다고 외치면서 삼색휘장을 제거하라고 요구했다. 벨레이가 거부하자 그들이 강제로 뜯어냈다. 그러고 나서 군중은 "흑인 편을 드는 백인들이 가장 큰 죄인"이라고 주장하며, 뒤페이의 선실을 약탈했다. 대표단 다섯 명 가운데 한 명은 군중에 의해 납치되어 인질로 잡혀 있다가 간신히 도망쳐서 나중에 뉴욕에서 다시 합류했다. 그들 가운데 일부라도 확실하게 파리에 당도하기 위해서 대표단을 둘로 나누었다. 결국 그들 중 세 명, 벨레이와 뒤페이 그리고 장바티스트 밀스(Jean-Baptiste Mills)가 보르도에 도착했고, 지역 당국에 잠시 구금되었다가 2월 중순에 파리에 도착했다.[36]

그들이 국민공회에 들어가자, 한 의원이 일어나서 "오늘은 위대한 날"이라고 말했다. 귀족과 교회의 '귀족정'이 혁명을 통해 파괴되었지만, '피부색의 귀족정'은 여전히 강력했다. 그러나 이제 모든 것이 바뀌었다. "평등이 축성되었다. 흑인, 황인(즉 물라토), 백인이 생도맹그 자유시민들을 대표해서 우리들과 함께 자리했다." 국민공회에서 박수갈채가 터져 나왔다. 또 다른 의원은 두 자유유색인 벨레이와 밀스에게 특별한 감사를 전하자고 제안했다. 그들의 계급은 "너무나 오랫동안" 억압당해 왔기 때문이다.

이튿날 뒤페이가 국민공회 앞에서 생도맹그를 뒤바꾼 사건들을 설명하는 인상 깊은 연설을 했다. 그는 반혁명 분자 갈보가 공화국의 감독관들을 공격했을 때 르캅과 주변 농장의 노예들이 어떻게 감독관들을 구했는지를 상세하게 설명했다. "그들은 '우리는 검둥이들이고 프랑스인이다. 우리는 프랑스를 위해 싸우지만, 그 대신 우리는 자유를 원한다'고 말했다. 그러면서 그들은 우리 '인간의 권리'를 덧붙였다." 뒤페이는 감독관들이 "우리의 적에 맞서기 위한 단 하나의 합리적인 방침으로서, 공화국을 위해 새로운 시민들을 만들어 냈다"고 주장했다. 그의 연설이 끝나자마자 한 의원이 일어나서, 국민공회가 공화국 전역에서 노예제가 폐지되었다고 선언할 것을 촉구했다. 반대하는 이는 없었고, 법안이 신속하게 작성되어 다음과 같이 가결되었다. "국민공회는 공화국의 모든 영토에서 노예제를 폐지한다고 선언한다. 따라서 피부색에 따른 차별 없이 모든 인간은 프랑스 시민의 권리를 향유할 것이다."[37]

벨레이는 이렇게 외쳤다. "나는 어린 시절 노예였다. 나 자신의 노력으로 자유인이 되어 나 자신을 사들인 지 36년이 지났다. 여태껏 살아오면서 나는 프랑스인이 될 만한 가치가 있다고 느꼈다." 그는 "우리에게 자유를 떠올리게 한 것은 삼색기였다"고 덧붙이면서, "내 형제들을 대신해서 우리의 핏줄에 피가 한 방울이라도 있는 한" 생도맹그의 해변과 산 위를 달릴 것이라고 맹세했다. 저명한 혁명 지도자 조르주 당통(Georges Jacques Danton)이 "이것은 바로 영국의 죽음이다!"라고 선언했다. 이제 식민지는 노예해방에서 태어난, 식민지를 수호하기 위해서 죽을 각오가 된 강력한 군대를 보유하게 될 것이기 때문이다.[38]

생도맹그에서 송토나와 폴브렐이 내린 극적인 결정은 프랑스 공화국의 법이 되었다. 노예제의 토대 위해서 번영을 이룬 이 제국은 앞으로 주인도 노예도 없고, 오로지 시민만이 있을 뿐이다. 이는 정말 급진적인 변화로, 프랑스혁명이 착수한 수많은 과제들 가운데 가장 극적인 것이다. 인간으로서 모든 권리를 빼앗겼던 사람들을 받아들여 민주공화국의 구성원으로 만든 것이다.

프랑스 식민지의 노예제는 혁명이 발발했을 때 정점에 있었고, 5년 안에 타파되고 만다. 1794년에 선포된 노예해방은 아메리카에서 노예제 폐지로 이어지게 될 굴곡진 긴 여정에서 중요한 단계였다. 그러나 생도맹그 사람들에게 이는 단지 자유를 위한 오랜 투쟁의 서막이 끝난 것일 뿐이었다.

8
돌파

투생 루베르튀르는 기다리고 있었다. 그는 1791년 이래 장프랑수아와 비아수 휘하에 복무하며 생도맹그에서 노예제를 쓸어버린 혁명의 격랑에 뛰어들었고, 1793년에 이르러 에스파냐와 동맹한 반란군 진영에서 강력하고 독자적인 지도자가 되었다. 그는 1794년 초에도 여전히 생도맹그에서 공화국에 맞서 자신의 부대를 지휘하고 있었다. 그러나 상황이 변하기 시작했다.

1791년 반란에 가담했을 때, 투생은 이미 자유인이었다. 브레다 가문이 소유한 르캅 외곽의 한 농장에서 노예로 태어난 그는, 마부로 일하면서 농장에서 가축을 돌봤다. 1770년대 언젠가 농장 관리인 베이옹 드 리베르타(Bayon de Libertat)가 투생을 해방시켜 주었다. 그로부터 몇 년 뒤에 투생은 장바티스트라는 아프리카 태생의 남자를 노예로 소유하게 되었다. 그리고 1777년에는 그를 해방시켰다. 투생은 처음에 시험 삼아 농사를 지었고, 도시 근처에 작은 커피 농장을 임차했다. 2년 뒤 임차 계약이 끝났을 때는 지주에게 노예 둘(여자 노예 하나와 아이 하나)을 빚졌다. 그들은 투생이 임차한 기간에 죽었다.[1]

19세기 중반에 투생의 아들 이삭 루베르튀르(Issac Louverture)가 아버지의 어린 시절에 대해 간략한 기록을 남겼다. 그에 따르면 투생의 아버지는 아프리카 왕자였다. 포로로 잡혀 생도맹그에 노예로 끌려온 아라다 왕의 둘째 아들이었다. 생도맹그에 유배된 왕자는 때때로 부왕(父王)의 신민이었던 다른 아라다인들을 만났다. 그들은 "그를 자기들의 왕자로 인정하고 고향의 관습에 따라" 경의를 표했다. 이삭은 주인의 친절이 유배의 슬픔을 위로해 주었다고 썼다. 그 주인은 투생의 아버지에게 작은 땅뙈기와 함께 땅을 경작할 흑인 다섯 명을 주었다. 아프리카 왕자는 가톨릭으로 개종했고, 같은 '종족'의 여인과 결혼해서 아들을 몇 두었다. 그 가운데 장남이 바로 투생이었다.

투생은 아라다족인 부모로부터 아프리카 말을 배웠고, 부모가 죽은 뒤에는 르캅에 사는 자유 흑인인 대부 피에르 바티스트(Pierre Baptiste)에 의해 양육되었다. 그의 대부는 선교사들에게 교육받았다. 투생은 대부의 보호·감독 아래 기하학과 프랑스어, 라틴어를 조금 배웠다. 또 다른 19세기의 전기 작가는 아버지 투생의 교육에 관한 이삭의 설명을 바탕으로, 장래의 혁명 지도자가 레날 신부의 저작들을 읽었다고 주장했다. 이러한 주장은 제임스(C. L. R. James)에게 영감을 주어 노예 투생을 묘사하는 글을 쓰게 했다. 그 글은 미래의 '검은 스파르타쿠스'에 대해서 들려주었고, "그가 어디에 있는가?"라는 질문에 대한 답을 투생 자신에게서 찾게 만들었다.[2]

부아카이망 의식과 마찬가지로, 어떻게 그가 '돌파'라는 의미의 루

투생 루베르튀르 당대에 이미 루베르튀르를 그린 매우 다양한 그림들이 있었다. 이 잘 알려진 판화
는 Marcus Rainsford, *A Historical Account of the Black Empire of Hayti*(1805)에서 처음으로 출간
되었다(파리 국립도서관 제공).

베르튀르(Louverture)라는 이름을 갖게 되었는지를 비롯한 투생의 이야기에서 전설과 실제를 구분하는 것은 쉬운 일이 아니다. 아니 어쩌면 불가능한 일인지도 모른다. 이삭은 그 이름의 출처를 폴브렐이 한 말이라고 추정했다. 이삭에 따르면, 루베르튀르가 1793년 말 에스파냐를 위해서 동동과 마멜라드를 점령한 직후, 감독관이 그에게 "어디서든 돌파구"를 만들 수 있다고 칭찬했다고 한다. 이 이야기를 되풀이한 또 다른 전기 작가의 주장에 따르면, '대중'이 그의 성공을 축하하기 위해서 그에게 별명을 지어 주었고, "역사는 그에게 그 이름을 남겼다." 아마도 루베르튀르라는 이름의 기원을 백인 관리의 말에서 찾기보다는 그 이름을 유명하게 만든 사람이 스스로 선택했고, "새로운 시작이라는 함의"와 함께 그 이름이 그에게 특별하고 비밀스러운 의미가 있다고 가정하는 쪽이 한층 더 안전할 것이다.[3]

프랑스 장군 팡필 드 라크루아(Pamphile de Lacroix)는 "열정이라는 프리즘을 통해서 매 순간 이해관계에 따라 평가된 루베르튀르는 잔인한 짐승 또는 가장 놀랍고 훌륭한 인물, 아니면 신성한 순교자만큼이나 자주 저주스러운 괴물로 묘사되었다. 하지만 그는 이러한 평가 중 어느 쪽에도 해당되지 않았다"고 썼다. 루베르튀르는 전 생애에 걸쳐 인생의 행로마다 백인 농장주와 관리는 물론 크레올과 아프리카 태생의 노예에 이르기까지 많은 사람들을 자신의 주변으로 모이게 했던 탁월한 정치·군사 지도자였다. "그를 만났던 대다수의 사람들에게 강한 인상을 남겼고" 백인들이 때때로 사적으로 그를 놀렸을지라도, "그가 있는 데서는 아무도 웃지 않았다." 가장 유력한 혁명가들 가운데 몇몇도 그 앞에서는 웃지 못했다. 한 당대인은 데살린도 "감히 루베르튀르의 얼굴을 똑바로 쳐다보지 못했다"고 썼다.

말을 탄 투생 루베르튀르(1800년 무렵)

그는 "명민한 지도자"로 "적들을 당황하게 만드는 데 달인"이었다. "무자비하면서도 인간적이어서, 잔인한 협박을 했음에도 불구하고 그를 배반한 자들한테조차 자비를 베풀었다." 전 생애를 통해서 그는 인간에 의한 것이든 신에 의한 것이든, 가차 없는 처벌의 가능성을 주기적으로 언급했지만, 영감의 원천으로서 가톨릭의 가르침을 상기하면서 용서하는 마음도 보여 주었다. 그는 자신을 권좌로 이끌 통로를 찾으면서, 개인의 충성을 북돋워 주고 비밀과 속임수를 효과적으로 사용한 원숙한 정치가였다. 또한 위대한 정치사상가로서 "서인도제도에서 최초이자 가장 위대한 인물이었을" 뿐 아니라, 제임스가 주장하듯 대서양 세계의 정치사에서도 탁월한 인물들 가운데 하나였다.[4]

루베르튀르의 광범위한 서신을 통해서도 우리는 그의 활동과 이념을 탐구할 수 있다. 그 편지들은 그가 손수 쓴 것은 아니다. 라크루아의 회상에 따르면, 사실 그는 "프랑스어를 잘하지 못했고," 자신의 생각을 전하기 위해서 종종 크레올어를 사용했다고 한다. "그럼에도 그는 천부적으로 프랑스어에서 말의 가치를 깨달았다." 그는 비서들에게 쉴 틈 없이 일을 시켰고, 그들이 "자신의 생각을 정확하게 표현하는 문구를" 찾아낼 때까지 여러 명과 함께 편지 한 통을 위해 여러 개의 다른 문안을 작성했다. 루베르튀르는 생각을 잠시도 멈추지 않았다. "그는 말을 타고 빛의 속도로 식민지를 누비면서 모든 것을 스스로 생각하며 행동을 준비했다. 그는 말을 달리면서도 생각했고, 경건하게 기도할 때에도 생각했다." 역사상 유일하게 성공한 노예 반란을 이끌고, 아메리카 최초로 노예제로부터 자유로 거대한 전환을 감독하며, 제국의 정치적 차원을 다시 정의해야 하는 등 엄청난 과업만큼이나 생각할 것이 많았다.[5]

1794년에 프랑스 공화국에 합류했을 때부터 루베르튀르는 생도맹그 노예들이 획득한 자유를 보호하고 확정하는 과업을 떠맡았다. 그는 군사와 민사 행정의 세세한 일들을 관리하면서, 선례도 없고 실제로 상상할 수도 없는 질서의 토대를 놓기 위해서 애썼다. 당면한 문제들은 영국령 카리브, 미국 그리고 쿠바에서 노예제로부터 자유로의 이행을 감독하게 될 다음 세대의 행정가들이 직면했던 것들이다. 다만 한 가지 결정적인 사실, 즉 그 자신이 노예 생활을 경험했다는 점에서 대다수의 후대 행정가들과 다른 면모를 보였다. 그럼에도 그가 취한 노예해방 후 조치들은 뒤를 이은 행정가들의 조치들과 유사했다. 그는 설탕과 커피 생산을 유지·재건하기 위해서 해방노예들의 자유 이동, 토지 획득, 농장 노동 기피에 맞서 그들의 자유를 제한하고 억압적인 법질서를 수립하고자 했다. 그의 통치는 노예해방이 모든 노예들에게 진정한 평등과 독립을 주는 데 결국 어떻게 실패했는지에 관한 긴 이야기의 시작에 불과했다. 그가 생도맹그에 평등하고 민주적인 다인종 사회를 건설하지 못한 것은 그의 출신을 고려했을 때 특히 비극적으로 보일지라도, 이는 그가 대서양 세계의 모든 노예해방 이후 사회의 지도자들과 함께 공유하게 되는 실패였다.

그 무렵 루베르튀르가 처한 상황은 특히 도전해 볼 만한 것이었다. 그는 반란과 전쟁으로 파괴되고 파편화된 다양한 주민들이 거주하는 식민지에서 권좌에 올랐고, 대부분의 집권 기간 동안 프랑스 본토로부터 물질적이든 정치적이든 거의 지원을 받지 못했다. 정부 최고위층에 아프리카계를 참여시키겠다는 약속을 믿은 흑인 장교로서 그는 프랑스 정부 안에 잔존해 있다가 끝내 부활하게 될 인종주의와 맞서야 했다. 그는 생도맹그에서 자유를 지켜 가기 위해서 자신의 사회경제정책들을 제약하는, 복잡하게 뒤얽힌 제국과의 분쟁과 관계를 조정해야 했다.

어떤 소설가가 웅변적으로 제시했듯이, 루베르튀르는 아이티혁명에서 '갈림길에 서 있던 지배자'였다. 서아프리카 왕족의 후손이었지만 가톨릭으로 양육되고 유럽의 예술과 학문을 교육받은 그는, 지도자로서 가톨릭의 덕목을 강조하고 식민지에서 아프리카의 전통을 억눌렀을지라도, 이 두 전통의 교차점에서 출현했다. 그러나 노예해방 후 식민지의 정치적 난제들에 직면했을 때는 아마도 그가 받은 교육의 다른 부분이 더 중요했을 것이다. 그는 살면서 노예이기도 했고 주인이 되기도 했다. 진화하는 생도맹그 식민지를 통치하면서 그는 이 두 경험을 모두 활용했다.[6]

"**나**는 투생 루베르튀르다. 당신은 내 이름을 알고 있을 것이다. 나는 복수하겠다고 약속했다. 생도맹그를 통치하기 위해서 나는 자유와 평등을 원한다. 나는 자유와 평등을 구현하기 위해서 노력했다. 형제들이여, 우리와 단결하여 공동의 대의를 위해서 함께 싸우자." 루베르튀르는 생도맹그에서 독자적인 정치 세력으로서 자신의 등장을 알렸다. 1793년 8월 29일, 송토나가 북부 지방에서 노예제를 폐지한 바로 그날 이 담화를 발표했다. 그는 자유를 요구했을지언정, 공화국과의 동맹을 고지하지는 않았다. 그 대신 송토나에 맞서 생도맹그의 진정한 자유의 수호자로서 스스로를 자리매김했다. 그 무렵 쓴 편지에서, 그는 자신이 '최초로' 노예해방의 대의를 "옹호했고, 항상 그 대의를 지지한다"고 주장했다. 노예해방을 위한 투쟁을 시작한 만큼, 자신이 그 투쟁을 마무리할 것이라고 약속했다.[7]

생도맹그의 '세 인종'에게 공화국의 기치 아래 단결하라고 호소했던 반란 지도자 라자리는 루베르튀르가 왜 아직도 나쁜 편에서 싸우고 있는지 의아해 했다. 라자리는 "모든 프랑스인의 의지를 대변하는 아버지 송토나"가 공포한 전면적 해방 법령을 루베르튀르에게 보냈다. 루베르튀르가 해방을 지지한다면, 왜 아직도 공화국에 합류하지 않고 '구체제'를 지지하며 에스파냐 왕을 위해서 싸우고 있는가? 라자리는 "시민 투생 루베르튀르" 앞으로 편지를 썼지만, "언필칭 지난날 우리 형제들의 평안한 삶을 교란시킨 …… 국왕의 장군이었고, 오늘날 가장 가톨릭적인 군주의 군대에서 복무하는 장군"이라고 덧붙이면서 비꼬았다. 그러나 라자리는 곧 '세 인종'을 위해서 함께 싸우게 되기를 기대했다. 이 점에서 그는 곧 실망하게 된다.[8]

이 무렵, 그리고 이후 몇 달 동안 루베르튀르의 행동과 동기는 신비에 싸여 있다. 1791년 말 반란자들과 당국자들의 협상에 소극적으로 참여한 이래, 그는 반군 진영에서 더욱 중요한 인물이 되었다. 이 협상 동안 그리고 1792년에 다시, 그는 자유를 얻은 지도자 몇몇을 제외하고 반란자 대다수를 농장으로 복귀시킴으로써 반란을 종식하려는 계획을 지지하고 거기에 참여했다. 그는 1792년 7월에 비아수와 장프랑수아가 식민지에서 노예제를 폐지하자고 제안한 편지에 서명하지 않았다. 1793년 6월에 장프랑수아와 비아수가 에스파냐에 합세한 뒤 몇 주 동안 루베르튀르는 그들을 따라가 '보조군'으로 복무했다. 이렇듯 그는 에스파냐가 처음에 제시한 조건들에 동의하고 있었다. 프랑스에 맞서 싸운 자들에게 토지를 비롯한 보상과 함께 자유를 준다는 것이 그 조건이었다.[9]

1793년 5월 아니면 6월 즈음에 루베르튀르는 르캅에서 공화국 관리인 라보와 접촉했다. 안타깝게도 두 사람의 접촉은 수수께끼 같은 흔적을 단 하나만 남겼다. 1년 뒤 루베르튀르는 "르캅의 참사," 즉 1793년 6월 르캅이 파괴되기 전에 자신이 '화해의 길'을 제안했지만 '거절당했다'는 점을 라보에게 상기시켰다. 현존하는 그 편지에서 이 말이 무엇을 뜻하는지는 알 수 없다. 루베르튀르의 전기를 쓴 초기의 작가들 가운데 어떤 이는 자신이 그 의미를 알았다고 생각하고, 루베르튀르의 1794년 편지들을 출판하면서 "화해의 길"이란 말 다음에 "흑인 해방과 완전한 사면의 인정"이라는 구절을 삽입했다. 빅토르 쉘세르(Victor Schoelcher, 1804~1893)*로부터 제임스에 이르기까지 역사가들은 이 말을 루베르튀르가 한 것으로 보았다. 그러나 사실상 1793년에 루베르튀르가 한 말이라는 구체적인 증거는 어디에도 없다. 우리가 아는 것이라고는 1793년에는 화해가 없었다는 사실이다. 그리고 또 한 해가 지나서야 라보와 루베르튀르가 적이 아니라 동맹자가 되었다는 사실이다.[10]

한편, 루베르튀르는 1793년 8월 '자유와 평등'을 위한 담화를 발표하고 나서도 어째서 계속 에스파냐를 위해서 싸웠을까? 루베르튀르가 공화국의 안정성과 노예해방 정책을 의심한 데에는 충분한 이유가 있었다. 북부 지방에 대한 송토나의 장악력은 보잘것없었고, 1793년 중반에 다른 사람들처럼 루베르튀르 역시 프랑스 공화국이 유럽에서도 패배의 길을 걸어갈 것이라고 생각했다. 패배하는 쪽에 가담할 이

---

* 프랑스의 정치가. 파리의 부르주아 가문 출신인 그는 20대 중반 북아메리카 여행 중에 노예제의 참상을 직접 목격하고 노예제 폐지론자가 되었다. 1848년 2월 혁명 이후 임시정부의 해군 및 식민부 차관에 임명된 그는 1848년 4월 27일의 법령을 통해서 프랑스에서 노예제를 폐지하는 데 결정적으로 기여하였다.

유는 없었다. 게다가 송토나의 노예해방은 지역적인 결정이었고, 파리 정부가 이를 비준하기 전까지는 노예해방이 이루어질 수 없다는 점을 루베르튀르는 알고 있었다. 그 사이 루베르튀르는 에스파냐의 감독을 거의 받지 않은 채, 산토도밍고로부터 식민지의 서부 해안 전역으로 뻗치는 영토를 장악하고 상당한 자치를 누리고 있었다. 10월에 영국군이 항구도시 고나이브에 입성하고자 했을 때, 그들은 "에스파냐 장군이라고 불리던 검둥이가 그곳을 장악하고" 있음을 알았다. 그의 이름은 '투산'(Tusan)이었다.[11]

1794년 초에 점점 더 많은 백인 망명자들이 미국의 망명지로부터 돌아와서 에스파냐 진영에 가담했다. 그들은 노예제나 적어도 플랜테이션 농업이 유지되는 생도맹그로 되돌아가길 희망했다. 흑인 보조군과 백인 망명자들 사이의 긴장이 보조군과 에스파냐군 사이의 문제들을 키우는 데 한몫했다. 한편, 생도맹그 특정 지역에 대한 그들의 장악력은 약화되었다. 에스파냐가 농장에서 채찍 사용을 다시 허용하고자 했을 때, 북부 반도의 일부 지역에서 노예들이 봉기했다. 에스파냐의 자유유색인 보조군도 같은 지역에서 들고 일어나, 그들의 투쟁 목표인 '자유 수호'를 위해 '공화국의 금언'을 따르는 것이 더 없이 중요하다고 선언했다. 고나이브와 아르티보니트의 산악 지대에서도 유사한 이반 현상이 나타났다. 영국의 동맹자들 가운데 일부도 영국에 등을 돌렸다. 3월과 4월 초에 북부 반도의 몇몇 자유유색인 지휘관들이 몰생니콜라 주변 지역만을 장악하고 있던 영국을 버리고 프랑스 진영에 가담했다. 공화국의 운명이 나아지는 것처럼 보였다.[12]

루베르튀르는 에스파냐 지휘관들뿐 아니라 반군 진영의 상관인 비아수로부터도 점점 더 독자적인 노선을 걷기 시작해서, 1794년 3월 말에 이르면 비아수와 노골적으로 적대하게 된다. 4월 초에 에스파냐에 협력하던 어떤 프랑스 망명자 대표는 루베르튀르가 통제하는 지역에서 '검둥이 폭도들'이 "밉살스런 공화국의 이름으로 암살과 약탈을 자행하고 우리의 재산을 불태우고 있다"고 불평했다. 루베르튀르는 검둥이 폭도들과 싸우는 대신, 그들에게 "전면적인 노예해방"을 약속하고 감히 "백인들을 죽인다면" 해방될 것이라고 말하면서 모든 노예들을 무장시켜 농장에서 데리고 갔다. 그러나 이러한 비난도 루베르튀르에 대한 에스파냐의 태도에 거의 영향을 끼치지 못했다. 에스파냐는 루베르튀르를 가장 귀중한 동맹자 가운데 하나로 인정했다. 일찍이 어떤 지휘관은 하느님이 "강림하시더라도" 루베르튀르보다 "더 순수한 인간을 찾을 수는 없을 것"이라고 썼다.[13]

4월 29일 "특별하고도 신비로운 기묘한 상황"이 고나이브에서 일어났다. 그곳에 주둔한 에스파냐의 흑인 보조군이 돌연 동맹자였던 에스파냐 장병들을 공격하면서 "프랑스 국왕의 이름으로" 항복할 것을 요구했다. 에스파냐 병사 일부가 살해되고, 다른 병사들은 수백 명의 도시 주민들과 함께 농촌으로 도망쳤다. 5월 5일 루베르튀르는 이 피난자들에게 편지를 보내 '불행한' 사태에 대해 유감을 표시하면서, 자신은 "전혀 관여하지 않았다"고 설명했다. 그러나 한 에스파냐 장교는 루베르튀르에게 보내는 편지에서 "국왕에게 충성하고 목숨을 바치겠노라고 신 앞에서" 했던 맹세를 잊지 말라며 비아냥거렸다. 루베르튀르는 피난자들에게 곧 돌아올 것이라고 약속하고는 인근의 산에 올라가서, 자신이 돌아올 때까지 고나이브 밖에 머물라고 조언했다.[14]

바로 그날, 라보가 루베르튀르에게 프랑스 진영에 합류하라고 권하는 편지를 보냈다. 루베르튀르는 권유를 받아들였다. 며칠 안에 그는 에스파냐에 대한 '노골적인 반역'에 돌입했다. 그는 고나이브에 삼색기를 게양했고 그로몬, 에너리, 마멜라드, 플레장스, 동동, 아퀼, 렝베 등 자신의 통제 아래 있는 모든 소교구를 공화국의 지배 아래 두었다. 루베르튀르는 5월 18일 라보에게 쓴 편지에서 자신이 "인류와 공화국의 적들에 의해 잘못 인도되었었다"고 인정했다. 1793년 중반에 그가 제안하고 프랑스가 거절한 바 있는 '화해의 길' 이후, "에스파냐는 왕들의 대의를 위해 싸우는 모든 이들을 위해서 나에게 보호와 자유를 제공했다. 나는 이를 받아들였고, 프랑스가 나와 내 형제들을 버렸다고 생각했다." 그러나 몇 달 뒤에 그는 에스파냐가 "흑인들이 서로를 죽여서 그 수가 감소하면" 살아남은 자들을 "이전의 노예 상태로 되돌리려" 한다는 것을 깨닫게 되었다. "과거를 잊지 말고, 영원히 다함께 단결하고, 이제부터 우리의 적들을 분쇄하기 위해서 노력하고, 배신한 이웃들에게 복수하자."

폴브렐이 6월에 의기양양하게 썼듯이, "에스파냐와 함께 싸운 세 명의 아프리카인 왕당파 지도자 가운데 한 사람인 루베르튀르는" 마침내 자신과 '형제들'의 '진정한 이해관계'가 무엇인지를 이해했다. 그는 왕들이 결코 '자유와 평등'을 지지할 수 없다는 것을 깨닫고 이제 공화국을 위해서 싸우기로 했다. 4천 명이 넘는 병력과 생도맹그에 뚜렷한 족적을 남긴 세 베테랑 장교, 앙리 크리스토프(Henri Christophe)와 모이즈(Möise), 데살린이 루베르튀르와 함께 전향했다.[15]

국민공회가 2월에 노예제를 폐지했다는 소식은 비공식 경로를 통해서 카리브 해까지 밀려왔고, 아마 루베르튀르에게도 알려져 그가 이반을 결행하는 계기가 되었을 것이다. 송토나와 폴브렐이 선포한 노예해방을 승인하면서 프랑스 정부는 충성을 확보했다. 그럼에도 불구하고 루베르튀르는 이후 몇 주 동안 신중했다. 에스파냐와 접촉을 유지하면서 자신의 거점들을 방어했지만, 이전의 동맹자들을 공격하지는 않았다. 사실 프랑스는 루베르튀르가 가져온 영토를 얻자마자, 오랫동안 기다려 오던 지원 병력을 얻은 영국군에게 포르토프랭스를 빼앗겼다. 그러나 7월 초에 루베르튀르는 자신이 요구했던 확약, 즉 문서화된 국민공회의 노예제 폐지 법령을 받았다. 그는 라보에게 보낸 편지에 이는 "인류애를 품은 모든 벗들을 안심시키는 소식"이라고 썼고, "공화국의 종복"이라고 서명했다. 그러고 나서 돌연 에스파냐에 대해 공세를 취했다. "나는 장프랑수아를 거의 잡을 뻔했다"며 그가 흥분에 차 보고했다. 장프랑수아는 가까스로 숨어 들어간 "우거진 수풀" 덕분에 빠져나갈 수 있었지만, 문서를 포함해서 모든 소지품을 내버렸다. "그는 오로지 셔츠와 바지만 건졌을 뿐이다."[16]

패퇴한 장프랑수아는 유별난 복수를 했는데, 이를 통해서 생도맹그에 대한 에스파냐의 의중이 드러났다. 포르도팽 시에서 그는 에스파냐 수비대가 "미동도 않고" 지켜보는 가운데 휘하 병사들이 에스파냐 진영에 가담한 프랑스인 농장주 7백 명을 학살하게 했다. 이 잔학 행위로 말미암아 에스파냐가 이루려고 애쓴 망명한 백인 농장주들과 반란 노예 출신의 흑인 보조군들 사이의 동맹이 더 이상 지속될 수 없다는 점이 분명해졌다. 한편 전쟁터에서 에스파냐군은 라보에게 새로운 패배를 당했다. 라보는 "그 행복한 달 7월에 승리를 기록하지 않은 날은 단 하루도 없었다"고 썼다.[17]

생도맹그에 공식적으로 노예제 폐지 소식을 전한 바로 그 배는 역설적이게도 감독관 송토나와 폴브렐에게 파리로 복귀해서 보고하라는 명령도 가지고 왔다. 두 사람은 곧 파리에서 자기들에게 복수를 노리고 있는 망명한 농장주들의 공격에 직면하게 될 터였다. 송토나에 게 "승리와 모욕이 혼재된 이 기묘한 상황은 상상도 못한 일이었다." 국민공회는 생도맹그에서 송토나의 활동이 정당했다고 인정했지만, 그와 폴브렐이 노예해방을 선포함으로써 '피부색 특권층'의 권력을 파괴했기 때문에 그들 앞에서 심판받기 위해 소환되었던 것이다. 감독관들은 라보와 새로이 공화국의 대의를 받아들인 전향자들에게 식민지를 맡겼다. 생도맹그 식민지는 이후 2년 동안 전쟁의 와중에서 프랑스로부터 지원은 물론, 정책에 대한 구체적인 지침도 받지 못했다. 외따로 남겨진 라보와 루베르튀르는 식민지를 공격하는 자들을 물리치고 노예제가 타 버린 자리 위에 새로운 질서를 건설했다.[18]

17 94년 9월 라보는 영국이 장악한 생마르크 지역의 노예들에게 "그들은 당신들을 죽이기 위해서 당신들을 무장 해제시키려 한다"고 경고했다. "당신들은 얼마나 더 '예전 주인들의 수동적 도구'로 남아 있을 것인가? 그리고 프랑스로부터 그토록 많은 것을 받은 생마르크의 자유유색인들은 언제까지 배신을 계속할 것인가? 4월 4일의 시민들*은 노예해방과 타협해야 한다. 농장에서 일이 멈추지나 않을까 두려워하는 자들은 틀렸다. 당신이 얼마나 답답한 줄 아는가! 일하는 자가 꼭 노예여야만 하는가? '아무것도' 가지지 못한 '자유인'도 일해야 할 필요성을 느끼고, '노동의 결실'을 집에 가지고 갈 수 있다는 것을 알면 인내심과 만족감을 가지고 그렇게 할 수 있다." 라보는 자유유색인들이 공화국의 지배 아래서 더욱더 잘살 것이라고

---

* 1792년 4월 4일의 법으로 시민권을 획득한 자유유색인들을 가리킴.

주장했다. 그의 요청은 시의적절했다. '점령 지역'의 많은 자유유색인들이 "그들 스스로 불의의 진영에 있다고 느끼기" 시작했기 때문이다. 그들은 인종적 평등이 유지되어야 한다는 조건을 달아 영국의 점령을 받아들였지만, 일단 점령이 진행되자 프랑스인 농장주들 사이에서 인종차별이라는 "낡은 규범으로의 퇴행"이 나타났다.

영국은 1793년 중반에 인종차별적인 영국 법을 생도맹그에 적용하기로 결정했는데, 그렇지 않으면 여러 영국령 식민지에 좋지 않은 선례를 남기게 될 것을 염려했기 때문이다. 유색인은 치안과 행정 분야의 직위에서 배제되었고, 그들의 충성심을 의심하는 영국 관리들은 그들 가운데 일부를 유배시키겠다고 위협했다. 라보는 생마르크의 자유유색인들을 설득해서 공화국을 지지하도록 만드는 데 자기 이익 추구라는 원칙만으로 불충분할 경우를 대비해서 또 다른 유인책을 마련했다. 라보는 그들이 항복하지 않는다면, 루베르튀르를 보내서 '예전 노예들'만 제외하고 온 도시를 약탈하게 할 것이라고 경고했다.[19]

몇 달 동안 루베르튀르는 고나이브에 있는 기지로부터 생마르크로 진격했다. 그는 생마르크를 점령하기 위해서 복잡한 책략을 폈다. 8월 중순에 그는 영국 장교 브라이스베인에게 항복할 의사가 있다고 알리고, 자신에게 충성하는 장교 두 명을 휘하 병력과 함께 상대 진영으로 보냈다. 그들은 사실 영국군 진영 내에 "불만을 퍼뜨리는" 임무를 띤 침투조였다. 브라이스베인의 신뢰를 얻은 루베르튀르의 요원들은 갑자기 그를 공격해서 거의 암살할 뻔했다. 생마르크의 시장이 그 도시에서 폭동을 일으켰을 때, 루베르튀르의 부대가 공격했다.[20]

치밀한 준비에도 불구하고, 생마르크에 대한 공화파의 공격은 실패로 끝났다. 루베르튀르는 하필 대포를 옮기다가 손을 다치는 바람에 모든 계획이 잘못 꼬였다고 주장했다. "늘 그랬듯이 내가 부대의 선봉에서 싸웠다면, 적들이 한 시간도 버틸 수 없었거나 아니면 내가 죽었거나 둘 중 하나였을 것이다." 그는 또 영국군을 지원한 자유유색인들의 '배신'도 비난했다. 그러나 루베르튀르는 영국과 그 지역의 자유유색인들 사이에 불신의 씨를 뿌림으로써 그들의 동맹을 약화시켰다.[21]

영국은 정말 생도맹그에서 운이 "지지리도 없었다." 영국이 포르토프랭스를 점령하고는 있지만, 그곳은 주변 산악 지대를 장악하고 도시의 물 공급을 차단할 수 있는 공화파 반란군에게 포위되어 있었다. 그 도시 남쪽에 외따로 떨어진 전초기지 비조통 요새에 주둔한 영국 병사들은 여러 차례 공화파 부대의 공격을 받았다. 포르토프랭스 주둔 병사들은 병들어 죽어 나갔다. 1794년 10월 그곳에 주둔한 영국 병사들 가운데 절반 이상이 전투력을 상실했다. 남부에서 영국군은 리고에게 일련의 패배를 당했다. 10월 초에 리고는 레오간을 점령했는데, 이는 포르토프랭스를 향해 한 걸음 내디딘 것이었다. 그는 몇 달 뒤 크리스마스이브에 남부 반도의 서쪽 끝에 있는 영국 점령 하의 티부론을 공격해서, 영국군과 싸운 바 있는 장 키나(Jean Kina) 휘하의 흑인 병사들과 함께 영국군 수비대를 격퇴하고 학살했다.[22]

에스파냐도 계속 패퇴했다. 1794년 10월 루베르튀르는 내륙의 생미셸과 생라파엘 시를 점령한 뒤, 기병대를 이끌고 수많은 에스파냐 장병들을 학살했다. 그 덕분에 귀중한 탄약과 대포를 획득할 수 있었다. 병력이 부족해서 적절한 방어 체계를 조직할 수 없었던 그는 도시들을 불태우고 철수했다. 12월 말에 루베르튀르는 데살린과 모이즈 휘하의 여러 종대(縱隊)를 활용하는 잘 조율된 작전을 전개해서 장프랑수아의 부대를 패주시키고 포위하는 데 성공함으로써 그랑리비

에르 지역을 점령했다.[23]

한때 동지였던 루베르튀르와 장프랑수아는 전장에서 포탄을 주고받으며 서로 험한 말을 서슴지 않았다. 장프랑수아는 프랑스 편에 가담한 '동지들'에게 보낸 편지에서 "공화파가 너희들에게 말한 자유는 가짜"라고 말했다. 생도맹그는 프랑스의 가장 귀중한 식민지이고, 그것 없이는 식민 모국의 '예술'과 '산업'이 파탄 날 것이라면서, 프랑스가 유럽의 적들과 평화만 맺으면 그들은 바로 흑인 동맹자들을 공격할 것이라고 주장했다. "그들은 선박들을 무장시켜 백인 병사들로 가득 채울 것이고, 너희들을 예속 상태로 전락시킬 것이다." 한편, 장프랑수아와 그 추종자들이 에스파냐 진영에서 누리는 자유는 "너무도 달랐다." 그 자유는 자선을 베푸는 당국이 부여한 것이 아니라, 그들 스스로 쟁취한 것이었다. "이미 자유인이 된 우리는 에스파냐 왕국에 의해서 신민으로 입양되었다."[24]

루베르튀르는 다음과 같이 반박했다. "당신은 공화파가 준 자유가 가짜라고 말하지만, 우리에게 자유를 준 것은 공화파가 아니다. 우리는 공화파이고 그래서 자연법에 따라 자유롭다." 오직 왕들만이 태어나면서부터 자유로운 인간을 노예 상태로 전락시킬 수 있는 권리를 감히 스스로에게 부여했다. 사실 왕들의 '신민이나 영민'인 사람들은 모두 '비천한 노예'일 뿐이다. "유일하게 진정한 인간은 공화주의자이다." 에스파냐가 장프랑수아와 장교들에게 부여한 칭호와 자긍심을 비웃으면서, 루베르튀르는 "지난날 특권층의 호사스러운 칭호가 그랬던 것처럼, 언젠가 너희들에게도 유용할 것"이기 때문에 그 칭호를 간직하라고 장프랑수아에게 말했다.[25]

10월에 장프랑수아와 비아수가 모이즈 휘하의 부대를 공격하기 시작했다. 루베르튀르는 모이즈를 지원하기 위해서 달려갔고, "공화국 만세!"를 외치는 부대를 지휘해서 그 공격을 그럭저럭 막아 냈다. 그러나 나중에 라보에게 보고했다시피, 그는 용감한 병사들 다수를 잃었고 "많은 적들을 사살하긴 했지만 그것이 손실을 보상해 주지는 못했다." 그러나 장프랑수아의 시대는 얼마 남지 않았다. 1795년 6월 대서양 너머에서 패배한 에스파냐가 프랑스와 발(Bâle) 조약을 체결했다. 한 조항에 따라서 에스파냐령 산토도밍고가 프랑스에 할양되었다. 두 당사국은 이 양보를 실행에 옮기지 못했지만, 이로써 두 식민지 사이의 전쟁은 끝이 났다. 그 섬의 절반을 차지하는 에스파냐령을 점령한 자는 루베르튀르였고, 그나마 그것도 1800년에 가서야 점령했다. 1795년 말에 이르러 발 조약 소식이 생도맹그에 당도했다. "신에게 찬미를, 장프랑수아가 곧 떠날 것"이라고 루베르튀르가 11월에 기쁨에 차 라보에게 알렸다. 떠나기 전에 장프랑수아는 라보에게 고별사를 보냈다. "당신과 같은 지위의 프랑스인들이 자기 딸들을 검둥이들에게 시집보내는 것을 보고 나서야, 나는 그들이 진짜 평등하다고 믿을 것이다."[26]

영국은 자유를 약속하면서 에스파냐가 포기한 보조군들을 끌어모으려고 했고, 몇몇은 이를 받아들여 새로운 깃발 아래에서 공화파에 맞서 싸웠다. 한편 비아수는 "영국이 보낸 붉은 제복을 입어 보면서" 루베르튀르와 전쟁을 계속하고 싶었던 것으로 보인다. 그러나 영국의 지휘를 받으면 백인 장교 아래에서 싸워야 했고, 에스파냐의 지휘를 받을 때보다 훨씬 덜 자율적일 게 분명했다. 결국 비아수와 장프랑수아 그리고 수많은 보조군 장교들은 에스파냐의 보호 아래 고국을 떠나는 길을 선택했고, 에스파냐는 그들을 제국 곳곳에 다시 정착시

컸다. 노예 반란의 선봉이었던 비아수는 플로리다에 은신처를 마련함으로써 또 다른 의미에서 선구자가 되었다. 다른 이들은 중앙아메리카 해안 곳곳에 정착하여 오랫동안 공동체를 이어 나갔다. 장프랑수아와 측근들은 여러 해 동안 에스파냐에서 살았다.[27]

이제 생도맹그에는 오직 하나의 적만 남았다. 바로 영국이었다. 1795년 8월에 그들은 미라발레 지역을 침공했고, 산토도밍고를 향해서 동쪽으로 세력을 확대했다. 루베르튀르는 반격해서 영국에 봉사하는 일군의 프랑스 농장주들을 격퇴했다. "이 부대의 용감하고 건방진 지휘관은 포위되자마자 말에서 뛰어내려 '달아날 수 있으면 달아나라!' 하고 외치면서 패잔병들과 함께 수풀 속으로 달아났다." 루베르튀르의 보고에 따르면, 전쟁터가 되었던 도로변에는 적의 시체들이 여기저기 흩어져 있었다. 게다가 미라발레 탈환과 함께 새로운 동맹자들도 얻었다. 스스로를 '도코'(Doco)라고 부르는, 그 지역에서 오랫동안 살았던 도망노예 무리의 우두머리 마드무아젤이 추종자들을 이끌고 와서 루베르튀르를 만났고, 공화국 진영에 합류했다. 도코 중에는 "아라다족 아프리카인들이 몇 명" 있었는데, 루베르튀르가 그들의 모국어로 말을 걸어서 기쁘게 했다. 그러나 9월 말에 영국군이 그 지역을 다시 공격했다. 루베르튀르는 후퇴하지 않을 수 없었고, 부대에 명령해서 농장들을 불태우고 경작자들을 데려갔다.[28]

루베르튀르의 병사들은 누더기를 걸치고 있었고 보수도 형편없었으며 때때로 굶주리기도 했다. 그는 라보에게 더 많은 총과 탄약, 탄창용 종이를 보내 달라고 주기적으로 요청했다. 1795년 초에 라보에게 밀가루를 받았을 때, 그는 마치 환자들이 의약품을 받은 것 같다고 썼다. 또 1795년 말에는 병사들이 "해충처럼 벌거벗었다"고 기록했다.

그들 가운데 4분의 3은 바지도 셔츠도 없었다. 1795년 9월 미라발레 지역에서 벌인 전투 뒤에 루베르튀르의 병사들은 영국군이 자기들 편에서 싸우는 프랑스 백인 부대를 훈련시키기 위해서 쓴 지침서를 발견했다. 루베르튀르는 정밀 조사를 위해서 그 지침서를 라보에게 보냈지만, "내 병사들의 훈련"에 활용해야 한다며 다시 돌려보내 달라고 요청했다. 온갖 어려움에도 불구하고, 루베르튀르는 적을 움찔하게 하고 일정 기간 안에 기강 잡힌 전투력을 만들어 냈다.

프랑스 장군 라크루아는 그들에 대해서 "이 아프리카인들이 탄띠, 칼, 소총 말고는 아무것도 걸치지 않았지만 모범적이고 엄격한 군기를 보여 준 것은 정말 놀랍다"고 썼다. 그는 1798년에 어떻게 그들이 거의 먹을 것도 없이 몇 달 동안 작전을 수행한 뒤에 포르드페 시를 점령하고도 그 도시의 상점이나 시장을 약탈하지 않았는지를 설명했다. 그런 병사들이 바로 생도맹그를 점령한 영국군을 격퇴하고, 나중에 루베르튀르가 더 이상 지도자가 아니었을 때에도 프랑스군을 격퇴한 군대의 핵심이었다.[29]

루베르튀르가 해방노예들로 군대를 조직했을 때에도, 그는 병사가 아닌 사람들은 농장으로 돌아가라고 설득하고 다녔다. 루베르튀르는 송토나와 폴브렐의 정책에 의지하면서 해방노예들이 농장에서 계속 일하도록 강제했다. 그러한 결정 때문에 그는 새로이 자유를 획득한 많은 식민지 주민들의 열망과 대립하게 되었다.

1793년의 노예해방 이래, 생도맹그 전역에서 해방노예들은 행정가들이 자신들의 자유에 가한 제약에 맞서 싸웠다. 주인의 권력에 항거했던 것처럼, 그들은 관리들의 권력에 맞섰다. 그렇게 하면서 자신들이 획득한 새로운 권리를 이용했다. 이 시기에 농장에서 일어난 일상적인 투쟁은 대부분이 기록되지 않았다. 그러나 노예를 해방하고 몇 달이 지난 1794년 2월에 폴브렐은 농장 노동에 대한 초기 정책을 수정하여 새로운 규정들을 발표했다. 폴브렐이 무엇을 금지했는지를 보면, 우리는 그 몇 달 사이에 해방노예들이 무엇을 했는지 알 수 있다. 주인들이 포기한 많은 농장에서 해방노예들은 채마밭을 넓혔고, 자기들이 먹을 식량을 생산하거나 이익을 얻기 위해 농장 땅 일부를 차지하기도 했다. 그들은 농장과 그 주변에서 나무를 베고 과일을 채집했으며, 경작지에서 자란 농산물을 수확해서 도시의 시장에 내다 팔았다. 나아가 농산물 수송뿐 아니라 '개인적 오락'을 위해서 농장의 말과 노새를 사용하기도 했다. 사람들은 버려진 농장을 떠나기도 했고 거기에 정착하기도 했다. 어떤 이들은 커피나무를 "베어 내 불태우고" 그 자리에 집을 지었다. 생도맹그 식민지 전역에서 해방노예들은 진심으로 자신이 땅을 받을 자격이 있다고 생각했다. 폴브렐은 한 해 전에 자신이 부추긴 혼란을 누그러뜨리기 위해서 법령에 이렇게 고지했다. "이 땅은 당신 소유가 아니다. 이 토지는 그 땅을 매입했거나 처음에 그 땅을 차지한 사람으로부터 상속받은 사람의 소유다."[30]

농장 노동자들도 감내해야 했던 노동조건에 항의했다. 송토나와 폴브렐은 노예제 아래에서처럼 여성은 남성과 동등한 책임을 지지만, 남성보다 보수를 덜 받는다고 규정했다. 2월의 법령에서 폴브렐이 여자들의 "과장된 주장"에 대해서 농장의 남자들이 잘 알고 있어야 한다고 권고하자 많은 여성들이 항의했다. "임신, 출산, 육아 때문에 여성이 취해야 하는 주기적인 휴식"뿐만 아니라, "자연이 여성과 남성 사이에 설정한 힘의 불평등"이 임금의 차이를 정당화한다는 사실을 기꺼이 받아들이지 않는다고 폴브렐은 오히려 여성들을 비난했다. 아마도 그는 농장 남자들을 자극해서 여성의 저항을 억누르려고 했던 것으로 보인다. 그러나 여성들은 여러 농장에서 계속 항거했다. 어떤 농장주가 노동자들을 모아 놓고 폴브렐의 법령을 읽어 주자, 많은 이들이 여성의 주도 아래 "노골적으로 그 정당성에 이의를 제기하면서, 이는 공인된 공화국 정부의 법령이라기보다는 그들에 맞서 백인들이 꾸민 음모" 같다고 주장했다. 그들은 관리가 와서 농장주가 한 말을 확인할 때까지 새로운 규정에 따르기를 거부했다.[31]

반란이 시작될 때부터 반란 노예들은 주당 3일의 휴무를 달라고 요구했다. 노예제 아래에서처럼 주당 6일 노동을 유지했던 폴브렐의 노예해방 법령이 1793년 말에 발표된 이후, 많은 노예들은 자기 밭을 경작하기 위해서는 하루가 아니라 적어도 주당 2일 휴무가 주어져야 한다고 요구했다. 폴브렐은 이 문제가 중요하고 잠재적으로 폭발력 있는 사안이라는 것을 알고 있었다. 그는 농장 노동자들이 주당 6일 노동과 5일 노동 중에 선택할 수 있게 하면서, 6일 노동을 선택할 경우 실질적인 혜택을 주었다. 주당 6일 노동을 선택한 농장 노동자들은 농장 생산의 3분의 1을 받을 수 있었다. 주당 5일 노동을 선택하면, 그들의 몫은 절반으로 줄어 6분의 1이 될 것이다. 이는 하루 덜 일한 것에 비하면 대단히 큰 차이였다. 그럼에도 불구하고 여러 농장에서 노동자들은 여성들의 주도 아래 더 많은 자유 시간과 적은 보수를 선택했다. 그들은 농장 관리인이 약속한 임금보다 자기 채마밭에서 스스로 거둔 수익을 더 신뢰했다. 농장 노동자들은 자기 시간을 자기 마음대로 쓰기 위해서 다른 방식으로 투쟁했다. 누군가 어두워진 다음에 사탕수수밭에서 일해야 한다면 그것은 남자여야 한다고 말하면서, 여성 노동자

두 명이 밤에 일하라는 관리인의 요구를 거부했다.[32]

폴브렐과 송토나는 해방노예들의 '권리 주장'을 억누르기 위해 처벌 규정으로 위협했다. 사실 폴브렐이 2월에 만든 체계는 노예제 이후에 아메리카 전역에서 등장하게 될 사회 형태를 섬뜩할 정도로 정확하게 예견한 것이었다. 더 이상 누구의 재산으로 소유될 수 없는 노동자들은 이제 법에 따라 그리고 가난 때문에 구금되어야 했다. 농장 관리인에게 항거하면 그들은 구금되거나 공공 작업장에서 강제 노역에 처해졌다. 절도죄가 드러나면 벌금형을 받았다. 그들이 농장에서 생산된 식량이나 상품을 가져가거나 농장 "땅에서 자생한 산물"을 채취했을 때에도 마찬가지로 절도죄가 적용되었다. 더군다나 벌금을 지불할 돈을 가진 사람이 거의 없었기 때문에 그들은 대개 구금되었다. 지난 수십 년 동안 도망노예들이 그러했던 것처럼, 이러한 노예제와 유사한 상태를 거부하고 도망치는 자들이 생겨났다. 어떤 이들은 군대에 들어감으로써 일종의 피난처, 아니면 적어도 새로운 위험과 함께 더 많은 가능성을 찾았다. 물론 여자들은 이러한 방식으로 농장을 벗어날 수 없었다. 노예해방 이후 생도맹그 사회의 모습을 결정한 해방 조건들에 대한 하루하루의 투쟁이야말로 그들에게는 전쟁이었다.[33]

1794년 말, 더 많은 영토를 장악하게 되자 루베르튀르는 일찍이 송토나와 폴브렐이 직면한 것과 똑같은 문제들에 부닥쳤다. 영국 점령 지역을 탈환하고 나서 그는 다시 노예가 된 사람들을 재차 해방시켰다. 그곳에 거주한 영국인과 프랑스인 농장주들의 노력에도 불구하고, 그 지역 농장들은 몇 년에 걸친 반란과 전쟁으로 폐허가 되었다. 1794년 7월, 한때 번성했던 아르티보니트 지역에서, 루베르튀르는 농장들이 "모두 파괴되었다"고 라보에게 보고했다. "모든 것이 부서지고 흩어졌다." 플레장스에서는 유일하게 농장 한 곳만 방화를 면했고, 인근의 평원에서는 농장 몇 곳만이 "온전했다." 루베르튀르는 지불할 것이 하나도 없었기 때문에 경작자들에게 보수를 지급하라는 라보의 훈령을 따를 수 없었다고 설명했다. 그들은 먼저 무언가를 생산해야 했다. 루베르튀르는 질서를 유지하기 위해서 권위와 함께 아마도 폭력을 사용했을 것이다. 그는 전투가 벌어지는 동안 달아났던 플레장스의 '노동자들'이 자기가 내린 명령에 따라 모두 농장으로 돌아왔다고 만족스럽게 지적했다.[34]

1794년 11월, 루베르튀르가 관할하는 지역을 방문한 라보는 플랜테이션 경제가 재건되는 것을 보고 기뻐했다. 그는 "모든 주민들, 특히 백인들이 침이 마르도록 투생의 선정에 경의를 표했다"고 썼다. 루베르튀르는 '피부색'과 '이념'을 가리지 않고 모든 사람들을 도왔다. 백인 농장주들이 자기 농장으로 돌아왔고, 백인 여성들은 너도나도 이 '놀라운 사람'으로부터 받은 도움에 관해서 이야기했다. 프티리비에르에서는 1만5천 명의 경작자들이 집으로 돌아왔다. 사람들은 자신들에게 자유를 준 공화국에 감사했고, 루베르튀르 덕분에 열심히 일하게 되었다고 라보가 자랑스럽게 말했다. "백인, 흑인, 물라토, 병사, 경작자, 지주, 이 모두가 덕망 있는 지도자를 칭송했다. 루베르튀르의 배려가 그들 사이에 질서와 평화를 유지시켰다."[35]

루베르튀르는 1795년 중반을 회상하면서, 모든 산악 지대가 '봉기'하고 농장들이 '버려진' 상태에서, 경작자들이 작업에 복귀할 수 있도록 어떻게 자신의 모든 "인내와 역량"을 사용했는지를 이야기했다. 그러나 그는 위협도 사용했다. 루베르튀르는 1795년 3월의 포고령에서 프랑스 헌법은 "시민들의 재산권"을 보장했고, 그의 휘하 장교들은 소유권을 존중할 것이라고 선언했다. 한편 재산이 없는 해방노예들은 24시간 안에 농장으로 돌아가라고 지시했다. 그들은 노동의 대가로 임금을 받겠지만, 돌아가지 않겠다고 말할 자유는 없었다. "노동은 필수이고 미덕"이라고 루베르튀르가 말했다. "모든 게으름뱅이와 부랑자들은 법에 따라 처벌될 것이다." 몇 달 뒤 라보에게 보낸 편지에서, 루베르튀르는 "경작자, 십장, 관리인들을 모으고, 그들에게 자유와 불가분의 관계인 노동을 사랑하라고 훈계하느라 바쁘다"고 썼다.[36]

처음부터 루베르튀르는 영국으로부터 탈환한 지역의 백인 농장주들을 책망하지 않고 관용을 베풀었다. 그들 대다수가 적극적으로 영국의 점령을 지지하고 심지어 프랑스에 맞서 무기를 들었다는 사실을 알았지만, 그는 그들의 배신을 처벌하는 데 관심을 갖지 않았다. 이점에서 그는 프랑스의 정책 방향을 거슬렀다. 프랑스는 공화국을 배반한 것으로 간주된 자들에게 종종 매우 가혹했다. 예를 들면, 1794년 과들루프에서는 공화파인 현지 사령관 장바티스트 위그(Jean-Baptiste Victor Hugues, 1762~1826)*의 명령으로 영국 편에서 싸운 수백 명의 프랑스인 농장주들을 처형하고 집단으로 매장했다. 루베르튀르 자신의 경험이 용서와 망각의 이점을 보여 준다. 이를테면 그가 거의 1년 동안 적대국인 에스파냐를 위해 싸웠다는 사실에도 불구하고, 1794년 공화국은 두 팔 벌려 그를 받아들였다. 그 또한 플랜테이션 경제를 재건하기 위해서는 생도맹그 식민지에서 이 농장주들이 필요하다고 생

---

* 마르세유의 부유한 상인 가문 태생인 그는 14살 때 삼촌을 따라 생도맹그에 정착했다. 프리메이슨으로 활동하며 프랑스혁명을 지지하는 잡지를 발행하다가 1791년 본토로 들어가 직접 혁명에 참여했다. 1793년에 로슈포르 혁명재판소 검사로 지명되었고, 1794년에는 공화국 위원으로 과들루프에 파견되었다.

각했다.

1795년 8월 루베르튀르가 영국으로부터 미라발레 지역을 탈환했을 때, 그는 해방노예들이 "잘 경작하고 있는, 최상의 상태"에 있는 훌륭한 농장들을 발견했다. 그곳에는 영국의 보호 아래 모여든, 생도맹그의 다른 지역에서 온 수백 명의 백인 농장주들이 있었다. 루베르튀르는 그들이 집으로 돌아갈 수 있도록 통행증을 만들어 주었고, 공화국에 의해 몰수된 땅을 그들에게 되돌려 줄 수 있도록 허락해 달라고 라보에게 요청했다. 루베르튀르의 생각처럼, 그렇게 버려진 땅들은 억지로 떠맡은 행정가의 수중에서 관리될 때보다는, 농장을 재건하는데 필요한 전문 기술을 가진 바로 그 주인들이 다시 맡을 때 재건하기가 훨씬 쉬웠다. 루베르튀르는 이 농장주들이 내부에서 노예해방 체제에 도전하는 것을 두려워하지 않을 만큼 자기 권력에 대한 확신이 있었다. 실제로 자기 농장으로 귀환한 많은 농장주들은 루베르튀르의 정복과 함께 노예제가 회복될 가능성이 점점 줄어든다고 생각했다. 그러면서 다소 줄어들기는 했지만 계속 수익을 올릴 수 있는 가능성을 제공하는 새로운 질서를 기꺼이 받아들였다. 그렇다고 농장주들의 복귀가 언제나 수월했던 것은 아니다. 그들은 종종 관료제의 장벽이나 지역 당국에 의해 농장 관리를 위임받은 관리인들의 저항에 직면해서, 자신들이 잃은 토지에 대한 소유권을 다시 확보하지 못했다. 그럼에도 불구하고 많은 농장주들이 되돌아왔다. 루베르튀르는 생도맹그에서 활동하는 내내 귀환하는 농장주들을 환영하는 정책을 폈는데, 그 과정에서 동지도 적도 만들었다.[37]

루베르튀르는 엉망이 된 농장 체제를 유지·복원하기 위해서 예전 농장주들과 함께 수월하게 일했다. 사실 1795년에 그는 고나이브 인근의 산악 지대인 에너리에 농장을 직접 취득하여 지주가 되었다. 이후 몇 년 동안 이 농장은 그에게 피난처가 되기도 했다. 1799년에 이르자 루베르튀르는 농장 몇 개를 더 소유하게 되었다. 1799년 초에 프랑스에서 발표된 한 기사에 따르면, 그 농장 가운데 하나는 경작자들의 집과 잘 자란 커피나무로 둘러싸여 있으며, "모든 것이 정돈되고 품위 있는" 저택이 딸린 '최상급'의 농장이었다. 물론 새로운 체제에서는 지주들이 노예제 아래에서 누렸던 것처럼 노동자들에 대한 무제한적인 권력을 가지고 있지 않았다. 이 식민지 국가는 노예해방에 헌신했다. 그러나 또한 해방노예들을 농장에 머물게 하고, 해방되기 전에 했던 것과 똑같이 일을 강요하는 데에도 혈안이 되었다. 해방노예들의 선택은 루베르튀르 체제의 정책들에 의해 제한되었고, 그의 명령에 따라 임명된 '농업 종사관들'에 의해 강요되었기 때문에, 해방노예들은 결국 1793년 폴브렐의 규정 아래에서 했던 것을 되풀이했다. 그들은 가능한 최대로 채마밭을 확대해 나가고 노동조건을 협상하고, 때로는 더 좋은 농장을 찾아서 불법적으로 농장을 떠났다.[38]

일부 농장 노동자들은 그의 목표가 노예제를 부활하는 것에 불과하다고 주장하면서 루베르튀르에 항거했다. 1795년 1월 초, 그의 휘하 장교 블랑 카즈나브(Blanc Cazenave)는 루베르튀르가 '구체제'를 복원하려 한다고 주장하면서 아르티보니트 지역의 경작자들을 결집해서 봉기했다. 6월에는 마멜라드 소교구에서 또 다른 인물이 루베르튀르가 자신들을 다시 '백인들의 노예제'로 몰아넣기 위해서 일을 시켰다고 주장하면서 경작자들을 선동했다. 루베르튀르가 임명한 농장 관리인이 여럿 살해되었다. 루베르튀르는 "나는 몸소" 반란 노동자들을 "설득하기" 위해서 그들을 찾아갔지만, "오히려 다리에 총을 맞았고, 아직도 그 때문에 상당한 고통을 겪고 있다"고 썼다. 그 지역의 수확은 대부분 반란 동안 불에 타 없어졌다. 루베르튀르는 잘 훈련된 해방노예 부대를 동원해서 이러한 폭동들을 진압했다. 그러나 그가 노예제의 복원을 준비하고 있다는 소문은 이후 몇 년 동안 계속해서 그를 괴롭혔다. 그런 소문과 소문들이 부추기는 폭동에 직면해서 루베르튀르는 자유를 유지하기 위해 자유를 제한할 필요가 있다고 주장하면서 자신의 정책을 고수했다.[39]

17 96년 2월, 북부 지방 포르드페 인근 산악 지대에서 농장 노동자들이 폭동을 일으켰다. 백인 여러 명이 살해되었다. 서부에 있던 루베르튀르가 밤새 달려가 친히 폭도들과 대면하고, 봉기한 이유를 들었다. 라보에게 보낸 편지에 그는 폭도들과 나눈 대화 내용을 요약했다. 그 대화는 분명 루베르튀르가 묘사한 것보다 더 복잡하고 다루기 어려운 것이었지만, 그 편지를 통해 루베르튀르가 펼친 정치철학을 들여다볼 수 있다.

편지에 따르면, 그는 폭도들이 저지른 살인을 비난했고, "자유를 지키고자 한다면, 공화국의 법에 복종하고 유순하게 노동해야 한다"고 그들에게 말했다. 그는 "신이 말씀하시기를, 구하라 그러면 받을 것이요, 두드리라 그러면 열릴 것이니라" 하고 말했다. "그러나 그는 당신들이 필요한 것을 구하기 위해서 죄를 저지르라고 결코 말하지 않았다." 폭도들은 루베르튀르에게 그가 "모든 흑인들의 아버지"이고 "우리의 행복과 자유"를 위해서 열심히 노력해 왔다는 것을 안다고 말했다. 그러나 자신들이 무기를 들 만한 이유가 있었다고 주장했다. "혁명이 시작된 이래" 언제나 그들의 지도자였고, "언제나 우리와 함께 보잘것없는 식사를 하며 우리가 자유를 쟁취할 수" 있게 해준 에티엔 다티(Etienne Datty)가 지역 관리들에 의해 해임되었는데, 그들은 그 이유를 이해할 수 없다고 했다. 다티의 해임으로 촉발된 봉기는 지역 행정에 대한 광범위한 불만에 의해서 조장되었다. 폭도들은 "그들이 우리를 노예로 만들려고 한다. 이곳에 평등은 존재하지 않는다"고 설명했다. 루베르튀르가 지휘하는 곳에서는 "백인들과 유색인들이 흑인들과 함께 단결했다. 모두가 한 어머니에게서 태어난 형제 같았다." "장군, 그것이 우리가 평등이라고 부르는 것이요." 그러나 포르드페에서는 사정이 달랐다. 흑인들은 멸시받고 학대당했다. 농장에서 일하는 사람들은 그들이 생산하는 것만큼 충분한 몫을 받지 못했다. 그들은 매일 고통받고, 잠재적으로 항거하기 어려운 괴롭힘을 당했다. "우리가 우리의 닭과 돼지를 팔러 도시에 갈 때, 그들은 우리가 닭과 돼지를 그들에게 거저 주지 않을 수 없게 만들었다. 우리가 항의하려고 하면 경찰이 우리를 제지했다. 그들은 우리를 감옥에 처넣고 먹을 것도 주지 않았다. 우리는 석방되기 위해서 돈을 내야만 했다." 반란자들은 이렇게 선언했다. "이건 자유가 아니다."[40]

루베르튀르는 그들이 제시한 모든 이유가 정당한 것처럼 보일지라도 봉기한 것은 잘못이라고 근엄하게 대답했다. 그들은 그를 견딜 수 없을 정도로 난처하게 만들었다. 루베르튀르는 이전에 "그들에게 자유를 준 자비로운 법령을 제정한 것에 대해 모든 흑인의 이름으로 감사의 뜻을 전하고," 프랑스와 다른 모든 나라에 그들이 자유를 누릴 만하다는 것을 입증하기 위해서 "열심히 일할 것이라고 다짐하며" 국민공회에 특사를 파견했다. 그리고 프랑스가 지원해 준다면, 식민지 주민들은 '전 우주'에 자유인들이 일하는 식민지가 번영할 수 있음을 보여 주겠다고 의기양양하게 선언했다. 그런데 포르드페의 반란자들이 한 짓을 안다면 국민공회가 어떻게 생각하겠는가? "대답해보시오"하고 그는 되물었다. 이제 그가 틀렸다는 것이 드러나 "창피를 당할"게 분명했다. 프랑스 정부가 "흑인들은 해방되어서는 안 된다. 그들이 해방되면 더 이상 일하려 하지 않을 것이고, 도둑질과 살인 이외에는 아무것도 하지 않을 것"이라고 주장했던 '자유의 적들'이 주장하는 바를 받아들일 것이다. 이제 그들은 루베르튀르가 확실하게 흑인들을 복종시킬 수 있는지를 묻게 될 것이다.[41]

몇 달 뒤에 루베르튀르는 생루이뒤노르 소교구 인근의 반란 경작자들에게 유사한 포고령을 발포했다. "해방노예들이 자유에 대해 감사하기는커녕 '그들의 손에 프랑스 어린이의 피를 묻혔다'는 것을 프랑스 인민이 알면 뭐라 말하겠는가?"라고 그는 물었다. 그들에게 자유를 주기 위해서 프랑스가 번영하는 상업과 가장 번창하던 공장을 희생했는데, 어떻게 감히 프랑스가 노예제를 복원하고자 했다고 주장할 수 있는가? "형제들이여, 자중하라. 식민지에는 자유유색인과 백인을 합한 것보다 더 많은 흑인들이 있다. 무질서가 발생하면, 공화국은 우리에 반대해서 움직일 것이다"라고 경고했다. 그는 "선량한 시민들이 프랑스 공화국을 욕한 자들을 고발해야 한다"고 주장했다.[42]

루베르튀르는 다티를 그 지역 군대의 요직에 임명함으로써 폭도들을 회유하고자 했다. 그러나 그의 중재는 궁극적으로 효과가 없었다. 5월에 다티는 다시 무기를 들었다. "산악 지대의 모든 경작자들이 봉기했다"고 루베르튀르가 썼다. 그들은 "식량을 파괴하고" 농장에서 생산된 것을 옮기기를 거부했다. 루베르튀르가 "생도맹그를 영국에 넘기고 자신들을 노예 상태로 되돌리려 한다"는 소문이 퍼졌고, 일부는 프랑스 정부가 노예제를 복원하려 한다고 주장했다. 루베르튀르는 5백 명의 병력과 함께 데살린을 보내 적어도 얼마간은 그 지역의 질서를 회복했다.[43]

결국 루베르튀르가 포르드페에 군대를 보내야 했다면, 이는 그들이 "자유가 허락되지 않은 채" 살아가고 있다는 폭도들의 이유 있는 불평에 그가 구체적인 답변을 하지 않았기 때문이다. 그의 대답은, 자유를 유지하고자 한다면 오직 공화국의 규칙에 따라서 살아야 한다는 것이었다. 그들은 프랑스에 감사해야 하고, 그들 스스로 자유를 누릴 만하다는 것을 보여 주어야 했다. 물론 그런 언명들이 많은 것을 가리고 있었다. 왜냐하면 생도맹그 해방노예들의 자유는 자비로운 공화국이 준 헤픈 선물이 아니었기 때문이다. 국민공회는 노예해방 원칙을 비준하고 정당한 것으로 인정하는 중요한 조치를 취했고, 그렇게 함으로써 용감하게 이익보다 원칙을 우선했다. 그러나 그들은 송토나의 노예해방 포고가 인도하는 대로 했을 뿐이고, 그 노예해방령은 자유를 얻기 위한 생도맹그 반란자들의 강인한 노력에 대한 대응이었을 뿐이다. 노예제 폐지의 진정한 주역은 보잘것없는 식사를 하며 자유를 추구한 바로 이 반란자들이다. 프랑스의 식민 지배 아래서 오랫동안 노예 상태로 고통을 당한 그들이 2년 동안 전쟁을 치르고 나서 쟁취해 낸 해방이다. 그런데 어째서 프랑스에 은혜를 입었다는 것인가? 이제 자유인이 된 그들이 왜 이전에 노예들에게 기대했던 것과 똑같은 복종과 노동을 프랑스에 되갚아야 하는가?

루베르튀르는 반란의 핵심에 있었고, 자유는 주어지는 것이 아니라 쟁취하는 것임을 잘 알고 있었다. 그러나 그의 관심은 그 자유를 어떻게 보전할 수 있는가에 있었다. 1794년에 프랑스의 지도자들이 아무리 원칙에 충실했을지라도, 궁극적으로 프랑스 국민은 생도맹그가 지난 세기 동안 생산했던 상품들을 계속해서 대서양 건너로 보내 줄 때에만 노예해방의 원칙을 고수할 것이라는 점을 그는 잘 알고 있었다. 자유는 달콤하지만 대가를 치러야 했다. 프랑스는 여전히 달콤한 설탕이 필요했고, 설탕과 함께할 커피도 필요했다. 한 당대인의 설명에 따르면, 루베르튀르는 이런 금언을 남겼다. "흑인들의 자유는 농업의 번영을 통해서만 확고해질 수 있다."

플랜테이션 농업을 유지하기 위한 대안은 있었다. 노예제 폐지론자 콩도르세는 노예제가 해체되었을 때, 해방노예들에게 작은 땅뙈기를 나누어 주면서 사적으로 사탕수수를 재배하게 하고, 정제와 수출을 위해서 국영 작업장으로 사탕수수를 가져오도록 했다. 그러나 루베르튀르는 다른 프랑스의 행정가들처럼, 감내하기에는 너무나 많은 비용과 위험을 가지고 있는 것처럼 보이는 이 대안을 진지하게 고려하지 않았다. 그 대신 그는 어떤 희생을 치르더라도 플랜테이션 경제를 재건하는 데 사활을 걸기로 결심했다. 왜냐하면 그렇게 하지 않을 때 드는 비용이 훨씬 더 컸기 때문이다. 루베르튀르도 파악하고 있었듯이, 자유의 적들은 미국의 망명지와 파리뿐만 아니라, 자기가 매일 맞부딪치고 있는 생도맹그의 영국군 진영에서도 활동하고 있었다. 그들은 오랫동안 노예해방은 재앙이 될 것이라고 주장해 왔고, 해방될 노예들이 무능력하다는 것을 확증하기 위해서라면 그들이 갖고 있는 정보는 무엇이든 활용했다. 노예해방은 무너지기 쉬운 허약한 것이었다. 자유를 얻기 위해서 루베르튀르는 그 자유가 노예들이 꿈꾼 자유보다 덜한 것이라도 우선은 받아들여야 한다고 결심했을 것이다.[44]

일부 해방노예들은 농장 밖이나 산기슭에 있는 땅을 살 수 있을 만

큼 충분한 돈을 모았고, 몇몇은 자신들에게 토지를 내놓으라고 요구
했다. 그러나 대다수는 한때 노예로 일했던 농장에서 고된 노동을 해
야 했다. 1950년대에 인종학자 오데트 므네송리고(Odette Menesson-
Rigaud)는 아이티혁명기에, 아마도 1800년부터 불리기 시작한 것처럼
보이는 슬픈 부두교 노래 한 곡을 채록했다. 그 시기 생도맹그는 내
전 중이었고, 루베르튀르 휘하의 장군 데살린이 남부에서 리고에 맞
서 부대를 지휘하고 있었다. 이 두 적수는 공통점이 있었다. 둘 다 그
들이 통제하는 지역에서 군사화된 노동 체제의 지도자였다는 점이다.
사실 해방노예였던 데살린은 여러 개의 대농장을 경영했다. 생도맹그
대부분 지역에서 늙은 백인 농장주들이 떠났을지라도, 해방노예의 압
도적 다수는 여전히 그들과 그들 조상들이 일했던 땅에 대해 아무런
주장도 하지 못했다. 1950년대에 채록된 그 부두교 노래는 아마도 해
방노예들이 그 상황에 관해서 기록했던 역설의 흔적과 일구어 온 땅
이 그들의 것이 아니라는 것을 알게 되었을 때 느낀 슬픔을 우리에게
보여 주려는 듯하다. "리고, 데살린! 당신들은 이 땅이 우리를 위한 것
이 아니라 백인들을 위한 것이라는 사실을 이해할 수 있습니까?" 하
고 그 노래는 절규한다.[45]

9
권력

1795년 초에 벨레이는 국민공회에서 다음과 같이 질의했다. "시민 동료 여러분! 농장주들이 주장하는 것처럼, 자연이 공정하지 않아 어떤 사람들을 다른 사람의 노예로 만들었다고 믿으십니까?" 벨레이는 지난해 동료들과 함께 프랑스 제국에서 노예제 폐지에 관한 표결에 참여했을 때부터 생도맹그 대표로서 일해 왔다. 그러나 그와 함께 의원직을 수행한 동료들 가운데 몇몇은 노예해방 법령에 반대하고 있었다. 인도양의 식민지 일드프랑스(Ile de France)*의 대표인 농장주 브누아루이 굴리(Benôit-Louis Gouly)는 국민공회에서 생도맹그의 해방노예들을 철저하게 인종주의 관점에서 묘사하는 연설을 했다.[1]

---

* 인도양의 마다가스카르 동쪽에 위치한 섬으로, 1516년 네덜란드인들이 처음 발을 디딘 이래, 1715년 프랑스령이 되었다가 1810년 영국에 할양되어 모리셔스라 불렸다. 1968년 독립하여 현재 인구 130만 명의 공화국이 되었다.

"청각기관을 통해서만" 영혼에 접근할 수 있고, "큰 북소리나 악쓰는 소리를 들어야만" 움직이고, 눈에는 "활기"가 없고, 그 "얼굴"이 "바보의 모습"을 대표하는 사람들에게 자유와 시민권을 부여하는 것은 터무니없는 짓이라고 굴리는 주장했다. "그는 움직이지만 반응하지 않는다. 그는 종종 노래하지만 좀처럼 말하지 않는다. 그는 결코 아픔이나 기쁨의 감정을 눈물로 자아내지 않는다. 그는 고통을 겪지만 결코 불평하지 않는다"고 덧붙였다. "그는 의욕도 없고 휴식을 좋아하고 절대적으로 노동을 싫어한다. 그의 기쁨은 아무것도 하지 않는 것이다. 그는 모든 행복을 잠에서 찾는다." 요약하면, 그런 인간들은 시민권이 요구하는 역량을 하나도 가지고 있지 않았다. 이런 견해를 개진하면서 굴리는 모로 같은 사상가들이 노예해방 전에 했던 주장을 되풀이했고, 식민지는 본토에 적용되는 것과 다른 특별법을 통해 통치해야 한다고 주장했다.[2]

굴리의 인종주의가 유별난 것은 아니었다. 앞으로도 오랫동안 대서양 세계를 따라다니며 괴롭힐 친노예제 전통의 일부였다. 주목할 것은 오히려 그의 말과 바로 그의 존재를 통해서 이러한 주장을 반박할 수 있는 해방노예가 프랑스 정부의 핵심부에 있었다는 사실이다. 해방노예에 대한 굴리의 '기괴한 묘사'에 응수하면서 벨레이는 "나는 아프리카에서 태어났다"라고 자랑스럽게 말했다. 비록 흑인들이 주인들에 의해 짐승처럼 살아오긴 했지만, 그들은 여전히 인간이라고 그는 설명했다. 그들의 둔감함은 본질적인 속성이 아니라, 노예들의 "피와 땀으로" 살아가면서도 "25년 동안 아프리카인들을 고문하는 데 전념했던 호랑이같이 포악한" 굴리 같은 "잔인한 주인들"의 지배 아래서 그들이 겪어야 했던 퇴화의 결과였다.[3]

벨레이는 "폭정의 땅으로 끌려온 어린아이"였던 자신이 어떻게 "고된 노동과 땀으로" 30년 전에 자유를 획득했는지를 설명했다. 그때 이후로 "나는 언제나 내 나라를 사랑했다"고 말했다. 최근에 생도맹그에서 "해방되어 프랑스인"이 되었고, "공화국의 권리"를 수호하기 위해 "용감하게" 싸운 흑인들도 마찬가지였다. 반대로 "지배자로 태어난" 백인 주인들은 그들이 할 수 있는 만큼 많은 지역을 영국에 넘겼다. 해방노예들은 프랑스에 충분히 봉사할 수 있다. 불충한 농장주들이야말로 시민권을 받을 자격이 없다. 굴리는 카리브 지역에서 족쇄와 노예, 폭군만 보려 했고, 그의 '검둥이 혐오'(negrocidal) 이념은 프랑스와 인간의 권리에 대한 위협이었다.[4]

몇 달 뒤에 국민공회에서 또 다른 의원이 "더 이상 아프리카인이 규율을 감내할 수 없다고 말하도록 내버려 두지 말자"고 주장했다. "자유를 향한 사랑은 그들이 무엇이든지 할 수 있게 만들며, 에스파냐와 영국에 가한 타격은 그들의 용기를 입증하는 명백한 증거이다." 그는 공안위원회를 대표해서 발언했는데, 이 막강한 위원회는 식민지의 상황에 관한 보고서를 막 완성해 놓고 있었다. 그 보고서는 벨레이의 주장 가운데 많은 것을 확증했다. 생도맹그의 백인 농장주들은 귀족이 그들의 영민(領民)에게 집착했던 것만큼이나 노예제에 집착했고, "편견에 눈이 멀어 자기 노예들을 포기하기보다는 외국의 폭군들에게 의탁하는" 길을 선택하는 죄를 지었다. 그러나 노예제가 폐지되었을 때는 아프리카인, 백인, '황인'(물라토) 등 모든 인종이 "다같이 자유의 대의를 위해서 헌신적으로" 싸웠다. 노예제가 없으면 작업도 없을 것이라고 주장한 노예제 옹호자들이 협박조로 제기했던 견해들이 틀렸다는 것이 입증됐다. "더 이상 경작을 위해서 노예제가 필요하다고 말하지 맙시다"라고 의장이 말했다. 해방노예들은 여러 농장에서 전처럼 일했지만, 아무런 대가 없이 일하도록 강요당하지 않았고 임금을 받았다. 식민지에서 생산성이 감소되었다면, 이는 '혁명의 격랑'이 가져온 결과일 뿐이었다. "자유를 획득한 새로운 경작자들"이 이내 농장으로 돌아왔고, "작업에 전념했다." 자유는 그들에게 "노예제 아래서 시달린 사람들한테서는 결코 찾을 수 없는 힘"을 주었다.[5]

이 연설은 1795년 내내 맹위를 떨친, 노예해방의 결과와 그 미래에 대한 논쟁의 일부였다. 농장주들은 새로운 상황에서 친노예제 주장을 되풀이하면서 해방노예들을 게으름뱅이와 야만인으로 묘사했고, 노예해방 지지자들은 해방노예를 이상적인 공화주의자, 용감한 병사, 근면한 노동자 그리고 충성스러운 시민이라고 기술했다. 양측은 긴 소송에서 맞붙었는데, 송토나와 폴브렐이 농장주들이 장악한 위원회에 맞서 싸웠다. 농장주들은 감독관들이 생도맹그에 체류하는 동안 내린 조치들을 공격하는 데 온 힘을 기울였다. 소송이 진행되는 동안 폴브렐이 병들어 죽었다. 송토나는 그를 비난하는 자들에 응수하고 죄를 추궁하면서 혼자 소송을 이어 갔다. 결국 송토나는 그 자신과 전면적인 노예해방 법령의 정당성을 입증했다. 처음으로 노예해방 비판자들이 궁지에 몰렸다.[6]

1795년 중반, 프랑스에서 새로운 헌법이 통과되었다. 새 헌법에 따라 국민공회는 원로원과 5백인회의라는 두 회의체로 구성된 입법단(Corps Législatif)으로 대체되었는데, 총재정부라 불린 행정부의 감독을 받았다. 그 헌법은 프랑스혁명의 급진적 국면으로부터의 후퇴를 법제화했지만, 노예해방 법령을 인정했고 식민지들을 프랑스 공화국의 "빠뜨릴 수 없는 일부분"이라고 선언했다. 프랑스 본토와 생도맹그의 도(département)들 사이에는 어떠한 사법적·정치적 차별도 없었다. 총재정부는 1796년 초에 생도맹그에서 헌법을 시행할 새로운 감독관들을 임명했다. 임명된 다섯 명 가운데에는 1791년에 감독관으로 복무했던 생로랑과 10년 동안 유랑한 끝에 생도맹그로 돌아온 자유유색인 활동가 레몽 그리고 송토나가 있었다. 이 셋 가운데 가장 짧은 기간 동안만 생도맹그를 떠나 있었던 송토나조차도 자신이 알고 있던 것과 완전히 다른 식민지를 발견하게 될 것이었다.[7]

18개월에 걸친 전쟁으로 아프리카계로 구성된 새로운 집단의 군사 지도자들이 등장했다. 1795년 초에 국민공회는 그들 가운데 가장 중요한 네 인물, 즉 리고, 보베, 빌라트 그리고 루베르튀르에게 공훈을 포상하고 여단장급인 육군 준장으로 진급시켰다. 그들은 영국에 맞서 싸우면서 공화국에 충성을 다했지만, 관할 지역에서 자율적으로 작전을 벌이면서 군사 지도자인 동시에 지역 행정관의 역할을 맡았다. 그들은 생도맹그 시민들을 동원하고 통제할 수 있는 권능을 토대로 정치·사회적 권력을 배양했다. 넷 중에서 하나가 다른 세 명을 누르고 생도맹그 식민지의 중요한 정치 지도자로 두각을 나타냈다. 혁명에 가담한 루베르튀르는 부지런히 혁명을 자기 것으로 만들었다. 그는 모든 장애물들을 제거할 의지와 능력이 있음을 입증했다.[8]

리고는 루베르튀르와 달리 한 번도 공화국에 맞서 싸운 적이 없다. 1792년, 보베와 함께 서부 지방의 자유유색인들을 승리로 이끌고 송토나에 의해 장교로 임명된 이래, 그는 프랑스 편에서 싸웠다. 이듬해 송토나와 폴브렐은 생도맹그를 떠나면서 남부 지방 사령관에 리고를 임명했다. 서부 지방 거의 대부분을 장악한 보베와 함께, 리고는 변함없이 공화국의 이름으로 영국의 침략에 맞서 싸웠다. 그러나 북부로부터, 즉 르캅의 라보로부터 거의 완전하게 차단되었던 그는 독자적으로 싸우면서 자치적인 체제를 세워 나갔다.

리고의 통치는 여러 가지 면에서 북부에 자리 잡은 체제와 비슷했다. 그 체제는 폴브렐의 규정에 따라 건설된 플랜테이션 경제의 유지를 목표로 했다. 그러나 리고는 버려진 농장들을 관리할 혁신적인 방법을 도입했다. 국가의 직접 관리에 대한 대안을 찾던 그는 농장들을 개별 시민들에게 임대하기 시작했다. 그 정책에는 두 가지 중요한 이점이 있었다. 당국은 절실하게 필요했던 수입을 얻을 수 있고, 재건 사업과 농장에서 거둔 생산은 자신의 이익을 위해 일하는 개인들이 직접 관리하게 되었다는 점이다. 물론 이 정책은 잠재적으로 정치적인 부담도 안고 있었다. 자금이 있어서 이 정책을 이용할 수 있는 사람들은 대부분 그 지역에서 한때 노예 주인이었던 부유층에 속하는 자유유색인들이었다. 구체제에서 아무것도, 심지어 자기 신체조차도 소유하지 못했던 사람들은 지시받은 대로 농장에 남아 노동자로서 새 주인들에게 봉사하는 것 말고는 할 수 있는 것이 거의 없었다. 버려진 농장들을 개인의 관리에 맡기는 것은 1793년 8월에 폴브렐이 이 땅을 해방노예들에게 분배하겠다던 그 감격적인 약속을 또다시 저버리는 일이었다. 북부에서처럼 남부에서도 실망한 해방노예들이 새로운 체제에서 노예제의 망령을 감지했다.'

군대에서도 해방노예들과 예전 주인들 사이에 긴장감이 흘렀다. 감독관들은 떠나기 전에 리고에게 그 지역 "아프리카인 반란자 무리들을 지도하고 조정하라"고 명령했다. 그러나 포르토프랭스 인근의 산악 지대에서 3천 명을 거느리던 콩고 태생의 디외도네(Dieudonné)처럼 강력하고 독립적인 지도자들은 독립성을 소중히 여겼기 때문에, 리고와 보베의 권위에 복속하기를 거부했다. 해방노예 장병들은 의심할 만한 이유가 있었다. 무엇보다도 1792년에 스위스, 즉 자유유색인 편에서 싸웠던 노예들이 과거의 동맹자들에게 배반당하고 대다수가 목숨을 잃었기 때문이다. 1793년 초에는 반란 지도자 알라우(Alaou)가 포르토프랭스에서 송토나와의 담판을 유리하게 이끈 직후에 보베에게 충성하는 병사들에게 암살당했는데, 그들은 이 사건을 자신들의 지도자를 암살하려는 음모를 저지하기 위한 선제공격으로 묘사했다. 송토나 스스로 유색인 지도자들에 대한 디외도네의 적대 행위에 한몫했다. 1794년 6월에 그는 디외도네의 목에 감독관의 메달을 걸어 주면서, 자유유색인들은 자유에 대한 위협이라고 경고했다.[10]

1795년 말에 디외도네와 리고, 보베 사이의 긴장은 절정에 달했다. 디외도네는 흑인 장교들이 관할하는 도시에는 아무것도 없다고 지적하면서, 그들이 차별당하고 있다고 불평했다. 이런 일에 진저리가 난 그는 포르토프랭스에서 영국과 협상을 시작했다. 이전 몇 해 동안 그의 부대는 산악 지대에서 포르토프랭스로 흐르는 물길을 막고 그곳을 포위한 바 있다. 이제 그의 부대는 다시 한 번 선의의 표시로 물이 흐르게 놔두었다. 디외도네는 자신을 따르는 이들이 산속 텃밭에서 수확한 것을 내다 팔 수 있도록 시장을 열라고 요구했다. 1월 초에 그의 병사들은 "무장하고 전투태세를 갖춘 채" 포르토프랭스의 굶주린 주민들에게 닭과 채소를 팔았다.[11]

루베르튀르가 끼어든 것이 바로 이때였다. 그는 디외도네의 관할 지역과 경계를 접하고 있는 서부 지방의 변경을 장악하고 있었는데, 공화국이 영국에게 병력 수천 명을 빼앗길지도 모른다고 걱정하고 있었다. 2월에 디외도네에게 보낸 편지에서 "비록 당신을 만나는 기쁨을 누리지는 못했지만, 당신도 나처럼 우리의 권리와 완전한 노예해방을 위해 무기를 들었다는 걸 안다. 또 진정한 공화파인 당신을 우리의 친구 송토나와 폴브렐이 가장 신뢰했다는 것도 잘 알고 있다"고 썼다. 그런데 프랑스가 그들이 "쟁취하고자 하는 모든 권리를" 그들에게 준 바로 그때, 어째서 디외도네는 공화국의 적들이 자신을 속일 수 있는 여지를 주었을까? 루베르튀르는 "한동안 에스파냐가 나를 현혹시키긴 했지만" 곧 자신의 노선이 잘못되었다는 것을 깨달았다고 인정했다. "형제여, 나는 당신에게 나를 본받으라고 권한다." 디외도네가 리고나 보베와 "아무런 문제가 없었을"지라도, 그는 "우리 모두에게 좋은 아버지"인 라보 장군을 신뢰할 수 있었다. 그리고 "그와 같은 흑인"인 루베르튀르를 믿을 수 있었다. 루베르튀르는 "프랑스 공화국을 섬기는 것"이 행복을 향하는 유일한 길이라고 주장했다. "우리가 진정으로 자유롭고 평등한 것은 프랑스 공화국의 깃발 아래서이다."[12]

루베르튀르는 밀사 둘을 보내서 디외도네에게 이 편지를 전달했다. 그들은 또한 비밀 지령도 함께 받았는데, 만약 디외도네가 그들 편으로 전향하기를 꺼린다면, 그의 추종자들을 부추겨서 반기를 들도록 만들라는 것이었다. 며칠 뒤 루베르튀르가 만족스럽게 라보에게 보고했듯이, 그의 계획은 잘 진행되었다. 디외도네는 루베르튀르의 요청을 거절했지만, 그의 부관 중 하나인 라플륌(Laplume)이 봉기를 일으켜 그를 따르는 수천 병력과 함께 공화국 진영으로 넘어왔다. 디외도네는 구금되었다가 얼마 뒤에 죽었다. 라플륌의 부대는 보베와 리고에게 예속되지 않고, 루베르튀르의 보호 아래로 들어갔다. 라보는 라플륌을 장군으로 진급시켰다. 그러나 유색인 장교들과 "아프리카인 부대"의 지도자들 사이에 긴장이 해소되지 않고 고조되더니, 결국 리고와 루베르튀르 사이에 쟁투가 시작되었다.[13]

한편, 북부 지방에서 루베르튀르는 르캅 주변 지역을 장악한 또 다른 유색인 장교 빌라트와 점점 더 사이가 벌어졌다. 루베르튀르와 빌라트가 나란히 에스파냐에 맞서 싸웠을 때, 그들의 관할 지역 사이에 경계가 확정되지 않아서 분쟁이 있었다. 1795년 1월에 루베르튀르의 병사 180명이 부대를 이탈해서 빌라트의 휘하로 들어갔다. 그해 4월에 루베르튀르는, 가톨릭은 사람들에게 "자신에게 잘못을 저지른" 자들을 용서하라고 가르친다면서, 탈영을 부추긴 빌라트를 기꺼이 용서하겠다고 라보에게 보고했다. 더불어 이 조치로 말미암아 자신이 얼마나 난처한 입장에 처했는지를 토로했다. 그해 6월, 아퀼 폭동 와중에 그 지역을 책임진 루베르튀르의 부하 장교 조제프 플라빌(Joseph Flaville)이 상당수의 장병을 데리고 빌라트의 휘하로 들어가는 바람에 루베르튀르는 큰 타격을 입었다.[14]

루베르튀르는 라보에게 다음과 같이 보고했다. "그러한 반항은 제방을 범람한 급류와도 같아서 지나는 길에 있는 모든 것을 '휩쓸어' 버리고, 한 곳에서 격랑을 막으면 급류가 어딘가 다른 곳으로 더 많은 힘을 주게 될 뿐이다." 라보가 개입해서 플라빌을 그 지역에서 쫓아냈지만, 빌라트에 대한 루베르튀르의 반감은 여전했다. 1796년 1월에는 '르캅에서 온 자들'이 자신의 장병들 가운데 신병을 모집해서 빌라트 세력에 합류시키려 했다고 불평했다. 루베르튀르 휘하의 장병들은 보수도 식량도 부족했지만, "그 부대는 보수가 좋고 르캅에서 지낸다고 그들은 말했다."[15]

빌라트도 루베르튀르를 못 미더워할 만한 이유가 있었다. 빌라트는 루베르튀르가 공화국으로 전향하기 전까지 1793년과 1794년 초에 걸쳐 적수로 지냈고, 그와 경쟁하면서 루베르튀르의 권력은 점점 더 커졌다. 게다가 루베르튀르와의 분쟁으로 말미암아 르캅에서 이미 인기를 잃은 총독 라보와도 사이가 좋지 않았다. 빌라트 체제 아래서 자유유색인들은 르캅 시 정부에서 자리를 차지하고 있었지만, 일부는 여전히 라보의 명령을 받고 있다는 사실에 분개했다. 그들은 라보가 빌라트가 아니라 백인 장교를 북부 지방군 사령관으로 임명했을 때 크게 실망했다. 1796년 1월에 라보가 썼듯이, 일부 자유유색인들은 라보 대신 "그들 가운데 하나가" 생도맹그 총독이 되지 못했다는 사실에 절망했다. "여기는 나의 나라이지 그의 나라가 아니다"라고 그들은 말했다. "왜 우리에게 우리나라를 통치할 백인을 보내는가?" 게다가 그들은 이것 말고도 더 직접적인 불만이 있었다. 1793년의 화재와 대규모 이주 이래 많은 유색인들이 르캅에 버려진 집들을 차지하고 다시 지었다. 그들은 이 집들에 대한 소유권을 자신들이 공화국에 바친 봉사와 박살 났던 도시를 복구한 공헌의 대가로 여겼다. 그러나 그 지역 상인으로서 라보의 관리가 된 앙리 페루(Henry Perroud)는 버려진 집들이 공화국의 재산이 된 이래 그 집들을 점거한 자들은 국가에 집세를 내야 한다고 주장했다.[16]

이러한 불만들은 1796년 3월에 마침내 폭발했다. 20일 아침에 한 무리의 "유색인 시민들"이 라보의 저택에 난입해서 "인민의 이름으로" 그를 체포한다고 선언했다. 그는 감옥으로 끌려갔고, 페루는 이미 거기에 끌려와 있었다. 시 정부는 포고령을 발표해, 총독이 인민의 "신뢰를 잃었고," 따라서 빌라트로 대체되었다고 선언했다. 그러나 일부는 쿠데타에 저항했다. 빌라트의 휘하 장교 가운데 하나인 피에르 레베이에(Pierre Léveillé)는 르캅을 돌아다니면서 라보의 체포에 반대하는 주장을 외쳤다. 그에 따르면, 총독은 "흑인들의 보호자"였다. 그가 죽는다면, 자유유색인들은 생도맹그 식민지를 영국에 넘길 것이고, 노예제가 복원될 것이었다. 레베이에는 빌라트의 추종자들에 의해서 저지되었지만, 이미 그 전에 르캅 외부를 통제하는 장교 피에르 미셸(Pierre Michel)에게 구조를 요청하는 전갈을 보냈다. 미셸은 1793년에 송토나가 처음 모집했던 피에로를 포함해서 휘하의 장교들을 불러 모아 라보와 페루가 석방되어야 한다고 촉구했다.[17]

미셸은 루베르튀르에게도 전갈을 보냈다. 루베르튀르는 "총독 라보를 공격하는 그는 조국과 우리 모두를 공격하는 것이나 다름없다"고 미셸에게 써 보냈다. 루베르튀르는 르캅 주민들이 전쟁 와중에 분쟁의 씨앗을 뿌렸다고 비난하면서 그들에게 포고령을 내렸다. "당신들은 자유와 평등을 요구했고, 프랑스는 당신들에게 그것을 주었다. 어째서 당신들은 프랑스가 보낸 총독을 따르려 하지 않는가? 조국이 당신들의 배신행위를 안다면, 그때는 뭐라고 할 것인가?"라고 말했다. 조국은 그들 모두를 '야만인'으로 취급할 것이다. 루베르튀르는 "법과 법을 집행하도록 임명된 자들에게 무조건 복종하라"고 단호하게 지시했다. 한편, 그는 사태를 설명하기 위해서 가장 가까이에 있는 프랑스 당국자인 필라델피아 영사에게 편지를 썼다.[18]

미셸의 부대가 접근해 오고 있고 루베르튀르도 곧 당도할 것이라는 우려가 겹쳐서 르캅의 반란자들 사이에 공포가 확산되었다. 3월 22일 그들은 라보와 페루를 석방했고, 빌라트는 달아났다. 엿새 뒤에 루베르튀르가 대부대를 이끌고 르캅에 입성했다. 그는 최근에 르캅으로 들어온 배 두 척이 주민들을 다시 노예로 만들기 위해 수백 개의 족쇄를 가져왔다는 소문 때문에, 많은 주민들이 라보를 경계하고 있다는 것을 알았다. 루베르튀르는 정부 청사를 개방해서 라보가 족쇄를 숨기지 않았음을 입증하고 도시의 군중을 진정시켰다. 라보는 다시 총독으로서 직무에 복귀했다. 루베르튀르는 생도맹그 식민지에 파견된 공화국의 대표를 구했고, 그 과정에서 자신의 군사적·정치적 권력을 과시했다.[19]

빌라트 사건은 전통적으로 물라토와 흑인들이 대결한 인종 분쟁으로 해석되었다. 라보는 그런 해석을 지지했고, 페루도 이에 동조했다. 페루는 "아프리카인 지도자들이 공화국의 대표들을 존중한" 반면, 유색인들은 프랑스가 그렇게 많은 것을 지원했음에도 본토에 등을 돌렸다고 분개했다. 아프리카인들은 "오로지 그들의 자유를 쟁취하기 위해서 사나워졌을 뿐"인데, 그들이 사실상 "프랑스 국민의 적"이 되어 음모를 꾸미는 "물라토"로부터 총독을 구했다.[20]

이런 측면에서 그 분쟁을 설명하고 아프리카인들과 물라토 사이의 차이를 인정하는 것이 그럴듯할 테지만, 실제는 훨씬 더 복잡했다. 라보는 주도적인 흑인 장교 몇 명과 "유일한 후회가 백인으로 태어난 것"이라고 했던 장교 한 사람을 포함해서, 물라토가 아닌 몇몇을 빌라트의 공모자 명단에 올렸다. 예를 들면, 1793년에 송토나와 에스파냐 보조군들 사이에서 왔다 갔다 하다가 나중에 루베르튀르에 의해 구속된 콩고의 마카야는 1796년 초에 빌라트의 보호 아래 몸을 의탁했다. 당시 루베르튀르는 마카야에 대해서 "그가 매일 자기 부족의 아프리카인들과 모여서 춤판을 벌이며, 그들에게 나쁜 충고를 했다"고 불평했다. 한편, 루베르튀르는 아프리카 태생인 해방노예들보다 빌라트 같은 이들과 공통점이 더 많았다. 그는 라보 구출 작전에 해방노예 부대를 투입했다. 사실 해방노예에 대한 그의 정책은 필시 빌라트의 음모를 부추기는 데 한몫했을 리고와 같은 유색인 지도자들의 정책과 방향이 같았을 것이다.[21]

비록 상황을 단순화시킬 수 있는 길일지라도 루베르튀르가 유색인 공동체의 적이라는 고발은 위험한 것이었고, 그는 이러한 비난을 적극적으로 없애고자 했다. 루베르튀르의 "편지에서 몇 구절을 따서" 다른 사람들에게 "그가 모든 유색인을 절멸하겠노라 맹세했다"고 주장하려는 사람들은, 그들 "자신의 원한 사무친 증오하는" 마음으로 그를 판단한다. 루베르튀르는 "자신이 피부색이 아니라 범죄에 맞서 싸우고 있다"고 선언했다. 실제로 그는 "불복종을 설파하는 유색인들"을 조심하라고 몇몇 장교에게 경고했지만, '유죄'와 '결백'을 혼돈하지는 않았다. 그는 특정 계급에 대해 편견을 가지고 있지 않았고, 장교들 가운데에는 그가 칭찬하고 존중한 유색인들도 있었다. "나는 덕망 있는 모든 사람들을 소중히 여긴다." 그는 "흑인들이 살인을 저질렀을 때" 주저하지 않고 처벌했다.[22]

빌라트 사건에서 핵심적인 문제는 인종적인 것이 아니라 정치적인 것이었다. 생도맹그에서 본국 정부는 어떤 역할을 해야 하는가? 빌라트와 부유하고 교양 있는 유색인 지도자들은, 논리적으로 자신들이 식민지 권력의 상속자가 되어야 한다고 생각했다. 그들은 군대를 지휘하고 행정을 감독하고 농장을 재건할 능력이 있었다. 그들의 야망은 라보와 페루의 조치들 때문에 좌절되었고, 식민지에서 더 큰 정치적·경제적 역할을 추구하면서 결국 그들에게서 등을 돌렸다. 한편, 루베르튀르가 이 일에 개입한 것 역시 야심을 드러내는 것이었다. 그가 라보를 구출한 것은 자신의 권위를 훼손한 정치적 경쟁자를 제거하고, 총독이 자신에게 빚을 지게 만든 전략적인 행동이었다. 그러나 이런 조치들은 노예해방을 확실하게 다지기 위한 더 큰 정치적 구상의 일부이기도 했다. 그는 본토 권력, 특히 헌신적으로 평등주의적인 라보에게서 구현된 권력과의 유대가 생도맹그에서 노예해방이 존속하는 데 더없이 중요하다고 생각했다. 그리고 빌라트가 자신의 권위에 위협이 될 뿐 아니라, 프랑스 공화국 내에서 노예해방을 지탱하는 데 필요한 미묘한 권력균형에도 위협이 된다고 생각했다.[23]

루베르튀르는 묵시론적인 저주로 자신을 방해하는 자들을 위협하면서, 조국에 대한 모든 불복종을 분쇄할 것이라고 선언했다. "그들이 자기 발밑에 파 놓은 나락으로 떨어지게 놔두자. 복수자인 신의 손이 그들을 내리누를 것이다. 왜냐하면 최고 존재에게 도전하면 누구든 무사할 수 없기 때문이다." 그러고 나서 성서에는 "대죄인들에 대한 신의 처벌의 끔찍한 예들"로 가득하다고 덧붙였다.[24]

한편, 그가 구해 준 사람들은 루베르튀르를 복수의 수호신으로 신봉했다. 고마움을 느낀 라보는 그를 '부총독'(adjunct to the governor)으로 선언하고, "레날이 예언했던, 자기 인종에 대한 모든 모욕을 복수할 운명을 타고난 스파르타쿠스"라고 묘사했다. 몇 년 뒤에 생도맹그를 방문한 어떤 이는 루베르튀르가 '선구자'로서 레날을 얼마나 "숭배했는지" 묘사한 바 있다. 식민지 곳곳에서 루베르튀르가 이용했던 사무실마다 레날의 흉상이 정중하게 보존되어 있었다고 그 여행자는 썼다. 그러나 과거를 복수하고 묻어 버리는 과업은 레날이 예견했던 것보다 훨씬 더 복잡했다. 유혈이 낭자하고 해골들이 난무하는 그런 문제가 아니라 권력과 정치가 복잡하게 뒤얽힌 문제였다.[25]

빌 라트의 쿠데타 시도가 좌초된 직후, 총재정부가 임명한 새로운 감독관들이 생도맹그에 도착했다. 그들은 프랑스의 새 헌법뿐 아니라 식민지 군대를 무장할 총기 수만 정을 가져왔다. 르캅에서는 송토나의 귀환을 축하했다. 거리는 "꽃을 들고 줄지어 선 선량한 시민들"로 미어터졌다. 위대한 해방자가 돌아온 것이다. 그러나 기이하게도 몇몇 사람들은 그가 노예제를 복원하기 위해서 돌아왔다는 소문을 퍼뜨렸다. 생도맹그에서 소문은 누군가의 적을 매도하기 위해서 널리 쓰이는 수단이 되었고, 계속 그렇게 이용되었다. 감독관은 이런 인상을 지우기 위해 최선을 다했고, 노예 매매와 관련하여 진행 중인 모든 소송을 중지시켰다. 또한 인종적인 모욕 행위를 금지하고, 노예해방을 비난하는 자들을 유형에 처하겠다고 위협하면서 1793년에 자신들이 시작했던 일을 끝내고자 했다. 송토나는 군 복무 중인 해방노예들이 군법회의에서 그 수에 걸맞은 대표권을 가지게 될 것이라고 선언했다. 또 레몽과 함께 르캅에 학교를 세우고, 해방노예들에게 읽고 쓰는 것을 가르쳤다. 그러는 동안 라보에 대한 봉기에 가담했던 자들 가운데 상당수를 석방했지만, 빌라트와 그의 동료들은 프랑스 법정에 세우기 위해서 재빨리 이송했다.[26]

감독관들은 르캅에서는 환영받았지만, 식민지의 다른 지역에서는 그다지 환대받지 못했다. 송토나는 리고가 빌라트의 음모를 조장하는 역할을 했다고 의심하면서, 남부를 더 확실하게 장악하고자 그 지역에 대리인을 여러 명 파견했다. 그들은 송토나의 지시에 따라 농장 노동자들이 리고한테서 등을 돌리게 함으로써 그의 지배력을 약화시키려고 했다. 그들은 리고의 플랜테이션 체제가 전제적이라고 비난하고, 감독관들이 진정한 자유를 가져다줄 것이라고 약속하면서, 반항적인 노동자들을 처벌하기 위해 사용되던 옥사를 공개적으로 파괴했다. 레카이에서 그들은 행정과 군대를 모두 통제하고자 했다.

지역의 지도자들에 대한 부적절하고 도발적인 행동이 더해지면서 그들의 조처가 적대적인 반응을 불러일으킨 것은 결코 놀라운 일이 아니다. 리고와 그의 추종자들은 대리인들이 노예제를 복원하기 위해서 왔다는 소문을 퍼뜨리는 동시에 농장 노동자들을 동원함으로써 대리인들에게 반격을 가했다. 이내 대리인들에 반기를 드는 봉기가 시작되었고, 그들은 목숨을 구하기 위해서 달아났다. 리고는 남부에 대한 지배력을 유지했고 그 때문에 르캅에 있는 감독관들을 화나게 했지만, 그를 저지하기 위해 할 수 있는 것은 거의 없었다. 1797년에 어느 해방노예의 '아프리카 웅변'을 이용하여 남부의 노동자들 사이에서 전향자를 만들려던 두 번째 임무 역시 진척되지 않았다. 리고는 프랑스 공화국에 충성하면서 영국과 계속 싸웠지만, 식민지의 다른 지역으로부터 자율성을 확보했다.[27]

감독관들이 정치적 전술로서 리고의 플랜테이션 체제를 비판했을 지라도, 그들 역시 개인들에게 농장을 임대하기 시작했다. 수익과 사적으로 추진되는 개발이라는 이 정책의 이점을 알아차린 그들은 임차인이 보수 비용을 지불해야 한다고 규정함으로써 궁극적으로 국가에 이익을 가져다주었고, 국가는 농장에 대한 공식적 소유권을 보장했다.[28]

송토나는 농장 노동자들이 집단으로 토지를 임차할 수 있다고 생각했다. 이것이 스스로 '최고의 대안'이라고 생각했던 방안이다. 사실 그런 농장 노동자 집단들은 그들에게 분배되는 토지를 공개 입찰을 통해서 임차하고자 했지만, 그들은 불가피하게 부자들에게 밀릴 수밖에 없었다. 부유한 백인과 자유유색인들, 특히 레몽은 여러 개의 농장 관리권을 획득했고, 따라서 농장에서 일하는 남녀 노동자들에 대한 감독권도 차지했다. 생도맹그의 신흥 엘리트들, 특히 영국과의 전쟁 중에 두각을 나타낸 해방노예 출신인 군 장교들도 이 새로운 정책을 이용했다. 데살린을 비롯한 몇몇 해방노예들은 권력을 이용해서 엄청나게 많은 농장들을 사들였다. 이처럼 버려진 농장의 임대차는 "식민지에서의 토지 이전"을 촉진시켰고, "급진적인 사회혁명"이 시작되었다. 이로써 "신흥 토지 소유 계급," 즉 아프리카계로 구성된 "새로운 경영자 계급"이 탄생했다. 이제 해방노예 노동자와 해방노예 관리인 및 농장주 사이의 쟁투가 끼어든 탓에 농장 노동에 관한 분쟁이 한층 더 복잡해졌다. 독립 후 아이티를 괴롭히게 될 새로운 종류의 사회적 분쟁의 씨앗이 뿌려졌다.[29]

새 감독관은 또한 새로운 식민지 대표들을 선출하기 위한 선거도 조직했다. 프랑스 헌법은 유권자들에게 재산 자격(contribution électorale)*을 요구했는데, 이 규정 때문에 대다수의 해방노예들이 선거에서 배제되었다. 단지 5~10퍼센트의 주민들만이 투표에 참여했다. 1796년 9월에 선거인들이 회합했을 때, 벨레이를 포함해서 파리에 가 있던 의원들 대부분이 재선에 성공했다. 새로운 대표들도 다수 선출되었는데, 그들 가운데 식민지에서 가장 유력한 프랑스인이었던 라보와 송토나도 있었다.[30]

1796년 8월 루베르튀르는 (종종 그랬던 것처럼) '아버지'라고 지칭

---

* 재산 제한 선거제에 따라서 일정 금액 이상의 직접세를 납부한 시민만이 선거권을 행사할 수 있었다.

한 라보에게, "이 불행한 나라" 생도맹그에 사는 프랑스인과 그 가족에게 어떤 "불행한 사건"이 닥칠까 봐 걱정이 된다고 편지를 썼다. 그가 제시한 해결책은 라보가 생도맹그를 대표하는 의원으로 선출되어 그의 "진짜 고향"으로 돌아가는 것이었다. 라보는 프랑스인 가운데서도 가장 확실한 "흑인들의 친구"였기 때문에, 그렇게 되면 루베르튀르와 "모든 형제들"은 파리에서 자신들의 대의를 변호하는 "열렬한 수호자"를 얻게 될 것이었다. 라보가 이에 동의하자, 루베르튀르는 라보를 선출하는 것이 "흑인들의 행복"을 확보하는 것이라는 점을 유권자들에게 납득시키기 위해서 "믿을 만한 사람들"을 보내겠다고 알렸다. 그는 그들에게 어떤 압박 수단을 사용하라고 특정하지는 않았다. 루베르튀르는 "당신은 선출될 것"이라고 자신 있게 말했고, 그 점에서 그가 옳았다. 라보는 곧 파리로 떠났다. 대부분의 사람들은 루베르튀르가 라보의 출마를 지지한 것을 식민지에서 정치적 경쟁자를 제거하기 위한 냉소적인 책략이라고 해석했다. 그것이 진실일지라도, 라보는 루베르튀르의 조치에 대해서 결코 불평하지 않았고, 파리에 도착하자마자 활기차게 노예해방에 필요한 변호를 시작했다. 여기서 주목할 것은 루베르튀르가 그에게 주문한 일을 라보가 정확하게 수행했다는 점이다.[31]

송토나의 선출은 분열을 심화시켰다. 선거 직후 포르드페 지역의 노동자들 사이에서 다시 한 번 다티의 주도 아래 폭동이 일어났다. 봉기의 배경에는 지역적인 불만, 특히 경작자들에게 지폐로 보수를 지불한다는 최근의 결정에 대한 분노가 깔려 있었다. 그들은 가치가 더 안정적인 현물로 받기를 원했다. 한편 그 폭동이 송토나가 떠날지도 모른다는 소식에 대한 반응이라는 이야기도 나왔다. 일부 폭도들이 농장을 공격하면서 "송토나 만세!"를 여러 차례 외친 것이 이를 말해 주었다. 다티는 처형되었고, 루베르튀르가 폭동의 잔당들을 분쇄했다. 그러나 그 사건은 감독관들이 송토나가 식민지에 머무르고 질서를 유지하기 위해서 그의 명성과 과거 행적이 가지는 힘을 이용해야 한다고 생각하게 만드는 데 일조했다. 실제로 레몽은 송토나가 떠난다면 자신도 떠나겠다고 선언했다. 결국 송토나는 이듬해 3월이나 4월까지는 남아 있기로 했다.[32]

이후 몇 달 동안 송토나와 루베르튀르 사이의 대립은 점점 더 심화되었다. 그 긴장의 이유는 복잡했다. 두 사람은 모두 노예해방에 헌신적이었고, 적어도 처음에는 루베르튀르가 송토나를 신뢰한 것으로 보인다(실제로, 송토나는 루베르튀르의 두 아들을 파리로 유학 보내는 일을 맡았고, "가장 위대한 자유의 수호자 가운데 한 사람"인 루베르튀르의 아들들이 "다시 노예 상태로 전락"하는 위험을 확실하게 피할 수 있도록 잘 무장된 선박에 그들을 태웠다). 그러나 두 사람 사이에는 의견 차이도 있었다. 송토나는 루베르튀르에게 그의 부대 일부를 해산해서 병사들이 농장으로 복귀할 수 있게 하라고 권고하면서, 프랑스에는 더 많은 병력을 요청했다. 루베르튀르는 분명 이러한 사실을 알고 있었고, 인종주의적이고 위선적인 이 조치에 분노했다. 한편, 송토나는 루베르튀르가 프랑스인 농장주들의 귀환을 환영하자 당황했다. 그들 가운데 상당수는 송토나가 이전에 수립했던 체제 아래서 달아난 이들이었다(루베르튀르가 환대한 사람들 가운데에는 수십 년 전에 그를 해방했던 관리인 리베르타도 있었다). 이 두 사람은 또 다른 차원에서 해방노예들의 충성과 지지로부터 나오는 정치권력을 놓고 경쟁했다. 많은 경작자들이 송토나를 '아버지'라고 불렀는데, 19세기에 활동한 역사가 마디우는 그 시대를 겪은 늙은이들 상당수가 흑인에 대한 송토나의 애정을 언급하면서 보인 열정에 대해 언급한 바 있다. 그는 유일하게 루베르튀르와 인기를 겨룰 수 있는 정치적 인물이었다.[33]

결국, 루베르튀르는 1797년 8월에 모이즈와 크리스토프를 비롯한 휘하의 장수 여러 명과 함께 편지를 작성했는데, 핵심 내용은 송토나에게 떠나라고 명령하는 것이었다. 그들에 따르면, 그가 머물러야 하는 이유도 있지만, "평화, 일 욕심, 농업 재건"이 성취되었기 때문에, 이제 그는 프랑스에 가서 자신이 직접 본 것을 알릴 수 있을 뿐만 아니라, 그들이 "영원한 전사"가 되어 쟁취하고자 했던 대의도 지킬 수 있게 되었다는 것이다. 무대에서 퇴장할 최적의 순간을 잘 알고 있던 송토나는 신속하게 짐을 꾸려 며칠 뒤에 바로 떠났다.[34]

그러나 그가 떠났다고 해서 논쟁에서도 완전히 물러난 것은 아니었다. 그 후로도 2년 동안 이 두 사람은 비난을 주고받았다. 파리에서도 송토나는 변함없이 노예해방을 옹호했다. 1798년에 그는 "지구가 경험한 가장 위대한 혁명, 즉 아메리카의 노예제 철폐"에 자신이 "이바지했다"는 사실이 자랑스럽다고 썼다. 한참 뒤에 그는 "내가 최초로 신세계에서 인간의 권리를 선포했다"는 사실을 영광으로 생각하고 있으며, 언제나 그럴 것이라고 술회했다. 그러나 그는 루베르튀르가 모든 권력을 자기 수중에 집중시키려고 작정한 위험한 폭군이라고 주장하면서 그를 격렬하게 비난했다. "루베르튀르는 몽매하고 미신적인 정신 탓에, 프랑스에서처럼 생도맹그에서도 자유를 전복하기 위해서라면 무엇이든 할 수 있는 반혁명적인 성직자들에 의지했다." 그의 주장에 따르면, 루베르튀르도 노예해방 반대 투쟁을 외친 돌아온 망명자들의 영향 아래 있었다.[35]

루베르튀르는 화를 내며 그런 비난을 부인했다. 그는 '이상한 공화주의자' 송토나만 제외하면 프랑스 정부가 식민지에 파견한 공화국 관리들과 아무런 문제도 없을 것이라고 반박했다. 그는 라보에게 한때 그들이 나눴던 대화를 상기시켰다. 그때 루베르튀르는 "생도맹그 식민지는 전면적인 노예해방의 지지자이자 식민지 출신의 습관과 편견으로부터 자유로운 유럽인 우두머리의 관리를 받아야 한다"고 주장했다(송토나 역시 1796년 중반 파리에서 식민지 담당 장관에게 편지를 썼을 때 똑같은 지적을 했다. "주민들이 법의 통제를 받지 않는 '미개인 무리'가 되는 것을 막는 방식으로 '흑인 해방'을 다루기 위해서, 생도맹그에서 유럽인이 지휘권을 가질 필요가 있다." 물론 그의 요지는 루베르튀르와 달랐다). 루베르튀르는 송토나를 고발하면서 반격했다. 감독관은 그를 압박해서 백인들을 학살하게 했고, "식민지를 본토로부터 독립하게 만들었다." 따라서 감독관은 '흑인들의 자유'에 대한 위협이 되었다.[36]

루베르튀르와 송토나는 곤궁해져서 실의에 빠져 있는 망명 농장주들이 자메이카와 필라델피아, 파리에 모여 결코 노예해방을 받아들이지 않았다는 것을 잘 알고 있었다. 1797년에 그들은 힘을 모아 점점 더 대담하게 노예해방을 공격했다. 그들은 프랑스에서 일어난 반동의 물결에 용기를 얻었고, 그 덕분에 그해 3월 많은 보수주의자들이 관직에 진출했는데, 생도맹그 농장주도 여러 명 포함되어 있었다. 루베르튀르가 송토나를 축출했을 즈음, 이러한 변화에 관한 소식이 생도맹그에 전해졌다. 사실, 당시에는 그들 가운데 어느 누구도 이를 알 수 없었고, 송토나를 축출하기 한 달 전에 의회는 그의 소환을 요구한 바 있다. 송토나가 독립을 지지했다는 루베르튀르의 고발이 사실이라면, 그런 적들이 프랑스에서 권력을 다지고 있었기 때문에, 결국 생도맹그에서 인간의 권리를 보전하는 유일한 방법은 해방노예들이 독립을 선언하는 것이라고 송토나는 생각했을 것이다. 루베르튀르는 한층 더 교묘한 전술을 사용했던 것으로 보인다. 그는 송토나를 자유의 희생양으로 바쳤다. 그를 농장주들에게 넘겨줌으로써 잠깐 동안이나마 그들이 만족하리라 기대했다.[37]

　루베르튀르는 송토나뿐만 아니라 자신의 오랜 동맹자 라보도 무대 밖으로 내보냈다. 자유유색인들의 권리의 수호자였던 최후의 식민지 감독관 레몽은 이제 루베르튀르의 권위에 경의를 표했다. 프랑스 장교 프랑수아 케베소(François Kerverseau, 1757~1825)*는 송토나가 떠난 뒤에 "표정이 밝고 편안한" 루베르튀르의 초상화를 그렸다. 케베소는 이렇게 술회했다. "나는 그날의 영웅을 보았다. 그의 얼굴은 밝았다. 그의 표정은 기쁨으로 생기가 넘쳤고, 만족한 표정은 자신감을 드러냈다. 그의 대화는 활기찼고, 더 이상 의심이나 소심함은 없었다." 이 흑인 장군은 이제 어떤 권위로부터도 자유로웠고, 마침내 자기 뜻대로 자유롭게 생도맹그의 자유를 빚을 수 있게 되었다.[38]

---

* 브르타뉴 지방 귀족 출신인 그는 1791년 의용군으로 입대하여, 1797년 준장으로 진급했다. 생도맹그 원정에 참여했고, 1805년 과들루프 지사에 임명되었다.

10
자유의 적들

1797년 말 프랑스 정부에 보내는 편지에서 루베르튀르는 다음과 같이 경고했다. "우리는 자유를 얻기 위해서 위험을 무릅썼고, 자유를 지키기 위하여 죽음도 감수할 것이다." "노예들은 노예 상태보다 더 행복한 상태를 경험하지 못했기" 때문에 한때 "그들의 족쇄를 받아들였던 것이다." 그러나 그런 시대는 끝났다. 루베르튀르가 또 다른 편지에서 썼듯이, 생도맹그 인민은 "노예제로의 복귀를 감내하느니" 차라리 "조국의 폐허 속에 묻힐 것이다."

이 구절을 쓰면서 루베르튀르는 대서양 건너에서 일어나고 있는 먹구름을 쫓아 버리고자 했다. 파리에 있는 생도맹그 농장주들도 공세를 취했다. 5백인회의 의원으로 선출된 농장주 비에노 드 보블랑(Viénot de Vaublanc)은 5월에 노예해방을 공격하는 귀에 거슬리는 연설을 했다. 그에 따르면, 생도맹그는 "소름 끼치는 무질서 상태"로,

"무제한적인 방종과 자유도 구별할 줄 모르는 무지하고 비천한 검둥이들"이 지휘하는 군사정부의 통제 아래 있다고 했다. 그들은 "농업을 포기했다." '구호'는 그 나라에서 그들의 것이고 백인들은 더 이상 그곳에서 환영받지 못한다는 것이었다. 유일한 해결책은 해방노예들이 '혁명 전'에 살았던 농장으로 돌아가도록 강제하는 것이었다. 한때 그들은 다년 계약에 서명해야 했다. 노예해방에서 비롯된 무절제는 억제되어야 하고, 해방노예들은 또다시 백인들을 위해서 노동자로 봉사하도록 강제되어야 한다고 보블랑은 주장했다. 다른 의원들도 비슷한 연설을 했다. 6월에 한 의원은 정부가 대규모 병력을 파견해서 생도맹그에 질서를 회복하고, 모든 망명 농장주들이 귀환할 수 있도록 비용을 지불하라고 제안했다. 보블랑과 그의 추종자들은 프랑스의 식민지 정책을 공격하는 동시에 루베르튀르를 위험한 독재자로 묘사하면서 그도 함께 공격했다.[2]

루베르튀르는 보블랑의 연설에 대한 답변을 감동적으로 썼다. "생도맹그의 해방노예들이 무지하다면, 비난받아야 할 사람은 보블랑처럼 노예 주인이었던 자들이다. 게다가 교육 받지 않았다고 해서 도덕적이고 정치적인 행위를 할 수 없다는 것을 의미하는 건 아니다. 개화된 사람들만이 선과 악을 구별할 수 있고, 자선과 정의의 관념을 가질 수 있다는 말인가?" '생도맹그 사람들'은 거의 교육받지 못했지만, "그 밖의 사람들과 따로 분류되어야 하고 동물과 혼동될" 만한 자들은 아니었다.[3]

루베르튀르는 생도맹그에서 해방노예들이 저지른 '끔찍한 범죄'를 인정했다. 그러나 폭력이 프랑스 본토에서보다 식민지에서 더 컸던 것은 아니라고 주장했다. "실제로 생도맹그의 흑인들이 보블랑이 주장한 것처럼 무지하고 비천할지라도, 그들의 행동은 너그러이 봐주어야 한다." 교육과 문명의 이점에도 불구하고 혁명기에 끔찍한 범죄를 저지른 수많은 프랑스인들에 대해서도 똑같은 말을 할 수 있었을까? "몇몇 흑인들이 저지른 잔혹 행위 때문에 모든 흑인들을 잔인하다고 추론한다면, 유럽의 프랑스인들과 세계의 모든 민족들을 야만이라고 고발하는 것이 옳을 것이다." 생도맹그에서 몇몇 사람의 배신과 잘못 때문에 구질서로의 복귀가 정당하다고 한다면, 프랑스에서도 마찬가지가 아닌가? 혁명의 폭력을 근거로 삼아, 프랑스도 "자유를 누릴 가치가 없고 노예제가 어울리기" 때문에, 그들이 다시 한 번 왕들의 지배를 받아야 한다고 주장하는 것은 지극히 정당하지 않은가? 보블랑은 "자신처럼 개화된 사람들이 아무렇지도 않게 저지른 폭행을" 어떻게 얼버무릴 수 있는가? 그는 "금덩어리의 유혹이 그들의 양심의 외침을 억누르게 내버려 두었다." "유력자들의 범죄는 언제나 찬미될 것인가?" "시민 보블랑보다 덜 개화되었지만, 그럼에도 불구하고 우리는 피부색이 어떻든 간에 인간들 사이에는 단 하나의 차이, 즉 선과 악의 차이만이 존재한다는 것을 안다. 흑인, 유색인, 백인들이 동일한 법률 아래 있을 때 그들은 동등하게 보호되어야 하고, 그들이 그 법률을 어겼을 때 그들은 동등하게 처벌받아야 한다"고 루베르튀르는 결론지었다.⁴

루베르튀르는 백인 농장주들이 노예제로 복귀하겠다고 위협하면서 해방노예들을 겁주는 대신, 해방을 받아들이고 환영해야 한다고 주장했다. 그렇게 함으로써 그들은 해방노예들의 '사랑과 애착'을 확보하게 될 것이다. 흑인들은 백인들을 미워하지 않았고, 사실상 대다수의 해방노예들이 충실하게 일했다. 백인들이 관리하는 북부 평원에 산재한 설탕 농장의 절반에서도 해방노예들은 충실하게 일했다. 그들은 결코 질서와 번영의 적이 아니었다. 그 적은 오히려 노예제로 복귀를 열망하는 농장주들이었다. 자유를 제한하자는 요구는 필연적으로 구질서로의 복귀로 이어지는 것이 아닌가 하는 두려움을 야기하고, 예정대로 이루어질 수밖에 없는 예언을 작동시켜, 분쇄될 운명을 타고난 저항과 폭동을 불러올 것이라고 루베르튀르는 예견했다.

더구나 그는 구질서를 재건하려는 계획은 대규모 병력이 필요할 것이라고 경고했다. 왜냐하면 "헌법이 보장한 자유를 수호하는 것"이 프랑스와의 전쟁을 의미할지라도, 생도맹그 인민은 그 이외에 다른 선택이 없기 때문이다. 그들의 자유가 위협받는다면, 프랑스도 무기를 들지 않겠는가? "백인 농장주 보블랑은 자신이 노예 상태로 전락한다면 무엇을 하겠는가?"라고 루베르튀르는 의문을 던졌다. 그는 아무런 불평 없이 모욕과 고통, 고문, 채찍질을 견딜 수 있을까? 만약 그가 재산이 있어 자유를 회복한다면, 그한테서 그 자유를 빼앗으려 하는 자들의 조롱을 들으면서 전율하지 않겠는가? 루베르튀르에 따르면, 자유 수호는 양도할 수 없는 보편적 권리였다. 생도맹그에서 자유를 얻기 위하여 투쟁하는 사람들에게 승리 아니면 싸우다 죽는 것 말고는 선택의 여지가 없었다. 루베르튀르는 자메이카의 블루마운틴에 영국을 압박해서 그들에게 '자연권'을 부여하게 만든 도망노예들이 있었다는 사실을 프랑스 정부에 상기시켰다. 프랑스인들이 1791년의 반란을 아직 잊지 않았다고 생각했기 때문에 그는 재치 있게 그들에게 더 가까운 사건을 사례로 인용하는 것을 피했다. 그러나 그는 그들이 패할 게 분명한 전쟁을 시작하지 말라고 경고했다.[5]

레몽도 보블랑의 연설이 선동적이고 생도맹그의 번영에 심각한 위

흑인들이 해방을 기념하기 위해 세운 신전 Marcus Rainsford, *A Historical Account of the Black Empire of Hayti*(1805). 아마도 루베르튀르의 치세에 건립되었을 이 기념물은 1793-1794년의 해방을 기념한다. 석판에는 송토나가 선포한 1793년 노예해방 법령의 조항들이 새겨져 있다(미시간대학 윌리엄클레멘트도서관 제공)

협을 가했다고 주장하면서, 그에게 비슷한 일격을 가했다. 레몽 역시 망명 농장주들이 생도맹그로 돌아가 자신의 농장을 재건하도록 허용하는 정책을 지지했지만, 노예제 복원을 꾀하는 사람들이 식민지에 들어오는 것은 무조건 막아야 한다고 생각했다. 그는 생도맹그로 귀환하는 백인들은 누구든지 "노예제를 지지하는 말을 한마디도 내뱉지 않겠다"는 맹세를 해야 한다고 주장했다. 설사 프랑스 정부가 지지한다고 하더라도, 구제도를 복원하려는 시도는 생도맹그를 '잿더미'로 만들 게 분명했다.[6]

대서양 저편에서 루베르튀르의 동맹자인 라보도 파리에서 벌어지고 있는 사태를 예의주시하고 있었다. 파리에서 보수파가 선거를 무효화했기 때문에 라보는 의원에 당선되었지만 의석을 차지할 수는 없었다. 루베르튀르에게도 썼듯이, 그는 노예해방의 적들이 얼마나 막강해졌는지를 확인하고는 당황했다. "사람의 피를 먹지는 않지만, 땀을 먹는 사람들이 노예해방 법령을 폐기하고, 흑인들을 노예 상태로 되돌리려고 노력하고 있다." 그는 "전면적 노예해방의 적으로 자처하는 모든 사람들"이 식민지로부터 송환되어야 한다고 썼다.[7]

1797년 9월 파리에서 정치적 반동이 일어났다. 그 쿠데타로 보블랑과 다른 농장주들을 공직에 오르게 한 의회 선거가 취소되었다. 라보는 곧 그와 나란히 선출된 아프리카계 의원 여러 명과 함께 의석을 차지했다. 이들은 파리의 다른 노예해방 지지자들과 함께 노예제 폐지를 지지하는 흑인우애협회를 재건하고, 노예해방을 수호하기 위해 열정적으로 캠페인을 시작했다.[8]

11월에 라보는 5백인회의에서 '공화국의 적'이기도 한 '자유의 적들'이 생도맹그와 루베르튀르에 관해 퍼뜨린 '잘못된 인상'을 바로잡기 위해서 연설했다. 라보는 루베르튀르가 실제로 1794년까지 프랑스를 상대로 전쟁을 벌였다는 점을 인정했다. 그러나 그 이유는 오직 자유를 쟁취하기 위한 것이었다. 그는 프랑스 진영에 가담해서 자신의 군사적 능력과 인류애를 보여 주었다. 생도맹그가 여전히 프랑스의 수중에 있는 것은 기본적으로 루베르튀르 덕분이었다. 그는 헐벗은 백인 여자들을 도와주었고, 이 감복한 여인들은 흑인 장군을 자신들의 친구이자 아버지라고 불렀다고 라보는 설명했다. 그는 백인들, 심지어 공화국을 배신한 자들을 용서했고, 프랑스에 충성을 서약하는 것 말고는 그들에게 아무것도 요구하지 않았다.

루베르튀르는 여러 차례 다음과 같이 선언했다. "당신은 프랑스인입니다. 나는 당신에게 한때 노예였던 흑인의 관대함을 보여 주고자 합니다." "몇몇 사람들이 흡혈귀라 부르는 공화주의자가 바로 이 사람입니다!" 루베르튀르는 휘하 장교 모이즈, 데살린과 함께 질서를 회복하고 농장을 재건했는데, "몇몇 사람들은 이들을 또다시 노예로 만들려 합니다!"라고 라보는 소리쳤다. 루베르튀르와 마찬가지로 라보도 노예해방을 전복하려는 그 어떠한 시도도 재난이 될 것이라고 주장했다. "모든 프랑스인들처럼 열정을 가지고 자신들의 자유를 추구하는 흑인 시민들은 〈인권선언〉 가운데 어느 한 조항이라도 거부하느니 차라리 기꺼이 죽을 것"이라고 말했다. 노예해방을 공격하는 자는 누구든 "좌절하게 될 것"이라고 그는 예언했다.'

노예해방을 비판하는 자들은 해방노예들에게 완전한 시민권을 주지 않기 위해 여러 가지 구실을 댔다. 라보가 설명했듯이, 그들은 "흑인들 가운데 시민의 수를 줄이기" 위해서, 그들 대다수가 아메리카에서 태어나지 않았기 때문에 '외국인'이고, 따라서 프랑스인이 되기 위해서는 귀화 절차를 거쳐야만 한다고 주장했다. 그러나 라보는 "강압에 의해 자기가 태어난 나라에서 생도맹그로 끌려온" 사람들은 외국인으로 간주되어서는 안 된다고 주장했다. "그들은 자신의 의지와 상관없이 대서양을 건넜기 때문에 생도맹그 식민지는 그들의 '새로운 출생지'이다. 흑인들의 노동으로 자기들의 설탕 농장을 비옥하게 만들고, 아내와 자녀, 고향으로부터 그들을 빼앗아 오고, '그들의 시신으로' 자기 땅을 기름지게 만든 농장주들이 어떻게 감히 이 사람들을 외국인으로 간주할 수 있는가? 이들은 자신들의 노동으로 식민지를 가꾸어 온 사람들이다. 따라서 이들은 이 섬에 정착한 어떤 프랑스인들보다 프랑스를 위해서 더 많은 일을 했다."[10]

시민권 부여는 정당할 뿐 아니라 식민지를 보전하는 유일한 방법이다. 전쟁이 일어나면 흑인 시민들은 그들의 권리와 나라를 지키기 위해서 "병사, 그것도 아주 용감한 병사"가 될 것이다. 평화로운 시기에 그들은 "식민지의 경작자"가 될 것이다. 라보는 그들이 농장에서 힘들고 거친 일을 할 수 있는 유일한 사람들이라고 주장했는데, 이는 매우 역설적이게도 노예제 찬성론자들의 주장에 호응하는 것이었다. "식민지에서 설탕과 커피, 면화, 인디고를 많이 생산하기 위해서는 오직 한 가지 경작 방식밖에 없다. 그러나 그들을 사역하는 방식은 억압을 사용하지 않고 노동의 대가를 지불하는 것이어야 한다. 정부는 그들을 학대하고 억압할 것이 아니라, 시민권을 부여함으로써 경작자들에게 경의를 표해야 한다." 예전 주인들은 해방노예들에게 시민권으로 보상함으로써 가볍게 책임을 면할 수 있을 것이라고 라보는 주장했다. 왜냐하면 그들이 억압해 온 사람들은 훨씬 더 많은 것을 요구할 수도 있기 때문이다. 라보에 따르면, 실제로 농장 노동자들은 처음으로 노예제에 대해 보상하라는 주장을 펴면서, 다음과 같이 말했다. "법이 우리를 우리 자신에게 돌려준 지금, 유럽의 프랑스인들을 본받아 우리가 우리의 자유를 쟁취한 지금, 우리가 당신들을 위해 일한 모든 시간에 대한 임금과 우리가 겪은 모든 학대에 대한 보상을 요구하는 바이다."[11]

라보와 그의 동지들은 노예해방의 원칙이 정당하다고 인정하는 새로운 법을 통과시키는 데 성공했다. "아프리카에서 태어났든 외국령 식민지에서 태어났든, 프랑스령 제도로 끌려온 모든 흑인들은 공화국의 영토에 발을 딛자마자 해방될 것이다. 고국에서 붙잡혀 끌려온 자들도 경작자로서 일을 하든, 장사를 하든, 아니면 군 복무 중이든 간에 적어도 일을 하고 있는 한 프랑스에서 태어난 자들과 똑같은 권리를 누릴 것이다. 게다가 공화국 군대에 복무하는 모든 사람에게는 인두세가 면제될 것이다." 그러나 인두세 면제가 농장 노동자들에게도 적용되어야 한다는 라보의 주장은 관철되지 않았다. 이와 같이 생도맹그에서 공화국 병사로 복무하던 수천 명의 해방노예들이 투표권을 얻었다.[12]

11월의 연설에서 라보는 루베르튀르의 지배 아래 "노예제에서 영원히 해방된 사람들에 의해서 경작되는" 생도맹그가 곧 "1788년에 그랬던 것처럼 번영할" 것이라고 예언했다. 어느 정도는 그가 옳았다. 루베르튀르는 생도맹그를 위해서 제국과의 전쟁을 종결했고, 이듬해부터 인상적인 경제 재건 과정을 감독했다. 그러나 생도맹그가 평화로웠던 것은 아니다. 곧 남부에서 리고와 루베르튀르 사이에 또 다른 전쟁이 벌어졌다. 그리고 그 전쟁이 끝나자 또 다른 전쟁이 시작되었다. 라보는 파리에서 용감하게 자유의 적들의 전진을 막아 내고 있었지만 그들을 무찌르지는 못했다. 그가 입안한 1798년의 법은 신세계의 다인종 민주주의를 위한 헌장이었지만, 결국 과거의 숭배자들의 의해서 폐기되었다.[13]

17 98년 9월, 승리한 루베르튀르는 "나의 친애하는 장군이자 친구여! 나는 생도맹그 식민지가 반란자와 망명자, 에스파냐 그리고 영국에 의해서 분할·점령되었고, 파괴·약탈당했다는 것을 안다"라고 라보에게 썼다. "나는 외부의 적들이 제거된 생도맹그에 평화를 회복·유지하고, 그 재건을 향해 전진하고 있다." 1798년에 루베르튀르는 영국군의 생도맹그 철수를 감독했고, 노예해방을 식민지 전역으로 확대했다. 이는 외교적으로도 군사적으로도 매우 중요한 승리였다.[14]

1797년 5월에 라보에게 보낸 편지에서 루베르튀르는 "생도맹그는 곧 오랫동안 그에 기생해 있던 폭군의 무리들을 쫓아낼" 것이라고 낙관했다. 그러나 곧 영국군이 미라발레 지역에서 그를 몰아냈다. 그는 생마르크에 반격을 가하기 위해 그 도시를 방어하는 가장 중요한 요새를 점령하려고 시도했다. 하지만 성벽을 기어오르기에는 그들의 사다리가 너무 짧은 탓에 사다리 꼭대기에서 다른 병사의 어깨를 밟고 서서 요새를 탈취해야 했다. 그러는 사이에 주변에는 병사들의 시체가 쌓여 갔다. 이와 같은 용맹에도 불구하고, 그 공격은 영국군에 의해 격퇴되었다. 생도맹그 식민지의 정화(淨化)는 또다시 지연되었고, 전쟁은 지속되었다.[15]

대서양 건너로부터 지원 병력을 거의 받지 못한 영국군은 전력을 보강하기 위해서 1795년부터 점령 지역에서 노예들을 무장시켰다. 그 때문에 전투 중에 흑인 병사들끼리 서로 대결할 수밖에 없었다. 농장주들은 자기 농장에서 일하는 남자 노예를 몇 명씩 넘겨주어야 했는데, 농장에 조금이라도 더 경험 있는 노동자들을 남겨 두고자 했기 때문에 흑인 부대는 거의 대부분이 아프리카 태생으로 구성되었다. 그 가운데 3분의 1은 콩고 출신이었다. 몇 년 전의 반란자들과 마찬가지로, 이들도 아프리카의 군사 전통인 '기습과 매복'에 의존해서 공화국과 싸웠다. 노예들은 보수와 식량에 더해서 복무의 대가로 자유를 약속받았는데, 이는 공화국 진영에서 탈영자들을 충분히 꾀어낼 수 있는 유혹이었다. 1798년에 이르면, 그 지역에서 모집되어 영국을 위해 싸우는 흑인 병사가 6천 명에 달했다.[16]

노예를 무장시키는 것이 영국 점령군을 강화하는 데 도움이 되었지만, 그 대신 플랜테이션 경제가 비용을 치러야 했고, 궁극적으로 근본적인 문제는 해결하지 못했다. 요컨대 영국은 생도맹그에 자금과 병력을 쏟아부었지만 거의 아무것도 얻지 못했다. 전투가 계속됨에 따라, 포르토프랭스와 그 밖의 지역에 주둔한 점령군 병사들이 병들어 죽어 갔다. 한 영국 장교는 "자신의 피에 빠져 죽는" 병사들의 공포에 대해서 다음과 같이 썼다. "일부는 죽어 가며 미쳐 날뛰었고, 어떤 자들은 공격 계획을 세웠고, 또 다른 자들은 낙담해 있었다." "죽음은 무제한적인 상상력이 생각해 낼 수 있는 온갖 형태로 나타났다"고 그는 비통해 했다. 많은 프랑스 농장주들과 자유유색인들이 영국에 충성했지만, 1798년에 이르자 불평하는 자와 공화국 진영으로 이탈하는 자들이 점점 늘어났다. 런던과 카리브 해에서 많은 영국 장교들은 생도맹그에서 전부는 아니더라도 최대한의 병력을 철수시키는 것이 최선이라고 확신했다. 여전히 생도맹그 장악에 골몰하는 자들이 있었지만, 계속 점령하고 있는 것이 현명한 것인지에 대한 회의가 영국군 지휘부에 널리 퍼졌다. 1798년 3월 초, 회의주의자 가운데 한 사람인 젊은 장군 토머스 메이트랜드(Thomas Maitland)가 생도맹그의 영국군을 맡게 되었다.[17]

메이트랜드가 도착했을 때, 루베르튀르와 리고는 영국군 거점들을 '협공'하고 있었고, 공화파는 그가 지켜보는 가운데 영국이 건설한 산악 지대의 중요 요새들을 탈취했다. 노예들이 루베르튀르의 부대에 합류하기 위해서 영국이 점령한 지역에서 달아나기 시작했다. 더 불길한 것은 처음으로 흑인 부대에서 일부 병사들이 공화국 진영으로 탈주했다는 점이다. 백인 장교보다 흑인 장교 아래서 복무하는 것이 더 나을 뿐 아니라, 장차 얻게 될 자유보다는 당장 누릴 수 있는 자유가 탈영자들의 마음을 움직였을 것이다. 슐처는 "삼색기가 보이자, 영국군에 복무하는 흑인 병사들이 같은 인종의 장군 휘하에서 행복하게 복무하기 위해서 상대 진영으로 도망을 갔다"고 보고했다. 하지만 이 병사들도 벽에 쓰인 글귀를 볼 수 있었을 것이고, 현명하게 승자 편에서 전쟁을 마치는 쪽을 선택했다. 패배를 직감한 메이트랜드는 이내 생도맹그 대부분 지역에서 철수하는 것이 가장 이성적인 행동 방침이라는 결론을 내렸다.[18]

메이트랜드가 생도맹그에 온 직후, 프랑스의 새 정부인 총재정부의 대표 가브리엘 에두빌(Gabriel Marie Theodore Joseph d'Hédouville)도 도착했다. 그는 방데(Vendée)를 '평정한 인물'로 유명한 장교였다. 그 지역에서 일어난 강력한 반혁명 운동은 처절하게 진압되었다. 그는 라보와 그의 동지들이 권좌에 있을 때 파리를 출발했지만, 보블랑을 비롯한 농장주들이 여전히 식민지 문제를 관리하고 있을 때 선임되었다. 그 때문에 루베르튀르는 어느 정도 그를 의심했다. 에두빌이 생도맹그에 도착한 직후, 루베르튀르는 그에게 약간 날선 충고를 했다. "마치 전면적인 노예해방을 지지하는 것처럼 말하지만 마음속으로는 반대를 다짐하는 사람들이 있다." "내가 당신에게 말하는 것은 사실이다. 나는 경험으로부터 안다"고 루베르튀르는 덧붙였다.[19]

에두빌은 식민지에 대한 본국의 통제를 다시 확립하기 위해서 루베르튀르와 리고에게서 통제권을 빼앗아 내야 하는 어려운 임무를 맡았다. 그들의 상관이 되어 군사작전을 감독·조율하고 식민지 행정을 장악해야 했다. 그는 이 두 사람에게 어떻게 접근할지에 관해서 어느 정도 재량권도 받았다. 1796년 감독관들에 대한 리고의 반란은 본토의 관리들을 걱정하게 만들었다. 총재정부는 리고에 대한 체포령을 내린 바 있다. 그러나 화해와 동맹의 가능성은 남아 있었다. 한편 루베르튀르에 대한 에두빌의 태도는 여전히 파리에 퍼져 있던 그에 대한 부정적인 태도에 의해 형성되었다.[20]

에두빌은 프랑스인 병력을 대동하지 않았기 때문에 미묘한 상황에 처했다. 그는 에스파냐령 산토도밍고에 상륙했는데, 아마도 르캅에서 받게 될 대접이 두려웠기 때문일 것이다(산토도밍고는 명목상 그곳에 주재하는 몇몇 프랑스 행정관들의 통제 아래 있었다). 그가 그곳에 체류하는 동안, 프랑스 장교 케베소가 에두빌에게 찾아가서 "임무를 완수할 수 있는 유일한 길은 루베르튀르와 '친밀한 관계'를 형성해서 당신에게 없는 힘을 확보하는 것"이라고 조언해 주었다. "그와 함께 당신은 모든 것을 할 수 있지만, 그 없이는 아무것도 할 수 없다." 그러나 에두빌은 이 충고를 따르지 않았다. 이전에도 자주 그랬던 것처럼, 1798년에도 본국의 계획은 생도맹그에서 실행되지 않았다. 평화와 번영, 식민지에 대한 본국의 통제를 회복하는 임무를 띤 에두빌의 파견은 오히려 잔혹한 전쟁을 촉발하고 루베르튀르의 급부상에서 마지막 단계를 향해 길을 닦는 데 일조했을 뿐이다.[21]

메이트랜드 장군은 에두빌이 식민지에 왔다는 사실을 알고 있었지만, 그가 '서류상의 권위'만 가졌을 뿐 실권은 루베르튀르에게 있다는 것을 잘 알았다. 따라서 영국군 철군 협상을 시작했을 때, 그는 에두빌이 아닌 루베르튀르에게 접근했다. 4월 말에 메이트랜드는 영국군 점령 지역의 프랑스인 농장주들에 대한 '선처'를 보장하고, 그 지역의 재산을 파괴하지 않겠다고 약속해 주면 평화롭게 철수하겠다고 루베르튀르에게 제안했다. 루베르튀르가 공손하게 그 제안을 에두빌에게 보내자, 에두빌은 루베르튀르에게 협상을 허락하면서, 망명하지 않고 영국군에 부역하지 않은 '프랑스인' 전부를 사면하라고 명령했다. 그러나 루베르튀르가 메이트랜드와의 협정에 서명했을 때, 그는 에두빌이 명령한 것 이상으로 확대해서 영국 편에서 싸우다가 최근에 탈영한 자들을 비롯해 영국군 점령 지역에서 민병대로 복무한 자들에게도 사면을 적용했다.[22]

루베르튀르의 부대는 생마르크와 아카에이를 점령하고 나서 식민지의 수도로 의기양양하게 입성했다. 포르토프랭스의 정부청사에는 철수의 혼란 속에서 우연히 남겨진 영국군 병사 둘이 여전히 보초를 서고 있었는데, 루베르튀르의 병사들은 영국의 철수를 믿지 못하는 그들에게 정말로 떠나야 할 시간이라고 설명했다. 메이트랜드는 서부 지방으로부터 생도맹그에 그가 유지하고 있던 최후의 두 거점, 즉 남부의 제레미와 북부의 몰(Môle) 해군기지로 부대를 이동시켰다. 몇몇 프랑스인 농장주들은 달아나기 위해서 짐을 잔뜩 들고 배에 타려고

다투었다. 그러나 다른 이들은 "(국왕의 상징인) 생루이 십자가를 떼어
내고, 공화국 군대에 있는 그들의 예전 노예들과 접촉을 시도했다."
그들은 동란 속에 몇 년이 지났어도 개인적인 충성이 남아 있을 것이
라고 생각하고, 도움과 용서를 구했다. 한편 루베르튀르는 막 점령한
지역의 모든 경작자들에게 한때 노예로 살았던 농장으로 되돌아가라
고 명령했다.[23]

에두빌은 루베르튀르에게 승리를 치하했다. 그는 "자유와 조국에
대한 사랑"이 최상의 교육으로도 주지 못한 자질을 그에게 주었다고
적었다. 그러나 6월 초에 루베르튀르와 에두빌이 르캅에서 처음 대
면했을 때, 그들의 만남은 서로에 대한 의심으로 긴장되고 무거운 분
위기였다. 나중에 루베르튀르는 자신이 자유의 적들인 '원칙 없는' 젊
은 장교들에 둘러싸여 있었다고 회상했다. 파리에서 유행하는 반혁명
풍으로 차려입은 그들은 "경작자는 자유를 누릴 만한 가치가 없다"고
주장하면서 보블랑의 구호를 되풀이했다. 루베르튀르는 자신이 그들
의 '경멸과 조롱'의 표적이 되었다고 썼다. 이 장교들 가운데 몇몇은
네 명의 용감한 병사들과 함께 "머리에 손수건을 두른 원숭이"를 체포
했다고 농담했다. 한 프랑스 장교가 루베르튀르를 칭찬하면서, 국민
에 대한 봉사의 대가로 그가 받아 마땅한 휴식을 즐길 수 있는 프랑스
로 그를 모시고 갈 수 있다면 영광이라고 말하자, 루베르튀르는 "당신
의 배는 나와 같은 사람에게 어울릴 만큼 충분히 크지 않다"고 쌀쌀맞
게 대답했다.[24]

에두빌과 회담을 마치고 서부로 돌아온 루베르튀르는, 메이트랜드
장군과 독자적으로 만나서 제레미와 몰로부터 영국군의 완전 철수 문
제를 협상했다. 에두빌이 루베르튀르에게 격한 편지를 보내서 영국군

이 프랑스에 분열의 씨앗을 뿌리고자 꾀하고 있다고 경고했지만, 루베르튀르는 그 경고를 무시했다. 이후 몇 달 동안 에두빌은 영국 장군이 자신과 직접 협상해야 한다고 주장했다. 8월 말에 몰에서 그 도시의 양도를 매듭짓기 위해 두 사람이 만났을 때, 메이트랜드는 루베르튀르를 자신의 막사에서 '진수성찬'으로 대접했고, "식탁을 장식한 빛나는 은식기"를 영국 왕이 보내는 선물이라며 건네주었다.[25]

본국 정부에 대한 루베르튀르의 조롱은 더욱 심해졌다. 그는 생도맹그의 지배자로서 독자적으로 영국과 협상했다. 그가 프랑스 정부에 화를 낼 만한 이유가 있었다. 프랑스 정부가 인종주의적인 측근들에 둘러싸인, 식민지 경험이 전혀 없는 인물을 파견해서 자신에게 명령을 전했기 때문이다. 루베르튀르도 의아하게 생각했듯이, 어째서 총재정부는 식민지를 보전하고 통치하는 데 가장 큰 책임을 지고 있는 사람을 신뢰하지 않았을까? 왜 그들은 지난 수년에 걸쳐 루베르튀르가 스스로 충성과 능력을 입증했을 때조차도 백인들을 그의 상관으로 보냈을까? 루베르튀르는 자신의 저작들에서 화해와 노예해방에 대한 공화국의 단합된 지지에 대해서 기대를 표명했다. 이러한 행동은 그가 점점 더 프랑스 정부와 자유에 대한 프랑스 정부의 공약을 예의주시하고 있음을 보여 주었다. 그는 프랑스에 맞서서도 자유를 보호할 수 있다고 확신하기 시작했다.

에두빌은 "식민지에서 농업의 번영을 재건하는" 임무를 받았다. 그는 '정당한' 소유자들(전 농장주들)에게 농장을 되돌려 주는 일을 감독하고, 농장 노동에 대한 '통일된' 정책, 즉 경작자에게는 '필요한 것'을 제공하고 소유주에게는 '적절한 것'을 제공하는 정책을 적용하려고 했다. '필요한 것'과 '적절한 것'이 의미하는 바를 명확하게 결정하는 일은 에두빌의 소관이었다. 노동자들의 능력과 필요에 대한 그의 생각은 보블랑과 같은 농장주들의 생각과 아주 흡사했다. 해방노예들은 개인적 성취에 대한 약속에 둔감했다. "그들은 결코 내일을 생각하지 않았고, 식량으로 약간의 카사바와 '뿌리' 몇 개만 있으면 행복해 했다"고 그는 주장했다. (보블랑과 마찬가지로) 에두빌은 노동자들의 타고난 게으름을 없애는 가장 좋은 방법은 그들을 강요해서 꼼꼼하게 감독할 예전 주인과의 계약에 서명하게 만드는 것이라고 생각했다. 7월에 에두빌은 모든 경작자들에게 그들이 '매여 있는' 농장의 관리 책임자들과 3년 계약에 서명하라고 명령했다. 나중에 루베르튀르는 보블랑의 원칙들이 파리에서 거부되었음에도 불구하고 식민지에 적용되는 것을 보면서 생도맹그의 많은 사람들이 놀랐다고 적었다. 그러나 처음에는 루베르튀르도 에두빌의 규정들을 승인한 것으로 보인다.[26]

농장 노동자들은 새로운 정책이 자신들의 권리를 박탈하는 것이라고 여겼다. 1793년의 노동 규정에서 송토나는 경작자들에게 그들의 농장에서 1년 계약에 서명할 것을 요구했다. 그 이후에는 그들이 원하면 다른 농장으로 이동할 수 있었다. 남부에서 통치하던 리고도 유사한 관행을 제도화했다. 루베르튀르는 시종일관 노동자들에게 농장으로 복귀하라고 명령했지만, 계약 기간에 관한 규정은 발표하지 않았다. 그가 통제했던 지역에서도, 많은 해방노예들이 더 나은 처우나 가족과 친구를 찾아서 비교적 자유롭게 이 농장 저 농장으로 옮겨 다녔던 것으로 보인다. 계약 기간의 증가는 어느 정도 노예제의 냄새가 났다. 몇몇 노동자들은 3년 계약에 서명하느니 차라리 "평생 숲속에서

살겠다"고 주장했고, 몇몇 도시에서는 서명된 계약서들이 등재된 장부가 찢겨 나갔다.[27]

농장 노동자들의 장래는 또 다른 미묘한 문제에 얽매여 있었다. 영국과 전쟁이 끝난 지금 루베르튀르의 병사들은 어떻게 될 것인가? 영국군이 철수한 지역에서도 노예제가 폐지되었지만, 루베르튀르는 새로이 해방된 자들에게 즉각 "예전에 일했던 농장으로" 돌아가라고 명령했고, 그들이 살던 집으로 되돌아가도록 병사들을 시켜 "흩어진 경작자들을" 모이게 했다. 그러나 그의 명령을 수행한 병사들은 다소 걱정하면서 그렇게 했을 것이다. 왜냐하면 루베르튀르의 체제에서 해방노예들이 이용할 수 있는 군 복무에 대한 유일한 현실적 대안은 농장 노동이었기 때문이다. 몇 년 동안 전쟁을 치르면서 병사들은 농장에서 일하는 사람들을 '정원의 검둥이들,' '불쌍한 놈들'이라고 부르거나, 식민지에 온 지 얼마 되지 않은 아프리카인들을 지칭하는 '보살'(bossales)이라는 오래된 용어를 사용하면서 경멸했다. 해방노예 출신인 파시앙스(Patience)라는 대위는 1802년에 전 주인을 그의 휘하에 부관으로 복무하게 했을 만큼 농장으로부터 멀리까지 왔다. 실제로 식민지 전역에서 많은 흑인 장교들이 백인 병사들, 더러는 전 주인을 지휘하기도 했다. 군 복무를 통해서 인생이 뒤바뀐 병사들이 소집 해제되어 총을 내려놓고 다시 괭이를 잡게 될까 봐 걱정하는 것은 충분히 이해할 만했다.[28]

식민지에 도착하는 순간부터, 영국군의 철수가 확실해지기 전까지도, 에두빌은 루베르튀르 휘하 부대의 규모와 세력을 제한하려고 했다. 그는 대부대에 들어가는 비용을 못마땅하게 생각하면서, '흑인 병사들'이 농촌에서 수거한 카사바, 바나나, 감자로 충분히 살아갈 수 있는데, 그들에게 값비싼 빵을 제공한다고 불평했다(그는 병사들이 결코 빵을 먹지 않고 팔아먹었다고 주장했다. 그렇지만 빵이 지급되지 않으면 병사들은 "투덜거렸다"). 에두빌은 또한 식민지에 흑인 장교들이 넘쳐난다고 생각했다. 그들 대부분은 거의 글을 읽지도 못하고, 백인 사회의 부스러기들인 그들의 비서들에게 "좌우되었다." 그들은 "자기 뜻 외에는 어떤 법도" 따르지 않았고, "견딜 수 없는 전제"를 일삼았다. 계급이 휘하의 병사 수에 의해서 결정되었기 때문에, 그들은 상시적으로 농장의 경작자들을 끌어들였다고 에두빌은 주장했다. 때에 따라서는 강제로 이루어졌기 때문에, 1798년 6월 에두빌은 자신의 명령에 따른 것이 아니라면 그러한 모병을 금지했다. 그러나 북부 지방의 '협곡'마다 그의 선임자였던 백인 행정가들의 '친흑인' 정책에 호응한 거만한 장교가 배출되었다.[29]

'무식한' 흑인 장교들을 조롱했던 프랑스 여행가 데쿠르티 같은 작가들도 에두빌의 한탄에 공감했다. "어떤 이들은 손가락에 피가 안 통해 부풀어 오를 정도로 많은 반지를 꼈고, '여자처럼' 귀걸이도 했다." 그는 쟁장부르트로포라는 자를 묘사하면서, 그가 프랑스어를 거의 할 줄 모르고, 긴 줄이 달린 시계를 두 개나 차고 있으며, 안장 위에 베개를 깔고 말을 탄다고 썼다. 이러한 묘사는 그런 장교들이 대표했던 극적인 도전을 방해하고 풍자하려는 시도였다. 해방 전쟁에 참전한 경험 많은 용사들로서 그들 가운데 몇몇은 몇 년 뒤에 프랑스군을 격퇴하는 데 참여할 터였다. 그들 가운데 다수는 1791년과 1792년에 반군 진영을 보강했던 아프리카인 "무리" 출신이었고, 그들이 자유를 쟁취했을 때처럼 자유를 지키기 위해서 싸울 각오가 되어 있었다.[30]

에두빌이 식민지 군대를 장악하려고 시도한 탓에, 존경받는 고위급 흑인 장교인 모이즈와 노골적으로 대립하게 되었다. 모이즈는 루베르 튀르가 권력을 잡고 부상하기 시작한 초기부터 함께했고, 입양을 통해서 루베르튀르의 조카가 되었다. 1798년에 모이즈는 르캅 인근의 포르리베르테(Fort-Liberté, 예전의 포르도팽) 수비대를 지휘했다. 7월 중순에 에두빌은 모이즈에게 그의 주둔지에 머물러 있으라고 했음에도 불구하고, 추정컨대 반란의 의도를 가지고 농장 경작자들을 모집했다고 그를 비난했다. 그러나 10월에 에두빌은 그 도시에서 일어난 일련의 싸움들을 핑계 삼아 모이즈를 사실상 해임했고, 그 지역 출신 흑인 장교를 그 도시의 책임자로, 그랑데라는 장교를 포르도팽 수비대 지휘관으로 임명했다. 모이즈와 그의 추종자들은 이 조치를 흑인 부대, 나아가 해방 체제에 대한 공격으로 간주했다. 사실 에두빌과 모이즈 사이의 분쟁이 시작되자마자, 모이즈는 그랑데가 그 섬의 에스파냐 영토에서 노예제를 피해 탈주한 흑인 도망자들을 체포해서 경계선 너머에 있는 주인들에게 돌려보내고 있다고 불평했다. 모이즈와 다른 이들이 볼 때, 이 정책은 노예해방의 원칙으로부터 후퇴를 알리는 위험한 징조였다.[31]

모이즈는 몇몇 추종자들과 함께 포르도팽을 떠나 자신과 뜻을 같이하는 농장 노동자들을 동원하기 시작했다. 또한 더 기세등등한 자에게 지원을 요청했다. 며칠 만에 루베르튀르가 진군했다. 그는 데살린에게 에두빌을 체포하라고 명령했고, 크리스토프에게는 포르도팽에서 모이즈 자리를 차지한 지도자들을 체포하라고 지시했다. 경작자들의 무리뿐 아니라 루베르튀르가 지휘하는 수천 명의 병력이 이내 르캅을 포위했다. 10월 23일, 에두빌은 백인 장교들과 함께 르캅 항에 정박 중인 배에 올라타서 프랑스로 도망갔다. 감독관 레몽과 빌라트 사건의 영웅 중 하나인 레베이에와, 파리에서 임기를 마치고 식민지로 돌아온 벨레이를 비롯한 몇몇 흑인 장교들이 에두빌의 탈주에 동행했다. 루베르튀르와 같이, 그리고 에두빌과는 달리, 그 사람들은 노예해방과 인종 평등을 수호하는 데 헌신해 왔다. 그러나 루베르튀르가 영국과 우호적으로 협상하고, 귀환하는 농장주들을 너그럽게 용서하고 가까이 지내면서, 또 에두빌과 같은 공식적인 프랑스 특사를 과감하게 추방하는 등 여러 가지 면에서 점점 더 권위주의적으로 권력을 행사했기 때문에 그들은 불안했다. 루베르튀르는 자신의 행동이 자유를 보전하고 확고하게 다지기 위해서 꼭 필요하다고 생각했다. 그러나 점점 더 그는 본국이 파견한 관리들뿐 아니라 그와 함께 평등을 위해서 투쟁했던 사람들도 소외시켰다.[32]

출항 직전에 에두빌은 루베르튀르가 '자유'에 맞서 '독립'을 지지하고 있다고 비난했다. 루베르튀르는 에두빌 같은 특권계급 출신과 '브레다 출신'의 노예 가운데 "누가 더 자유를 사랑하겠는가?"라고 반박했다. "에두빌이 나를 겁줄 수 있다고 생각하는가? 나는 오랫동안 싸워 왔고, 계속 싸워야 한다면 나는 그렇게 할 것이다. 나는 세 나라와 협상해야 했고, 그 세 나라를 전부 격퇴했다." 프랑스는 '우리나라'에서 이미 2만2천 명을 잃었고, 앞으로 프랑스가 보내올 병사들도 똑같은 운명을 겪게 될 것이라고 그는 적었다. "나는 프랑스와 전쟁까지 가고 싶지 않다. 나는 지금껏 프랑스를 위해서 이 나라를 지켜 왔지만, 프랑스가 나를 공격한다면 나는 나 자신을 지킬 것이다." 그는 흑인들이 성취할 수 있는 것의 실례로서 다시 한 번 자메이카 도망노예들의 모습을 떠올렸다. "나는 그들과 같은 흑인이고, 싸우는 방법도 알고 있으며, 게다가 지원과 보호를 기대할 수 있기 때문에 그들이 가

지지 못한 이점도 가지고 있다." 루베르튀르는 라보처럼 노예해방을 지지하는 프랑스인들뿐만 아니라 다른 동맹자들의 지원에 대해 이와 같이 언급하고 있다.[33]

루베르튀르는 특별한 이유 덕분에 영국과의 협상을 유리하게 끌고 갈 수 있었다. 그는 영국군이 생도맹그에서 철수하기를 원했지만, 식민지 경제를 재건하는 데 그들의 도움이 필요했다. 따라서 메이트랜드와 영국의 철군에 대해 협상했을 때에도, 그 영국 장군과 따로 비밀 협정을 체결했다. 루베르튀르는 자메이카를 공격하거나 그곳에서 반란을 조장하지 않겠다고 약속했고, 메이트랜드는 생도맹그에 대한 영국의 봉쇄를 푼다는 데 동의했다. 이는 뚜렷한 발전이었다. 프랑스와 영국은 여전히 전쟁 중이었지만, 이 협정의 조항들을 확대한 1799년의 두 번째 협정으로 그는 프랑스령 생도맹그와 영국령 자메이카 사이의 평화를 약속했다. 그리고 그는 영국 상인들과 카리브 해에서 프랑스가 보유한 가장 중요한 식민지 사이의 교역에 동의했는데, 이는 아주 고무적인 성과였다. 루베르튀르는 생도맹그가 생산하는 커피와 설탕을 수출할 수 있는 메커니즘, 따라서 그 식민지가 살아남기 위해서 필요한 수입원을 확보할 수 있으리라는 것을 확인했기 때문이다. 그러나 루베르튀르는 그 이상을 생각하고 있었다. 그는 프랑스 정부와의 노골적인 분쟁 가능성에 대비하고 있었다.[34]

생도맹그와 영국 사이에 독자적인 협정을 체결한 루베르튀르는 자신의 외교정책을 계속 밀고 나가, 프랑스의 이해관계가 아니라 식민지의 이해관계에 기초한 독자적인 외교정책을 발전시켰다. 1798년 6월 미국 의회는 해적들이 계속 미국 상선을 공격하는 것에 대응하여 프랑스와의 교역을 잠정 중단했다. 두 나라 사이의 '준전쟁 상태'

는 2년 동안 계속되었고, 생도맹그에 즉각적으로 영향을 미쳤다. 생도맹그산 커피와 설탕의 중요한 판로이자 식량 및 상품의 공급원이었던 미국 상인들의 생도맹그 방문이 갑자기 금지되었다. 루베르튀르는 존 애덤스(John Adams)에게 편지를 보내서 미국 배들이 생도맹그를 '버렸다'고 불평하고 교역 관계 복원에 대한 기대를 표명했다. 그리고 미국 배들을 동맹국의 선박으로 환영하고, 그들을 공격으로부터 보호할 것이라고 선언했다. 생도맹그와 수지맞는 교역을 유지하고자 했던 미국 관리들은 프랑스의 지배 아래 있는 지역과 교역을 금지한 의회의 법령을 피해 가는 방법을 신속하게 찾아냈다. 국무장관 토머스 피커링(Thomas Pickering)은 생도맹그 인민이 그들에 대한 프랑스 정부의 지배권을 더 이상 용인하지 않는다면, 그들과 교역하는 데 아무런 장애도 없을 것이라고 주장했다. 1799년 초에 미국 의회는 대통령에게 생도맹그와의 교역 재개를 허가하는 특별법을 통과시켰다. 피커링은 루베르튀르에게 그 지역에서 프랑스인들의 해적 행위를 근절한다면, 미국 배들이 생도맹그 항구로 입항할 수 있을 것이라고 통보했다. 곧 신임 미국 총영사 에드워드 스티븐스(Edward Stevens)가 통상협정을 마무리 짓기 위해서 생도맹그로 향했다.[35]

루베르튀르는 미국 상선들이 생도맹그에 올 수 있도록 허가하는 공문서를 작성했다. 여기서 더 나아가 스티븐스는 무장한 프랑스 선박들이 생도맹그의 항구들로 입항하지 못하도록 합의하자고 요청했다. 이러한 조항을 공개적으로 수용하는 것은 프랑스 정부에 대한 도발이었다. 왜냐하면 이는 본질적으로 독립을 선언하는 것이나 다름없기 때문이다. 그렇게 되면 무장한 미국 선박이나 영국 선박은 항구에 들어올 수 있지만, 다른 곳에서 온 프랑스 배들은 되돌아가야 했다. 그러나 1799년 5월에 스티븐스가 국무장관 피커링에게 확인했듯이, 루베르튀르는 '개인적으로' 이 요구에 동의했다. 다음 한 해 동안, 교역을 위해서 생도맹그를 오간 1,800여 척의 배 가운데 15척만이 프랑스 배였고, 나머지 대부분은 영국 선적이거나 북아메리카 선적이었다. 루베르튀르에게는 미국과의 교역이 특히 중요했다. 왜냐하면 기본적으로 식량을 공급했던 영국 상인들과 달리, 북아메리카 상인들은 총포와 탄약의 공급원이었기 때문이다. 이후 몇 년 동안 미국에서 정기적으로 상인들이 왔고, 그들이 루베르튀르의 군사력을 유지하는 데 중요한 역할을 했다. 1801년 7월 어느 날에는 르캅 항에 미국 상선이 32척이나 와 있었다. 1802년 초에 샤를 르클레르(Charles Victor Emmanuel Leclerc, 1772~1802)* 장군은 미국이 '총, 대포, 탄약'을 생도맹그에 공급했다고 불평하면서, 그 지역의 교역을 독차지하기 위해서 생도맹그뿐만 아니라 카리브 지역 전체의 독립을 고무하는 것이 미국의 의도라고 확신했다.[36]

사실, 생도맹그 혁명에 대한 미국의 입장은 한층 더 복잡했다. 루베르튀르와 협력하고 그를 지원하는 것은 미묘한 문제였다. 무엇보다도 그는 많은 백인들을 소름끼치게 한 노예 혁명의 화신이고 기세등등한 해방노예 군대의 지도자였다. 생도맹그에서 누릴 수 있는 상업적 기회는 특히 북부의 주들로부터 많은 상인들을 끌어들였지만, 남부에게 생도맹그는 그 지역 노예들에게 무엇보다도 위험한 본보기였다.

---

* 프랑스의 장군. 나폴레옹의 매제로, 루베르튀르가 주도한 반란을 진압하기 위해서 생도맹그에 파견되었다. 2만3천 명의 원정대를 이끌고 1802년 생도맹그에 상륙해 순식간에 이 섬의 대부분을 장악하고 반란군과 평화협정을 맺었다. 그러나 루베르튀르를 포로로 잡아 프랑스로 보낸 사건과 과들루프 섬에 노예제도를 되살린 나폴레옹의 조처가 도화선이 되어 전쟁이 재개되었다. 르클레르의 군대는 황열병(黃熱病)으로 많은 병력을 잃었는데, 그도 11월에 이 병으로 죽었다.

1800년 대통령에 선출된 이후, 토머스 제퍼슨(Thomas Jefferson)은 루베르튀르에 대한 애덤스의 전폭적인 지원으로부터 한 걸음 물러섰고, 결국 봉쇄정책으로 전환했다. 그는 루이지애나 주를 주시하면서 그지역에서 프랑스의 세력을 제한하는 데 관심을 두는 한편, 북아메리카에서 혁명의 영향을 차단하고자 노력했다. 1801년 워싱턴에서 프랑스 대사와 회담하면서, 제퍼슨은 생도맹그를 독립국으로 인정하지만 과연 프랑스와 미국, 영국의 보호 아래 둘 수 있을지를 타진했다. 그는 세 열강이 "이 질병을 섬에 가둬 두기 위해서" 협력할 수 있다고 지적했다. "흑인들이 배를 소유할 수 있도록 우리가 허가하지 않는한, 우리는 그들이 살아가게 놔두고 그들과 매우 수지맞는 교역 관계를 유지할 수도 있다."[37]

1799년에 자메이카에서 노예 반란을 부추기려는 음모를 밀고했을때, 루베르튀르는 혁명의 수출을 막겠다는 의지를 입증해 보였다. 스티븐스의 표현에 따르면, "프랑스의 원칙이 가지는 파괴적인 영향력을 확산시키기 위한 악마적 시도"였던 그 계획은 폭동을 일으켜 생도맹그로부터의 침공을 가능하게 하는 것이었다. 총재정부는 이 구상을 지지했지만, 에두빌은 축출되기 전까지 이를 완수해 내지 못했다. 하지만 1799년 말에 그 지역에서 밀무역을 하던 사스포르타(Sasportas)라는 유대인이 노예들을 움직일 생각으로 공모자 한 명과 자메이카에 잠입했다. 루베르튀르는 이 사실을 영국에 알렸고, 두 사람은 금방 체포되었다. 루베르튀르의 교활한 외교의 희생자였던 사스포르타는 킹스턴에서 교수형에 처해졌다.[38]

그러나 영국 및 미국과의 친선 관계를 위해서 루베르튀르는 그만한 비용을 치렀다. 그는 이 적대적인 열강들과의 거래를 비밀에 부치고자 했지만, 1798년 메이트랜드와 맺은 협정에 관한 소식이 널리 퍼졌다. 그해 12월 런던의 한 일간지는 다음과 같이 보도했다. "그 협정으로 이 중요한 섬의 독립은 사실상 인정되었고, 그 식민지를 되찾으려는 프랑스의 어떠한 시도에도 맞서 독립이 보장되었다." 아울러 그 기사는 "서인도제도에 혹인 정부가 구성·조직되었다"는 사실은 "인류애의 대의를 향한 진일보"라고 덧붙였다. 영국에서 보도되자마자 그 소식은 프랑스로 빠르게 전파되었지만, 프랑스 관리들은 이 문제에 관해 매우 다른 견해를 가지고 있었다. 라보는 1799년 9월에 파리에서 루베르튀르에게 편지를 보내 "그를 혐오하는 파리의 악한들이" 식민지의 독립을 획책한다는 혐의로 그를 고발하고 있다고 경고했다. 그는 루베르튀르에게 모국에 대한 복종을 보여 줌으로써 그들이 틀렸다는 것을 입증하라고 요구했다.[39]

그러나 루베르튀르는 더 이상 프랑스 당국에 복종할 마음이 없었다. 에두빌을 축출한 이후, 그는 산토도밍고에 주재하고 있는 프랑스 외교관 룸(Roume)을 르캅으로 데리고 왔다. 룸은 원칙상 루베르튀르의 행동을 감독하는 본국 대표로서 파견되었지만, 사실상 그는 "유명무실한 권한"만 있었고, "르캅에 갇혀 있는 고위급 포로나 다름없었다."[40]

그럼에도 불구하고 루베르튀르는 영국과 미국의 관망자들이 그의 작품이라고 추정한, 일종의 독립을 위한 계획을 결코 입 밖에 낸 적이 없었다. 체제의 자율성을 강화하면서 루베르튀르는 프랑스와 단교가 아니라 오히려 관계를 재설정할 준비를 하고 있었다. 역설적으로 그의 체제는 몇 년 전에 생마르크의 농장주들이 선언했던 자치의 꿈을 어느 정도 실현해 냈다. 이전의 농장주 활동가들처럼 루베르튀르는 자유로운 교역, 식민지 내의 경제정책 통제권 그리고 정치적 자치를 원했다. 다만 그들과 달리 그는 식민지에 주재하는 본국 관리들에게 그런 체제를 강요하는 데 성공했다. 농장주들과 마찬가지로 그는 번영하는 플랜테이션 경제를 예견했다. 그러나 그들과 달리 그는 노예제 없는 체제를 건설하고자 했다. 농장주들이 노예제를 회복하기 위해서 자치를 추구했던 1793년과 1794년의 상황이 기묘하게 역전된 상황에서, 루베르튀르는 노예해방을 지키기 위해서 자치를 추구했다.

17 98년에 프랑스 박물학자 데쿠르티가 생도맹그에 도착했다. 그는 혼자가 아니었다. 많은 농장주들이 잃어버린 재산을 되찾기 위해서 마치 '꿀벌처럼' 식민지로 돌아왔다. 백인들에게는 낙관적인 시대였다. 흑인들은 "루베르튀르의 명령 때문에" 그 이전이나 그 이후보다 "정치적으로 더 복종적"이었다. 루베르튀르는 처음 공화국 진영에 가담했을 때부터 백인 농장주들이 생도맹그로 되돌아오는 것을 적극적으로 환영했는데, 영국에 대한 승리와 에두빌의 축출로 이 정책은 더욱 확대·강화되었다.⁴¹

에두빌은 루베르튀르에게 공화국의 사면령을 망명자들에게 확대 적용하지 말라고 명령했지만, 영국군이 철수하기도 전에 "우리 항구로 밀려드는 수많은 망명자들"을 보면서 그는 당황했다. 그들은 분명 식민지에서 자신들의 운명을 결정할 사람이 에두빌이 아니라 루베르튀르였으면 좋겠다고 생각했을 것이다. 나중에 밝혀졌듯이 그들이 옳았다. 1798년 8월 중순에 포르토프랑스에서 '엄숙한 미사' 후에 루베르튀르는 가톨릭의 가르침에 따라 영국의 점령을 지지함으로써 죄지은 사람들을 기꺼이 용서할 것이라고 선언했다. 9월 초에 루베르튀르는 미국에 있는 망명자들에게 아버지에게 돌아오는 '탕아'처럼 그들이 용서받게 될 생도맹그로 돌아오라고 요청했다. 이에 호응한 자들 가운데에는 베르나르 보젤라(Bernard Borgella)라는 부유한 농장주가 있었는데, 혼란스러운 혁명 초기 몇 년 동안 포르토프랭스의 시장직을 역임했다. 오래전부터 프랑스로부터의 정치적·경제적 자치를 지지한 이 귀환 농장주는 루베르튀르의 정책 형성에 기여했다.[42]

생도맹그로 귀환한 농장주들은 종종 자기들의 재산을 관리하고 있던 노예 출신의 신흥 엘리트 집단과 경쟁해야 했다. 이 시기에 경제적 발전의 가능성이 가시화되었기 때문에, 이 새 관리자들은 옛 소유주들에게 농장을 넘기는 것을 원하지 않았다. 버려진 농장을 임차한 많은 군 장교들이 그 토지에 대한 소유권을 주장하면서, 귀환하는 백인 농장주들의 배신행위와 극명하게 대비되는, 국가에 대한 그들의 충성스런 봉사를 상기시켰다. 그들은 또한 원래 소유주에게 농장을 양도하는 일을 감독하는 지역 관리들과 긴밀하게 연결되어 있었고, 사실상 그들을 통제하기도 했다. 농장주들은 루베르튀르의 공약에도 불구하고 농장을 돌려받기가 쉽지 않다는 것을 알았다. 루베르튀르는 토지에 대한 분쟁을 해결하려고 노력하는 대신, 문제를 우회할 수 있는 정책을 추구했다. 그는 농장주들에게 그들의 재산이 더 이상 국가의 통제 아래 있지 않다고 명시된 문서를 발급해 주었다. 그러나 그들이 농장을 점유·관리하고 있던 사람들을 쫓아내기에는 너무 무력하다는 것을 알았을 때에도 그들의 요구를 집행하기 위해서 아무런 노력도 하지 않았다. 어떤 농장주가 자기 농장에 대한 소유권을 공식적으로 획득한 이후, 지난 몇 년 동안 그 농장을 관리해 온 라플룀이라는 고위 관리에게 지대를 징수하려고 하자, 라플룀은 정부가 자신에게 8~10개월 동안 지대 지불을 유예해 주었다면서 지불을 거부했다. 그 농장주가 할 수 있는 일은 거의 없었다. 1800년에 또 다른 농장 주는 자기 재산이 "전에 데리고 있던 십장의 수중에" 들어갔는데, 그 가 자신을 식민지에서 쫓아내고, 자유유색인들과 함께 그 농장을 계 속 보유하기 위해서 그들이 할 수 있는 모든 짓을 다하고 있다고 불평 했다.[43]

여행자 데쿠르티는 아르티보니트 지역을 여행하면서, 한때 눈부 셨던 저택들이 이제는 폐허가 되어 무너지고, 주인들의 귀환을 간절 히 바라는 것처럼 보이는 황폐한 농장들을 많이 보았다고 썼다. 그러 나 농장을 차지한 사람들은 홀로 남은 것에 매우 만족한 듯 보였다. 데쿠르티는 해방노예들이 뻔뻔스럽게도 해방과 함께 획득한 것을 포 기하기를 완강하게 거부했다고 기술했다. 농장이 전에 데리고 있던 노예의 수중으로 들어간 농장주의 경우, 상황이 특히 곤란하게 돌아 갔다. 땅을 돌려 달라는 농장주의 요구를 지역 관리들이 검토해 주기 를 기다리면서, 그들은 한때 자신이 소유했던 자들의 처분에 내맡겨 졌다. 데쿠르티는 친척이 소유했던 한 농장을 방문했을 때 이를 직접 경험했다. 농장을 임차한 예전 노예들은 확실히 그와의 관계를 끝내 고자 했다. 그들은 "뻔뻔하게도 철면피를 내밀고" 데쿠르티와 그 일행 이 약간의 식량을 얻기 위해서 농장에 들어가는 것을 막았다. 그는 지 금 농장에 살고 있는 사람들이 재산에 지나지 않는다는 믿음을 털어 놓으면서, "5평방리그의 토지와 750명의 노예를 소유한 우리가 이 불 행한 시기에 얼마나 더 스스로 시중을 들어야 하는가"라고 통탄했다. 몇몇 노예들은 훨씬 더 독단적이었다. 1800년 5월에 어떤 관리는 몇 몇 지역에서 "경작자들은, 그들의 말에 따르면, 아주 오랫동안 타인을

위해서 토지를 경작했기 때문에 그 땅이 자기들 것이라고 주장하면서 백인 소유주를 쫓아냈다"고 썼다.[44]

데쿠르티는 아르티보니트에서 한 농장을 차지하기 위한 복잡한 싸움에 말려들었다. 데쿠르티의 삼촌인 라치코트(Lachicotte)와 '서출'인 그의 이복동생 필리프(Philippe) 사이에 다툼이 벌어졌는데, 두 사람 모두 돌아가신 아버지의 재산을 상속받았다고 주장했다. 이는 고전적인 가족 간의 사건이지만, 노예해방 후 생도맹그 사회에서는 특별한 경향을 띠었다. 필리프는 아프리카계였고, 그의 어머니는 노예였지만, 그는 혁명적 상황을 이용해서 라치코트보다 유리한 입장에 설 수 있었다. 그는 루베르튀르 군대의 장교가 되어 높은 자리에 있었고, 한때는 라치코트를 지휘하기도 했다. 지방 정부는 그들 아버지의 재산이 버려졌다고 선언했다. 필리프는 농장을 임차하기 위해서 인맥과 자기 봉급을 활용했고, 운명의 역전을 기뻐하며 라치코트에게 "당신의 지배는 끝났다"고 통보했다. 그러나 1798년에 라치코트는 루베르튀르로부터 국가의 농장 몰수가 끝났고, 그가 그 농장의 정당한 소유자라고 선언하는 문서를 받아 냈다. 그러나 라치코트와 데쿠르티가 농장을 차지하려고 시도했을 때 그들은 무력했다. 농장 주민들로부터 환대받을 것이라고 기대했던 그들은 도리어 완전히 무시당했다. 오만정이 다 떨어진 데쿠르티는 그들이 자기가 먹을 식량을 구하기 위해서 시장에 가지 않을 수 없었고 손수 노새를 몰아야 했다고 썼다. 농장 주민들은 "우리를 위해서 들에 나갈 마음이 전혀 없었다." 확실히 노예들은 한때 그들을 지배한 백인들에게 가졌던 공포에서 완전히 벗어났다.[45]

데쿠르티는 농장 주민들이 "그들의 모든 시간을" 바치는 채마밭으로 사용하기 위해서 꽤 넓은 땅을 차지했다고 말했다. 한편 필리프는 한때 그 농장을 유명하게 만들었던 면화를 계속 생산하고자 했다. 데쿠르티는 필리프가 면화 밭에 물을 대는 한편, 농장 노동자들을 겁주려고 그들의 채마밭을 침수시킴으로써 그들을 화나게 만드는 무서운 폭군이라고 묘사했다. 그는 농장 노동자들이 백인 농장주들의 귀환을 간절히 원하고 있다고 주장했다. 그러나 데쿠르티가 제시한 구체적인 설명들은 다른 이야기를 하고 있다. 농장 노동자들은 라치코트와 데쿠르티가 농장을 다시 차지할 수 있도록 돕겠다고 말하면서 그들을 농장으로 유인했는데, 농장에 도착하고 나서야 자신들이 속았다는 것을 알았다. 한마디로 그들은 쫓겨났고, 농장에 소요를 야기했다는 혐의로 고발되어 지역 당국에 출두해야 했다. 필리프는 그 농장을 확실하게 차지하고 있었지만, 또한 두 침입자에게 아주 친절하게 대했다. 그는 그들에게 어떤 특권을 부여하지는 않았지만, 그들이 농장에 머물도록 허락했고, 심지어 볼일이 있으면 그의 마차를 빌려 주기도 했다. 그는 주인이 아니라 주민으로서 그들의 귀환을 기꺼이 받아들인 것처럼 보였다.[46]

노예제 시절 이래로 생도맹그에 많은 변화가 생겨났다. 백인과 흑인, 전 주인과 해방노예들은 그들의 관계와 사회적 위상을 다시 정의했다. 생도맹그의 풍경은 반란, 전쟁 그리고 협상이 교차하는 역사에 의해 모습이 결정되는 모자이크 그림과도 같다. 1799년에 식민지를 여행하던 한 농장주가 어느 정도 가동되고 있는 설탕 농장과 몇몇 번성한 커피 농장을 지나쳤다. 그는 집들이 덤불과 나무로 완전히 뒤덮여 있고, 사탕수수밭이 풀과 덩굴로 뒤덮인, 폐허가 된 많은 농장들을 보았다. "우리가 잠깐 그 장대한 르캅의 평원을 내려다보기 위해 별 생각 없이 멈춰 선 산꼭대기에서," 한때 사탕수수로 뒤덮였을 그 땅이 오로지 "폐허와 덤불"로만 뒤덮여 있는 걸 보고, 그는 큰 충격을 받았다.[47]

르캅의 평원뿐만 아니라 식민지 전역에서, 독립과 자존에 기초한, 진정한 자유를 몸소 체현한 해방노예들을 위해 새로운 형태의 생활이 뿌리내리고 있었다. 폐허가 된 농장과 그 주변에서 사람들은 작은 땅을 경작했고, 가족을 위해서 그리고 시장에 내다 팔기 위해서 작물을 재배했다. 그들은 닭, 돼지, 소를 키우면서 종종 버려진 사탕수수밭에 가축을 풀어 놓았다. 노예들이 채마밭에서 무엇을 생산할지를 주인들이 결정했을 때에는, 노예제 안에서 형성된 전통을 따랐을지라도, 새로운 체제에서는 해방노예들이 더 많은 토지를 이용할 수도 있고, 원하는 작물을 자유롭게 재배하고, 가축을 사육하고, 그들이 생산한 것을 시장에 내다 팔 수도 있었다. 노예제와의 대비는 분명했고, 상황이 개선됨에 따라 여러 농장에서 농장 노동자들 사이에 자녀의 수가 증가한 것처럼 보였다. 독립 이후에 아이티 농촌의 모습을 결정하게 될 새로운 문화가 태어나고 있었다. 그러나 해방노예들에게 새로운 시작인 것이, 사라진 농장의 유령들에게 시달리는 백인들에게는 상실과 암흑이었다. 1803년에 생도맹그에 파견된 어느 폴란드 병사는 이러한 느낌을 생생하게 포착했다. "이곳 공기는, 특히 12년 전 흑인 폭동의 시대 이후로 전혀 건전하지 않다"고 그는 썼다. 마치 1791년에 식민지를 뒤흔들었던 그 폭동이 말 그대로 환경을 바꾸어 놓기나 한 것처럼, 유럽인들에게 치명적인 것은 바로 그 공기였다.[48]

11
영토

　1798년 7월, 마차 한 대가 사실상 생도맹그를 지배하고 있는 두 사람인 루베르튀르와 리고를 태우고 덜거덕거리며 포르토프랭스에서 르캅으로 향했다. 그들은 영국군의 생도맹그 철군 계획을 협의하기 위해서 에두빌을 만나러 가는 길이었다. 곧 용서할 수 없는 적이 될 이 두 동맹자는 여행 중에 무슨 이야기를 나눴을까? 문헌에는 기록이 전혀 남아 있지 않지만 19세기에 널리 퍼진 이야기에 따르면, 두 사람은 그 여행 중에 협정을 맺었다고 한다. 그들은 에두빌과의 협상에 신중을 기하고, 그로부터 얻은 정보를 모두 공유하기로 했다. 만약 그들이 실제로 그런 약속을 했더라도 그 약속은 실행되지 않을 터였다. 에두빌은 두 사람 사이를 이간질하기 위해서 의도적으로 루베르튀르보다 리고를 더 환대했다. 몇 달 뒤에 식민지에서 축출되기 전, 에두빌은 그들 사이에 또 다른 '분쟁의 씨앗'을 심어 놓았다. 에두빌은 리고에게 보내는 편지에서 "영국인, 망명자, 미국인들에게 매수된 루베르튀르 장군의 배신행위"를 비난했다. 그는 "나는 당신을 루베르튀르에게 부여된 최고사령관으로서의 권위에 복속시키지 않겠다"고 적고, 리고에게 남부 도(département)의 지휘권을 맡아 달라고 요청했다.[1]

루베르튀르와 리고는 1794년 이래 동맹 관계였고, 둘이 함께 생도맹그에서 공화국의 승리를 확보했다. 1798년에 이르러 두 사람은 식민지의 모든 군대와 영토를 통제했다. 원칙적으로는 루베르튀르가 리고보다 상관이었지만, 사실상 리고는 계속 남부 지방을 지배했고, 1793년 이래 그랬던 것처럼 자신의 군대를 독자적으로 지휘했다. 그러나 영국과의 전쟁이 끝나고 에두빌이 축출된 이후, 루베르튀르와 리고의 관계는 급속히 나빠졌다. 두 사람은 곧 서로 잔혹한 내전을 벌이게 된다.

통상 '남부의 전쟁'이라 불리는 이 전쟁은 종종 루베르튀르의 흑인 군대가 리고의 자유유색인 군대와 맞서 싸운 인종 전쟁으로 묘사된다. 혁명 전에 남부는 레몽 가문을 비롯한 부유한 자유유색인의 아성이었고, 리고도 이 계층의 일원이었다. 그의 체제에서는 자유유색인들이 관리 자리를 채우고 남부의 버려진 많은 농장들을 차지했다. 자유유색인들이 해방노예들의 삶을 지배하고 때로는 그들의 노동을 통제했기 때문에 그들 사이에는 항상 긴장이 흘렀다. 이러한 긴장 관계는 기본적으로 집단들 사이의 경제적 차이에 의해서 조성되었다. 하지만 그 지역에서 부유하고 유력한 자들 가운데 상당수는 유럽과 아프리카계 혼혈이었고, 그들이 관리하는 자들은 그렇지 않았다는 점을 고려해 볼 때, 해방노예들이 인종주의가 작용하고 있다고 생각하기 쉬웠다. 한편, 북부에서는 루베르튀르의 고위 장교들 대부분이 아프리카계였고, 1791년 그들이 폭동을 일으켰을 때는 상당수가 노예였다. 이와 같이 두 엘리트 집단 사이의 대비는 그들의 분쟁을 기본적으로 인종 전쟁으로 보게끔 만든다.

그러나 사실 양측에는 어느 정도 다양성이 존재했다. 전쟁 중에 루베르튀르의 군대와 함께 싸운 자유유색인과 백인들도 많았고, 그 가운데 일부는 리고의 추종자들에 대한 잔혹 행위로 두각을 나타내기도 했다. 그리고 루베르튀르의 체제, 특히 귀환하는 백인 농장주들과 그의 긴밀한 유대에 환멸을 느끼고, 전쟁을 이용해서 루베르튀르의 체제를 타도하려 했던 해방노예 지도자들도 있었다. 북부에서 몇몇 해방노예 장교들이 루베르튀르에 대한 반란 중에 리고를 지지하고 나섰는데, 특히 1796년 르캅에서 빌라트 봉기를 진압하는 데 일조한 미셸이 그러했다. 서부에서는 포르토프랭스 인근 산악 지대를 지배한 아프리카 태생의 라무르 데랑스(Lamour Desrances)가 리고 편에 가담했다. 전쟁은 단순히 두 인종 집단 사이의 분쟁으로 설명될 수 없었다.[2]

루베르튀르는 리고에 맞서 추종자들을 규합하기 위해서 인종적 호소를 이용했다. 1799년 2월에 포르토프랭스 교회에서 연설하면서, 루베르튀르는 '스위스' 즉 1791년에 자유유색인들을 지원했던 노예들이 버림받은 일을 떠올리면서 청중 가운데 있는 자유유색인들에게 다음과 같이 물었다. "왜 당신들은 스위스를 희생시켰는가? 왜냐하면 그들이 흑인이었기 때문이다." 리고도 똑같은 이유로, 다시 말해서 "나의 피부색 때문에" 자신에게 복종하기를 거부했다고 그는 덧붙였다. 북부에서 일부 자유유색인들이 리고를 지원하기 위해 봉기를 주도하고 전쟁을 시작하자, 루베르튀르는 그들이 생도맹그를 파괴할 음모를

꾸미고 있다면서 '유색인 전부'를 비난했다.[3]

리고는 루베르튀르에 대한 반항이 인종주의 때문이라는 주장을 부인했다. 이는 단지 루베르튀르 휘하에서 그가 겪은 부당한 처우에 대한 대응일 뿐이라고 그는 주장했다. "그는 상관일 뿐이지 결코 주인은 아니다. 흥분 잘하고 입이 건 주인도 결코 내가 당한 만큼 그렇게 혹독한 방식으로 자신의 노예를 다루지는 않았다"고 적었다. 리고는 자기도 '투생 장군'과 마찬가지로 '흑인' 어머니한테서 태어났다고 썼다. 그에게는 언제나 그가 "복종하고 존경하던" 흑인 형이 있었다. 그리고 그는 흑인 선생님에게서 배웠다. 이 모든 사람들이 언제나 그에게 지시했고, 그는 항상 따랐다. "그래도 투생과 나 사이에 그런 피부색의 차이가 있는가?"라고 리고는 덧붙였다. "나는 인간의 권리를 신봉하기 때문에 한 색깔이 다른 색깔보다 우월하다고 생각할 수 없다." 그의 주장에 따르면, 진짜 인종주의자는 루베르튀르였다.[4]

루베르튀르는 또한 리고가 프랑스 정부에 반기를 들었다고 비난했다. 그러나 그 자유유색인 장군은 에두빌한테 받은 편지를 활용해서 정부의 정당한 대표는 자신뿐이고, 루베르튀르야말로 반역자라고 주장했다. 둘은 한층 더 심각한 비난으로 논쟁을 가열시켰다. 미국 영사 스티븐스는 리고가 루베르튀르 치하에서 생도맹그가 "영국 정부에 팔릴 것이고 다시 한 번 노예제의 멍에를 쓰게 될 것"이라는 생각을 얼마나 "열심히 퍼뜨렸는지를" 설명했다. 한편, 루베르튀르는 자유의 적은 자유유색인들이고, 리고의 통치 아래서 그들은 가능한 한 빨리 노예제를 복원시키려 할 것이라고 주장했다.[5]

모든 적수들이 그런 것처럼, 리고와 루베르튀르도 강박적으로 그들의 차이를 강조하고자 했다. 그러나 사실 그들은 서로 아주 많이 닮아 있었다. 그들의 체제는 모두 해방노예들을 농장에 묶어 두고 영국 및 미국 상인들과의 경제적 유대를 강화하는 데 기초를 두었다. 남부에서는 자유유색인들이 지배계급의 대부분을 구성했는데, 그들의 이해관계는 북부와 서부에서 등장한 신흥계급인 흑인 농장주들의 이해관계와 실질적으로 다르지 않았다. 결국 루베르튀르와 리고의 대립은 인종적 정체성의 차이, 또는 이데올로기나 관행의 차이에서 비롯된 것이 아니었다. 그것은 영토와 정치권력을 놓고 벌인 싸움이었다. 루베르튀르는 식민지 전역에 지배권을 확립해 나가기로 마음먹었다. 그러나 남부는 생도맹그의 역사 전반을 통해서 카리브 해의 다른 섬들과의 광범위한 접촉에 의해 유지되는 특별한 문화를 가진, 식민지의 나머지 지역으로부터 외따로 떨어진 지역이었다. 리고와 그의 추종자들은 이러한 자율성의 토대 위에 강력하고 독립적인 체제를 만들어 냈다. 지극히 당연한바, 그들은 통제력을 계속 유지하기를 원했고, 루베르튀르가 그들이 건설한 것을 파괴하겠다고 위협했을 때 저항했다.[6]

　1799년 6월 말에 스티븐스는 "경쟁자가 된 생도맹그의 두 지도자 사이에 파열이 임박했다는 나의 우려가 현실이 되었다"고 썼다. 6월 18일, 리고의 병력 4천 명이 루베르튀르의 장교 라플룀이 지휘하던 소규모 부대를 격퇴하고 프티고아브와 그랑고아브에 입성했다. 이 패배는 1795년에 라플룀이 리고의 권위에 복속하지 않고, 수천 명의 병사들을 이끌고 루베르튀르의 지휘 아래로 들어간 것에 대한 일종의 복수였다. 이는 또한 몇 달 전에 그 도시들을 자신에게 넘기라고 강요했던 루베르튀르에 대한 직접적인 도전이었다. 대담한 공격으로 리고는 중요한 동맹자를 얻게 되었다. 유력한 자유유색인 장교인 알렉

상드르 페티옹(Alexandre Pétion, 1770~1818)*이 리고의 진영으로 탈영해 와서 리고의 병력이 증강되었다. 소수의 '경작자들'을 제외하면, 대부분이 "혁명이 시작된 이후 그의 휘하에서 복무한 흑인 병사들로" 구성된 그의 보병대는 "잘 훈련되었고," "전적으로 물라토로 구성된" 그의 기병대는 "식민지 최강"이었다.[7]

리고의 추종자들이 남부에만 있었던 것은 아니다. 리고의 승리 이후에 르캅과 아르티보니트 평원에서 폭동이 있었고, 루베르튀르가 이전 몇 년 동안 끊임없이 폭동에 직면했던 포르드페 주변 지역과 몰에서 폭동이 특히 심각했다. 폭도들은 루베르튀르의 충성스런 장교들 중 하나가 방어하는 포르드페를 점령하는 데는 실패했지만 그 도시를 포위했다. 루베르튀르는 어디에나 적이 있었다. 사실 그는 두 차례나 암살 시도의 표적이 되었다. 첫 번째에는 그의 주치의가 죽었고, 총알이 루베르튀르의 모자를 관통했다. 두 번째에는 루베르튀르의 마차가 총탄 세례를 받았고 그의 마부가 죽었다. 장군은 마침 뒤에 타고 있었기 때문에 '기적적으로' 암살을 모면할 수 있었다.[8]

이는 루베르튀르가 이제까지 겪은 일들 가운데 최대의 정치적 도전이었다. 북부와 서부에서 그는 신속하게 대응했다. 봉기 몇 달 뒤에 루베르튀르의 부대는 음모자들을 무자비하게 처형했다. 데쿠르티는 루베르튀르가 무분별하게 학살을 자행한 한 장교를 도심에서 공개적으로 처벌하는 것을 묘사했다. 루베르튀르는 그에게 "나는 나무들을

---

* 부유한 자유유색인 가문 태생인 페티옹은 혁명 발발 전에 프랑스 식민지 군대에 복무하다가 혁명에 가담하여, 처음에는 루베르튀르, 이어서 리고 휘하에서 활동했다. 리고가 루베르튀르에게 패한 뒤에 프랑스로 망명했다가 1802년 프랑스 원정군과 함께 생도맹그에 돌아왔다. 1806년 그는 데살린에 대한 반란을 주도했고, 1807년에 남부에서 대통령으로 선출되었다. 1811년 재선에 성공한 그는 1816년 종신 대통령이 되었다.

제거하라고 지시했는데, 너는 나무들을 뽑아 버렸다"고 말했다. 그러자 그 장교가 "당신은 무엇을 원합니까? 비가 오면 밖에 있는 사람들이 모두 젖게 됩니다"고 대답했다. 데쿠르티는 루베르튀르가 대대적인 처형을 명령해 놓고 공식적으로는 이를 부인했다고 주장했다. 어쩌면 이러한 주장은 사실일지도 모른다. 물론 이따금 패한 적들에게 아주 자비로웠던 루베르튀르조차 그 보복의 심각성 때문에 당황했을지도 모른다. 그러나 그의 휘하 장교들 특히 크리스토프와 데살린이 리고와 그의 추종자들에 대한 작전 수행 중에 수많은 잔혹 행위를 저질렀다는 사실은 거의 의심의 여지가 없다.⁹

북부에서의 봉기를 분쇄한 루베르튀르는 리고 체제를 파괴하기 위해서 남부를 침공했다. 수적으로는 그가 우세했다. 스티븐스에 따르면, 루베르튀르는 "대다수의 흑인들과 식민지의 모든 백인들"의 지지를 받았고 "너무나 막강해서 패배할 수 없었다." 리고가 1만5천 명의 병력을 보유한 데 비해서, 그는 4만5천의 병력을 거느렸다. 그러나 이 전쟁을 이기기 위해서는 리고를 고립시켜야 한다는 것을 루베르튀르는 알고 있었다. 그는 새로운 동맹자 미국에 관심을 가졌다. 그리고 8월 중순에 애덤스에게 편지를 써서, 리고가 "자신의 자존심과 야망을 충족하기 위해서 지구상의 모든 정부를 상대로 가증스러운 모반을" 시작했다고 알렸다. 그러나 이 반란을 끝장내기 위해서 꼭 필요한 한 가지 '진압 수단,' 즉 해군이 없다고 설명했다. 루베르튀르는 미국이 해군을 동원해서 자신이 리고의 항구를 근거지로 프랑스와 다른 나라 선박들을 공격하는 "해적들을 소탕할 수 있도록" 도와 달라고 요청했다. 스티븐스는 곧바로 워싱턴에 편지를 보내서 미국이 "영국과 협력해서 리고에 대한 식량과 탄약 공급을 모두 차단해야 한다"고 주장했다. 그렇게 하는 것이 미국의 상업적 이익에 최선이었다. 루베르튀르가 "성공하지 못한다면," "우리가 맺은 모든 통상협약은 수포로 돌아갈 것"이기 때문이다. 애덤스는 수긍했고, 곧 미 해군이 남부의 항구들을 봉쇄했다.[10]

　이러한 지원을 확보한 루베르튀르는 북부와 서부에서 그에 대한 반란들을 진압함으로써 승리를 확신했다. 그러나 데살린이 지휘하는 부대가 남부로 진격해 들어감에 따라 전투가 격렬해졌다. 양쪽 지도자들은 서로 적을 악마로 간주했고, 전투는 그 어느 쪽도 조금의 자비도 보여 주지 않으며 '광란의 상태'로 치달았다. "어느 누구도 포로를 잡는다는 생각을 전혀 하지 않았다." 땅도 고통을 당했다. 리고는 후퇴하면서 병사들에게 '불의 사막'을 만들라고 명령했다. 그는 뿌리가 허공에 드러난 나무만 남기고 철수 명령을 내렸다. 리고는 중요한 동맹자들을 잃었는데, 가장 치명적인 것은 그의 오랜 동지인 보베를 잃은 것이었다. 보베는 분쟁 초기에 중립을 유지하면서 어느 한쪽을 편들기보다는 차라리 식민지를 떠나는 게 낫겠다고 생각했다(얼마 후 그가 탄 배가 대서양에서 침몰했는데, 보베는 그때 사망했다). 리고는 남부 지방의 경작자들 사이에서도 거의 지지를 얻지 못했다. 반면, 루베르튀르는 병사를 모집하기 위해 아프리카 태생의 질 밤바라(Gilles Bambara)라는 자를 비롯해 여러 명의 해방노예 장교들을 파견해서 경작자들을 자기편으로 끌어들이는 데 어느 정도 성공했다. 레카이로 퇴각했을 때, 리고는 인근 평원의 경작자들이 자신을 지키러 와 주기를 기대하면서 "무기를 들라는 신호이자 요청으로 경종을 울렸다." 그러나 "그 요청에 호응해서 나선 자는 아무도 없었다." 그들이 리고를 지원하지 않은 것은 아마도 어느 정도는 단순히 실용적인 선택이었겠지만, 지난 몇 년 동안 많은 이들이 노동 체제에 종속되어 있으면서 느꼈을 적대감의 표현이기도 했다. 하지만 그들이 루베르튀르의 지배 아래서 더 나은 것을 기대했다면, 그들은 곧 실망하게 될 것이다.[11]

1800년 6월에 프랑스 특사가 제1통령 나폴레옹 보나파르트(Napoléon Bonaparte)가 보내는 여러 장의 포고문을 가지고 생도맹그에 왔다. 그 가운데 하나는 루베르튀르가 여전히 생도맹그 주둔군 '총사령관'이라고 확인했다. 리고는 루베르튀르의 권위가 정통성이 없다고 선언하면서 부분적으로 반란을 정당화했기 때문에, 이 소식은 리고의 입지를 실질적으로 약화시켰다. 전쟁의 동력이 자기편에 있다고 느낀 루베르튀르는 곧 항복한 모든 사람에 대한 일반 사면을 선언했다. 7월 말에 리고는 가족과 함께 식민지에서 달아났고, 얼마 후 루베르튀르가 레카이에 입성했다. 그는 사면령을 재확인했다. 그럼에도 불구하고 전투가 끝난 뒤에 많은 포로들이 보복을 당했다. 혹자는 루베르튀르가 이 학살을 지시했으나, 휘하 장군들에게 이 더러운 일을 시켰기 때문에, 그는 자기 이름으로 자행된 일을 모른다고 부인할 수 있었다고 주장했다. 이 시기에 데살린의 역할이 특히 논란거리였다. 어떤 역사가는 그가 포로들의 목숨을 구하기 위해 노력했다고 적었지만, 많은 사람이 그를 리고의 추종자들에 대한 잔인한 보복의 주동자로 간주했다. 하지만 몇 년 뒤에 데살린이 프랑스에 맞서 독립 투쟁을 전개했을 때, 리고와 함께 싸운 이들 가운데 일부가 실제로 그와 힘을 합쳤다.[12]

루베르튀르는 생도맹그 전역에 걸쳐 지배권을 확고하게 다져 나갔다. 그러나 그의 영토 팽창은 여기서 그치지 않았다. 리고와 싸우면서 그는 남부를 넘어 동쪽으로 시선을 고정시켰다. 에스파냐령 산토도밍고는 1795년 프랑스에 할양되어 소수의 프랑스 관리들이 주재했지만, 에스파냐 정부가 식민지를 계속 관리했다. 루베르튀르가 산토도밍고를 지배하려는 이유는 적어도 처음에는 리고와의 전쟁과 관련이 있었다. 스티븐스는 루베르튀르의 산토도밍고 침공 결정을 기이한 소문 탓으로 돌렸다. 소문에 따르면, 그레구아르 신부와 1만5천 명의 병력을 태운 함대가 과들루프를 거쳐 산토도밍고로 향하고 있다는 것이다. 이 소문을 퍼뜨린 사람들은 아마도 그레구아르가 자유유색인의 친구이고, 따라서 리고의 지지자로 보였기 때문에 그의 위세를 부풀렸을 것이다. 루베르튀르가 (안전하게 대서양을 건넌) 그 프랑스 성직자의 도착을 상상하면서 두려움을 느꼈는지는 모르겠지만, 어쨌든 그는 리고가 동쪽으로부터 어떠한 지원도 받지 못하도록 막아야 한다는 것을 알고 있었다. 자신의 입지를 확고하게 다지기 위해서도 루베르튀르는 식민지의 모든 항구들을 통제해야 했다. 1798년에 에두빌이 그랬던 것처럼, 산토도밍고는 르캅을 통제하고 있던 루베르튀르를 피하기 위해, 유럽에서 오는 배들이 상륙할 수 있는 이상적인 장소였다.[13]

그러나 루베르튀르는 산토도밍고를 정복하려는 야망을 다른 방식으로 설명했다. 그는 프랑스 시민인 남자, 여자, 아이들이 산토도밍고로 납치되어 노예로 팔려 가고 있다고 주장했다. 1800년 4월에 그는 프랑스 외교관인 룸에게 국경 너머 에스파냐 식민지로 군대를 보내서 이 악폐를 끝내기로 결심했다고 알렸다. 공격 명령은 파리에서 결정해야 한다고 생각했던 룸은 그 계획을 승인하기를 망설였다. 그러자 루베르튀르가 그를 감금해 버렸다. 12월 말, 리고를 격퇴하고 난 뒤 루베르튀르는 모이즈에게 군대를 이끌고 국경을 돌파하라고 명령했다. 사실상 그들은 아무런 저항도 받지 않았다. 한 달 뒤 에스파냐 식민지의 총독이 항복했고, 루베르튀르의 군대가 수도 산토도밍고를 점령했다. 그의 군대가 산토도밍고를 지배한 기간에 관한 진술은 매우 다양했다. 한 당대인은 "프랑스식 통치 원칙이" 어떻게 에스파냐령 식민지에 "새로운 산업 및 사업"과 함께 훌륭한 새 도로와 새로운 경제적 번영을 가져다주었는지를 묘사하면서, 제국주의 옹호자들이 하는 방식으로 설명했다. 또 다른 이들은 그 체제에서 루베르튀르의 흑인 장교들이 토지 약탈과 점거를 통해 부자가 되는 과정을 묘사했다.[14]

공격을 시작하기 전에 루베르튀르는 총독에게 항복만 하면 주민들의 재산을 존중해 주겠다고 약속했다. 그는 노예제에 대해서는 언급하지 않았다. 그러나 몇 달 전인 1800년 6월 루베르튀르는 산토도밍고에 특사로 파견될 프랑스인 장교 피에르 아제(Pierre Agé)와 그 문제에 관해 논의한 바 있다. 그는 아제에게 다음과 같이 말했다. "우리는 종종 프랑스령 식민지에 적용되었던 전면적 해방 방식이 바람직하지 않았다는 점과, 문제를 야기하지 않고 확실하게 지배하기 위해서는 현명하게 통치하는 것이 얼마나 중요한지에 관해서 이야기했다." 프랑스령 식민지의 노예들에게 부여되었던 전면적 해방이 그곳에는 적용될 수 없었다. 왜냐하면 "우리는 현재 존재하는 체제에서 아무것도 바꾸어서는 안 되기 때문이다." 1794년 법령에 관해 파리의 많은 비판자들과 마찬가지로, 루베르튀르도 점진적인 해방 과정이 이상적이라고 생각했던 것처럼 보인다. 그가 산토도밍고에서 노예제가 폐지되었다고 선포했을지라도, 점령 기간 동안 정확히 어떻게 또는 어느 정도까지 이 법령을 시행할지는 분명하지 않았다.[15]

리고를 격퇴하고 산토도밍고를 정복함으로써 루베르튀르는 히스파니올라 섬 전체를 지배하게 되었다. 그는 이 시기에 "나는 독수리와 함께 높이 날아올랐다. 나는 땅으로 내려올 때 조심해야 한다"고 말하곤 했다. 그는 자신을 안착시킬 바위, 즉 권력을 확실하게 다질 헌법이 필요하다고 덧붙였다. 루베르튀르와 생도맹그 식민지는 이제 막 그 역사의 마지막 단계로 진입하고 있었다. 그들은 그 여정의 일부를 함께했다.[16]

18 00년 10월 루베르튀르는 해방노예들에 대해서 "그들은 농사에는 관심도 두지 않으면서 이 농장에서 저 농장으로 마음대로 왔다 갔다 했다"고 불평했다. "질서를 교란하는 자들에 이끌려 도시나 산속에 숨어든" 많은 이들이 "도적질과 방종에만 정신이 팔려 있다." 그 무리 가운데 최악은 너무 어려서 노예로 일해 본 적도 없이 농장 노동을 거부하는 자들이었다. 그들은 부랑자였고, 다른 경작자들에게 "자기들이 자유인"이라고 말하면서 자신의 행동을 정당화하는 나쁜 본보기였다.[17]

1794년 이후 루베르튀르는 시종일관 해방노예들의 자유에 대한 제한을 강행하면서, 노예해방을 수호하고 확고히 하기 위해서 그러한 제한이 필요하다고 주장했다. 1798년 11월에 그가 선언한바, 식민지 경제를 발전시키기 위해서 노력하는 것은 '생도맹그 인민'의 책임이었다. 1801년에 그는 "자유를 안전하게 지키기" 위해서 식민지 경제의 재건이 "특히 시급하다"고 설명했다. 식민지의 미래를 설계하고자 했던 그는 과거가 식민지를 꼼짝달싹 못하게 짓누르고 있다는 것을 알았다. 생도맹그는 설탕과 커피 생산자로 성장해 왔고, 현행 대서양 경제에서 생도맹그가 다른 역할을 맡는다는 것은 상상하기 어려웠다. 생도맹그는 오랫동안 식량 수입에 의존해 왔는데, 1790년대 말에 프랑스와 영국이 전쟁을 질질 끌면서 대외 교역이 그 어느 때보다 더 중요해졌다. 외국 상인들을 끌어들이기 위해서 생도맹그는 식민지의 전통적인 상품을 생산하고 수출해야 했다. 이는 단지 경제적 필요뿐 아니라, 루베르튀르가 알아챘듯이 정치적 생존의 문제였다. 생도맹그 인민이 자신의 미래에 관해 발언권을 가지려면, 오직 강력한 플랜테이션 경제에서만 가능한 경제적 자립이 필요했다. 그리고 이를 달성하기 위해서는 농장 너머의 미래를 내다보는 해방노예들의 열망을 억눌러야 했다. 그러나 1800년 10월 엄중한 법령으로 노동 규제를 강화하면서 그가 명확히 했듯이, 이는 루베르튀르가 지불해야 할 값비싼 대가였다.[18]

루베르튀르는 군대에서 사용했던 규범과 처벌 방법을 식민지 전체에 적용함으로써 농장 노동을 군사화했다. 병사들이 장교들에게 복종하듯이 경작자들은 상관에게 복종해야 했다. 병사들이 임무 수행에 실패했을 때 군법에 회부되듯이, 농장에서 노동을 게을리한 자들은 처벌될 것이었다. 병사들이 이동의 자유가 없고 소속 부대를 이탈하면 가장 가혹한 처벌을 받듯이, 허가 없이 농장을 떠나는 경작자들은 벌금이나 구금에 처해질 것이었다. 그는 모든 잠재적인 농장 이탈을 차단하고자 했다. 그리하여 농장 거주자들이 도시에서 하인으로 일하는 것을 금지했고, 그들을 그런 식으로 고용한 자들을 벌금형으로 다스리겠다고 위협했다. 또한 병사들과 결혼하지 않은 여성들을 병영에 들이지 말라고 군 지휘관들에게 명령하고, 특히 '여자 경작자들' 즉 농장에서 온 여성들이 어떤 구실로도 병영에 머물지 못하도록 해야 한다고 강조했다. 이제 명령에 따라 머무를 수밖에 없는 바로 그 농장에서 과거의 노예 상태나 다름없이 살아야 하는 농장 노동자의 지위는 바꿀 수 없는 영속적인 것이 되었다. 루베르튀르의 군대에 복무하는 것 말고, 이 과거로부터 벗어나서 다른 미래를 만들어 가려는 모든 노력은 법으로 금지되었다. 농장은 자유를 보전하기 위한 전쟁의 일부가 되었고, 농장 거주자들은 전쟁에 참전한 병사들의 역할과 그에 필요한 기율을 받아들여야만 했다.[19]

1801년 2월, 루베르튀르는 해방노예들이 활용할 수 있는 가능성을 더욱 제한하는 또 다른 법령을 공포했다. 그가 언급한 바에 따르면, 식민지의 여러 지방에서 "경작자 하나, 둘 또는 셋"이 힘을 합쳐 몇 에이커의 미경작지를 매입하고, 그 땅에 정착하기 위해서 농장을 떠났다. 이러한 관행은 해방노예들이 궁극적으로 독립을 보장하는 수단으로 간주했던 것을 획득하고자 했기 때문에 해방 후 상황에서 일반적으로 나타났다. 그들은 노예제하에서 허용된 소규모 농사의 전통을 이어 가면서, 채마밭을 일궈 자급자족하고 남는 것을 지역 시장에 내다 팔기 위해 충분한 곡물과 가축을 키우고자 했다. 그러나 루베르튀르는 그러한 관행을 그의 플랜테이션 정책에 대한 위협으로 간주했다. 그는 "생도맹그 식민지의 농업은 다른 나라의 농업과 매우 다르다"고 썼다. 이들 농업이 생산적이기 위해서는 "상당한 수단들을 결합"할 필요가 있었다. 하지만 소토지 경작은 생산성 증대에 기여하지 못할뿐더러, 기존의 농장들로부터 '일손'을 빼감으로써 사실상 생산을 감소시켰다. 루베르튀르는 50카로(carreau) 또는 3에이커 이하의 소토지 매매를 법으로 금지했다. 게다가 더 큰 규모의 토지 거래는 그의 통제 아래 있는 지방 행정 당국의 승인을 받도록 했다. 당국은 토지가 어떻게 이용되는지를 감시해야 했다. 그 법령으로 상대적으로 가난한 사람들이 토지를 획득할 수 없게 되었다. 부유한 지주와 땅 없

는 노동자들만 있고, 그 사이에는 아무도 없었다.[20]

루베르튀르가 제안한 체제는 그가 거부했던 구질서와 여러 가지 면에서 걱정될 만큼 유사했다. 물론 경작자들이 작업에 대해 보수를 받았다는 점에서 중요한 차이가 있었다. 그러나 체벌을 가하겠다는 루베르튀르의 기세등등한 위협은 병사들의 훈련과 그 체벌을 비교하면서 교묘하게 처리되었지만, 보수 지급의 약속만큼이나 폭력의 공포를 통해서 해방노예들이 일하도록 강요했다는 것을 의미했다. 노예제를 복원하는 것이 루베르튀르의 궁극적인 의도였다고 몇몇 사람들이 주장한 것도 놀랄 일이 아니다. 사실, 이 법령이 공포되고 나서 며칠 동안 루베르튀르는 "악의에 찬 모든 인종의 사람들," 특히 예전 농장주와 지주들이 법령을 잘못 해석하고 있음을 알았다. 그들은 기뻐하며 이전 노예들에게 다음과 같이 말했다. "너희들은 스스로 자유인이라고 말한다! 그러나 너희들은 내 농장으로 돌아와야 하고, 나는 너희들을 옛날에 했던 것처럼 대할 것이며, 곧 너희들이 자유롭지 못하다는 것을 깨닫게 될 것이다." 그런 언사는 반드시 "생도맹그의 회복을 지연시킬 것"이기 때문에, 루베르튀르는 병사들에게 그런 말을 하는 자는 누구든지 체포해서 처벌하라고 명령했다. 생도맹그의 지도자는 구질서로의 복귀를 열망하는 농장주들과 완벽한 자유를 열망하는 노예들을 동시에 만족시키기 위해서 가는 줄을 타고 있었다.[21]

1801년, 루베르튀르는 그 체제의 헌장인 헌법을 제정하여 생도맹그 식민지 전체에 대한 지배권을 확립했다. 이 문서는 그의 노동 법령에 기초해서 작성되었지만, 대서양 건너에서 일어나고 있던 극적인 변화에 대한 대응이기도 했다. 프랑스 정부는 이제 나폴레옹의 수중에 있었다. 갓 프랑스에 병합된 섬 코르시카에서 태어난 보나파르트는 루베르튀르처럼 혁명기를 이용해서 그 사회의 가장자리에서 최정상으로 수직 상승했다. 1790년대에 공화국 군대를 이끈 탁월한 지도력 덕분에 영웅으로 찬양된 그는 1790년대 말에 권력을 장악하기로 결심했다. 그는 의회에 대한 쿠데타를 결행했고, 그가 주도하는 새로운 통령 체제를 창설했다. 보나파르트는 10년 전에 노예제를 옹호하며 식민지 자치를 주창한 사람들을 식민국에 배치했다. 그들 가운데 모로가 있었다. 그는 필라델피아에서의 망명 생활을 청산하고 파리로 돌아온 지 얼마 되지 않은 상태였다.[22]

1790년대 초에 모로와 동지들은 자유유색인들에게 권리를 부여하고 노예제를 개혁하거나 폐지하지 못하게 막는 방법으로서 식민지를 위한 '특별법' 제정을 주장했다. 하지만 그들은 혁명의 보편주의적 원칙이 생도맹그에 적용되는 것을 막지 못했다. 1794년에 그들의 정치 이데올로기는 완전히 실패했다. 그러다가 1800년에 농장주와 그 지지자들이 몇 년 동안이나 노예제를 비판한 끝에 원한을 갚았다. 보나파르트의 새 헌법은 '자연과 기후'의 차이 때문에 식민지들을 '특별법'에 따라 통치해야 한다고 규정했다. 사실 '관습, 풍속, 이해관계'의 차이와 농업과 생산의 '상이함'을 고려할 때, 아메리카와 아시아, 아프리카의 프랑스 식민지들에는 서로 다른 법이 적용되어야 했다. 이는 몇 년 전에 라보가 예견했던 식민지 정책의 근본적인 전환이었다. 식민지들은 더 이상 혁명 전 몇 년 동안 그랬던 것처럼 파리에 대표를 보내지 못할 것이다. 몇 년 동안 단일한 법질서 아래 통합되었던 프랑스 본토와 그 식민지들이 다시 분리되었다. 이는 혁명 초기에 많은 농장주들이 기대한 것과는 아주 다른 것이었지만, 모로의 저작에서 구체화된 오랜 전통을 가진 크레올적인 법사상의 승리였다. 그러나 '특

별법'은 식민지 주민들이 아니라, 본국 정부에 의해서 제정·공포될 것이었다.[23]

보나파르트는 카리브 지역의 많은 사람들이 특별법 정책의 귀환을 자유에 대한 커다란 위협으로 인식하고 있다는 것을 알았다. 그래서 통령 정부는 새로운 정책을 알릴 때, 생도맹그 인민들에게 "흑인의 자유와 평등의 신성한 원칙들은 결코 어떠한 공격도 수정도 받지 않을 것"이라고 선언했다. "용감한 흑인들은 프랑스 인민이 당신들의 자유와 평등의 권리를 인정한 유일한 사람들이라는 사실을 기억해야 한다." 그들이 이를 잊을 경우에 대비해서 보나파르트는 생도맹그의 모든 군기에 '금빛 글씨'로 이 문구를 써 넣으라고 명령했다. 보나파르트에 의해서 생도맹그 '최고사령관'의 지위를 추인받은 루베르튀르는 몇 달 뒤에 이 명령을 받았을 때 그 집행을 거부했다. 통령의 선언은 "당신들 가운데에서," 즉 생도맹그에서 자유와 평등에 손대지 않겠다는 것만 약속했다고 그는 적었다. '특별법'의 의미를 알고 있던 그는 아마도 제국의 몇몇 지역에서 노예제 수용을 허용하는 새로운 정책이 시작된 사실도 알고 있었을 것이다. "우리가 원하는 것은 우리에게만 인정된 형식적인 자유가 아니라, 붉게 태어났든(물라토), 검게 태어났든, 아니면 희게 태어났든 그 누구도 타인의 재산이 될 수 없다는 원칙을 무조건적으로 수용하라는 것"이라고 그는 분명하게 말했다.[24]

루베르튀르는 이 새로운 상황이 만들어 낸 기회를 인지하고 있었고, 생도맹그를 위한 자신의 법안을 제안하기 위해서 그 기회를 잡았다. 국민공회에 의한 노예제 폐지 선언 7주년이 되는 1801년 2월 4일, 그는 생도맹그 헌법의 초안을 작성할 '제헌의회'의 소집을 공고했다. "우리의 관습, 우리의 전통, 우리의 풍토, 우리의 산업에 알맞은

법을 제정함으로써 식민지의 번영을 위한 초석을 놓을 때가 왔다." 루
베르튀르도 프랑스 정부처럼 '다르다'는 말을 사용했지만, 다른 의도
를 가지고 그렇게 했다. 그 말은 혁명의 보편주의적 공약에도 불구하
고 식민지에서 백인의 지배를 확립하기 위해서 한때 사용되었지만,
이제 루베르튀르는 아프리카계가 지배하는 새로운 체제를 축성하고
강화하는 법체계의 제정을 정당화하기 위해서 그 말을 사용했다. 루
베르튀르는 보나파르트가 법령을 보낼 때까지 기다리지 않고, 스스로
법을 만들기로 결심했다.[25]

　지방의회에서 선출된 각 도의 대표들이 3월 초에 루베르튀르가 소
집한 제헌의회에 참석하였다. 그들 가운데에는 보나파르트가 1799년
말에 생도맹그에 파견했던 레몽도 있었는데, 루베르튀르의 헌법 제
정을 도운 것이 그의 마지막 정치 활동이었다. 레몽은 1801년 10월
중순에 르캅에서 죽었다. 레몽, 유색인 두 명, 그리고 지난 1년 동안
루베르튀르의 중요한 조언자였던 귀환 농장주 보젤라를 비롯한 백
인 7명이 헌법 제정을 도왔다. 위원회에 참여한 해방노예는 없었고,
대다수의 위원들이 한때 노예 주인이었다. 모이즈도 선임되었지만,
그는 위원직을 거부했다. 재산 덕분에 교육의 사치를 누린 생도맹그
의 구(舊) 엘리트들이 루베르튀르라는 인물을 중심으로 새로운 정치
엘리트를 형성해 가고 있었다. 하지만 그들만이 루베르튀르에게 조언
한 것은 아니다. 알렉산더 해밀턴(Alexander Hamilton, 1755~1804)*은

---

* 미국 독립전쟁에 참전하여 조지 워싱턴의 부관 및 참모로서 중요한 역할을 하였다. 1787년 3월
필라델피아 헌법제정회의에 뉴욕 대표로 참여하여 연방헌법 제정에 기여하였다. 그는 《연방주
의자》의 주요 저자로서 신생국 미국에 강력한 정부가 필요함을 역설하였다. 미국 초대 재무장
관을 역임했다.

1801년 헌법을 공포하는 모습 하늘에서 신이 지켜보는 가운데 투생 루베르튀르가 헌법을 공포하고 있다. 1822년에 제작된 이 판화는 아이티에서 출판된 혁명사 시리즈에 실려 있다(개인 소장).

루베르튀르에게 편지를 보내서 "집행부의 임기를 종신으로 하고 민병대에 모든 남성을 등록시키라고 권고했다."[26]

5월 초에 의회가 헌법을 완성하고, 1801년 7월에 루베르튀르가 서명하고 공포했다. 헌법은 히스파니올라 전체와 그 부속 도서를 포함하는 식민지를 일련의 '특별법'에 의해 통치되는 '프랑스 제국의 일부'라고 선포했다. 헌법은 "이 영토에는 노예들이 존재할 수 없으며, 예속은 영원히 폐지된다"고 선언했다. "여기서 태어난 모든 사람은 자유인이자 프랑스인으로 살다가 죽는다. 모든 주민은 피부색에 상관없이 어떤 직업이든 종사할 수 있고, 유일하게 인정되는 영예는 덕과 재능에 기초한 것이다." 보나파르트의 헌법, 〈인권선언〉, 1794년의 노예제 폐지 선언을 고쳐 쓴 이 첫 몇 조항들은 노예제와 인종적 위계를 영원히 거부하는 평등 사회의 토대를 놓았다.[27]

헌법은 또한 생도맹그에 특별한 종교 체제를 수립했다. 1800년 1월 초에 루베르튀르는 '야간의 집회와 춤판'을 금지하는 법령을 공포했다. 그는 '나쁜 의도'를 가진 사람들이 그러한 춤, '주로 부두교 춤'으로 '평화로운 경작자들'을 꾀어내서 노동을 멀리하게 한다고 지적했다. "이러한 관행을 통해서 그들은 '조국에 우호적인' 원칙에 '절대적으로 반대되는' 원칙들을 퍼뜨리고 있다. 그들이 이러한 전복 활동을 계속한다면 체벌과 구금에 처해질 것이다." 가톨릭이 공개적으로 설파할 수 있는 유일한 종교라고 선언한 이 법령에 근거해서 1801년의 헌법이 만들어졌다. 루베르튀르가 선언했듯이, 헌법은 "우리 풍토에 맞는 예수 그리스도의 좋은 풍습과 신성한 종교의 지배"를 옹호했다. 그러나 성직자 각자의 '영적 행정의 영역'에 대한 직접적인 통제를 유지했다. 헌법은 또한 정부가 '순수한 습속'을 고무하는 '세속 결혼식'과 '종교 결혼식'에 참석하는 자들을 관리로 등용하고 보호할 것이라고 선언했다. 이혼은 법으로 금지되었다. 어린이의 지위와 권리는 '사회적 덕'을 유지·확산하고, '가족의 유대'를 강화하기 위한 법률에 따라 규정될 것이었다.[28]

한편 생도맹그 주민들은 혈연에 의해 정의된 것이 아닌, 또 다른 종류의 가족에 참여하라는 요청을 받았다. "모든 농장은 경작자와 노동자의 단합이 필요한 공장이다. 활동적이고 충직한 가족의 편안한 안식처이고, 그들의 가장은 반드시 그 땅의 주인이거나 그 가족의 대표이다." 경작자들은 저마다 가족의 일원이고, 따라서 농장 수입의 일부분에 대해 권리를 가진다고 헌법은 규정했다. 그러나 이 농장 저 농장으로 경작자들이 이동하는 것이 농사를 망치는 원인이 되었기 때문에, 그리고 식민지는 본질적으로 농업적이고, 농사일에서는 어떠한 중단도 있어서는 안 되기 때문에, 루베르튀르는 1800년 10월에 제정한 법령에 따라 규제들을 계속 유지하였다. 경작자들은 어린아이들처럼 그들의 '아버지,' 즉 농장주의 집을 떠날 수 없었다. 사실상 그들은 새로운 형제자매를 맞이했다. 경작자들의 '전입'은 농업의 재건과 성장에 필수 불가결했다. 정부는 식민지에 '일손'의 증가를 '고무'하기 위해서 적절한 조치들을 취했다. 루베르튀르는 생도맹그 농장에서 일할 경작자로 아프리카 사람들을 데려오기 위해서 상인들과 거래할 생각을 했다.[29]

한 연구자가 주장했듯이, 루베르튀르의 헌법은 독립 후 아이티의 사회구조에 깊은 영향을 미친, 생도맹그를 위한 '사회계약'의 표현이었다(실제로 이 헌법은 오늘날 아이티 최초의 헌법의 '선구'로 찬양되었다. 2001년 대통령 장베르트랑 아리스티드[Jean-Bertrand Aristide]는 그 헌법의 몇몇 조항들을 각인함으로써 루베르튀르의 정치적 업적을 되새기는 기념비를 포르토프랭스에 세웠다). 헌법은 "모든 시민이 이를 지키기 위해서 법이 부를 때마다, 그들이 태어나고 그들을 먹여 살리는 그 땅에, 그리고 자유와 평등, 재산의 유지를 위하여 봉사해야 한다"는 생각을 토대로 했다. 루베르튀르가 헌법을 공포하는 연설에서 주장했듯이, 법은 "모든 시민을 위한 지침"이고, 모두 "그 앞에 머리 숙여야" 했다. 어떤 점에서, 헌법은 단지 자기 나라를 지지하고 유지해야 하는 시민들의 책임에 관한 고전적인 정치 주장을 표현하고, 프랑스와 생도맹그 공화파의 예전 정책들을 베낀 것이었다. 이러한 주장은 의무의 한계를 정하는 권한을 잠재적으로 부패할 가능성이 있는 국가의 수중에 내맡기기 때문에, 언제나 자유와 의무 사이의 모순을 수반한다. 생도맹그 헌법도 그 안에 매우 강한 모순을 내포하고 있었다. 생도맹그의 인민에게 요청한 것은 노예해방, 즉 인종적 위계로부터의 해방, 한때 노예제에 의해 지배되었던 땅에서 모두를 위한 자유의 계획을 지지해 달라는 것이었다. 그러나 해방노예들은 과거의 지위에 의해서 규정하는 매우 특별한 의무를 짊어졌다. 즉, 한때 노예로 일했던 자들은 이제는 자유의 몸이지만, 경작자로서 노동해야 했다. 자유 수호를 위해서 그들은 새로운 국가에 그들의 자유를 내주어야 했던 것이다.[30]

이 국가는 말 그대로 한 사람, "영광스러운 삶을 마칠 때까지" 생도맹그의 통치자라고 선언된 투생 루베르튀르를 통해서 구현되었다. 그는 후계자를 선임할 수 있는 권한을 부여받았지만, 그 후계자의 임기는 5년으로 제한되었다. 헌법을 작성한 의회가 자문기구로 존속하고, 시 정부와 법원이 식민지 전역에서 설립되었지만, 통치자 루베르튀르가 모든 법을 승인·공포하며, 모든 행정직과 군 장교 임명을 통제하고, 노동정책과 상업의 집행을 감독했다. 그는 모든 출판물을 검열하고, '혼란'을 야기하거나 주민들을 '타락'시킬 수 있는 서적의 반입을 금지할 수 있는 권한을 보유했다. 주민들은 정부 특히 통치자에게 청원을 제출하는 것 외에 정치적 권리가 거의 없었고, '선동적인 집회'는 필요하다면 폭력에 의해서 해산될 것이라고 경고했다. 루베르튀르의 권력은 1794년 이래 그랬던 것처럼 군사력에 토대를 두고 있었다. 헌법을 선포하는 연설에서 그는 병사들에게 "기율과 상하관계를 지키고, 농사를 촉진하고, 지휘관들에게 복종하고, 헌법을 공격하려고 하는 대내외의 적들에 맞서 헌법을 수호·지지하라"고 당부했다. 헌법에 따르면, 군대는 "본질적으로 순종적이어서 어떠한 심의도 할 수 없으며, 통치자의 처분에 따라야" 했다.[31]

1794년 이래 루베르튀르의 측근에서 일했던 프랑스인 장교 샤를 뱅상(Charles Humbert Marie Vincent)이 대서양을 건너 보나파르트에게 새 헌법을 제출하는 까다로운 일을 맡았다. 뱅상은 루베르튀르에게 통령과 그의 식민국은 아마도 새 헌법을 독립선언으로 간주할 것이라고 경고했다. 뱅상은 나중에 "새 헌법의 조항에 따르면, 프랑스 정부는 식민지에 대표를 지명하거나 파견할 필요도 없었다. 이제 그들이 무엇을 하려고 하겠는가라고 물었을 때, 루베르튀르는 내 말을 경청했다"고 썼다. 루베르튀르는 프랑스 정부가 "그와 협의할" 감독관을 보내 주기를 기대한다고 설명했다. "그들이 미국이나 에스파냐 심지어 영국이라면 분명 그렇게 했을 법하게 당신에게도 공사나 대사를 보내 주기 바란다고 왜 말씀하지 않으십니까?"라고 뱅상이 대꾸했다. "당신은 당신의 모든 권리를 프랑스에 빚지고 있습니다. 당신은 감히 프랑스가 자기 식민지를 통치할 권리를 침범했습니다!"라고 그 프랑스인 장교는 루베르튀르를 꾸짖었다. 루베르튀르는 장교의 호소에도 꿈쩍하지 않았다. 그러나 곧 뱅상이 옳았다는 것이 밝혀졌다. 그의 체제에 대해서 단호한 입장인 프랑스가 곧 대함대를 보내올 것이었다. 그러나 루베르튀르에게는 생도맹그를 노리는 또 다른 적도 있었다.[32]

17 98년 에두빌을 축출하고 나서 모이즈 장군은 그의 백인 비서에게 "이 땅의 프랑스인들은 선량하지 않고, 우리의 길을 막아선 유일한 존재"라고 설명했다. 그는 "내게 그럴 권한이 있다면, 나는 곧바로 그들을 제거할 것"이라고 말하며, "당신은 시작한 일을 끝내야만 한다"고 덧붙였다. "프랑스가 이곳에 군대를 보낸다면, 그들은 무엇을 하겠는가? 아무것도 못한다." 그들은 결국 생도맹그의 흑인 군대를 강화시킬 뿐이었다. "나는 그들이 3천, 4천, 5천 명을 파병하기를 바란다. 왜냐하면, 총이 없는 우리 형제들을 위해서 그만큼 더 많은 총과 그만큼 더 많은 탄약이 생길 것이기 때문이다." "우리가 자유를 위한 투쟁을 시작했을 때, 우리에게는 소총 한 자루뿐이었지만, 곧이어 두 자루, 세 자루, 결국에 우리는 프랑스인이 가져온 모든 소총을 차지했다"고 모이즈는 덧붙였다.[33]

모이즈는 루베르튀르와 함께 에스파냐에 봉사했을 때부터 거의 십 년 동안 그의 가장 강력한 지지자 가운데 하나였고, 나중에는 루베르튀르의 조카로 입양되었다. 1801년에는 북부 지방의 사단장이 되었다. 또한 데살린이 남부와 서부에서 그랬던 것과 마찬가지로 그 지방의 '농업 조사관'으로 일하면서 루베르튀르의 노동 규제를 시행·감독했다. 한 당대인에 따르면, 그는 데살린보다 "덜 잔인하다"는 평판을 들었지만, 식민지의 다른 곳보다 북부의 생산 수준이 낮았던 탓에 루베르튀르한테 비판을 받기도 했다. 재기 발랄한 모이즈는 삼촌의 명령에도 불구하고 "나와 같은 피부색을 가진 사람들의 사형 집행인" 으로서 "나 자신을 변모시킬" 수 없었다고 대꾸했다. "루베르튀르는 언제나 본국의 이익을 내세우며 나를 꾸짖었지만, 그 이해관계는 백인들의 것이었고, 나는 전투 중에 그들이 앗아 간 내 눈을 되돌려 받을 수 있을 때 그들을 사랑할 것"이라고 그는 설명했다. 모이즈는 경작자들에게 폭력을 사용하기를 거부했을 뿐 아니라 그들에게 꼬박꼬박 보수를 지불했다. 또한 루베르튀르가 공언한 목표, 즉 농장의 분할을 막으라고 한 지시를 거스르면서까지 하급 장교와 심지어 병사들한테도 토지를 작은 단위로 매각하는 것을 옹호했다. 특히 모이즈는 1801년의 헌법 가운데 아프리카인들을 경작자로 수입해 오는 조항을 경계했다.[34]

1801년 10월 말, 북부 평야의 농장 지대에서 일련의 봉기가 일어나 백인 수백 명이 살해되었다. 루베르튀르는 신속하게 대응했고, 급파된 데살린은 매우 효과적으로 폭동을 진압했다. 르캅의 사령관 크리스토프는 그 도시에서 나란히 진행된 음모를 발각·분쇄하였다. 폭동이 진압된 뒤 루베르튀르는 모이즈를 소환했고, 폭동의 '중심이자 지도자'로서 그를 탄핵했다. 루베르튀르는 조카에게 "너는 백인들이 다시 한 번 너의 주인이 되었다고 생각했기 때문에 무기를 들었다"고 말하며, "한때 노예였던 내가 노예제의 복원을 위해 일할 수 있겠느냐!" 라고 덧붙였다. 모이즈는 자신이 폭동을 저지하기 위해서 아무것도 하지 않고 암묵적으로 폭동을 지지한 것처럼 보일지라도, 자신은 폭동을 조직하지 않았다고 주장했다. 루베르튀르는 그의 유죄를 확신했다. 11월 말에 모이즈는 또 다른 고참 장교 플라빌과 함께 처형되

었다.[35]

폭동이 진압된 뒤 루베르튀르는 '설교자'와 '독재자'의 면모가 동시에 드러나는 포고령을 발표했다. 그 포고령은 아마도 막 일어났던 사건에 대한 공포 탓에 극에 달한, 일종의 정신착란을 드러내는 증거였다. 루베르튀르는 몇 년 동안이나 모이즈에게 단련되고 복종적인 덕망 있는 군인, 덕망 있는 인간이 되는 방법에 관해 설명했다고 불평하면서 그에게 악담을 퍼부었다. 모이즈는 "아버지의 충고와 식민지의 행복을 위해 헌신하는 지도자"의 명령을 듣지 않고, "오로지 그의 열정만을" 쫓았다. 그 결과 "그는 비참하게 죽어 갔다." 이는 "그를 따라 하는 모든 사람들의 운명이 될 것"이라고 루베르튀르는 경고했다. "하늘의 심판은 느리지만 결코 틀림이 없고, 빠르든 늦든 악한들을 벌하고 번개처럼 그들을 짓밟을 것이다."[36]

루베르튀르는 죽은 모이즈를 맹비난하는 것으로 만족하지 않았다. 그는 모이즈가 통치했던 주민 전부에게 폭력을 휘둘렀다. 그는 식민지에서 혼란을 야기한 '믿음 없는' 자들을 탄압했다. 루베르튀르는 그러한 혼란을 잘못된 가정교육, "즉 부모들이 자녀를 아무렇게나 양육하고, 신앙, 복종, 일에 대한 애착을 오그라들게 하고 농사에 대한 무시를 물려준" 탓으로 돌렸다. "나쁜 영향은 제거하기가 어렵기 때문에," 그 결과 "나쁜 시민과 부랑자 그리고 도둑"이 급증했다. 소녀들은 언제나 "무질서, 암살, 약탈을 떠들어 대는 음모자들의 주장을 따를 준비가 되어 있는" 매춘부가 되었다. 실제로 전쟁으로 말미암아 "여성보다 남성이 훨씬 더 많이" 죽은 탓에 도시는 여자들로 가득 찼고, 그들의 "생활은 전적으로 방탕을 토대로 삼았으며," 다른 사람들에게 도적질을 부추겼다. 식민지의 경찰과 관리들은 언제나 두 눈을 부릅

뜨고 그런 모든 사악하고 위험한 개인들을 처벌할 태세를 갖추어야
했다. 루베르튀르는 또한 집에 '첩'을 둔 결혼한 관리나 장교들 또는
결혼하지 않고 "공개적으로 여러 명의 여자들을 거느리고 사는" 자들
은 해임될 것이라고 선언했다.[37]

농장에도 위험한 남녀들이 많았다. 루베르튀르는 "혁명 이래 사악
한 사람들은 게으름을 피우거나, 처벌받지 않고 나쁜 짓을 하거나, 법
을 무시하고 그들의 변덕만 쫓을 수 있는 권리가 자유"라고 선언했다
고 불평했다. 물론 '나쁜 신민, 도적, 암살자들'은 그런 '교의'를 기
꺼이 받아들였다. "이런 생각에 집착하는 비정한 사람들을 혼내 줘
야 할 시간이다. 평화롭고 존중받으며 사는 길은 노동, 열심히 일하
는 것밖에 없다는 것을 모두가 알아야 한다." "아기는 걸음마를 떼자
마자 유용한 일을 할 수 있도록 농장에 투입되어야 한다"고 루베르튀
르가 말했다. "질서가 잡힌 나라에서는, 게으름이 모든 무질서의 원천
이 된다. 하인들은 그들이 섬기는 사람들에 의해서 더 엄격하게 감독
되어야 하고, 하인을 부리는 자들은 정의로 그들을 대해야 하지만, 그
들이 의무를 다하도록 강제해야 한다. 왜냐하면 새로운 체제에서 모
든 작업은 임금으로 보상되고, 각각의 임금은 노동을 요구하기 때문
이다." 루베르튀르의 포고는 농장에서 1800년 10월의 규정을 엄격하
게 실시하도록 요구했다. 이 법령을 성실히 시행하지 않았던 모이즈
와 같은 장교와 관리들에 대한 협박의 수위가 서서히 올라갔다. 태만
이나 유랑을 묵인한 관리는 누구든지 '정부의 적'이었다. "약탈과 암
살을 관용한 자는 누구든지 처형될 것이다. 반란을 조장한 자는 누구
든지 사형에 처해질 것이다."[38]

루베르튀르는 새로운 감시 체제를 고안해 내도록 지시했다. 그는

관리인과 농장주에게 그들의 농장에 소속된 노동자들의 명단을 작성하라고 명령했다. 그 명단은 "경작자들을 농장에 묶어 두기 위해서" 활용될 것이었다. 지방 관리들은 경작자들의 이름, 주소, 직장, 나이, 성별이 명기된 '보안카드'를 발급할 것이다. 수수료가 청구되고, 일자리가 있고, 흠잡을 데 없는 품행을 가진 자들한테만 보안카드가 발급될 것이다. 하인들은 보안카드를 받기 위해서 고용주가 작성한 '품행증명서'를 제시해야 했다. 보안카드를 제시하라고 요구했을 때 이를 제시할 수 없는 자들은 처벌될 것이었다. '외부인' 특히 유럽에서 태어난 '본토' 프랑스인들은 서류가 없으면 추방되었다. '크레올들'은 농장으로 보내졌다. 법령의 말미에 있는 각주에 따르면, 정부는 "식민지나 아프리카에서 태어난 개인"을 '크레올'이란 말로 지칭했다. 이는 일반적으로 아메리카 태생과 노예들만을 지칭했던 그 용어의 전통적인 의미를 벗어난 것이었다. 이를테면, 본질적으로 아프리카에서 온 대다수 식민지 주민들을 생도맹그 원주민과 동일시한 것이기 때문에 중요한 발전이었다. 그러나 이는 그들에게 시민으로서의 권리를 부여하기 위해서가 아니라 그들의 권리를 제한하기 위해서 그렇게 한 것이다.[39]

11월의 포고령은 생도맹그의 사교계를 박살 내는 사형선고이자, 모든 시민이 국가를 위해서 노동해야 하는 의무가 엄격하게 집행되는 새로운 경찰국가의 헌장이었다. 이는 도덕주의와 관료제적 혁신의 놀랄 만한 혼합이었다. 실제로 루베르튀르는 미사 후 그 법령을 낭독하라고 식민지의 모든 성직자들에게 명령했다. 그 법령을 통해서 강화하고자 했던 엄벌주의 체제는 한 가지 점에서 매우 성공적이었다. 루베르튀르는 산산조각 났던 생도맹그 플랜테이션 경제의 놀랄 만한 부활을 지켜보았다. 공식 보고서에 따르면, 커피 수출은 1801년에 거의 제로에서 1789년 수준의 3분의 2까지 상승했다. 피해를 복구하기가 어려웠던 설탕 산업의 성장은 이에 미치지 못했을뿐더러 좀 더 수익성이 좋은 정제 설탕은 거의 포함되지도 않았지만, 1802년에 수출이 1789년의 3분의 1 수준에 도달했다. 이 공식적인 수치에는 체제의 후원 아래 진행된 상당량의 암거래와 밀무역은 포함되지 않았다. 루베르튀르의 통치 아래에서 생도맹그 플랜테이션 경제의 많은 부분들이 재건되고 있었다.[40]

　나중에 루베르튀르는 1802년 초에 식민지가 가장 평온한 상태였고, 상업과 농업은 번창했다고 주장했다. 그 섬은 "이전에는 결코 볼 수 없었던 번영을" 누리고 있었다. 그는 경작자들을 '노예'처럼 취급했다고 비난받았지만, 그의 목표는 생도맹그 인민이 "방종 없는 자유를 맛볼" 수 있게 함으로써 "그 섬의 행복을 전반적으로" 증진하는 것이었다. 그는 "식민지에서 단 한 명의 게으름뱅이도 볼 수 없고, 거지의 수가 감소했다"는 점에서 자신이 성공했다고 주장했다. "생도맹그에 이 같은 질서와 평온이 유지된 적은 없었다"고 1802년 1월 한 프랑스인 장교가 진술했다. 그리고 루베르튀르에 대한 반란 기도 직후에 생도맹그에 도착한 르클레르 장군은 식민지 농업이 매우 높은 수준이었다고 지적했다. 사실 그는 루베르튀르 휘하 장교들이 통제하는 농장에서 '흑인들'은 백인들 아래서보다 훨씬 더 힘들게 일하고 있었다고 주장했다. 게다가 그는 자신이 '매우' 훌륭하다고 평가한 루베르튀르의 규제를 적용함으로써, 농장에서 질서를 회복하고 해방노예들이 열심히 일하도록 만들라는 엄격한 명령을 수행해 낼 수 있었다. 르클레르는 자신이라면 감히 그런 규제를 제안할 수 없을 만큼 루베르튀

르의 규제는 강했다고 적었다.[41]

　그러나 루베르튀르의 1801년 11월 법령의 엄격함은 그가 몇 년 동안 유지해 온 균형 정책의 부담을 부각시켰다. 어떠한 희생을 치르더라도 자유를 수호하는 데 헌신했던 루베르튀르는 독재자가 되었고, 그가 지배하는 식민지는 사회 계서제, 강제 노동, 폭력 진압에 기초한 사회가 되었다. 그 포고령은 진정한 자유가 플랜테이션 경제와 공존할 수 있는 중도 노선을 찾아내는 데 루베르튀르가 실패했음을 보여 주는 일종의 지표였다. 몇 달 뒤, 루베르튀르를 박살 내기 위해서 프랑스에서 함대가 몰려왔을 때, 그는 생도맹그의 경작자와 도시 주민들은 물론이고 장병들 사이에서도 자기를 위해 기꺼이 싸울 사람이 많지 않다는 것을 깨달았다. 그러나 루베르튀르의 체제를 노예제와 혼동한 프랑스 사람들은 뜻밖의 깨달음을 얻게 될 것이다. 그가 자유에 가한 많은 제한에도 불구하고, 해방노예들은 현재와 과거 사이의 차이를 분명히 알고 있었다. 그리고 그들은 과거로 돌아가기보다는 기꺼이 목숨을 바칠 준비가 되어 있었다.

12

자유의 나무

1801년 말 37일 동안 대서양으로부터 프랑스 항구 브레스트로 거센 바람이 불었다. 7천여 명의 장병을 태운 함대가 출항을 기다리며 항구에 정박해 있었다. 원정대 사령관인 르클레르 장군이 나폴레옹 보나파르트에게 며칠 동안 '한시'도 바람이 멎지 않아서 함대가 출항하지 못했다고 보고서를 쓰는 동안, 해군 지휘관은 "서풍이 그처럼 줄기차게 불었던 적은 없다"고 불평했다.[1]

르클레르는 수년 동안 나폴레옹의 측근에 있었다. 그들은 1793년 툴롱에서 영국에 맞서 함께 싸웠고, 몇 년 뒤에 이탈리아 원정에도 함께 참여했다. 르클레르는 이탈리아에서 나폴레옹의 누이 폴린 (Pauline)을 만나 결혼했다. 그는 보나파르트를 제1통령으로 만든 1799년 쿠데타 때 의회를 해산한 부대를 지휘했다. 이제 르클레르는 루베르튀르로부터 생도맹그를 빼앗아 오는 결정적으로 중요한 임무

389

를 띠고 파견되었다.[2]

마침내 바람이 잠잠해지고 르클레르 원정대는 대서양을 항해했다. 브레스트를 출발한 배들은 다른 항구에서 출발한 호위함들과 합류했다. 배들이 다 모였을 때, 원정대는 대략 2만 명의 선원과 함께 2만 2천 명의 병사를 수송하는 함선 50척으로 구성되었다. 이는 프랑스가 보유한 전함 가운데 절반에 해당했다. 이듬해에 여러 차례 지원군이 뒤따랐고, 결국에는 생도맹그에 파견된 병력이 8만 명에 달했다.[3]

몇 주 뒤에 루베르튀르가 식민지 해안을 맴도는 대함대의 일부만 보고, "생도맹그로 프랑스가 전부 다 왔구나"라고 외쳤다. 몇 년 전에 파리에 유학 보낸 두 아들 이삭(Issac)과 플라시드(Placide)가 원정대와 함께 온 사실을 그는 아직 알지 못했다. 보나파르트는 출발 전에 그들을 만나서 아버지는 '위대한 사람'이라고 그들에게 말했다. 그는 생도맹그에 보내는 군대는 단지 그곳의 군사력을 강화하기 위한 것이라고 그들을 안심시켰다. 루베르튀르의 아들들이 어느 정도 교육을 받았는지 알고 싶었던 보나파르트는 그들에게 수학 문제를 냈다. 그들이 제법이라고 생각한 그는 르클레르 장군의 권위에 복종하라고 요구하는, 그들의 아버지에게 보내는 편지를 그들에게 맡겼다. 한 달 안에 이삭과 플라시드는 다시 대서양을 건넜는데, 이번에는 포로의 신분이었다.[4]

1802년 초에 영국의 노예제 폐지론자 스티븐은 "프랑스의 서인도제도 원정의 목적이 무엇인가?"라는 물음을 던졌다. 이 질문은 프랑스뿐만 아니라 영국과 영국령 카리브 식민지들에도 중요했다. 1801년 말에 영국 정부는 1802년 3월에 아미앵 조약으로 최종 승인될 프랑스와 평화조약 초안에 서명한 상태였다. 두 제국 사이에 평화 기간은 짧았지만, 이는 르클레르의 원정을 가능하게 했기 때문에 생도맹그에는 커다란 영향을 미쳤다.[5]

1793년에 노예해방이 선언된 것은 상당 부분 영국의 점령으로부터 생도맹그를 보호하기 위한 것이었는데, 그 사이에 벌어진 전쟁 탓에 루베르튀르와 그의 군대는 프랑스 정부에 꼭 필요한 동맹자가 되었다. 라보와 다른 이들은 노예해방으로 야기된 경제적 혼란에 대한 프랑스의 우려를 완화하기 위해서 해방노예들이 제공하는 군사적 봉사를 치하했다. 그러나 평화의 도래와 함께 플랜테이션 경제의 재건을 강력하게 요구하는 이들에게 군사적 필요성은 더 이상 쓸모가 없었다. 본국 정부는 지난 몇 년 동안 계속 파리의 비난을 받아 왔던 루베르튀르를 귀중한 동맹자라기보다는 보나파르트의 새로운 식민지 정책에 대한 걸림돌로 보기 시작했다. 평화는 르클레르의 원정을 정치적으로 상책이고 군사적으로 가능한 것으로 만들었다. 전 지구상에서 영국과의 싸움이 끝남에 따라 유럽에 묶여 있던 프랑스의 군사력이 자유롭게 되었다. 또한 그 때문에 영국이 대규모 군사력이 장애 없이 대서양을 건널 수 있도록 기꺼이 허용했던 것이다.

1802년 영국 수상 헨리 애딩턴(Henry Addington)에게 보낸 편지에서 스티븐은 프랑스의 생도맹그 정책이 영국령 식민지들에 미치는 잠재적 영향을 검토했다. 그는 르클레르 특파의 진짜 목적과 결과에 대해서 매우 명료하고 통찰력 있는 설명을 제시했다. 일부 영국인들은 "생도맹그를 미국처럼 모국에 대한 충성을 거부한, 따라서 무력으로 이전의 종속 상태로 되돌려 놓아야 하는 반란 식민지로 언급하고 있다"고 스티븐은 적었다. 그런 평자들은 루베르튀르가 영국 및 미국과 맺은 조약들이 암묵적인 독립선언이라고 지적했다. 루베르튀르의 외교와 그가 최근에 제정한 헌법은 확실히 대담한 정치적 자율성을 보여 주었다. 그러나 스티븐이 이해했듯이, 루베르튀르의 헌법은 생도맹그가 프랑스의 일부라고 단언했다. 루베르튀르는 충분히 할 수 있었음에도 실제로 독립을 선언하지 않았고, 생도맹그 식민지가 프랑스로 남을 것이고 그래야 한다고 계속 믿었던 것으로 보인다.[6]

원정에 대한 또 다른 학설에 따르면, 그 원정은 루베르튀르가 '최근에 제정한 헌법'과 프랑스의 지배자 보나파르트의 '군사정부'가 충돌한 결과였고, 본질적으로 "생도맹그의 통령과 프랑스의 통령 사이의 권력 경쟁"이었다고 스티븐은 적었다. 이 분쟁이 비교적 최근의 것임에도 불구하고 이러한 해석을 뒷받침할 만한 증거는 많았다. 보나파르트는 세력을 가늠해 본 다음 생도맹그에 군대를 보내기로 결심했고, 1801년 초에 그는 수천 명의 장병들로 원정대를 꾸렸다. 그러나 그 당시 임무의 목표는 루베르튀르를 공격하는 것이 아니었다. 사실 그해 3월에 보나파르트는 루베르튀르를 생도맹그 총사령관으로 진급시켰는데, 이는 그가 부대를 이끌고 식민지에 파견한 그 어떤 프랑스 장교보다 상급자인 '최고사령관'이라는 것을 의미했다.[7]

그러나 루베르튀르에 대한 보나파르트의 견해는 그가 에스파냐령 산토도밍고를 점령했다는 소식이 전해졌을 때 바뀌기 시작했다. 이러한 점령이 프랑스와 에스파냐 사이에 체결된 1795년의 조약에 의해 허용되었을지라도, 오직 자신의 명령에 의해서만 실행되어야 한다고 통령은 생각했다. 보나파르트는 루베르튀르의 진급을 취소했고, 실제로 생도맹그에서 장교로 유임될 사람들의 명단에서 그의 이름을 지웠다. 보나파르트가 식민국에 배치했던, 농장주에 우호적인 자문관들 가운데 상당수가 그에게 식민지 경제 재건의 첫 단계로 루베르튀르를 제거해야 한다고 권고했다. 1801년 9월 생도맹그에서 복무하고 있던 장교 케베소는 "공화국이 유럽의 모든 군주들을 혼내 주고 나서, 공화국의 식민지 가운데 하나에서 검둥이 반란자로부터 법령을 받은" 것이 적절한지 검토해 봐야 한다고 공식 보고서에 적었다.[8]

루베르튀르에 대한 보나파르트의 의심은 1801년 10월 뱅상 장군이 그에게 1801년의 생도맹그 헌법을 제출했을 때 확고해졌다. 제2통령 장자크 드 캉바세레스(Jean-Jacques Régis de Cambacérés, 1753~1824)[*]는 그 순간 보나파르트가 루베르튀르의 '공화국에 대한 반란 상태'를 종식할 사절단을 보내기로 결심했다고 회상했다. 또 다른 이도 "제1통령의 분노가 극심했다"고 썼다. "투생 루베르튀르의 행동은 공화국의 권위와 존엄에 대한 공격으로 그에게 충격을 주었다." 보나파르트는 루베르튀르의 아들들에게 준 편지에서 한층 더 외교적으로 "여러 가지 좋은 내용을 포함하고 있는" 새 헌법에는 "생도맹그도 그 일원인 프랑스 인민의 존엄과 주권에 반하는 내용도 일부 포함되어 있다"고 썼다. 루베르튀르는 통령 보나파르트에게 헌법 조항들을 논의하기 위해서 식민지로 특사를 보내라고 제안했다. 그러나 보나파르트는 "협상가 대신 군대를 보냈다."[9]

르클레르에게 보낸 훈령에서 보나파르트는 루베르튀르 체제를 파괴하기 위한 3단계 계획을 상세히 설명했다. 그 계획은 무력뿐만 아니라 책략에도 의존했다. 르클레르는 생도맹그에 도착하자마자 루베르튀르의 권위가 여러 차례 도전받은 몰 지역에서 '투생의 적'인 '검둥이

---

[*] 몽펠리에의 법복귀족 가문 출신으로 국민공회 의원으로 선출되었다. 루이 16세의 처형에 찬성 표를 던지고, 테르미도르 반동에는 가담하지 않았다. 1799년 7월 법무장관에 임명되었다가, 브뤼메르 18일의 쿠데타 이후 에마뉘엘 시에예스의 후임으로 제2통령에 임명되었다.

들'과 접촉했을 뿐 아니라 에스파냐령 산토도밍고에서 지지자들을 규합했다. 몇 년 전 루베르튀르에게 패한 뒤에 망명 중이던 리고와 그의 동료 페티옹은 원정에 합류하라는 요청을 받고 같은 목표를 마음에 품었다. 프랑스는 자유유색인 주민들이 여전히 루베르튀르를 원망하고 있음을 정확하게 알아차렸고, 주민들을 동원하는 데 그들이 도움을 줄 것이라고 기대했다(르클레르는 생도맹그에 도착하자마자 리고가 골칫거리밖에 안 되는 것을 간파하고 그를 쫓아 버렸지만, 페티옹은 수개월 동안 프랑스에 봉사했다). 르클레르는 생도맹그에서 루베르튀르의 권위에 맞설 적수를 찾기 위해서, 보나파르트가 루베르튀르의 가장 위험한 지지자라고 지목했던 자들, 즉 모이즈(그의 죽음은 아직 파리에 알려지지 않았다)와 데살린을 비롯해 총독에게도 접근하면서, 그들을 "잘 대우하겠다"고 다짐했다. 루베르튀르와 그의 장교들이 얌전하게 굴고 르클레르에게 권력을 양도한다면, 그들은 식민지에서 추방되더라도 프랑스군 계급을 계속 보유하게 될 것이다. 만약 그들이 저항한다면, 그들은 "반역자"로 선포하여 프랑스가 "그들의 수급"을 확보하고 "모든 추종자들을 무장해제할" 때까지 추적할 것이다. 일단 그들이 굴복하거나 파멸에 이르게 되면 르클레르는 최후의 일격을 가할 것이다. "우리는 식민지의 모든 지점에서 피부색에 상관없이 고위직에 있는 모든 혐의자들을 하루 안에 체포하고, 그들의 제복, 그들의 애국심, 그들의 공적이 무엇이든 간에 흑인 장군 모두를 동시에 추방해야 한다." 보나파르트는 "대위 이상의 계급을 가진 흑인들은 그 누구라도 그 섬에 남아 있도록 허용하지 말라"고 명령했다.[10]

1802년 7월 보나파르트는 르클레르에게 "이 금장을 한 검둥이들을 치워 버려라. 그러면 우리는 더 바랄 것이 없을 것이다"라고 써 보

샤를 르클레르 (1802년, 헌팅턴도서관 제공).

냈다. 그는 자신의 매제가 1802년 9월까지 모든 흑인 장군들을 프랑스로 압송하기를 "기대하고" 있었다. "그렇지 않으면 우리는 아무것도 할 수 없을 것이며, 훌륭하고 아름다운 식민지는 언제나 화산으로 남게 될 것이고, 자본가와 이민자, 상업에 어떠한 확신도 불어넣을 수 없을 것"이라고 보나파르트는 적었다. 보나파르트는 내기에 걸린 판돈이 엄청나다고 강조했다. "일단 흑인들을 무장해제하고 주요 장군들을 프랑스로 보내면, 자네는 유럽의 상업과 문명을 위해서 우리의 가장 빛나는 군사작전에서 했던 것보다 더 많은 것을 이루게 될 것이다." 1803년 생도맹그에서 군 복무를 시작한 어느 폴란드 장교가 "설탕을 차지하기 위해서 검둥이들과 싸우러 파견되었다"고 썼을 때, 그는 그 파병 목적을 한층 더 냉소적으로 확인했다.[11]

보나파르트 정부는 생도맹그 원정을 "아메리카에서 일어나고 있는 흑인 야만주의에 맞서는 서양 문명인들의 십자군"으로 규정했다. 르클레르에게 내리는 훈령에서 보나파르트는 "에스파냐, 영국, 미국도 이 흑인 공화국의 존재 때문에 당황하고 있다"고 적었고, 카리브 해의 다른 식민지 관리들에게 "흑인들의 반란을 섬멸하는 것이 유럽인들의 공동의 이익"이라는 인상을 주라고 권고했다. 프랑스 외무장관 샤를모리스 드 탈레랑(Charles-Maurice de Talleyrand-Périgord, 1754~1838)*은

---

* 프랑스의 정치가이자 외교관. 프랑스혁명과 나폴레옹 시대를 거쳐 부르봉 왕정복고, 루이 필리프 통치에 이르기까지 줄곧 고위 관직을 지낸 정치적 생명력으로 유명하다. 오툉의 주교였던 그는 성직자 대표로 1789년 5월 삼부회에 참석했다. 국민의회에서 십일조의 폐지와 교회 재산의 국유화를 제안했을 뿐 아니라, 1790년 성직자 민사기본법의 제정에도 기여했다. 그는 탁월한 협상 능력으로 혁명 기간뿐만 아니라 나폴레옹 집권기에도 외교 분야에서 중요한 역할을 했다. 나폴레옹 몰락 이후에는 프랑스 대표로 빈회의에 참석했다. 왕정복고 시기에는 초(超)왕당파의 반대로 외무장관직을 사임했지만, 1830년 자유주의자들과 손잡고 샤를 10세를 축출하고 오를레앙 가의 루이 필리프를 국왕으로 추대하는 데 기여했다. 7월 왕정 하에서는 1834년까지 런던 주재 프랑스 대사로 활동했다.

영국에 보내는 전문에서 "중앙아메리카에서 형성되고 있는 새로운 알제(Algiers)를 파괴하는 것은 문명 전체의 이익"이며, 르클레르의 임무는 "통상과 식민지를 가진 모든 나라들의" 지지를 받을 만하다고 주장했다. 원정대를 보낼 수 있는 프랑스의 능력은 다른 대서양 열강들이 지지하지는 않더라도 이를 수용하느냐에 달려 있었기 때문에, 어느 정도는 빈틈없는 외교 전략이 필요했다. 그러나 이는 또한 혁명 생도맹그에서 성장하고 있던 새로운 사회가 유럽의 식민지 체제 전체에 심각한 위협이 된다는 생각이 광범위하게 퍼져 있었음을 반영한다. 영국 정부는 협조했다. 수상 애딩턴은 "두 정부의 이해관계는 자코뱅주의, 특히 흑인 자코뱅주의를 파괴하는 것으로 정확하게 같다"고 선언했다. 생도맹그에 도착한 르클레르가 "유럽이 카리브 해의 식민지들을 보전할 수 있을지 여부가 지금 이 순간에 여기에서 결정될 것"이라고 선언했을 때, 이는 프랑스 정부 내의 분위기를 요약한 것이었다.[12]

보나파르트는 "프랑스 국민은 자신이 자유인이라고 인정한 사람들에게 결코 족쇄를 채우지 않을 것"이라고 르클레르의 훈령을 설명했다. 그 섬의 '프랑스령'에서 임무의 '정치적 목표'는 흑인들을 무장해제하고 그들을 '자유로운' 경작자로 만드는 것이다. 그러나 이는 보나파르트가 노예제를 거부했다는 것을 의미하지는 않는다. 그 섬 에스파냐령에서의 목표는 흑인들을 무장해제하고 그들을 노예제로 복귀시키는 것이었다(보나파르트는 루베르튀르가 그곳의 노예제를 폐지했다고 잘못 알고 있었다). 그리고 1794년 이래 영국이 점령하고 있었지만 평화협상과 함께 프랑스로 환원된 마르티니크에서는 백인들이 "노예해방을 걱정할 필요가 없다"고 보나파르트가 밝혔다. 그런 확인은 사적으로 이루어졌지만, 그와 같은 선언이 공식적으로 나왔다면 다른 식민지들에서 폭동을 야기했을지도 모른다. 그러나 1801년 말에 보나파르트 체제는 식민지 정책에서 중요한 변화를 결정했다. 프랑스는 제국 내에서 노예제의 존재를 다시 한 번 인정하고 심지어 채택할 것이었다. 삼색기는 더 이상 자유를 의미하지 않았다.[13]

스티븐이 지적했듯이 새로운 정책은 실행되기 어려울 터였다. 마르티니크에서 멀지 않은 과들루프에서 프랑스는 1794년에 노예제를 폐지했다. 모든 주민이 자유인인 한 섬과 대다수의 주민이 노예인 얼마 떨어지지 않은 또 다른 섬을 프랑스가 실제로 통치할 수 있을까? "서로 건너다보이는 섬들에서 정반대되는 체제를 유지하는 것은 실현 불가능하다기보다는 상식을 벗어난 것이다." 프랑스는 그렇게 순진하단 말인가? 스티븐은 그렇게 생각하지 않았다. "프랑스 정부가 공표하지 않았지만, 이 원정의 진짜 목적은 생도맹그와 노예제가 폐지된 다른 식민지들에서 흑인 노예제를 복원하는 것"이라고 그는 결론지었다.[14]

보나파르트 정부가 한 약속은 단지 이러한 전략의 일부에 불과하다고 스티븐은 말했다. 노예제 복원에 대한 공식 발표가 대규모 반란을 야기할 것을 알고 있는 프랑스 총독들은, 그들이 자유를 존중할 것이라고 선언함으로써 자유를 파괴할 태세를 갖출 수 있었다. 스티븐은 처음에 이 전략이 성공했다고 생각했다. "생도맹그 해안의 도시와 요새들은 분명 쉽게 점령될 것이며, 누구도 저항하지 못할 것이다." "투생은 굴복할 것"이며, 어쨌든 "이미 식민지 검둥이들 사이에 널리 퍼져 있는 불화를 이용하거나 새로운 불화의 씨를 뿌려서, 가장 강력한 지도자들 일부와 그 휘하의 병력 상당 부분을 끌어들일 수 있는 프랑스 장군들에게는 쉬운 게임"이 될 것이라고 그는 덧붙였다. 실로 "잘 통제된 자유에 대한 그럴듯한 약속을 통해서 공화국의 권위에 대한 전반적인 복종은 금방 획득할 수 있을 것이며, 이 같은 전체 과업은 일단 달성될 것으로 보인다"고 스티븐은 결론지었다. 스티븐은 보나파르트가 르클레르에게 준 훈령의 계획에 대해서 아는 바가 없었지만, 주요 장교들을 굴복시킨 뒤 압송하고 나면 전쟁이 끝날 것이라는 점만 빼면 그가 생각한 시나리오와 얼추 들어맞았다.[15]

그러나 스티븐은 단지 그렇게 될 수도 있을 것이라고 적었다. 형세가 바뀌기 시작하는 것은 "진짜 계획이 공표되거나 계획 자체가 실행될 때, 비로소 검둥이들이 단지 통령의 찡그린 얼굴이 아니라 십장의 채찍으로 그들의 복종을 요구할 것이고, 주인이 그의 농장을 되찾을 것이며, 종소리와 십장의 요란한 채찍 소리가 새벽을 알리며 또다시 그들을 들로 불러낼 것이라는 사실을 알게 될 때일 것이다." 프랑스는 이미 영국이 경험한 것, 즉 "이처럼 큰 섬에서 해안을 정복하는 것과 내륙을 지배하는 것이 다르고, 지도자들을 자기편으로 끌어들이는 것과 새로 형성된 인민을 지배하는 것이 다르다"는 사실을 알고 있었다.[16]

스티븐은 루베르튀르의 노동법에 정통했고, 해방노예의 자유가 매우 제한되어 있다는 사실을 알고 있었다. 그럼에도 불구하고 과거와 현재 사이에는 근본적인 차이가 있다고 주장했다. 새로운 체제에서의 근면은 "채찍질에 의해서 자극되는 육체적 효과가 아니라, 설득을 통해서 주입된 것이든 헌병대가 뒷받침하는 시(市) 조례의 강제력을 통해서 강요된 것이든, 어쨌든 의무로서 간주되었다." 처벌은 국가 관리들에 의해서 이루어졌지만, 작업은 농장주들에게 봉사하는 채찍을 휘

두르는 십장의 위협에 의해서만 강요되는 것이 아니었다. 스티븐이 구체제와 신체제 사이에 혼란스럽지만 계속성이 있다는 사실을 과소평가했을지라도, 식민지의 해방노예들이 또다시 노예가 되어 맞이하게 될 상태가 예전의 노예 상태와 다르다는 점을 깨닫게 될 것이라는 그의 주장은 옳다. "유럽에서 인식되고 있는 정치적 자유와 구속 사이의 차이는 식민지에서 '노예와 자유'라는 용어 사이의 말로 다할 수 없는 차이에 비하면 아무것도 아니"라고 그는 지적했다. "온상 속의 미신을 철학자한테서 재생해 내듯이," 생도맹그 인민을 노예제로 복속시킬 수 있을 것이다. 그들의 습속에 '혁명'이 일어났을 뿐 아니라, 그들의 '생각'에도 극적인 변화가 있었다. 프랑스 장군 라크루아도 비슷한 취지에서, 보나파르트를 비롯해 대부분이 농장주 출신인 그의 참모들이 저지른 가장 큰 실수는 흑인들이 더 이상 "그들이 떠났을 때의 그들이" 아니라는 것을 깨닫지 못하고 "10년에 걸친 생도맹그 혁명"의 심오한 정치적 결과를 과소평가한 것이라고 썼다.[17]

"사유 재산뿐만 아니라 재산을 소유할 수 있는 바로 그 능력을 지키기 위해서, 자신의 근육과 힘줄에 인간의 지위를 지켜 주기 위해서, 사회적일 뿐 아니라 이성적인 존재로서 누구나 누리는 특권을 유지하기 위해서는, 그 절망적인 투쟁에서 어떠한 힘이라도 불러내야 하지 않겠는가!"라고 스티븐은 말했다. 해방노예 주민들은 "자유의 습속에 대한 10년 동안의 경험으로 단련된 거대한 검둥이 공동체"가 되었고, 저항 전쟁을 시작했다. 그 전쟁의 정당성은 다른 어떤 전쟁의 정당성보다 강하게 빛을 발한다. 스티븐은 영국군의 생도맹그 점령 경험을 근거로, 기후에 익숙하고 카리브 지역의 질병에 적응된 흑인 반란자들이 "침략자들에 대한 유례없는 체질적인 우위"와 전투력에서 분명한 우위를 차지했다고 주장했다. 그는 이를 '뱃사람과 상어' 사이의 우열에 비유했다. 전쟁이 시작되자마자, 누가 최종 승자가 될지는 분명해졌다. 승자는 프랑스가 아니라 그들이 다시 노예로 만들고자 한 사람들이었다.[18]

보나파르트가 르클레르 원정대를 급파했을 때, 생도맹그에 노예제를 복원하려는 의도가 있었는지는 파악하기 어렵다. 그는 분명히 루베르튀르의 권력을 파괴하고, 해방노예들이 정치권력에 접근하는 것을 엄격하게 제한하고자 했다. 보나파르트는 르클레르에게 내린 훈령에서 "백인들이 그렇게 많은 피를 흘리게 만든 흑인들의 권리를 논하는" 자는 누구든 프랑스로 보내라고 명기했다. 그러나 그는 식민지에 실용적으로 접근하고자 했다. 1800년 5월에 그는, "문제는 노예제를 폐지하는" 것이 좋은 생각인지 아닌지가 아니라, 생도맹그에서 "자유를 폐지하는" 것이 정당한가 아닌가라고 설명했다. "나의 정책은 그들 대부분이 통치되기를 바라는 대로 그들을 통치하는 것이다. 왜냐하면 이것이 '인민주권을 인정하는' 최상의 방법이기 때문이다. 나는 스스로 가톨릭이 됨으로써 방데에서 전쟁을 끝냈고, 스스로 이슬람 신자가 됨으로써 이집트에 자리 잡았다"고 설명했다. "만약 내가 유대인을 지배하게 된다면, 나는 솔로몬 신전을 다시 지을 것"이라고 덧붙였다. "그래서 나는 생도맹그의 자유 지역(즉 프랑스령)에서는 자유에 대해 말하고, 일드프랑스(농장주들이 1794년의 노예해방 법령의 적용을 성공적으로 저지했던 인도양 식민지)와 생도맹그의 노예제 지역(즉 에스파냐령)에서는 노예제가 옳다고 말할 것이며, 노예제를 유지하는 지역에서는 노예제를 완화하고 제한할 권리를 유보할 것이고, 자유를 유지하는 지역에서는 질서를 회복하고 기강을 바로 세울 것이다." 이런 정책에는 단점보다 더 중요한 장점들이 있다고 그는 덧붙였다. "그들은 노예였을 때보다 설탕을 덜 만들긴 하지만, 병사로서 우리가 그들을 필요로 하는 만큼 우리에게 봉사한다. 만약 우리가 설탕 분쇄기를 하나 덜 가진다면, 우리는 우호적인 병사들이 지키는 요새를 하나 더 갖게 될 것이다."[19]

1801년 말에도 보나파르트는 진지하게 생도맹그에 타협적인 식민지 체제를 만들고자 했다. 루베르튀르가 르클레르에게 노골적으로 저항하고 있다는 소식이 프랑스에 전해진 뒤에도, 그는 1802년 말이 될 때까지 노예제 복원을 명확하게 결정하지 않았다. 그러나 스티븐이 주장했듯이, 보나파르트는 대서양 건너로 르클레르를 파견하기 전에 이미 임무의 최종 목표에 관해서 결정한 상태였지만, 다만 그 목표를 달성하기 위해서 비밀을 유지했던 것으로 보인다. 두 사람은 "기록된 흔적을 전혀 남기지 않은" 대화를 나누면서 노예제를 복원하는 문제를 협의했을 것이다. 결국 "생도맹그 흑인들의 해방을 지지하는" 선언들은 "순전히 외교, 속임수, 약삭빠름, 연출, 수법, 핑계에 지나지 않는다." 그들의 목표는 프랑스 정부가 "루베르튀르로부터 무력으로 빼앗아야 할지도 모른다"고 염려했던 것을 그에게서 "평화적인 방법"으로 얻어 내는 것이었다.[20]

그러나 보나파르트는 잠시 다른 대안을 고려했다. 영국은 1801년 11월까지도 카리브 해로 향하는 대규모 원정대의 출발을 받아들이겠다고 프랑스에 통보하지 않았다. 보나파르트와 참모들은 그의 부대가 성공하기 위해서는 4월 전에 생도맹그를 점령해야 한다는 결론을 내렸다. 더 늦어지면 "식민지의 기후에 적응하지 못하는 유럽인 병력에게 매우 위험해지기" 때문이다. 병력을 충분히 일찍 출발시킬 수 없다면 원정을 연기해야 하는데, 그렇게 되면 결국 보나파르트는 "투생을 인정하고" 생도맹그에 "흑인 프랑스인"의 존재를 받아들여야 했을 것이다. 이는 프랑스에게 수익의 상실을 의미했을지라도, 군사적으로는 득이었을 것이다. 보나파르트는 자유노동이 노예제보다 덜 유리하고, 흑인 병사들이 많을수록 농업 노동력은 그만큼 줄어들 것이라고 확신했다. 탈레랑은 이러한 생각을 영국 주재 프랑스 대사에게 전하면서, 백인들이 탈환한 생도맹그는 "꽤 여러 해 동안," "장기간의 평화와 모국으로부터의 지원"을 통해서만 생존 가능한 허약한 세력이 될 것이라고 언급했다. 반대로 "프랑스가 승인한 생도맹그 흑인 정부는 신세계에서 프랑스 공화국의 가공할 기지가 될 것이다." 프랑스는 루베르튀르와 협력하면서 생도맹그를 군사기지로 사용하고 적대국의 식민지에 흑인 군대를 파견할 수도 있을 것이다. 또 1790년대 중반에 그랬던 것처럼, 공화국은 노예해방을 제국주의 전쟁의 강력한 무기로 활용할 수도 있다. 만약 생도맹그에 "새로운 권력이 형성되어 승인"받는다면, "신세계의 패권"이 조만간 프랑스의 수중에 떨어질 것이라고 탈레랑은 주장했다. 영국에게 그 결과는 "짐작할 수도 없는" 것이 될 것이다.[21]

스티븐은 이러한 가능성이야말로 영국에게 매우 위험한 것이라고 주장했다. "검둥이들은 다시 괭이를 들지 않을 것이다. 그러므로 우리는 그들의 소총을 이용하자. 이 아프리카 보조군을 이용해서 카르타고(즉 영국)의 가장 취약한 측면에 상처를 입히고, 영국 상업의 날개를 꺾어 버리자. 그럼 우리는 그 전리품으로 부유해질 것이다!" 스티븐은 프랑스가 이러한 결론을 내릴 수도 있었다고 주장했다. 그랬다면 프랑스는 "이 정복을 수행하기 위해 유럽으로부터 군대를 동원할 필요가 전혀 없었을" 것이다. 왜냐하면 자메이카와 같은 영국의 노예 식민지에서 노예해방의 '매력'과 프랑스 군대의 바로 그 '피부색' 덕분에, 프랑스는 "침공하는 모든 노예 식민지에서 정복을 촉진하고 영속화할 준비가 되어 있는 막강한 동맹자들을 수없이 얻게" 될 것이기 때문이다.[22]

영국을 위협하기 위해서 어느 정도 분명하게 표명되었던 이 대안을 보나파르트가 얼마나 진지하게 고려했는지는 파악하기 어렵다. 어느 당대인의 보고에 따르면, 보나파르트의 계획이 생도맹그에서 전개됨에 따라, 그는 다음과 같이 분연히 선언했다고 한다. "나는 백인이기 때문에 백인을 지지한다. 다른 이유는 없다. 다만 그 이유는 좋은 것이다." "아프리카인들, 문명이 없는 자들, 식민지가 무엇인지도 모르는 자들에게 자유를 주는 것이 어떻게 가능한가? 흑인의 해방을 원하는 자들은 백인의 노예 상태를 원한다는 것이 명명백백하다." 그러나 몇 년 뒤에 보나파르트는 생도맹그에 관한 결정에 대해서 후회하며 회상할 것이다. 죽음을 맞이하면서, 그는 군대를 보낼 것이 아니라 "투생을 인정하고" 그를 통해서 생도맹그를 통치했어야 했다고 설명했다. 그러나 이는 생도맹그에서 죽어 간 수많은 프랑스 병사들의 유령, 아니면 프랑스의 차갑고 음습한 산중 감옥에서 죽음을 맞이한 어느 장군의 유령에게 시달리면서 죽어 간 한 사람의 중얼거림이었다.[23]

18 01년 12월 말, 루베르튀르는 프랑스와 영국 사이에 평화조약이 임박했다는 소식을 듣고, "식민지와 자유를 절멸하기 위해서 프랑스가 수천 명을 데리고 올 것"이라는 소문을 퍼뜨린 사람들을 처벌하는 법령을 공포했다. 혹자는 정부가 프랑스의 모든 '유색

인'과 '흑인들'을 모아서 파병될 군대의 선봉에 서게 하려고 계획했다고 주장했고, 다른 이들은 루베르튀르의 자녀들이 인질로 잡혀 있어 그에 대한 지렛대로 이용될 것이라고 주장했다. 이 사람들은 어떻게 프랑스가 "자유의 승리와 그 섬의 번영을 위해서 피를 흘렸고," 식민지를 "보전"하고 번영하게 만들려는 사람들을 "아무 이유도 없이" 죽이려고 한다는 말을 그대로 믿을 수 있는가? 하고 루베르튀르는 반문했다. 그런 소문들은 근거 없는 것임에 틀림없다고 그는 주장했다. 그럼에도 불구하고 그는 다음과 같이 은밀하게 경고했다. "나는 군인이고, 사람을 두려워하지 않는다. 나는 오로지 신만 두려워한다. 만약 내가 죽어야 한다면, 나는 하나도 부끄러울 것이 없는 명예로운 군인으로 죽을 것이다."[24]

루베르튀르는 르클레르 원정대에 관해 단편적인 정보들만 받았고, 프랑스가 자신을 공격할 것이라는 사실을 믿지 않는다고 공개적으로 밝혔지만, 전쟁 준비를 시작했다. 그는 군대를 증강했다. 한 보고에 따르면, 반드시 지참해야 하는 '보안카드'가 없다는 구실로 유럽에서 돌아온 크레올 백인들을 비롯해 최근에 식민지에 온 개인들을 압박해서 입대시키는 방법을 썼다. 이렇게 신병들을 보충해서 1802년 초에 그는 휘하에 2만3천 명, 아마도 3만 명에 달하는 정규군을 보유했다. 그는 또한 1만 명에 달하는 지역 민병대를 마음대로 동원할 수 있었다.[25]

전쟁이 발발할 경우를 대비해서, 루베르튀르는 장교들을 확실하게 신뢰할 수 있도록 만들고자 했다. 그는 모이즈를 처형하고 나서 충성심이 의심스러운 장교 여러 명을 추방했고, 그의 체제에 대한 "헌신과 충성이 반박의 여지없이 확실한 군 지도자들"로 그 자리들을 채웠다.

그 가운데에는 서부 및 남부의 사령관인 데살린, 포르드페의 모르파 (Maurepas), 르캅의 크리스토프 그리고 북부 평원 그랑리비에르의 상 수시가 있었다. 그는 항구도시의 지휘관들에게 국적이 무엇이든 간에 어떠한 전함도 자신의 허락 없이는 입항시키지 말라고 지시했다. 나중에 그는 이러한 명령들은 단지 '공화국의 적들'로부터 식민지를 보호하기 위한 방편이었다고 주장했다. 하지만 이 명령들을 통해서 그는 그런 적들이 프랑스에서 오더라도 대응할 태세를 갖추었다. 한편 루베르튀르는 식민지에 질서가 잘 유지되고 있다는 점을 부각시키기 위해 농장과 광장, 정부청사, 병영, 도로를 청소하라고 지시함으로써 협상 가능성에도 대비했다.[26]

1802년 1월 말, 몇 주 전에 프랑스에서 출항한 전함들이 에스파냐령 산토도밍고의 동부 해안에 집결했다. 르클레르의 계획은 그 섬의 주요 항구도시, 즉 르캅과 포르토프랭스(그때는 포르레퓌블리캥으로 개명됨), 레카이, 산토도밍고의 해안에 병력을 상륙시키고, 그 주변 지역을 점령하는 것이었다. 그는 르캅으로 향하는 함선들을 지휘했고, 2월 3일 르캅이 보이는 해안에 정박해서 크리스토프에게 전갈을 보냈다. 영국과 강화한 프랑스 정부가 식민지의 '폭도들'을 격퇴시키기 위해서 생도맹그에 군대를 파견한다는 내용이었다. 그는 크리스토프가 그런 폭도들이 아니기를 바라지만, 만약 저항한다면 그로 인한 폭력은 그의 책임이라고 경고했다.[27]

르클레르가 크리스토프에게 보낸 전갈과 함께 보나파르트가 생도맹그 인민에게 보내는 편지가 전달되었다. 그에 따르면, 병사들의 유일한 목적은 '공화국의 적들'로부터 그들을 보호하는 것이었다. 보나파르트는 많은 사람들이 파병에 대해 더 위협적인 소문을 들었을 것이라고 예견하면서 그런 공포를 제거하고자 했다. "이 군대가 당신의 자유를 빼앗을 것이라고 하는 소문을 듣게 될지라도, 당신은 공화국이 우리에게 자유를 주었으며, 공화국은 우리한테서 자유를 앗아 가는 것을 받아들이지 않을 것이라고 대답해야 한다." 그러나 르클레르에게 맞서는 자는 모두 '반역자'였다. 보나파르트는 마치 "불길이 마른 사탕수수를 집어삼키듯," "공화국의 분노"가 반역자들을 "집어삼킬" 것이라고 덧붙이면서, 자신의 이러한 비유가 지역적으로 특별한 의미를 가질 수 있길 희망했다. 르클레르는 이에 덧붙인 포고령에서 보호의 약속과 폭력의 위협을 결합한 보나파르트의 공약을 되풀이했다. 보나파르트는 흑인들에게 "식민지 존속에 필수 불가결한 상업과 농업의 번영"을 보장했을 뿐 아니라, "그들이 그토록 어렵게 쟁취한 자유"를 약속했다. 르클레르는 이 약속들은 꼭 실행될 것이며, 이를 의심하는 것은 '범죄'라고 주장했다.[28]

프랑스를 떠나기 전에 르클레르는 식민지 대중들이 이해할 수 있도록 이 포고령을 크레올어로 번역하라는 권고를 받았다. 그는 대서양을 건너는 동안 번역 작업을 했는데, 아마도 일행 가운데 예전에 생도맹그에 살았던 사람들 중 누군가의 도움을 받았을 것이다. 여느 번역 과정과 마찬가지로, 이 사람도 흥미로운 방식으로 문서를 번역했다. 평화가 왔다는 것을 설명하면서, 크레올어 선언문은 프랑스와 "전쟁했던 나라들"은 이제 "공화국과 악수했다"고 적었다. 그리고 식민지 주민들에게 평화를 함께 경축하자고 권하면서, 다음과 같은 흥미로운 문장을 덧붙였다. "당신은 생도맹그 출신이다. 따라서 당신 역시 프랑스인이 아닌가?" 모든 사람이 평등하다고 강조하면서, 선언문은 "백인, 흑인, 모두가 공화국의 자식"이라고 한 줄을 첨가했다. 불타는 사탕수수의 비유는 그들을 복종하도록 고무하기는커녕 생도맹그 주민들에게 너무나도 효과적인 저항 전술을 상기시키는 데 일조할 것이라는 점을 잘 알고 있던 번역가는, 그런 언급들을 완전히 생략하고 간단하게 원정대에 저항하는 자들은 '처벌'될 것이라고만 언급했다.[29]

이 포고령들은 프랑스 함대로부터 르캅으로 전달되었고, 르캅의 흑인 시장에 의해서 시내로 배포되었다. 그러나 포고령은 크리스토프나 그 지역의 장교들에게 복종의 지혜를 깨우치지 못했다. 르클레르가 르캅에 요구 사항을 제시할 때조차도, 근처에 상륙한 로샹보 장군 휘하의 병사들은, "어떠한 백인도 원하지 않는다고 말하는 흑인 병사들로부터 총격과 함께 공격을 받았다." 프랑스 병사들은 흑인 병사들에게 자신들은 '형제'이자 '친구'이며, 그들에게 자유를 가져다줄 것이라고 소리쳤다. 두 번째 주장은 흑인 병사들에게 특히 이상하게 보였을 것이다. 왜냐하면 그들 가운데 상당수는 몇 년 전 생도맹그에 그리고 프랑스에 자유를 가져다준 노예혁명에 참여했기 때문이다. 포르리베르테 수비대는 접근하는 병사 60여 명을 사살했지만, 수적으로 열세인 데다가 포위되어서 이내 무기를 내려놓았다. 로샹보는 흑인 병사들에게 본때를 보이기 위해 항복한 흑인 병사 수백 명을 학살하기로 결정했다.[30]

한편 르캅에서 크리스토프는 항구 책임자인 장교 상그로(Sangros)를 보내서 루베르튀르의 명령 때문에 프랑스 병사들이 시내로 들어오는 것을 허용할 수 없다고 알렸다. 또 다른 문서에서 그는 위협을 가하면서 거절한 것에 대해 자세히 설명했다. "당신은 르캅이 잿더미가 되었을 때에만 이 도시에 들어올 수 있을 것이며, 그 잿더미 위에서도 나는 당신과 싸울 것이다." 크리스토프의 거절에 화가 난 르클레르는

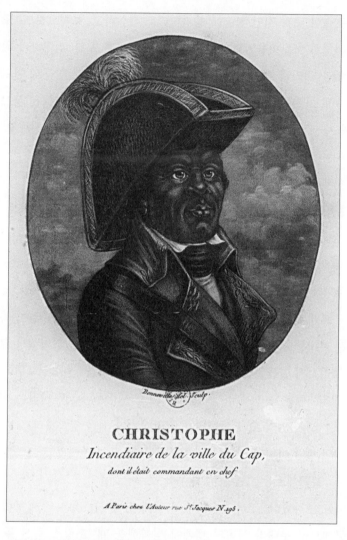

CHRISTOPHE

Incendiaire de la ville du Cap,

dont il était commandant en chef

A Paris chez l'Auteur rue St Jacques N 195.

크리스토프, 르캅 시를 불사른 자(파리 국립도서관 제공)

그 거절이 단지 지연 전술에 불과하다고 확신하고, 무력으로 그 도시를 점령하기로 마음먹었다. 그는 곧바로 그곳을 포위·점령하기 위해서 닻을 내리려 했지만, 루베르튀르가 배를 안전하게 항구로 인도하는 수로 표지를 제거하라고 명령했다. 프랑스 해군 장교들은 상그로에게 수로 표지를 넘기라고 요구하면서, 처음에는 돈을 제시했고 나중에는 협박을 가했다. 상그로는 거부했다. 프랑스군은 그를 살해하고 시체를 바다에 던져 버렸다.[31]

르클레르는 위험을 무릅쓰고 마구잡이로 항구에 진입하는 대신, 배를 보내서 병사들을 르캅 양쪽에 상륙시켰다. 그들은 도시를 포위하고 내륙으로부터 그 도시를 점령할 계획이었다. 그는 파리의 식민지 담당 장관 드니 드크레(Denis Decrès)에게 보내는 편지에, 크리스토프의 부대가 "도시에 불을 지르고 백인들을 학살하고," 자기들이 북부 평원 지대를 구할 수 있는 기회를 얻기 전에 자신들을 압박해서 르캅을 포기하게 만들었다고 썼다. 그의 부대가 진격함에 따라, 북부 평원의 경작자들은 농장에서 달아났다. "그들은 너무나 터무니없는 이야기를 전해 들었다"고 르클레르는 적었다. "이 섬을 정복하러 오는 것은 에스파냐 아니면 영국이고, 그들 모두를 죽일 것이라고 그들은 들었다." 르클레르는 그들을 잘 대우함으로써 그들의 공포를 없앨 수 있었다고 주장했다. 그러나 르캅이 화염에 휩싸이는 것은 막지 못했다. 르클레르의 부대가 서쪽의 렝베에 상륙했을 때, 프랑스 함선 두 척이 그 도시로 통하는 접근로를 보호하던 피콜레(Picolet) 요새를 포격했다. 그 요새의 포수들은 응사하면서 르캅의 부대에 자신들이 공격당하고 있다고 알렸다. 크리스토프는 병사들에게 도시를 불태우라고 명령함으로써 그가 했던 협박을 실행에 옮겼다. 그 도시는 10년 동안 두 차례나 불길에 휩싸였다. 이는 파리에서 노예제 폐지가 승인된 날로부터 8년이 지난 2월 4일의 일이다. 르클레르와 보나파르트의 모든 언명에도 불구하고, 생도맹그 주민 상당수가 자유 자체가 위태로워졌다고 생각했다. 몇 달 뒤에 루베르튀르의 부하 장군 가운데 하나인 아프리카 태생의 상수시는 함께 복무했던 장교들을 '자유의 수호자'로 묘사했다. 나중에 밝혀진 것처럼 그들이 옳았다. 르클레르도 인정했듯이, 원정대가 도착한 직후 체포된 몇몇 '검둥이들'은 프랑스 장교들에 의해서 노예로 팔려 나갔다.[32]

몇몇 당대인들은 르클레르가 도착했을 때 사실 루베르튀르가 르캅에서 사태를 총괄하고 있었다고 주장했다. 어떤 관리는 총독이 드러나지 않게 르캅의 방화를 진행하기 위해서 '콩고 검둥이'로 변장했다고 주장하기도 했다. 그러나 원정대가 도착했을 때 루베르튀르는 산토도밍고에 있었고, 원정대가 생도맹그 앞바다에 나타났다는 것을 알았을 때에야 르캅으로 출발했을 것이다. 나중에 그가 회상한 바에 따르면, 르캅으로 향하던 도중에 크리스토프로부터 르클레르의 요구 사항에 관한 전갈을 받았고, 데살린을 만났을 때 식민지의 서부 해안에 배들이 나타난 것을 보았다. 그리고 북부 평원의 끄트머리에 있는 언덕에 도착했을 때, 멀리서 르캅이 불타고 있는 것을 보았다. 그는 곧 그 도시를 빠져나온 주민들이 도로를 가득 메운 것과 크리스토프가 병사들과 함께 퇴각하는 것을 보았다. 루베르튀르가 도시에 불을 지른 것 때문에 크리스토프를 비난했을 때, 크리스토프는 르클레르와 로샹보가 포르리베르테에서 저지른 잔혹 행위가 그들의 적대적 의도를 분명히 보여 주었다고 항변했다.[33]

루베르튀르는 이내 전쟁만이 올바른 대응이고, 생도맹그에서 전쟁의 충실한 동반자는 불이라고 확신했다. 그는 프랑스가 "우리를 노예 상태로 되돌리기 위해서" 군대를 보냈기 때문에 저항하는 것 외에 다른 방법은 없다고 선언했다. "그들은 그들이 유지하겠다고 약속했던 자유를 빼앗기 위해서 왔다. 우리의 힘을 모으자. 우리 형제들이 자유인이라는 것을 확인하기 위해서 필요하다면 모두 죽자!" 그는 2월 초에 휘하 장교 한 사람에게 "프랑스와 식민지의 백인들이 우리한테서 자유를 빼앗으려고 한다"고 써 보낸 바 있다. "백인들을 경계하라. 그들은 할 수만 있다면 너를 배신할 것"이라고 덧붙였다. 그는 경작자들을 징집하고 프랑스에 맞서 싸울 사람들의 계급을 올려 주라고 명령했다. 그는 지역 관리들의 도움으로 프랑스 부대가 점령한 포르토프랭스로 "믿을 만한 첩자 몇 명을" 보내 그 도시를 불태우라고 데살린에게 지시했다. "질병으로 우리의 적들을 제거할 우기"를 기다리고 있었지만, 그들의 유일한 "방책"은 "파괴와 불"이라고 루베르튀르는 설명했다. "우리의 땀이 밴 이 땅이 침략자들에게 조금이라도 식량을 제공하게 놔두어서는 안 된다." 데살린은 도로를 파괴하고, "시체와 말들을 우물에 던져 넣고, 모든 것을 절멸하고 불태워서, 우리를 다시노예 상태로 몰아넣으려는 자들의 면전에 그들이 당할 지옥의 모습을 언제든지 볼 수 있게 만들라"고 명령했다. 데살린은 다가올 몇 주 동안 이러한 명령을 열심히 수행했고, 그 명령을 뛰어넘기도 했다.[34]

르캅을 점령한 뒤 르클레르는 군대를 보내서 인근의 포르드페를 공격했다. 그곳 사령관 모르파는 루베르튀르와 면담한 뒤 프랑스군에 맞서 격렬하게 저항했다. 모르파가 후퇴했을 때, 그들은 "단지 잿더미를 정복했을 뿐"이었다. 침략자들이 기대한 바와 같이, 루베르튀르에 대한 반란자들을 오랫동안 비호해 온 그 지역에는 지지자들이 있었다. 그러나 모르파는 2천 명의 병사들과 수천 명의 경작자들과 함께 인근의 산으로 후퇴하는 중에도 계속 싸웠고, 프랑스군을 그럭저럭 그 도시에 묶어 둘 수 있었다. 이러한 노력 덕분에 루베르튀르는 콩고 태생의 장교 마카야의 지휘 아래, 르캅 근처의 아퀼 지역으로 군대를 보내서 북부 평원에 인접한 산악 지대에 방어선을 펼 수 있는 시간을 벌었다.[35]

   그러나 식민지의 다른 지역에서는, 루베르튀르의 장교 일부가 프랑스군에 항복하거나 그들을 공개적으로 환영했다. 남부에 있던 장교 라플룸뿐만 아니라 포르토프랭스의 사령관인 프랑스인 장교 아제의 경우가 그러했는데, 라플룸은 원정 기간 내내 프랑스군에 충성했다. 그 섬의 에스파냐령 점령 지역에서는 루베르튀르의 동생인 폴(Paul)이 지휘하고 있었다. 투생은 그에게 편지를 보내 프랑스군에 저항하고, 르클레르가 산토도밍고를 점령하기 위해서 보낸 호위함의 지휘관 케베소를 체포하라고 명령했다. 또한 전령들에게는 폴에게 전달하라고 명령한 가짜 편지를 주었는데, 그들이 프랑스군의 포로가 되었을 때 이 편지를 보여 줌으로써 자신의 진짜 의도가 알려지는 것을 막고자 했다. 첩자들은 투생이 걱정했듯이 포로가 되었다. 그러나 그의 책략은 실패했다. 프랑스군은 그들을 처형했고, 그들의 시신에서 두 통의 편지를 발견했다. 그들은 그 편지를 케베소에게 전달했고, 그는 가짜 편지만을 폴 루베르튀르에게 전달했다. 폴은 형의 명령이라고 생각했던 바를 따랐고, 에스파냐령 식민지 전체를 르클레르 원정대의 수중에 넘겨주었다.[36]

   식민지 여러 곳에서 전투가 가열되면서 르클레르는 루베르튀르의 아들 이삭과 플라시드를 보내서 보나파르트가 쓴 편지를 그들의 아버지에게 가져가게 했다. 르클레르는 루베르튀르에게 보내는 첨부 편지에서 보나파르트의 권위에 복종하라고 요구하면서 "당신은 대단한 명성을 가졌고 그 명성을 고스란히 지킬 수 있다"고 적었다. 그는 식민지 시민들의 '자유'에 관해서 "더 이상 걱정할 필요가 없다"고 했다. 왜냐하면 그 자유는 보나파르트도 '제거할' 생각을 할 수 없을 정도로 너무나 확고하게 쟁취·확립되었기 때문이다. 그러나 르클레르는 총독 루베르튀르한테서 즉각 응답을 받지 못하자 선전포고를 했다.[37]

르클레르는 적의 '장수들'에 대해서 "그들은 자신들을 위해서 생도맹그를 원했고, 그들이 때때로 프랑스에 대해서 말한다면, 이는 오로지 그들이 프랑스를 공개적으로 거부할 수 있을 만큼 충분히 강력하지 못하다고 생각했기 때문"이라고 적었다. 그러나 르클레르는 그들에게, 특히 '반역자' 루베르튀르에게 "프랑스 정부의 힘"에 관해서 훈계했다. "생도맹그에 거주하는 모든 선량한 프랑스인들"은 그 흑인 장군을 자신의 권력을 넘기느니 차라리 나라를 파괴하는 쪽을 택한 '괴물'로 생각할 것이다. 그들은 또한 그가 자주 되뇌는 '자유'란 말은 그에게 단지 "가장 절대주의적인 전제"를 정당화하는 수단에 불과하다는 것을 알 것이다. 루베르튀르와 크리스토프는 법의 보호를 박탈당했다. 속아서 그들을 따랐던 경작자들은 "길 잃은 어린아이들"처럼 취급되어 농장으로 강제 송환되었다. 전혀 기죽지 않은 루베르튀르는 대담하게 르클레르야말로 법의 보호 밖에 있다고 선언했다. 생도맹그에 도착한 지 며칠 만에 르클레르는 전면전에 돌입했다.[38]

루베르튀르에 대한 작전을 개시했을 때 르클레르는 이미 그의 군사력을 약화시키는 여러 요인들을 알고 있었다. 한편 그는 프랑스를 출발하기에 앞서 그 원정을 위해 꼭 필요한 보급품들이 심각하게 부족하다고 지적했다. 그는 "포도주는 질이 낮고 비스킷도 좋지 않다"며 불평했다. 생도맹그에서 루베르튀르에게 선전포고를 한 바로 그날, 르클레르는 파리의 식민지 담당 장관에게 "빨리 자신에게 원조하고," 맨발인 병사들을 위해서 "군화 3천 켤레"를 보내 달라고 필사적으로 썼다. 브레스트에서 1만5천 켤레의 군화가 선적되었다는 보고를 들었지만, 실제로 "형편없는 군화"가 4천 켤레밖에 없다는 사실을 그는 대서양을 건너고 나서야 알았다. 생도맹그에서는 적합한 보급품을 구매하는 데 어려움이 있었다. 그는 식민지 교역을 장악하고 있던 미국 상인들과 그들의 하수인인 지역 상인들에 대해서 심하게 불평했다. 그가 "유대인들 가운데 가장 유대인답다"고 했던 그 미국 상인들이 자신에게 바가지를 씌우고 있다고 생각했다. 마지막으로, 질병이라는 훨씬 더 심각한 문제가 있었다. "이미 1천2백 명의 장병이 병상에 있다"고 식민지 담당 장관에게 알리면서 "이곳 사람들의 엄청난 소비"에 대비하라고 경고했다. 며칠 지나지 않아서 그는 다시 "병력, 식량, 자금"을 간청했다. 거기에 덧붙여 5백여 명의 부상자를 비롯해서 2천 명이 넘는 병사들이 병원에 있다고 썼다. 그는 "햇볕에 의한 화상으로부터 병사들을 보호해 줄" 모자뿐 아니라 의약품을 요청하면서, 만약 이것들을 받지 못한다면, "초자연적인 노력을 다한다고 해도 공화국을 위해서 생도맹그를 지킬" 수 없을 것이라고 했다.[39]

르클레르의 병사들은 상대하기 어려운 새로운 방식의 전쟁에 직면했다. 그는 보나파르트에게 "이는 아랍식 전쟁"이라고 불평했다. "우리는 흑인들이 길가의 울창한 숲을 점거하고 교통을 차단하기 전에 간신히 통과했다." 그의 부대는 "계곡을 둘러싼 빽빽한 숲과 덤불 속에 매복한 반란군들"에게 괴롭힘을 당했다. 반란군은 쫓길 때에는 산속의 안전지대로 후퇴했다. 이곳 지형은 유럽인 병사들에게 특히 곤란한 문제를 야기했다. "당신이 이곳에서 걸음을 뗄 때마다 부딪치게 될 어려움이 어떤 것인지를 알기 위해서는 직접 이 땅을 봐야만 한다"고 르클레르는 덧붙였다. "나는 알프스에서도 이에 견줄 만한 것을 본 적이 없다." 또 다른 프랑스 장교는 이 전쟁의 역설을 다음과 같이 회상했다. "모든 곳에서 승리한 우리는 소총밖에 가진 것이 없었다. 적은 어디에도 없었지만, 언제나 그들이 이 나라의 주인이었다."[40]

그러나 프랑스군은 일부 지역에서 착실하게 전진했다. 라플륌이 부대를 이끌고 탈영한 덕분에 프랑스군은 신속하게 남부 대부분의 지역을 장악할 수 있었다. 북부에서 프랑스군은 병사와 경작자 수천 명을 거느린 크리스토프를 공격해서 후퇴하지 않을 수 없게 만들었다. 프랑스군이 2월 23일 고나이브를 점령했지만, 도시는 이미 수비대에 의해 완전히 불타 버린 뒤였다. 같은 날, 루베르튀르는 서부 지방의 핵심 거점들 사이를 쉽게 연결해 주는 '회랑,' 즉 라비나쿨뢰브르라고 불리는 긴 계곡이 내려다보이는 지점에 3천 명이 넘는 병력을 집결시켰다. 그는 정규군 병력 이외에도 계곡 주변의 산악 지대를 차지하고 있던 무장한 경작자 수천 명의 지원을 받았다. 로샹보가 지휘하는 1개 사단이 그들을 공격했고, 격렬한 전투 후에 루베르튀르는 퇴각했다. 프랑스군은 루베르튀르가 8백 명의 병사를 잃자, 그의 부대가 혼비백산해서 도망쳤다고 보고하면서 대승을 거두었다고 주장했다. 루베르튀르는 이 사건에 대해 매우 다른 설명을 제시했다. 로샹보와 대적한 그 '사건' 뒤에, 그는 전투 중에 생포한 다수의 포로를 끌고 또 다른 지점으로 이동했다고 간단하게 언급했다. 루베르튀르의 움직임은 기본적으로 그의 다른 부대들이 철수할 수 있도록 호위하고, 남부의 산

악 지대에서 프랑스군과의 대규모 전투를 준비하기 위한 것처럼 보인다.⁴¹

얼마 후 루베르튀르는 커다란 타격을 입었다. 북부 반도에서 프랑스군의 진격을 지연시켜 준 '폭우' 덕을 보면서 얼마간 프랑스군과 계속 전투를 벌여 나가던 모르파가 항복한 것이다. 르클레르는 모르파가 프랑스군에서 계급을 유지할 수 있도록 허락했고, 프랑스군을 이길 가능성이 거의 없다고 본 모르파는 이를 받아들였다. "이 땅의 주민들"은 루베르튀르가 패했다고 생각하고, 병사들은 "그의 깃발"을 버렸으며, 경작자들은 농장으로 돌아가고 있다고 르클레르는 낙관적으로 보고했다. "그들은 우리가 식민지의 주인이라고 생각하고 있으며, 나 역시도 그렇게 생각한다."⁴²

그러나 전쟁은 끝나지 않았다. 루베르튀르가 로샹보 앞에서 후퇴했을 때, 또 다른 프랑스 부대가 데살린이 관할하고 있던 항구도시 생마르크로 진격했다. 그 도시에 다다랐을 때, 그들은 전방에서 "타오르는 불길"을 보았다. 데살린은 일단 불이 붙기만 하면 확실하게 급속도로 확산될 수 있도록 "모든 것을 준비했다." 여러 통의 화약과 알코올을 비롯한 '가연물'을 집집마다 놓아두었고, 명령이 떨어지면 그의 병사들이 모든 곳에 불을 놓을 것이었다. 데살린은 본보기로 최근에 완공된 자신의 화려한 저택에 불을 지르면서 모범을 보였다. 프랑스군이 입성했을 때 그들은 불에 탄 도시와, 그들을 환영하기 위해 기다리고 있던 백인 주민들의 시체 수백 구가 함께 버려져 있는 것을 보았다. 데살린은 부대를 이끌고 포르토프랭스로 향했다. 그곳을 관할하고 있는 프랑스 장교 라크루아는 도망노예 출신인 그 지역 지도자 데랑스와 라포르튄의 충성을 확보함으로써 자신의 입지를 강화해 나가고 있었다. 라크루아는 포위된 채 많은 희생자를 낸 그 도시로 반란군 부대가 접근하자 그 두 사람을 파견했다. 데살린은 포르토프랭스에서 물러나서는 후퇴하는 루베르튀르의 부대와 합류하기를 바라면서 아르티보니트 평원이 내려다보이는 산악 지대를 향해 행군을 시작했다.[43]

전쟁과 함께 1791년에 반란 노예들을 분열시켰던 오래된 문제가 되살아났다. 백인들과 함께 무엇을 할 수 있는가? 생도맹그에서는 함께 복무하는 백인과 흑인 병사들 사이에, 그리고 백인 및 흑인 농장 관리인과 농장 노동자들 사이에 불안한 평화가 거의 10년 동안 존속되었다. 때때로 긴장이 부글부글 끓어올라서, 1801년 10월 북부 평원에서 그랬던 것처럼 폭발하기도 했지만, 일반적으로 식민지의 백인들은 루베르튀르의 체제 아래서 안전했다. 그러나 르클레르 원정대가 도착하자마자 다수의 백인들은 자신들이 반란군의 인질이 되었다는 것을 알았다.

생마르크에서 철수할 때, 데살린의 부대는 백인 수백 명을 포로로 끌고 갔다. 그들 가운데 1798년 이래 식민지에서 체류 중이던 백인 여행자 데쿠르티가 있었다. 그는 몇 년 뒤에 '4만 명의 검둥이들'에게 잡혀 있던 '포로 생활'에 관해 서술하면서, 데살린이 저지른 일련의 학살에 관해 묘사했다. 그의 주장에 따르면, 그 장군은 프랑스의 공격을 지원할지도 모르는 식민지의 백인 병사들을 제거하기 위해서 흑인 병사들을 준비시켰다. "병사들이여, 프랑스 출신의 백인들이 오고 있다. 그들이 조용히 한다면, 그들을 그냥 놔두는 것이 좋다. 그러나 만약 내가 그들이 우리를 속였음을 밝혀낸다면, 병사들이여, 경계하자!" 데살린의 흑인 병사들은 명령이 떨어지면, 그들의 백인 전우들이 다가오는 적에게 합세하지 못하도록 막기 위해서 "양몰이 하듯" 그들을 체포할 것이었다. 그러나 데살린은 무차별적으로 백인들을 의심하지 않았고, "필요한 경우" 예컨대 그 지역 요리인 '칼라루'(callaloo)를 먹을 정도로 충분히 동화되어 있는 몇몇 백인들에게는 인정을 베풀어야 한다고 공표했다.[44]

르클레르 부대와 전투가 시작되자마자 백인들은 "도처에 적들"이 있다는 것을 깨달았다. 데쿠르티에 따르면, '흰색'은 '규탄'되었고, 흑인 병사의 호위를 받지 않는 백인에게는 발포하라는 명령이 농장 노동자들에게 하달되었다. 백인들을 인질로 잡은 해방노예 장교들은 "몇몇 백인 농장주들이 저지른 잔혹 행위에 대한 이야기"로 서로를 자극했고, "노예 시절"에 당한 굴욕을 "복수"하려는 "강렬한 욕망"을 키웠다. 데쿠르티가 언급하지는 않았지만, 그들은 또한 그런 시대가 다시 오지 않을까 두려워하면서 미래로 눈을 돌렸을 것이다.[45]

데살린은 극소수의 백인 포로만 데리고 산악 지대에 도착했다. 루베르튀르가 그 까닭을 묻자, 데살린은 그들이 프랑스군에 붙잡혔거나, 전투 중에 사살되었거나, 아니면 탈출했다고 주장했다. 데쿠르티는 데살린이 내린 명령에 따라 그 포로들이 수백 명씩 학살당하는 것을 목격했다고 썼다. 그의 설명은 라크루아에 의해서 확인되었는데, 그는 퇴각하는 데살린의 부대를 추격하면서 베레트(Verrettes) 시에서 8백 구의 시신을 발견했고, 산악 지대로 향하는 길에 쌓인 시체 더미를 넘어왔다고 설명했다. 그는 야영지 근처에 쌓여 있는 시체 더미의 악취로부터 병사들을 보호하고자 했지만, 대규모 묘지를 만들기에는 삽이 부족했기 때문에 시체를 소각해야 했다. 이러한 조처는 악취를 제거하기는커녕 훨씬 더 역겨운 냄새로 공기를 오염시켰고, 그는 자기 옷에서 그 냄새를 결코 제거할 수 없었다.[46]

일부 흑인 병사들은 백인 포로들을 보호하려고 했다. "병자들을 치료하는" 능력 덕분에 첫 번째 학살을 모면한 데쿠르티는 동정적인 병사들 덕분에 두 번째도 목숨을 구했다. 그들 가운데 퐁페(Pompée)라는 나이 많은 남자는 데쿠르티를 보호하기 위해서 권총을 들이대며, 백인 의사를 죽이려는 자는 누구든 자신을 먼저 죽여야 할 것이라고 말했다. 그에게 동정을 보인 사람들이 옳았음이 밝혀졌다. 데쿠르티는 다가올 극적인 전투에서 부상당한 반란군을 치료함으로써 자신의 유용성을 입증했던 것이다.[47]

아르티보니트 인근의 산악 지대 크레타피에로(Crête-à-Pierrot)에는 영국이 그 지역을 점령했을 때 건설한 작은 요새가 있었다. 루베르튀르는 포르토프랭스에서 진격해 오는 프랑스군을 막으라는 명령과 함께, 수비대를 그곳에 배치해서 데살린의 지휘 아래 두었다. 그는 르클레르를 꾀어 "그것이 마지막 저항이라고 생각하게 만들어서" 작전 중인 병력 일부를 "북부로 돌리도록" 유도함으로써 "요새 주변에서 그를 함정에 빠뜨리고자" 했다. 그 당시 루베르튀르는 아직 모르파 장군이 르클레르에게 항복한 사실을 알지 못했다. 따라서 승리의 가능성을 과대평가했을 것이다. 르클레르가 지휘하는 프랑스군이 크레타피에로 요새를 포위했을 때, 루베르튀르는 그들에게 기습 공격을 가하는 훨씬 더 대담한 계획을 구상했다. 나중에 그는 르클레르를 "제1통령에게 돌려보내고" 누군가 다른 사람을 그 자리에 보내라고 요청하려고 했다. 전투는 루베르튀르가 기대했던 대로 진행되지 않았지만 프랑스군이 원했던 신속한 승리도 아니었다.[48]

프랑스군은 루베르튀르의 군대를 분쇄함으로써 반란을 종식시킬 수 있으리라 기대했다. 아르티보니트 지역의 농장들을 책임진 한 사람은 군대가 반란군으로부터 크레타피에로를 탈환하면, 그들이 "끌고 간 모든 경작자들"이 농장으로 되돌아올 것이라고 예상했다. 몇몇 해방노예들은 프랑스군이 전진하는 것을 도와주었고, 3월 초에 프랑스군은 크레타피에로에 당도했다. 라크루아는 자기들에게 협조한 농장 십장들의 '대담한 행동'을 칭찬했다. 야간에 도착한 그들은 성벽 밖 야영지에서 자고 있던 병사들을 기습했다. 잠에서 깨어나 달아나는 병사들은 바짝 추격하는 프랑스 병사들을 피해 요새로 내달리더니, 성벽을 둘러싸고 있는 넓은 참호 속으로 갑자기 사라졌다. 프랑스 병사들은 요새 앞에 노출된 채 서 있어야 했다. 그때 요새의 "모든 화기가 불을 뿜었고" 그들 대부분이 쓰러졌다. 뒤따라온 또 다른 프랑스 부대가 요새를 공격했다가 똑같은 운명을 맞았다. 다시 한 번 적을 속이기 위해서 요새 안에 있던 병사들이 성벽을 뛰어넘어 프랑스 병사들을 끌어들였고, 똑같은 방법으로 다시 참호로 후퇴하자 요새 안에 있던 동료들이 전진하는 대열을 향해 살인적인 일제사격을 가했다. 수백 명의 프랑스 병사들이 이내 사살되었고, 장군 한 명을 포함해서 많은 장병이 심하게 부상당했다. 상황의 심각성을 이해한 라크루아는 퇴각하라고 명령했다. 그러나 전투는 부대가 후퇴할 때까지 계속되었다. 왜냐하면 그들은 끊임없이 소규모 공격과 매복에 시달렸던 것이다. 라크루아가 썼듯이, 그는 "생도맹그의 흑인들"이 얼마나 "전쟁에 단련되어 있는지를" 금방 알아차렸다. 프랑스 병사들은 도로변의 농장에서 "경작자들이 가족과 함께 우리의 움직임을 주시하고 있는 것"을 자주 볼 수 있었다. 그들 가운데 몇몇은 부대의 측면을 지키는 병사들에게 총을 쏘았다. 그들은 병사들이 추적하면 달아났지만,

병사들이 되돌아가면 다시 나타나 총을 쏘기 시작했다. "우리는 더 이상 어떠한 심리적 공포도 심어 주지 못했는데, 이는 어떤 군대에게 나타날 수 있는 최악의 상태"라고 라크루아는 썼다. 후대의 연대기 작가가 썼듯이, "이 땅은 숲이나 바위 뒤 등 어디에나 적들을 숨겼다. 자유가 그들을 낳았다."[49]

요새 안에 구금되어 있던 데쿠르티는 어쩌다 데살린이 병사들에게 연설하는 것을 들었다. 몇 년 뒤에 출간된 그 연설에 대한 그의 회상은 분명 차후의 사건들에 의해서 영향을 받았겠지만, 데살린의 발언에 관해 남아 있는 몇 안 되는 기록 가운데 하나이다. "용기를 내시오. 나는 여러분에게 용기를 내라고 말합니다. 프랑스에서 온 백인들은 우리에게 맞서 여기 생도맹그에서 버틸 수 없습니다. 그들은 처음에는 잘 싸우겠지만, 곧 병들어서 파리처럼 죽을 것입니다"라고 데살린은 전망했다. 그는 끝내 프랑스를 패배로 이끌 길을 따라가며 자신이 취한 몇몇 조치들을 오해하지 말라고 그들에게 훈계했다. "잘 들어라! 만약 내가 그들에게 백 번 항복한다면, 백 번 그들을 배반할 것이다. 프랑스군의 수가 줄어들 때, 우리는 그들을 괴롭히고 타격할 것이다. 그리고 우리는 수확을 불태우고 나서 산으로 갈 것이다. 그들은 떠나지 않을 수 없음을 깨닫게 될 것이다. 그때가 되면, 나는 너희들을 독립시킬 것이다. 우리들 사이에는 백인들이 결코 많지 않을 것이다." 프랑스 지원군이 요새 밖에 집결했을 때, 데살린은 내부 병력을 장교 라마르티니에르(Lamartinière)에게 맡기고, 야음을 이용해서 일부 병력을 감쪽같이 숨겼다. 그는 요새를 포위한 프랑스군을 공격하기 위해서 지역의 경작자들을 동원하고자 했다.[50]

로샹보 부대의 도착으로 보강된 프랑스군은 요새를 포위하고 포격을 가하기 시작했다. 포탄 세례를 퍼부은 뒤, 로샹보는 또다시 정면공격을 명했지만, 요새에 다가갈수록 부대가 박살이 나서 수백 명의 병사들을 잃고 퇴각하는 것만 지켜보아야 했다. 밤에 공격하는 병사들은 적들이 '프랑스의 영광'을 찬미하는 '애국파의 노래'를 부르는 것을 들었다고 라크루아는 썼다. 그 노래를 들으면서 몇몇 병사들은 마치 "미개한 우리의 적들이 옳을 수도 있는가? 우리는 더 이상 공화국의 병사들이 아닌가?"라고 말하듯이 그들의 장교들을 쳐다보았다. 그들은 자신이 부도덕한 목적을 위해서 싸우고 있는 정치의 '비천한 도구'가 된 것은 아닌지 회의했다. 무엇보다도 생도맹그 전쟁은 "두 개의 프랑스 군대, 두 자매가 맞서 싸우는, 혁명전쟁의 참전용사들끼리 대결하는 전쟁이었다.[51]

그들은 용감하게 사흘 밤낮을 버텼지만, 포위가 계속되자 요새 내부의 장병들은 점점 절망하게 되었다. 데살린이 떠나기 전에는 그조차도 바나나 두 개로 한 끼 식사를 "때웠다"고 데쿠르티가 보고했을 정도로, 아사 직전의 상태에서 마실 물도 없이 버티며 포격으로 많은 희생을 치른 그들은 더 이상 버틸 희망이 없었다. 라마르티니에르는 휘하에 남은 병사 5백여 명을 이끌고 과감하게 요새를 뚫고 나가기로 결심했다. 라크루아가 '탁월한 무훈'이었다고 인정한 그 시도를 통해서 그는 가까스로 프랑스군의 대열을 돌파하고 데살린의 부대에 합류했다. 요새 안으로 들어간 프랑스군은 파편과 시체들 사이에서 데쿠르티를 발견했다. 이전에 루베르튀르에 의해서 고용되었고, 포위 기간 동안 흑인 장교들을 위해서 혁명가요 〈싸 이라!〉(Ça ira!)와 같은 노래를 연주한 '백인 음악가들'과 함께 데쿠르티는 간신히 살아남았다. 프랑스군은 크레타피에로를 점령하면서 1천5백여 명의 전사자와 그보다 더 많은 부상자를 냈는데, 이는 원정대에게 커다란 손실이었다. 패배에 당황한 르클레르는 그가 보고서에서 그랬던 것처럼, 인명 피해의 정도를 축소하라고 장교들에게 지시했다.[52]

루베르튀르의 군대는 버텼고 적에게 큰 손실을 입혔다. 가장 중요한 것은 그의 군대가 살아남았다는 점이다. 북부에서 반란군은 산악 지대의 여러 도시를 점령하면서 프랑스군을 압박했다. 그 지도자들 가운데 크리스토프, 마카야, 상수시 그리고 그 이름에서 만딩고족 출신임을 암시하는 실라(Sylla)가 있었다. 3월 말에 상수시 휘하에 있는 루베르튀르 부대의 일부가 르캅으로 진격해서 시 외곽에 있는 병원에 도착했다. 한편 반란군은 "한밤중에" 르캅 도심에서 "그 불빛으로" 책을 읽을 수 있을 정도로 북부 평원의 많은 지역에 불을 놓았다. 르클레르는 4월 초에 막 도착한 증원 병력을 길잡이 역할을 할 식민지 병사 몇 명과 함께 북부 평원으로 보냈다. 그러나 식민지 병사들은 탈영했고, 다수의 프랑스 병사들도 매복에 걸려 전사했다. 상수시는 1백여 명을 포로로 잡아 루베르튀르에게 인계했다. "투생은 여전히 산에서 버티고 있고," 휘하에 4천여 명의 병사와 "엄청난 수의 무장한 경작자들"을 거느리고 있다고 르클레르가 4월 말에 보고했다. "이 전쟁을 끝내는" 유일한 방법은 북부와 서부의 산악 지대를 공략해서 점령하고, 그가 이미 장악한 지역들을 계속 지배하는 것이었다. 그러나 그러기 위해서는 더 많은 병력이 필요하다고 그는 계속해서 파리의 장관에게 상기시켰다.[53]

크리스토프는 1천5백 명의 병사와 수백 명의 무장 경작자들을 지휘하면서 북부 평원과 인근 산악 지대의 상당 부분을 통제했다. 4월 중순, 그 지역에서 프랑스군과의 전투가 계속되었을 때, 그는 르클레르와 접촉해서 기꺼이 항복을 협의할 의사가 있다고 알렸다. 두 사람은 르캅에서 만났고, 르클레르가 크리스토프에게 "우리는 자유를 빼앗기 위해서 여기에 온 것이 아니"라고 확인시킨 뒤에야 크리스토프는 앞서 모르파에게 제시했던 것과 동일한 조건, 즉 계급을 유지한 채 프랑스군에 편입된다는 데에 동의했다.[54]

2월에 르캅에 불을 지르면서 르클레르와 전쟁을 시작한 크리스토프는 왜 4월에 항복했을까? 이것은 수수께끼로 남는다. 3월에 영국과 프랑스 사이에 최종 평화협정이 조인되었는데, 이 소식은 5월 초까지 생도맹그에 공식적으로 발표되지 않았지만, 비공식적인 통로로 이미 알려졌을 것이다. 아마도 이 소식이 크리스토프의 결정에 영향을 끼쳤을 것이다. 그는 또한 전쟁에 지쳐 있었고, 루베르튀르에 대한 충성을 나중에 보상받을지도 확실하지 않았다. 한 프랑스 장교는 4월 중순에 크리스토프에게 보내는 편지에서, 그가 반란 지도자로서 이끌었던 "유랑과 방랑" 생활을 끝내고 "야심 많은" 루베르튀르의 대의를 저버리라고 권했다. 최근의 설명에 따르면, 크리스토프는 르클레르 장군으로부터 보증을 받고 나서 "인기를 잃어 가는 전임 총독보다 르클레르가 자신의 장래와 동료들의 자유를 더 잘 보장해 줄" 수 있다고 진정으로 믿었다고 한다.[55]

이는 르클레르에게 중요한 승리였고, 생도맹그 전쟁의 제1단계에서 하나의 전환점이었다. 루베르튀르는 영국과 강화가 체결되면 더 이상 프랑스군에 저항할 수 없게 될 것이라고 걱정했다. 크리스토프의 변절로 자신의 군사적 입지가 심각하게 약화되었다는 것을 깨닫고는 곧바로 르클레르와 접촉하여 자신의 항복을 협상하기 시작했다. 두 사람은 곧 르캅에서 만났다. 수백 명의 경호원들에게 둘러싸인 루베르튀르는, 자신은 계급을 유지한 채 에너리에 있는 농장으로 은퇴하고, 그의 장병들도 계급을 유지한 채 프랑스군에 편입된다는 협약에 서명했다. 루베르튀르는 데살린과 함께 왔고, 두 사람은 이 일을 경축하기 위해서 크리스토프와 나란히, 르클레르와 그의 장교단과 함께 르캅에서 만찬을 열었다. 크리스토프와 데살린은 그들에게 제공된 음식을 먹었지만, 루베르튀르는 모든 음식을 거부했다. 그는 치즈의 각 면을 두툼하게 잘라 낸 후에 작은 치즈 한 조각만 먹었고, 은 식기를 사용하지 않고 손으로 치즈를 집었다. 그는 프랑스에 항복했지만 믿음까지 바친 것은 아니었다. 비록 프랑스가 자신에게 사용한 독의 종류는 잘못 짚었을지라도, 그가 의심한 것은 옳았다.[56]

르클레르는 5월 초에 "모든 반란 지도자들이 항복했다"면서 보나파르트에게 자랑스럽게 보고했다. 그럼에도 보나파르트 계획의 2단계로 넘어갈 때, 즉 이 장교들을 프랑스로 이송할 "시기는 아직 아니"라고 변명하듯 설명했다. 사실 르클레르는 생도맹그 식민지에 대한 자신의 지배력을 유지하기 위해서 이 장교들과 그들이 데려온 병사들이 꼭 필요했다. 그가 처음에 데려온 병력은 전투와 질병으로 심하게 감소했고, 본국으로부터 보충 병력을 충분히 받지 못했기 때문에 프랑스인 병사에게만 의지할 수는 없었다. 왜냐하면 여전히 많은 병사들은 루베르튀르, 데살린, 크리스토프를 따라서 항복하지 않았고, 식민지 전역에서 저항이 계속 이루어졌기 때문이다. 6월에 르클레르는 곧 도착할 것으로 기대하는 4천 명의 병력으로 6천 명의 부대를 만들도록 노력하겠다고 보나파르트에게 보고했다. 그 전까지는 반란자들과 싸우기 위해서 식민지 병사들을 계속 활용하는 것 말고는

다른 선택이 없었다.[57]

르클레르는 최근에 항복한 흑인 병사들은 충성심이 매우 박약하다는 사실을 알고 있었다. 파리의 식민지 담당 장관은 르클레르의 초기 보고 내용 가운데 일부를 프랑스 언론에 공개했는데, 이러한 기사들이 생도맹그에도 알려졌다. 르클레르는 장관에게 식민지 주민들을 적으로 돌리지 않도록, 앞으로 언론에 공개할 때에는 "이곳의 모든 사람들 입에 오르내리는 자유와 평등의 이념을 파괴할 수 있는" 내용이 포함되지 않도록 확인하라고 요구했다. 그는 보나파르트에게 편지를 보내 다음과 같이 더 어려운 것을 요청했다. "나는 프랑스 신문에 흑인에 관한 농담을 싣는 것을 법으로 금지해 줄 것을 간청합니다. 그러한 농담은 이곳에서의 작전에 해가 됩니다." 보나파르트에게 보내는 편지에서 르클레르는 로샹보 장군을 정직하고 훌륭한 군인이라고 칭찬하면서도 "그는 흑인들을 좋아하지 않는다"고 덧붙였다. 르클레르가 반인종주의 신념을 가졌던 것은 아니었지만, 인종주의 냄새가 나는 것은 무엇이든 그가 생도맹그를 장악하는 데 방해가 된다고 생각했다.[58]

르클레르는 또한 루베르튀르가 생도맹그에 있다는 사실이 위협이 된다고 느꼈다. 그만 이렇게 생각하는 것은 아니었다. 한 프랑스 장교는 "투생과 다른 지도자들은 적절한 때가 오면 당신들을 기습하기 위해서 그들의 병사들이 당신들 진영으로 들어올 수 있도록 항복한 것처럼 보였을 뿐"이라고 썼다. 라크루아에 따르면, 경작자들 사이의 '분위기'는 여전히 반항적이었고, 그들은 자신들의 '항복'이 사실상 8월까지의 휴전에 불과하다고들 말했다. 많은 사람들이 8월이면 발병이 시작되어 "생도맹그에 파견된 유럽인 부대 전체가 절멸하게" 될 것이라고 예상했다. 나중에 르클레르가 쓴 바에 따르면, 루베르튀르는 단지 크리스토프와 데살린이 그에게 더 이상 프랑스와 싸우지 않을 것이라고 말했기 때문에 항복했지만, 그 사이에 그는 "경작자들의 반란을 조직해서 한꺼번에 봉기하도록 만들려고 노력했다."[59]

여전히 적극적으로 프랑스와 싸우는 자들 가운데에는 상수시와 실라가 있었다. 실라는 마푸(Mapou)라는 지역에 근거지를 두었다. 그당시 한 장교가 쓴 바에 따르면, 그곳은 "불량 신민들의 집결지이자 프랑스 및 공공질서의 적들의 마지막 희망이었다." 또한 그곳은 루베르튀르가 살았던 에너리의 농장에서 멀지 않았고, 실제로 실라는 그곳에서 예전의 상관과 정기적으로 교신하고 있는 듯했다. 마푸의 반란자들은 1791년 반란 노예들이 쓴 오래된 전술을 사용해서 능란하게 자신들의 근거지를 방어했다. 그들은 접근로에 함정을 설치했다. 나뭇가지로 가린 구덩이도 있었고, 어떤 장교가 썼듯이 르클레르 부대에도 많이 있었던 '맨발'은 물론이고 군화도 뚫는 대못이 박힌 판자를 나뭇잎으로 은폐해 두었다. 반란자들은 한 프랑스 장교의 표현대로 "야만스럽지만 세련되게" 그들 앞에 몇 개의 바위덩이나 통나무를 놓아둠으로써 전진하는 병사들이 뛰어넘거나 아니면 단단한 바닥처럼 보이는 얇은 층의 나뭇가지들 위로 뛰어내리게 만들었다.[60]

5월 말에 마푸에 급파된 프랑스 특공대는 참패했다. 특공대는 함께 간 식민지 병사들이 실라 진영으로 탈영한 탓에 시작하기도 전에 약화되었다. 남은 병력은 위에서 쏟아지는 총탄 세례 속에 그들에게 굴러 떨어지는 바위를 피하고, 주변에 산재한 살인적인 함정에 빠지면서도 그 위의 고지를 공략하려고 노력했다. 프랑스 병사가 쓰러질 때마다 반군 근거지에서 여자들이 '기쁨의 함성'을 외쳤다. 하지만 식민지 병사들을 포함하고 있는 한 부대가 실라를 마푸로부터 쫓아낸 덕분에 실라의 부대는 다른 곳에서 재집결해야 했다. 다른 프랑스 부대는 더 고전했다. 매복한 무리를 공격하는 임무를 띤 병사 30명은 "마지막 한 명까지" 사살되었다.[61]

르클레르는 루베르튀르가 예전의 부하 장교들이 이끄는 반란자들과 비밀리에 접촉하며 그들을 지원하고 있다고 의심했다. 그리하여 6월 초에 이 '고위급 검둥이들'을 그 섬에서 제거하기로 결심했다. 6월 6일 르클레르는 "내가 예상했던 것처럼, 투생은 악질적으로 행동하고 있다"고 보나파르트에게 보고했다. 바로 그날, 루베르튀르가 살았던 지역에서 빈번하게 일어나고 있는 도적질을 종식하기 위해 그 지역 장교와 협의해야 한다는 핑계를 대면서, 르클레르의 장교 몇몇이 영리하게 그를 회의장으로 꾀어냈다. 그러고는 장군의 경호원을 제압하고 그를 체포했다. "당신은 이제 생도맹그에서 아무것도 아니다. 당신의 칼을 나에게 내주시오"라고 장교들 가운데 하나가 말했다.

"흑인들의 일인자는 그렇게 끝났다"라고 라크루아가 적었다. 한 전기 작가는 "루베르튀르가 위험천만한 속임수에 처음으로 넘어갔다"고 언급했다. 부인 수잔, 아들 이삭과 플라시드, 조카 한 명을 포함한 그의 가족도 체포되어 대서양 건너로 이송되었다. 그는 고나이브에서 유배선에 올랐을 때 다음과 같이 진술했다. "당신들은 나를 타도하기 위해서 생도맹그 흑인들의 '자유의 나무'를 몸통만 잘랐다. 자유의 나무는 뿌리가 깊고 많기 때문에 다시 자라날 것이다."[62]

그 당시 르클레르는 파리의 식민지 담당 장관에게 보내는 편지에 "투생은 절대 석방되어서는 안 되고, 공화국의 내륙에 수감되어야 하며, 그가 다시는 생도맹그를 보지 못하게 해야 한다"고 강조했다. 르클레르는 한 달 뒤에도 "당신에게는 투생을 가둬 둘 만한, 바다로부터 충분히 멀리 떨어지고 아주 튼튼한 감옥이 없을 것"이라고 반복했다. 그는 유배된 사람이 갑자기 다시 나타날지도 모른다는 두려움에 휩싸여 있었던 것처럼 보인다. 식민지에 그가 있다는 사실만으로도 식민지를 다시 한 번 불타오르게 할 수 있다고 그는 경고했다. 루베르튀르를 생도맹그 밖으로 유배시킴으로써 르클레르는 대단한 승리를 거두었다고 느꼈다. 그는 6월 중순에 식민지 담당 장관에게 "나는 흑인들의 구심점을 제거했다"고 알렸다. 그리고 바로 그날, 보나파르트에게도 "흑인들은 그들의 나침반을 잃고 모두 분열되었다"고 보고했다. 소수의 병력이 여전히 반항했지만, 당분간은 프랑스군이 상황을 통제하는 것처럼 보였다. 6월 초에 르클레르는 "투생이 떠난 이후 일부에서 소요를 선동하려고 시도했지만, 그들을 사살하거나 유배시켰다"고 보고했다.[63]

1802년 7월, 마송(Masson)은 한때 생도맹그 식민지에서 가장 풍요로운 농장주였던 그녀의 전 주인 갈리페 후작에게 편지를 썼다. 마송은 갈리페 농장의 관리인인 오드뢰으로부터 자신의 자유를 샀지만, 1791년 반란 중에 그가 피살되기 전까지 그 거래가 공식적으로 인정되지 않았다. 마송은 구질서가 복원된다면, 자신이 다시 노예가 될 것이라고 걱정했다. 그녀는 노예해방 전에 획득한 자유를 인정해 달라고 갈리페에게 간청했다. "과오의 시대는 끝났다. 악의를 가진 사람들은 더 이상 그들의 파괴적 영향력을 생도맹그에 고착시킬 수 없을 것이다." 왜냐하면 "보호 정부가 질서를 회복하기 위해서 노력하고" 있기 때문이다. 그녀는 갈리페에게 "여전히 당신 농장에서 일하는 일꾼들은 자발적으로든 강제에 의해서든 유용한 작업에 곧 복귀할 것"이라고 다짐했다. 자신의 자유를 보전하려고 애쓴 마송은 자유의 시대는 일종의 일탈로, 기껏해야 동란과 폭력을 뒤에 남긴 시기였다고 말하면서, 프랑스 장교들과 비슷한 논리를 폈다. 이는 또 다른 한 사람, 모제 부인의 대리인에게도 진실이었다. 그는 1802년 10월에 아르티보니트 지역에 있는 모제 부인의 농장과 그녀 소유의 반항적인 전(前) 노예 필리포에 관한 소식을 그녀에게 전했다. 노예해방 뒤에도 계속 그녀의 인디고 농장 관리인으로 일한 필리포는 1802년에 한때 자신이 노예로 살았던 지역에 약간의 땅을 샀다. 그는 아내와 자식들과 함께 그곳에 정착했고, 더 이상 농장에서 일하지 않았다. 그러나 "이 땅에 확고한 질서가 재건되면 그들을 제거할" 수 있다고 모제 부인의 대리인은 말했다.[64]

프랑스 장교들은 식민지 곳곳에서 그들이 자유 시대의 타락이라고 간주한 것들을 지워 버리기 위해 최선을 다하고 있었다. 프랑스군이 포르토프랭스를 점령한 직후 라크루아와 또 다른 장군은 루베르튀르의 서류들 가운데서 '이중 바닥'이 있는 상자 하나를 발견했다. 상자 밑바닥에는 "한없이 달콤한 메모들"과 함께 "각양각색의 타래진 머리카락, 반지, 화살이 꽂힌 금빛 하트, 작은 열쇠들"이 있었다. 이 모든 것은 "의심할 여지없이 노년의 루베르튀르가 성공적으로 사랑을 성취했다!"는 것을 보여 준다. 라크루아는 "그가 흑인이고, 보기에 냉정했지만, 부(富)의 분배자가 되었고, 그의 권력은 원한다면 어떤 상황도 바꿀 수 있었다"고 적었다. 두 장군은 이 발견으로 충격을 받았을 뿐 아니라, 그 함의 때문에 갑자기 두려움을 갖게 되었다. 왜냐하면 르클레르에게 내린 훈령에서 보나파르트가 "검둥이들에게 몸을 판 백인 여자들은 지위 고하를 막론하고 프랑스로 송환하라"고 지시했기 때문이다. 그들이 발견한 문서는 죄수들의 명단이 될 수도 있었다. 그래서 두 사람은 고상하게 처리하기로 결정했다. 자신들이 발견할 것을 면밀하게 검토하기 전에 "이 창피스러운 기억의 흔적을 모두 지워 버리기로" 결심하고, "우리에게 이 난처한 발견을 생각나게 할 수 있는" 많은 것들을 태워 버리고 나머지는 바다에 던져 버렸다.[65]

라보는 몇 년 전에 파리에서 루베르튀르가 생도맹그의 백인 여성들에게 보인 친절을 찬양한 바 있다. 그들은 루베르튀르를 '아버지'라고 불렀다. 이제는 루베르튀르와 그 여인들 사이에 존재했던 그런 관계는 부끄러운 과거로 해석되었다. 그에 대한 기억은 제거되어야 했다. 루베르튀르가 간직했던 그 편지들은 실제로 무엇을 말했을까? 그가 받았던 물건들의 의미는 무엇인가? 프랑스 장군들은 그 문서들의 신비를 포도밭의 모닥불과 물속으로 던져 버리면서 절대로 다시 찾아낼 수 없을 것이라고 확신했다.

13
죽은 자들

　그것은 "안와(眼窩), 발, 허리, 위장에 심한 고통을 유발하면서 갑자기 나타났다. …… 환자들마다 얼굴이 붉어지고, 흐리멍덩한 눈에서는 눈물이 쏟아졌다." 환자들은 숨쉬기가 너무도 힘들어서 "질식을 두려워했을" 정도였다. "희끄무레하고 누런색의 걸쭉한 분비물이 바짝 마른 혀와 치아를 덮고 있었고, 금세 검고 딱딱하게 변했다." 토사물은 "담즙의 노란색"이었고, "대변과 소변은 붉은색이었다." 그런 다음 환자는 음료를 넘기지 못했다. "종종 가장자리에 염증이 생기면서 상처가 벌어졌다." 그다음에 환자는 낫기 시작해서 원기를 회복한다고 느꼈다. 그러나 이렇게 호전되는 듯한 증상은 단지 "죽음의 신호"였다. 신경계가 망가지면서 "갑작스런 복통"과 코피를 유발했고, 맥박이 "약해졌다." 이 지경이 되면 환자는 "이미 혈액이 분해되면서 악취가 나는 끔찍한 시체나 다름없었다." 이는 1806년에 어떤 프랑스 의사

가 기록한, 황열병 희생자에게 일어나는 증상이었다.[1]

1802년에 프랑스군이 루베르튀르에게 승리했을지라도, 그들은 또 다른 무서운 적인 질병에 점점 더 많이 희생되었다. 옆에서 자기 병사들이 죽어 가는 것을 지켜보면서, 당황한 장교들은 사망자 수를 헤아려 보고했다. 몇몇은 그 열병이 치명적인 이유를 밝히려고 했다. 데쿠르티는 건강한 사람들에게 의도적으로 병을 퍼뜨리기 위해서 매장된 지 얼마 안 된 열병 희생자의 내장을 갈아서 소시지를 만든 흑인 늙은이를 보았다고 주장했다. 하지만 실제는 한층 더 평범했다. 카리브 지역에 도착한 병사들은 언제나 그런 전염병에 취약했는데, 많은 이들이 보나파르트에게 생도맹그 원정에서 제기될 수도 있는 풍토병의 위험성에 대해 미리 경고했다. 위험을 인지한 통령은 전염병이 가장 심한 더운 계절을 피하기 위해서 병사들을 연초에 일찍 파병함으로써 최악을 피하고자 했다. 그는 원정대가 신속하게 임무를 완수할 수 있을 것이라고 잘못 생각했다. 루베르튀르에 대한 전쟁은 몇 달에 걸친 힘든 작전이었다. 바로 그때 열병의 계절이 시작되었는데, 그 열병은 유례가 없을 정도로 지독했고, 그 섬에 적응되지 않은 병사들 대다수를 먹어 치우듯이 급속하게 확산되었다.

1802년이 저물어 가면서, 르클레르의 임무를 뒷받침하기 위해 온 보충 병력도 전염병 때문에 급속하게 감소했다. 1803년 중반에 2개의 폴란드 연대가 티뷰롱(Tiburon) 시에 상륙했지만, 열흘 뒤에 절반 이상이 열병으로 사망했다. "그들은 행군하다가 콧구멍, 입, 눈에서 피를 쏟으며 쓰러졌다"고 어떤 농장주가 적었다. 1802년 말에 이르면, "하루 평균 1백여 명이 죽었다." 그 병 때문에 르캅에 정박한 스웨덴 함선의 승무원이 선실 급사 단 한 사람을 빼고 모두 사망했고, 빈 배

는 처분 대상이 되었다.[2]

"이곳의 질병 피해는 이루 다 형언할 수 없을 지경이다. 만약 제1통령이 10월에도 생도맹그에서 군대를 보유하고자 한다면, 프랑스 항구들에서 군대를 다시 보내야 한다"고 르클레르는 식민지 담당 장관 드크레에게 편지를 썼다. 그는 생도맹그에서 처음 한 달 동안 1천 2백여 명, 그다음 달에 1천 8백여 명을 잃었고, 앞으로도 한 달 동안 2천 2백여 명을 잃을 것이라고 걱정했다. 몇 달 전에 보내온 병사 수만 명 가운데, 오직 유럽인 병사 1만 명만이 전투력을 유지했다. 몇 주 뒤에 그는 전사든 병사든 "이 부대의 장교 절반이 죽었다"고 보고했다. 라크루아는 "사람들이 그림자처럼 지나갔고 사라졌다"고 회상했다. "당신은 스토아적인 무관심을 발전시켜, 유럽에서 친구가 조금 아프다는 것을 알았을 때만큼도 슬퍼하지 않으면서, 함께 살아가는 사람들로부터 스스로를 분리시켰다." 사망 장교 명단에서 르클레르는 그들 가운데 한 명에 대해서 다음과 같이 간단하게 기록했다. "나는 그를 알게될 만큼 시간이 많지 않았다."[3]

황열병과 더불어 인정사정없는 적이 가세하자 생도맹그에 대한 보나파르트의 구상이 서서히 흔들렸다. 르클레르가 6월 초에 썼듯이, 여전히 그에게 저항하고 있던 "흑인들이 점점 더 대담해졌다." 6월 중순에는, '유럽인 학살'을 선동하는 '야간 집회'가 북부 평원 지대를 비롯해 심지어 르캅에서도 열렸다. 저항이 계속되자 르클레르는 난처해졌다. 그는 자신의 임무가 좌초되지 않도록 흑인 군대 분쇄라는 궁극적인 목표 달성을 연기하고, 사실상 그것을 부인할 수밖에 없었다. 휘하의 병력이 줄어들고 약화되자, 르클레르는 식민지 반란군과 싸우기 위해서 데살린과 크리스토프 같은 장교들과 그들 휘하의 식민지 병사들에 의존해야 했다. 8월 말에 르클레르는 "당신은 나에게 흑인 장군들을 유럽으로 보내라고 명령하지만," 몇몇 지역에서 위험 수위에 도달한 "반란을 저지하기" 위해 그들을 활용해야 하기 때문에 그럴 수가 없다고 보나파르트에게 보고했다. 르클레르가 장교 3천 명과 1만2천 명의 식민지 병사들에게 임금을 지불해야 한다고 보나파르트에게 불평했듯이, 그들에게 의지하는 것은 재정을 고갈시킬 뿐 아니라 정치적 부담이기도 했다. 르클레르가 식민지 병력에 의지하면 할수록, 자신의 약점을 점점 더 많이 누설하는 꼴이었다. 그도 알아차렸듯이, 이 병사들의 충성심은 아주 박약했다. 7월에 그는 "일부 식민지 병사들" 사이에서 반란이 모의되고 있다고 의심하면서 "주모자 여러 명을" 총살했다고 보고했다. 그는 스스로 데살린의 "정신적 지배자"라고 주장했지만, 데살린과 다른 흑인 장교들이 자신에게 반기를 들 기회를 엿보고 있다는 것을 알고 있었다. 하지만 그들이 그렇게 할 용기가 없다고 결론지으며 스스로를 안심시켰다. 그들은 "서로를 미워했고, 내가 그들을 하나씩 파멸시킬 것이라는 것을 안다"고 그는 주장했다. 게다가 그들은 "자기들의 지도자 루베르튀르를 격파한 사람과 대적하는 것을 두려워한다. 흑인들은 용감하지 않고, 이 전쟁으로 겁을 먹었다"고 그는 단정했다.[4]

사실 르클레르의 군대가 그처럼 오랫동안 살아남을 수 있었던 것은 흑인 장교들 덕분이었다. 데살린은 한때 프랑스의 적이었을 때처럼 옛 동료들에게 무서운 적이었다. 그는 8월 초에 마카야가 이끄는 반란군을 공격해서 "여자와 아이들, 포로들"을 데리고 왔다. "나는 서너 명을 목매달았고, 몇 명은 총으로 쏴 버렸다"고 데살린은 보고했다. 그는 '십 년 동안' 그 지역 사람들이 그 '교훈'을 잊지 않기를 기대했다.

또 다른 편지에서 데살린은 자신이 조성한 '공포와 적막'을 자축했다. 한 프랑스 장교는 반란군으로부터 수백 정의 총기를 포획하고, "이 땅에서 1백 명 이상의 어쩔 도리 없는 악당들"을 제거하면서 그 흑인 장군이 보여 준 '경이로움'을 기록했다. 마찬가지로 르클레르도 데살린을 '흑인들의 도살자'라고 칭찬하면서, 자신이 시행해야 하는 일 가운데 가장 하기 싫은 일들을 그를 활용해서 모두 집행했다. 또 다른 백인 장교는 그를 '신'이라 부르면서 훨씬 더 나아갔다. 루베르튀르 휘하에 있었을 때처럼, 데살린은 '농업 조사관'직을 유지했고, 자신의 관할 지역에서 반항하는 농장 노동자들을 신속하고 지독하게 처벌했다. 그의 일벌백계식 재판은 프랑스인을 속여서 자신을 믿게 하려는 더 큰 계획의 일환으로, 그 때문에 결국 독립을 위한 최후의 전투를 승리로 이끌 수 있었다. 하지만 그것도 이 시기에 그에게 희생된 사람들에게는 아무런 위안이 되지 못했다.[5]

식민지 군대를 해체하라는 보나파르트의 명령을 이행할 수 없었던 르클레르는 전 주민을 무장해제하라는 제1통령의 또 다른 계획을 완수하고자 했다. 그는 1802년 6월에 유능한 데살린에게 그 일을 맡김으로써, 서부를 시작으로 해서 곧이어 남부, 마지막에는 북부로까지 그 대상을 확대해서 수백 정의 총기를 수거했다. 데쿠르티에 따르면, 데살린은 무장해제 작업 진행에 대한 권한을 이용해서 그 사업을 약화시켰다. 그는 공개적으로 압수한 무기들을 비밀리에 주인들에게 돌려주었고, 자신이 다시 반란을 일으킬 때를 대비해서 탄약을 비축했다. 그러나 무기 압수 과정은 많은 사람들에게 프랑스의 의도에 관해서 품었던 의심을 확인시켜 주었다. 예전에 송토나와 루베르튀르는 생도맹그에서 '총이 자유의 보증물'이라고 훈계한 바 있다.[6]

주민의 자위 능력을 파괴하기 위해서 기획된 무장해제 사업은 실패로 돌아갔다. 이 사업은 포르드페, 소투가 섬을 비롯한 식민지 여러 지역에서 봉기를 촉발시켰고, 북부의 식민지 병사들 사이에서 일련의 탈영을 추동하는 데 일조했다. 이즈음 상수시 대령이 주요 반란 지도자 가운데 한 사람으로 부상했다. 6월 중에 그는 프랑스에 복종했다. 그러나 7월 초에 르클레르는 상수시가 '새로운 반란'을 준비하고 있다고 의심하면서, 그를 체포하라고 명령했다. 그러나 프랑스군이 그를 체포하기 전에 상수시는 많은 병사들과 함께 탈영해서 프랑스 군영을 공격했다. 바말뢰르(Va-Malheureux)나 마카야 같은 주모자들과 함께 그는 곧 북부 지방의 산악 지대 대부분을 장악했고, 자신에 대한 프랑스군의 공격을 훌륭하게 격퇴했다. "반란이 더욱더 견실해져 가고 있는 듯하다"고 7월 말에 한 프랑스 장교가 보고했다. "이제는 잠잠했던 지역들도 반란에 가담하고 있다." '도적떼'가 농장을 불태우고, 매복하고, 도로를 차단하면서, 프랑스군과 맞닥뜨리면 "불을 지르고" 퇴각했다. 식민지군 출신 하급 장교 다수가 무기를 가지고 반란 지도자들이 장악한 지역으로 향했다.[7]

프랑스 장교들은 반란자들을 겁줘서 굴복시키려고 했다. 한 장교는 무기와 창으로 무장한 순찰대에 의해 저지된 '검둥이' 다섯 명을 처형하라고 명령하면서, 다음과 같이 말했다. "우리는 끔찍한 본보기를 통해서만 이 땅을 무장해제하고, 이 중요한 식민지에 그 영광과 번영을 되돌려 주는 데 성공할 수 있을 것이다. 나는 너희들에게 반란자나 불평분자는 누구든지 목매달 수 있는 권한을 준다." 그는 농장의 관리인이나 십장들뿐만 아니라 반란자들에게 동조적이라고 의심되는 장교들에게도 그런 본때를 보이라고 권고했다. 그러면서 "그들이야말로 검둥이들을 부추기는 반란의 배후"라고 주장했다. 이제 프랑스는 무자비함을 보이고, "검둥이들이 겁내는 고문 방식인 밧줄 올가미"로, 앞서 전쟁 중에 벌어진 것들을 포함해서 범죄를 처벌해야 한다." 프랑스군은 시간이 흐를수록 흑인 병사들에게 약식 재판을 점점 더 많이 적용했고, 때로는 자기들에게 충성하는 병사들과 폭동을 일으킨 병사들을 거의 구분조차 하지 않았다. 당연하게도, 프랑스군의 잔혹 행위 때문에 이제까지 충성하던 병사들도 진영을 바꿀 결심을 했다. 최악을 염려한 프랑스군이 파멸에 취한 군대의 역할을 함으로써 최악을 초래하는 데 일조했다.[8]

스티븐은 프랑스 원정대의 '진짜 계획'이 드러나면, 그에 대한 저항을 막을 수 없을 것이라고 예견한 바 있다. 무장해제는 생도맹그의 많은 사람들을 긴장하게 만들었고, 대서양 건너에서 그리고 카리브 해의 다른 지역에서 식민지로 들어오는 소식들은 곧바로 르클레르의 궁극적인 임무에 대한 그들의 우려를 확인시켜 주었다. 1802년 5월 보나파르트는 이미 전년도에 결정된 사항을 공포하는 법령에 서명했다. 그에 따르면, 아미앵 조약에 의해 프랑스로 반환된 마르티니크와 같은 여러 식민지에서, 1789년 이전의 법률과 규정에 따라 노예제가 유지될 터였다. 이로써 프랑스 선박들이 또다시 대서양 노예무역에 참여할 수 있게 되었다. 법령에 첨부된 설명에 따르면, 파리의 친(親) 노예제 농장주들이 보나파르트를 설득하는 데 성공했다는 것이 분명해졌다. "우리는 이 먼 나라들에서 환상적인 자유와 평등이 어떻게 선포되었는지를 안다. 개명된 사람들과 그렇지 않은 사람들 사이의 분명한 차이, 기후와 피부색, 습성의 차이 그리고 무엇보다도 유럽인 가계의 안전을 위해서 인민의 시민적·정치적 지위에서도 커다란 차이가 불가피하다." "광신자들이 그토록 열렬하게 원했던 혁신들," 즉 노예해방은 "파멸적인 결과"를 낳았다. 그들은 식민지의 모든 사람들을 그 권리에 있어서 차별 없이 평등하게 만들기 위해, "그들 모두를 똑같이 비참하게 만들었을 뿐"이다. "박애"의 적용은 "식민지들에 모든 종류의 참상, 절망, 죽음을 가져오는 세이렌*의 노랫소리와 같은 효과"를 낳았다.[9]

곧이어 정부의 공식 허가 없이는 흑인 또는 물라토 병사가 파리나 프랑스 항구도시를 방문하는 것을 법으로 금지했다(아마도 흑인 선원들은 그들의 배가 항구에 정박했을 때 선상에 남아 있어야 했을 것이다). 두 달 뒤에는 더 엄격한 조치가 시행되었는데, '흑인,' '물라토' 그리고 '유색인들'은 관리로부터 명시적으로 허가받지 않으면 '공화국의 대륙 영토'에 들어갈 수 없었다. 그 영토에 불법으로 들어간 자들은 모두 체포·구금되어 강제 추방될 터였다.[10]

인종주의 체제가 부활하여 1794년의 인종 평등주의를 대체하였다. 시대가 얼마나 변했는지는, 1794년에 생도맹그에서 송토나의 노예해방 소식을 가져왔다가 국민공회에서 '피부의 귀족정'을 끝장낸 살아 있는 상징으로 박수갈채를 받은 세 사람의 운명을 보면 명확해진다. 아프리카 태생인 벨레이는 1802년 3월에 르클레르에 의해 체포되어 프랑스로 이송되었다. 벨레이는 오랫동안 루베르튀르의 적이었지만, 르

---

* 그리스 신화에 나오는 반은 새이며 반은 사람인 마녀. 아름다운 노랫소리로 뱃사람들을 유혹하여 배를 난파시켰다고 전해진다. 호메로스에 따르면, 그리스의 영웅 오디세우스는 마녀 키르케의 조언에 따라 선원들의 귓구멍을 밀랍으로 막아 세이렌의 목소리를 듣지 못하게 함으로써 위험을 벗어났으나, 정작 그 자신은 유혹에 빠져 어쩔 수 없이 배를 엉뚱하게 몰지 못하도록 자기의 몸을 돛대에 묶게 하고서 노랫소리를 들었다고 한다.

클레르가 벨레이에 대해 적대적인 태도를 취한 것을 보면, 그가 흑인이라는 사실 이외에 다른 어떤 정치적 고려도 하지 않은 것처럼 보인다. 벨레이는 한때 프랑스에서 고위 정무직을 역임한 바 있다. 벨레이는 이후 몇 년을 감옥에서 보냈고, 1805년 프랑스에서 잊힌 채 혼자 쓸쓸하게 죽었다. 한때 그의 동료였던 아프리카-유럽계 혼혈인 밀스는 체포되어 코르시카로 유배되었는데, 강제 노역 형을 선고받고 그 섬으로 온 카리브 출신의 다른 유형수들 수백 명과 함께 지냈다. 송토나가 생도맹그에서 선포한 노예해방을 경축하는 연설을 했던 세 사람 가운데 유일한 백인인 뒤페이는 자유롭게 생도맹그로 돌아갈 수 있었다.[11]

정부에 의해 공인된 인종주의가 프랑스 제국에 거칠게 복귀했다. 그러나 1794년에 해방된 사람들의 운명은 분명하게 규정되지 않았다. 식민지에 관한 1802년 5월의 법은 '치유 체계'가 '매력적인' 혁명론을 대체해야 한다는, 과들루프와 생도맹그에 대한 모호한 언급으로 끝을 맺었다. 하지만 노예제가 명백하게 언급되지 않았을지라도, 보나파르트 체제가 의도한 '치유'의 종류에 관해서는 별다른 의문이 없었다. 식민지 담당 장관 드크레는 다음과 같이 썼다. "나는 우리 식민지에서 노예를 원한다. 자유는 검둥이들의 배를 채우기 위해 준비된 음식이 아니다. 우리는 그들에게 정의와 인류애에 의해 요구되는 조미료를 제외하고, 그들의 자연식을 되돌려 주기 위한 기회를 잡아야 한다."[12]

르클레르 원정대가 출정한 지 몇 달 뒤에, 과들루프에도 앙투안 리슈팡스(Antoine Richepanse, 1770~1802)* 장군이 지휘하는 프랑스 원

---

* 총재정부와 통령정부 시기에 활약한 프랑스 장군. 32세의 젊은 나이에 과들루프에서 황열병으로 사망했다.

정대가 파병되어, 생도맹그에서 일어난 것과 유사한 전쟁이 시작되었다. 5월에 프랑스군은 주요 반란 집단을 격퇴했는데, 그들은 항복하기보다는 마투바(Matouba)라 불리는 곳의 한 농장에서 자폭하는 것을 택했다. 폭도들뿐만 아니라 프랑스 편에서 싸운 아프리카계 장교들을 겨냥한 대규모 처형과 유형이 뒤따랐다. 리슈팡스는 파리로부터 노예제를 복원하라는 명령을 받았지만, 새로운 폭동을 유발할지도 모른다는 두려움 때문에 집행을 미뤘다. 그러나 그가 숨기려 해도 프랑스의 궁극적인 의도를 가릴 수는 없었다. 생도맹그 해안에 정박해 있던 배에 구금된 과들루프 출신의 유형자들이 탈출해서 자기들 섬에서 일어난 일들을 알렸다. 이윽고 과들루프에 노예제가 복원되었다는 소문이 생도맹그에 퍼졌는데, 너무나 그럴듯해서 르클레르조차 그 소문을 믿을 수밖에 없었다.[13]

과들루프 소식은 식민지로 흘러 들어온 다른 정보들과 맞아떨어졌다. 노예무역 재개 소식이 전해졌을 때, 아프리카에서 생도맹그로 노예를 끌고 오려고 시도한 프랑스의 옛 노예무역 회사에서 보내온 편지들이 그러했다. "통령, 나는 당신에게 생도맹그 인민이 그들의 자유에 대해 걱정하게 만들 그 어떤 일도 하지 말라고 요청한 바 있다"라며 르클레르가 보나파르트에게 한탄했다. 이제 보나파르트의 '식민지 구상'은 '완벽하게' 노출되었다. 가능한 한 오랫동안 진실을 숨기기 위해서, 르클레르는 8월 말에 드크레에게 비밀 암호로 편지를 썼다. "얼마 동안만이라도 이곳에 노예제를 복원할 생각을 하지 말라"고 그는 간청했다. 르클레르는 후임자가 노예제를 복원할 수 있도록 준비했지만, 흑인들에게 자유를 보장한다고 했던 그 수많은 포고들을 고려해 봤을 때, 그는 "자가당착에 빠지기를" 원하지 않았다.[14]

그러나 은폐가 생도맹그에서 무기로 작용하기에는 너무 늦어 버렸다. 이제 너무나 많은 사람들이 이것은 노예제와 자유 사이의 전쟁이라는 것을 깨달았다. 1802년 10월, 르클레르는 식민지에서 1793년 노예해방령에 따라 해방된, 프랑스 진영에 가담해서 반란군과 싸웠던 모든 사람들에게 자유를 준다고 포고함으로써 이 사실을 오해하지 않도록 분명하게 만들었다. 농장주들은 자원입대한 자신의 노예들에게 자유를 보장한다는 공증 문서를 작성해 주겠다고 약속했다. 이러한 선언으로 노예제가 수면 위로 떠오르고 있다는 것을 부정할 수 없게 되었다. 만약 그렇지 않다면, 식민지의 어느 누구도 개별적 해방을 약속하지 않았을 것이기 때문이다.[15]

앞서 8월에 르클레르는 항복하기보다는 차라리 죽겠다는 반란자들의 '진짜 광신주의'를 언급했고, 식민지에는 더 이상 그 어떤 '도덕적 권력'도 없다고 한탄했다. 폭도들에 맞서 사용할 수 있는 것이라고는 공포밖에 남은 것이 없자, 그는 자포자기하면서 '이 무기'를 꺼내들고 르캅에서만 하루에 60명의 반란자들을 교수형에 처했다. 그러나 며칠 뒤에 그가 썼듯이, 폭도들은 남자든 여자든 겁먹지 않았고, 심지어 "죽음을 비웃었다." 게다가 그가 드크레에게 상기시켰듯이, 효과적으로 겁주기 위해서는 더 많은 '자금과 군대'가 필요했다.[16]

8월 내내, 프랑스군은 식민지 전역에서 반란자 무리들과 전투를 벌였다. 여전히 충성스러운 데살린과 크리스토프 휘하의 병력이 몇 차례 승리를 거두었다. 그러나 마카야와 상수시 같은 반란 지도자들은 저항했고, 그들은 퇴각해야 할 때에도 결코 붙잡히는 일이 없었다. 반란군 근거지는 "파괴되거나 해체될 때마다, 동일한 지도자가 이끄는 또 다른 근거지로 대체되어 적에게 똑같이 일격을 가했고, 똑같은 희망을 가지게 만들었다." 상수시가 특히 성공적이었는데, 그는 프랑스 군의 공격을 피하는 데 효과적인 기술을 사용했다. 전선을 명확하게 형성하지 않고, 전방 거점을 확보한 소규모 부대가 때로는 버티고 때로는 후퇴하면서, 병사들을 '살인적인 매복'으로 끌어들이는 방식으로 전쟁을 이끌었다. 프랑스군은 상수시를 공격하면서 9월 한 달 동안에만 4백여 명의 병력을 잃었다. 그는 르캅의 한쪽 면을 거의 둘러싸고 있는 광범위한 지역을 장악했고, 그 사이에 마카야 휘하의 부대도 렝베 지역을 점령했다. 남부에도 식민지 군대를 탈영한 병사들로 이루어진 무리가 있었는데, 그들은 농장 노동자들의 지원을 받아 프랑스군에게 대포까지 사용했다. (아프리카 태생으로 추정되는) 캉제(Cangé)와 방바라 같은 장교들이 지휘하는 집단은 자크멜(Jacmel)시를 포위하고, 얼마간 프랑스 지원군이 통과하지 못하도록 매복을 했다. 이와 같은 성공들이 예견되었다. 왜냐하면 잘 단련된 고참 병사들로 구성된 '해방군 투쟁 조직들'이 여러 무리를 지도했기 때문이다. 그 사이에 수백 개의 소규모 무리들이 프랑스군을 계속 괴롭혔다. 8월 말에 르클레르는 폭동을 일으키도록 농장 노동자들을 선동하는 관리인들을 비롯해서 식민지에서 제거해야 할 "지도자 2천 명"에 대해서 기록했다.[17]

1793년에 장프랑수아와 비아수 휘하의 장교들과 함께 노예해방을 요구하는 계획안에 서명했던 장교 벨레르는 8월 중순에 프랑스군에 저항하는 식민지 병사들을 가담시키기 위한 대담한 계획에 착수했다. 막강한 데살린은 여기에 가담하지 않았을 뿐 아니라, 프랑스군이 봉기를 진압하고 벨레르를 체포·처형하는 것을 도왔다. 크레타피에로 포위전에서 중요한 역할을 하고 그 이후로도 프랑스에 충성을 바친 데살린, 크리스토프, 페티옹이 여전히 프랑스에 충성했을지라도, 점점 더 많은 장병들이 부대를 이탈해서 혁명 진영에 가담했다. 상수시에 대한 9월 공세에 관해 보고하면서 르클레르는 식민지 병사 일개 종대가 복귀하지 않았다고 기입했다. 그는 그들이 "지휘관을 살해한 후탈영했을" 것으로 의심했다. 그는 "백인 병사들"로 구성된 부대는 "흑인들로 구성된 부대보다" 한층 더 심각한 손실을 입었다고 덧붙이면서, "이 전쟁은 이제 인종 전쟁"이라고 해석했는데, 탈영이 많았고 충성스러운 것처럼 보이는 몇몇 흑인 병사들이 전투 중에 백인 동료에게 총을 쏘았기 때문에 그렇게 생각한 것 같다. 이는 한 달 뒤 르캅 남부에 대해 또 다른 공세를 퍼붓는 동안, 두 개의 식민지 대대가 그들과 함께 있던 프랑스와 폴란드 부대에 "갑자기 총격을 가해서" 많은 수를 사살하고 남은 이들도 퇴각하지 않을 수 없게 만들었을 때의 상황과 정확히 같았다.[18]

10월 초에 르클레르는 자크멜에 주둔하고 있던 흑인 병사 수백 명을 체포하라고 명령했다. 이전 몇 주 동안 이 병사들은 동료들이 반군 진영으로 이탈한 뒤에도 그곳에 남아 프랑스에 대한 충성심을 보여 주었지만, 그럼에도 불구하고 르클레르는 그들이 배반했다고 의심했다. 그들이 배 밑바닥의 화물칸에 실려 포르토프랭스로 끌려왔을 때, 그들은 자기 지휘관에 의해 끌려가는 포로로서 전쟁의 마지막 장을 끝냈다. 르클레르가 보고했듯이, 세 사람을 제외한 전원이 프랑스군의 포로가 되기보다는 "스스로 목을 매" 자살을 선택했다. "우리가싸워야 하는 사람들이 바로 이런 부류"라고 르클레르는 한탄했다. 그사이에 르캅에서 또 다른 식민지 여단의 일부가 탈영해서 남아 있던 병사 5백 명이 체포되었다. 르클레르는 데살린과 모르파가 이러한 이

반의 배후라고 생각했고, 두 장교에 대한 체포령을 내렸다.[19]

생도맹그 전역에서 식민지 병사들은 때가 되었다고 생각했다. 그들은 자신이 언제든지 무분별한 폭력의 희생양이 될 수 있다는 것을 알았다. 프랑스군이 충성심이 의심스러운 식민지 병사들에게 점점 더 무차별적인 폭력을 행사했기 때문이다. 그들이 이러한 보복에서 살아남는다고 해도, 결국에는 승자인 반란군의 손에 죽게 될 것이다. 식민지 병사들 사이에 프랑스군이 식민지에서 철수할 준비를 하고 있다는 소문이 돌았다. 그 소문이 암시하는 바는 반란군에 가담하거나 아니면 그들 손에 죽거나 둘 중에 하나를 선택해야 할 시간이 되었다는 것을 의미했다.[20]

르캅으로 가는 길은 프랑스에 충성하는 식민지 부대가 지키고 있었다. 그 부대는 유색인인 페티옹과 오귀스템 클레보(Augustin Clerveaux)의 지휘 아래 르캅 외곽에 주둔하고 있었다. 10월 13일, 페티옹과 클레보는 갑자기 진영을 바꿔서 병사들을 이끌고 인근 평원을 점령하고 있던 마카야 휘하의 반란군에 가담했다. 다음 날 밤, 그들은 르캅 교외에 위치한 몇몇 요새들을 공격해서 프랑스 부대가 도시로 후퇴하지 않을 수 없게 만들었다. 페티옹과 클레보의 변절은 그때까지 르클레르와 동맹하고 있던 여러 식민지 부대들이 참여한, 보다 광범위한 봉기의 일부였다. 크리스토프는 부대를 이끌고 그 반군 기지로 가서 방어가 약한 포르드페 시를 향해 진격을 했다. 그러자 "목에 견장을 두른 벌거벗은 남자"가 지휘하는 무리들이 "크리스토프 장군 만세!"를 외치며 환호했다. 르클레르의 의심에도 불구하고, 포르드페의 지휘관인 모르파는 사실 끝까지 프랑스에 충성했지만, 그의 병사 대다수는 그 도시에서 철수할 때 그를 따르지 않았다. 한편 아르티보니트에서 폴 루베르튀르도 자기 병사들과 함께 반군 진영으로 도망쳐 왔다. 데살린은 고나이브 수비대를 공격해서 프랑스 병사들을 항구에 정박해 있던 그들의 배로 쫓아 버렸다. 그리고 인근의 생마르크를 관할하는 프랑스 장교에게 편지를 써서 생도맹그 인민은 르클레르 원정의 '의도'를 분명히 알게 되었는데, "모든 흑인과 물라토를 흉포하게 학살하는 그의 휘하 장교들에 의해서 그 의도가 숨김없이 드러났다"고 설명했다. 데살린은 "나는 프랑스 장교이지만, 내 나라와 자유의 친구이다. 나는 그러한 잔혹 행위를 차분하게 지켜볼 수 없다"고 덧붙였다. 그는 생마르크를 점령하겠다고 공표하고, 프랑스 장교들은 철수해서 "유럽으로 돌아가라"고 요구했다.[21]

전선이 분명하게 형성되자, 흑백의 많은 병사들은 자신이 적의 진영에 있음을 알게 되었다. 포르드페에서 크리스토프는 일군의 폴란드 병사들을 붙잡아 인질로 삼았다. 그는 르클레르에 의해 르캅에 억류되어 있는, 자신이 아끼는 오케스트라를 석방해 주면, 그 대신 폴란드 포로들을 르캅으로 보내 주겠다고 교환을 제안했다. 하지만 프랑스 장군이 이를 거부하자, 크리스토프는 폴란드 병사들을 처형해 버렸다. 한편 르캅에서는 더 큰 규모로 보복이 진행되었다. 르클레르는 르캅에 남아 있는 모든 식민지 병사들을 즉각 체포하라고 명령했고, 그들 가운데 1천 명을 항구에 정박 중인 배에 태웠다. 그러고는 목에 무거운 자루를 매단 뒤 그들을 모두 바다로 밀어 버렸다. 며칠 동안 그들의 시체가 파도에 휩쓸려 도시의 해변으로 밀려왔다. 시신들은 "주민들에게 공포와 혐오를 주면서," 적도의 태양 아래서 손도 못 댄 채 썩어 갔다. 복수의 악순환이 계속되었다. 반란자들은 도시의 성문에서 보이는 곳에서 다수의 백인 인질들을 처형했다.[22]

프랑스인들이 흑인 병사 처형하는 장면 Marcus Rainsford, *A Historical Account of the Black Empire of Hayti*(1805) (미시간대학 윌리엄클레멘트도서관 제공).

프랑스인들에게 당한 잔혹행위에 흑인 병사들이 복수하는 모습 Marcus Rainsford, *A Historical Account of the Black Empire of Hayti*(1805) (미시간대학 윌리엄클레멘트도서관 제공)

아직도 프랑스군에 복무하고 있는 흑인 병사들을 체포·구금하라는 명령이 식민지 전역의 장교들에게 하달되었다. 모르파는 계속 충성했지만, 그도 이를 면하지 못했다. 11월 초에 그와 가족은 르클레르의 명령에 따라 르캅 항에서 익사 형에 처해졌다. 르캅에 있던 폴 루베르튀르의 부인과 자녀들도 똑같은 운명을 맞았다. 프랑스 지휘관들은 '검은 백인'이라고 알려진 자를 비롯해서 흑인 장군들에게 협력함으로써 오점을 남긴 백인들을 유배했다. 11월 초에 한 장교는 처형에 넌더리를 내며, 지난 한 달 동안 프랑스군은 "거의 4천 명의 식민지 병사들을 익사시켰다"고 기록했다. "이것이 우리가 전쟁을 하는 방식"이라고 한탄하면서 "프랑스군은 결코 이 땅의 주인이 될 수 없을 것"이라고 끝을 맺었다.[23]

몇 주 전부터 대규모 탈영이 시작되자, 르클레르는 식민지에서의 '섬멸전'을 옹호하면서 드크레에게 편지를 보냈다. 산악 지대를 '고립'시키기 위해서는 거기에 살고 있는 경작자 가운데 '상당 부분'을 죽여야 할 것이라고 설명했다. 그는 지난 10년 동안 '도적질'에 익숙해진 그들이 노동에 종속되는 일은 결코 없을 것이라고 썼다. 10월 초, 전면적인 반란에 직면했음이 분명해지자 그는 훨씬 더 강력하고 잔인한 계획을 제안했다. 그는 "여기 이 나라에 대한 나의 견해가 들어 있다"고 보나파르트에게 보고했다. "우리는 12세 미만의 아이들만 제외하고, 남자든 여자든 산속에 있는 모든 흑인들을 죽여야 한다. 평야 지대에서는 절반을 죽여야 하고, 견장을 달았던 유색 식민지인은 단 한 명도 남겨 놓지 말아야 한다." 유일한 희망은 "그들이 신세계에서 족쇄를 깨고 자유를 획득했던 것"을 결코 알지 못하는, 아프리카에서 수입해 온 남녀를 데리고 생도맹그에서 다시 시작하는 것이라고 프랑스 장교들은 결론지었다. 그렇지 않으면 생도맹그 식민지는 결코 평온할 수 없으며, 해마다 새로운 '내전'이 벌어질 것이다. 르클레르는 점점 자포자기했다. 그는 보나파르트에게 "여기에 온 이래로, 나는 오로지 방화, 반란, 살인의 광경 그리고 죽은 자와 죽어 가는 자의 모습만 봐 왔다"고 한탄했다. "내 영혼은 생기를 잃었고, 아무리 즐거운 생각을 해도 나는 이 섬뜩한 장면을 결코 잊을 수가 없다."[24]

그의 몸도 금방 그의 정신을 뒤따랐다. 몇 주 뒤 르클레르는 그토록 많은 병사들이 걸렸던 그 열병으로 쓰러졌다. 그가 죽자 아내 폴린은 유럽으로 돌아갔다. 그녀는 곧 이탈리아 귀족과 결혼했고, 어느 날 조각가 안토니오 카노바(Antonio Canova)에 의해서 형상화되어 석상으로 남게 되었다. 그녀는 생도맹그에서 살아남아 붕괴의 말없는 목격자가 되었다.

18 02년 말, 르캅 연도에 군중이 늘어서서 식민지에 막 도착한 것들을 맞이하며 꽃을 던졌다. 그것들은 우리에 갇혀 르캅에 들어왔는데, 쿠바에서 구매한 개들이었다. 옆에서 따라가는 조련사들이 개들에게 피를 먹이면서 동물 내장과 피로 가득 찬, 틀림없이 '검둥이'의 모습으로 만들어진 허수아비를 공격하게 했다. 르클레르의 후임자 로샹보는 난항을 겪고 있는 반란 진압 작전에 도움이 되도록 이 새로운 무기를 주문했다. 그는 유서 깊은 전통을 따랐다. 3세기 전에 콜럼버스가 원주민들을 겁주기 위해서 이 섬에 개들을 들여왔다. 그는 "백인들의 사기를 올리기" 위해서, 예전에 예수회의 본부였던 정부청사 정원에서 '서커스'를 벌이면서 개들의 능력을 보여주는 시연을 했다(자신이 가하는 잔혹 행위를 부드럽게 묘사하기를 좋아했

던 로샹보는 고대 로마의 관행을 언급하면서, "경기장으로 끌려 내려가" 개들에게 산 채로 잡아먹히는 형벌을 내렸다). 몇몇 원칙주의자들은 그 자리에 동참하기를 거부했지만, 프랑스 장교의 하인이었던 한 흑인 포로가 개들에게 내맡겨지는 것을 지켜보기 위해서 엄청난 군중이 몰려들었다. 군중에게는 실망스럽게도 개들이 그 하인을 공격하는 데 관심을 보이지 않자, 개들이 그를 먹어 치우도록 유인하기 위해서 주인이 끼어들어 하인의 배를 갈랐다. 개들은 르캅의 백인들에게 여흥을 제공하면서 전장을 내달렸다. 그러나 개들은 때때로 주인들에게도 불리할 수 있다는 것을 보여 주었다. 그 개들은 1803년 3월 반란자 토벌을 위해 포르토프랭스에서 출동한 프랑스 부대를 지원했으나 참패에 한몫했다. "피부색에 대해 편견이 없는" 개들은 빨리 움직이는 사람들을 공격했는데, "이 상황에서는 공교롭게도 백인"이 그 대상이었다. 그 개들 가운데 여러 마리는 결국 "굶주린 프랑스 병사들이 먹어 치웠다."[25]

잔혹 행위 전문가 로샹보는 "(군인이든 민간인이든) 포로들을 산 채로 불태우고, 자루에 넣어 물에 빠뜨리고, 목을 매달고, 십자가에 못 박고, 배의 선창에서 유황 연기로 질식시키고, (스스로 자기 무덤을 파게 해서) 총살하라고 명령했다." 하지만 르클레르와 마찬가지로 그의 잔혹 행위는 역효과를 내면서, 생도맹그 혁명군의 최종 승리에 결정적이었던 동맹을 확대하고 공고하게 만드는 데 일조했다. 불과 몇 년 전 루베르튀르와 리고 사이의 잔혹했던 전쟁 동안 서로 맞서 싸웠던 페티옹과 데살린이 프랑스군의 식민지 병사 학살 때문에 단결했던 바로 그때, 프랑스의 가장 확고한 지지자들, 즉 루베르튀르를 몹시 원망하고 프랑스군을 구원자로 보았던 서부와 남부의 유색인 공동체들 상당수가 로샹보의 행위 때문에 프랑스를 멀리했다. 로샹보의 인종주의적 폭력을 목격하고 겪으면서, 이 지지자들 대부분은 살아남기 위한 유일한 길이 혁명에 가담하는 것임을 깨달았다. 프랑스가 생도맹그에서 가지고 있던 도덕적 권위의 마지막 조각들이 인종주의적인 광란으로 박살이 난 것이다.[26]

이제 스스로를 '원주민 군대'라고 부르는 이 혁명 세력은 1803년 초에 이르면 해방노예와 유색인 장교들의 견고한 동맹에 의해서 조직화된다. 3월에 포르토프랭스에서 발표된 어느 기사에 따르면, 반란자들은 아직도 프랑스의 삼색기 아래서 싸우고 있는데, 이는 그들이 "이 땅을 본국으로부터 독립시킬" 의도가 없고 "프랑스로 남아 있기를" 바란다는 신호였다는 것이다. 페티옹이 이 기사를 데살린에게 보여 주자, 데살린은 적들의 그런 어리석은 생각을 깨우칠 때가 되었다고 생각했다. 그와 휘하 장교들은 프랑스의 삼색기에서 백색을 찢어 내고 청색과 적색을 다시 맞붙였다. 1793년에 삼색기는 백인, 유색인, 흑인 모두가 공화국 수호에 참여한다는 단결의 상징이었다. 새로운 깃발이 전하는 바는 명확했다. 즉 잔혹 행위 때문에 프랑스 백인들은 생도맹그에서 조성되고 있던 새로운 정치 공동체의 일원이 될 수 있는 권리를 박탈당했다는 것이다. 이렇게 흑인과 유색인 주민들은 백인들에 맞서 단결했다.[27]

그러나 다른 분열 요인들이 원주민 군대의 단결을 방해했다. 프랑스군을 탈영해서 합류한 데살린과 크리스토프는 자신들보다 먼저 반란한 장병들을 예전의 계급으로 군에 통합할 계획이었다. 그러나 '콩고'라 불린 아프리카 태생의 병사들이 압도적으로 많은 부대를 지휘했고, 프랑스군을 대신해서 크리스토프가 주도했던 공격을 몇 개월에 걸쳐 격퇴했던 상수시에게는 이 계획이 잘 맞지 않았다. 상수시는 예전의 적으로부터 명령을 받는 것이 썩 내키지 않았기 때문이다. 페티옹과 데살린은 크리스토프와 상수시 사이의 불화를 덮으려 했고, 상수시는 그런대로 데살린의 권위에 복종하는 데 동의했던 것으로 보인다. 그러나 크리스토프는 콩고의 지도자 상수시를 자신의 권위에 대한 위협이라고 간주하고, 그를 모임에 불러내서 암살해 버렸다. 분개한 콩고들은 크리스토프의 부대를 공격해서 패퇴시키고 폴 루베르튀르를 붙잡아 처형함으로써 복수했다. 그러자 데살린이 병력을 동원해서 남은 콩고들과 맞섰고, 콩고들은 물러나 산속으로 들어갔지만, 계속해서 반란군을 괴롭혔다. 끊이지 않는 '전쟁 속의 전쟁'이 북부에서 반란군의 입지를 약화시켰고, 독립 후 아이티를 계속 괴롭혔다. 뒤에 생도맹그 북부의 왕이 된 크리스토프는 거대한 궁전을 지어 상수시라 이름 붙였다. 아마도 부분적으로는 콩고 희생자에 대한 기억을 지우기 위해서였을 것이다.[28]

1803년 초에 그런 내부 분쟁에도 불구하고, 데살린은 생도맹그 식민지의 반란자 대부분에 대해서 지휘권을 주장할 수 있었다. 그와 휘하 장교들은 차츰차츰 수백 명에 이르는 지역 지도자들의 세력을 규합하고, 식민지 전역에서 계속 프랑스군을 괴롭히면서 이따금 그들을 진압하러 오는 병력을 크게 무찔렀다. 1803년 중반에 폴란드 부대 하나가 반란자들에게 완전히 포위되었다. "3천 명이 넘는 검둥이들에게 포위된 것을 깨닫고" 낙담한 그 부대의 지휘관은 다음과 같이 썼다. "이렇게 소규모의 부대로는 더 이상 버틸 수 없다고 생각한다. 자기 자신의 자유를 위해서 싸우는 이 야만인들의 수중에 떨어지느니 차라리 자살하겠다." 일부 폴란드 병사들은 그만큼이나 대담한 선택을 했는데, 이른바 진영을 바꿔서 반란에 가담한 것이다. 1802년 10월에 데살린은 "많은 유럽인 병사들이 탈영에 동참했다"고 기록했다. 그에 따르면, "그들은 나와 같이 자신의 자유를 위해서 무기를 들었던 사람들로서, 충분히 근심하고 괴로워했기 때문에 나는 그들을 친구로 생각한다." 이는 그가 식민지 군대에 복무하는 동안 알고 지냈던 폴란드 병사들을 언급한 것으로 보인다. 몇 해 전에 폴란드인들은 프랑스가 자기 나라의 독립을 지원해 줄 것이라 기대하면서 보나파르트 군대에 입대했었다. 프랑스 병사들은 그들을 자주 괴롭혔고, 심지어는 그들이 식인종이라는 소문을 퍼뜨리기도 했다. 많은 폴란드 병사들이 프랑스가 저지른 잔혹 행위에 실망했는데, 그 가운데 몇몇은 그들의 적에게서 자신들을 자극했던 것과 똑같은 희망을 발견하고, 자신이 정당한 대의를 저버리는 부당한 전쟁을 하고 있다는 결론을 내렸다. 반군 진영으로 탈영한 폴란드 병사의 수를 정확하게 파악하기는 어렵다. 그러나 한 폴란드 장교의 회상에 따르면, 데살린은 그의 부대에서 "30명의 소총수"를 자기편으로 끌어들였고, 나중에 그들을 자기 경호원으로 삼았다.[29]

군세가 커졌음에도 불구하고, 혁명 세력은 1791년에 써먹은 '책략과 속임수'를 계속 활용했다. 한 프랑스 장교는 "아프리카 속임수"가 반복해서 사용되었지만, "언제나 성공했다"고 회상했다. "완전히 벌거벗은 검둥이가 우리 초소 바로 앞에 나타났다. 그는 다가와서 찡그린 표정으로 익살을 부리며 병사들을 웃겼다. 그러더니 우리들을 놀리기 시작했고, 터무니없는 몸짓으로 우리를 도발했다." 프랑스 병사들이 "이내 더 이상 참지 못하고" 그에게 발포하려고 하자, 그가 황급히 도로 밖으로 몸을 숨겼다. 화가 난 병사들이 그에게 다가가서 총을 쏘았고, 곧 일군의 병사들은 꼬임에 빠져 앞뒤 가리지 않고 그를 추격하면서 매복에 걸려들었다. 1803년 어느 날, 레카이 밖에 있던 프랑스 초병들이 "안장과 칼은 갖추고 있지만 아무도 타고 있지 않은 근사한 말이 근처 들판을 내달리는 것을 보았다." 잘 속는 중대장이 그 말을 잡는 병사에게 상을 주겠다고 제안했다. 네 명이 자원하고 나서며 말에게 다가가자 바로 매복에 걸려들었고, 그들 모두 반란자들에게 붙잡혔다.[30]

루베르튀르의 전쟁에 참여했던 고참 병사들이 원주민 군대의 핵심을 이루었을지라도, 그들은 그 혁명의 일부에 불과했다. 전쟁은 엄청나게 많은 농장 노동자들이 참여하여 식민지 주민들의 대규모 봉기가 되었다. 패배의 전망이 전쟁의 가혹함보다 더 무서웠다. 여자들도 남자들과 함께 싸웠다. 남부의 한 전투에 가담한 이들이 공격의 제1파를 담당했는데, 후속 부대가 요새 주변의 참호를 건너는 것을 돕기 위해서 솔가지 다발을 지고 갔다. 그들은 프랑스군의 총에 맞아 다 죽었다.[31]

데쿠르티에 따르면, 데살린은 함께 싸운 '콩고들'에게 그들이 만약 프랑스군에게 죽는다면 이는 신의 축복이라고 설득했다. 왜냐하면 그들은 "파파(Papa) 투생을 다시 볼 수 있는 기니로 즉각 이송될 것이기 때문이었다." 파파 투생은 그곳에서 군대를 완성하기 위해서 그들을 기다리고 있을 것이고, 그의 군대는 생도맹그를 다시 정복할 운명이었다. 이는 아프리카로의 귀환이었고, 그 궁극적인 목표는 식민지를 되찾는 것이었다. 그런 약속에 자극받은 아프리카 전사들은 "마치 옛 친구들을 곧 만날 수 있다는 기대에 들떠, 초자연적인 용기를 가지고 기니 노래를 부르면서" 싸우러 나갔다고 데쿠르티는 적었다. 다른 이

루베르튀르의 최후 주(Joux) 요새까지 그를 수행한 하인의 품에서 숨을 거두고 있다. 1822년 아이
티에서 출간된 시리즈에 실린 판화(개인 소장품).

들은 죽음을 비웃으면서 다른 방식으로 대응했다. 필시 혁명기로부터 전해 내려왔을 어떤 노래는 다음과 같이 이어진다. "척탄병, 차렷! / 어머니도 없고 아버지도 없다. / 척탄병, 차렷! / 그것은 죽은 자들의 문제다!" 이 노래가 암시하는 바는 싸워야 할 전투 이외에, 병사들과 함께 무덤까지 갈 수 있는 것은 아무것도 없다는 것이다. 심지어 조상도, 친지도 그렇게 하지 못한다.[32]

죽음은 대서양 건너에서도 판을 벌이고 있었다. 1803년 4월 8일, 한 의사가 시신을 검안하기 위해서 인근 도시에서 프랑스의 쥐라산맥 고지에 위치한 주(Joux) 요새의 감옥으로 불려왔다. 전날 밤 사망한 투생 루베르튀르였다. 입과 입술에 피와 섞인 약간의 점액질이 있었고, 부검을 통해서 죄수의 심장과 폐 기능이 저하되었음이 드러났다. 의사의 소견에 따르면, 그는 '졸중'(apoplexy)과 '폐렴'으로 사망했다. 루베르튀르는 59세 나이에 감옥 근처의 이름 없는 무덤에 묻혔고, 그의 영혼은 데살린의 말대로 아프리카에서 그를 기다리고 있는 죽은 자들의 군대, 꾸준히 늘어나고 있는 그 군대를 지휘하기 위해서 길을 떠났을 것이다.[33]

두 달 뒤 생도맹그에서, 생마르크의 한 판사는 루베르튀르에게 1799년에 일군의 농장주들에게 대가를 너무 적게 지불하고, 아르티보니트에 소재한 그들의 농장 일부를 편취했다는 이유로 유죄판결을 내렸다. 판결에 따르면, "출석하지 못한" 피고는 농장주들에게 재산을 돌려주고, 농장주들의 법정 비용도 지불해야 했다. 이는 두 가지 면에서 쓸데없는 일이었다. 루베르튀르는 벌금을 내기 위해 오지 않을 것이고, 농장주들은 자신들의 땅을 되찾을 가망이 거의 없었기 때문이다. 프랑스와 영국 사이에 유지된 잠깐 동안의 평화가 5월 초에 깨졌다. 이는 생도맹그 주둔 프랑스군에게는 최후의 일격이었다. 이미 식민지 대부분의 지역에서 밀려난 그들은 이제 유럽으로부터 증원군을 받을 가망도 전혀 없었고, 게다가 또다시 영국군과 대적해야 했다. 로샹보는 르캅으로 철수했고, "영국 함대에 의한 해상 봉쇄, 자기 휘하에 있는 프랑스군의 와해, 팔다리가 잘리거나 죽어 가는 자들로 만원이 된 병원, 그리고 데살린의 승리에 대한 그의 대답은 공을 내던지는 것이었다." "생도맹그의 마지막 날들" 동안, 반란군에 포위된 채 르캅에 남아 있던 프랑스군과 함께, 프랑스가 지배했던 시대는 잔인한 상호 보복과 애처로운 도락이 뒤섞인 최후의 축제로 끝을 맺었다.[34]

프랑스군에 대한 데살린의 최후의 공격을 회상하는 노래는 "데살린이 북쪽에서 오고 있다 / 그가 무엇을 가져오는지 와서 보라"고 권유하고 있다. 구전으로 전해져 내려오다 1901년에 채록된 이 노래는 그가 가져온 다른 무기들을 언급한다. "그는 '새로운 우앙가(ouanga),' 즉 새로운 주물 또는 새로운 마법을 가져왔다. 그는 소총을 가져왔고, 탄환을 가져왔다. …… 그는 대포를 가져와서 백인들을 몰아냈다." 데살린의 마법이 1803년 11월 중순에 승리를 이루었다. 18일, 르캅 외곽의 베티에르(Vertières)에 있는 프랑스군 거점에 대한 최후의 공격을 지휘하면서, 데살린은 담뱃갑을 들고 바위에 앉아, 병사들이 최후의 중요한 고지를 점령함으로써 "한 나라, 자기 인종 전체를 위한 나라를" 정복하는 것을 지켜보았다. 로샹보는 결국 패배를 인정하고 항복 협상을 했다. 프랑스 병사 수천 명이 르캅의 백인 주민들과 함께 항구에서 배를 타고 떠났지만, 기다리고 있던 영국 함선에 의해 나포되었다. 프랑스군은 5만 명이 넘는 사망자를 남기고 떠났는데, 대부분이 1802년 초 이래로 식민지에 파견된 병사와 선원들이었다. 데살린은 르캅프랑세(Le Cap Français)로 개선했는데, 그 도시는 곧 르캅아이티엔(Le Cap Häitien)이라는 새로운 이름이 붙었다.[35]

새로운 국가 아이티(Haiti)를 만들기 위해서 데살린과 장교들은 새로운 말을 만들어 냈다. 그들은 "프랑스 이름이 여전히 우리 땅을 괴롭히고 있다"(Le nom français lugubre encore nos contrées)라고 선언했다. 그러나 '암울한'(gloomy)이라는 뜻의 프랑스 형용사 'lugubre'는 동사로 번역되었다. 1804년 1월 1일에 발표한 선언은 프랑스의 잔혹 행위를 격렬하게 비난하고, 새 나라의 구성원들에게 과거의 제국과 노예제를 영원히 거부하라고 촉구했다.[36]

1803년 12월 31일, 데살린은 독립선언서 초안을 건네받았다. "토머스 제퍼슨의 작품을 찬미하는," 나이 많고 교양 있는 유색인이 작성한 이 문서는 미국 독립선언서를 모방하고, 흑인종의 모든 권리와 프랑스에 대한 주민들의 정당한 불평들을 열거했다. 그러나 데살린은 그 초안에서 독립을 위한 '열정과 힘'이 부족하다고 느꼈다. 루이 부아롱토네르(Louis Félix Boisrond-Tonnerre)라는 젊은 유색인 장교가 "우리의 독립이라는 장(章)을 작성하기 위해서 우리는 양피지로 쓸 백인의 피부, 잉크병으로 쓸 그의 두개골, 잉크로 쓸 그의 피 그리고 펜으로 쓸 총검이 필요하다"고 말했다. 데살린은 이에 동의하며 새로운 독립선언서 기초 작업을 부아롱토네르에게 맡겼다. 그는 밤새 다음 날 기념식에서 발표할 선언서를 작성했다. 온건한 선언서는 그것이 채택되지 않았다는 흔적만 남긴 채 사라졌고, 부아롱토네르가 쓴 선언서로 대체되었다.[37]

독립선언은 다음과 같이 시작한다. "2세기 동안 우리 땅을 피로 물들인 저 야만인들을 내쫓는 것만으로는 충분하지 않다. …… 우리는 국민의 권력이라는 마지막 장에서 우리의 탄생을 목도한 이 나라에 자유의 제국을 영원히 확보해야 한다." 프랑스 식민주의의 역사는 도처에 흔적을 남겼다. "모든 것이 저 야만인들의 잔혹 행위에 대한 기억을 되살린다. 우리의 법률, 우리의 습속, 우리의 도시, 이 모든 것들이 여전히 프랑스의 낙인을 지니고 있다." 독립을 선언하면서 아이티 인민은 영원히 식민주의자들을 거부해야 했다. "우리가 이 망나니 민족과 무엇을 공유하겠는가? …… 피부색의 차이는 우리와 그들을 갈라놓은 '대양'과 같고, 이 모든 것으로 그들은 우리의 형제가 아니고, 그들은 결코 그렇게 될 수 없다는 것이 분명해졌다. 생도맹그 사람들은 후손들에게 그리고 전 인류에게 프랑스를 영원히 거부하고, 그 지배 아래 사느니 차라리 죽을 것이라고 맹세해야 한다. …… 국민들의 '외침'은 '프랑스 이름에 저주를! 프랑스에 영원한 증오를!'이어야 한다."[38]

그 섬의 역사에 대한 당대의 사료들은 본래의 원주민 타이노족이 그 섬을 '아이티'(Häiti)라고 불렀다고 주장한다. 이 이름의 이형(異形)들이 주민들에 의해서 몇 차례 사용되었는데, 1788년에 식민지 이름을 '아이티'(Aïti)로 바꾸는 것을 비롯해 식민지 개혁을 요구하는 팸플릿이 대표적이다. 파리에서 공부한 부아롱토네르 같은 교육받은 장교들은 그런 역사 자료에 친숙했다. 그리고 더 많은 주민들이 그 섬의 예전 주민들에 대해 잘 알고 있었다. 그들은 산과 들 여기저기에 자취를 남겼는데, 땅에서 일하는 사람들이 자주 그 흔적들을 들춰냈다. 데살린과 장교들은 정복한 땅을 '아이티'(Häiti)라고 명명하기로 결정했다.[39]

이 이름을 선택함으로써 이때 처음으로 데살린이 원주민의 상징을 사용한 것은 아니다. 1802년 말에 반란을 시작하면서, 데살린은 자기 부대에 '잉카의 군대'라는 이름을 붙였고, 병사들은 때때로 스스로를 '태양의 아들들'이라고 불렀다. 그러나 이 용어들은 결국 '원주민 군대'라는 덜 시적인 용어에 밀려났다. 그렇다고 그 군대를 구성하고 있던 해방노예들과 새로운 국가의 주민 대부분이, 독립선언에서 축출하라고 요구한 프랑스 이민자들에 견주었을 때 이들보다 더 많은 수가 이 섬에서 태어났다는 의미는 아니다. 데살린이 원주민에게서 유래된 상징들을 사용한 것은, 국민 대다수가 그들의 의지에 반해 아프리카에서 이곳으로 끌려온 유배자인 이 땅에 대한 권리 주장의 정당성을 강조하려는 시도였다. 그러나 한편 이러한 주장은 잔혹한 식민주의에 대한 저항과 그에 대한 최후의 승리에 기초했다는 것, 그리고 그들이 노예로 오기 전 에스파냐가 지배했던 시대에 절멸된 사람들과 공유하던 그 무엇을 암시하기도 했다. 아이티라는 이름의 선택은 독립선언에 더욱 광범위한 역사적 의미를 불어넣었다. 아이티는 프랑스 식민주의뿐만 아니라 아메리카에서의 유럽 제국사 전체에 대한 부정이었다. 새로운 나라는 공식적인 식민 활동에 의해 주변으로 밀려난 사람들이 겪어야 했던 고난의 세기에서, 그 신성한 유권자들의 영원한 자유를 보장하는 새로운 정치 공동체로 나아가는 것이었다.[40]

독립선언은 '탐욕스런' 프랑스인의 손에 죽어 간 사자(死者)들의 영혼이 복수를 요구한다고 선포했다. 국민들에게는 끔찍하지만 정당한 복수의 본보기를 보여 주는 것이 필요했다. 그 복수는 자랑스럽게 자유를 되찾고, 그 자유를 지킬 각오가 되어 있는 사람들이 해야 할 일이었다. 데살린은 독립선언을 선포하고 몇 달 뒤에 루베르튀르처럼 스스로 '종신' 총독에 취임했고, 이러한 위협을 통해서 성공했다(하지만 그는 곧 다른 칭호, 즉 황제의 칭호를 자신에게 부여했다). 2월 말에 그는 르클레르와 로샹보가 명한 학살에 가담됐다고 의심되는 사람들 모두를 재판에 회부한다고 선언했다. 데살린은 로샹보가 생도맹그에 매우 유해한 '거짓 철학'을 거부했다고 찬양하면서, 그의 승리을 축하한 다수의 주민들이 1802년 말에 보나파르트에게 보낸 편지 한 통을 제시했다. 그에 따르면, 생도맹그는 "엄격한 기강" 아래서 관리되는 아프리카인들에 의해서만 "비옥해질" 수 있었다. 이는 슬쩍 가린 채 노예제 복원을 요구하는 것이었고, 따라서 이 편지의 서명자들은 모두 프랑스군이 마지막에 식민지에 가했던 테러의 공범자들이라고 데살린은 주장했다. 그는 또한 식민지 백인들이 그 섬에 노예제를 복원하기 위해서 새로운 공격을 준비하며 적극적으로 음모를 꾸미고 있다고 염려했다. 정확하게 얼마나 많은 사람들이 죽었는지는 파악하기 어렵지만, 그는 여러 차례 백인 주민 학살을 명했다.[41]

학살이 끝난 뒤에 데살린은 "올바른 종교, 즉 노예제 거부를 설파했던 소수의 백인들"이 그의 개인적 보호 아래 있다고 말했다. 데살린은 그들에게 "아이티의 자녀들 사이로" 그들을 맞이하겠다는 귀화 증명서를 주었다. 그 증명서를 받기 위해 백인들은 프랑스와 관계를 끊고 새로운 나라의 법을 받아들인다는 서약을 해야 했다. 귀화한 사람들 가운데 다수가 백인 여성이었는데, 대개 과부로 추정되는 그들은 재산을 보유할 수 있었다. 그들의 특별한 지위는 1805년에 선포된 헌법에서 강화되었다. 그 헌법에서 데살린은 "국적을 불문하고 백인은 주인이나 지주로서" 아이티에 올 수 없지만, 귀화한 자들은 예외로 한다고 선언했다. 그는 또한 이 금지령에 저촉되지 않는 특수한 두 집단을 지목했는데, 탈영했거나 철수 이후에 식민지에 남은 폴란드 병사들과 혁명 전에 식민지에 정착한 독일인 집단이 그들이다. 헌법은 나아가 모든 인종차별을 제거하기 위해서 이제부터 아이티인들은 모두 '흑인'으로 인식될 것이라고 선언했다. 아이티는 흑인 국가이지만, 프랑스와 노예제를 거부하는 이 나라의 신조를 받아들이는 사람들은 공식적으로 신원을 바꾸고, 흑인 국가 따라서 흑인종의 일원이 되어 환대받을 것이라고 선전했다.[42]

하지만 그러한 기대도 나라 밖에 있는 많은 사람들이 새 체제의 야만성을 입증하는 증거로 제시하는 백인 학살의 영향을 완화시키지는 못했다. 데살린은 자신의 군대가 엄청난 희생을 치르고 쟁취한 자유를 보존하기 위해서는 그 방법만이 유일한 길이었다고 자신의 조처를 옹호했다. 그는 1804년 4월의 포고에서 "인간의 권리에 맞서는 이 용서할 수 없는 적들이야말로 자신의 범죄에 대해서 처벌받아야 한다"고 선언했다. '노예제와 편견'이라는 나무에 도끼질을 한 것이다. 아이티 인민은 "프랑스 백인들에 의해 사지를 잘린 희생자들"로서, 그들의 자유를 보전하기 위해서 필요한 일을 했을 뿐이다. "그렇습니다. 우리는 이 진짜 식인종들에게 범죄에는 범죄로, 전쟁에는 전쟁으로, 모욕에는 모욕으로 되갚아 주었습니다"라고 데살린은 외쳤다. "나는 내 나라를 구했다. 마침내 나는 아메리카의 원수를 갚았다."[43]

잿더미 속에서

   1803년 숭배자들이 과일과 고기, 생선, 우유, 음식 등을 가지고 아르티보니트 평원의 오래된 마푸 나무 주변에 모였다. 그 지역의 성직자가 이렇게 외쳤다. "그들의 번영과 자유를 위해서 투쟁한 위대한 신이 전쟁 중에 다쳤다. 치유하는 데 도움이 될 만한 음식과 약품이 필요했다. 그래서 많은 남녀가 수확하고 요리할 수 있는 것을 마푸 나무로 가져왔다. 그들은 신을 위해 무언가를 할 수 있어 행복했다."[1]

   아이티는 잿더미 위에 세워진 나라였기 때문에 치유가 필요했다. 몇 년에 걸친 반란과 전쟁으로 경제는 약화되고 붕괴되었다. 1802년 르클레르 원정대가 왔을 때 재건 중이었지만, 그 끔찍한 최후의 전쟁이 모든 도시와 평야를 불태우고 파괴했다. 헤아릴 수 없을 만큼 사망자가 많았고, 많은 사람들이 불구자가 되었다. 혁명기에 10만 또는 그 이상의 식민지 주민들이 사망한 것으로 추정된다.[2]

수년간 이어진 전쟁은 더 오래 남는 다른 상처를 남겼다. 민주주의에 대한 요구가 오랫동안 귀족적이고 군국주의적인 정치 전통과 충돌했고, 혁명기의 사회적이고 인종적인 분쟁은 계속 고조되었다. 19세기에 일부 엘리트들이 식민지의 플랜테이션 경제를 부분적으로 재건하고 커피 생산으로 수익을 올리는 동안, 해방노예들과 그 후손들은 임금노동의 한계를 극복하는 진정한 농민 경제의 독립으로 간주되는 것들을 추구했다. 19세기 중반 농민들은 아이티혁명의 공약들 가운데 미완의 약속들을 실현하기 위해서 독재 정부에 맞서 싸웠지만 결국 실패했다. 무거운 세금에 짓눌리고 누적된 환경 파괴에 직면하자 이들은 윤택한 삶을 위해 투쟁하기가 힘들어졌고, 대부분이 아이티 도시들 또는 그 너머로 이주를 강요당하면서 지긋지긋한 가난 속에 방치되었다.[3]

독립 후에도 여러 해 동안 거의 평화가 없었다. 데살린의 짧은 치세는 1806년 암살과 함께 끝났고, 신생국가는 페티옹이 지휘하는 남부와 크리스토프가 지배하는 북부가 맞붙어 또다시 내전에 휘말렸다. 페티옹은 풍운아 시몬 볼리바르(Simón Bolívar)를 맞아들여, 남아메리카에서 독립 운동을 추진하면서 노예제를 폐지하라고 권유했다. 크리스토프는 스스로 왕위에 올라서, 상수시 궁전 근처의 북부 평원과 마주하는 산악 지대의 경사면에 인상적인 요새를 건설했다. 그가 시타델(Citadel)이라 이름 붙인 그 요새는, 생도맹그에 노예제를 복원하려는 외국의 계속되는 침략에 맞서기 위한 것이었다.

그 이전에도, 예를 들면 1804년 4월에 데살린이 패퇴한 프랑스군에게 '되돌아오려면 한번 와 보라'고 큰소리쳤을 때, 그런 위협이 환기되었다. "프랑스군이 들어오게 놔둬 보자. 이놈들이 감히 나를 공격할 만큼 충분히 미쳤군!" 데살린은 "프랑스군이 다가오면 화가 난 아이티의 수호신이 바다에서 솟아 파도를 일으키고, 폭풍을 불러오면서" 나타날 것이라고 단언했다. "수호신의 힘센 팔이 그들의 배를 박살 내고 쫓아버릴 것이다. 수호신은 적들에게 질병, 굶주림, 불 그리고 독을 퍼뜨릴 것이다." 한편 데살린은 "그런데 어찌 기후와 그 요소들의 구원에 의지하겠는가?" 하고 반문했다. "그들은 필요 없다. 나의 휘하에는 역경을 딛고 성장한, 보기 드문 인물들과 죽은 형제들의 복수를 위해 싸울 각오가 되어 있는, 실전으로 단련된 6천 명이 있다. 그 살인마 군대가 오게 놔두자. 나는 눈을 부릅뜨고 똑바로 서서 그들을 기다릴 것이다."[4]

침략이 있긴 했지만, 데살린이나 크리스토프가 예상했던 그런 것은 아니었다. 그것은 간단히 아이티의 존재를 부정하는 것으로 시작했다. 일부 망명 농장주들이 과거를 지워 버리고자 했다. 1806년에 루이지애나에 망명한 어떤 이는 "생도맹그에 남겨 두고 온 검둥이들"을 자신의 재산 일부로 기재했다. 여러 정부들이 유사한 반응을 보였다. 제퍼슨이 선도한 아이티와의 외교 관계 거부는, 남부연방의 분리로 노예제 폐지론자인 상원의원 찰스 섬머(Charles Summer)가 다시 아이티와 관계 개선을 추진할 수 있었던 1862년까지 지속되었다. 정치적 존재를 인정하지 않은 상태에서 주권에 대한 다른 공격도 병행되었다. 1825년에 아이티 정부는 외교·경제 관계 수립에 대한 대가로 프랑스에 배상금을 지불하는 데 동의했다. 망명 농장주들은 수년간 그런 보상을 극성스럽게 요구해 왔다. 이는 노예에 투자된 자금을 비롯해서 그들이 생도맹그에서 상실한 것을 보상하라는 의미였는데, 결국 혁명 배상금이나 마찬가지였다. 지불 능력이 없었던 아이티 정부는 프랑스 은행들에 돈을 빌림으로써, 20세기까지 지속될 부채의 악순환에 말려들게 되었다. 다시 외국이 침략해 왔을 때, 이번에는 프랑스가 아니라 미국이었다. 미국은 1915년에 아이티를 점령하고, 제2의 아이티혁명을 생각하고 있는 병사들의 저항운동을 분쇄했다. 1934년 미국 군대가 철수하기 전에, 백인들이 다시 생도맹그에서 토지를 소유할 수 있도록 아이티 헌법이 개정되었다.[5]

아이티가 고군분투했을지라도, 혁명의 결과로 주변 세계의 모습은 바뀌었다. 생도맹그 흑인 군대의 승리는 루이지애나 매입을 위한 길을 닦았다. 보나파르트의 생도맹그 원정은 아메리카에서 프랑스의 세력을 소생시키기 위한 새로운 식민지 정책의 요석이었다. 그리고 루이지애나는 재건된 생도맹그 플랜테이션 사회를 위한 식량 공급지로 예정되어 있었다. 하지만 그 원정이 실패로 돌아가자 그는 야망을 포기하는 것밖에 다른 선택의 여지가 없었다. 이는 팽창하는 미국에게 득이 되었다. 그 결과로 이후 수십 년 동안 북아메리카에서 노예제가 번성하고 확대되었다.

카리브에서 쿠바의 농장주와 관리들은 세계 최대 설탕 공급자의 파멸에 의해서 창출된 공백을 차지했다. 19세기에 설탕 플랜테이션이 쿠바 전역으로 확대되었는데, 이때 생도맹그 출신 망명자들이 농장을 관리하거나 아프리카 출신 노예들이 작업에 동원되기도 했다. 노예들은 쿠바에 대규모로 수입되었다. 18세기 동안 생도맹그에 수입된 수만큼 많은 노예들이 1790년부터 1867년까지 쿠바로 들어왔다. 그러나 아이티혁명의 선례 때문에, 일부에서는 아프리카 노예 수입의 위험성에 대해 염려했다. 푸에르토 리칸(Puerto Rican)이라는 사람은 그들이 "모든 것을 끝장낼 수 있는 청천벽력"이 될 만큼 "다수가 되었는

지" 늘 궁금해 했다.⁶

아이티는 대다수의 노예 주인들에게는 악몽이었지만, 아메리카 전역의 노예들에게는 영감의 원천이었다. "1791년의 봉기가 일어난 지 한 달도 안 되어서 자메이카 노예들이 그에 관한 노래를 불렀고," 몇 년 지나지 않아서 "버지니아로부터 루이지애나, 쿠바와 브라질에 이르기까지 주인들은 이따금 노예들의 '건방진 태도'에 대해 불평하면서, 그들이 흑인 혁명의 성공에 대해 알고 있는 게 분명하다"고 주장했다. 1800년에 미국 버지니아 주 리치먼드에서 가브리엘(Gabriel)이라는 노예가 아이티 사례에 자극받아서 백인과 흑인이 협력해서 노예해방을 추진하는 대담한 음모를 꾸몄는데, 이는 아마도 1793년 생도맹그에서 노예제를 폐지했던 동맹의 반향(反響)인 것처럼 보인다. 또한 1861년 보스턴에서는 송토나의 1793년 포고령 전문을 게재하고, 북부연합이 그의 선례에 따라 노예를 해방하고 무장시켜 내부 반란을 격퇴해야 한다고 주장하는 익명의 팸플릿이 출간되었다.⁷

아이티혁명 지도자들의 그림은 아메리카 전역에서 아프리카계 사람들에게 영감을 주었다. 1805년 리우데자네이루에서는 아프리카계 병사들이 "황제 데살린의 초상이 새겨진 메달"을 목에 걸고 다녔다. 쿠바에서는 1812년에 폭동을 모의했다는 혐의로 기소된 호세 안토니오 아폰테(José Antonio Aponte)라는 자유 흑인이 크리스토프, 루베르튀르, 장프랑수아 그리고 데살린의 초상을 집에 걸어 두기도 했다. 아폰테와 함께 음모를 꾸민 반란자들은 "아이티혁명사의 교훈들"이 이 그림들에서 드러난다고 설명했다. 반란자들에게는 아이티 자체가 잠재적 지지의 원천이었다. 쿠바의 어떤 노예에 따르면, "아이티에서 장군과 장교들이 이 섬의 모든 노예를 해방하기 위해서 왔다는 소문이

아바나에 쫙 퍼졌다"고 전했다. 몇 년 뒤, 생도맹그에서 잠깐 산 적이 있는 덴마크 베세이(Denmark Vesey, 1767~1822)*는 "추종자들에게 아이티 병사들이 찰스턴 시를 점령하면 그들을 돕겠다"고 다짐했다. 아이티 통치자들이 공개적으로 다른 곳의 폭동을 지원하지 않았을지라도, 몇몇은 노예제로부터 탈출한 사람 누구에게나 자기 나라로 와서 피신하라고 권유했다.[8]

아이티혁명 이야기는 인종과 노예제에 관한 공개적인 논쟁에서 '양측' 모두에게 '연료'를 제공했다. 많은 사람들이 반란 노예들의 만행을 강조하고, 나태와 무법 상태로 전락한 현실이 노예해방의 주요 결과라고 간주하면서, 노예제가 존속하는 곳에서 노예제를 수호하기 위해 종종 그런 주장들을 활용했다. 그러나 스티븐은 노예제 폐지를 주장하면서 아이티의 사례를 활용했고, 영국의 또 다른 노예제 폐지론자 윌리엄 윌버포스(William Wilberforce)는 크리스토프와 서신을 주고받았다. 아이티의 사례는 철학자에게도 마찬가지로 영향을 주었다. 주인과 노예의 변증법에 대한 이론을 발전시키면서, 헤겔은 아이티혁명에 관한 신문기사를 통해 영향을 받은 것으로 보인다.

시간이 흐를수록 더 많은 사람들이 아이티혁명과 위대한 혁명 지도자 투생 루베르튀르의 이야기에서 영감을 얻었다. 루베르튀르는 "서양에서 가장 널리 알려지고 공감을 얻은 흑인 영웅"이 되었다. 외교관계가 복원된 이후 아이티 주재 미국 대사를 역임한 프레더릭 더글

---

* 1822년 찰스턴에서 미국 역사상 가장 큰 노예 반란을 모의한 인물. 그는 도시와 농장의 흑인 노예들을 조직하여 반란을 모의하면서, 감시 초소와 무기고를 탈취하여 모든 백인들을 죽이고 도시를 불사르고 노예들을 해방하라고 촉구했다. 9천여 명의 흑인 노예들이 가담했다고 알려진 이 반란 음모는 사전에 발각되어 실패로 돌아갔다.

러스(Frederick Douglass)는 1893년에 "아이티 흑인의 아들들이 자유를 위해서 봉기했을" 때 그들은 "전 세계의 모든 흑인들의 자유를 위해 봉기한 것"이라고 말했다. 비슷한 시기에 프랑스의 노예제 폐지론자였던 빅토르 쉘세르는 죽기 직전에 루베르튀르의 전기를 집필했다. 루베르튀르의 본보기는 그가 프랑스의 다른 식민지들에서 성공적으로 노예제와 싸울 수 있도록 영감을 주었다. 아프리카와 카리브에서 탈식민화 투쟁이 시작되었을 때, 쉘세르와 C. L. R. 제임스는 혁명의 가능성과 위험성을 모두 이해하기 위해서 아이티의 사례로 눈을 돌렸다.⁹

그런 저작과 대화들, 소문과 악몽과 꿈을 통해서, 아이티혁명을 위해서 목숨을 바치고, 아이티혁명을 살아 낸 사람들은 대서양 세계 모든 사회의 일원이 되었다. 여전히 불완전한 존엄과 자유를 위한 기나긴 투쟁의 창시자로서 그들은 변함없이 우리에게 말한다. 북부 평원에 한때 번성했던 갈리페 농장의 폐허 위로 우뚝 솟은 아이티의 산속에, 여전히 크리스토프가 지은 시타델 요새가 서 있다.

옮긴이의 말

이 책 《아이티혁명사》는 로런트 듀보이스의 *Avengers of the New World: The Story of the Haitian Revolution*(Harvard University Press, 2004)를 우리말로 옮긴 것이다. 지은이는 아이티 독립 200주년이 되는 2004년에 《시민들의 식민지: 프랑스령 카리브 지역의 혁명과 노예해방, 1787-1804》과 함께 《아이티혁명사》를 출판하면서 학계와 언론의 주목을 받았다. 과들루프의 사례와 함께 생도맹그의 노예해방 과정을 좀 더 상세하게 서술한 《시민들의 식민지》가 역사가를 위한 전문 연구서라면, 《아이티혁명사》는 일반 독자를 위한 교양서로서 2004년 《LA타임스》 '올해 최고의 책'으로 선정된 바 있다.

《아이티혁명사》가 출간되자마자 세간의 주목을 받은 이유는 오래 동안 잊혔던 아이티혁명을 복원해 낸 종합적인 개설서이기 때문이다. 지은이는 구체제 말 생도맹그의 상황에서부터 1804년의 독립선언에 이르기까지 아이티혁명사 전체를 문학적 표현을 곁들인 수려한 문체로 생생하게 재현했다. 사실 아이티혁명 200주년을 전후해서, 그 세계사적인 중요성에도 불구하고 서구 학계에 의해 의도적으로 무시되고 왜곡·폄하되었던 이 사건에 대한 관심이 다시 고조되었고, 역사뿐만 아니라 문학, 정치학, 인류학 등 여러 분야에서 이에 대한 연구가 쏟아져 나왔다. 하지만 대부분의 연구들은 아이티혁명의 몇몇 특정 분야에 초점을 맞춘 것으로 일반 독자들의 관심을 불러일으키기는 어려웠다. 듀보이스는 《아이티혁명사》에서 이러한 한계를 극복하고 독자들에게 아이티혁명에 대한 종합적인 시각을 제시한다.

그에 따르면, 아이티혁명은 "세계사에서 가장 규모가 큰 노예 반란이자 유일하게 성공한 혁명"으로, 노예제에 맞서 싸운 많은 이들, 특히 아메리카의 노예들에게 "희망의 원천이자 본보기"였다. 수세기 동안 억압과 착취에 시달렸던 생도맹그의 노예들은 자연법 이론을 그 논리적 극단으로까지 밀고 감으로써, 즉 피부색에 상관없이 모든 인간은 자유롭고 평등하게 태어났고 누구나 시민권을 누릴 자격이 있다고 주장함으로써, "1789년에 채택된 프랑스의 〈인간과 시민의 권리선언〉에서 선포된 권리들이 실로 보편적이었음을" 보여 주었다. 듀보이스는 18세기 말~19세기 초의 정치적·사상적 혁신을 이해하는 데 결정적으로 중요한 사건이 바로 아이티혁명이라고 주장한다. 지은이는 "우리가 살고 있는 세상에서 민주주의가 누구도 배제하지 않는 것이라면, 그것은 상당 부분 생도맹그 노예들의 투쟁 덕분"이라고 강조하면서, 그런 의미에서 "우리는 모두 아이티혁명의 후예들이고, 우리는 이 조상들에게 책임을 다해야 한다"고 그 현재적 의미를 역설하고 있다.

이러한 이념적 토대 위에서 '흑인 자코뱅들'이 새로운 아이티 국가를 건설했는데, 이 정치적 창설의 과정에는 인종이나 계급으로 간단하게 재단될 수 없는, 복잡하게 뒤얽힌 매우 다양한 요소들이 개입하고 작용하였다. 지은이는 아프리카의 문화, 가톨릭의 세례를 받은 부두교, 노예제의 경험, 프랑스의 혁명 이념 등 서로 다른 요소들이 생도맹그의 지배 엘리트인 농장주들, 왕당파나 공화파 관리들, '작은 백인'이라 불린 하층 백인들, 자유유색인들, 그리고 반란 노예들에게 저마다 다른 방식으로 영향을 미쳤다는 점을 밝히고, 이들 사이의 합종연횡과 적대관계가 단지 인종적 구분선을 따라 형성되지 않았다는 점을 보여 주었다. 다시 말해서, 아이티혁명은 백인에 대한 흑인의 혁명, 또는 백인에 대한 유색인의 전쟁이 아니었다는 것이다. 따라서 지은이는 전선의 이쪽저쪽에서 혁명에 가담했던 인물들과 후대의 역사가들이 아이티혁명을 서술하면서 '인종'(race) 개념을 사용하는 방식을 면밀히 검토해 봐야 한다고 촉구하고 있다.

이 점에서 듀보이스는 《블랙 자코뱅》에 나타난 C. L. R. 제임스의 견해를 일정 부분 계승하면서 비판적으로 수용하고 있다고 할 수 있다. 제임스는 근대 세계의 형성에서 노예제가 수행한 역할에 주목하면서, 노예제가 "유럽 열강들의 자본축적에서 핵심적인 매개 고리"였다고 강조했다. 그에 따르면, 노예제가 폐지된 것은 박애주의나 인권선언 때문이 아니라 자본축적의 논리, 즉 노예제의 생산성 하락 때문이었다.* 듀보이스는 이와 같이 인종주의의 이면에 숨겨진 사회경제적 논리를 한층 더 명확하게 부각시키고 있는데, 자유유색인 지주 가문과 백인 이민자들의 혼인, 자유유색인과 반란 노예들의 갈등과 대립, 해방노예들의 농장 복귀를 강제하는 루베르튀르의 정책에 대한 설명에서 잘 드러난다.

듀보이스는 반란 노예들을 수동적인 존재가 아니라 스스로의 운명

---

* C. L. R. 제임스(우태정 역), 《블랙 자코뱅》, 필맥, 2007, 84~85쪽; 최갑수, 〈프랑스혁명과 아이티혁명 그리고 투생 루베르튀르〉, 《프랑스사연구》 제17호, 239~240쪽.

을 개척해 간 역사의 주인공으로 묘사했다는 점에서, 그리고 루베르튀르를 역사의 능동적 주체로서 흑인을 상징하는 인물로 그려 냈다는 점에서도 제임스의 뒤를 이었다. 듀보이스는 아이티혁명이 권력 쟁취를 위한 정치적 투쟁에 의해서 추동되었다는 점을 강조한다. 이러한 주장은 아이티혁명이 정치적 목적을 달성하기 위한 투쟁이 아니라 단순한 보복 전쟁에 불과했다는, 아이티혁명의 폭력성에서 비롯된 그동안의 편견을 깨는 것이다. 지은이는 가혹행위와 폭력의 악순환을 인정하면서도 군사행동에 영향을 미친 복잡한 정치적 책략들을 밝혀냄으로써 이러한 편견에 맞선다. 이를 위해서 지은이는 생도맹그 내의 여러 세력들 사이의 분쟁과 더불어 생도맹그를 둘러싼 식민 제국들, 즉 영국, 미국, 에스파냐, 프랑스 사이의 갈등이 전쟁의 양상을 어떻게 변화시켰는지를 살펴보았는데, 여기에는 전통적인 국제정치와 혁명의 정치학이 교차하고 있었다.

듀보이스는 이 복잡한 정치 상황을 타개하고 반란을 주도한 흑인 지도자들의 면면을 사료에 입각해 생생하게 되살려 냈다. 당연히 투생 루베르튀르가 중요한 위치를 차지하지만, 앙드레 리고, 장자크 데살린, 앙리 크리스토프 등 혁명 주역들이 수행한 역할과 그들 사이의 관계를 설득력 있게 그려내고 있다. 지은이는 혁명 성공 요인으로 지도자들의 역할을 강조하고 있는데, 피상적으로 알려진 것과 달리, 지역의 반란 지도자들이 흑인 대중을 얼마나 잘 조직해 냈는지를 보여주었다. 아프리카에서의 투쟁, 노예 상태에서의 소극적 저항, 도망노예들의 활동 등 반란 노예들의 경험 속에서 그러한 자질과 가능성을 찾아냈다. 그에 따르면, "농장에서의 삶과 노동은 끊임없는 협상과 조정의 산물"이었는데, 그 과정의 중요한 측면들은 노예들이 아프리카에서 가져온 관습과 문화에서 비롯되었다. 노예제의 작동 방식 때문에 생도맹그의 흑인 노예들은 압도적으로 "아프리카적"이었는데, 바로 이 아프리카의 정치적·종교적 전통이 혁명의 토대가 되었다. 반란노예들은 아프리카의 문화적 전통과 프랑스의 혁명 이념을 그들 방식으로 결합함으로써 노예제를 타도하고 유럽 식민주의자들의 침략을 격퇴할 수 있는 원동력을 만들어 냈다는 것이다.

아이티혁명은 프랑스혁명의 일부로서 그 이념의 보편성을 보여 주는 사건이지만, 그 자체가 혁명의 보편적 성격을 공유하고 있다. 그런 의미에서 영국혁명, 미국혁명, 프랑스혁명과 어깨를 나란히 할 수 있는 자기 완결적인 혁명이었다. 생도맹그에서 반란은 프랑스 제국에 대한 도전으로 시작되었는데, 그 배경에는 식민지와 본국 사이의, 그리고 백인과 자유유색인 엘리트 사이의 대립과 갈등이 있었다. 자치를 주장하던 백인 농장주들의 정치적 행동은 재산에 입각해 동등한 권리를 주장하는 자유유색인 지주들에게 본보기가 되었고, 뒤이어 흑인노예들에게 해방의 가능성을 꿈꿀 수 있게 한 하나의 돌파구를 제공했다. 그렇기에 제임스가 반란 노예들을 프랑스의 상퀼로트와 비견되는 '흑인 자코뱅'이라 부르지 않았던가!

반란 노예들은 프랑스의 반란 농민들처럼 사전 모의를 통해서 봉기를 준비했고, '국왕의 명령'을 날조해서 반란을 부추겼다. 노예 상태의 비인간적 억압과 착취 탓에 그 강도와 가속도가 훨씬 더 강하고 심했지만, 혁명 프랑스에서처럼 생도맹그에서도 혁명의 소용돌이 속에서 폭력의 악순환이 혁명을 피로 물들였다. 더구나 혁명 프랑스를 좌시할 수 없었던 주변국들의 압박과 도발이 유럽을 전쟁의 도가니로 몰아넣었듯이, 식민제국의 균열을 우려한 유럽의 제국들은 생도맹그에 흑인 공화국이 수립되는 것을 용인하지 않았기 때문에 더더욱 그러했다. 내전은 곧 영국, 프랑스, 에스파냐가 개입한 대외 전쟁으로 확대되었는데, 혁명전쟁의 결과는 놀랍게도 언제나 혁명 세력의 승리였다. 듀보이스가 생생하게 보여주었듯이, 생도맹그의 경우 그 승리는 한층 더 처절했고 극적이었다.

때로는 희망으로 때로는 공포로 모든 이들을 떨게 했던 혁명은, 미국의 경우를 제외하면 그 논리적 귀결인 공화국으로 끝맺지 못하고 군주정으로 회귀했다. 이점에서도 아이티혁명은 예외가 아니었다. 1804년 독립선언 직후 데살린이 황제의 자리에 올라 독재정치를 했지만, 나폴레옹의 제정이 프랑스혁명의 성과를 덮어 버리지 못하듯이, 데살린의 독재로 아이티혁명의 역사적 의의가 퇴색되지 않는다. 왜냐하면, 아이티혁명은 유일하게 식민지 독립과 노예해방이라는 두 가지 과업을 동시에 완수했을 뿐 아니라, 그 시대 세계경제가 작동하는 방식을 근본적으로 바꾸어 놓았기 때문이다. 나아가 아이티혁명은 식민주의와 인종주의의 희생자였던 라틴아메리카의 역사를 바꾸어 놓을 위대한 해방전쟁의 시작이었기 때문이다.

이 책의 번역에 오랜 시간 매달려 있었다. 프랑스혁명사 전공자로서 꼭 한 번 살펴보리라 마음먹었던 아이티혁명에 관한 훌륭한 개설서를 소개해주고 번역을 제안한 삼천리출판사의 송병섭 대표께 감사드린다. 그는 교정 과정에서 모든 원고를 꼼꼼하게 살펴보고 조언을 아끼지 않았을 뿐만 아니라, 작업이 끝날 때까지 3년 남짓한 시간을 기다려 주었다. 아울러 그동안 묵묵히 힘이 되어 준 아내와 번역을 도와준 딸아이에게도 이 자리를 빌려 고마움을 전한다.

2014년 6월 박윤덕

주석

프롤로그

1. Beaubrun Ardouin, *Etudes sur l'Histoire d'Haïti*, 11 vols. (1853–1865; reprint, Port-au-Prince, 1958), 6:9. 대부분의 독립선언서 서명자들에 대해서는 알려진 것이 거의 없다. 일련의 전기들이 루지에(S. Rouzier)에 의해 출간되었다. S. Rouzier, "Les Hommes de l'indépendance," *Moniteur Universelle* 34–66, 1 May–18 August 1924. 나에게 이 논문을 보여 준 타르디유에게 감사드린다.
2. Ardouin, *Etudes sur l'Histoire d'Haïti*; Thomas Madiou, *Histoire d'Haiti* (1847–48; reprint, Port-au-Prince, 1989).
3. C. L. R. James, *The Black Jacobins: Toussaint Louverture and the San Domingo Revolution* (1938; reprint, New York, 1963); Aimé Césaire, *Toussaint Louverture: La Révolution et le problème colonial* (Paris, 1981), 24.
4. 영어로 된 아이티혁명에 관한 최근의 주요 연구들은 다음과 같다. Carolyn Fick, *The Making of Haiti: The Saint-Domingue Revolution from Below* (Knoxville, 1990); David Geggus, *Slavery, War and Revolution* (Oxford, 1982) and *Haitian Revolutionary Studies* (Bloomington, 2002); and Thomas Ott, *The Haitian Revolution* (Knoxville, 1973). 아이티혁명을 보다 넓은 범주인 아메리카사 안에 가장 잘 자리매김한 저작은 Robin Blackburn, *The Overthrow of Colonial Slavery, 1776–1848* (London, 1989)이다.
5. M. Dalmas, *Histoire de la Révolution de Saint-Domingue* (Paris, 1814), 1:133.
6. '해방 후' 아메리카 사회들에 대한 연구를 가장 잘 정리한 저작은 Rebecca Scott, *Slave Emancipation in Cuba: The Transition to Free Labor, 1860–1899* (Princeton, 1985); and Thomas Holt, *The Problem of Freedom: Race, Labor, and Politics in Jamaica and Britain* (Baltimore, 1992)이다. Frederick Cooper, Thomas Holt, Rebecca Scott (eds.), *Beyond Slavery: Explorations in Race, Labor, and Citizenship* (Chapel Hill, 2000)에 실린 서문과 논문들을 참조하기 바람.
7. Geggus, *Haitian Revolutionary Studies*, 42; John Thornton, "African Soldiers in

the Haitian Revolution," *Journal of Caribbean History*, 25, 1 and 2 (1991), 58–80; idem, "I Am the Subject of the King of Kongo: African Political Ideology and the Haitian Revolution" *Journal of World History*, 4 (fall 1993): 181–214; Gérard Barthélemy, *Creoles, Bossales: Conflit en Haïti* (Petit-Bourg, Guadeloupe, 2000).

8. 카리브 지역의 인종을 역사적으로 서술한 모범적인 사례는 다음을 보라. Ada Ferrer, *Insurgent Cuba* (Chapel Hill, 1999).

9. 다음을 보라. Michel Rolph Trouillot, *Silencing the Past: Power and the Production of History* (Boston, 1996), chaps. 2 and 3; David Barry Gaspar, Bondsmen and Rebels: A Study of Master-Slave Relations in Antigua (Baltimore, 1985); João Jose Reis, *Slave Rebellion in Brazil: The 1835 Muslim Uprising of Bahia* (Baltimore, 1995).

1 생도맹그의 유령들

1. Etienne Taillemite, "Moreau de Saint-Méry," introduction to Mederic-Louis-Élie Moreau de St. Mery, *Description topographique, physique, civile, politique et historique de la partie française de l'isle Saint-Domingue*, 3 vols. (1796; reprint, Paris, 1958), 1:xxvii.

2. Malick Walid Ghachem, "Sovereignty and Slavery in the Age of Revolution: Haitian Variations on a Metropolitan Theme" (Ph.D. diss., Stanford University, 2001), chap. 4.

3. Moreau, *Description*, 1:3–4.

4. *Ibid.*, 5–6.

5. *Ibid.*, 6–7; Aimé Césaire, *Toussaint Louverture: La Révolution et le problème colonial* (Paris, 1981), 23.

6. Moreau, *Description*, 1:7.

7. *Ibid.*, 340.

8. *Ibid.*, 340–341.

9. *Ibid.*, 2:543–544, 1055; Louis Sala-Moulins, *Le Code Noir, ou le calvaire de Canaan* (Paris, 1987), 188.

10. Moreau, *Description*, 1:142; 3:1237; 1:185–186; 3:1206; 2:536.

11. *Ibid.*, 3:1253.

12. Peter Hulme, *Colonial Encounters: Europe and the Native Caribbean, 1492–1797* (London, 1986).

13. Richard Turits, *Foundations of Despotism: Peasants, the Trujillo Regime, and Modernity in Dominican History* (Stanford, 2002), 25–26; Noble David Cook, "Disease and the Depopulation of Hispaniola, 1492–1518, Colonial Latin American Review 2, 1–2 (1993), 214–220.

14. Bartolome de Las Casas, *History of the Indies*, trans. and ed. André Collard (New

York, 1971), 78, 94.

15. Moreau, *Description*, 1:196, 213–215; Richard L. Cunningham, "The Biological Impacts of 1492," Samuel W. Wilson (ed.), *The Indigenous People of the Caribbean* (Gainesville, 1997), 31–35, 33.

16. Moreau, *Description*, 1:212, 244, 141; 3:1381–82; 2:1140–41.

17. Turits, *Foundations of Despotism*, 27–28.

18. *Ibid.*, 29–30; Charles Frostin, *Les Révoltes blanches à Saint-Domingue aux XVIIè et XVIIIè siècles* (Paris, 1975), 40.

19. Pierre Chaunu, *L'Amérique et les Amériques (Paris, 1964), 113; Kris Lane, Pillaging the Empire: Piracy in the Americas, 1500–1750* (London, 1998).

20. Philip Boucher, *Cannibal Encounters: Europeans and Island Caribs, 1492–1763* (Baltimore, 1992); Peter Wood, *Black Majority: Negroes in South Carolina from 1670 through the Stono Rebellion* (New York, 1974).

21. Lane, *Pillaging the Empire*, 97; Cunningham, "Biological Impacts of 1492," 33–34.

22. Pierre Pluchon, "Introduction," Alexandre-Stanislas de Wimpfeen, *Haiti au XVIIIème siècle*, ed. Pluchon (Paris, 1993), 11.

23. Moreau, *Description*, 1:186–187, 210, 229; 3:1177, 1183; Christian Buchet, "L'Expédition de Carthagène des Indes," *Michel Le Bris (ed.), L'Aventure de la Flibuste* (Paris, 2002), 275–288, quotation 279; Pierre Pluchon (ed.), Histoire des Antilles et de la Guyane (Paris, 1987), 104.

24. Sidney Mintz, *Sweetness and Power: The Place of Sugar in Modern History* (New York, 1985).

25. David Geggus, "Sugar and Coffee Cultivation in Saint Domingue and the Shaping of the Slave Labor Force," Ira Berlin and Philip Morgan (ed.), *Cultivation and Culture: Labor and the Shaping of Slave Life in the Americas* (Charlottesville, 1993), 73–98, 특히 74–75, 84; Mintz, *Sweetness and Power*.

26. Frostin, *Les Révoltes blanches*, 28. 아메리카 노예제 확산의 비교사에 관해서는 다음을 참조 바람. Robin Blackburn, *The Making of New World Slavery: From the Baroque to the Modern* (London, 1997).

27. Frostin, *Les Révoltes blanches*, 32–33; Carolyn Fick, *The Making of Haiti: The Saint-Domingue Revolution from Below* (Knoxville, 1990), 22; Jean-Francois Dutrone de la Coutûre, *Précis sur la canne et sur les moyens d'en extraire le sel essentiel, suivi de plusieurs mémoires* (Paris, 1791).

28. Frostin, *Les Révoltes blanches*, 54.

29. Moreau, *Description*, 3:1221; 2:865–867.

30. Françoise Thésée, *Négociants bordelais et colons de Saint-Domingue* (Paris, 1972); Gabriel Debien, *Les Esclaves aux Antilles françaises (XVIIe-VIIIème siècles)* (Gourbeyre, 1974), 113; Stewart King, *Blue Coat or Powdered Wig: Free People of Color in Pre-Revolutionary Saint Domingue* (Athens, 2001), xvi.

31. John Garrigus, "Redrawing the Colour Line: Gender and the Social Construction of Race in Pre-Revolutionary Haiti," *Journal of Caribbean History* 30, 1 and 2 (1996): 28-50, 33; Geggus, "Sugar and Coffee Cultivation," 73; David Brion Davis, "Impact of the French and Haitian Revolutions," David Geggus (ed.), *The Impact of the Haitian Revolution in the Atlantic World* (Columbia, S.C., 2001), 3-9, 4.

32. Blackburn, *Making of New World Slavery*, 431-449; idem, *The Overthrow of Colonial Slavery, 1776-1778* (London, 1989), 167; C. L. R. James, *The Black Jacobins: Toussaint Louverture and the San Domingo Revolution* (1938; reprint, New York, 1963), 47-50; Jean Tarrade, *Le Commerce coloniale de la France à la fin de l'Ancien Régime*, 2 vols. (Paris, 1972), 2:754-755; David Geggus, "Racial Equality, Slavery, and Colonial Secession during the Constituent Assembly," *American Historical Review* 94 (December 1989): 1290-1308, 1291.

33. Moreau, *Description*, 1:296.

34. *Ibid.*, 316, 320.

35. *Ibid.*, 155-156, 320, 345; King, *Blue Coat or Powdered Wig*, 25-26.

36. James E. McClellan II, *Colonialism and Science: Saint Domingue in the Old Regime* (Baltimore, 1992), 3, 85-94; Moreau, *Description*, 1:301; Althéa de Puech Parham (ed.), *My Odyssey: Experiences of a Young Refugee from Two Revolutions, by a Creole of Saint Domingue* (Baton Rouge, 1959), 20.

37. King, *Blue Coat or Powdered Wig*, 23; McClellan, *Colonialism and Science*, 94-97; Moreau, *Description*, 1:312.

38. McClellan, *Colonialism and Science*, 83; Thomas Ott, *The Haitian Revolution, 1789-1804* (Knoxville, 1974), 6; Moreau, *Description*, 1:119; Parham, *My Odyssey*, 21; Gabriel Debien, Jean Fouchard, and Marie Antoinette Menier, "Toussaint Louverture avant 1789: Légendes et réalités," *Conjonction* 134 (June-July 1977): 65-80.

39. McLellan, *Colonialism and Science*, 24-25, 80.

40. King, *Blue Coat or Powdered Wig*, 34-36; Wimpffen, *Haiti aux XVIIIè siècle*, 174-175.

41. Moreau, *Description*, 2:717-723; McClellan, *Colonialism and Science*, 72.

42. Moreau, *Description*, 3:1165-67.

43. *Ibid.*, 3:1240-41; John Garrigus, "Blue and Brown: Contraband Indigo and the Rise of a Free Colored Planter Class in French Saint-Domingue," *The Americas* 50 (October 1993): 233-263, 238; Frostin, *Les Révoltes blanches*, 59.

44. King, *Blue Coat or Powdered Wig*, 16.

45. Moreau, *Description*, 1:330.

46. Frostin, *Les Révoltes blanches*, 172, 182-183, 189-191, 205.

47. McLellan, *Colonialism and Science*, 38; Frostin, *Les Révoltes blanches*, chap. 7.

프랑스 어법에 따라서, 나는 'metropole'을 프랑스 본토를 지칭하는 데 사용한다. 왜
냐하면 많은 사람들이 생도맹그가 식민지였음에도 불구하고, 생도맹그를 프랑스의
일부로, 처음에는 하나의 지방으로, 그리고 나중에는 하나의 도(département)로 간
주했기 때문이다.

48. Frostin, *Les Révoltes blanches*, 28; McLellan, *Colonialism and Science*, 3, 75–
76; Moreau, *Description*, 1:185; 2:627, 619.

49. Sala-Moulins, *Le Code Noir*; Jean-Philippe Garran-Coulon, *Rapport sur les
troubles de Saint-Domingue* (Paris, 1798–99), 4:26.

50. Debien, *Esclaves aux Antilles françaises*, 485–486; Ghachem, "Sovereignty and
Slavery," 157–164.

51. Debien, *Esclaves aux Antilles françaises*, 486–487; idem, *Les Colons de Saint-
Domingue et la Révolution: Essai sur le Club Massiac (août 1789 –août 1792)*
(Paris, 1951), 53–57; Ghachem, "Sovereignty and Slavery," chap. 2; Frostin, *Les
Révoltes blanches*, 371; Blackburn, *Overthrow of Colonial Slavery*, 166, 175.

52. Blackburn, *Making of New World Slavery*, 279–283; Tarrade, *Le Commerce
coloniale*.

53. Frostin, *Les Révoltes blanches*, 43; Tarrade, *Le Commerce coloniale*, 1:101–112;
David Geggus, *Slavery, War and Revolution: The British Occupation of Saint-
Domingue, 1793–1798* (Oxford, 1982), 40.

54. Frostin, *Les Révoltes blanches*, 152–157; Chaela Pastore, "Merchant Voyages:
Michel Marsaudon and the Exchange of Colonialism in Saint-Domingue, 1788–
1794" (Ph.D. diss., University of California at Berkeley, 2001), 224.

55. Frostin, *Les Révoltes blanches*, 274; Tarrade, *Le Commerce coloniale*, 538–547과
9–14장 전체; Ghachem, "Sovereignty and Slavery," chap. 3.

56. Bryan Edwards, *The History, Civil and Commercial, of the British Colonies in
the West Indies* (London, 1801); 1:11; Moreau, *Description*, 1:37, 43; Michel
Etienne Descourtilz, *Voyages d'un naturaliste, et ses observations*, 3 vols. (Paris,
1809), 2:52, 57–58.

57. Andrew O'Shaughnessy, *An Empire Divided: The American Revolution and
the British Caribbean* (Philadelphia, 2000); Sylvia Frey, *Water from the Rock:
Black Resistance in a Revolution Age* (Princeton, 1997).

58. Debien, *Esclaves aux Antilles françaises*, 91; Frostin, *Les Révoltes blanches*, 71,
319–320; Descourtilz, *Voyages d'un naturaliste*, 3:380.

2 비등

1. Gabriel Debien, "Sur les plantations Mauger à l'Artibonite (Saint-Domingue
1763-1803)," *Enquetes et documents: Nantes, Afrique, Amérique* (Nantes,
1981), 219–314, 219–220, 288–290; idem, *Les Esclaves aux Antilles françaises
(XVIIè-XVIIIè siècles)* (Gourbeyre, 1974), 108.

2. Debien, "Sur les plantations," 290-291.
3. Pierre Pluchon, "Introduction," Alexandre-Stanislas de Wimpffen, *Haiti aux XVIIIè siècle*, ed. Pluchon (Paris, 1993), 11; Debien, *Esclaves aux Antilles françaises*, 105-117, 159.
4. Debien, *Esclaves aux Antilles françaises*, 119-133.
5. *Ibid.*, 147; Carolyn Fick, *The Making of Haiti: The Saint-Domingue Revolution from Below* (Knoxville, 1990), 30.
6. Debien, "Sur les plantations," 292-295.
7. *Ibid.*, 295-298.
8. Debien, *Esclaves aux Antilles françaises*, 69-71.
9. *DuBois Slave Trade Database* (Cambridge, 1999); Paul Lovejoy, *Trans-formations in Slavery: A History of Slavery in Africa*, 2d ed. (Cambridge, 2000), 47-48; Philip Curtin, *The Atlantic Slave Trade: A Census* (Madison, 1969), 268; Pluchon, "Introduction," 28.
10. Debien, *Esclaves aux Antilles françaises*, 345, 347; Arlette Gauthier, *Les Soeurs de solitude: La condition feminine dans l'esclavage aux Antilles du XVIIème au XIXème siècle* (Paris, 1985), 36; Thomas Ott, *The Haitian Revolution, 1789-1804* (Knoxville, 1974), 17.
11. Lovejoy, *Transformations in Slavery*, 55-57; Patrick Villiers,*Traite des noirs et navires négriers au XVIIIè siècle* (Grenoble, 1982), 64-65.
12. *DuBois Slave Trade Database*; Lovejoy, *Transformations in Slavery*, 49-55.
13. David Geggus, "Sugar and Coffee Cultivation in Saint Domingue and the Shaping of the Slave Labor Force," Ira Berlin and Philip Morgan (ed.), *Cultivation and Culture: Labor and the Shaping of Slave Life in the Americas* (Charlottesville, 1993), 80, 83-84, 88; Louis Méderic Moreau de St. Méry, *Description topographique, physique, civile, politique et historique de la partie française de l'isle Saint-Domingue*, 3 vols. (1796; reprint, Paris, 1958), 1: 47-54.
14. Debien, *Esclaves aux Antilles françaises*, 60-66, 74와 제2장 전체; Howard Justin Sosis, "The Colonial Environment and Religion in Haiti: An Introduction to the Black Slave Cults of the Eighteenth Century" (Ph.D. diss., Columbia University, 1971), 139-142와 제8장 전체; Geggus, "Sugar and Coffee," 73-98, 79-81; Odette Menesson-Rigaud Papers, box 1, folder 7/8, no. 42, Bibliothèque Haïtienne des Pères du Saint-Esprit, Port-au-Prince.
15. Debien, *Esclaves aux Antilles françaises*, 60; Geggus, "Sugar and Coffee," 81.
16. Moreau, *Description*, 1:44, 55, 59; Gérard Barthélemy, *Créoles-Bossales: Conflit en Haïti* (Cayenne, 2000).
17. Moreau, *Description*, 3:1316; 1:56; Michel Etienne Descourtilz, *Voyages d'un naturaliste, et ses observations*, 3 vols. (Paris, 1809), 3:163, 176.
18. Moreau, *Description*, 1:57.
19. *Ibid.*, 46, 54-55; Michel DeGraff, "Relexification: A Reevaluation," *Anthro-*

pological Linguistics, 44:4 (Winter 2002): 321-414.

20. Fick, Making of Haiti, 제2장; Donald Cosentino (ed.), *The Sacred Arts of Haitian Vodou* (Los Angeles, 1995); Joan Dayan, *Haiti, History, and the Gods* (Berkeley, 1995); Karen McCarthy Brown, *Mama Lola: A Vodou Priestess in Brooklyn* (Berkeley, 1992).

21. Moreau, *Description*, 1:64-68; Fick, *Making of Haiti*, 39-44.

22. Jean-Francois Dutrône de la Coutûre, *Precis sur la Canne et sur les moyens d'en extraire le sel essentiel, suivi de plusieres Memoires* (Paris, 1791), 334; Debien, *Esclaves aux Antilles françaises*, 135-136, 139, 153.

23. Dûtrone de la Coutûre, *Précis, 101-106; Debien, Esclaves aux Antilles françaises*, 97, 316.

24. Debien, *Esclaves aux Antilles françaises*, 90-91, 96, 98.

25. *Ibid.*, 142-144; Geggus, "Sugar and Coffee," 76-77; Gros, *Isle de Saint-Domingue: Précis historique* (Paris, 1793), 21.

26. Barbara Bush, "Hard Labor: Women, Childbirth and Resistance in British Caribbean Slave Societies," David Gaspar and Darlene Clark Hine (ed.), More than Chattel: *BlackWomen and Slavery in the Americas* (Bloomington, 1996), 193-217; Gauthier, *Soeurs de solitude*, 제4장, 특히 107-120; David Geggus, "Les Esclaves de la plaine du Nord à la veille de la Révolution française," *Revue de la Société Haïtienne d'Histoire et de Géographie* 142 (1984): 15-44, 34; Moreau, *Description*, 3:1272; Descourtilz, *Voyages d'un naturaliste*, 3:117-120.

27. Gauthier, *Soeurs de solitude*, 168-172를 보라.

28. Debien, *Esclaves aux Antilles françaises*, 제11장.

29. *Ibid.*, 183, 193-195; Moreau, *Description*, 3:1239.

30. Moreau, *Description*, 1:435-436, 2:679-680; 1:162-163; Sidney Mintz, *Caribbean Transformations* (New York, 1979).

31. Debien, *Esclaves aux Antilles françaises*, 156, 243-244; Moreau, *Description*, 1:338; Sue Peabody, "'A Dangerous Zeal': Catholic Missions to Slaves in the French Antilles, 1635-1800," *French Historical Studies* 25, 1 (2002): 53-90, 82.

32. Debien, *Esclaves aux Antilles françaises*, 156, 243-244; Moreau, *Description*, 1:63-64, 243; 3:1038.

33. Louis Sala-Molins, *Le Code Noir, ou le calvaire de Canaan* (Paris, 1987), 122-124; Debien, *Esclaves aux Antilles françaises*, 156.

34. James Stephens, *The Crisis of the Sugar Colonies; or, an Enquiry into the Objects and Probable Effects of the French Expedition to the West Indies* (1802; reprint, New York, 1969), 72; Pierre de Vassière, *Saint-Domingue: La société et la vie créoles sous l'ancien régime, 1629-1789* (Paris, 1909), 189-190; Fick, *Making of Haiti*, 37.

35. De Vassière, *Saint-Domingue*, 190-194; C. L. R. James, *The Black Jacobins: Toussaint Louverture and the San Domingo Revolution* (1938; reprint, New

York, 1963), 12-13.

36. Pierre Pluchon, *Vaudou, sorciers, empoissoneurs de Saint-Domingue à Haïti* (Paris, 1987), 170-172; Moreau, *Description*, 1:630-631.

37. Moreau, *Description*, 1:631; David Geggus, "Marronage, Voodoo, and Saint-Domingue," Patricia Galloway and Philip Boucher (ed.), *Proceedings of the Fifteenth Meeting of the French Colonial Historical Society* (Lanham, Md., 1992), 22-35, 29; Peabody, "'A Dangerous Zeal,'" 79.

38. Fick, *Making of Haiti*, 59-63; Moreau, *Description*, 1:630-631.

39. Debien, *Esclaves aux Antilles françaises*, 422-424, 441, 446-452, 460; Gauthier, *Soeurs de solitude*, 227-238; Jean Fouchard, *Les Marrons de la liberté* (Paris, 1972); Yvan Debbasch, "Le Marronage: Essai sur la désertion de l'esclave antillais," *L'Année Sociologique*, 1961, 1-112.

40. Debien, *Esclaves aux Antilles françaises*, 156, 452.

41. *Ibid.*, 432, 457-458.

42. Sala-Moulins, *Code Noir*, 166; Debien, *Esclaves aux Antilles françaises*, 432-433, 453, 465.

43. Moreau, *Description*, 1:163, 183.

44. Gauthier, *Soeurs de solitude*, 231, 243; Pluchon, *Vaudou*, 179.

45. Fouchard, *Les Marrons*; Fick, *Making of Haiti*, 제2장; Geggus, "Marronage, Voodoo, and Saint-Domingue."

46. Robin Blackburn, *The Overthrow of Colonial Slavery* (London, 1989), 208은 Fick, *Making of Haiti*처럼 이 점을 강조함.

47. Debien, *Esclaves aux Antilles françaises*, 402; Pluchon, *Vaudou*.

48. Pluchon, *Vaudou*, 176.

49. Malick Walid Ghachem, "Sovereignty and Slavery in the Age of Revolution: Haitian Variations on a Metropolitan Theme" (Ph.D. diss., Stanford University, 2001), 259-278; de Vassière, *Saint-Domingue*, 186-188; Fick, *Making of Haiti*, 37-38.

50. Fick, *Making of Haiti*, 62; Pluchon, *Vaudou*, 80; *Songs, Choruses, &c in King Caesar; or, the Negro Slaves* (London, 1801).

51. Louis Sebastien Mercier, *L'An deux mille quatre cent quarante: Rêve s'il en fut jamais* (1770; reprint Paris, 1977), 127.

52. Guillaume Thomas Raynal, *Histoire philosophique et politique des établissements et du commerce des Européens dans les Deux Indes* (Geneva, 1780), 3:204-205.

53. Mercier, *L'An*, 1:184; Marcel Dorigny, "Le Mouvement abolitionniste franççais face à l'insurrection de Saint-Domingue ou la fin du mythe de l'abolition graduelle," Laennec Hurbon (ed.), *L'Insurrection des esclaves de Saint-Domingue (22-23 aout 1791)* (Paris, 2000), 97-113.

54. Mercier, *L'An*, 3:8; Michèle Duchet, *Anthropologie et histoire au siecle des lumières* (Paris, 1971); and Edward Seeber, *Anti-Slavery Opinion in France*

during the Second Half of the Eighteenth Century (Baltimore, 1937)도 전반적으로 참조 바람.

55. Jean-Philippe Garran-Coulon, *Rapport sur les troubles de Saint-Domingue* (Paris, 1798-99), 4:18; Abbé Grégoire, *Mémoire en faveur des gens de couleur ou sang-mêlés de St.-Domingue, & des autres Isles françoises d'Amérique, adresse à l'Assemblée Nationale* (Paris, 1789), 33, 36.

3 유산

1. Julien Raimond, *Observations sur l'origine et le progres du préjugé des colons blancs contre les hommes de couleur* (Paris, 1791), 26-28.
2. John Garrigus, "The Free Colored Elite of Saint-Domingue: The Case of Julien Raimond, 1744-1801," manuscript, 5; idem, "Blue and Brown: Contraband Indigo and the Rise of a Free Colored Planter Class in French Saint-Domingue," *The Americas* 50 (October 1993): 259-260. 또한 Mercer Cook, *Five French Negro Authors* (Washington, D.C., 1943), 3-37을 보라.
3. Louis Sala-Molins, *Le Code Noir, ou le calvaire de Canaan* (Paris, 1987), 196-199; Yvan Debbasch, *Couleur et liberté: Le jeu du critère ethnique dans un ordre juridique esclavagiste* (Paris, 1967), 1:30-33.
4. Leo Elisabeth, "The French Antilles," David Cohen and Jack Greene (eds.), *Neither Slave nor Free: The Freedmen of African Descent in the Slave Societies of the New World* (Baltimore, 1972), 134-171, 162; Stewart King, *Blue Coat or Powdered Wig: Free People of Color in Pre-Revolutionary Saint Domingue* (Athens, Ga., 2001), 166-168; Garrigus, "Blue and Brown," 248; Malick Walid Ghachem, "Sovereignty and Slavery in the Age of Revolution: Haitian Variations on a Metropolitan Theme" (Ph.D. diss., Stanford University, 2001), 제1장.
5. Raimond, *Observations*, 2-3; King, *Blue Coat or Powdered Wig*, 130.
6. Raimond, *Observations*, 3, 5; Garrigus, "Free Colored Elite," 3-6.
7. Intendant Montholon to Conseil de Marine, 20 February 1723, Charles Frostin, *Les Révoltes blanches à Saint-Domingue aux XVIIè et XVIIIè siècles* (Paris, 1975), 392; Raimond, *Observations*, 4-6.
8. Raimond, *Observations*, 6-7, 9; Garrigus, "Free Colored Elite," 5-6; Debbasch, *Couleur et liberté*, 1:73-74.
9. King, *Blue Coat or Powdered Wig*, 45, 124, 145, 제6장과 제7장 전체; John Garrigus, "Redrawing the Colour Line: Gender and the Social Construction of Race in Pre-Revolutionary Haiti," *Journal of Caribbean History* 30, 1 and 2 (1996): 28-50.
10. Garrigus, "Redrawing the Colour Line," 42; King, *Blue Coat or Powdered Wig*, 84.

11. John Garrigus, "Catalyst or Catastrophe? Saint-Domingue's Free Men of Color and the Battle of Savannah, 1779-1782," *Revista Interamericana* 22 (spring 1992): 109-124, 109; M. L. E. Moreau de St. Mery, *Description topographique, physique, civile, politique et historique de la partie française de l'isle Saint-Domingue*, 3 vols. (1796; reprint, Paris, 1958), 1:186-187; 229-230.
12. Garrigus, "Catalyst or Catastrophe?" 109-110, 115-119; Moreau, *Description*, 1:229; King, *Blue Coat or Powdered Wig*, 65-66.
13. Garrigus, "Catalyst or Catastrophe?" 113-115; King, *Blue Coat or Powdered Wig*, 61-63, 71; Moreau, *Description*, 1:181; Charles Frostin, *Les Révoltes blanches*, 301-303, 310-313.
14. Garrigus, "Catalyst or Catastrophe?" 117; Gabriel Debien, *Les Esclaves des Antilles françaises (XVIIè-XVIIIè siécles)* (Gourbeyre, 1974), 487; King, *Blue Coat or Powdered Wig*, 제4장과 제11장도 전체적으로 참조 바람.
15. Garrigus, "Catalyst or Catastrophe?" 111-113; King, Blue Coat or Powdered Wig, 58, 236-237.
16. Frostin, *Les Révoltes blanches*, 382; Abbé Grégoire, *Mémoire en faveur des gens de couleur ou sang-mêlés de St.-Domingue, & des autres Isles françoises d'Amérique, adresse à l'Assemblée Nationale* (Paris, 1789), 17, 29; idem, *Lettre aux philanthropes, sur les malheurs, les droits et les réclamations des gens de couleur de Saint-Domingue, et des autres îles françoises de l'Amérique* (Paris, 1790), 14.
17. Ghachem, "Sovereignty and Slavery," 82; Debbasch, *Couleur et liberté*, 54-55.
18. Garrigus, "Redrawing the Colour Line," 47; idem, "Sons of the Same Father: Gender, Race, and Citizenship in French Saint-Domingue, 1760-1789," Jack Censer (ed.), *Society, Politics, and Culture in Eighteenth-Century France* (College Station, 1997).
19. Delafosse de Rouville, *Essai sur la situation de Saint-Domingue en 1791, précédé d'un éloge historique du Chevalier Mauduit-Duplessis* (1817; reprint, Port-au-Prince, 1983), 76-77; Alexandre Stanislas de Wimpffen, *Haiti au XVIIIè siécle*, ed. Pierre Pluchon (Paris, 1993); Moreau, *Description*, 1:103-104. Garrigus, "Redrawing the Colour Line," 35-37 (번역본을 참조함); Arlette Gauthier, *Les Soeurs de solitude: La condition féminine dans l'esclavage aux Antilles du XVIIè au XIXè siècle* (Paris, 1985), 160-161도 참조 바람.
20. Michel Etienne Descourtilz, *Voyages d'un naturaliste, et ses observations*, 3 vols. (Paris, 1809), 2:51-52.
21. Moreau, *Description*, 1:107; Raimond, *Observations*, 12; King, *Blue Coat or Powdered Wig*, 187, 193; Susan Socolow, "Economic Roles of Free Women of Color in Cap Français," David Gaspar and Darlene Clark Hine (ed.), *More than Chattel: Black Women and Slavery in the Americas* (Bloomington, 1996).
22. Frostin, *Les Révoltes blanches*, 317; Garrigus, "Blue and Brown," 259.

23. Moreau, *Description*, 1:96–100; Roger Norman Buckley (ed.), *The Haitian Journal of Lieutenant Howard, York Hussars, 1796–1798* (Knoxville, 1985), 110; Moniteur General de Saint-Domingue, 16 December 1791, 130.

24. Grégoire, *Mémoire*, 22, 44; Julien Raimond, *Réponse aux Considérations de M. Moreau, dit Saint-Mery* (Paris, 1791), Cook, Five French Negro Authors, 17에서 재인용함.

25. M. L. E. Moreau de St. Mery, *Discours sur l'utilité du musée établi à Paris prononcé dans la scéance publique du 1er Décembre 1784* (Parma, 1805), 4–5; Marquis de Condorcet, *Réflexions sur l'esclavage des Nègres*, 2d ed. (Paris, 1788); Jacques Thibau, *Le Temps de Saint-Domingue: L'esclavage et la Révolution française* (Paris, 1989), 102–106.

26. Edward Seeber, *Anti-Slavery Opinion in France during the Second Half of the Eighteenth Century* (Baltimore, 1937); Sue Peabody, "There Are No Slaves in France;" *The Political Culture of Race and Slavery in the Ancien Regime* (Oxford, 1996).

27. Robin Blackburn, *The Overthrow of Colonial Slavery* (London, 1989), 169–172; Marcel Dorigny and Bernard Gainot, *La Société des Amis des Noirs, 1788–1799: Contribution à l'histoire de l'abolition de l'esclavage* (Paris, 1998).

28. Thibau, *Le Temps de Saint-Domingue*, 100.

29. Blackburn, *Overthrow of Colonial Slavery*, 172; Thibau, *Le Temps de Saint-Domingue*, 103; Aimé Césaire, *Toussaint Louverture: La Révolution et le problème colonial* (Paris, 1981), 171; David Geggus, "Racial Equality, Slavery, and Colonial Secession during the Constituent Assembly," *American Historical Review* 94 (December 1989): 1292–93.

30. Gabriel Debien, *Les Colons de Saint-Domingue et la Révolution: Essai sur le Club Massiac (août 1789–août 1792)* (Paris, 1953), 63–65; Césaire, *Toussaint Louverture*, 39; Mitchell Bennett Garrett, *The French Colonial Question, 1789–1791* (Ann Arbor, 1916), 7–10; Debien, *Colons*, 64–65, 153.

31. Debien, *Colons de Saint-Domingue*, 68–73; Garrett, *Colonial Question*, 12.

32. Blackburn, *Overthrow of Colonial Slavery*, 173–174; Debien, *Colons de Saint-Domingue*, 73–75; Ghachem, "Sovereignty and Slavery," 325–330.

33. Blackburn, *Overthrow of Colonial Slavery*, 174; Geggus, "Racial Equality," 1294; Olympe de Gouges, *L'Esclavage des noirs, ou l'heureux naufrage* (1792; reprint, Paris, 1989), 15.

34. Debien, *Colons de Saint-Domingue*, 63, 83, 91–96, 120, 130, 138–139와 제4장 전체; Blackburn, *Overthrow of Colonial Slavery*, 176.

35. *Lettres des députés de Saint-Domingue à leurs comettants en date du 12 août 1789* (Paris, 1790); Garrett, *Colonial Question*, 18–19; Debien, *Colons de Saint-Domingue*, 77.

36. Debien, *Colons de Saint-Domingue*, 97, 158–159; Garrett, *Colonial Question*,

23; Chaela Pastore, "Merchant Voyages: Michel Marsaudon and the Exchange of Colonialism in Saint-Domingue, 1788-1794" (Ph.D. diss., University of California at Berkeley, 2001), 59.

37. Antoine Dalmas, *Histoire de la Révolution de Saint-Domingue* (Paris, 1814), 1:23; Félix Carteau, *Soirées bermudiennes, ou entretiens sur les événements qui ont opéré la ruine de la partie française de l'isle Saint-Domingue* (Bordeaux, 1802).

38. Garrett, *Colonial Question*, 37-39, 58-59; Debien, *Colons de Saint-Domingue*, 214-215; Blackburn, *Overthrow of Colonial Slavery*, 183.

39. Garrett, *Colonial Question*, 60-61; Blackburn, *Overthrow of Colonial Slavery*, 167-168.

40. Ghachem, "Sovereignty and Slavery," 247-250; Moreau de St. Méry, *Considérations présentées aux vrais amis du repos et du bonheur de France, à l'occasion des nouveaux mouvements de quelques soi-disant amis-des-noirs* (Paris, 1791), 19-20.

41. Dalmas, *Histoire*, 1:34. 마르티니크에 대해서는 다음을 보라. David Geggus, "The Slaves and Free Coloreds of Martinique during the Age of the French and Haitian Revolutions: Three Moments of Resistance," Robert Paquette and Stanley Engerman (ed.), *The Lesser Antilles in the Age of European Expansion* (Gainesville, 1996), 280-301.

42. Debien, *Colons de Saint-Domingue*, 178-179; Debbasch, *Couleur et liberté*, 172; Bryan Edwards, *The History, Civil and Commercial, of the British Colonies in the West Indies* (London, 1801), 3:23-24; Césaire, *Toussaint Louverture*, 67-68.

43. Garrett, *Colonial Question*, 25-26; Debien, *Colons de Saint-Domingue*, 163-164.

44. Debien, *Colons de Saint-Domingue*, 156-163; Geggus, "Racial Equality," 1298-1300; Jean-Philippe Garran-Coulon, *Rapport sur les troubles de Saint-Domingue* (Paris, 1798-99), 4:20. Marcel Dorigny, "Grégoire et le combat contre l'esclavage pendant la Révolution: Précis historique," Yves Benot and Marcel Dorigny (ed.), *Grégoire et la cause des noirs (1789-1831)* (Paris, 2000), 51-68도 참조 바람.

45. Debien, *Colons de Saint-Domingue*, 98, 102, 163, 168; idem, *Etudes antillaises (XVIIIè siècle)* (Paris, 1956), 154.

46. Geggus, "Racial Equality," 1300; Ghachem, "Sovereignty and Slavery"; Victor Schoelcher, Vie de Toussaint Louverture (1889; reprint, Paris, 1982), 14; Debien, *Colons de Saint-Domingue*, 180-181; Louis Mederic Moreau de St. Mery, *Opinion de M. Moreau de St. Mery, député de la Martinique, sur la motion de M. de Curt* (Paris, 1789).

47. Moreau, *Considerations*, 36-38, 44.

48. Grégoire, *Mémoire*, 28-29, 32, 44; Debien, *Colons de Saint-Domingue*, 171, 176, 179, 184.

49. Daniel Piquet, *L'Emancipation des noirs dans la Révolution française* (Paris, 2002), 79; Moreau, *Considerations*, 48.

50. Debien, *Colons de Saint-Domingue*, 188-193; Garrett, *Colonial Question*, 43-51; Blackburn, *Overthrow of Colonial Slavery*, 178-179.

51. Debien, *Colons de Saint-Domingue*, 193-195; Garrett, *Colonial Question*, 51-56.

52. Debien, *Colons de Saint-Domingue*, 195-196.

53. Garrett, *Colonial Question*, 60-61; Edwards, *History*, 3:33; Pamphile de Lacroix, *La Révolution de Haiti* (1819; reprint, Paris, 1995), 58-60.

54. Lacroix, *Révolution de Haiti*, 57-65, quotation p. 58; Garrett, *Colonial Question*, 61-65; Debien, *Etudes antillaises*, 154.

55. Garrett, *Colonial Question*, 65-76; Debien, *Colons de Saint-Domingue*, 228-234; Grégoire, *Lettre aux philanthropes*.

56. Grégoire, *Lettre aux philanthropes*, 3, 14; Debien, *Colons de Saint-Domingue*, 196, 222; Lacroix, *Révolution de Haiti*, 68; Thomas Ott, *The Haitian Revolution, 1789-1804* (Knoxville, 1974), 36.

57. Lacroix, *Révolution de Haiti*, 69-70; Carolyn Fick, *The Making of Haiti: The Saint-Domingue Revolution from Below* (Knoxville, 1990), 82-84.

58. Lacroix, *Révolution de Haiti*, 71-73; Edwards, *History*, 3:52.

59. Debien, *Colons de Saint-Domingue*, 286-287; Geggus, "Racial Equality," 1296.

60. Piquet, *Emancipation des noirs*, 제2장.

61. *Ibid.*, 94; Geggus, "Racial Equality," 1303; Ott, *Haitian Revolution*, 39.

62. Madame Rouvray to Madame de Lostanges, 30 July 1791 and 12 July 1791, M. E. McIntosh and B. C. Weber (ed.), *Une correspondence familiale au temps des troubles de Saint-Domingue* (Paris, 1959), 15, 22-24; David Geggus, *Slavery, War, and Revolution: The British Occupation of Saint-Domingue, 1793-1798* (Oxford, 1982), 270, 274.

4 불타는 사탕수수밭

1. James E. McClellan II, *Colonialism and Science: Saint Domingue in the Old Regime* (Baltimore, 1992), 168-171; M. L. E. Moreau de St. Méry, *Description topographique, physique, civile, politique et historique de la partie française de l'isle de Saint-Domingue*, 3 vols. (1796; reprint, Paris, 1958), 1:278, 286-290; Simon Schama, *Citizens: A Chronicle of the French Revolution* (New York, 1989), 123.

2. Millot to Gallifet, August 1791, 107 AP 128, folder 1, Archives Nationales (hereafter AN); Mossut to Gallifet, September 19, 1791, 107 AP 128, folder 3,

AN.

3. David Geggus, "Les Esclaves de la plaine du Nord à la veille de la Révolution française," *Revue de la Société Haitienne d'Histoire et de Géographie* 142 (1984): 15-44, 25; Moreau, *Description,* 1:278.

4. Geggus, "Esclaves de la plaine," 24-36; Moreau, *Description,* 1:288.

5. Carolyn Fick, *The Making of Haiti: The Saint-Domingue Revolution from Below* (Knoxville, 1990), 98-99; Antoine Dalmas, *Histoire de la Révolution de Saint-Domingue* (Paris, 1814), 1:120.

6. Dalmas, *Histoire,* 1:121; Bryan Edwards, *The History, Civil and Commercial, of the British Colonies in the West Indies* (London, 1801), 3:72; Fick, *Making of Haiti,* 96.

7. Pamphile de Lacroix, *La Révolution de Haiti* (1819; reprint, Paris, 1995), 87-88.

8. Mossut to Gallifet, September 19, 1791, 107 AP 128, folder 3, AN.

9. Fick, *Making of Haiti,* 100; Dalmas, *Histoire,* 1:123.

10. "Le Debut de la révolte de Saint Domingue dans la Plaine du Cap, vécu par Louis de Calbiac," *Généalogie et Histoire de la Caraïbe* 48 (April 1993): 774-784, 774; Edwards, *History,* 3:76-78; Philadelphia General Advertiser, October 10, 1791; Thomas Ott, *The Haitian Revolution, 1789-1804* (Knoxville, 1974), 49; Dalmas, *Histoire,* 1:132; Althéa de Puech Parham (ed.), *My Odyssey: Experiences of a Young Refugee from Two Revolutions, by a Creole of Saint Domingue* (Baton Rouge,1959), 29.

11. Philadelphia General Advertiser, October 10, 1791.

12. Mossut to Gallifet, September 19, 1791, 107 AP 128, folder 3, AN; Fick, *Making of Haiti,* 105.

13. Fick, *Making of Haiti,* 92; David Geggus, *Haitian Revolutionary Studies* (Bloomington, 2002), 84-85.

14. Gabriel Debien, *Les Esclaves aux Antilles françaises (XVIIè-XVIIIè siècles)* (Gourbeyre, 1974), 124.

15. Fick, *Making of Haiti,* 91.

16. *Ibid.,* 91-92; Geggus, *Haitian Revolutionary Studies,* 87-88.

17. *A Particular Account of the Commencement and Progress of the Insurrection of the Negroes of St. Domingo* (London, 1792), 4-5; Fick, *Making of Haiti,* 98-99, 103.

18. Fick, *Making of Haiti,* 93-94 and app. B; Geggus, *Haitian Revolutionary Studies,* 86-87. Robin Law, "La Cérémonie du Bois-Caiman et le 'pacte de sang' dahoméen," Laennec Hurbon (ed.), *L'Insurrection des esclaves de Saint-Domingue (22-23 aout 1791),* (Paris, 2000), 131-147도 참조 바람.

19. Dalmas, *Histoire,* 1:117-118; Geggus, *Haitian Revolutionary Studies,* 82.

20. Herard Dumesle, *Voyage dans le nord d'Hayti, ou, Révélation des lieux et des*

monuments historiques (Les Cayes, 1824), 85-90. 부아카이망 의식에 관한 사료를 둘러싸고 큰 논쟁이 벌어졌다. 가장 세밀한 논의은 다음과 같다. Geggus, *Haitian Revolutionary Studies*, 81-92; Fick, *Making of Haiti*, app. B; Léon-François Hoffman의 발표 "Un Mythe national: La ceremonie du Bois-Caiman," Gérard Barthélemy and Christian Girault (ed.), *La République haïtienne: Etat des lieux et perspectives* (Paris, 1993), 434-448.

21. John Thornton, "African Soldiers in the Haitian Revolution," *Journal of Caribbean History* 25, 1 and 2 (1991): 58-80; Lacroix, *Révolution de Haiti*, 87; Fick, *Making of Haiti*, 139; Philadelphia General Advertiser, October 11, 1791; Gros, *Isle de Saint-Domingue: Précis historique* (Paris, 1793), 14.

22. Maya Deren, *Divine Horsemen: The Living Gods of Haiti* (New York, 1953), 62; Joan Dayan, *Haiti, History, and the Gods* (Berkeley, 1995), 제1장; Laurent Dubois, "The Citizen's Trance: The Haitian Revolution and the Motor of History," *Magic and Modernity, ed. Birgit Meyers and Peter Pels* (Stanford, forthcoming).

23. Parham, *My Odyssey, 33-34; Fick, Making of Haiti*, 111.

24. Philadelphia General Advertiser, October 11, 1791; Mossut to Gallifet, 19 September 1791, 107 AP 128, folder 3, AN; Madame de Rouvray to de Lostanges, September 4, 1791, M. E. McIntosh and B. C. Weber (ed.), *Une Correspondance familiale au temps des troubles de Saint-Domingue* (Paris, 1959), 27; Philadelphia General Advertiser, October 10 and 11, 1791.

25. *Moniteur Général de la Partie Française de Saint-Domingue* (hereafter *Moniteur Générale*), November 15, 1791, 1; Dalmas, *Histoire*, 1:159.

26. Gros, *Isle de Saint-Domingue*, 13; Marquis de Rouvray to de Lostanges, December 6-7, 1791, McIntosh and Weber, *Correspondence familiale*, 40; Proclamation of Etienne Polverel and Légér Félicité Sonthonax, May 5, 1793, Gabriel Debien, "Documents-aux origines de l'abolition de l'esclavage," *Revue d'Histoire des Colonies* 36 (1er trimestre, 1949): 24-55, 35; *Moniteur Générale*, February 27, 1793, 410.

27. J. Ph. Garran de Coulon, *Rapport sur les troubles de Saint-Domingue, fait au nom de la Commission des Colonies, des Comités du Salut Public, de Législation et de Marine, réunis*, 4 vols. (Paris, 1798), 2:194; 209, 4:58.

28. Philadelphia General Advertiser, November 11, 1791.

29. *Ibid.*, October 10 and 11, 1791; "Debut de la révolte," 776.

30. Fick, *Making of Haiti*, 92, 113, 127-128; Gros, *Isle de Saint-Domingue*, 13-14, 26; Philadelphia General Advertiser, October 11, 1791; Garran de Coulon, *Rapport sur les troubles*, 2:193.

31. Jean-Francois and Biassou to Commissioners, December 12, 1791, DXXV 1, folder 4, no. 8, AN; Garran de Coulon, *Rapport sur les troubles*, 2:209-210.

32. Moniteur Général, December 19, 1791, 143; Biassou to Commissioners,

December 23, 1791, DXXV 1, folder 4, no. 20, AN; Moniteur Général, February 28, 1793, 419; Robert Louis Stein, *Légér Félicité Sonthonax: The Lost Sentinel of the Republic* (London, 1985), 98.

33. Gros, *Isle de Saint-Domingue*, 13, 19; Geggus, *Haitian Revolutionary Studies*, 173-174; Jane Landers, "Rebellion and Royalism in Spanish Florida," David Barry Gaspar and David Geggus (ed.), *A Turbulent Time: The French Revolution and the Greater Caribbean* (Bloomington, 1997), 156-171, 162.

34. Fick, *Making of Haiti*, 128, 151; Philadelphia General Advertiser, October 10 and November 12, 1791.

35. Garran de Coulon, *Rapport sur les troubles*, 2:209; Stein, *Légér Félicité Sonthonax*, 98; John Thornton, "I Am the Subject of the King of Kongo: African Political Ideology and the Haitian Revolution" *Journal of World History* 4 (fall 1993): 181-214, 186.

36. John Thornton, "African Soldiers in the Haitian Revolution," *Journal of Caribbean History* 25, 1 and 2 (1991): 58-80; Lacroix, *Révolution de Haiti*, 87; Philadelphia General Advertiser, October 10, 1791; *Moniteur Général*, March 18, 1793, 487; Jean-Francois and Biassou to Commissioners, December 12, 1791, DXXV 1, folder 4, no. 8, AN.

37. Philadelphia General Advertiser, November 12, 1791; Fick, *Making of Haiti*, 111-112; Michel Etienne Descourtilz, *Voyages d'un naturaliste, et ses observations*, 3 vols. (Paris, 1809), 3:206.

38. Fick, *Making of Haiti*, 110; Lacroix, *Révolution de Haiti*, 88; Thomas Madiou, *Histoire d'Haiti* (1847-48; reprint, Port-au-Prince, 1989), 1:97; Philadelphia General Advertiser, October 11, 1791.

39. Particular Account, 7; Camille Desmoulins, J. P. Brissot demasque (Paris, 1792), 40. Eleni Varkis, "Preface," Olympe de Gouges, *L'Esclavage des noirs, ou l'heureux naufrage* (1792; reprint, Paris, 1989), 25에서 재인용.

40. Edwards, *History*, 3:67, 79.

41. *Ibid.*, 80-81; Particular Account, 10; Fick, *Making of Haiti*, 95-96, 108-109, 113.

42. Particular Account, 11.

43. Fick, *Making of Haiti*, 97, 106-107.

44. Philadelphia General Advertiser, November 9, 1791.

45. Marie Rose Masson to Gallifet, 8 Thermidor An 10 (July 27, 1802), 107 AP 127, folder 1, AN.

5 새로운 세상

1. Madame de Rouvray to Madame de Lostanges, September 4 and 15, 1791, M. E. McIntosh and B. C. Weber (ed.), *Une Correspondence familiale au temps des*

troubles de Saint-Domingue (Paris, 1959), 27, 33.

2. Philadelphia General Advertiser, November 11, 1791; Carolyn Fick, *The Making of Haiti: The Saint-Domingue Revolution from Below* (Knoxville, 1990), 105.

3. Philadelphia General Advertiser, November 9, 12, and 14, 1791.

4. Pamphile de Lacroix, *La Révolution de Haiti* (1819; reprint, Paris, 1995), 95; Philadelphia General Advertiser, November 14, 1791; Althéa de Puech Parham (ed.), *My Odyssey: Experiences of a Young Refugee from Two Revolutions, by a Creole of Saint Domingue* (Baton Rouge, 1959), 30.

5. Bryan Edwards, *The History, Civil and Commercial, of the British Colonies in the West Indies* (London, 1801), 3:82; Lacroix, *Révolution de Haiti*, 95; Philadelphia General Advertiser, October 10 and November 14, 1791; Thomas Ott, *The Haitian Revolution, 1789-1804* (Knoxville, 1974), 49; de Rouvray to de Lostanges, September 15, 1791, McIntosh and Weber, *Correspondence familiale*, 34.

6. *Moniteur Général*, November 19, 1791, 17; *Ibid.*, December 7, 1791, 92.

7. Edwards, *History*, 3:v-vii, ix-x; David Geggus, *Slavery, War and Revolution: The British Occupation of Saint-Domingue, 1793-1798* (Oxford, 1982), 53, n. 51, 제3장 전체.

8. Lacroix, *Révolution de Haiti*, 90.

9. *Ibid.*, 105-106.

10. Edwards, *History*, 3:7; Philadelphia General Advertiser, November 14, 1791; Lacroix, *Révolution de Haiti*, 105.

11. Fick, *Making of Haiti*, 119-120.

12. David Geggus, *Haitian Revolutionary Studies*, (Bloomington, 2002), 99-102; Fick, *Making of Haiti*, 120; H. Pauleus Sannon, *Histoire de Toussaint Louverture* (Port-au-Prince, 1938), 1:88-89.

13. Concordat, September 11, 1791, Edwards, *History*, 3:228-235에서 재인용. Fick, *Making of Haiti*, 121.

14. Fick, *Making of Haiti*, 122-125; Concordat, September 11, 1791; *Concordat, ou Traité de paix entre les Citoyens Blancs et les Citoyens de Couleur des quatorze paroisses de la Province de l'Ouest de la partie Française de Saint-Domingue* (Paris, October 19, 1791).

15. Geggus, *Haitian Revolutionary Studies*, 103-115; Jean-Philippe Garran-Coulon, *Rapport sur les troubles de Saint-Domingue* (Paris, 1798-99), 3:65-68; Fick, *Making of Haiti*, 124-125.

16. Fick, *Making of Haiti*, 125-126; Sannon, *Histoire de Toussaint Louverture*, 106-107; Commissioners of Saint-Marc to Governor-General, December 2, 1791, DXXV 1, folder 3, no. 10, AN.

17. Commissioners of Saint-Marc to Governor-General, December 2, 1791;

Sannon, *Histoire de Toussaint Louverture*, 107-108; Fick, *Making of Haiti*, 133-134.

18. Gros, *Isle de Saint-Domingue: Précis historique* (Paris, 1793), 6.

19. *Ibid.*, 6-7.

20. *Ibid.*, 8-9; "Adresse à l'assemblée générale ······ par MM. les citoyens de couleur, de la Grand Rivière," DXXV 1, folder 4, no. 4, AN.

21. Gros, *Isle de Saint-Domingue*, 9, 12.

22. *Ibid.*, 11, 13, 17, 21; Biassou to Commissioners, December 23, 1791, DXXV 1, folder 4, no. 20, AN; Fick, *Making of Haiti*, 75.

23. Fick, *Making of Haiti*, 103; Antoine Dalmas, *Histoire de la Révolution de Saint-Domingue* (Paris, 1814), 1:219; Thomas Madiou, *Histoire d'Haiti* (1847-48; reprint, Port-au-Prince, 1989), 1:97; *Moniteur Général*, December 22, 1791, 154; Gros, *Isle de Saint-Domingue*, 14.

24. *Moniteur Général*, November 22, 1791, 31-32.

25. *Ibid.*, November 22, 1791, 29-31; *Ibid.*, December 9, 1791, 101-102.

26. *Ibid.*, December 9, 1791, 101-102; *Ibid.*, December 17, 1791, 134-136; Deputy of Le Cap to the Civil Commissioners, December 15, 1791, DXXV 1, folder 4, no. 9, AN.

27. *Moniteur Général*, December 17, 1791, 134-136; *Ibid.*, December 19, 1791, 142-143; "Adresse à l'assemblée générale ······ par MM. les citoyens de couleur, de la Grand Rivière," DXXV 1, folder 4, no. 4, AN; Fick, *Making of Haiti*, 115.

28. Moniteur Général, December 16, 1791, 132; *Ibid.*, December 23, 1791, 158; Lacroix, *Révolution de Haiti*, 115-118, 118쪽의 편집자 주에서 인용함; Commissioner Roume to Minister of the Colonies, April 12, 1792, DXXV 1, folder 4, no. 1, AN; 의회 주관으로 진행된 토론은 *Moniteur Général* starting with December 9, 1791에서 출간됨.

29. Jean-François and Biassou to Commissioners, December 12 and 15, 1791; "Note des Commissaires," December 16, 1791; Jean-François and Biassou to Commissioners, December 17, 1791, all DXXV 1, folder 4, nos. 8, 42-44, AN; Lacroix, *Révolution de Haiti*, 118-119; *Moniteur Général*, December 23, 1791, 157.

30. Jean-François and Biassou to Commissioners, December 21, 1791, DXXV 1, folder 4, no. 19, AN.

31. Gros, *Isle de Saint-Domingue*, 21, 27.

32. Fick, *Making of Haiti*, 117; Lacroix, *Révolution de Haiti*, 123.

33. Florence Gauthier, "Comment la nouvelle de l'insurrection des esclaves de Saint-Domingue fut-elle recue en France?(1791-1793)" Laënnec Hurbon (ed.), *L'Insurrection des esclaves de Saint-Domingue* (Paris, 2000), 15-27, 21-22; Thomas Clarkson, *The True State of the Case Respecting the Insurrection at St. Domingo* (Ipswich, 1792), 8; L'Ami du Peuple, December 12, 1791, Jacques

De Cock and Charlotte Goetz, *Jean-Paul Marat: Oeuvres Politiques, 1789–1793* (Brussels, 1993), 3788.

34. Olympe de Gouges, preface to *Black Slavery, or the Happy Shipwreck* (Paris, 1792), trans. Maryann De Julio, Doris Y. Kadish and Françoise Massardier-Kenney (ed.), *Translating Slavery: Gender and Race in French Women's Writing, 1783–1823* (Kent, Ohio, 1994), 87–117, 88; Gauthier, "Comment la nouvelle"; Marcel Dorigny and Bernard Gainot, *La Société des Amis des Noirs, 1788–1799* (Paris, 1998).

35. Ott, *Haitian Revolution*, 65; Robin Blackburn, *The Overthrow of Colonial Slavery, 1776–1778* (London, 1989), 206.

36. "Loi relative aux colonies et aux moyens d'y apaiser les troubles, donnée à Paris, le 4 Avril 1792", AD VII 20A, AN; Blackburn, *Overthrow of Colonial Slavery*, 193–204.

6 도전

1. Gabriel Debien, "Sur les plantations Mauger à l'Artibonite (Saint-Domingue 1763–1803)," *Enquetes et Documents: Nantes, Afrique, Amérique* (Nantes, 1981), 298–299.

2. *Ibid.*, 282–283.

3. *Ibid.*, 284–285.

4. *Ibid.*, 286–287.

5. *Ibid.*, 300–301.

6. *Ibid.*, 301–302.

7. Carolyn Fick, *The Making of Haiti: The Saint-Domingue Revolution from Below* (Knoxville, 1990), 137–138.

8. *Ibid.*, 131–133.

9. *Ibid.*, 132, 141.

10. Pamphile de Lacroix, *La Révolution de Haiti* (1819; reprint, Paris, 1995), 127–128; Jean-Philippe Garran-Coulon, *Rapport sur les troubles de Saint-Domingue* (Paris, 1798–99), 3:75–76.

11. David Geggus, "The Arming of Slaves in the Haitian Revolution," Philip Morgan and Christopher Brown (ed.), *The Arming of Slaves* (New Haven, forthcoming), 15–17; Lacroix, *Révolution de Haiti*, 129–130; Fick, *Making of Haiti*, 139–140; Thomas Madiou, *Histoire d'Haiti* (1847–48; reprint, Port-au-Prince, 1989), 1:131–132.

12. Madiou, *Histoire d'Haiti*, 1:133; Geggus, "Arming of Slaves," 17–18.

13. Lacroix, *Révolution de Haiti*, 135–139; Madiou, *Histoire d'Haiti*, 1:140–143; Fick, *Making of Haiti*, 139.

14. Chaela Pastore, "Merchant Voyages: Michel Marsaudon and the Exchange

of Colonialism in Saint-Domingue, 1788-1794" (Ph.D. diss., University of
California at Berkeley, 2001), 134; Madiou, *Histoire d'Haiti*, 1:211; Lacroix,
Révolution de Haiti, 131-138; Fick, *Making of Haiti*, 140.

15. Lacroix, *Révolution de Haiti*, 138; Garran-Coulon, *Rapport*, 3:101; Fick, *Making of Haiti*, 140.
16. Fick, *Making of Haiti*, 141-142.
17. *Ibid.*, 143-144.
18. *Ibid.*, 144-145; Madiou, *Histoire d'Haiti*, 1:149; Lacroix, *Révolution de Haiti*, 143-146.
19. Fick, *Making of Haiti*, 145-46.
20. *Ibid.*, 146-151; Pastore, "Merchant Voyages," 176.
21. Fick, *Making of Haiti*, 148-150; Bernard Foubert, "Les Volontaires nationaux de l'Aube et de la Seine-Inferieure à Saint-Domingue (octobre 1792-janvier 1793)," *Bulletin de la Société d'Histoire de la Guadeloupe* 51 (1er trimestre 1982): 3-54, 17-18, 29, 41; Pastore, "Merchant Voyages," 167.
22. Nathalie Picquionne, "Lettre de Jean-François, Biassou et Belair, Juillet 1792," *Annales Historiques de la Révolution Française* 311 (January-March 1998): 132-139, 133-135; Fick, *Making of Haiti*, 161.
23. Fick, *Making of Haiti*, 145, 154-156; Pastore, "Merchant Voyages," 154; Garran-Coulon, *Rapport*, 3:141-144.
24. Robert Louis Stein, *Légèr Félicité Sonthonax: The Lost Sentinel of the Republic* (London, 1985), 82; Fick, *Making of Haiti*, 315
25. Stein, *Légèr Félicité Sonthonax*, 22-25, 42-43; Jacques de Cauna, "Polverel et Sonthonax: Deux voies pour l'abolition de l'esclavage," *Revue Française d'Histoire d'Outre-mer* 84 (1997): 47-53, 48-49; Marcel Dorigny, "Sonthonax et Brissot: Le cheminement d'une filiation politique assumee," *Ibid.*, 29-40.
26. Dorigny, "Sonthonax et Brissot," 35-6; Stein, *Légèr Félicité Sonthonax*, 22-23.
27. Stein, *Légèr Félicité Sonthonax*, 23-25; Garran-Coulon, *Rapport*, 3:128-129; Madiou,*Histoire d'Haiti*, 1:151; Dorigny, "Sonthonax et Brissot," 31.
28. Stein, *Légèr Félicité Sonthonax*, 42-45.
29. Garran-Coulon, *Rapport*, 3:133-134.
30. Stein, *Légèr Félicité Sonthonax*, 46-48; Dorigny, "Sonthonax et Brissot," 31-32.
31. Fick, *Making of Haiti*, 157.
32. Pastore, "Merchant Voyage," 164-165; Garran-Coulon, *Rapport*, 3:118-124; Fick, *Making of Haiti*, 157.
33. Stein, *Légèr Félicité Sonthonax*, 51-52.
34. *Ibid.*, 56; Madiou,*Histoire d'Haiti*, 1:153; *Moniteur Générale*, February 9, 1793, 337.
35. Stein, *Légèr Félicité Sonthonax*, 54-55, 58.
36. *Ibid.*, 59-60; Garran-Coulon, *Rapport*, 3:227-242.

37. Madiou,*Histoire d'Haiti*, 1:159; Pamphile de Lacroix, *Révolution de Haiti*, 153; Stein, *Légèr Félicité Sonthonax*, 61.
38. Garran-Coulon, *Rapport*, 3:246–247; Madiou,*Histoire d'Haiti*, 1:163–164.
39. *Moniteur Général*, February 4, 1793, 319; February 5, 1793, 323; February 7, 1793, 331; February 12, 1793, 349–350; February 26, 1793, 406.
40. Fick, *Making of Haiti*, 155–156; Madiou,*Histoire d'Haiti*, 1:166.
41. David Geggus, *Haitian Revolutionary Studies* (Bloomington, 2002), 137–145; Foubert, "Les Volontaires," 33–35; *Moniteur Général*, February 28, 1793, 419.
42. Madiou, *Histoire d'Haiti*, 1:215; *Moniteur Général*, February 9, 1793, 339–340; *Ibid.*, March 5, 1793, 434–435; *Ibid.*, February 28, 1793, 419; Julius Scott, "The Common Wind: Currents of Afro-American Communication in the Era of the Haitian Revolution" (Ph.D. diss., Duke University, 1986).
43. Garran-Coulon, *Rapport, 3:394; Moniteur Général*, February 9, 1793, 339–340; *Ibid.*, March 8, 1793, 446–447; *Ibid.*, March 5, 1793, 434–435.
44. *Moniteur Général*, February 24, 1793, 399; *Ibid.*, February 21, 1793, 388; *Ibid.*, February 8, 1793, 336; *Ibid.*, February 12, 1793, 352.
45. *Ibid.*, February 19, 1793, 380; *Ibid.*, February 25, 1793, 403; *Ibid.*, February 8, 1793, 336.
46. Thomas Madiou,*Histoire d'Haiti*, 1:263; *Moniteur Général*, February 5, 1793, 322.
47. *Moniteur Général*, March 22, 1793, 504; DuBois, *Slave-Trade Database* (Cambridge, 2000).

7 자유의 땅

1. David Geggus, *Haitian Revolutionary Studies* (Bloomington, 2002), 175; idem, *Slavery, War and Revolution: The British Occupation of Saint-Domingue, 1793–1798* (Oxford, 1982), 103, 338.
2. David Geggus, "The Arming of Slaves in the Haitian Revolution," Philip Morgan and Christopher Brown (ed.), The Arming of Slaves (New Haven, forthcoming), 23–25; idem, *Haitian Revolutionary Studies*, 179–180.
3. Geggus, *Slavery, War and Revolution*, 58–64.
4. *Ibid.*, 103; Jean-Philippe Garran-Coulon, *Rapport sur les troubles de Saint-Domingue*, 4 vols. (Paris, 1798–99), 4:24, 30–31; Robert Louis Stein, *Légèr Félicité Sonthonax: The Lost Sentinel of the Republic* (London, 1985), 69, 78.
5. Stein, *Légèr Félicité Sonthonax*, 83, 64.
6. Proclamation of Etienne Polverel and Légèr Félicité Sonthonax, May 5, 1793, Gabriel Debien, "Aux origines de l'abolition de l'esclavage," *Revue d'Histoire des Colonies* 36 (1er trimestre, 1949): 24–55, 35–43; Garran-Coulon, Rapport, 4:31–33, 55–56.

7. Stein, *Légèr Félicité Sonthonax*, 69-72; Garran-Coulon, *Rapport*, 3:400-409; 4:26, 35-36. 부아시에의 일부 저술에 관해서는 Moniteur Général, February 3, 1793, 315; *Ibid.*, February 7, 1793, 330을 보라.

8. Stein, *Légèr Félicité Sonthonax*, 70-73.

9. *Ibid.*, 70-73; Pierre Pluchon, *Toussaint Louverture* (Paris, 1989), 81; Garran-Coulon, Rapport, 3:366-370, 395-399; "Précis des faits relatifs à la malheureuse colonie de Saint-Domingue," DXXV 14, folder 127, no. 6, AN.

10. Stein, *Légèr Félicité Sonthonax*, 74-75; Garran-Coulon, *Rapport*, 3:437-446; Thomas Madiou,*Histoire d'Haiti* (1847-48; reprint, Port-au-Prince, 1989), 1:178-179; Pamphile de Lacroix, *La Révolution de Haiti* (1819; reprint, Paris, 1995), 162.

11. Garran-Coulon, *Rapport*, 3:446-447, 474; Stein, *Légèr Félicité Sonthonax*, 75; Carolyn Fick, *The Making of Haiti: The Saint-Domingue Revolution from Below* (Knoxville, 1990), 158-159; Pailleux to the Colonial Commission, 30 Frimaire An 3 (December 20, 1794), DXXV 125, folder 991, no. 1, AN.

12. Stein, *Légèr Félicité Sonthonax*, 75; Fick, *Making of Haiti*, 159.

13. Pailleux to the Colonial Commission, 30 Frimaire An 3 (December 20, 1794); Garran-Coulon, *Rapport*, 4:41-42.

14. Lacroix, *Révolution de Haiti*, 164-165; Paillieux to the Colonial Commission, 30 Frimaire An 3 (December 20, 1794); Stein, *Légèr Félicité Sonthonax*, 76.

15. Stein, *Légèr Félicité Sonthonax*, 76; Fick, *Making of Haiti*, 159; Geggus, *Haitian Revolutionary Studies*, 126.

16. Garran-Coulon, *Rapport*, 4:6, 43; Geggus, *Haitian Revolutionary Studies*, 267.

17. Stein, *Légèr Félicité Sonthonax*, 98; Lacroix, *Révolution de Haiti*, 166-67; John Thornton, "I Am the Subject of the King of Kongo: African Political Ideology and the Haitian Revolution," *Journal of World History* 4 (fall 1993): 181-183.

18. Garran-Coulon, *Rapport*, 4:11-14, 48-51; Fick, *Making of Haiti*, 161; Stein, *Légèr Félicité Sonthonax*, 76; Madiou,*Histoire d'Haiti*, 1:185.

19. Fick, *Making of Haiti*, 163-164.

20. Lacroix, *Révolution de Haiti*, 169.

21. Proclamation of Etienne Polverel, August 27, 1793, Debien, "Aux origines," 43-55. 43-45쪽에서 인용.

22. *Ibid.*, 45-46, 48.

23. *Ibid.*, 49, 52.

24. Geggus, *Haitian Revolutionary Studies*, 126; Garran-Coulon, *Rapport*, 4:53-57.

25. Florence Gauthier, "Le Rôle de la députation de Saint-Domingue dans l' abolition de l'esclavage," Marcel Dorigny (ed.), *Les Abolitions de l'Esclavage de L. F. Sonthanax à V. Schoelcher, 1793, 1794, 1848* (Paris, 1995), 200-211, 203; Lacroix, *Révolution de Haiti*, 170; Proclamation of Sonthonax, August 29, 1793, Gabriel Debien, "Aux origines de l'abolition de l'esclavage," Revue d'

Histoire des Colonies 36 (3ème et 4ème trimestres 1949): 348–356.

26. Bramante Lazzary, August 30, 1793, D XXV 23, 231, no. 98, AN.

27. Etienne Polverel, "Proclamation relative à la liberté générale différée," Port-au-Prince, September 4, 1793; "Proclamation aux Africains et descendants d'Africains," September 10, 1793; "Proclamation relative à l'émancipation des esclaves appartenant à l'Etat dans la province de l'Ouest," September 21, 1793; "Proclamation relative à l'émancipation des esclaves appartenant à l'Etat dans la province du Sud," Les Cayes, October 7, 1793; "Proclamation relative à la liberté générale," October 31, 1793; Debien, "Aux origines," 356–387에 인용됨.

28. Proclamation of Sonthonax, August 29, 1793, Debien, "Aux origines," 348–356; Beaubrun Ardouin, Etudes sur l'Histoire d'Haïti, 11 vols. (1853–1865; reprint, Port-au-Prince, 1958), 3:101.

29. Etienne Polverel, "Proclamation relative à la liberté générale," October 31, 1793, Debien, "Aux origines," 372–387.

30. Geggus, Slavery, War and Revolution, 65–66, 107–108.

31. Ibid., 125, 395–399; Lacroix, Révolution de Haiti, 173–177.

32. Geggus, Slavery, War and Revolution, 66, 109; Madiou, Histoire d'Haiti, 1:205–211; Geggus, Slavery, 109.

33. Madiou, Histoire d'Haiti, 1:234–236; Geggus, Haitian Revolutionary Studies, 78, 124.

34. Madiou, Histoire d'Haiti, 1:232–233; Lacroix, Révolution de Haiti, 186–188; "Notes divers d'Isaac sur la vie de Toussaint-Louverture," Antoine Metral, Histoire de l'expédition des Français à Saint-Domingue (1825; reprint, Paris, 1985), 333.

35. Gauthier, "Le Rôle de la députation," 200–211, 204; "Procès vérbal de l'Assemblée électorale des députés du nord de St. Domingue," September 23, 1793, C181, 84, AN.

36. Lettre écrite à New York par les députés de Saint-Domingue, à leurs commetans, imprimée par ordre de la Convention Nationale (Paris, 1794), 3-9.

37. M. J. Mavidal and M. E. Laurent (eds.), Archives parlementaires de 1787 à 1860, première série (1787–1799) (Paris, 1962), 84:276–285.

38. Madiou, Histoire d'Haiti, 1:226–228.

8 돌파

1. Gabriel Debien, Jean Fouchard, and Marie Antoinette Menier, "Toussaint Louverture avant 1789: Légendes et réalités," Conjonction 134 (June-July 1977): 68, 73–74; Stewart King, "Toussaint L'Ouverture before 1791: Free Planter and Slave-Holder," Journal of Haitian Studies 3, 4 (1997-98): 68;

David Geggus, *Haitian Revolutionary Studies* (Bloomington, 2002), 230.

2. Debien, Fouchard, and Menier, "Toussaint Louverture," 67; C. L. R. James, *The Black Jacobins: Toussaint Louverture and the San Domingo Revolution* (1938; reprint, New York, 1963), 25; "Notes divers d'Isaac sur la vie de Toussaint-Louverture," Antoine Métral, *Histoire de l'expédition des Français à Saint-Domingue* (1825; reprint, Paris, 1985), 325–326; Geggus, *Haitian Revolutionary Studies*, 16.

3. "Notes divers d'Isaac," 331; "Extrait de l'esquisse historique légendaire et descriptive de la Ville de Pontarlier et du Fort de Joux par Edouard Girou," N.A. 6894, 22–26, Bibliothéque Nationale (이하에서는 BN으로 표기함); Geggus, *Haitian Revolutionary Studies*, 127.

4. Pamphile de Lacroix, *La Révolution de Haiti* (1819; reprint, Paris, 1995), 244, 354; Geggus, *Haitian Revolutionary Studies*, 16, 19; James, *Black Jacobins*, 418.

5. Lacroix, *Révolution de Haiti*, 245, 355.

6. Madison Smartt Bell, *Master of the Crossroads* (New York, 2000): 아이티 부두교에서 교차로는 신(lwa)이 인간과 마주치는 상징적인 장소이다.

7. Victor Schoelcher, *Vie de Toussaint Louverture* (1889; reprint, Paris, 1982), 94–95; James, Black Jacobins, 125; Geggus, *Haitian Revolutionary Studies*, 127.

8. Bramante Lazzary to Toussaint Louverture, D XXV 23, 231, no. 96, AN.

9. Geggus, *Haitian Revolutionary Studies*, 125; James, *Black Jacobins*, 124–125.

10. Toussaint Louverture to General Laveaux, May 18, 1794, Gérard Laurent, *Toussaint Louverture à travers sa correspondence, 1794-1798* (Madrid, 1953), 103–107; 로랑은 자신의 저서에 프랑스 국립도서관 서양필사본부 12101–12103에 소장된, 루베르튀르와 라보가 교환한 서신들과 몇몇 다른 문서들을 실었다. *Toussaint Louverture* (Paris, 1877)에 실린 그라뇽라코스테(T. Gragnon-Lacoste)의 작업은 교묘한 속임수였다. Geggus, *Haitian Revolutionary Studies*, 126; Schoelcher, *Vie de Toussaint Louverture*, 98–100; James, *Black Jacobins*, 125–126을 보라.

11. Geggus, *Haitian Revolutionary Studies*, 128; idem, *Slavery, War and Revolution: The British Occupation of Saint-Domingue, 1793-1798* (Oxford, 1982), 108.

12. Geggus, *Haitian Revolutionary Studies*, 133.

13. Laplace, "député des émigrés Français," to "son excellence," April 4, 1794, 12102, 55, BN; Pierre Pluchon, *Toussaint Louverture* (Paris, 1989), 101–102; Schoelcher, *Vie de Toussaint Louverture*, 97; Geggus, *Haitian Revolutionary Studies*, 121.

14. Geggus, *Haitian Revolutionary Studies*, 122–123, 135–136.

15. *Ibid.*, 123–124; Jean-Philippe Garran-Coulon, *Rapport sur les troubles de Saint-Domingue* (Paris, 1798-99), 4:298–300; Louverture to Laveaux, May 18,

1794, Laurent, *Louverture*, 103–107; Pluchon, *Toussaint Louverture*, 99–100; Carolyn Fick, *The Making of Haiti: The Saint-Domingue Revolution from Below* (Knoxville, 1990), 184.

16. Geggus, *Slavery, War and Revolution*, 114, 118; Louverture to Laveaux, July 7, 1794, Laurent, *Louverture*, 118–120.

17. Beaucorps to Rodrigue, July 9, 1794, 12102, 92–94, BN; Geggus, *Slavery, War and Revolution*, 119; idem, *Haitian Revolutionary Studies*, 176, 180.

18. Robert Louis Stein, *Léger Félicité Sonthonax: The Lost Sentinel of the Republic* (London, 1985), 104.

19. Proclamation by Laveaux to the Inhabitants of Saint-Marc, September 12, 1794, Laurent, *Louverture*, 130–133; Geggus, *Slavery, War and Revolution*, 121, 126–128.

20. Louverture to Laveaux, July 7, 1794, Laurent, *Louverture*, 118–120; Geggus, *Slavery, War and Revolution*, 128.

21. Louverture to Laveaux, October 4, 1794, Laurent, *Louverture*, 133–136.

22. Geggus, *Slavery, War and Revolution*, 122, 128–129, 150–154; Thomas Madiou,*Histoire d'Haiti* (1847–48; reprint, Port-au-Prince, 1989), 1:266–268.

23. Louverture to Laveaux, October 21, 1794, and January 7, 1795, Laurent, *Louverture*, 137–138 and 145–147; Schoelcher, *Vie de Toussaint Louverture*, 108, 113–117.

24. Pluchon, *Toussaint Louverture*, 134–135.

25. 이 편지는 서신 Louverture to Laveaux, June 18, 1795에 첨부되어, Laurent, *Louverture*, 181–183에 실렸다.

26. Louverture to Laveaux, October 5, October 28, and November 8, 1795, Laurent, *Louverture*, 237–239, 249, 253–255; Jean-François to Laveaux, December 28, 1794, 12102, 162, BN.

27. Geggus, *Slavery, War and Revolution*, 182; idem, *Haitian Revolutionary Studies*, 179–203; Jane Landers, "Rebellion and Royalism in Spanish Florida," David Barry Gaspar and David Geggus (ed.), *A Turbulent Time: The French Revolution and the Greater Caribbean* (Bloomington, 1997), 156–171.

28. Louverture to Laveaux, August 31 and September 14, 1795, 12103, 128 and 218, BN; Laurent, *Louverture*, 222–232; Schoelcher, *Vie de Toussaint Louverture*, 142–144; Geggus, *Slavery, War and Revolution*, 165.

29. Louverture to Laveaux, September 30 and December 7, 1795, 12103, 237 and 368, BN; Laurent, *Louverture*, 233–236, 271–272; Schoelcher, *Vie de Toussaint Louverture*, 121–122; Lacroix, *Révolution de Haiti*, 214.

30. Fick, *Making of Haiti*, 168–169; Etienne Polverel, "Réglement sur les proportions du travail et de la récompense," February 7, 1794, Gabriel Debien, "Aux origines de l'abolition de l'esclavage," *Revue d'Histoire des Colonies* 36 (3éme and 4éme trimestres 1949): 391–402.

31. Fick, *Making of Haiti*, 170; Judith Kafka, "Action, Reaction, and Interaction: Slave Women and Resistance in the South of Saint-Domingue, 1793-94," *Slavery and Abolition* 18 (August 1997): 48-49, 54.

32. Fick, *Making of Haiti*, 171; Kafka, "Action, Reaction, and Interaction," 60.

33. Fick, *Making of Haiti*, 172-173.

34. Louverture to Laveaux, July 19, 1794, 12102, 95, BN; Laurent, *Louverture*, 121-124.

35. Schoelcher, *Vie de Toussaint Louverture*, 109.

36. *Ibid.*, 127-129; Proclamation of Louverture, March 22, 1795; Louverture to Laveaux, June 17, June 26, and September 14, 1795, 12103, 95, 117, and 218, BN; Laurent, *Louverture*, 171-173, 183-188, 228-232.

37. Louverture to Laveaux, September 14, 1795, 12103, 218, BN; Laurent, *Louverture*, 228-232; Schoelcher, *Vie de Toussaint Louverture*, 145-146; Geggus, *Haitian Revolutionary Studies*, 23.

38. Louverture to Laveaux, August 6 and September 14, 1795, 12103, 193 and 218, BN; Laurent, *Louverture*, 213-219, 228-232; Pluchon, *Toussaint Louverture*, 421.

39. Louverture to Laveaux, January 31 and June 17, 1795, 12103, 16 and 95, BN; Laurent, *Louverture*, 157-161 and 183-186; Schoelcher, *Vie de Toussaint Louverture*, 129. 놀랍게도 루베르튀르의 노동정책이 어떻게 적용되었고, 농장에서 어떠한 저항을 받았는지에 대한 자세한 연구가 거의 없다.

40. Proces-verbal de Toussaint Louverture, 1 Ventôse An 4 (February 20, 1796), Laurent, *Louverture*, 314-315, 316.

41. *Ibid.*, 317-318.

42. Louverture, "Proclamation," April 25, 1796, *Ibid.*, 380-385.

43. Procés-verbal of Louverture, February 20, 1796, and Louverture to Laveaux, May 11, 1796, 12104, 230, BN; Laurent, *Louverture*, 385-387.

44. Lacroix, *Révolution de Haiti*, 201; Marquis de Condorcet, *Réflexions sur l'esclavage des Nègres*, 2d ed. (Paris, 1788).

45. Odette Menesson-Rigaud Papers, box 1, folder 7/8, no. 74, Bibliothéque Haitïenne des Pères du Saint-Esprit, Port-au-Prince.

9 권력

1. Jean-Baptiste Belley, *Le Bout d'oreille des colons où le système de l'Hotel de Massiac, mis au jour par Gouli* (Paris, 1795).

2. Darcy Grimaldo Grigsby, *Extremities: Painting Empire in Revolutionary France* (New Haven, 2002), 52.

3. Belley, *Le Bout d'oreille*.

4. *Ibid.*; Grigsby, *Extremities*, 53.

5. Speech of Defermont and Decree of the National Convention, July 23, 1795, Gérard Laurent, *Toussaint Louverture à travers sa correspondence, 1794-1798* (Madrid, 1953), 244-247.

6. *Débats entre les accusateurs et les accusés dans l'affaire des colonies* (Paris, 1795).

7. Florence Gauthier, "La Convention thermidorienne et le problème coloniale, Septembre 1794-Septembre 1795," Michel Vovelle (ed.); *Le Tournant de l'an III: Rèaction et terreur blanche dans la France révolutionnaire* (Paris, 1997), 109-119, 113-115; Victor Schoelcher, *Vie de Toussaint Louverture* (1889; reprint, Paris, 1982), 177.

8. Schoelcher, *Vie de Toussaint Louverture*, 119.

9. Carolyn Fick, *The Making of Haiti: The Saint-Domingue Revolution from Below* (Knoxville, 1990), 186-188; Beaubrun Ardouin, *Etudes sur l'Histoire d'Haïti*, 11 vols. (1853-1865; reprint, Port-au-Prince, 1958), 3:81.

10. Fick, *Making of Haiti*, 185-187.

11. David Geggus, *Slavery, War and Revolution: The British Occupation in Saint-Domingue, 1793-1798* (Oxford, 1982), 183-184.

12. Louverture to Laveaux, February 12, 1796, Schoelcher, *Vie de Toussaint Louverture*, 136-137.

13. *Ibid.*, 138-139; Fick, *Making of Haiti*, 188.

14. Geggus, *Slavery, War and Revolution*, 180; Louverture to Laveaux, April 26 and June 18, 1795, Laurent, *Louverture*, 175-177, 179-181.

15. Louverture to Laveaux, July 2, 1795, Jan. 19, 1796, *Ibid.*, 189-192, 293-295.

16. Pierre Pluchon, *Toussaint Louverture* (Paris, 1989), 121; Ardouin, *Etudes sur l'Histoire d'Haïti*, 3:28; Laurent, *Louverture*, 173-174.

17. Laurent, *Louverture*, 349-354; Thomas Madiou,*Histoire d'Haiti* (1847-48; reprint, Port-au-Prince, 1989), 1:303-304.

18. Pluchon, *Toussaint Louverture*, 118-119; Schoelcher, *Vie de Toussaint Louverture*, 159; Laurent, *Louverture*, 355-357.

19. Laurent, *Louverture*, 358; Pluchon, *Toussaint Louverture*, 128; Madiou,*Histoire d'Haiti*, 1:305-306.

20. Henry Perroud, *Précis des derniers troubles qui ont eu lieu dans la partie du Nord de Saint-Domingue* (Le Cap, 1796), 2-4.

21. Ardouin, *Etudes sur l'Histoire d'Haïti*, 3:28-29; Louverture to Laveaux, February 22, 1796, 12104, 86, BN, Laurent, *Louverture*, 333-335; Geggus, *Slavery, War and Revolution*, 180; Pluchon, *Toussaint Louverture*, 140.

22. Proclamation of Toussaint Louverture, March 1796, George Tyson Jr. (ed.), *Toussaint Louverture* (Englewood Cliffs, N.J., 1973), 31-34.

23. Geggus, *Slavery, War and Revolution*, 181.

24. Proclamation of Toussaint Louverture, March 1796, Tyson, *Louverture*, 31-34.

25. Ardouin, *Etudes sur l'Histoire d'Haïti*, 3:32; Pamphile de Lacroix, *La Révolution de Haiti* (1819; reprint, Paris, 1995), 193; Schoelcher, *Vie de Toussaint Louverture*, 172; Michel Etienne Descourtilz, *Voyages d'un naturaliste, et ses observations* (Paris, 1809), 3:246.

26. Robert Louis Stein, *Légèr Félicité Sonthonax: The Lost Sentinel of the Republic* (London, 1985), 132–134; Madiou,*Histoire d'Haiti*, 1:318.

27. Fick, *Making of Haiti*, 192–196; Gaetan Mentor, *Histoire d'un crime politique: Le Général Etienne Victor Mentor* (Port-au-Prince, 1999), 36.

28. Stein, *Légèr Félicité Sonthonax*, 148.

29. *Ibid.*; Pluchon, *Toussaint Louverture*, 153–155.

30. Stein, *Légèr Félicité Sonthonax*, 160–161. 선거인회의 공식 보고서는 프랑스 국립 도서관 N.A.F. 6847 44–53에 있다.

31. Schoelcher, *Vie de Toussaint Louverture*, 181–182; Stein, *Légèr Félicité Sonthonax*, 161.

32. Stein, *Légèr Félicité Sonthonax*, 163, 166–167; Ardouin, *Etudes sur l'Histoire d'Haïti*, 3:49–50.

33. Ardouin, *Etudes sur l'Histoire d'Haïti*, 3:50; Sonthonax to Louverture, June 12, 1796, FR 8986, 12–13, BN; Laurent, *Louverture*, 467–468; Pluchon, *Toussaint Louverture*, 175–177, 194; Schoelcher, *Vie de Toussaint Louverture*, 191; Stein, *Légèr Félicité Sonthonax*, 128; Madiou,*Histoire d'Haiti*, 1:335, 341–342.

34. Stein, *Légèr Félicité Sonthonax*, 168.

35. *Ibid.*, 178–181; Ardouin, *Etudes sur l'Histoire d'Haïti*, 3:77–79.

36. Louverture to Laveaux, May 22 and June 5, 1798, 12104, 380 and 384, BN; Laurent, *Louverture*, 439–450; Pluchon, *Toussaint Louverture*, 163.

37. Louverture to Laveaux, May 22 and June 5, 1798, Laurent, *Louverture*, 439–450; C. L. R. James, *The Black Jacobins: Toussaint Louverture and the San Domingo Revolution* (1939; reprint, New York, 1963), 188–190; Fick, *Making of Haiti*, 196–196; Stein, *Légèr Félicité Sonthonax*, 169–170; Pluchon, *Toussaint Louverture*, 180, 186–187; Ardouin, *Etudes sur l'Histoire d'Haïti*, 3:75–76.

38. Ardouin, *Etudes sur l'Histoire d'Haïti*, 3:82–83; Pluchon, *Toussaint Louverture*, 188–189.

10 자유의 적들

1. Aimé Césaire, *Toussaint Louverture: La Révolution française et le problème colonial* (1961; reprint, Paris, 1981), 252–253; Gérard Laurent, *Toussaint Louverture à travers sa correspondence*, 1794–1798 (Madrid, 1953), 436; Pierre Pluchon, *Toussaint Louverture* (Paris, 1989), 231.

2. Cesaire, Toussaint Louverture, 253; "Refutation de quelques assertions d'un discours prononce ... par Vienot Vaublanc," October 29, 1797, *La Révolution*

française et l'abolition de l'esclavage (Paris, 1968), vol. 11; 이 문서의 일부가 George Tyson Jr. (ed.), *Toussaint Louverture* (Englewood Cliffs, N.J., 1973), 36–43에 영역되어 있다. Césaire, *Toussaint Louverture*, 248–249, 253; Beaubrun Ardouin, *Etudes sur l'Histoire d'Haïti*, 11 vols. (1853–1865; reprint, Port-au-Prince, 1958), 3:83; Robert Louis Stein, *Léger Félicité Sonthonax: The Lost Sentinel of the Republic* (London, 1985), 178–179.

3. Toussaint Louverture, Letter to the Directory, October 27, 1797, Tyson, *Louverture*, 36–43.

4. *Ibid.*

5. *Ibid.*; Pluchon, *Toussaint Louverture*, 197–198.

6. Pluchon, *Toussaint Louverture*, 196–197.

7. Bernard Gainot, "La Constitutionnalisation de la liberté générale sous le Directoire," Marcel Dorigny (ed.), *Les Abolitions de l'esclavage* (Paris, 1995), 213–229; idem, "Le Général Laveaux, gouverneur de Saint-Domingue, député Jacobin," *Esclavage, colonisation, libération nationales de 1789 à nos jours* (Paris, 1990), 169–183, 178–179; Victor Schoelcher, *Vie de Toussaint Louverture* (1889; reprint, Paris, 1982), 184.

8. Gainot, "La Constitutionnalisation," 213–229; Marcel Dorigny and Bernard Gainot, *La Société des Amis des Noirs, 1788–1799: Contribution à l'histoire de l'abolition de l'esclavage* (Paris, 1998).

9. Etienne Laveaux, *Discours prononcé par Laveaux, député de Saint-Domingue* (Paris, 1797), 1, 6–8.

10. *Ibid., Discours*, 3.

11. Etienne Laveaux, *Opinion de Laveaux, sur les colonies* (Paris, 1798), 7–9.

12. "Loi concernant l'organisation constititionale des colonies," 12 Nivose An 6 (January 1, 1798), AD VII 20 A, AN; Gainot, "La Constitutionnalisation," 222–223.

13. Laveaux, Discours, 12.

14. Louverture to Laveaux, September 24, 1798, 12104, 401, BN; Laurent, *Louverture*, 451–454.

15. David Geggus, *Slavery, War and Revolution: The British Occupation in Saint-Domingue, 1793–1798* (Oxford, 1982), 224, 318; Schoelcher, *Vie de Toussaint Louverture*, 218; Michael Duffy, Soldiers, Sugar and Seapower: The British Expeditions to the West Indies and the War against Revolution France (Oxford, 1987), 302.

16. Geggus, *Slavery, War and Revolution*, 315–318.

17. Roger Norman Buckley (ed.), *The Haitian Journal of Lieutenant Howard, York Hussars, 1796–1798* (Knoxville, 1985), 49–50; Duffy, *Soldiers, Sugar and Seapower*, 303–304.

18. Geggus, *Slavery, War and Revolution*, 375–376; Schoelcher, *Vie de Toussaint*

Louverture, 218.

19. Pluchon, *Toussaint Louverture*, 209, 213.

20. *Ibid.*, 210; Ardouin, *Etudes sur l'Histoire d'Haïti*, 3:85.

21. Ardouin, *Etudes sur l'Histoire d'Haïti*, 3:87; Pluchon, *Toussaint Louverture*, 212.

22. Duffy, *Soldiers, Sugar and Seapower*, 306; Ardouin, *Etudes sur l'Histoire d'Haïti*, 3:87-88; Pluchon, *Toussaint Louverture*, 215-216.

23. Geggus, *Slavery, War and Revolution*, 376; Duffy, *Soldiers, Sugar and Seapower*, 305-307; Ardouin, *Etudes sur l'Histoire d'Haïti*, 3:89.

24. Pluchon, *Toussaint Louverture*, 216-217; Ardouin, *Etudes sur l'Histoire d'Haïti*, 3:90, 94; Pamphile de Lacroix, *La Révolution de Haiti* (1819; reprint, Paris, 1995), 210.

25. Geggus, *Slavery, War and Revolution*, 380-381; Lacroix, *Révolution de Haiti*, 212; Pluchon, *Toussaint Louverture*, 218-220.

26. Pluchon, *Toussaint Louverture*, 210, 224, 226; Schoelcher, *Vie de Toussaint Louverture*, 236; Ardouin, *Etudes sur l'Histoire d'Haïti*, 3:101-102.

27. Ardouin, *Etudes sur l'Histoire d'Haïti*, 3:101, 106. 놀랍게도 루베르튀르의 노동 규제가 실제 농장에서 어떻게 이행되었는지에 대한 역사가들의 연구는 거의 없다.

28. Louverture to Laveaux, September 24, 1798, Laurent, *Louverture*, 451-49 454; Lacroix, *Révolution de Haiti*, 214-215, 222, 302; Michel Etienne Descourtilz, *Voyages d'un naturaliste, et ses observations*, 3 vols. (Paris, 1809), 3:277.

29. Pluchon, *Toussaint Louverture*, 223-225.

30. Descourtilz, *Voyages d'un naturaliste*, 3:247-248.

31. Pluchon, *Toussaint Louverture*, 237-238; Ardouin, *Etudes sur l'Histoire d'Haïti*, 3:104-105; Carolyn Fick, *The Making of Haiti: The Saint-Domingue Revolution from Below* (Knoxville, 1990), 199.

32. Ardouin, *Etudes sur l'Histoire d'Haïti*, 3:92.

33. Pluchon, *Toussaint Louverture*, 241-243.

34. Duffy, *Soldiers, Sugar and Seapower*, 309-310; Schoelcher, *Vie de Toussaint Louverture*, 230; Geggus, *Slavery, War and Revolution*, 381.

35. "Letters of Toussaint Louverture and of Edward Stevens, 1798-1800," *American Historical Review* 16 (October 1910): 64-67; Pluchon, *Toussaint Louverture*, 297-298.

36. Stevens to Pickering, May 3, 1799, "Letters of Louverture and Stevens," 67-72; Thomas Ott, *The Haitian Revolution, 1789-1804* (Knoxville, 1973), 132; Leclerc to Minister, February 1802, Paul Roussier (ed.), *Lettres du Général Leclerc*, (Paris, 1937), 79-82; Pluchon, *Toussaint Louverture*, 307, 417.

37. Marcel Bonaparte August and Claude Bonaparte Auguste, *La Participation étrangère à l'expédition française de Saint-Domingue* (Quebec, 1980), 33-34; Tim Matthewson, "Jefferson and Haiti," *Journal of Southern History* 61 (May

1995): 209–247; Douglas R. Egerton, "The Empire of Liberty Reconsidered," James Horn, Jan Ellen Lewis, and Peter S. Onuf (ed.); *The Revolution of 1800: Democracy, Race, and the New Republic* (Charlottesville, 2002), 309–330.

38. Stevens to Pickering, September 30, 1799, and January 16, 1800, "Letters of Louverture and Stevens," 82–85, 88–92; Pluchon, *Toussaint Louverture*, 303–304.

39. Stevens to Pickering, June 23, 1799, "Letters of Louverture and Stevens," 74–76; Pluchon, *Toussaint Louverture*, 258–259, 320.

40. Stevens to Pickering, June 24, 1799, "Letters of Louverture and Stevens," 76–81; Pluchon, *Toussaint Louverture*, 256–264, 284–290.

41. Descourtilz, *Voyages d'un naturaliste*, 2:211, 240; Geggus, *Slavery, War and Revolution*, 381.

42. Ardouin, *Etudes sur l'Histoire d'Haïti*, 3:99, 102.

43. David Geggus, *Haitian Revolutionary Studies* (Bloomington, 2002), 23; Pluchon, *Toussaint Louverture*, 403, 425.

44. Descourtilz, *Voyages d'un naturaliste*, 2:91–92; 3:265–266; Pluchon, *Toussaint Louverture*, 427.

45. Descourtilz, *Voyages d'un naturaliste*, 2:91–92, 125–135.

46. *Ibid.*, 94–97.

47. Pluchon, *Toussaint Louverture*, 418–420.

48. Gabriel Debien, "Sur les plantations Mauger à l'Artibonite (Saint-Domingue 1763–1803)" *Enquêtes et Documents: Nantes, Afrique, Amérique* (Nantes, 1981), 219–314, 314; Jan Pachonski and Reuel K. Wilson, *Poland's Caribbean Tragedy: A Study of Polish Legions in the Haitian War of Independence, 1802–1803* (Boulder, 1986), 123.

11 영토

1. Beaubrun Ardouin, *Etudes sur l'Histoire d'Haïti*, 11 vols. (1853–1865; reprint, Port-au-Prince, 1958), 3:93–94; Victor Schoelcher, *Vie de Toussaint Louverture* (1889; reprint, Paris, 1982), 245; Pierre Pluchon, *Toussaint Louverture* (Paris, 1989), 256.

2. Ardouin, *Etudes sur l'Histoire d'Haïti*, 4:24–27.

3. Pluchon, *Toussaint Louverture*, 266–268; Ardouin, *Etudes sur l'Histoire d'Haïti*, 4:7.

4. *Réponse du Général de Brigade André Rigaud, à l'écrit calomnieux du Général Toussaint Louverture* (Cayes, 1799), 6; Ardouin, *Etudes sur l'Histoire d'Haïti*, 4:13.

5. Pamphile de Lacroix, *La Révolution de Haiti* (1819; reprint, Paris, 1995), 228; Stevens to Pickering, June 24, 1799, "Letters of Toussaint Louverture and of

Edward Stevens, 1798-1800," *American Historical Review* 16 (October 1910): 64-101, 76-81; Ardouin, *Etudes sur l'Histoire d'Haïti*, 4:31.

6. Ardouin, *Etudes sur l'Histoire d'Haïti*, 4:18, 25, 27.

7. Stevens to Pickering, June 24, 1799, "Letters of Louverture and Stevens," 76-81; Pluchon, *Toussaint Louverture*, 265.

8. Stevens to Pickering, June 24, 1799, "Letters of Louverture and Stevens," 76-81; Ardouin, *Etudes sur l'Histoire d'Haïti*, 4:24, 26; Schoelcher, *Vie de Toussaint Louverture*, 252.

9. Ardouin, *Etudes sur l'Histoire d'Haïti*, 4:25; Michel Etienne Descourtilz, *Voyages d'un naturaliste, et ses observations* (Paris, 1809), 3:261-262.

10. Louverture to Adams, August 14, 1799, and Stevens to Pickering, June 24, 1799, "Letters of Louverture and Stevens," 76-82; Pluchon, *Toussaint Louverture*, 270.

11. Lacroix, *Révolution de Haiti*, 228, 232, 237; Ardouin, *Etudes sur l'Histoire d'Haïti*, 4:26-30, 39; Carolyn Fick, *The Making of Haiti: The Saint-Domingue Revolution from Below* (Knoxville, 1990), 202-203; Schoelcher, *Vie de Toussaint Louverture*, 253-255.

12. Schoelcher, *Vie de Toussaint Louverture*, 263-268; Fick, *Making of Haiti*, 205; Ardouin, *Etudes sur l'Histoire d'Haïti*, 4:52. 최근의 역사가들은 아무도 리고와 루베르튀르의 전쟁에 대해 연구하지 않을뿐더러, 그 전쟁의 잔혹성에 관한 경쟁적인 주장들도 평가하지 않았다.

13. Ardouin, *Etudes sur l'Histoire d'Haïti*, 4:37; Stevens to Pickering, April 24, 1800, "Letters of Louverture and Stevens," 97-98.

14. Ardouin, *Etudes sur l'Histoire d'Haïti*, 4:36; Schoelcher, *Vie de Toussaint Louverture*, 279; Lacroix, *Révolution de Haiti*, 258; Pluchon, *Toussaint Louverture*, 292-293. 특히 루베르튀르의 생도맹그 점령에 대해서는 거의 서술되지 않았다.

15. Ardouin, *Etudes sur l'Histoire d'Haïti*, 4:38; Lacroix, *Révolution de Haiti*, 253.

16. Lacroix, *Révolution de Haiti*, 259.

17. Ardouin, *Etudes sur l'Histoire d'Haïti*, 4:54.

18. *Ibid.*, 53-55.

19. 이 법령은 Ardouin, *Etudes sur l'Histoire d'Haïti*, 53-55와 Claude Moise, *Le Projet nationale de Toussaint Louverture et la Constitution de 1801* (Port-au-Prince, 2001), 91-97에 인쇄되었다. 영역본이 George Tyson Jr. (ed.), Toussaint Louverture (Englewood Cliffs, N.J., 1973), 51-56에 실려 있다.

20. Ardouin, *Etudes sur l'Histoire d'Haïti*, 4:68-69; Fick, *Making of Haiti*, 207.

21. Ardouin, *Etudes sur l'Histoire d'Haïti*, 4:55-56.

22. Paul Roussier (ed.), *Lettres du Général Leclerc* (Paris, 1937), 25; Yves Benot, *La Démence coloniale sous Napoléon* (Paris, 1991).

23. Schoelcher, *Vie de Toussaint Louverture*, 262-263.

24. *Ibid.*, 263-264.

25. Ardouin, *Etudes sur l'Histoire d'Haïti*, 4:67-68; Moïse, *Projet nationale*, 20.

26. Ardouin, *Etudes sur l'Histoire d'Haïti*, 4:75; Moïse, *Projet nationale*, 21; Carlo Avierl Celius, "Le Contrat social haitien," *Pouvoirs dans la Caraibe* 10 (1998): 27-70, 52; Claude Bonaparte Auguste and Marcel Bonaparte Auguste, *L'Expedition Leclerc, 1801-1803* (Port-au-Prince, 1985), 15. 해밀턴의 편지에 관해서는 Thomas Ott, *The Haitian Revolution, 1789-1804* (Knoxville, 1973), 119와 Doulgas R. Egerton, "The Empire of Liberty Reconsidered," James Horn, Jan Ellen Lewis, and Peter S. Onuf (ed.), *The Revolution of 1800: Democracy, Race, and the New Republic*, (Charlottesville, 2002), 309-330, 특히 331쪽을 보라. 루베르튀르는 결코 그 편지를 받지 않았을 것이다.

27. Constitution of 1801, reprinted in Moïse, *Projet nationale*, 72-85, quotation 72.

28. Ardouin, *Etudes sur l'Histoire d'Haïti*, 4:34; Moïse, *Projet nationale*, 73, 87.

29. Moïse, *Projet nationale*, 74.

30. Celius, "Contrat social haitien," 특히 29쪽; Moïse, *Projet nationale*, 84-85, 88. 나는 다음의 논문에서 동시대 과들루프 체제의 유사한 모순에 대해 탐구하였다. "'The Price of Liberty': Victor Hugues and the Administration of Freedom in Guadeloupe," *William and Mary Quarterly* 3d. ser., 56 (April 1999): 363-392.

31. Moïse, *Projet nationale*, 76-79, 83-84, 88.

32. Lacroix, *Révolution de Haiti*, 261-262.

33. Pluchon, *Toussaint Louverture*, 253-254.

34. Lacroix, *Révolution de Haiti*, 274-276; Thomas Madiou, *Histoire d'Haiti* (1847-48; reprint, Port-au-Prince, 1989), 2:144-145.

35. Moïse, *Projet nationale*, 102; Madiou, *Histoire d'Haiti*, 3:145-152; Pluchon, *Toussaint Louverture*, 433-438; Fick, *Making of Haiti*, 208-210.

36. Schoelcher, *Vie de Toussaint Louverture*, 305; 1801년 11월 25일자 포고는 Moïse, *Projet nationale*, 98-109에 인쇄되어 있다. Ardouin, *Etudes sur l'Histoire d'Haïti*, 3:91-94.

37. Moïse, *Projet nationale*, 100-102.

38. *Ibid.*, 101-105.

39. *Ibid.*, 104-108; Auguste and Auguste, *Expédition Leclerc*, 81, 88.

40. Mats Lundahl, "Toussaint Louverture and the War Economy of Saint Domingue, 1796-1802," *Slavery and Abolition* 6 (September 1985): 122-138; David Geggus, *Haitian Revolutionary Studies* (Bloomington, 2002), 23; Pluchon, *Toussaint Louverture*, 405-41.

41. Toussaint Louverture, *Mémoires du Général Toussaint Louverture* (Paris, 1853), 29, 59-60; Auguste and Auguste, *Expédition Leclerc*, 82; Leclerc to Minister, May 6 and February 9, 1802, Roussier, *Lettres du Général Leclerc*, 134-138, 79-82.

1. Claude Bonaparte Auguste and Marcel Bonaparte Auguste, *L'Expédition Leclerc, 1801-1803* (Port-au-Prince, 1985), 58; Leclerc to Bonaparte, December 8 and 11, 1801, Paul Roussier (ed.), *Lettres du Général Leclerc* (Paris, 1937), 55-59.

2. Henri Mezière, *Le Général Leclerc, 1772-1802, et l'expédition de Saint-Domingue* (Paris, 1990).

3. Auguste and Auguste, *Expédition Leclerc*, 28-30, 40.

4. Leclerc to Bonaparte, December 11, 1801, Roussier, *Lettres du Général Leclerc*, 58-59; Pamphile de Lacroix, *La Révolution de Haiti* (1819; reprint, Paris, 1995), 283; "Mémoires d'Isaac Louverture," Antoine Métral, *Histoire de l'expédition des Français à Saint-Domingue* (1825; reprint, Paris, 1985), 229-230.

5. James Stephens, *The Crisis of the Sugar Colonies; or, an Enquiry into the Objects and Probable Effects of the French Expedition to the West Indies* (1802; reprint, New York, 1969), 5.

6. *Ibid.*, 6.

7. Pierre Pluchon, *Toussaint Louverture* (Paris, 1989), 456.

8. Pluchon, *Toussaint Louverture*, 456-457; Auguste and Auguste, *Expédition Leclerc*, 27; Yves Benot, *La Démence coloniale sous Napoléon* (Paris, 1991), 46-56.

9. Beaubrun Ardouin, *Etudes sur l'Histoire d'Haïti*, 11 vols. (1853-1865; reprint, Port-au-Prince, 1958), 4:97-98; Jean-Jacques Régis de Cambacérès, *Mémoires inédits* (Paris, 1999), 1:587-588; Bonaparte to Louverture, November 18, 1801, Roussier, *Lettres du Général Leclerc*, 307-309; Pluchon, *Toussaint Louverture*, 398.

10. "Notes pour servir aux instructions a donner au Capitaine Général Leclerc," Roussier, *Lettres du Général Leclerc*, 263-274; Auguste and Auguste, *Expédition Leclerc*, 171-172.

11. Bonaparte to Leclerc, July 1, 1802, Roussier, *Lettres du Général Leclerc*, 305-306; Jan Pachonski and Reuel K. Wilson, *Poland's Caribbean Tragedy: A Study of Polish Legions in the Haitian War of Independence, 1802-1803* (Boulder, 1986), 140.

12. Marcel Bonaparte Auguste and Claude Bonaparte Auguste, *La Participation étrangère à l'expédition française de Saint-Domingue* (Quebec, 1980), 21, 47-53; Benot, *Démence coloniale sous Napoléon*, 59-62; "Notes pour servir aux instructions," 269; Leclerc to Minister, February 27, 1802, Roussier, *Lettres du Général Leclerc*, 102-111.

13. "Notes pour servir aux instructions," 269, 272; Germain Saint-Ruf, *L'Epopée*

Delgrès: La Guadeloupe sous la Révolution française (1789-1802. (Paris, 1977), 88.

14. Stephens, *Crisis of the Sugar Colonies*, 7, 36.

15. *Ibid.*, 44-45.

16. *Ibid.*, 45-46.

17. IIbid., 24, 46, 75-76; Lacroix, *Révolution de Haiti*, 282.

18. Stephens, *Crisis of the Sugar Colonies*, 47-48, 55-56, 69.

19. Pluchon, *Toussaint Louverture*, 449-450.

20. "Notes pour servir aux instructions," 274; Benot, *Démence coloniale sous Napoléon*, 58; Auguste and Auguste, *Expédition Leclerc*, 18.

21. Auguste and Auguste, *Participation étrangère*, 11, 57-58; Benot, *Démence coloniale sous Napoleon*, 62.

22. Stephens, *Crisis of the Sugar Colonies*, 89, 91.

23. Benot, *Démence coloniale sous Napoléon*, 89; Pluchon, *Toussaint Louverture*, 451-452.

24. Louverture, Address, December 20, 1801, Lacroix, *Révolution de Haiti*, 437-439.

25. Auguste and Auguste, *Expédition Leclerc*, 14-15, 79, 82-85.

26. *Ibid.*, 15, 87; Toussaint Louverture, *Mémoires du General Toussaint Louverture* (Paris, 1853), 30.

27. Auguste and Auguste, *Expédition Leclerc*, 91; Leclerc to Christophe, February 3, 1802, Roussier, *Lettres du Général Leclerc*, 61.

28. Leclerc to Christophe, February 3, 1802; Proclamation of Leclerc, February 3, 1802; Proclamation of the Consuls, November 8, 1801, Roussier, *Lettres du Général Leclerc*, 62-63.

29. Creole translation of Proclamation of the Consuls, *Ibid.*, 64-65.

30. Auguste and Auguste, *Expédition Leclerc*, 93-94; Leclerc to Minister, February 9, 1802, Roussier, *Lettres du Général Leclerc*, 66-74.

31. Auguste and Auguste, *Expédition Leclerc*, 95-96.

32. *Ibid.*, 99, 148; Leclerc to Minister, February 9 and August 14, 1802, Roussier, *Lettres du Général Leclerc*, 66-74, 212-213.

33. Auguste and Auguste, *Expédition Leclerc*, 98; Louverture, Memoires, 30-37.

34. Michel Etienne Descourtilz, *Voyages d'un naturaliste, et ses observations*, 3 vols. (Paris: Dufart, 1809), 3:284; Lacroix, *Révolution de Haiti*, 319-321.

35. Lacroix, *Révolution de Haiti*, 315; Leclerc to Minister, February 27, 1802, Roussier, *Lettres du Général Leclerc*, 102-111; Auguste and Auguste, *Expédition Leclerc*, 101.

36. Louverture, *Mémoires*, 41-42; Auguste and Auguste, *Expédition Leclerc*, 102-113.

37. Leclerc to Louverture, February 12, 1802, Roussier, *Lettres du Général Leclerc*,

85-87.

38. Leclerc to Minister, February 15, 1802; Proclamation, February 17, 1802, *Ibid.*, 91-92, 98-100; Louverture, Memoires, 53.

39. Leclerc to First Consul, December 11, 1801, Leclerc to Minister, February 15, 17, 19, and 27, and March 4, 1802, Roussier, *Lettres du Général Leclerc*, 58-59, 87-91, 95-96, 101-111, 113-114.

40. Leclerc to First Consul, February 19, 1802; Leclerc to Minister, February 27, 1802, *Ibid.*, 101-111; Pluchon, *Toussaint Louverture*, 487-488.

41. Auguste and Auguste, *Expédition Leclerc*, 132-135; Leclerc to Minister, February 27, 1802, Roussier, *Lettres du Général Leclerc*, 101-111.

42. Leclerc to Minister, February 27, 1802, *Ibid.*, 101-111; Lacroix, *Révolution de Haiti*, 317-319.

43. Lacroix, *Révolution de Haiti*, 322-324, 326.

44. Descourtilz, *Voyages d'un naturaliste*, 3:279-281.

45. *Ibid.*, 294, 305.

46. Louverture, *Mémoires*, 58; Lacroix, *Révolution de Haiti*, 328, 332.

47. Descourtilz, *Voyages d'un naturaliste*, 3:310-311, 325.

48. Auguste and Auguste, *Expédition Leclerc*, 138; Louverture, *Mémoires*, 52-57.

49. Gabriel Debien, "Sur les plantations Mauger à l'Artibonite (Saint-Domingue 1763-1803)," *Enquetes et Documents: Nantes, Afrique, Amérique* (Nantes, 1981), 219-314, 308; Lacroix, *Révolution de Haiti*, 330-332; Metral, *Histoire*, 83.

50. Descourtilz, *Voyages d'un naturaliste*, 3:359; Carolyn Fick, *The Making of Haiti: The Saint-Domingue Revolution from Below* (Knoxville, 1990), 211-212; Auguste and Auguste, *Expédition Leclerc*, 140-141.

51. Lacroix, *Révolution de Haiti*, 330-333.

52. Descourtilz, *Voyages d'un naturaliste*, 3:358, 361-373; Lacroix, *Révolution de Haiti*, 335-336; Auguste and Auguste, *Expédition Leclerc*, 140-141.

53. Auguste and Auguste, *Expédition Leclerc*, 144, 147-149, 158; Leclerc to Minister, April 21, 1802, in Roussier, *Lettres du Général Leclerc*, 130-132.

54. Leclerc to Minister, May 6, 1802, Roussier, *Lettres du Général Leclerc*, 140-142.

55. *Ibid.*; Auguste and Auguste, *Expédition Leclerc*, 152-153.

56. Leclerc to Minister, May 6, 1802, Roussier, *Lettres du Général Leclerc*, 140-142; Pluchon, *Toussaint Louverture*, 495-496.

57. Leclerc to Bonaparte, May 7 and June 6, 1802, Roussier, *Lettres du Général Leclerc*, 145-148, 161-164.

58. Leclerc to Minister, May 6, 1802; Leclerc to Bonaparte, May 7, 1801, *Ibid.*, 140-142, 145-148.

59. Auguste and Auguste, *Expédition Leclerc*, 161; Lacroix, *Révolution de Haiti*, 351-352; Leclerc to Minister, June 11, 1802, Roussier, *Lettres du Général*

Leclerc, 168-170.

60. Auguste and Auguste, *Expédition Leclerc*, 162-165.

61. *Ibid.*, 160, 163-167.

62. Leclerc to Bonaparte, June 6, 1802, Roussier, *Lettres du Général Leclerc*, 161-164; Auguste and Auguste, *Expédition Leclerc*, 173-176; Pluchon, *Toussaint Louverture*, 497-498; Lacroix, *Révolution de Haiti*, 354.

63. Leclerc to Minister, June 11 and July 6, 1802; Leclerc to Bonaparte, June 11, 1802, Roussier, *Lettres du Général Leclerc*, 168-173, 182-183.

64. Marie-Rose Masson to Gallifet, 8 Thermidor An 10 (July 27, 1802), 107 AP 128, AN; Debien, "Sur les plantations," 306, 311.

65. Lacroix, *Révolution de Haiti*, 304-305.

13 죽은 자들

1. Jan Pachonski and Reuel K. Wilson, *Poland's Caribbean Tragedy: A Study of Polish Legions in the Haitian War of Independence, 1802-1803* (Boulder, 1986), 54-55.

2. Michel Etienne Descourtilz, *Voyages d'un naturaliste, et ses observations* (Paris, 1809), 3:377-378; Pachonski and Wilson, *Poland's Caribbean Tragedy*, 57, 84, 170.

3. Leclerc to Minister, June 6, 11, and 24, 1802; Leclerc to Bonaparte, June 6, 1802, Paul Roussier (ed.), *Lettres du Général Leclerc* (Paris, 1937), 154-157, 161-167, 176-177; Pamphile de Lacroix, *La Révolution de Haiti* (1819; reprint, Paris, 1995), 351.

4. Leclerc to Minister, June 6, July 6 and 12, August 25, 1802; Leclerc to Bonaparte, June 11, 1802, Roussier, *Lettres du Général Leclerc*, 155-157, 171-173, 182-183, 192-193, 216-218.

5. Leclerc to Bonaparte, June 6 and September 16, 1802; Leclerc to Minister, August 25, 1802, *Ibid.*, 161-165, 216-218, 228-237; Claude Bonaparte Auguste and Marcel Bonaparte Auguste, *L'Expédition Leclerc 1801-1803* (Port-au-Prince, 1985), 206-208.

6. Descourtilz, *Voyages d'un naturaliste*, 3:381; Auguste and Auguste, *Expédition Leclerc*, 186-188.

7. Auguste and Auguste, *Expédition Leclerc*, 189-192; Michel Rolph Trouillot, *Silencing the Past: Power and the Production of History* (Boston, 1995), 41-42; Leclerc to Minister, July 23, 1802, Roussier, *Lettres du Général Leclerc*, 196.

8. Auguste and Auguste, *Expédition Leclerc*, 196.

9. "Loi rélative a la traite des noirs et au regime des colonies," 30 Floréal An X (May 20, 1802), ADVII 21A, no. 54, AN.

10. "Arrêté portant défense aux noirs, mulatres ou autres gens de couleur, à entrer

sur le territoire continental de la République," 13 Messidor An X (July 2, 1802), ADVII 21A, no. 55, AN.

11. Auguste and Auguste, *Expédition Leclerc*, 172, 179.

12. "Loi rélative à la traité des noirs et au régime des colonies," 30 Floréal An X (May 20, 1802), AN ADVII 21A, no. 54, AN; Denis Decres, "Rapport," Section Outre-Mer, Aix-en-Province, C7A 55, 248–252, AN.

13. 1802년 과들루프의 사건들에 관해서는 Laurent Dubois, "The Promise of Revolution: Saint-Domingue and the Struggle for Autonomy in Guadeloupe, 1797–1802," David Geggus (ed.), *The Impact of the Haitian Revolution in the Atlantic World* (Columbia, S.C., 2001), 122–134쪽과 Jacques Adélaïde-Mérlande, René Bélénus, and Frédéric Régent, *La Rébellion de la Guadeloupe, 1801–1802* (Basse-Terre, Guadeloupe, 2002)에 실린 글과 자료들을 보라.

14. Leclerc to Minister, August 6, 9, and 25, 1802; Leclerc to Bonaparte, August 6, 1802, Roussier, *Lettres du Général Leclerc*, 199–206, 219; Beaubrun Ardouin, *Etudes sur l'Histoire d'Haïti*, 11 vols. (1853–1865; reprint, Port-au-Prince, 1958), 5:67.

15. Ardouin, *Etudes sur l'Histoire d'Haïti*, 5:67.

16. Leclerc to Bonaparte, August 6, 1802; Leclerc to Minister, August 9, 1802, Roussier, *Lettres du Général Leclerc*, 201–206.

17. Auguste and Auguste, *Expédition Leclerc*, 220–223, 233–234; Carolyn Fick, *The Making of Haiti: The Saint-Domingue Revolution from Below* (Knoxville, 1990), 216–227; Leclerc to Minister, August 25, 1802, Roussier, *Lettres du Général Leclerc*, 216–218; Trouillot, *Silencing the Past*, 42.

18. Auguste and Auguste, *Expédition Leclerc*, 211–220; Leclerc to Bonaparte, September 16, 1802, Roussier, *Lettres du Général Leclerc*, 228–237; Pachonski and Wilson, *Poland's Caribbean Tragedy*, 90.

19. Leclerc to Bonaparte, October 7, 1802, Roussier, *Lettres du Général Leclerc*, 253–259.

20. Auguste and Auguste, *Expédition Leclerc*, 237.

21. *Ibid.*, 238–245; Pachonski and Wilson, *Poland's Caribbean Tragedy*, 96–98; Fick, *Making of Haiti*, 227–228.

22. Pachonski and Wilson, *Poland's Caribbean Tragedy*, 99.

23. Auguste and Auguste, *Expédition Leclerc*, 247–249, 314.

24. Leclerc to Minister, September 17, 1802; Leclerc to Bonaparte, October 7, 1802, Roussier, *Lettres du Général Leclerc*, 237–239, 253–260; Fick, *Making of Haiti*, 222; Auguste and Auguste, *Expédition Leclerc*, 227.

25. Pachonski and Wilson, *Poland's Caribbean Tragedy*, 113–137; Auguste and Auguste, *Expédition Leclerc*, 272; Ardouin, *Etudes sur l'Histoire d'Haïti*, 5:84–86; Joan Dayan, Haiti, History, and the Gods (Berkeley, 1996), 155.

26. Pachonski and Wilson, Poland's Caribbean Tragedy, 113, 157–158; Auguste

and Auguste, *Expédition Leclerc*, 171-172.

27. Ardouin, *Etudes sur l'Histoire d'Haïti*, 5:83-84.

28. Trouillot, Silencing the Past, 43-44, 65: Auguste and Auguste, *Expédition Leclerc*, 276, Fick, *Making of Haiti*, 231-233; Ardouin, *Etudes sur l'Histoire d'Haïti*, 5:80-81. 콩고와 크레올 사이의 분쟁에 대해서는 일반적으로 Gérard Barthélemy, *Créoles-Bossales: Conflit en Haïti* (Petit-Bourg, Guadeloupe, 2000)을 보라.

29. Pachonski and Wilson, *Poland's Caribbean Tragedy*, 103, 130-131, 192, 335.

30. Fick, *Making of Haiti*, 110; Pierre Pluchon, *Toussaint Louverture* (Paris, 1989), 489; Pachonski and Wilson, *Poland's Caribbean Tragedy*, 183.

31. Pachonski and Wilson, *Poland's Caribbean Tragedy*, 179.

32. Descourtilz, *Voyages d'un naturaliste*, 3:384; 조쉬가 나에게 그 노래를 불러 주었다.

33. "Autopsie cadaverique," 18 Germinal An 11 (April 8, 1803), *Pour que la Mémoire: Toussaint Louverture, Precurseur de l'indépendance d'Haïti* (Port-au-Prince, 2001), 21.

34. "Extrait des minutes du greffe de Saint-Marc," 22 Prairial An 11 (June 11, 1803), Papiers Descheaux, Fouchard Library, Port-au-Prince, Haiti; Dayan, *Haiti, History, and the Gods*, 160.

35. Dayan, *Haiti, History, and the Gods*, 39-40; Ardouin, *Etudes sur l'Histoire d'Haïti*, 5:98; Auguste and Auguste, *Expédition Leclerc*, 316.

36. Ardouin, *Etudes sur l'Histoire d'Haïti*, 6:8.

37. *Ibid.*, 7; David Geggus, *Haitian Revolutionary Studies* (Bloomington, 2002), 208.

38. Ardouin, *Etudes sur l'Histoire d'Haïti*, 6:8.

39. Geggus, *Haitian Revolutionary Studies*, 208, 215-217.

40. *Ibid.*, 214; Ardouin, *Etudes sur l'Histoire d'Haïti*, 6:17.

41. Ardouin, *Etudes sur l'Histoire d'Haïti*, 5:74-75, 6:8-9; Gérard M. Laurent, *Six Etudes sur J. J. Dessalines* (Port-au-Prince, 1950), 93-114.

42. Ardouin, *Etudes sur l'Histoire d'Haïti*, 6:15-17, 33-34.

43. *Ibid.*, 16-17.

에필로그 – 잿더미 속에서

1. Michel Etienne Descourtilz, *Voyages d'un naturaliste, et ses observations*, 3 vols. (Paris, 1809), 3:209-210.

2. Claude Bonaparte Auguste and Marcel Bonaparte Auguste, *L'Expédition Leclerc, 1801-1803* (Port-au-Prince, 1985), 316.

3. Mimi Sheller, *Democracy after Slavery: Black Publics and Peasant Radicalism in Haiti and Jamaica* (Gainesville, 2000), part 2; Michel Rolph Trouillot, *State*

against Nation: Origins and Legacy of Duvalierism (New York, 1990), part 1; David Nicholls, From Dessalines to Duvalier: Race, Color, and National Independence in Haiti (New Brunswick, N.J., 1979).

4. Beaubrun Ardouin, Etudes sur l'Histoire d'Haïti, 11 vols. (1853–1865; reprint, ort–au–Prince, 1958), 6:17.

5. Paul Lachance, "Repercussions of the Haitian Revolution in Louisiana," David Geggus (ed.), The Impact of the Haitian Revolution in the Atlantic World (Columbia, 2001), 209–230, 223; Hans Schmidt, The United States Occupation of Haiti, 1915–1934, 2d ed. (New Brunswick, N.J., 1995).

6. Lachance, "Repercussions in Louisiana," 209–211; Christopher Schmidt–Nowara, Empire and Antislavery: Spain, Cuba and Puerto Rico, 1833–1874 (Pittsburgh, 1999), 4, 41.

7. David Geggus, "Preface," Geggus, Impact of the Haitian Revolution, x; James Sidbury, Ploughshares into Swords: Race, Rebellion, and Identity in Gabriel's Virginia, 1730–1810 (Cambridge, 1998), 39–48; Douglas Egerton, Gabriel's Rebellion (Chapel Hill, 1993); Julius Scott, "The CommonWind: Currents of Afro–American Communication in the Era of the Haitian Revolution" (Ph.D. diss., Duke University, 1986); The Lesson of Santo Domingo: How to Make the War Short and the Peace Righteous (Boston, 1861).

8. Geggus, "Preface," x, xii; Matt Childs, "'A Black French General Arrived to Conquer the Island': Images of the Haitian Revolution in Cuba's 1812 Aponte Rebellion," Geggus, Impact of the Haitian Revolution, 135–156, 137, 144.

9. David Brion Davis, "Impact of the French and Haitian Revolutions"; Seymour Drescher, "The Limits of Example"; Robin Blackburn, "The Force of Example," Geggus, Impact of the Haitian Revolution, 3–20; Susan Buck–Morss, "Hegel and Haiti," Critical Inquiry 26 (summer 2000): 821–865.